Dicionário

LAROUSSE

Espanhol/Português • Português/Espanhol

Míni

Dicionário
LAROUSSE
Espanhol/Português • Português/Espanhol
Míni

LAROUSSE
Cultura para todos

Direção geral
Janice McNeillie

Gerente editorial
Soraia Luana Reis

Coordenação editorial
José A. Gálvez

Editora
Camila Werner

Redação
Laura Bocco, Eliane B. Freire Ushijima, Daniel Grassi

Revisão dos suplementos
Sônia M. Leites Pereira

Revisão tipográfica
Rosane Albert

Capa
Light Criação e Comunicação

Diagramação
David Reid, Clair Simpson,
LCT Tecnologia (suplemento e páginas iniciais)

Produção Gráfica
Fernando Borsetti

Colaboradores da edição anterior
Coordenação: Janice McNeillie, Sharon J. Hunter
Redação: Eliane Bueno Freire, Luzia Araújo, Talia Bugel

Dados Internacionais de Catalogação na Publicação(CIP)
(Câmara Brasileira do Livro, SP, Brasil)

Dicionário Larousse espanhol-português,
português-espanhol : míni / [coordenação
editorial José A. Gálvez]. -- 1. ed. --
São Paulo : Larousse do Brasil, 2005.

ISBN 85-7635-069-6

1. Espanhol - Dicionários - Português
2. Português - Dicionários - Espanhol I. Gálvez, José A.

CDD-463.69
05-4053 -469.36

Índices para catálogo sistemático:
1. Espanhol : Português : Dicionários 463.69
2. Português : Espanhol : Dicionários 469.36

1ª edição brasileira: 2005

Direitos de edição para o Brasil:
Larousse do Brasil Participações Ltda.
Rua Afonso Brás 473, 16º andar – São Paulo/SP – Cep: 04511-011
Tel (11) 3044-1515 – Fax (11) 3044-3437
E-mail: info@larousse.com.br Site: www.larousse.com.br

Sumário

Apresentação

O *Dicionário Larousse Espanhol-Português/Português-Espanhol Míni* é a referência ideal para os estudantes brasileiros nos primeiros anos do aprendizado da língua espanhola.

É uma obra prática que apresenta soluções rápidas e precisas para as dúvidas do dia-a-dia. Com mais de 30.000 palavras e expressões e mais de 40.000 traduções – incluindo siglas, abreviaturas e nomes próprios de uso freqüente –, o *Dicionário Larousse Míni* ajuda a compreender e desfrutar de vários tipos de textos, pois as palavras sempre são apresentadas em seu contexto. A seção *Como usar este dicionário* traz dicas que permitem aproveitar a obra ao máximo. Além disso, *boxes* por todo o dicionário ajudam a não cair em "armadilhas" da língua, como os *falsos amigos* (falsos cognatos).

Esta obra ainda ajuda a desenvolver a habilidade de escrever em espanhol com fluência, graças ao tratamento claro e detalhado dado ao vocabulário básico e às indicações do sentido das palavras, que ajudam no momento de optar pela tradução mais adequada.

O *Dicionário Larousse Míni* traz, ainda, um suplemento prático e fácil de ser consultado. A seção *O Idioma em ação* auxilia na comunicação falada e escrita e propicia uma visão geral do cotidiano nos países de língua espanhola, com informações atualizadas sobre geografia, educação, comunicação e lazer. A *Gramática Espanhola* fornece informações que ajudam o leitor no uso da língua estrangeira.

O *Dicionário Larousse Espanhol-Português/Português-Espanhol Míni* é, enfim, um dicionário completo, prático e fácil de ser usado. É uma ferramenta indispensável para quem estuda e usa o espanhol, idioma fundamental à formação de qualquer cidadão latino-americano.

A EDITORA

Como usar este dicionário

O *Dicionário Larousse Míni* é composto de dois "lados" (Espanhol-Português/ Português-Espanhol) e as palavras estão organizadas em ordem alfabética em cada um deles. Se você quer traduzir uma palavra do português para o espanhol, use o lado Português-Espanhol do dicionário; se desconhecer o sentido de um termo em espanhol, procure-o no lado Espanhol-Português. A palavra em **negrito**, no início de cada verbete, é chamada de "entrada". Veja a seguir algumas dicas para encontrar as palavras no dicionário com maior facilidade.

Ordem alfabética em espanhol

Neste dicionário seguiu-se a ordenação alfabética internacional. Isto significa que as entradas com **ch** aparecerão depois de **cg** e não ao final do **c**; do mesmo modo, as entradas com **ll** virão depois de **lk** e não ao final do **l**. No entanto, vale frisar que a letra **ñ** é considerada individualmente e vem logo após o **n**.

Palavras simples, palavras compostas (com hífen) e abreviaturas

As palavras que possuem hífen, ponto ou apóstrofo aparecem depois das que são escritas da mesma forma, mas sem esses símbolos:

> **lá** *adv* allí, allá *Amér*; **lá fora** allí fuera, allá afuera *Amér*; **para lá de** más allá de; **quero lá saber** me importa un pepino; **sei lá!** ¡yo qué sé!, **vá lá**! ¡venga!, ¡ánda-le! *Méx*, ¡dale! *RP*.

As palavras acentuadas aparecem depois daquelas que são escritas do mesmo modo, mas sem acento:

> **baba** *f* baba *f*.
> **babá** *f* niñera *f*.

A entrada pode vir seguida de um pequeno número sobreposto. Isso indica que, antes ou depois dela, há uma outra entrada idêntica e numerada, mas que possui sentido ou pronúncia bem diferentes. Certifique-se de que encontrou a palavra que procura.

colher[1] *vt* coger, recoger *RP.*
colher[2] (*pl* -res) *f (utensílio doméstico)* cuchara f; *(quantidade)* cucharada *f*; **colher de café** cucharita *f* de café; **colher de chá** cucharita *f* de té; **colher de pau** cuchara de palo ou de madera; **colher de sopa** cuchara sopera; *(quantidade)* cuchara de sopa.

No lado Português-Espanhol do dicionário, há algumas palavras que aparecem após um quadrado. Elas são chamadas "subentradas" e trazem formas diferentes da entrada que possuem significado diferente:

habilitação *f* capacidad *f.*
❑ **habilitações** *fpl* título *m sing.*

Assim, se quiser procurar uma palavra cujo plural possui sentido diferente do singular (como o português **bens**, ou o espanhol **señas**), vá à forma singular (neste caso, **bem** ou **señas**). Você encontrará a forma plural após o quadrado:

seña *f* sinal *m.*
❑ **señas** *fpl (domicílio)* endereço *m; (sinais)*; características *fpl*; **señas personales** características físicas.

(Atenção, existem substantivos plurais que aparecem como entradas porque não existem no singular ou porque é pouco comum utilizá-los nesta forma. Por exemplo, o espanhol **anteojos** e o português **juros**.)

Os plurais irregulares têm entrada própria e remetem ao singular correspondente:

dóceis → **dócil.**

Locuções

Uma locução é uma expressão que possui um sentido único, mas que é formada por mais de uma palavra, como **café com leite**. As locuções em português devem ser procuradas pelo seu primeiro elemento. Portanto, **café com leite** estará em café:

café *m* café *m*; **café com leite** café con leche; **café da manhã** desayuno *m*.

Expressões

As expressões podem ser encontradas procurando-se por seu substantivo. Se a frase não possuir um substantivo, deve-se procurá-la pelo adjetivo ou, em último caso, pelo verbo.

rato *m* momento *m*; **a ratos** às vezes; **pasar un bueno rato divertir-se; pasar un mal rato** passar por um mau pedaço; **ratos libres** horas *fpl* vagas.

Verbos pronominais

Os verbos pronominais aparecem como subentradas do verbo principal:

lembrar *vt (recordar)* recordar; *(assemelhar-se a)* parecerse a; **lembrar algo a alguém** ou **alguém de algo** recordarle algo a alguien *Esp & Méx,* hacerle acordar (de) algo a alguien *RP.* ❑ **lembrar-se** *vp* acordarse; **lembrar-se de** acordarse de, recordar; **lembrar-se de fazer algo** acordarse de hacier algo.

Marcas registradas

O símbolo ® indica que a palavra em questão é uma marca registrada. Este símbolo, ou sua eventual ausência, não afeta, no entanto, a situação legal da marca.

Abreviaturas

abrev	abreviatura
adj	adjetivo
adj f	adjetivo feminino
adj m	adjetivo masculino
adv	advérbio
Amér	espanhol latino-americano
ANAT	anatomia
Andes	espanhol dos Andes
Arg	espanhol da Argentina
AUT	automóvel
aux	auxiliar
Bol	espanhol da Bolívia
CAm	espanhol da América Central
Carib	espanhol do Caribe
Chile	espanhol do Chile
Col	espanhol da Colômbia
COM	comércio
compar	comparativo
conj	conjunção
CRica	espanhol da Costa Rica
CSur	espanhol do Cone Sul
Cuba	espanhol de Cuba
CULIN	culinária
ECON	economia
EDUC	educação, escola
Esp	espanhol da Espanha
ESPORTE	esporte
f	substantivo feminino
fam	familiar
fig	figurado
FIN	finanças
fml	formal
fus	inseparável
gen	geralmente
GRAM	gramática
Guat	espanhol da Guatemala
INFORM	informática
interj	interjeição
inv	invariável
JUR	jurídico
m	substantivo masculino
MAT	matemática
MED	medicina
Méx	espanhol do México
mf	substantivo masculino e feminino
m, f	substantivo masculino com desinência feminina
MIL	termos militares
MÚS	música
NÁUT	termos náuticos
Nic	espanhol da Nicarágua
num	numeral
Pan	espanhol do Panamá
pej	pejorativo
Perú	espanhol do Peru
pl	plural
POL	política
pp	particípio passado
prep	preposição
PRico	espanhol de Porto Rico
pron	pronome
®	marca registrada
RELIG	religião
RP	espanhol rioplatense
s	substantivo
sep	separável
sg	singular
suj	sujeito
superl	superlativo
TEC	termos técnicos
TV	televisão
Urug	espanhol do Uruguai
v	verbo
Ven	espanhol da Venezuela
vi	verbo intransitivo
v impess	verbo impessoal
vp	verbo pronominal
vt	verbo transitivo
vulg	vulgar
≃	equivalente cultural

Español-Portugués
Espanhol-Português

Aa

a *prep* **(a)** *(período)* a; **a las pocas semanas** ao final de poucas semanas; **al mes de casados** ao final de um mês de casados.
(b) *(momento preciso)* a; **a las siete** às sete; **a los once años** aos onze anos; **al oír la noticia se desmayó** desmaiou ao ouvir a notícia.
(c) *(freqüência)* por; **cuarenta horas a la semana** quarenta horas por semana.
(d) *(direção)* a; **voy a Sevilla** vou a Sevilha; **llegó a Barcelona/la fiesta** chegou a Barcelona/à festa.
(e) *(local preciso)* a; **a la salida del cine** à saída do cinema.
(f) *(distância)* a; **está a cien kilómetros** fica a cem quilômetros.
(g) *(posicionamento)* a; **su casa está a la derecha/izquierda** a casa dele fica à esquerda/direita.
(h) *(com complemento indireto)* a; **dáselo a Juan** dê-o a Juan; **dile a Juan que venga** diga ao Juan que venha.
(i) *(com complemento direto)*: **quiere a su hijo/gato** ama o filho/gato.
(j) *(quantidade, medida)* a; **a cientos/docenas** às centenas/dezenas; **a miles** aos milhares.
(k) *(preço)* a; **¿a cuánto están las peras?** por quanto estão as peras?; **vende las peras a cien pesetas** vende as peras a cem pesetas.
(l) *(distribuição, proporção)* a; **ganaron por tres a cero** ganharam de três a zero.
(m) *(modo)* a, em; **a la antigua** à moda antiga; **a lo grande** em grande estilo; **a escondidas** às escondidas.
(n) *(instrumento)* a; **escribir a máquina/mano** escrever à máquina/mão; **motor a explosión** motor de explosão; **olla a presión** panela de pressão.
(o) *(finalidade)* para, a; **entró a pagar** entrou para pagar; **aprender a nadar** aprender a nadar.
(p) *(ordem)*: **¡a comer!** vamos comer!; **¡a la cama!** já para a cama!; **¡a callar todo el mundo!** todo mundo quieto!
(q) *(na hora de)*: **al llegar me encontré la casa vacía** quando cheguei encontrei a casa vazia; **al verle me acordé de que le debía dinero** quando o vi lembrei-me de que lhe devia dinheiro; **al salir me tropecé con el jefe** quando eu saía encontrei o chefe.

Os usos em que a preposição espanhola ***a*** é diferente do português são os seguintes:

1. para indicar destino: (*Me voy a Bariloche en las vacaciones de invierno.* Vou a Bariloche nas férias de inverno.)

2. para expressar uma ordem: (*¡A callarse la boca inmediatamente!* Cale a boca imediatamente!)

3. para indicar o tempo em que algo ocorre: (*Ana sale de la escuela a las 5 de la tarde.* Ana sai da escola às 5 da tarde.)

4. para indicar o lugar em que algo ocorre: (*A los alumnos les gusta mucho ir a la clase de cocina.* Os alunos gostam muito de ir à aula de culinária.)

5. com o verbo jogar: (*Jugar a la pelota es una de mis grandes pasiones.* Jogar futebol é uma das minhas grandes paixões. *En la escuela juegan al fútbol tres veces por semana.* Na escola jogam futebol três vezes por semana.)

6. com o verbo parecer-se: (*Me parezco a mi tía.* Pareço-me com minha tia.)

7. *a* + objeto direto: (*Ayer vi a mi profesor de geografía en el cine.* Ontem vi meu professor de geografia no cinema. *Ayer vi una película*

de ciencia ficción. Ontem vi um filme de ficção científica.)

No exemplo 7, nota-se que se usa a preposição **a** quando o objeto direto se refere a um objeto animado (neste caso, ***mi profesor***). No entanto, a preposição **a** não é usada quando o complemento direto se refere a um objeto inanimado (neste caso, ***una película de ciencia ficción***). Como se pode perceber, usa-se em espanhol a preposição **a** não somente com os verbos de sentimento (***amar, querer*** etc.), como também com todos os verbos acompanhados de um objeto direto que se refere a um objeto animado: (***Natalia le da de comer a su tortuga todos los días.*** Todos os dias, Natalia dá de comer à sua tartaruga.)

(Ver também **As preposições** na seção *Gramática espanhola*.)

Nota ortográfica: Em espanhol, a preposição **a** nunca leva acento.

abad, esa *m, f* abade *m*, -dessa *f*.
abadía *f* abadia *f*.
abajo 1 *adv (de situação)* embaixo; *(de direção)*: **ve abajo** vá lá embaixo.
2 *interj* abaixo!
3 **más abajo** mais embaixo; **para abajo** para baixo; **de abajo** de baixo.
abalear *vt Andes, CAm & Ven* atirar.
abandonado, da *adj* abandonado(da).
abandonar *vt* abandonar.
❑ **abandonarse** *vpr (na aparência)* desleixar-se.
abandono *m (descuido)* desleixo *m*.
abanicarse *vpr* abanar-se.
abanico *m* leque *m*.
abarcar *vt* abarcar.
abarrotado, da *adj* abarrotado(da).
abarrotería *f CAm & Méx* mercearia *f*, venda *f*.
abarrotero, ra *m, f CAm & Méx* merceeiro *m*, -ra *f*, vendeiro *m*, -ra *f*.
abarrotes *mpl CAm & Méx* mercearia *f*, venda *f*.
abastecer *vt*: **abastecer algo/alguien (de)** abastecer algo/a alguém (de).
abatible *adj* reclinável.
abatido, da *adj (desanimado)* abatido(da).
abatir *vt (muro, árvore)* derrubar.
abdicar *vi* abdicar.
abdomen *m* abdômen *m*.
abdominales *mpl* abdominais *mpl*.
abecedario *m* abecedário *m*.
abeja *f* abelha *f*.
abejorro *m* besouro *m*.
aberración *f* aberração *f*.
abertura *f (buraco)* abertura *f*.
abeto *m* abeto *m*.
abierto, ta *adj* aberto(ta); **estar abierto a** estar aberto a.
abismo *m* abismo *m*.
ablandar *vt (matéria)* amolecer; *(pessoa)* abrandar.
abofetear *vt* esbofetear.
abogado, da *m, f* advogado *m*, -da *f*.
abolición *f* abolição *f*.
abolir *vt* abolir.
abollar *vt* amassar.
abonado, da *adj (serviço, associação)* inscrito(ta), associado(da); *(terra)* adubado(da); **estar abonado a** estar inscrito em, ser associado de.
abonar *vt (terra)* adubar; *(dinheiro)* pagar.
❑ **abonarse a** *v + prep* inscrever-se em, associar-se a.
abono *m (de metrô, ônibus)* passe *m*; *(para terra)* adubo *m*.
abordar *vt (barco)* abalroar; *(pessoa)* abordar; *(dificuldade)* enfrentar.
aborrecer *vt* detestar; **aborrecer algo/a alguien** detestar algo/alguém.
abortar *vi* abortar.
aborto *m* aborto *m*.
abrasador, ra *adj* abrasador(ra).
abrasar *vt* queimar.
abrazar *vt* abraçar.
❑ **abrazarse** *vpr* abraçar-se.
abrazo *m* abraço *m*.
abrebotellas *m inv* abridor *m* de garrafas.
abrecartas *m inv* espátula *f*.
abrelatas *m inv* abridor *m* de latas.
abreviar *vt (texto)* sintetizar, resumir; *(discurso)* sintetizar; *(palavra)* abreviar.
abreviatura *f* abreviatura *f*.
abridor *m* abridor *m*.
abrigar *vt (do frio)* abrigar; *(com roupa)* agasalhar.
❑ **abrigarse** *vpr (proteger-se)* abrigar-se; *(vestir-se)* agasalhar-se.
abrigo *m* casaco *m*; **al abrigo de** *fig* ao abrigo de.
abril *m* abril *m* → **septiembre.**
abrillantador *m produto para dar brilho.*
abrillantar *vt* dar brilho a.

abrir *vt & vi* abrir.
❑ **abrirse** *vpr*: **abrirse a alguien** abrir-se com alguém.
abrochar *vt* abotoar.
❑ **abrocharse** *vpr (casaco)* abotoar; *(cinto)* apertar.
abrumador, ra *adj* angustiante.
abrumarse *vpr* angustiar-se.
abrupto, ta *adj* abrupto(ta).
ábside *m* abside *f*.
absolución *f* absolvição *f*.
absolutamente *adv* absolutamente.
absoluto, ta *adj* absoluto(ta); **en absoluto** de jeito nenhum.
absolver *vt*: **absolver a alguien (de)** absolver alguém (de).
absorbente *adj* absorvente.
absorber *vt* absorver.
absorto, ta *adj*: **absorto (en)** absorto(ta) (em).
abstemio, mia *m, f* abstêmio *m*, -mia *f*.
abstención *f* abstenção *f*.
abstenerse *vi* abster-se; **abstenerse de** abster-se de.
abstinencia *f* abstinência *f*; **hacer abstinencia** fazer abstinência.
abstracto *adj* abstrato(ta).
absurdo, da *adj* absurdo(da).
abuelo, la *m, f (parente)* avô *m*, avó *f*; *fam (idoso)* velho *m*, -lha *f*.
❑ **abuelos** *mpl* avós *mpl*.
abultado, da *adj* avolumado(da).
abultar *vi* avolumar.
abundancia *f* abundância *f*.
abundante *adj* abundante.
aburrido, da *adj* entediado(da).
aburrimiento *m* tédio *m*.
aburrir *vt* entediar.
❑ **aburrirse** *vpr* entediar-se.
abusar *vi*: **abusar (de)** abusar (de).
abusivo, va *adj (preço)* abusivo(va); *Amér (pessoa)* abusado(da).
abuso *m* abuso *m*.
a/c (*abrev de* **a cuenta**) *à conta de*.
acá *adv* aqui.
acabar 1 *vt (terminar)* acabar; *(consumir totalmente)* esgotar.
2 *vi* acabar.
3 acabar bien/mal acabar bem/mal; **acabar de hacer algo** acabar de fazer algo; **acabar con** acabar com; **acabar en** acabar em; **acabar loco** ficar louco.
❑ **acabarse** *vpr* acabar-se.
academia *f* academia *f*.
académico, ca *adj & m, f* acadêmico(ca).
acalorado, da *adj* acalorado(da).
acalorarse *vpr (por um esforço) sentir calor por efeito de um esforço físico; (excitar-se)* entusiasmar-se.
acampada *f* acampamento *m*; **ir de acampada** acampar.
acampanado, da *adj* boca de sino.
acampar *vi* acampar.
acantilado *m* penhasco *m*.
acaparar *vt* monopolizar.
acápite *m Amér* parágrafo *m*.
acariciar *vt* acariciar.
acaso *adv* acaso; **por si acaso** se acaso.
acatarrarse *vpr* resfriar-se.
acaudalado, da *adj* abastado(da).
acceder *vi*: **acceder (a)** *(pedido)* atender; *(local)* chegar.
accesible *adj* acessível.
acceso *m* acesso *m*.
accesorio *m (de carro)* acessório *m*; *(de cozinha)* utensílio *m*.
accidentado, da *adj* acidentado(da).
accidental *adj* ocasional.
accidente *m* acidente *m*; **por accidente** por acidente; **accidente geográfico** acidente geográfico; **accidente laboral** acidente de trabalho.
acción *f* ação *f*.
❑ **acciones** *fpl* ações *fpl*.
acechar *vt* espreitar.
aceite *m* óleo *m*; **aceite de girasol** óleo de girassol; **aceite de oliva** azeite *m*.
aceitoso, sa *adj* oleoso(sa).
aceituna *f* azeitona *f*; **aceitunas rellenas** azeitonas recheadas.
acelerador *m* acelerador *m*.
acelerar *vt & vi* acelerar.
acelga *f* acelga *f*.
acento *m* acento *m*; *(pronúncia)* sotaque *m*.
acentuación *f* acentuação *f*.
acentuar *vt (pôr acento)* acentuar; *(destacar)* salientar.
aceptable *adj* aceitável.
aceptación *f* aceitação *f*.
aceptar *vt* aceitar.
acequia *f* canal *m* de irrigação.
acera *f* calçada *f*, passeio *m*.
acerca: **acerca de** *prep* acerca de.
acercamiento *m* aproximação *f*.
acercar *vt* aproximar.

❑ **acercarse** *vpr* aproximar-se.
❑ **acercarse a** *v + prep* aproximar-se de.
acero *m* aço *m*; **acero inoxidable** aço inoxidável.
acertado, da *adj* adequado(da).
acertar *vt* acertar; **acertar (en)** acertar (em); **acertar (con)** *(encontrar)* achar; *(escolher bem)* acertar (em).
acertijo *m* adivinhação *f*.
achinado, da *adj Amér de traços indígenas e condição humilde*.
ácido, da 1 *adj* azedo(da).
2 *m* ácido *m*.
acierto *m (a resposta, solução etc.)* acerto *m*; *(habilidade)* habilidade *f*.
aclamar *vt* aclamar.
aclarar 1 *vt (roupa, pratos)* enxaguar; *(cabelo)* clarear; *(dúvidas, situação)* esclarecer.
2 *v impess (tempo)* limpar.
❑ **aclararse** *vpr* limpar.
❑ **aclararse con** *v + prep* entender.
aclimatación *f* aclimatação *f*.
aclimatar *vt* aclimatar.
❑ **aclimatarse** *vpr* aclimatar-se.
acogedor, ra *adj* acolhedor(ra).
acoger *vt* acolher.
❑ **acogerse a** *v + prep* recorrer a.
acogida *f* acolhimento *m*.
acomodado, da *adj* abastado(da).
acomodador, ra *m, f* lanterninha *mf*.
acomodarse *vpr* acomodar-se.
❑ **acomodarse a** *v + prep* acomodar-se a.
acompañamiento *m* acompanhamento *m*.
acompañante *mf* acompanhante *mf*.
acompañar *vt* acompanhar; **le acompaño en el sentimiento** os meus pêsames.
acomplejado, da *adj* complexado(da).
acondicionado, da *adj (local)* equipado(da).
acondicionador *m* condicionador *m*.
acondicionar *vt* arrumar.
aconsejable *adj* aconselhável.
aconsejar *vt* aconselhar.
acontecer *v impess* acontecer.
acontecimiento *m* acontecimento *m*.
acoplar *vt (encaixar)* acoplar; *(adaptar)* adaptar.
acordado, da *adj* combinado(da).
acordar *vt* combinar.
❑ **acordarse** *vpr*: **acordarse (de)** lembrar-se (de).

> Não confundir ***acordar (combinar)*** com o português ***acordar***, que em espanhol é ***despertar***. (***Las secretarias acordaron la entrevista.*** As secretárias ***combinaram*** a entrevista.)

acorde 1 *adj* de acordo.
2 *m* acorde *m*.
3 acorde con de acordo com.
acordeón *m* acordeão *m*.
acortar *vt* encurtar.
acosar *vt* acossar.
acoso *m* acossamento *m*.
acostar *vt* deitar.
❑ **acostarse** *vpr* deitar-se; **acostarse con alguien** *fam* dormir com alguém.
acostumbrar *vt*: **acostumbrar a alguien a algo/a hacer algo** acostumar alguém a algo/a fazer algo; **acostumbrar a hacer algo** costumar fazer algo.
❑ **acostumbrarse** *vpr*: **acostumbrarse a algo/a hacer algo** acostumar-se a algo/a fazer algo.
acotamiento *m Méx* acostamento *m*.
acreditado, da *adj* respeitado(da).
acreditar *vt* creditar.

> Não confundir ***acreditar (creditar)*** com o português ***acreditar***, que em espanhol é ***creer***. (***El banco acreditó el dinero en mi cuenta de ahorros.*** O banco ***creditou*** o dinheiro na minha conta poupança.)

acrílico, ca *adj* acrílico(ca).
acrobacia *f* acrobacia *f*.
acróbata *mf* acrobata *mf*.
acta *f* ata *f*.
actitud *f (de ânimo)* atitude *f*; *(postura)* postura *f*.
activar *vt* ativar.
actividad *f* atividade *f*.
❑ **actividades** *fpl* atividades *fpl*.
activo, va *adj* ativo(va).
acto *m* ato *m*; **acto seguido** em seguida; **en el acto** no ato.
actor, triz *m, f* ator *m*, atriz *f*.
actuación *f* atuação *f*.
actual *adj* atual.
actualidad *f* atualidade *f*; **de actualidad** atual; **en la actualidad** atualmente.
actualizar *vt* atualizar.
actualmente *adv* atualmente.
actuar *vi* atuar.
acuarela *f* aquarela *f*.

acuario *m* aquário *m*.
❑ **Acuario** *m inv* Aquário *m*.
acuático, ca *adj* aquático(ca).
acudir *vi (a local)* comparecer; *(em ajuda de)* acudir; *(a médico, advogado, polícia)* recorrer.
acueducto *m* aqueduto *m*.
acuerdo *m* acordo *m*; **de acuerdo** de acordo; **estar de acuerdo** estar de acordo; **ponerse de acuerdo** chegar a um acordo.
acumulación *f* acumulação *f*.
acumular *vt* acumular.
acupuntura *f* acupuntura *f*.
acusación *f* acusação *f*.
acusado, da *m, f* acusado *m*, -da *f*.
acusar *vt*: **acusar a alguien (de)** acusar alguém (de).
acústica *f* acústica *f*.
adaptación *f* adaptação *f*.
adaptador *m* adaptador *m*.
adaptarse *vpr*: **adaptarse (a)** adaptar-se (a).
adecuado, da *adj* adequado(da).
adecuar *vt* adequar.
a. de J.C. (*abrev de* **antes de Jesucristo**) a.C.
acá *adv* aqui.
adelantado, da *adj* adiantado(da); **ir adelantado** *(relógio)* estar adiantado; **pagar por adelantado** pagar adiantado.
adelantamiento *m* ultrapassagem *f*.
adelantar 1 *vt (adiantar)* ultrapassar; *(trabalho, reunião, relógio, etc.)* adiantar.
2 *vi (relógio)* adiantar.
❑ **adelantarse** *vpr* adiantar-se.
adelante 1 *adv (em tempo)* adiante; *(em espaço)* diante.
2 *interj* em frente!
3 en adelante por diante.
adelanto *m (progresso)* avanço *m*; *(de dinheiro)* adiantamento *m*; *(em estrada)* ultrapassagem *f*.
adelgazante *adj* para emagrecer.
adelgazar *vt & vi* emagrecer.
además *adv* além disso; **además de** além de.
adentro *adv* dentro; **ir adentro** ir para dentro.
adherente *adj* aderente.
adherir *vt* aderir.
❑ **adherirse** *vpr*: **adherirse (a)** aderir (a).
adhesión *f* adesão *f*.
adhesivo, va *adj* adesivo(va).
adicción *f* vício *m*.
adición *f* adição *f*.
adicional *adj* adicional.
adicto, ta *adj*: **adicto a** viciado(da) em.
adiós 1 *m* adeus *m*.
2 *interj* tchau!, adeus!
adivinanza *f* adivinhação *f*.
adivinar *vt* adivinhar.
adivino, na *m, f* adivinho *m*, -nha *f*.
adjetivo *m* adjetivo *m*.
adjuntar *vt* anexar.
administración *f* administração *f*.
❑ **Administración** *f*: **la Administración** o Governo.
administrar *vt* administrar.
administrativo, va 1 *adj* administrativo(va).
2 *m, f* empregado *m*, -da *f* de escritório.
admiración *f* admiração *f*.
admirar *vt* admirar.
admisible *adj* admissível.
admitir *vt* admitir.
admón. (*abrev de* **administración**) admin.
adobe *m* adobe *m*.
adolescencia *f* adolescência *f*.
adolescente *adj & mf* adolescente.
adonde *adv* aonde.
adónde *adv* aonde.
adopción *f* adoção *f*.
adoptar *vt* adotar.
adoptivo, va *adj* adotivo(va).
adoquín *m* paralelepípedo *m*.
adorable *adj* adorável.
adoración *f* adoração *f*.
adorar *vt* adorar.
adornar *vt* adornar, enfeitar.
adorno *m* adorno *m*, enfeite *m*.
adosado, da *adj* encostado(da).
adquirir *vt* adquirir.
adquisición *f* aquisição *f*.
adquisitivo, va *adj* aquisitivo(va).
adrede *adv* de propósito.
aduana *f* alfândega *f*.
aduanero, ra *adj & m, f* alfandegário(ria).
adulterio *m* adultério *m*.
adúltero, ra *adj & m, f* adúltero(ra).
adulto, ta *adj & m, f* adulto(ta).
adverbio *m* advérbio *m*.
adversario, ria *m, f* adversário *m*, -ria *f*.

adverso, sa *adj* adverso(sa).
advertencia *f* advertência *f*.
advertir *vt (avisar)* advertir; *(perceber)* dar-se conta de.
aéreo, a *adj* aéreo(rea).
aerobic *m inv* aeróbica *f*.
aeromodelismo *m* aeromodelismo *m*.
aeromoza *f Amér* aeromoça *f*.
aeronave *f* aeronave *f*.
aeropuerto *m* aeroporto *m*.
aerosol *m* aerossol *m*.
afán *m* afã *m*.
afear *vt* tornar feio.
afección *f formal* afeição *f*.
afectado, da *adj* afetado(da); **afectado de** ou **por** doente de.
afectar *vi (concernir)* afetar; *(impressionar)* abalar.
❑ **afectar a** *v + prep* afetar.
❑ **afectarse** *vpr*: **afectarse (por)** ou **(con)** abalar-se (com).
afectivo, va *adj* afetuoso(sa).
afecto *m* afeto *m*.
afectuoso, sa *adj* afetuoso(sa).
afeitado, da 1 *adj* barbeado(da).
2 *m (da barba)* corte *m*.
afeitarse *vpr* barbear-se.
afeminado, da *adj* efeminado(da).
afiche *m Amér* cartaz *m*.
afición *f (sentimento)* afeição *f*; *(pessoas)* torcida *f*.
aficionado, da *adj* amador(ra); **aficionado a** admirador de.
aficionarse *vpr*: **aficionarse (a)** interessar-se (por).
afilado, da *adj* afiado(da).
afilar *vt* afiar.
afiliado, da *adj*: **afiliado a** filiado(da) a.
afiliarse *vpr*: **afiliarse (a)** filiar-se (a).
afín *adj* afim.
afinar 1 *vt (instrumento)* afinar; *(tiro, pontaria)* aprimorar.
2 *vi (entoar)* afinar.
afinidad *f* afinidade *f*.
afirmación *f* afirmação *f*.
afirmar *vt* afirmar.
❑ **afirmarse en** *v + prep* insistir em.
afirmativo, va *adj* afirmativo(va).
afligido, da *adj* aflito(ta).
afligir *vt* afligir.
❑ **afligirse** *vpr* afligir-se.
aflojar 1 *vt* afrouxar.
2 *vi (em esforço)* esmorecer; *(ceder)* afrouxar.
afluencia *f* afluência *f*.
afluente *m* afluente *m*.
afónico, ca *adj* afônico(ca).
aforo *m* capacidade *f*.
afortunadamente *adv* felizmente.
afortunado, da *adj (com sorte)* afortunado(da); *(oportuno)* feliz; **afortunado en** feliz em.
afrodisíaco *m* afrodisíaco *m*.
afrutado, da *adj (vinho) que tem sabor ou aroma de frutas.*
afuera *adv* fora; **estar afuera** estar lá fora.
❑ **afueras** *fpl*: **las afueras** os arredores *mpl*.
agachar *vt* inclinar.
❑ **agacharse** *vpr* agachar-se.
agarrar *vt (com as mãos)* agarrar; *(doença)* pegar.
❑ **agarrarse** *vpr (lutar)* brigar.
❑ **agarrarse a** *v + prep (oportunidade)* aproveitar; *(pessoa)* agarrar-se a.
agencia *f* agência *f*; **agencia de viajes** agência de viagens.
agenda *f* agenda *f*.
agente *mf* agente *mf*; **agente de policía** polícia *mf*.
ágil *adj* ágil.
agilidad *f* agilidade *f*.
agitación *f* agitação *f*.
agitado, da *adj* agitado(da).
agitar *vt* agitar.
❑ **agitarse** *vpr (remexer-se)* agitar-se; *(preocupar-se)* inquietar-se.
agnóstico, ca *adj* agnóstico(ca).
agobiado, da *adj* agoniado(da).
agobiar *vt* agoniar.
❑ **agobiarse con** *v + prep* preocupar-se com.
agosto *m* agosto *m* → **septiembre.**
agotado, da *adj* esgotado(da).
agotador, ra *adj* esgotante.
agotamiento *m* esgotamento *m*.
agotar *vt* esgotar.
❑ **agotarse** *vpr* esgotar-se.
agradable *adj* agradável.
agradar *vi* agradar.
agradecer *vt* agradecer.
agradecido, da *adj* agradecido(da).
agradecimiento *m* agradecimento *m*.

agredir *vt* agredir.
agregado, da 1 *adj* agregado(da). 2 *m, f (em embaixada)* adido *m*, -da *f*.
agregar *vt* agregar.
agresión *f* agressão *f*.
agresivo, va *adj* agressivo(va).
agresor, ra *m, f* agressor *m*, -ra *f*.
agreste *adj* agreste.
agrícola *adj* agrícola.
agricultor, ra *m, f* agricultor *m*, -ra *f*.
agricultura *f* agricultura *f*.
agridulce *adj* agridoce.
agrio, gria *adj* azedo(da).
agrupación *f* agrupamento *m*.
agrupar *vt* agrupar.
agua *f* água *f*; **agua corriente** água corrente; **agua de colonia** água-de-colônia *f*; **agua mineral** água mineral; **agua mineral con/sin gas** água mineral com/sem gás; **agua oxigenada** água oxigenada; **agua potable** água potável; **agua tónica** água tônica.
❑ **aguas** *fpl* águas *fpl*.
aguacate *m* abacate *m*.
aguacero *m* aguaceiro *m*.
aguafiestas *mf inv* desmancha-prazeres *mf inv*.
aguamiel *f Amér (bebida)* hidromel *m*; *Carib & Méx (jugo)* suco *m* de pita.
aguanieve *f* chuva *f* com neve.
aguantar *vt & vi* agüentar.
❑ **aguantarse** *vpr* não reagir.
aguardar *vt & vi* aguardar.
aguardiente *m* aguardente *f*, cachaça *f*.
aguarrás *m* aguarrás *f*.
agudeza *f* agudeza *f*.
agudo, da *adj* agudo(da); *(pessoa)* perspicaz.
águila *f* águia *f*; **¿águila o sol?** *Méx* cara ou coroa?
aguinaldo *m* gratificação *f* de Natal.
aguja *f (para costurar)* agulha *f*; *(de relógio)* ponteiro *m*; *(para cabelo)* grampo *m*; **aguja hipodérmica** agulha hipodérmica.
agujerear *vt* furar.
agujero *m* buraco *m*, furo *m*.
agujetas *fpl* pontada *f*, dores *fpl* musculares.
ahí *adv* aí; **por ahí** por aí; **de ahí que** por isso.
ahijado, da *m, f* afilhado *m*, -da *f*.
ahogado, da 1 *adj (em água)* afogado(da); *(sem respiração)* sufocado(da). 2 *m, f (pessoa)* afogado *m*, -da *f*.
ahogarse *vpr (em água)* afogar-se; *(perder a respiração)* sufocar; **ahogarse en un vaso de agua** fazer uma tempestade num copo de água.
ahora *adv* agora; **por ahora** por enquanto; **ahora bien** no entanto; **ahora mismo** agora mesmo.
ahorcar *vt* enforcar.
❑ **ahorcarse** *vpr* enforcar-se.
ahorita *adv Andes, CAm, Carib & Méx* agora mesmo.
ahorrar *vt* poupar.
ahorro *m* economia *f*.
❑ **ahorros** *mpl* economias *fpl*.
ahuecar *vt (o cheio)* esvaziar; *(o compacto)* escavar.
ahumado, da *adj* defumado(da).
airbag® ['erβag] *m* airbag® *m*.
aire *m* ar *m*; **al aire** ao relento; **al aire libre** ao ar livre; **darse aires de** dar-se ares de; **estar/quedar en el aire** estar/ficar no ar; **aire acondicionado** ar condicionado.
airear *vt* arejar.
airoso, sa *adj (gracioso)* garboso(sa); *(com sucesso)* triunfante.
aislado, da *adj* isolado(da).
aislamiento *m* isolamento *m*.
aislante *adj* isolante.
aislar *vt* isolar.
❑ **aislarse** *vpr* isolar-se.
ajedrez *m* xadrez *m*.
ajeno, na *adj* alheio (alheia); **ajeno a** alheio a.
ajetreo *m* agitação *f*.
ají *m Andes, RP Ven* pimenta-malagueta *f*; **ponerse como un ají** *fam* ficar vermelho como um pimentão.
ajillo *m*: **al ajillo** ao alho e óleo.
ajo *m* alho *m*; **estar en el ajo** *fam fig* estar por dentro.
ajuar *m* enxoval *m*.
ajustado, da *adj (quantidade, preço)* exato(ta); *(roupa)* justo(ta).
ajustar *vt* ajustar.
❑ **ajustarse** *vpr*: **ajustarse (a)** ajustar-se (a).
al → **a, el.**

É uma contração da preposição ***a*** + o artigo ***el***: (***Fue al*** (a + el) ***estadio.*** Foi ao estádio.

Se le perdió el perrito al (a + el) *vecino.* O vizinho perdeu o cachorrinho dele.)

Em espanhol, somente a preposição ***a*** e a preposição ***de*** admitem contração com o artigo.

(Ver também **Os artigos** e **As preposições** na seção *Gramática espanhola*.)

ala *f (de ave, avião)* asa *f*; *(de chapéu)* aba *f*; *(de edifício)* ala *f*.

alabanza *f* elogio *m*.

alabar *vt* elogiar.

alabastro *m* alabastro *m*.

alacena *f* despensa *f*.

alambrar *vt* cercar (com arame).

alambre *m (de metal)* arame *m*.

alameda *f* alameda *f*.

álamo *m* álamo *m*.

alardear *vi*: **alardear (de)** gabar-se (de).

alargar *vt (saia, calça etc.)* descer a bainha de; *(situação)* prolongar; *(aproximar)* passar.
❑ **alargarse** *vpr (en una explicación)* alongar-se.

alarma *f* alarme *m*; **dar la (voz de) alarma** dar o (sinal de) alarme.

alarmante *adj* alarmante.

alarmar *vt* alarmar.
❑ **alarmarse** *vpr* alarmar-se.

alba *f* alvorada *f*.

albañil *m* pedreiro *m*.

albarán *m* alvará *m*.

albaricoque *m Esp* damasco *m*.

albatros *m inv* albatroz *m*.

albedrío *m* arbítrio *m*; **libre albedrío** livre-arbítrio.

alberca *f Méx* piscina *f*.

albergar *vt (pessoas)* hospedar; *(ódio, esperança)* guardar.
❑ **albergarse** *vpr* hospedar-se.

albergue *m* albergue *m*; **albergue juvenil** albergue *m* da juventude.

albóndiga *f* almôndega *f*.

albornoz (*pl* **-ces**) *m* roupão *m* de banho.

alborotado, da *adj (pessoa)* alvoroçado(da); *(cabelo)* despenteado(da).

alborotar 1 *vt* alvoroçar.
2 *vi* alvoroçar-se.
❑ **alborotarse** *vpr* alvoroçar-se.

alboroto *m* alvoroço *m*.

álbum *m* álbum *m*; **álbum de fotos** álbum de fotografias; **álbum familiar** álbum de família.

alcachofa *f (planta)* alcachofra *f*; *(para banho)* chuveiro *m*; **alcachofas con jamón** alcachofras com presunto.

alcalde, sa *m, f* prefeito *m*, -ta *f*.

alcaldía *f* prefeitura *f*.

alcalino, na *adj* alcalino(na).

alcance *m* alcance *m*; **a su alcance** ao seu alcance; **dar alcance** alcançar.

alcanfor *m* cânfora *f*.

alcantarilla *f* esgoto *m*.

alcanzar 1 *vt* alcançar; *(suj: disparo)* atingir.
2 *vi* bastar.
3 alcanzar algo a alguien *(dar, aproximar)* passar algo a alguém; **alcanzar a hacer algo** conseguir fazer algo.

alcaparra *f* alcaparra *f*.

alcayata *f* gancho *m*.

alcázar *m* fortaleza *f*.

alcoba *f* alcova *f*.

alcohol *m* álcool *m*.

alcohólico, ca 1 *adj* alcoólico(ca).
2 *m, f* alcoólatra *mf*, alcoólico *m*, -ca *f*.

alcoholismo *m* alcoolismo *m*.

alcoholizado, da *adj* alcoolizado(da).

alcoholizarse *vpr* alcoolizar-se.

alcornoque *m* sobreiro *m*.

aldea *f* aldeia *f*.

aldeano, na *m, f* aldeão *m*, -deã *f*.

alebrestarse *vpr Col, Méx & Ven (ficar nervoso)* enervar-se; *(ficar bravo)* zangar-se.

alegrar *vt* alegrar.
❑ **alegrarse** *vpr*: **alegrarse (de)** alegrar-se (de); **alegrarse (por)** alegrar-se (por).

alegre *adj* alegre; *(pessoa)* alegre; *(decisão, atitude)* feliz.

alegremente *adv (com alegria)* alegremente; *(sem pensar)* inconseqüentemente.

alegría *f* alegria *f*.

alejar *vt* afastar.
❑ **alejarse** *vpr* afastar-se.

alergia *f* alergia *f*; **tener alergia a** ter alergia a.

alérgico, ca *adj* alérgico(ca); **ser alérgico a** ser alérgico a.

alero *m* beiral *m*.

alerta 1 *adv* alerta.
2 *f* alerta *m*.
3 *interj* alerta!.
4 estar alerta estar alerta; **alerta roja** alerta vermelho.

aleta *f (de peixe)* barbatana *f*; *(de automóvel)* pára-lama *m*; *(de nariz)* narina *f*.
❑ **aletas** *fpl* pés-de-pato *mpl*.

alevín *m (peixe)* alevino *m*; *(em esporte)* iniciante *mf*.

alfabético, ca *adj* alfabético(ca).

alfabetización *f* alfabetização *f*.

alfabetizar *vt (pessoas)* alfabetizar; *(palavras, letras)* pôr em ordem alfabética.

alfabeto *m* alfabeto *m*.

alfarero, ra *m, f* oleiro *m*, -ra *f*.

alférez (*pl* **-ces**) *m* ≃ segundo-tenente.

alfil *m* bispo *m (de xadrez)*.

alfiler *m (agulha)* alfinete *m*; *(jóia)* prendedor *m* de gravata; **alfiler de gancho** *Andes, RP Ven* alfinete de segurança.

alfombra *f* tapete *m*.

alfombrilla *f* tapete *m*.

alga *f* alga *f*.

álgebra *f* álgebra *f*.

algo 1 *pron* algo.
2 *adv* um pouco.
3 por algo por alguma razão.

algodón *m* algodão *m*; **de algodón** de algodão; **algodón hidrófilo** algodão hidrófilo.

alguien *pron* alguém.

algún *adj* algum(ma).

alguno, na *adj & pron* algum(ma).

alhaja *f* jóia *f*.

aliado, da *adj* aliado(da).

alianza *f* aliança *f*.

aliarse *vpr*: **aliarse (con)** aliar-se (a).

alicates *mpl* alicate *m*.

aliciente *m* estímulo *m*.

aliento *m (respiração)* fôlego *m*; *(de boca)* hálito *m*; **tener mal aliento** ter mau hálito; **quedarse sin aliento** ficar sem fôlego.

aligerar *vt (peso)* aliviar; *(passo)* apressar.

alijo *m* muamba *f*.

alimentación *f* alimentação *f*.

alimentar *vt & vi* alimentar.
❑ **alimentarse de** *v + prep* alimentar-se de.

alimenticio, cia *adj* alimentício(cia).

alimento *m* alimento *m*.

alinear *vt* alinhar.
❑ **alinearse** *vpr* alinhar-se.

aliñar *vt* temperar.

aliño *m* tempero *m*.

aliviar *vt* aliviar.

alivio *m* alívio *m*.

allá *adv* lá; **allá él** o problema é dele.

allí *adv* ali.

alma *f* alma *f*.

almacén *m (para guardar)* armazém *m*; *(comércio)* atacado *m*.
❑ **almacenes** *mpl* centro *m* comercial; **grandes almacenes** lojas *fpl* de departamentos.

almacenar *vt* armazenar.

almanaque *m* almanaque *m*.

almejas *fpl* mariscos *mpl*; **almejas a la marinera** *mariscos cozidos com vinho branco, verduras e temperos.*

almendra *f* amêndoa *f*.

almendrado *m* sorvete *m* de amêndoas.

almendro *m* amendoeira *f*.

almíbar *m* calda *f* (de açúcar); **en almíbar** em calda.

almidón *m* amido *m*; *(para roupa)* goma *f*.

almidonado, da *adj* engomado(da).

almidonar *vt* engomar.

almirante *m* almirante *m*.

almohada *f* travesseiro *m*.

almohadilla *f* almofada *f*.

almorranas *fpl* hemorróidas *fpl*.

almorzar *vt & vi (ao meio-dia)* almoçar; *(na metade da manhã)* lanchar.

almuerzo *m (ao meio-dia)* almoço *m*; *(na metade da manhã)* lanche *m*.

aló *interj Andes, CAm & Carib* alô!

alocado, da *adj* aloucado(da).

alojamiento *m* alojamento *m*.

alojar *vt* alojar.
❑ **alojarse** *vpr* alojar-se.

alondra *f* cotovia *f*.

alpargata *f* alpargata *f*.

alpinismo *m* alpinismo *m*.

alpinista *mf* alpinista *mf*.

alpino, na *adj* alpino(na).

alpiste *m* alpiste *f*.

alquilar *vt* alugar; **'se alquila'** 'aluga-se'.

alquiler *m* aluguel *m*; **de alquiler** para alugar; **alquiler de coches** aluguel de automóveis.

alquitrán *m* alcatrão *m*.

alrededor *adv*: **alrededor (de)** *(em torno a)* ao redor de; *(aproximadamente)* perto de.
❑ **alrededores** *mpl*: **los alrededores** os arredores.

alta *f (de doença)* alta *f*; *(numa associação)*

inscrição *f*; **dar de alta** dar alta.
altar *m* altar *m*.
altavoz (*pl* **-ces**) *m* alto-falante *m*.
alteración *f* alteração *f*.
alterado, da *adj* alterado(da).
alterar *vt* alterar.
❑ **alterarse** *vpr* alterar-se.
altercado *m* discussão *f*.
alternar *vt*: **alternar algo con algo** alternar algo com algo.
❑ **alternar con** *v + prep* relacionar-se com.
alternativa *f* alternativa *f*.
alterno, na *adj* alternado(da).
alteza *f* alteza *f*; **su alteza** Sua Alteza.
altibajos *mpl (de comportamento, humor)* altos e baixos *mpl*; *(de terreno)* irregularidades *fpl*.
altillo *m (de casa)* desvão *m*; *(de armário)* maleiro *m*.
altitud *f (de montanha, povoado)* altitude *f*.
altivo, va *adj* altivo(va).
alto, ta 1 *adj* alto(ta).
2 *m (interrupção)* parada *f*; *(local elevado)* altos *mpl*.
3 *adv* alto.
4 *interj* alto!.
5 **a altas horas de la noche** a altas horas da noite; **en lo alto de** no alto de; **de alto** de altura.
altoparlante *m Amér* alto-falante *m*.
altramuz (*pl* **-ces**) *m* tremoço *m*.
altruismo *m* altruísmo *m*.
altruista *adj* altruísta.
altura *f* altura *f*; **de altura** de altura; **estar a la altura de** estar à altura de.
❑ **alturas** *fpl* alturas *fpl*; **a estas alturas** *(neste momento)* a esta altura.
alubias *fpl* feijão *m*.
alucinación *f* alucinação *f*.
alucinar *vi* alucinar.
alud *m* avalanche *f*.
aludido, da *adj & m,f*: **no darse por aludido** fazer de conta que não é consigo.
aludir: **aludir a** *v + prep* aludir a.
alumbrado *m* iluminação *f*.
alumbrar *vt* iluminar.
aluminio *m* alumínio *m*.
alumno, na *m, f* aluno *m*, -na *f*.
alusión *f* alusão *f*; **hacer alusión a** fazer alusão a.
alza *f* alta *f*; **en alza** em alta.
alzar *vt (preços)* aumentar; *(voz)* levantar; *(bandeira, pano de boca)* içar.
❑ **alzarse** *vpr (encontrar-se)* levantar-se; *(sublevar-se)* rebelar-se.
a.m. (*abrev de* **ante meridiem**) da manhã.
amabilidad *f* amabilidade *f*.
amable *adj* amável.
amablemente *adv* amavelmente.
amaestrado, da *adj (animal)* ensinado(da).
amaestrar *vt (animais)* ensinar.
amamantar *vt* amamentar.
amanecer 1 *m* amanhecer *m*; **al amanecer** ao amanhecer.
2 *v impess* amanhecer.
amanerado, da *adj (afetado)* amaneirado(da); *(delicado)* efeminado(da).
amansar *vt (animal)* amansar; *(pessoa)* acalmar.
amante *mf* amante *mf*; **amante de** admirador de.
amapola *f* papoula *f*.
amar *vt* amar.
amargado, da *adj* amargurado(da).
amargar *vt* amargar.
❑ **amargarse** *vpr (pessoa)* amargurar-se.
amargo, ga *adj* amargo(ga).
amarillear *vi* amarelecer.
amarillo, lla 1 *adj* amarelo(la).
2 *m* amarelo *m*.
amarilloso, sa *adj Amér* amarelado(da).
amarrar *vt (barco)* amarrar; *Amér (sapatos)* atar, amarrar.
amarre *m* ancoradouro *m*.
amasar *vt (pão)* amassar; *(fortuna)* acumular.
amateur *adj & mf* amador(ra).
amazona *f* amazona *f*.
amazónico, ca *adj* amazônico(ca).
ámbar *m* âmbar *m*.
ambición *f* ambição *f*.
ambicioso, sa *adj* ambicioso(sa).
ambientador *m* purificador *m* de ar.
ambiental *adj* ambiental.
ambiente *m (ar)* atmosfera *f*; *(meio social, pessoal)* ambiente *m*; *(movimentação)* animação *f*; *CSur (cômodo)* quarto *m*.
ambigüedad *f* ambigüidade *f*.
ambiguo, gua *adj* ambíguo(gua).
ámbito *m* âmbito *m*.

ambos, bas 1 *adj* ambos(bas).
2 *pron pl* ambos(bas).

ambulancia *f* ambulância *f*.

ambulante *adj* ambulante.

ambulatorio *m Esp* ambulatório *m*.

amén *adv* amém; **decir amén (a todo)** dizer amém (a tudo).

amenaza *f* ameaça *f*; **amenaza de muerte** ameaça de morte.

amenazar *vt & v impess* ameaçar; **amenazar a alguien (con** ou **de)** ameaçar alguém (com ou de).

amenizar *vt* amenizar.

ameno, na *adj (livro, filme)* ameno(na); *(pessoa)* agradável.

americana *f* jaqueta *f*.

americanismo *m* americanismo *m*.

ametralladora *f* metralhadora *f*.

ametrallar *vt* metralhar.

amígdalas *fpl* amígdalas *fpl*.

amigo, ga *adj & m, f* amigo(ga); **ser amigos** ser amigos.

amistad *f* amizade *f*.
❑ **amistades** *fpl* amizades *fpl*.

amnesia *f* amnésia *f*.

amnistía *f* anistia *f*.

amo, ma *m, f* senhor *m*, -ra *f*; **ama de casa** dona de casa; **ama de llaves** governanta *f*.

amodorrado, da *adj* sonolento(ta).

amoldarse *vpr*: **amoldarse (a)** adaptar-se (a).

amoníaco *m* amoníaco *m*.

amontonar *vt* amontoar.
❑ **amontonarse** *vpr* amontoar-se.

amor *m* amor *m*; **hacer el amor** fazer amor; **amor propio** amor-próprio *m*.
❑ **amores** *mpl* amores *mpl*.

amordazar *vt* amordaçar.

amoroso, sa *adj* amoroso(sa).

amortiguador *m* amortecedor *m*.

amortiguar *vt* amortecer.

amparar *vt* amparar.
❑ **ampararse en** *v + prep* amparar-se em.

amparo *m* amparo *m*; **al amparo de** ao amparo de.

ampliación *f* ampliação *f*.

ampliar *vt* ampliar.

amplificador *m* amplificador *m*.

amplio, plia *adj* amplo(pla).

amplitud *f (largura)* amplitude *f*; *(extensão)* amplidão *f*.

ampolla *f (na pele)* bolha *f*; *(de medicamento)* ampola *f*.

amueblado, da *adj* mobiliado(da).

amueblar *vt* mobiliar.

amuermarse *vpr Esp* aborrecer-se.

amuleto *m* amuleto *m*.

amurallar *vt* amuralhar.

analfabetismo *m* analfabetismo *m*.

analfabeto, ta *adj & m, f* analfabeto(ta).

analgésico *m* analgésico *m*.

análisis *m inv* análise *f*; **análisis (de sangre)** exame (de sangue).

analítico, ca *adj* analítico(ca).

analizar *vt* analisar.

analogía *f* analogia *f*.

análogo, ga *adj* análogo(ga).

ananá *m RP* abacaxi *m*.

anaranjado, da *adj* alaranjado(da).

anarquía *f* anarquia *f*.

anárquico, ca *adj* anárquico(ca).

anarquista *adj & mf* anarquista.

anatomía *f* anatomia *f*.

anatómico, ca *adj* anatômico(ca).

anca *f* anca *f*; **ancas de rana** pernas *fpl* de rã.

ancho, cha 1 *adj* largo(ga).
2 *m* largura *f*.
3 **a sus anchas** à vontade; **venir ancho** *(peça de roupa)* estar largo.

anchoa *f* anchova *f*.

anchura *f* largura *f*.

anciano, na *adj & m, f* ancião(ã).

ancla *f* âncora *f*.

anda *interj* puxa!

ándale, ándele *interj CAm & Méx fam* vamos nessa!

andamio *m* andaime *m*.

andar 1 *m* andar *m*.
2 *vi* andar.
3 *vt* andar.
4 **el reloj no anda** o relógio parou; **las cosas andan mal en la empresa** as coisas andam mal na empresa; **el niño anda atareado con sus deberes** o menino anda atarefado com seus deveres; **creo que anda por el almacén** acho que anda lá pelo armazém; **andar haciendo algo** andar fazendo algo.
❑ **andar en** *v + prep* andar às voltas com.
❑ **andar por** *v + prep* andar por; **anda por los cuarenta años** anda lá pelos quarenta anos.

❑ **andarse con** *v + prep* andar com.
❑ **andares** *mpl* jeito *m sing*.

O verbo *andar* é normalmente usado com a preposição *en* nas construções que se referem a meios de transporte: (*Andar en tren es una solución económica.* Andar de trem é uma solução econômica. *Cuando estuve en Montevideo, andaba en ómnibus todos los días.* Quando estive em Montevidéu, andava de ônibus todos os dias. *A María Inés le gusta andar en bicicleta por la ciudad.* María Inés gosta de andar de bicicleta pela cidade.)

Note que, em espanhol, nunca se usa a preposição *de* com o verbo *andar* como ocorre em português.

(Ver também As preposições na seção *Gramática espanhola*.)

ándele *interj* = **ándale.**
andén *m* plataforma *f*.
andinismo *m Amér* montanhismo *m*.
andinista *mf Amér* montanhista *mf*.
anécdota *f* episódio *m*.
anecdótico, ca *adj* episódico(ca).
anemia *f* anemia *f*.
anémico, ca *adj* anêmico(ca).
anémona *f* anêmona *f*.
anestesia *f* anestesia *f*.
anestesista *mf* anestesista *mf*.
anexo, xa 1 *adj* anexo(xa).
2 *m* anexo *m*.
anfetamina *f* anfetamina *f*.
anfibios *mpl* anfíbios *mpl*.
anfiteatro *m* anfiteatro *m*.
anfitrión, ona *m, f* anfitrião *m*, -ã *f*.
ángel *m lit & fig* anjo *m*.
angelical *adj* angelical.
angina *f*: **angina de pecho** angina do peito.
❑ **anginas** *fpl* anginas *fpl*.
anglosajón, ona *adj & m, f* anglo-saxão (xã).
anguila *f* enguia *f*.
angula *f* filhote *m* de enguia.
angular *adj* angular.
ángulo *m* ângulo *m*.
angustia *f* angústia *f*.
angustiado, da *adj* angustiado(da).
angustiarse *vpr* angustiar-se.
angustioso, sa *adj* angustiante.
anhelar *vt* desejar.
anhelo *m* desejo *m*.
anidar *vi* fazer ninho.
anilla *f* argola *f*.
❑ **anillas** *fpl* argolas *fpl*.
anillo *m* anel *m*.
animación *f* animação *f*.
animado, da *adj* animado(da); **animado a** animado para.
animal 1 *m* animal *m*.
2 *adj* animal; *(bruto)* bruto(ta).
3 **animal de compañía** animal de estimação; **animal doméstico** animal doméstico.
animar *vt* animar.
❑ **animarse** *vpr* animar-se; **animarse a hacer algo** ter coragem de fazer algo.
ánimo 1 *m (humor)* ânimo *m*; *(propósito)* intenção *f*.
2 *interj* ânimo!
aniñado, da *adj* infantil.
aniquilar *vt* aniquilar.
anís *m* anis *m*.
aniversario *m* aniversário *m*.

Não confundir *aniversario (de um fato ocorrido)* com o português *aniversário (de uma pessoa)*, que em espanhol é *cumpleaños*. (*La semana próxima se festeja el aniversario de la ciudad; hace 150 años que se fundó.* Na semana que vem festeja-se o *aniversário* da cidade; faz 150 anos que ela foi fundada.)

ano *m* ano *m*.
anoche *adv* ontem à noite.
anochecer 1 *m* anoitecer *m*; **al anochecer** ao anoitecer.
2 *v impess* anoitecer.
anomalía *f* anomalia *f*.
anómalo, la *adj* anômalo(la).
anonimato *m* anonimato *m*.
anónimo, ma 1 *adj* anônimo(ma).
2 *m* mensagem *f* anônima.
anorak *m* anoraque *m*.
anorexia *f* anorexia *f*.
anotar *vt* anotar.
ansia *f (desejo, anseio)* desejo *m*; *(inquietação)* ansiedade *f*.
ansiedad *f* ansiedade *f*.
ansioso, sa *adj*: **ansioso por** ansioso(sa) por.
ante[1] *prep (em presença de)* perante; *(em frente de)* ante.
ante[2] *m (pele)* antílope *m*.
anteanoche *adv* anteontem à noite.
anteayer *adv* anteontem.

antebrazo *m* antebraço *m*.
antecedentes *mpl*: **tener antecedentes (penales)** ter antecedentes (criminais).
anteceder *vt* anteceder.
antecesor, ra *m, f* antecessor *m*, -ra *f*.
antelación *f* antecipação *f*; **con antelación** com antecedência.
antemano: **de antemano** *adv* de antemão.
antena *f* antena *f*.
anteojos *mpl* *Amér* óculos *mpl*.
antepasados *mpl* antepassados *mpl*.
antepenúltimo, ma *adj* antepenúltimo(ma).
anterior *adj* anterior.
antes 1 *adv* (a) *(antigamente)* antes; **antes se vivía mejor** antes vivia-se melhor.
(b) *(num tempo anterior a um outro)*; **¿quién ha llamado antes?** quem ligou antes?; **mucho/poco antes** muito/pouco antes; **lo antes posible** o quanto antes; **antes de** antes de; **llegó antes de las nueve** chegou antes das nove; **antes (de** OU **que)** antes (de OU que); **la farmacia está antes (del cruce)** a farmácia fica antes (do cruzamento); **antes que** antes isso que; **antes que estar así prefiero irme** para ficar assim prefiro ir embora; **antes (de) que** antes que OU de; **llegaré antes que tú alcances a tu hermano** chegarei antes que você alcance seu irmão; **antes de nada** antes de mais nada.
(c) *(em primeiro lugar)* primeiro; **yo la vi antes** eu a vi primeiro.
2 *adj* anterior; **llegó el día antes** chegou no dia anterior; **el día/la noche antes** o dia/a noite anterior.
antesala *f* ante-sala *f*.
antiabortista *mf* *militante antiaborto.*
antiarrugas *m inv* anti-rugas *m inv*.
antibiótico *m* antibiótico *m*.
anticiclón *m* anticiclone *m*.
anticipado, da *adj* antecipado(da).
anticipar *vt* *(notícias)* antecipar; *(pagamentos)* adiantar.
❑ **anticiparse** *vpr*: **anticiparse (a)** antecipar-se (a).
anticipo *m* adiantamento *m*.
anticoncepción *f* contracepção *f*.
anticonceptivo *m* anticoncepcional *m*.
anticuado, da *adj* antiquado(da).
anticuario *m* antiquário *m*.
anticucho *m* *Andes espeto de coração de boi.*
anticuerpo *m* anticorpo *m*.
antidepresivo *m* antidepressivo *m*.
antier *adv* *Amér fam* anteontem.
antifaz (*pl* **-ces**) *m* véu *m*.
antiguamente *adv* antigamente.
antigüedad *f* antigüidade *f*.
❑ **antigüedades** *fpl* antigüidades *fpl*.
antiguo, gua *adj* *(velho)* antigo(ga); *(ultrapassado)* antiquado(da).
antihistamínico *m* anti-histamínico *m*.
antiinflamatorio *m* antiinflamatório *m*.
antílope *m* antílope *m*.
antipatía *f* antipatia *f*.
antipático, ca *adj* antipático(ca).
antirrobo *adj* anti-roubo.
antiséptico *m* anti-séptico *m*.
antitérmico *m* antitérmico *m*.
antivirus *m inv* INFORM antivírus *m inv*.
antojitos *mpl* *Méx tira-gostos típicos como tacos, tamales e alambres.*
antojo *m* desejo *m*; **tener antojo de** estar com desejo de.
antología *f* antologia *f*.
antorcha *f* tocha *f*.
antro *m pej* antro *m*.
anual *adj* anual.
anuario *m* anuário *m*.
anulado, da *adj* *(espetáculo, cartão etc.)* cancelado(da); *(gol)* anulado(da).
anular 1 *m* *(dedo da mão)* anular *m*.
2 *vt* *(espetáculo)* cancelar; *(cartão, passagem, gol)* anular; *(personalidade)* destituir.
anunciar *vt* anunciar.
anuncio *m* anúncio *m*; *(presságio, sinal)* indício *m*.
anzuelo *m* anzol *m*.
añadidura *f* acréscimo *m*; **por añadidura** além disso.
añadir *vt* acrescentar.
añicos *mpl*: **hacer(se) añicos** fazer-(se) em pedaços.
año *m* ano *m*; **cumplir años** fazer anos; **hace años** há anos; **tener años** ter anos; **año nuevo** ano-novo; **Feliz Año Nuevo** Feliz ano-novo.
añoranza *f* saudade *f*.
añorar *vt* sentir saudade.
aorta *f* aorta *f*.
apache *adj & mf* apache.

apachurrar *vt Amér fam (achatar)* esmagar.

apacible *adj* tranqüilo(la); *(tempo)* aprazível.

apadrinar *vt (em batizado)* ser padrinho de; *(proteger, ajudar)* apadrinhar.

apagado, da *adj (luz, fogo)* apagado(da); *(abajur, rádio, televisão etc.)* desligado (da); *(pessoa)* entristecido(da); *(cor)* desbotado(da); *(som)* abafado(da).

apagar *vt (luz, fogo)* apagar; *(abajur, rádio, televisão etc.)* desligar; *(desejos, forças)* extinguir.
❑ **apagarse** *vpr (consumir-se)* extinguir-se; *(morrer)* expirar.

> Não confundir com o português *apagar*, que tem um significado similar ao do espanhol *borrar*: (*María apagó el horno.* María desligou o forno.)

apagón *m* apagão *m*, blecaute *m*.

apaisado, da *adj* alongado(da).

apalabrar *vt* acertar *(verbalmente)*.

apalancado, da *adj (em lugar, posição)* instalado(da); *fam (sem iniciativa)* apático(ca).

apapachar *vt Méx* paparicar.

apapacho *m Méx (abraço, carinho)* paparicos *mpl*.

aparador *m* aparador *m*.

aparato *m* aparelho *m*.

aparcamiento *m* estacionamento *m*.

aparcar *vt Esp (veículo)* estacionar; *(problema, decisão etc.)* adiar.

aparecer *vi (de forma repentina)* surgir; *(o perdido)* aparecer; *(publicação)* ser publicado.

aparejador, ra *m, f* supervisor *m*, -ra *f*.

aparejar *vt (barco)* equipar.

aparejo *m (de barco)* equipamento *m*.

aparentar *vt* aparentar.

aparente *adj (fingido)* aparente; *(bonito)* chamativo(va).

aparición *f (de pessoa)* aparecimento *f*; *(de produto)* lançamento *m*; *(do sobrenatural)* aparição *f*.

apariencia *f* aparência *f*; **en apariencia** aparentemente; **guardar las apariencias** manter as aparências.

apartado, da 1 *adj (longínquo)* distante; *(sem relação)* separado(da).
2 *m* parágrafo *m*.
3 apartado de correos caixa *f* postal.

apartamento *m* apartamento *m*.

apartar *vt* separar.
❑ **apartarse** *vpr* ir-se embora.
❑ **apartarse de** *v + prep* afastar-se de.

aparte 1 *adv (em outro lugar)* à parte; *(separadamente)* separadamente; *(além do mais)* além disso.
2 *adj (privativo)* particular; *(diferente)* diferente.
3 aparte de *(além do mais)* além de; *(exceto)* à exceção de.

aparthotel *m* apart-hotel *m*.

apasionado, da *adj* apaixonado(da); **apasionado por** apaixonado por.

apasionante *adj* apaixonante.

apasionar *vi* apaixonar.
❑ **apasionarse por** *v + prep* apaixonar-se por.

apdo. (*abrev de* **apartado**) C. P.

apechugar *vi*: **apechugar con** *fam* encarregar-se de.

apego *m*: **tener apego a** ter apego a.

apellidarse *vpr* ter como sobrenome; **se apellida Suárez** seu sobrenome é Suárez.

apellido *m* sobrenome *m*.

> Não confundir *apellido (sobrenome)* com o português *apelido*, que em espanhol é *apodo*. (*El apellido de mis primos es González.* O *sobrenome* dos meus primos é González.)

apenado, da *adj CAm, Carib, Col & Méx* envergonhado(da).

apenar *vt* entristecer.
❑ **apenarse** *vpr CAm, Carib, Col & Méx (sentir vergonha)* envergonhar-se.

apenas *adv (mal)* quase não; *(escassamente)* apenas, mal; *(assim que)* logo que, mal; *(dificilmente)* com dificuldade, mal; **apenas puedo levantarme** mal consigo levantar-me.

apéndice *m* apêndice *m*.

apendicitis *f inv* apendicite *f*.

aperitivo *m (bebida)* aperitivo *m*; *(comida)* tira-gosto *m*, aperitivo *m*.

apertura *f* abertura *f (de congresso, temporada)*.

apestar *vi* feder.

apetecer *vi* apetecer.

apetecible *adj* apetecível.

apetito *m* apetite *m*; **abrir el apetito** abrir o apetite; **tener apetito** ter apetite.

apetitoso, sa *adj* apetitoso(sa).
apicultura *f* apicultura *f*.
apiñado, da *adj* apinhado(da).
apiñarse *vpr* apinhar-se.
apio *m* aipo *m*.
aplanadora *f Amér* niveladora *f*.
aplanar *vt* nivelar.
aplastar *vt (achatar)* esmagar.
aplaudir 1 *vt (com as mãos)* aplaudir, bater palmas; *(aprovar)* aplaudir.
2 *vi* aplaudir.
aplauso *m* aplauso *m*.
aplazar *vt* adiar.
aplicación *f* aplicação *f*; *INFORM* aplicativo *m*.
aplicado, da *adj* aplicado(da).
aplicar *vt* aplicar; *(usar)* empregar.
❑ **aplicarse en** *vpr* aplicar-se em.
aplique *m* luminária *f (de parede)*, aplique *m*.
aplomo *m* compostura *f*.
apoderarse: **apoderarse de** *v + prep* apoderar-se de.
apodo *m* apelido *m*, alcunha *f*.
apogeo *m* apogeu *m*; **estar en su apogeo** estar em seu apogeu.
aportación *f* contribuição *f*.
aportar *vt (dinheiro)* contribuir com; *(idéias)* dar.
aposta *adv* de propósito.
apostar *vt & vi* apostar.
❑ **apostar por** *v + prep* apostar em.
apóstol *m* apóstolo *m*.
apóstrofo *m* apóstrofo *m*.
apoyar *vt* apoiar; *(basear)* fundamentar.
❑ **apoyarse** *vpr* apoiar-se.
❑ **apoyarse en** *v + prep* apoiar-se em.
apoyo *m* apoio *m*.
apreciable *adj* apreciável.
apreciación *f* apreço *f*.
apreciado, da *adj* prezado(da).
apreciar *vt (sentir afeto por)* apreciar; *(calcular)* avaliar; *(perceber)* notar.
aprecio *m* apreço *m*.
apremiar *vt & vi* apressar.
aprender *vt* aprender; **aprender a hacer algo** aprender a fazer algo.
aprendiz (*pl* **-ces**) *m* aprendiz *m*.
aprendizaje *m* aprendizagem *f*.
aprensión *f (medo)* apreensão *f*; *(inquietação)* receio *m*.
aprensivo, va *adj (medroso)* apreensivo (va); *(irrequieto)* receoso(sa); *(hipocondríaco)* temeroso(sa) de estar doente.
apresurado, da *adj* apressado(da).
apresurarse *vpr* apressar-se.
❑ **apresurarse a** *v + prep* apressar-se a.
apretado, da *adj* apertado(da).
apretar 1 *vt (pressionar)* apertar; *(com os braços)* abraçar.
2 *vi (calor, fome)* apertar.
❑ **apretarse** *vpr* apertar-se; **apretarse el cinturón** *fam fig* apertar o cinto.
apretujar *vt fam* apertar.
❑ **apretujarse** *vpr* apertar-se.
aprisa *adv* às pressas.
aprobado *m* aprovação *f*.
aprobar *vt* aprovar.
apropiado, da *adj* apropriado(da).
apropiarse: **apropiarse de** *v + prep* apropriar-se de.
aprovechado, da *adj* aproveitado(da).
aprovechar 1 *vt* aproveitar.
2 *vi*: **¡que aproveche!** bom apetite!
❑ **aprovecharse de** *v + prep (abusar de)* aproveitar-se de; *(beneficiar-se de)* tirar proveito de.
aproximación *f (distância)* aproximação *f*; *(em cálculo)* estimativa *f*.
aproximadamente *adv* aproximadamente.
aproximar *vt* aproximar.
❑ **aproximarse a** *v + prep* aproximar-se de.
apto, ta *adj*: **apto para** apto(ta) para; **(no) apto para menores** (im)próprio para menores.
apuesta *f* aposta *f*.
apuesto, ta *adj* elegante.
apunarse *vpr Andes sentir-se mal em altitudes elevadas.*
apuntador, ra *m, f (em teatro)* ponto *m*.
apuntar *vt (escrever)* anotar; *(inscrever)* inscrever; *(arma, com o dedo)* apontar.
❑ **apuntarse** *vpr*: **apuntarse (a)** *(inscrever-se)* inscrever-se (em); *(tomar parte)* participar (de).
apunte *m (rascunho)* anotação *f*; *(bosquejo)* esboço *m*.
❑ **apuntes** *mpl* anotações *fpl*; **repasar apuntes** rever os anotações; **tomar apuntes** tomar notas.
apuñalar *vt* apunhalar.
apurar *vt (esgotar)* acabar; *(preocupar)* preocupar.

❑ **apurarse** *vpr* apressar-se.
❑ **apurarse por** *v + prep* preocupar-se com.
apuro *m (carência econômica)* aperto *m*; **dar apuro** envergonhar; **estar en apuros** estar em apuros.
aquel, aquella *adj* aquele(la).
aquél, aquélla *pron* aquele(la); **aquél que** aquele que.
aquello *pron* aquilo.
aquí *adv (neste lugar)* aqui; *(agora)* agora; **aquí arriba** aqui em cima; **aquí dentro** aqui dentro.
arado *m* arado *m*.
arandela *f* arruela *f*.
araña *f* aranha *f*; *(luminária)* lustre *m*.
arañar *vt* arranhar.
arañazo *m* arranhão *m*.
arar *vt* arar.
arbitrar *vt (jogo)* apitar; *(discussão)* mediar.
árbitro, tra *m, f* ESPORTE árbitro *m*, -tra *f*, juiz *m*, -za *f*.
árbol *m* árvore *f*; **árbol de Navidad** árvore de Natal.
arbusto *m* arbusto *m*.
arca *f* arca *f*.
arcada *f* arcada *f*.
❑ **arcadas** *fpl* ânsias *fpl* de vômito.
arcaico, ca *adj* arcaico(ca).
arcángel *m* arcanjo *m*.
arcén *m* acostamento *m*.
archipiélago *m* arquipélago *m*.
archivador *m (classificador)* fichário *m*; *(móvel)* arquivo *m*.
archivar *vt* arquivar.
archivo *m* arquivo *m*.
arcilla *f* argila *f*.
arcilloso, sa *adj* argiloso(sa).
arco *m* arco *m*; *Amér (em esporte)* trave *m*; **arco iris** arco-íris *m*; **arco de triunfo** arco do triunfo.
arder *vi* arder; **está que arde** estar pegando fogo.
ardiente *adj* ardente.
ardilla *f* esquilo *m*.
área *f* área *f*.
arena *f* areia *f*; **arenas movedizas** areia movediça.
arenoso, sa *adj* arenoso(sa).
arenque *m* arenque *m*.
aretes *mpl Andes & Méx* brincos *mpl*.
argolla *f* argola *f*; *Col (anél)* anel *m*.
argot *m* gíria *f*.
argumentar *vt* argumentar.
argumento *m (pretexto)* desculpa *f*; *(de novela, filme etc.)* argumento *m*.
aria *f* ária *f*.
árido, da *adj* árido(da).
Aries *m inv* Áries *m inv*.
arista *f* aresta *f*.
aristocracia *f* aristocracia *f*.
aristócrata *mf* aristocrata *mf*.
aritmética *f* aritmética *f*.
arlequín *m* arlequim *m*.
arma *f* arma *f*; **ser de armas tomar** *(ser empreendedor, ativo etc.)* ser empreendedor(ra); *(ser enérgico)* ter caráter forte.
armada *f* armada *f*.
armadillo *m* tatu *m*.
armadura *f* armadura *f*.
armamento *m* armamento *m*.
armar *vt* armar; *(arma)* engatilhar; *(móvel)* montar.
❑ **armarse** *vpr* armar-se.
❑ **armarse de** *v + prep* munir-se de.
armario *m* armário *m*; **armario empotrado** armário embutido.
armazón *m o f* armação *f*, estrutura *f*.
armisticio *m* armistício *m*.
armonía *f* harmonia *f*.
armónica *f* gaita *f* (de boca), harmônica *f*.
armonizar *vt* harmonizar.
aro *m* aro *m*; *(brinquedo)* bambolê *m*.
aroma *m* aroma *m*.
arpa *f* harpa *f*.
arqueología *f* arqueologia *f*.
arqueólogo, ga *m, f* arqueólogo *m*, -ga *f*.
arquero *m Amér* ESPORTE goleiro *m*.
arquitecto, ta *m, f* arquiteto *m*, -ta *f*.
arquitectónico, ca *adj* arquitetônico(ca).
arquitectura *f* arquitetura *f*.
arraigar *vi (planta, árvore)* arraigar-se, enraizar-se; *(costume, vício)* arraigar-se.
arrancar 1 *vt* arrancar.
2 *vi (iniciar a marcha)* partir; *(veículo)* arrancar; *(ser origem)*: **arrancar de** provir de, originar-se em.
arranque *m (ímpeto)* impulso *m*; *(de ira, paixão)* ataque *m*.
arrastrar *vt (objetos)* arrastar; *(pessoas)* convencer.

❑ **arrastrarse** *vpr (reptar)* arrastar-se; *(humilhar-se)* rastejar.

arrastre *m* arrastamento *m*; **estar para el arrastre** estar se arrastando (de cansaço).

arrebatar *vt* arrebatar.

arrebato *m* arrebatamento *m*.

arreglar *vt (ordenar)* arrumar; *(reparar)* consertar; *(embelezar)* arranjar.
❑ **arreglarse** *vpr (embelezar-se)* arrumar-se; *(dar certo)* resolver-se; **arreglárselas** virar-se, dar um jeito.

arreglo *m* conserto *m*.

arrendatario, ria *m, f* arrendatário *m*, -ria *f*.

arreos *mpl* arreios *mpl*.

arrepentirse *vpr*: **arrepentirse (de)** arrepender-se (de).

arrestar *vt* prender.

arriba 1 *adv (no lugar mais alto)* acima, em cima; *(em direção a)* acima.
2 *interj* para cima!.
3 **arriba las manos** mãos ao alto!; **de arriba abajo** *(detalhadamente)* de cima a baixo; *(com desprezo)* de cima para baixo.

arriesgado, da *adj* arriscado(da).

arriesgar *vt* arriscar.
❑ **arriesgarse** *vpr*: **arriesgarse a hacer algo** arriscar-se a fazer algo.

arrimar *vt* encostar; **arrimar el hombro** *fam fig* dar uma mão.

arroba *f* INFORM arroba *f*.

arrodillarse *vpr* ajoelhar-se.

arrogancia *f* arrogância *f*.

arrogante *adj* arrogante.

arrojar *vt (arremessar)* arrojar, atirar; *(comida)* vomitar.
❑ **arrojarse** *vpr (de altura)* arrojar-se, atirar-se; *(sobre uma pessoa)* atirar-se.

arroyo *m* arroio *m*.

arroz *m* arroz *m*; **arroz con leche** arroz-doce *m*.

arruga *f (na pele)* ruga *f*; *(em pano)* dobra *f*.

arrugado, da *adj (pele)* enrugado(da); *(pano, papel)* enrugado(da), amassado(da).

arrugar *vt (pele)* enrugar; *(papel)* amarrotar.
❑ **arrugarse** *vpr (pele)* enrugar; *(papel)* amarrotar-se.

arruinar *vt* arruinar.
❑ **arruinarse** *vpr* arruinar-se.

arsénico *m* arsênico *m*.

arte *m o f* arte *f*; *(habilidade)* talento *m*; **por arte de magia** em um passe de mágica.
❑ **artes** *fpl* artes *fpl*; **con malas artes** *(com armadilhas)* com truques.

artefacto *m* artefato *m*.

arteria *f* artéria *f*.

artesanal *adj* artesanal.

artesanía *f* artesanato *m*; **de artesanía** artesanal.

artesano, na *m, f* artesão *m*, -sã *f*.

articulación *f* articulação *f*.

articulado, da *adj* articulado(da).

articular *vt* articular.

articulista *mf* articulista *mf*.

artículo *m* artigo *m*; **artículos de consumo** bens de consumo; **artículos de lujo** artigos de luxo.

artificial *adj* artificial.

artificio *m* artifício *m*.

artista *mf* artista *mf*.

artístico, ca *adj* artístico(ca).

arveja *f Amér* ervilha *f*.

arzobispo *m* arcebispo *m*.

as *m* ás *m*.

asa *f* asa *f (de xícara, cesto)*.

asado, da 1 *adj* assado(da).
2 *m* assado *m*.

asador *m* assadeira *f*.

asalariado, da *m, f* assalariado *m*, -da *f*.

asaltar *vt* assaltar; *(suj: idéia, pensamento)* ocorrer.

asalto *m* assalto *m*.

asamblea *f* assembléia *f*.

asar *vt* assar.
❑ **asarse** *vpr* assar (de calor).

ascendencia *f* ascendência *f*.

ascendente *adj* ascendente.

ascender *vt & vi* ascender.
❑ **ascender a** *v + prep (suj: uma quantidade)* chegar a.

ascendiente *mf (antepassado)* antepassado *mf*.

ascenso *m (de salário)* aumento *m*; *(de posição)* ascensão *f*.

ascensor *m* elevador *m*.

asco *m* nojo *m*; **ser un asco** ser um nojo; **dar asco** dar nojo; **¡qué asco!** que nojo!; **estar hecho un asco** *fam* estar imundo.

ascua *f* brasa *f*; **estar en ascuas** estar inquieto(ta).

aseado, da *adj* asseado(da).
asear *vt* assear.
❑ **asearse** *vpr* assear-se.
asegurado, da *m, f* segurado *m*, -da *f*.
asegurar *vt (corda, nó)* apertar; *(carro, casa)* fazer seguro de; *(prometer)* garantir.
❑ **asegurarse de** *vpr* assegurar-se de.
asentir *vi* assentir.
aseo *m (limpeza)* asseio *m*; *(quarto)* banheiro *m*.
aséptico, ca *adj* asséptico(ca).
asequible *adj* acessível.
asesinar *vt* assassinar.
asesinato *m* assassinato *m*.
asesino, na *adj & m, f* assassino(na).
asesor, ra *m, f* assessor *m*, -ra *f*.
asesorar *vt* assessorar.
❑ **asesorarse** *vpr* aconselhar-se.
asesoría *f* assessoria *f*.
asfaltado, da 1 *adj* asfaltado(da).
2 *m* asfalto *m*.
asfaltar *vt* asfaltar.
asfalto *m* asfalto *m*.
asfixia *f* asfixia *f*.
asfixiante *adj (cheiro)* asfixiante; *(calor)* sufocante.
asfixiar *vt (sufocar)* asfixiar; *(afligir)* agoniar.
❑ **asfixiarse** *vpr (sufocar)* asfixiar-se; *(afligir-se)* agoniar-se.
así 1 *adv* assim.
2 *adj inv* assim.
3 así de grande/alto grande/alto assim; **sucedió así como te lo cuento** aconteceu assim mesmo como estou lhe contando; **así es** isso mesmo; **así es como** é assim que; **así no más** *Amér fam (regular)* sem mais nem menos; *(de repente)* de uma hora para outra; **así y todo** mesmo assim; **y así** e assim.
asiento *m* assento *m*.
asignatura *f* matéria *f* de estudo, disciplina *f*.
asilo *m* asilo *m*, lar *m* para idosos; **asilo político** asilo político.
asimilación *f* assimilação *f*.
asimilar *vt* assimilar.
asistencia *f* assistência *f*.
asistir *vt* assistir; **asistir (a)** assistir (a).
asma *f* asma *f*.
asmático, ca *adj* asmático(ca).
asno, na *m, f* asno *m*, -na *f*.
asociación *f* associação *f*; **asociación de ideas** associação de idéias.
asociar *vt* associar.
❑ **asociarse** *vpr*: **asociarse (con)** associar-se (com); **asociarse (a)** associar-se (a).
asolar *vt* assolar.
asomar *vt* mostrar.
❑ **asomarse a** *v + prep* aparecer em.
asombrar *vi* impressionar.
❑ **asombrarse de** *v + prep* impressionar-se com.
asombro *m* assombro *m*.
asorocharse *vpr Chile & Perú ter dificuldades de respiração em altitudes elevadas.*
aspa *f* pá *f*.

> Não confundir *aspas (pás)* com o português *aspas*, que em espanhol é *comillas*. (*Las aspas producen el movimiento de la rueda de los molinos*. As *pás* produzem o movimento da roda dos moinhos.)

aspecto *m* aspecto *m*; **tener buen/mal aspecto** ter bom/mau aspecto.
aspereza *f* aspereza *f*.
áspero, ra *adj* áspero(ra).
aspiradora *f* aspirador *m* (de pó).
aspirar *vt* aspirar.
❑ **aspirar a** *v + prep* aspirar a.
aspirina® *f* aspirina® *f*.
asqueado, da *adj* enojado(da).
asqueroso, sa *adj* asqueroso(sa).
asta *f* haste *f*; *(de touro)* chifre *m*; **a media asta** a meio pau, a meia haste.
asterisco *m* asterisco *m*.
astillero *m* estaleiro *m*.
astro *m* astro *m*.
astrología *f* astrologia *f*.
astrólogo, ga *m, f* astrólogo *m*, -ga *f*.
astronauta *mf* astronauta *mf*.
astronomía *f* astronomia *f*.
astronómico, ca *adj* astronômico(ca).
astrónomo, ma *m, f* astrônomo *m*, -ma *f*.
astuto, ta *adj* astuto(ta).
asumir *vt* assumir.
asunto *m* assunto *m*.
asustar *vt* assustar.
❑ **asustarse** *vpr* assustar-se.
atacar *vt* atacar.
atajo *m* atalho *m*; **un atajo de** *pej* um bando de.
ataque *m* ataque *m*.

atar *vt* atar; *(com corrente etc.)* acorrentar; *(cingir)* apertar.

atardecer 1 *m* entardecer *m*; **al atardecer** ao entardecer.
2 *v impess* entardecer.

atareado, da *adj* atarefado(da).

atascar *vt* entupir.
❑ **atascarse** *vpr (encanamento)* entupir; *(trânsito)* engarrafar.

atasco *m* obstrução *f*; *(de trânsito)* engarrafamento *m*.

ataúd *m* ataúde *m*, caixão *m*.

ateísmo *m* ateísmo *m*.

atención *f* atenção *f*; **atención al cliente** atendimento *m* ao cliente; **llamar la atención** chamar a atenção.
❑ **atenciones** *fpl* atenções *fpl*.

atender 1 *vt* atender.
2 *vi* prestar atenção.

atentado *m* atentado *m*.

atentamente *adv* atentamente.

atento, ta *adj (com atenção)* atento(ta); *(amável)* atencioso(sa).

ateo, a *m, f* ateu *m*, atéia *f*.

aterrizaje *m* aterrissagem *f*.

aterrizar *vi* aterrissar.

aterrorizar *vt* aterrorizar.

atestado, da *adj* atestado(da).

atestiguar *vt* testemunhar.

ático *m* cobertura *f*.

atinar *vi*: **atinar a hacer algo** conseguir fazer algo.

atípico, ca *adj* atípico(ca).

atlas *m inv* atlas *m*.

atleta *mf* atleta *mf*.

atlético, ca *adj* atlético(ca).

atletismo *m* atletismo *m*.

atmósfera *f* atmosfera *f*.

atmosférico, ca *adj* atmosférico(ca).

atole *m Amér bebida à base de água e leite com farinha de milho, que se bebe ao levantar ou antes de deitar.*

atolondrarse *vpr* afobar-se, enervarse.

atómico, ca *adj* atômico(ca).

átomo *m* átomo *m*.

atónito, ta *adj* atônito(ta).

atontado, da *adj* estonteado(da).

atorado, da *adj Amér (entalado)* entupido(da); *(agitado)* nervoso(sa).

atorar *vt Amér* entupir.
❑ **atorarse** *vpr Amér (entalar)* entupir-se; *(com comida, bebida, saliva)* engasgar-se.

atorrante *adj CSur (despreocupado)* folgado(da).

atracador, ra *m, f* assaltante *mf*.

atracar 1 *vt (banco, loja, pessoa)* assaltar.
2 *vi (barco)* atracar.
❑ **atracarse de** *v + prep* empanturrar-se de.

atracción *f* atração *f*.
❑ **atracciones** *fpl* atrações *fpl*.

atraco *m* assalto *m*.

atractivo, va 1 *adj (pessoa, sorriso)* atraente; *(local, trabalho)* atrativo(va).
2 *m* atrativo *m*.

atraer *vt & vi* atrair.

atragantarse *vpr* engasgar-se.

atrapar *vt* apanhar.

atrás *adv* atrás.

atrasado, da *adj* atrasado(da); **ir atrasado** *(relógio)* estar atrasado.

atrasar 1 *vt* atrasar; *(projeto, encontro, evento)* adiar.
2 *vi (relógio)* atrasar.
❑ **atrasarse** *vpr (pessoa)* atrasar-se; *(trem, avião, etc.)* atrasar.

atraso *m* atraso *m*.
❑ **atrasos** *mpl* atrasados *mpl*.

atravesar *vt* atravessar.
❑ **atravesarse** *vpr* atravessar-se.

atreverse *vpr*: **atreverse a hacer algo** atrever-se a fazer algo.

atrevido, da *adj* atrevido(da).

atribución *f* atribuição *f*.

atribuir *vt* atribuir.

atributo *m* atributo *m*.

atrio *m* átrio *m*.

atropellar *vt* atropelar.
❑ **atropellarse** *vpr* precipitar-se *(ao falar)*.

atropello *m* atropelamento *m*.

ATS *mf* (*abrev de* **Ayudante Técnico Sanitario**) ≃ enfermeiro *m*, -ra *f*.

atte (*abrev de*) → **atentamente.**

atún *m* atum *m*; **atún en aceite** atum em conserva.

audaz (*pl* **-ces**) *adj* audacioso(sa).

audiencia *f* audiência *f*.

audiovisual 1 *adj* audiovisual.
2 *m* audiovisual *m*.

auditivo, va *adj* auditivo(va).

auditor, ra *m, f* auditor *m*, -ra *f*.

auditoría *f* auditoria *f*.

auditorio *m* auditório *m*.

auge *m* auge *m*; **en auge** no auge.

aula *f* sala *f* de aula.

> Não confundir *aula (sala de aula)* com o português *aula*, que em espanhol é *clase*. (*En esta escuela hay diez aulas pequeñas y una biblioteca*. Nesta escola há dez *salas de aula* pequenas e uma biblioteca.)

aullar *vi* uivar.
aullido *m* uivo *m*.
aumentar *vt* aumentar.
aumento *m* aumento *m*.
aun *adv (inclusive)* mesmo; *(embora)* mesmo que; **aun así** mesmo assim.
aún *adv* ainda.
aunque *conj* ainda que.
aureola *f* auréola *f*.
auricular *m* fone *m*.
❑ **auriculares** *mpl* fones *mpl (de ouvido)*.
ausencia *f* ausência *f*.
ausente *adj* ausente.
austeridad *f* austeridade *f*.
austero, ra *adj* austero(ra).
autenticidad *f* autenticidade *f*.
auténtico, ca *adj (jóia, pele)* autêntico (ca); *(sentimento, história)* verdadeiro(ra).
auto *m* carro *m*.
autobiografía *f* autobiografia *f*.
autobús *m* ônibus *m*.
autocar *m*: **autocar (de línea)** *Esp* ônibus *m*.
autocontrol *m* autocontrole *m*.
autóctono, na *adj* autóctone.
autoescuela *f* auto-escola *f*.
autógrafo *m* autógrafo *m*.
automáticamente *adv* automaticamente.
automático, ca *adj* automático(ca).
automóvil *m* automóvel *m*.
automovilismo *m* automobilismo *m*.
automovilista *mf* automobilista *mf*.
autonomía *f* autonomia *f*.
autonómico, ca *adj* autônomo(ma).
autónomo, ma *adj* autônomo(ma).
autopista *f* rodovia *f*, auto-estrada *f*; **autopista de peaje** rodovia com pedágio.
autopsia *f* autópsia *f*.
autor, ra *m, f* autor *m*, -ra *f*.
autoridad *f* autoridade *f*; **la autoridad** a autoridade.
❑ **autoridades** *fpl* autoridades *fpl*.
autoritario, ria *adj* autoritário(ria).
autorización *f* autorização *f*.
autorizado, da *adj* autorizado(da).
autorizar *vt* autorizar.
autorretrato *m* auto-retrato *m*.
autoservicio *m* auto-serviço *m*.
autostop *m* carona *f*; **hacer autostop** pedir carona.
autostopista *mf* caroneiro *m*, -ra *f*.
autosuficiente *adj* auto-suficiente.
autovía *f* via *f* expressa.
auxiliar 1 *adj* auxiliar.
2 *mf* assistente *mf*.
3 *vt* auxiliar.
4 auxiliar administrativo auxiliar de escritório; **auxiliar de vuelo** auxiliar de vôo.
auxilio 1 *m* auxílio *m*.
2 *interj* socorro!
3 primeros auxilios primeiros socorros.
aval *m (pessoa)* avalista *mf*; *(documento)* aval *m*.
avalancha *f* avalancha *f*.
avalar *vt (crédito)* garantir; *(proposta, idéia)* apoiar.
avalista *mf* avalista *mf*.
avance *m (de tecnologia, ciência, etc.)* avanço *m*; *(de filme etc.)* trailer *m*; **avance de noticias** resumo *m* das notícias.
avanzado, da *adj* avançado(da).
avanzar *vi* avançar.
avaricioso, sa *adj* avarento(ta).
avaro, ra *adj* avaro(ra).
avda (*abrev de* **avenida**) Av.
AVE *m Esp* (*abrev de* **Alta Velocidad Española**) *trem de alta velocidade espanhol*.
ave *f* ave *f*.
avellana *f* avelã *f*.
avellano *m* aveleira *f*.
avena *f* aveia *f*.
avenida *f* avenida *f*.
aventar *vt Andes & Méx* lançar.
❑ **aventarse** *vpr Col & Méx* lançar-se.
aventón *m Méx*: **dar un aventón a alguien** dar carona a alguém.
aventura *f* aventura *f*.
aventurarse *vpr*: **aventurarse a hacer algo** aventurar-se a fazer algo.
aventurero, ra *adj & m, f* aventureiro(ra).
avergonzado, da *adj* envergonhado(da).
avergonzarse *vpr*: **avergonzarse (de)** envergonhar-se (de).
avería *f* avaria *f*.

averiado, da *adj* avariado(da).
averiarse *vpr* avariar-se.
averiguar *vt* averiguar.
aversión *f* aversão *f.*
avestruz (*pl* **-ces**) *m* avestruz *f.*
aviación *f* aviação *f*; *(corpo militar)* força *f* aérea.
aviador, ra *m, f* aviador *m*, -ra *f.*
avión *m* avião *m.*
avioneta *f* avioneta *f.*
avisar *vt* avisar; **avisar a alguien de** avisar alguém de.
aviso *m (advertência)* aviso *m*; *Amér (no jornal)* anúncio *m.*
avispa *f* vespa *f.*
axila *f* axila *f.*
ay *interj (de dor)* ai!; *(de tristeza)* oh!
ayer *adv* ontem; **ayer noche** ontem à noite; **ayer por la mañana** ontem de manhã.
ayuda *f* ajuda *f.*
ayudante *mf* ajudante *mf.*
ayudar *vt*: **ayudar a alguien en algo** ajudar alguém em algo; **ayudar a alguien a hacer algo** ajudar alguém a fazer algo.
ayunar *vi* jejuar.
ayuntamiento *m* prefeitura *f.*
azada *f* enxada *f.*
azafata *f* aeromoça *f*; **azafata de vuelo** aeromoça.
azafate *m Andes & CSur* bandeja *f.*
azafrán *m* açafrão *m.*
azar *m* acaso *m*; **al azar** ao acaso; **por azar** por acaso.
azotea *f* terraço *m.*
azúcar *m o f* açúcar *m.*
azucarado, da *adj* açucarado(da).
azucarera *f* açucareiro *m.*
azucena *f* açucena *f.*
azufre *m* enxofre *m.*
azul *adj & m* azul *m*; **azul celeste** azul-celeste; **azul marino** azul-marinho.
azulado, da *adj* azulado(da).
azulejo *m* azulejo *m.*
azuloso, sa *adj Amér* azulado(da).

Bb

baba *f* baba *f.*

babero *m* babador *m.*

babor *m* bombordo *m.*

babosa *f* lesma *f.*

babosada *f CAm & Méx fam* baboseira *f.*

baboso, sa *adj (caracol, bebê)* baboso(sa); *Amér (tolo)* bobo(ba).

baca *f* capô *m.*

bacalao *m* bacalhau *m.*

bacán, na *m, f RP* bacana *m, f.*

bachillerato *m* bacharelado *m.*

bacinica *f Amér* penico *m*, urinol *m.*

bacon *m* bacon *m.*

bádminton *m* badminton *m.*

bafle *m* caixa *f* de som.

bahía *f* baía *f.*

bailar *vt & vi* dançar.

bailarín, ina *m, f* dançarino *m*, -na *f*, bailarino *m*, -na *f.*

baile *m (com o corpo)* dança *f*; *(festa)* baile *m.*

baja *f* baixa *f*; **dar de baja** dar baixa; **estar de baja** estar de licença.

bajada *f* descida *f.*

bajar 1 *vt* abaixar; *(escada)* descer.
2 *vi* baixar.
❑ **bajar(se) de** *v + prep* descer de.

bajío *m Amér* baixio *m.*

bajo, ja 1 *adj* baixo(xa).
2 *m* MÚS baixo *m.*
3 *adv* baixo.
4 *prep (sob)* debaixo de; *(por baixo de)* abaixo de.
❑ **bajos** *mpl* térreo *m.*

bala *f* bala *f.*

balacear *vt Amér* balear.

balacera *f Amér* tiroteio *m.*

balada *f* balada *f.*

balance *m* balanço *m*; **hacer balance de** fazer o balanço de.

balancín *m* cadeira *f* de balanço.

balanza *f* balança *f.*

balar *vi* balir.

balcón *m* varanda *f.*

balde *m* balde *m*; **de balde** de graça; **en balde** debalde, em vão.

baldosa *f* piso *m.*

balido *m* balido *m.*

ballena *f* baleia *f.*

ballet *m* balé *m*; *(corpo de baile)* companhia *f* de dança.

balneario *m Esp (com banhos termais)* estância *m* hidromineral; *Méx (com piscinas etc.)* ≃ parque *m* aquático.

balón *m* bola *f.*

> Não confundir ***balón (bola)*** com o português *balão*, que em espanhol é ***globo***. (*La forma del balón de fútbol es muy diferente a la de del rugby.* A forma da ***bola*** de futebol é muito diferente da de rúgbi.)

baloncesto *m* basquetebol *m.*

balonmano *m* handball *m*, andebol *m.*

balonvolea *m* voleibol *m.*

balsa *f (meio de transporte)* balsa *f*; *(de água)* poça *f.*

bálsamo *m lit & fig* bálsamo *m.*

bambú *m* bambu *m.*

banana *f Perú & RP* banana *f.*

banca *f* banca *f*; *Col, Ven & Méx (assento)* banqueta *f*; *Andes & RP (no parlamento)* cadeira *f.*

banco *m* banco *m*; *(de peixes)* cardume *m*; **banco de arena** banco de areia.

banda *f (lado, de músicos)* banda *f*; *(fita)* faixa *f*; *(de delinqüentes)* bando *m*; **banda ancha** INFORM banda larga; **banda sonora** trilha *f* sonora.

bandeja *f* bandeja *f.*

bandera *f* bandeira *f*; **bandera blanca**

bandeira branca.

banderilla *f (em touros)* galhardete *m*; *(para comer) aperitivo servido em palito.*

banderín *m* galhardete *m*.

bandido *m* bandido *m*; *fam (pessoa má)* canalha *m*.

bando *m (partido)* lado *m*; *(da prefeitura)* édito *m*.

banjo *m* banjo *m*.

banquero *m* banqueiro *m*.

banqueta *f* banco *m*; *Méx (para pedestres)* calçada *f*.

banquina *f RP* acostamento *m*.

bañadera *f Arg* banheira *f*.

bañador *m* maiô *m*.

bañar *vt* banhar.
❑ **bañarse** *vpr* tomar banho.

bañera *f* banheira *f*.

bañista *mf* banhista *mf*.

baño *m* banho *m*; *(cômodo)* banheiro *m*; *(de tinta)* demão *f*; *(de chocolate)* cobertura *f*; **al baño maría** ao banho-maria; **darse un baño** tomar um banho.
❑ **baños** *mpl* estância *f* hidromineral.

bar *m* bar *m*; **bar musical** *bar com música ao vivo.*

baraja *f* baralho *m*.

barajar *vt (baralho)* embaralhar; *(possibilidades)* considerar; *(dados, números)* propor.

baranda *f* corrimão *m*.

barandilla *f* corrimão *m*.

baratija *f* ninharia *f*.

barato, ta 1 *adj* barato(ta).
2 *adv* barato.

barba *f* barba *f*; **por barba** por cabeça.

barbacoa *f* churrasco *m*; **a la barbacoa** churrasco.

barbaridad *f* barbaridade *f*; **una barbaridad** uma barbaridade; **¡qué barbaridad!** que barbaridade!

barbarie *f* barbárie *f*.

bárbaro, ra *adj (cruel)* bárbaro(ra); *fam (excelente)* bárbaro(ra).

barbería *f* barbearia *f*.

barbero *m* barbeiro *m*.

barbilla *f* queixo *m*.

barbudo, da *adj* barbudo(da).

barca *f* barco *m*; **barca de pesca** barco de pesca.

barcaza *f* barcaça *f*.

barco *m* barco *m*; **barco de vapor** barco a vapor; **barco de vela** barco à vela.

barítono *m* barítono *m*.

barman *m* barman *m*.

barniz (*pl* **-ces**) *m (para madeira)* verniz *m*; *(para louça, cerâmica)* esmalte *m*, vidrado *m*.

barnizado, da *adj* envernizado(da).

barnizar *vt (madeira)* envernizar; *(louça, cerâmica)* esmaltar, vidrar.

barómetro *m* barômetro *m*.

barquillo *m* casquinha *f (de sorvete)*.

barra *f* barra *f*; *(de bar, café, restaurante)* balcão *m*; **barra de pan** bisnaga *f*.

barraca *f (de favela)* barraco *m*; *(de feira)* barraca *f*.

barranco *m* barranco *m*.

barrendero *m* varredor *m*, gari *m*.

barreño *m* bacia *f*.

barrer *vt* varrer.

barrera *f* barreira *f*.

barriada *f (setor de bairro)* vizinhança *f*; *(tipo de bairro)* bairro *m* pobre.

barriga *f* barriga *f*.

barril *m* barril *m*.

barrio *m (central)* bairro *m*; *Méx (subúrbio)* periferia *f*; **barrio chino** zona *f* de prostituição; **barrio comercial** zona *f* comercial.

barro *m* barro *m*.

barroco, ca 1 *adj* barroco(ca).
2 *m* barroco *m*.

bártulos *mpl* coisas *fpl*.

barullo *m* barulho *m*.

basarse: **basarse en** *v + prep* basear-se em.

bascas *fpl* ânsias *fpl* de vômito.

báscula *f* balança *f*.

base *f* base *f*; **a base de** à base de; **base de datos** base de dados.

básico, ca *adj* básico(ca).

basta *interj* basta!

bastante *adv & adj* bastante.

bastar *vi*: **bastar (con)** bastar (com).
❑ **bastarse** *vpr*: **bastarse (para)** ser capaz (de).

bastardo, da *adj* bastardo(da).

bastidores *mpl*: **entre bastidores** nos bastidores.

basto, ta *adj (vulgar, bruto)* grosseiro (ra); *(ao tato)* grosso(sa), áspero(ra).
❑ **bastos** *mpl (baralho)* paus *mpl*.

bastón *m (para andar)* bengala *f*; *(de mando)* bastão *m*.

basura *f* lixo *m*.

> Não confundir ***basura (lixo)*** com o português ***vassoura***, que em espanhol é ***escoba***. (*Este lugar está muy mugriento: hay basura por todos lados.* Este lugar está muito sujo. Há *lixo* por todos os lados.)

basurero, ra 1 *m, f* lixeiro *m*, -ra *f*.
2 *m* lixeira *f*.
bata *f (de casa)* roupão *m*; *(de trabalho)* bata *f*.
batalla *f* batalha *f*; **de batalla** de trabalho.
batería *f (de lanterna, transistor)* pilha *f*; *(de carro, em música)* bateria *f*; **batería de cocina** jogo de cozinha, trem *m* de cozinha.
batido *m* vitamina *f*, batida *f*.
batidora *f* batedeira *f*.
batín *m* roupão *m*.
batir *vt* bater.
batuta *f* batuta *f*.
baúl *m (caixa)* baú *m*; *Col & CSur (do carro)* porta-malas *m*.
bautismo *m* batismo *m*.
bautizar *vt* batizar.
bautizo *m (cerimônia)* batismo *m*; *(festa)* batizado *m*.
baya *f* baga *f*.
bayeta *f* pano *m* de limpeza.
bayoneta *f* baioneta *f*.
bazar *m* bazar *m*.
beato, ta *adj* beato(ta); *fam (tolo)* tonto (ta).
beba *f CSur Méx fam* bebê *m (menina)*.
bebe *m CSur Méx fam* bebê *m (menino)*.
bebé *m* bebê *m*.
beber *vt & vi* beber.
bebida *f* bebida *f*.
bebido, da *adj* bêbado(da).
bebito, ta *m, f Amér* bebê *mf*.
beca *f* bolsa *f* (de estudos).
becario, ria *m, f* bolsista *mf*.
becerro, rra *m, f* bezerro *m*, -ra *f*.
bechamel *f* molho *m* branco.
bedel *m* bedel *m*.
begonia *f* begônia *f*.
beige *adj inv* bege.
béisbol *m* beisebol *m*.
belén *m* presépio *m*.
bélico, ca *adj* bélico(ca).
belleza *f* beleza *f*.
bello, lla *adj* belo(la).
bellota *f* bolota *f*.
bencina *f Chile* gasolina *f*.
bencinera *f Chile* bomba *f* de gasolina.
bendecir *vt* benzer.
bendición *f* bênção *f*.
bendito, ta 1 *adj (benzido)* bento(to); *(louvado)* bendito(ta).
2 *m, f (bobo)* tolo *m*, -la *f*.
beneficencia *f* beneficência *f*.
beneficiar *vt* beneficiar.
❑ **beneficiarse de** *v + prep* beneficiar-se de.
beneficio *m* benefício *m*; **a beneficio de** em benefício de.
benéfico, ca *adj* beneficente.
benevolencia *f* benevolência *f*.
benévolo, la *adj* benévolo(la).
bengala *f* foguete *m* luminoso.
berberecho *m* berbigão *m*.
berenjena *f* berinjela *f*; **berenjenas rellenas** berinjelas recheadas.
bermudas *mpl* bermuda *f*.
berrinche *m (choro de criança)* berreiro *m*; *(desgosto)* amuo *m*.
berza *f* couve *f*.
besar *vt* beijar.
❑ **besarse** *vpr* beijar-se.
beso *m* beijo *m*; **dar un beso** dar um beijo.
bestia 1 *adj (bruto)* grosso(sa); *(ignorante)* besta.
2 *mf (bruto)* grosso *m*, -sa *f*; *(ignorante)* besta *mf*.
3 *f (animal)* besta *f*.
besugo *m* besugo *m*.
betabel *m Méx* beterraba *f*.
betarraga *f Andes* beterraba *f*.
betún *m (para sapatos)* graxa *f*; *Chile & Méx (para bolo) ovos batidos com açúcar para glacear doces*.
biberón *m* mamadeira *f*.
Biblia *f* Bíblia *f*.
bibliografía *f* bibliografia *f*.
biblioteca *f* biblioteca *f*.
bibliotecario, ria *m, f* bibliotecário *m*, -ria *f*.
bicarbonato *m* bicarbonato *m*.
bíceps *m inv* bíceps *mpl*.
bicho *m (animal)* bicho *m*.
bici *f fam* → **bicicleta.**
bicicleta *f* bicicleta *f*; **montar en bicicleta** andar de bicicleta.

bicolor *adj* bicolor.
bidé *m* bidê *m*.
bidón *m* tonel *m*.
bien 1 *adv* bem; **has actuado bien** fez bem; **habla bien inglés** fala bem inglês; **estar bien** *(de saúde, com conforto)* estar bem; *(de aspecto)* ter boa aparência; *(de qualidade)* ser bom; *(ser suficiente)* ser suficiente; **quiero un vaso de agua bien fría** quero um copo de água gelada; **¡está bien!** está bem!; **más bien** antes; **¡muy bien!** muito bem!
2 *adj inv (de posses)* de bem.
3 *conj*: **bien ... bien** ou ... ou; **entrega el vale bien a mi padre, bien a mi madre** entrega o vale ao meu pai ou à minha mãe.
4 *m* **(a)** bem *m*.
(b) *(qualificação)* bom *m*; **el bien y el mal** o bem e o mal; **hacer el bien** fazer o bem.
❑ **bienes** *mpl* bens *mpl*; **bienes de consumo** bens de consumo; **bienes inmuebles/raíces/muebles** bens imóveis/de raiz/móveis.
bienal *f* bienal *f*.
bienestar *m* bem-estar *m*.
bienvenida *f* boas-vindas *fpl*.
bienvenido, da 1 *adj* bem-vindo(da).
2 *interj* bem-vindo!
bife *m Andes & CSur* bife *m*.
bifocal *adj* bifocal.
bigote *m* bigode *m*.
bigotudo, da *adj* bigodudo(da).
bilingüe *adj* bilíngüe.
billar *m* bilhar *m*; **billar americano** sinuca *f*, bilhar americano.
billete *m (de dinheiro)* nota *f*; *Esp (de transporte)* passagem *f*; *(de loteria)* bilhete *m*; **billete de ida y vuelta** passagem de ida e volta; **billete sencillo** passagem de ida.
billetero *m* carteira *f*.
billón *m* bilhão *m*.
bingo *m* bingo *m*.
biodegradable *adj* biodegradável.
biodiversidad *f* biodiversidade *f*.
biografía *f* biografia *f*.
biográfico, ca *adj* biográfico(ca).
biología *f* biologia *f*.
biopsia *f* biópsia *f*.
bioquímica *f* bioquímica *f*.
biquini *m (roupa de praia)* biquíni *m*.
birria *f fam (pessoa)* inútil *mf*; *(coisa)* porcaria *f*; *Méx (carne para churrasco)* carne *f (para churrasco)*.
bisabuelo, la *m, f* bisavô *m*, bisavó *f*.
bisexual *adj* bissexual.
bisnieto, ta *m, f* bisneto *m*, -ta *f*.
bisonte *m* bisão *m*.
bistec *m* bife *m*; **bistec de ternera** bife de vaca; **bistec a la plancha** bife na chapa.
bisturí *m* bisturi *m*.
bisutería *f* bijuteria *f*.
bitácora *f* INFORM blog *m*.
bíter *m* bíter *m*.
bizco, ca *adj* vesgo(ga).
bizcocho *m* pão-de-ló *m*.
blanca *f*: **estar sin blanca** *fam* não ter um tostão furado.
blanco, ca 1 *adj & m, f* branco(ca).
2 *m (cor)* branca *f*; *(objetivo)* alvo *m*.
3 dar en el blanco acertar no alvo; **en blanco** em branco.
blando, da *adj* brando(da).
blanquear *vt* branquear.
blindado, da *adj* blindado(da).
blindar *vt* blindar.
bloc *m* bloco *m*.
bloque *m* bloco *m*; **bloque de pisos** prédio *m* de apartamentos.
bloquear *vt* bloquear.
❑ **bloquearse** *vpr* bloquear.
bloqueo *m* bloqueio *m*.
blusa *f* blusa *f*.
bobada *f* bobagem *f*; **decir bobadas** dizer bobagens.
bobina *f* bobina *f*.
bobo, ba *adj* bobo(ba).
boca *f* boca *f*; **boca a boca** boca a boca; **boca de incendios** hidrante *m*; **boca de metro** entrada *f* de metrô; **boca abajo** de boca para baixo; **boca arriba** de boca para cima.
bocacalle *f (esquina)* entrada *f* de rua; *(rua)* travessa *f*.
bocadillo *m* sanduíche *m*.
bocado *m (comida)* bocado *m*; *(pedaço de comida)* mordida *m*.
boceto *m (de quadro, desenho, prédio)* esboço *m*; *(de texto)* rascunho *m*.
bochorno *m (calor)* mormaço *m*; *(vergonha)* embaraço *m*.
bochornoso, sa *adj (quente)* abafado(da); *(vergonhoso)* embaraçoso(sa).

bocina *f (de carro)* buzina *f*; *Andes & Méx (de telefone)* fone *m*.

boda *f* casamento *m*; **bodas de oro** bodas *fpl* de ouro; **bodas de plata** bodas *fpl* de prata.

bodega *f (para armazenar vinho)* adega *f*; *(para vender vinho)* loja *f* de vinhos; *(bar)* bar *m*; *Andes & Méx (para vender alimentos)* mercearia *f*.

bodegón *m* natureza-morta *f*.

bodrio *m pej* porcaria *f*.

bofetada *f* bofetada *f*.

bohemio, mia *adj* boêmio(mia).

bohío *m CAm, Col & Ven* cabana *f*.

boicot (*pl* **boicots**) *m* boicote *m*; **hacer el boicot** fazer boicote.

boicotear *vt* boicotar.

bóiler *m Méx* boiler *m*, caldeira *f*.

boina *f* boina *f*.

bola *f (corpo esférico)* bola *f*; *fam (mentira)* cascata *f*; *Amér fam (notícia anônima)* boato *m*; *Amér fam (falta de clareza)* confusão *f*; **hacerse uno bolas** *Amér fam* fazer confusão.

bolear *vt Méx (pôr graxa)* engraxar; *fig (confundir)* enrolar.

bolera *f* pista *f* de boliche.

bolero *m* bolero *m*.

boleta *f Amér (comprovante)* recibo *m*; *CSur (condenação)* multa *f*; *Méx & RP (votação)* cédula *f*.

boletería *f Amér* bilheteria *f*.

boletín *m* boletim *m*.

boleto *m Amér* passagem *f*, bilhete *m*.

boli *m fam* caneta *f*.

bolígrafo *m* caneta *f* esferográfica.

bolillo *m Méx* pãozinho *m*.

bollería *f* confeitaria *f*.

bollo *m (doce)* pão *m* doce; *(de pão)* pãozinho *m*.

bolos *mpl* boliche *m*.

bolsa *f (de plástico, papel, tecido etc.)* sacola *f*; *(para investir)* bolsa *f*; **bolsa de basura** saco *m* de lixo; **bolsa de viaje** bolsa *f* de viagem.

> Não confundir *bolsa (sacola)* com o português *bolsa*, que em espanhol é *cartera*. (*Ana siempre guarda las bolsas de plástico del supermercado.* Ana sempre guarda as *sacolas* de plástico do supermercado.)

bolsillo *m* bolso *m*; **de bolsillo** de bolso.

bolso *m* bolsa *f*.

boludez *f Amér* estupidez *f*.

boludo, da *m, f Amér* estúpido *m*, -da *f*.

bomba *f* bomba *f*; **bomba atómica** bomba atómica; **bomba de agua** bomba-d'água *f*.

bombardear *vt* bombardear.

bombardeo *m* bombardeio *m*.

bombero *m* bombeiro *m*.

bombilla *f* lâmpada *f*.

bombillo *m CAm, Col & Ven* lâmpada *f*.

bombita *f RP* lâmpada *f*.

bombo *m (de loteria, sorteio)* cartela *f*; *(tambor)* bumbo *m*; **a bombo y platillo** com alarde.

bombón *m* bombom *m*; *fam (pessoa)* gracinha *f*.

bombona *f* botija *f*; **bombona de butano** bujão *m* de gás.

bombonería *f* bomboniere *f*.

bonanza *f* bonança *f*.

bondad *f* bondade *f*; **tenga la bondad de** *formal* tenha a bondade de.

bondadoso, sa *adj* bondoso(sa).

bonificación *f* bonificação *f*.

bonificar *vt* bonificar.

bonito, ta 1 *adj (pessoa, coisa)* bonito (ta); *(quantidade)* bom (boa).
2 *m (peixe)* atum *m*.

bono *m* vale *m*.

bonobús *m Esp passagem de ônibus para várias viagens.*

bonoloto *f Esp loteria espanhola.*

bonsái *m* bonsai *m*.

boñiga *f* bosta *f*.

boquerones *mpl* anchovas *fpl (frescas)*.

boquete *m* buraco *m*.

boquilla *f (do cigarro)* piteira *f*; *(de flauta, trompete etc.)* boquilha *f*; **de boquilla** da boca para fora.

borda *f* borda *f*.

bordado, da 1 *adj* bordado(da).
2 *m* bordado *m*.
3 **salir bordado** ficar perfeito(ta).

bordar *vt* bordar; *(em palco)* executar brilhantemente.

borde 1 *m* beira *f*.
2 *adj Esp pej* chato(ta).
3 **al borde de** à beira de.

bordear *vt* contornar.

bordillo *m* meio-fio *m*.

bordo *m*: **a bordo (de)** a bordo (de).

borla *f (enfeite)* borla *f*; *(para maquiagem)* pompom *m*.

borra *f* felpa *f*, borra *f*.

borrachera *f* bebedeira *f*.

borracho, cha *adj & m, f* bêbado(da).

> Não confundir *borracha (bêbada)* com o português *borracha*, que em espanhol é *goma de borrar*. (*Verónica tomó demasiado; está totalmente borracha*. Verónica bebeu demais; está totalmente *bêbada*.)

borrador *m (esboço)* rascunho *m*; *(para quadro negro)* apagador *m*; *(para papel)* borracha *f*.

borrar *vt (fazer desaparecer)* apagar; *(dar baixa)* afastar.

borrasca *f* borrasca *f*.

borrón *m* borrão *m*; **hacer borrón y cuenta nueva** passar uma esponja sobre o assunto.

borroso, sa *adj* desfocado(da).

bosque *m* floresta *f*.

bostezar *vi* bocejar.

bostezo *m* bocejo *m*.

bota *f (para os pés)* bota *f*; *(para vinho)* cantil *m* de couro; **botas de agua** galochas *fpl*.

botana *f Méx* petisco *m*.

botánica *f* botânica *f*.

botar **1** *vt (fazer pular)* quicar; *Amér (no lixo)* jogar fora.
2 *vi* quicar.

bote *m (recipiente)* pote *m*; *(meio de transporte)* bote *m*; *(pulo)* salto *m*; **tener a alguien en el bote** ter alguém no papo.

botella *f* garrafa *f*.

botellín *m* garrafinha *m*.

botijo *m* bilha *f*.

botín *m (para os pés)* botina *f*; *(de roubo, guerra etc.)* butim *m*.

botiquín *m* caixa *f* de remédios.

botón *m* botão *m*.
❑ **botones** *m inv* office-boy *m*.

boutique *f* butique *f*.

bóveda *f* abóbada *f*.

bovino, na *adj* bovino(na).

box *m Amér* boxe *m*.

boxear *vi* boxear.

boxeo *m* boxe *m*.

boya *f* bóia *f*.

bragas *fpl* calcinha *f*.

bragueta *f* braguilha *f*.

bramar *vi* mugir.

brandada *f*: **brandada de bacalao** *bacalhau na fôrma levado ao forno, previamente desfiado e refogado em azeite e creme de leite até converter-se em uma forma de suflê.*

brandy *m* brandy *m*.

brasa *f* brasa *f*; **a la brasa** na brasa.

brasero *m* braseiro *m*.

brasier *m Carib, Col & Méx* sutiã *m*.

bravo, va **1** *adj* bravo(va).
2 *interj* bravo!

braza *f* braçada *f*.

brazalete *m* bracelete *m*, pulseira *f*.

brazo *m* braço *m*; *(de lustre, castiçal)* haste *f*; **con los brazos abiertos** com os braços abertos; **de brazos cruzados** de braços cruzados; **brazo de gitano** rocambole *m*.

brebaje *m* beberagem *f*.

brecha *f* brecha *f*.

brécol *m* brócolis *mpl*.

breve *adj* breve; **en breve** em breve.

brevedad *f* brevidade *f*.

brevemente *adv* brevemente.

brevet *m Chile (para avião)* brevê *m*; *Ecuad & Perú (para automóvel)* carteira *f* de motorista; *RP (para veleiro)* licença *f* (náutica).

brezo *m* urze *f*.

bricolaje *m* bricolagem *f*.

brida *f* cabeçada *f*.

brigada *f* brigada *f*.

brillante **1** *adj* brilhante.
2 *m* brilhante *m*.

brillantina *f* brilhantina *f*.

brillar *vi* brilhar.

brillo *m* brilho *m*; **sacar brillo** lustrar.

brilloso, sa *adj Amér* brilhante.

brindar **1** *vi (bater as taças)* brindar.
2 *vt (propor, oferecer)* oferecer.
3 **brindarse a hacer algo** oferecer-se para fazer algo.

brindis *m* brinde *m*.

brío *m* brio *m*.

brisa *f* brisa *f*.

brizna *f* fio *m*.

broca *f* broca *f*.

brocal *m* rebordo *m (de poço, vala)*.

brocha *f (para pintar)* broxa *f*; *(para fazer barba)* pincel *m*.

broche *m* broche *m*.

brocheta *f* brochete *m*.
broma *f* brincadeira *f*; **ir en broma** estar de brincadeira; **tomar a broma** levar na brincadeira; **broma pesada** brincadeira de mau gosto.
bromear *vi* brincar.
bromista *adj & mf* brincalhão(lhona).
bronca *f* bronca *f*.
bronce *m* bronze *m*.
bronceado *m* bronzeado *m*.
bronceador *m* bronzeador *m*.
broncearse *vpr* bronzear-se.
bronquios *mpl* brônquios *mpl*.
bronquitis *f inv* bronquite *f*.
brotar *vi* brotar.
brote *m (de planta)* rebento *m*; *(de doença)* surto *m*.
brujería *f* bruxaria *f*.
brujo, ja *m, f* bruxo *m*, -xa *f*.
brújula *f* bússola *f*.
brusco, ca *adj* brusco(ca).
brusquedad *f* brusquidão *f*.
brutal *adj (selvagem)* brutal; *fam (muito grande)* enorme.
brutalidad *f* brutalidade *f*.
bruto, ta *adj* bruto(ta).
bucear *vi* mergulhar.
buche *m (de ave)* papo *m*; *(de animal)* bucho *m*; *fam (de pessoa)* pança *f*.
bucle *m (de cabelo)* caracol *m*; *(de fita, corda)* laço *m*.
bucólico, ca *adj* bucólico(ca).
bueno, na, (*compar & superl* **mejor**) **1** *adj* bom (boa).
2 *adv* de acordo.
3 *interj Méx (no telefone)* sim!?
4 **¡buenas!** *(cumprimento)* oi!; **¡buen día!** *Amér* bom dia!; **¡buenos días!** bom dia!; **¡buenas noches!** boa noite!
buey *m* boi *m*; **buey de mar** aranha-do-mar *f*, santola *f*.
búfalo *m* búfalo *m*.
bufanda *f* cachecol *m*.
bufete *m* escritório *m*.
buffet *m*: **buffet (libre)** bufê *m* livre.
buhardilla *f (apartamento)* desvão *m*; *(janela)* alçapão *m*.
búho *m* mocho *m*.
buitre *m* abutre *m*.
bujía *f* vela *f*.
bula *f* bula *f*.
bulbo *m* bulbo *m*.
bulevar *m* bulevar *m*.
bulla *f* barulheira *f*.
bullicio *m* tumulto *m*.
bullicioso, sa *adj (pessoa)* tumultuoso (sa); *(local)* tumultuado(da).
bulto *m (pacote)* volume *m*; *(numa superfície)* vulto *m*; *(na pele, na cabeça etc.)* caroço *m*.
bumerang *m* bumerangue *m*.
bungalow *m* bangalô *m*.
buñuelo *m* bolinho *m*.
BUP *m Esp* (*abrev de* **Bachillerato Unificado Polivalente**) ≃ segundo grau *m*.
buque *m* navio *m*.
burbuja *f (de gás, sabão, água)* bolha *f*; *(flutuador)* bóia *f*.
burdel *m* bordel *m*.
burgués, esa *adj & m, f* burguês(sa).
burguesía *f* burguesia *f*.
burla *f* burla *f*.
burlar *vt* burlar.
❑ **burlarse** *vpr*: **burlarse (de)** debochar (de), troçar (de).
buró *m Méx* mesinha-de-cabeceira *f*.
burrada *f* burrada *f*.
burrito *m Méx* burrito *m*, *panqueca de farinha de milho com recheio de carne.*
burro, rra *m, f* burro *m*, -ra *f*.
buscar *vt* procurar; **ir a buscar** ir buscar.
busto *m* busto *m*.
butaca *f* poltrona *f*.
butano *m* butano *m*.
butifarra *f salsicha típica da Catalunha*; **butifarra con judías** butifarra com feijão.
buzo *m (pessoa)* mergulhador *m*; *(roupa)* macacão *m*.
buzón *m* caixa *f* de correio.

C

c/ (*abrev de* **calle**) r.; (*abrev de* **cuenta**) c.
cabalgada *f* cavalgada *f*.
cabalgar *vi* cavalgar.
cabalgata *f*: **la cabalgata de los Reyes Magos** a cavalgada dos reis Magos.
caballa *f* cavalinha *f*.
caballería *f (corpo militar)* cavalaria *f*; *(animal)* cavalgadura *f*.
caballero *m formal* cavalheiro *m*; **'caballeros'** 'Cavalheiros'.
caballete *m* cavalete *m*.
caballito *m*: **caballito de mar** cavalo-marinho *m*.
❑ **caballitos** *mpl* carrossel *m*, cavalinhos *mpl*.
caballo *m* cavalo *m*; **montar a caballo** montar a cavalo.
cabaña *f* cabana *f*.
cabaret *m* cabaré *m*.
cabecear *vi (negando)* negar com a cabeça; *(afirmando)* afirmar com a cabeça; *(dormindo)* cochilar, dormitar.
cabecera *f (da cama)* cabeceira *f*; *(em jornal, livro, listagem)* cabeçalho *m*.
cabecilla *mf* cabeça *mf* de bando.
cabellera *f* cabeleira *f*.
cabello *m* cabelo *m*; **cabello de ángel** *doce de abóbora cortada em pequenos fios e cozida em calda de açúcar.*
caber *vi* caber; *(entrar)*: **el armario no cabe por la puerta** o armário não passa pela porta; *(ser do tamanho adequado)*: **no me caben los pantalones** as calças não me servem; *(ser possível)* caber, ser possível; **no cabe duda** não há dúvida.
cabestrillo *m* tipóia *f*.
cabeza *f (de pessoa, animal, agulha)* cabeça *f*; *(de grupo, família)* chefe *m*; *(de texto escrito, carta)* cabeçalho *m*; **por cabeza** por cabeça; **ir de cabeza** estar muito atarefado; **perder la cabeza** perder a cabeça; **sentar la cabeza** assentar; **traer de cabeza** preocupar-se muito; **cabeza de ajo** cabeça de alho; **cabeza de familia** chefe *m* de família; **cabeza rapada** skinhead *mf*.
cabezada *f*: **dar una cabezada** dar uma cabeçada.
cabida *f*: **tener cabida** ter cabimento.
cabina *f* cabine *f*; **cabina telefónica** cabine telefônica.
cable *m* fio *m*; **por cable** por cabo; **cable eléctrico** fio elétrico.
cabo *m* cabo *m*; **al cabo de** ao cabo de; **atar cabos** atar os cabos; **cabo suelto** cabo solto; **de cabo a rabo** de cabo a rabo; **llevar algo a cabo** levar a cabo algo.
cabra *f* cabra *f*; **estar como una cabra** estar louco.
cabrear *vt vulg* irritar.
❑ **cabrearse** *vpr vulg* irritar-se.
cabreo *m vulg* irritação *f*.
cabrito *m* cabrito *m*.
cabrón *m vulg* corno *m*.
cabronada *f vulg* canalhice *f*.
caca *f fam* cocô *m*; *(sujeira)* imundície *f*.
cacahuate *m Méx* amendoim *m*.
cacahuete *m* amendoim *m*.
cacao *m (chocolate)* cacau *m*; *fam (desordem)* confusão *f*.
cacarear *vi* cacarejar.
cacería *f* caçada *f*.
cacerola *f* caçarola *f*.
cachalote *m* cachalote *m*.
cacharro *m (de cozinha)* panela *f*; *fam (utensílio)* cacareco *m*; *fam (carro)* calhambeque *m*.
cachear *vt* revistar.
cachemir *m* caxemira *f*.

cachetada *f Amér fam* bofetada *f.*
cachete *m* tapa *f.*
cachivache *m* cacareco *m.*
cacho *m fam (fragmento)* pedaço *m*; *Andes & Ven (corno)* chifre *m.*
cachorro, rra *m, f* filhote *m.*
cacique *m* cacique *m.*
cactus *m* cacto *m.*
cada *adj* cada; **cada uno** cada um; **cada dos anos** de dois em dois anos; **cada lunes** todas as segundas.
cadáver *m* cadáver *m.*
cadena *f (de peça metálica, jóia)* corrente *f*; *(sucessão, série)* cadeia *f*; *(de televisão, radio)* canal *f*; *(de música)* aparelho *f* de som; **en cadena** em cadeia.
cadencia *f* cadência *f.*
cadera *f* cadeiras *fpl*, quadril *m.*

> Não confundir *cadera (quadril)* com o português *cadeira*, que em espanhol é *silla*. (*Doña Tota se fracturó la cadera al caerse en la calle.* Dona Tota quebrou o *quadril* ao cair na rua.)

cadete *m* cadete *m.*
caducar *vi (alimentos)* vencer; *(lei, documento etc.)* expirar.
caducidad *f (de produto, alimento)* vencimento *m*; *(de lei, documento)* expiração *f.*
caduco, ca *adj (folha)* caído(da), caduco (ca); *(pessoa)* caduco(ca).
caer *vi* cair; *(estar localizado)*: **la catedral cae por el centro** a catedral fica lá pelo centro; **caer bien/mal** cair bem/mal.
❑ **caer en** *v + prep (resposta, solução)* descobrir; *(data determinada)* cair em, ser em; **caer en la cuenta** dar-se conta.
❑ **caerse** *vpr* cair.
café *m* café *m*; **café descafeinado** café descafeinado; **café irlandés** café irlandês; **café con leche** café com leite; **café molido** café moído; **café solo** cafezinho *m.*
cafebrería *f Méx* café-livraria *m.*
cafeína *f* cafeína *f.*
cafetera *f* cafeteira *f.*
cafetería *f* café *m*, lanchonete *f.*
caída *f* queda *f.*
caído, da *adj* caído(da); **los caídos** os mortos na guerra.
caimán *m* jacaré *m.*
caja *f* caixa *f*; **caja de ahorros** caixa econômica; **caja de herramientas** caixa de ferramentas; **caja rápida** caixa rápida; **caja registradora** caixa registradora.
cajero, ra *m, f* caixa *mf*; **cajero automático** caixa automático.
cajetilla *f (de cigarros)* carteira *m.*
cajón *m* gaveta *f*; **cajón de sastre** *lugar onde pode-se encontrar ou guardar coisas de todo gênero.*
cajonera *f* gaveteiro *m (de carteira escolar).*
cajuela *f Méx* porta-malas *f.*
cal *f* cal *f.*
cala *f* angra *f.*
calabacín *m* abobrinha *f*; **calabacines rellenos** abobrinhas recheadas.
calabaza *f* abóbora *f.*
calabozo *m* calabouço *m.*
calada *f* tragada *f.*
calamar *m* lula *f*; **calamares a la plancha** lulas grelhadas; **calamares en su tinta** lulas em sua própria tinta.
calambre *m (de um músculo)* cãibra *f*; *(descarga elétrica)* choque *m.*
calamidad *f* calamidade *f*; **ser una calamidad** ser um desastre.
calar *vt* infiltrar-se em.
❑ **calar en** *v + prep* infiltrar-se em.
❑ **calarse** *vpr (molhar-se)* encharcar-se; *(chapéu)* enfiar.
calato, ta *adj Andes & CSur* pelado(da).
calaveras *fpl Méx* luzes *fpl* traseiras.
calcar *vt (desenho)* decalcar; *(imitar)* imitar.
calcáreo, a *adj* calcário(ria).
calcetín *m* meia *f.*
calcio *m* cálcio *m.*
calcomanía *f* decalcomania *f.*
calculador, ra *adj* calculista.
calculadora *f* calculadora *f.*
calcular *vt* calcular.
cálculo *m* cálculo *m.*
caldear *vt* aquecer.
caldera *f* caldeira *f.*
calderilla *f* trocado *m*, dinheiro *m* miúdo.
caldo *m* caldo *m.*
calefacción *f* calefação *f*, aquecimento *m*; **calefacción central** aquecimento central.
calefactor *m* aquecedor *m.*
calendario *m* calendário *m.*
calentador *m* aquecedor *m.*

calentamiento *m (em esporte)* aquecimento *m.*

calentar *vt (casa)* aquecer; *(comida)* esquentar; *(fig: bater em)* esquentar; *fig (instigar, provocar)* atiçar.
❑ **calentarse** *vpr (em esporte)* fazer o aquecimento; *(excitar-se)* esquentar, aquecer.

calesitas *fpl CSur* carrossel *m.*

calibrar *vt lit & fig* calibrar.

calibre *m* calibre *m.*

calidad *f* qualidade *f*; **de calidad** de qualidade; **en calidad de** na qualidade de.

cálido, da *adj (quente)* cálido(da); *(afetuoso, carinhoso)* caloroso(sa); *(agradável, confortável)* aconchegante.

caliente *adj* quente; **en caliente** enquanto está quente.

calificación *f (de prova, ato)* qualificação *f*; *(de um aluno)* nota *f.*

calificar *vt* avaliar; **calificar a alguien de** qualificar alguém de.

caligrafía *f* caligrafia *f.*

cáliz *m* cálice *m.*

callado, da *adj* calado(da).

callar 1 *vi* calar-se.
2 *vt* guardar.
❑ **callarse** *vpr* calar-se.

calle *f (de cidade)* rua *f*; *(de estrada)* faixa *f*; *(em piscina)* raia *f*; **dejar a alguien en la calle** pôr alguém na rua; **calle abajo/arriba** rua abaixo/acima.

callejero, ra 1 *adj* de rua.
2 *m* mapa *m* (das ruas).

callejón *m* ruela *f*; *(para touros)* corredor; **callejón sin salida** beco *m* sem saída.

callejuela *f* ruela *f.*

callo *m* calo *m.*

calloso, sa *adj* calejado(da).

calma *f* calma *f.*

calmado, da *adj* calmo(ma).

calmante *m* calmante *m.*

calmar *vt* acalmar.
❑ **calmarse** *vpr* acalmar-se.

calor *m o f* calor *m*; **hacer calor** fazer calor; **tener calor** ter calor.

caloría *f* caloria *f.*

calumnia *f* calúnia *f.*

calumniador, ra *adj* caluniador(ra).

calumniar *vt* caluniar.

calumnioso, sa *adj* calunioso(sa).

caluroso, sa *adj (pessoa, dia, local etc.)* quente; *(tratamento, recebimento)* caloroso(sa).

calva *f* calva *f.*

calvario *m* calvário *m.*

calvicie *f* calvície *f.*

calvo, va *adj & m, f* calvo(va).

calzada *f* calçamento *m*; **'calzada irregular'** 'calçamento irregular'.

calzado *m* calçado *m*; **'calzados y reparación'** 'conserto de calçados'.

calzador *m* calçadeira *f.*

calzar *vt* calçar.
❑ **calzarse** *vpr* calçar-se.

calzoncillos *mpl* cuecas *fpl.*

calzones *mpl Amér* cuecas *fpl.*

cama *f* cama *f*; **guardar cama** ficar de cama; **cama de matrimonio** cama de casal.

camaleón *m* camaleão *m.*

cámara 1 *f* câmara *f.*
2 *mf* câmara *mf*, operador *m* de câmara.
3 cámara fotográfica máquina *f* fotográfica, câmara *f* fotográfica; **cámara de vídeo** câmara de vídeo.

camarada *mf* camarada *mf.*

camarero, ra *m, f* garçom *m*, garçonete *f.*

camarón *m Amér* camarão *m.*

camarote *m* camarote *m.*

camastro *m* catre *m.*

cambiar 1 *vt* trocar; *(transformar)* mudar.
2 *vi* mudar.
❑ **cambiar de** *v + prep* mudar de.
❑ **cambiarse** *vpr* trocar-se, mudar de roupa.
❑ **cambiarse de** *v + prep* trocar de.

cambio *m* troca *f*; *(moeda de pouco valor)* troco *m*; *(transformação)* mudança *f*; *(valor da moeda)* câmbio *m*; **en cambio** por outro lado; **cambio de marchas** câmbio (de marchas); **'cambio (de moneda)'** 'câmbio'; **'devuelve cambio'** 'dá troco'.

camello *m* camelo *m.*

camellón *m Col & Méx (em avenida)* canteiro *m* central.

camerino *m* camarim *m.*

camilla *f* maca *f.*

camillero, ra *m, f* padioleiro *m*, -ra *f.*

caminante *mf* caminhante *mf.*

caminar *vi & vt* caminhar.

caminata *f* caminhada *f.*

camino *m* caminho *m*; **camino de** a caminho de; **ir por buen/mal camino** ir por bom/mau caminho; **ponerse en**

camino pôr-se a caminho.
camión *m* caminhão *m*; *CAm & Méx (para transporte coletivo)* ônibus *m*.
camionero, ra *m, f* caminhoneiro *m*, -ra *f*.
camioneta *f* caminhonete *f*.
camisa *f* camisa *f*.
camisería *f* camisaria *f*.
camisero, ra *adj (vestido, paletó)* camiseiro(ra).
camiseta *f* camiseta *f*.
camisola *f Amér* camisola *f*, camisa *f* de noite.
camisón *m* camisola *f*.
camomila *f* camomila *f*.
camorra *f* briga *f*.
camote *m Andes, CAm & Méx (tipo de batata)* batata *f* doce.
campamento *m* acampamento *m*.
campana *f* sino *m*; *(de chaminé)* saia *f*; *(de cozinha)* exaustor *m*.
campanario *m* campanário *m*.
campaña *f* campanha *f*.
campechano, na *adj* bonachão(ona).
campeón, ona *m, f* campeão *m*, -ã *f*.
campeonato *m* campeonato *m*; **de campeonato** *fam* tremendo.
campera *f RP* jaqueta *m*.
campesino, na *m, f* camponês *m*, -sa *f*.
campestre *adj* campestre.
camping *m (local)* camping *m*, parque *m* de campismo; *(atividade)* campismo *m*.
campista *mf* campista *mf*.
campo *m* campo *m*; **campo de deportes** campo de esportes; **dejar el campo libre** deixar o campo livre.
campus *m* campus *m*.
camuflar *vt* camuflar.
cana *f* cabelo *m* grisalho.
canal *m* canal *m*; *(para chuva)* calha *f*.
canalla *mf* canalha *m*.
canapé *m* canapé *m*.
canario *m (pássaro)* canário *m*.
canasta *f (cesta)* canastra *f*; *(em vôlei)* cesta *f*.
canastilla *f* enxoval *m*.
cancela *f* cancela *f*.
cancelación *f* cancelamento *m*.
cancelar *vt* cancelar; *(conta, dívida)* liquidar.
cáncer *m* câncer *m*.
❑ **Cáncer** *m inv* Câncer *m inv*, Caranguejo *m inv*.
cancerígeno, na *adj* cancerígeno(na).
cancha *f* cancha *m*.
canciller *m* chanceler *m*.
cancillería *f* chancelaria *f*.
canción *f* canção *f*.
cancionero *m* cancioneiro *m*.
candado *m* cadeado *m*.
candela *f Amér* fogo *m*.
candelabro *m* candelabro *m*.
candidato, ta *m, f*: **candidato (a)** candidato *m*, -ta *f* (a).
candidatura *f* candidatura *f*.
candil *m Méx* lustre *m*.
candilejas *fpl* (luzes *fpl* da) ribalta *f*.
caneca *f Col* lata *f* de lixo.
canela *f* canela *f*.
canelones *mpl* canelone *msg*.
cangrejo *m* caranguejo *m*.
canguro *m* canguru *m*.
caníbal *mf* canibal *mf*.
canica *f* bolinha *f* de gude.
❑ **canicas** *fpl* gude *m*.
canijo, ja *adj* minúsculo(la).
canilla *f CSur (chave)* torneira *f*; *fam (perna)* canela *f*.
canjeable *adj* cambiável.
canjear *vt* trocar; **canjear algo por algo** trocar algo por algo.
canoa *f* canoa *f*.
canoso, sa *adj* grisalho(lha).
cansado, da *adj* cansado(da); **estar cansado (de)** estar cansado (de).
cansador, ra *adj CSur* cansativo(va).
cansancio *m* cansaço *m*.
cansar *vi* cansar.
❑ **cansarse** *vpr* cansar-se.
❑ **cansarse de** *v + prep* cansar-se de.
cantaleta *f Amér* cantilena *f*.
cantante *mf* cantor *m*, -ra *f*.
cantar *vt & vi lit & fig* cantar.
cántaro *m* cântaro *m*; **llover a cántaros** chover a cântaros.
cantautor, ra *m, f* compositor *m*, -ra *f* -intérprete.
cante *m*: **cante flamenco** canto *m* flamenco; **cante jondo** canto *m* flamenco.
cantera *f* pedreira *f*; *(de profissionais, jogadores)* escola *f*.
cántico *m* cântico *m*.
cantidad 1 *f* quantidade *f*; *(importância)* quantia *f*.
2 *adv fam* muito; **en cantidad** em (grande) quantidade.

cantimplora *f* cantil *m*.
cantina *f* cantina *f*.
canto *m* canto *m*; **de canto** de lado.
canturrear *vt & vi* cantarolar.
caña *f* cana *f*; *(de cerveja)* chope *m*; **caña de azúcar** cana-de-açúcar *f*; **caña de pescar** vara *f* de pescar.
cáñamo *m* cânhamo *m*.
cañaveral *m* canavial *m*.
cañería *f* encanamento *m*.
caño *m (de fonte)* repuxo *m*; *(tubo)* cano *m*; *Perú (chave)* torneira *f*.
cañón *m (arma)* canhão *m*; *(de fuzil)* cano *m*; *(entre montanhas)* cânion *m*.
cañonazo *m* tiro *m* de canhão.
caoba *f* mogno *m*.
caos *m inv* caos *m*.
caótico, ca *adj* caótico(ca).
capa *f (peça de roupa)* capa *f*; *(de tinta, verniz, chocolate)* camada *f*; *(da terra)* crosta *f*; *(da sociedade)* camada *f*, estrato *m*; **capa de ozono** camada do ozônio; **a capa y espada** a ferro e fogo; **de capa caída** deprimido.
capacidad *f* capacidade *f*.
capacitado, da *adj*: **estar capacitado para** ter qualificações para.
caparazón *m* carapaça *f*.
capataz (*pl* **-ces**) *mf* capataz *m*.
capaz (*pl* **-ces**) *adj* capaz; **ser capaz de** ser capaz de.
capazo *m* cesta *f*; *(para bebê)* moisés *m*.
capellán *m* capelão *m*.
capicúa *adj inv* capicua *f*.
capilar *adj & m* capilar.
capilla *f* capela *f*.
capital[1] *adj & m* capital.
capital[2] *f* capital *f*.
capitalismo *m* capitalismo *m*.
capitalista *adj & mf* capitalista.
capitán, ana *m, f* capitão *m*, -tã *f*.
capitanía *f* quartel-general *m*.
capitel *m* capitel *m*.
capítulo *m* capítulo *m*.
capó *m* capô *m*.
capón *m (animal)* capão *m*; *(golpe)* cascudo *m*.
capota *f* capota *f*.
capote *m* capote *m*.
capricho *m* capricho *m*; **darse un capricho** satisfazer um capricho.
caprichoso, sa *adj* caprichoso(sa).
Capricornio *m inv* Capricórnio *m*.
cápsula *f* cápsula *f*.
captar *vt* captar.
capturar *vt* capturar.
capucha *f* capuz *m*.
capuchino, na 1 *adj & m, f* capuchinho (nha).
2 *m (café)* cappuccino *m*.
capullo *m (de flor)* botão *m*; *(de larva)* casulo *m*.
cara *f* cara *f*; *(face)* lado *m*; **cara a cara** cara a cara; **de cara a** de frente para; **a cara o cruz** cara ou coroa; **dar la cara** dar a cara; **echar en cara** jogar na cara; **plantar cara** fazer frente; **tener (mucha) cara** ter (muita) cara-de-pau.
carabela *f* caravela *f*.
carabina *f* carabina *f*; *fam (pessoa)* alcoviteiro *m*, -ra *f*.
caracol *m* caracol *m*.
caracola *f* búzio *m*.
caracolada *f guisado de caracóis.*
carácter *m* caráter *m*; **tener mal/buen carácter** ter bom/mau caráter; **tener mucho/poco carácter** ter muito/pouco caráter.
característica *f* característica *f*.
característico, ca *adj* característico(ca).
caracterizar *vt* caracterizar.
❑ **caracterizarse por** *v + prep* caracterizar-se por.
caradura *adj inv* cara-de-pau *inv*.
carajillo *m* café *m* com conhaque.
caramba *interj (exprime surpresa)* caramba!; *(exprime chateação)* poxa!
carambola *f* carambola *f (no bilhar)*; **de carambola** por acaso.
caramelo *m* bala *f*; *(açúcar derretido)* caramelo *m*.
carátula *f* capa *f*.
caravana *f (em estrada)* caravana *f*; *(reboque)* trailer *m*, caravana *f*; **hacer caravana** formar uma caravana.
caray *interj (exprime surpresa)* caramba!; *(exprime chateação, dano)* poxa!
carbón *m* carvão *m*.
carboncillo *m* carvão *m*.
carbono *m* carbono *m*.
carburador *m* carburador *m*.
carburante *m* carburante *m*.
carcajada *f* gargalhada *f*; **a carcajadas** às gargalhadas.
carcasa *(para celular)* capa *f (frontal)*.

cárcel *f* cadeia *f.*
carcoma *f* caruncho *m.*
cardenal *m (religioso)* cardeal *m*; *(sinal)* hematoma *m.*
cardíaco, ca *adj* cardíaco(ca).
cardinal *adj (ponto)* cardeal *m*; *(número)* cardinal *m.*
cardiólogo, ga *m, f* cardiologista *mf.*
cardo *m (planta)* cardo *m*; *fam (pessoa)* assombração *f.*
carecer: **carecer de** *v + prep* carecer de.
carencia *f* carência *f.*
careta *f* máscara *f.*
carey *m (animal)* tartaruga-de-pente *f*; *(material)* tartaruga *f.*
carga *f* carga *f*; *(responsabilidade)* fardo *m*; **'carga y descarga'** 'carga e descarga'.
cargado, da *adj (céu)* carregado(da); *(quarto, ambiente)* pesado(da); *(bebida, chá)* bem forte; **cargado de** carregado(da) de.
cargador, ra 1 *m, f* chato *f*, -ta.
2 *m* carregador *m.*
cargar 1 *vt* carregar; *(conta, dívidas)* debitar.
2 *vi (perturbar)* incomodar.
3 cargar algo de algo carregar algo de algo.
❑ **cargar contra** *v + prep* investir contra.
❑ **cargar con** *v + prep (pacote)* carregar; *(responsabilidade, conseqüência)* arcar com; *(pessoa)* agüentar.
❑ **cargarse** *vpr fam (danificar)* estragar; *fam (matar)* liquidar; *fam (suspender)* anular; *(ambiente)* ficar pesado.
❑ **cargarse de** *v + prep (completar-se de)* encher-se de.
cargo *m (emprego, função)* cargo *m*; *(na conta)* débito *m*; **a cargo de** a cargo de; **hacerse cargo de** *(responsabilizar-se)* encarregar-se de; *(entender)* compreender.
cargoso, sa *adj CSur* chato(ta).
cariado, da *adj* cariado(da).
caricatura *f* caricatura *f.*
caricia *f* carícia *f.*
caridad *f* caridade *f.*
caries *f inv* cárie *f.*
cariño *m* carinho *m*; *(bem)* amor *m.*
cariñoso, sa *adj* carinhoso(sa).
carisma *m* carisma *m.*
caritativo, va *adj* caridoso(sa).
cariz *m* cariz *m.*
carmín *m (para lábios)* batom *m.*
carnal *adj (desejo)* carnal; *(parente)* consangüíneo(nea).
Carnaval *m* Carnaval *m.*
carne *f* carne *f*; *(de fruta)* polpa *f*; **carne asada** carne assada; **carne picada** carne moída; **carne de cerdo** carne de porco; **carne de cordero** carne de carneiro; **carne de ternera** (carne de) vitela; **carne de gallina** pele *f* arrepiada.
carné *m* carteirinha *f*; **carné de conducir** carteira *f* de motorista; **carné de identidad** carteira *f* de identidade.
carnero *m* carneiro *m.*
carnicería *f (loja)* açougue *m*; *(carnificina)* carniçaria *f.*
carnicero, ra *m, f* açougueiro *m*, -ra *f.*
carnitas *fpl Méx pedaços de carne de porco para tacos.*
caro, ra 1 *adj* caro(ra).
2 *adv* caro.
carpa *f (de circo)* lona *f*; *(para festas)* tenda *f*; *(peixe)* carpa *f.*
carpeta *f* pasta *f.*
carpintería *f* carpintaria *f.*
carpintero, ra *m, f* carpinteiro *m*, -ra *f.*
carrera *f (competição)* corrida *f*; *(estudos)* curso *m*; *(profissão)* carreira *f*; *(em meias)* fio *m* puxado; **a la carrera** às pressas.
carrerilla *f* carreira *f*; **de carrerilla** *fam* de uma vez só.
carreta *f* carroça *f.*
carrete *m (de fotos)* rolo *m*; *(de linha)* carretel *m.*
carretera *f* estrada *f*; **carretera de cuota** *Méx* rodovia *f* com pedágio.
carretilla *f* carrinho *m* de mão.
carril *m (de estrada)* faixa *f*; *(de trem)* trilho *m.*
carriola *f Méx* carrinho *m* de bebê.
carrito *m (para as compras)* carrinho *m* de compras; *(para bebês)* carrinho *m* de bebê.
carro *m (carruagem)* carruagem *f*; *Andes, CAm, Carib & Méx (automóvel)* carro *m*; **carro de la compra** carrinho *m* de compras; **carro comedor** *Amér* vagão-restaurante *m.*

Não confundir com o português *carro*, que tem um significado similar ao espanhol *coche* ou *automóvil*: (*Pasó un carro tirado por tres caballos.* Passou uma carroça puxada por três cavalos.)

carrocería *f* carroceria *f.*
carromato *m* calhambeque *m.*
carroña *f* carniça *f.*
carroza *f* charrete *f.*
carruaje *m* carruagem *f.*
carrusel *m* carrossel *m.*
carta *f* carta *f*; *(de restaurante, bar etc.)* cardápio *m.*
cartabón *m* esquadro *m.*
cartearse *vpr* escrever-se.
cartel *m* cartaz *m.*
cartelera *f (de espetáculos)* programação *f*; *(quadro)* cartaz *m.*
cartera *f (gen)* bolsa *f*; *(para dinheiro)* carteira *f*; *(para documentos, livros etc.)* pasta *f.*

Não confundir ***cartera (bolsa)*** com o português ***carteira***, que em espanhol é ***billetera***. (*Alguien robó la cartera de María.* Alguém roubou a ***bolsa*** da Maria.)

carterista *mf* punguista.
cartero, ra *m, f* carteiro *m*, -ra *f.*
cartilla *f* cartilha *f*; **cartilla de ahorros** caderneta *f* de poupança; **cartilla de la Seguridad Social** carteira *f* de Previdência Social.
cartón *m* cartão *m*; *(de cigarros)* maço *m.*
cartucho *m* cartucho *m.*
cartulina *f* cartolina *f.*
casa *f* casa *f*; *(edifício)* prédio *m*; **en casa** em casa; **ir a casa** ir para casa; **casa adosada** casa geminada; **casa de campo** casa de campo; **casa de huéspedes** pensão *f.*
casadero, ra *adj* casadeiro(ra).
casado, da *adj* casado(da).
casamiento *m* casamento *m.*
casar *vt* casar.
❑ **casarse** *vpr* casar-se.
cascabel *m* chocalho *m.*
cascada *f* cascata *f.*
cascanueces *m inv* quebra-nozes *m inv.*
cascar *vt (partir)* quebrar; *fam (dar pancadas)* bater.
cáscara *f* casca *f.*
casco *m* casco *m*; *(para a cabeça)* capacete *m*; **casco antiguo** *parte antiga da cidade*; **casco urbano** centro *m* urbano; **cascos azules** capacetes azuis *(da ONU).*
caserío *m* casa *f* de fazenda.
caserita *f Amér* empregada *f* doméstica.
casero, ra 1 *adj* caseiro(ra).
2 *m, f* proprietário *m*, -ria *f.*
caseta *f (de feira)* barraca *f*; *(para cachorro)* casinha *f*; *(na praia)* cabine *f*; **caseta de cobro** *Méx* pedágio *m*; **caseta telefónica** *Méx* cabine *f* telefônica.
casete 1 *m* toca-fitas *m inv*, gravador *m.*
2 *m o f* fita-cassete *f*, cassete *f.*
casi *adv* quase; **casi nada** quase nada; **casi nunca** quase nunca.
casilla *f (em formulário)* quadrado *m*; *(de tabuleiro, jogo)* casa *f*; *(de móvel, caixa, armário etc.)* escaninho *m*; **casilla de correos** *Andes & RP* caixa *f* postal.
casillero *m (móvel)* escaninhos *mpl*; *(compartimento)* escaninho *m.*
casino *m* cassino *m.*
caso *m* caso *m*; **en caso de** no caso de; **en todo caso** em todo caso; **en cualquier caso** em todo caso; **hacer caso** levar em conta; **ser un caso** *fam* ser um caso sério; **venir al caso** vir ao caso.
caspa *f* caspa *f.*
casquete *m* casquete *m*; **casquete polar** calota *f* polar.
casquillo *m (de bala)* cartucho *m*; *(para lâmpada)* soquete *m.*
casta *f* casta *f.*
castaña *f* castanha *f*; *fam (choque, golpe)* estalo *m.*
castaño, ña 1 *adj* castanho(nha).
2 *m* castanheiro *m.*
castañuelas *fpl* castanholas *fpl.*
castidad *f* castidade *f.*
castigar *vt* castigar.
castigo *m* castigo *m.*
castillo *m* castelo *m.*
castizo, za *adj* genuíno(na).
casto, ta *adj* casto(ta).
castor *m* castor *m.*
castrar *vt* castrar.
casualidad *f* acaso *m*; **por casualidad** por acaso.
catacumbas *fpl* catacumbas *fpl.*
catálogo *m* catálogo *m.*
catamarán *m* catamarã *m.*
catar *vt* provar.
cataratas *fpl* cataratas *fpl.*
catarro *m* resfriado *m.*
catástrofe *f (ocorrência grave)* catástrofe *f*; *(coisa malfeita)* calamidade *f.*

catastrófico, ca *adj* catastrófico(ca).
catecismo *m* catecismo *m*.
cátedra *f* cátedra *f*.
catedral *f* catedral *f*.
catedrático, ca *m, f* catedrático *m*, -ca *f*.
categoría *f* categoria *f*; **de categoría** de categoria.
catequesis *f inv* catequese *f*.
cateto *m (geometria)* cateto *m*.
catire, ra *adj Carib & Col* loiro(ra).
catolicismo *m* catolicismo *m*.
católico, ca *adj & m, f* católico(ca).
catorce *num* quatorze → **seis.**
catre *m* cama *f* de viagem.
cauce *m* leito *m*.
caucho *m* borracha *f*.
caudal *m (de um rio)* caudal *m*; *(dinheiro)* fortuna *f*.
caudaloso, sa *adj* caudaloso(sa).
caudillo *m* caudilho *m*.
causa *f* causa *f*; **a causa de** por causa de.
causante *m Amér* contribuinte *m*.
causar *vt* causar.
cáustico, ca *adj* cáustico(ca).
cautela *f* cautela *f*; **con cautela** com cautela.
cautivador, ra *adj* cativante.
cautivar *vt* cativar.
cautiverio *m* cativeiro *m*; **en cautiverio** em cativeiro.
cautivo, va *m, f* cativo *m*, -va *f*.
cauto, ta *adj* cauto(ta).
cava 1 *f* adega *f*.
2 *m* champanhe *m*.
cavar *vt* cavar.
caverna *f* caverna *f*.
cavernícola *adj* cavernícola.
caviar *m* caviar *m*.
cavidad *f* cavidade *f*.
cavilar *vi* cavilar.
caza *f* caça *f*; **andar** ou **ir a la caza de** andar ou ir à caça de; **dar caza** caçar.
cazador, ra *m, f* caçador *m*, -ra *f*.
cazar *vt* caçar; *(explicação, indireta)* pescar.
cazo *m (para servir)* concha *f*; *(para cozinhar)* panela *f*.
cazuela *f* caçarola *f*; **a la cazuela** na caçarola.
c/c (*abrev de* **cuenta corriente**) c/c.
CE *f* (*abrev de* **Comunidad Europea**) CE *f*.
cebar *vt* cevar.
❑ **cebarse en** *v + prep* (agir com) fúria.
cebo *m* isca *f*.
cebolla *f* cebola *f*.
cebolleta *f* cebolinha *f*.
cebra *f* zebra *f*.
cecear *vi* cecear.
ceder 1 *vt* ceder.
2 *vi (ponte, corda etc.)* ceder; *(vento, chuva etc.)* estiar.
3 **'ceda el paso'** 'dê a preferência'.
cedilla *f* cedilha *f*.
cedro *m* cedro *m*.
cédula *f* cédula *f*; **cédula de identidad** carteira *f* de identidade.
cegato, ta *adj fam* zarolho(lha).
ceguera *f* cegueira *f*.
ceja *f* sobrancelha *f*; **meterse algo entre ceja y ceja** meter algo na cabeça.
celda *f* cela *f*.
celdilla *f* favo *m*.
celebración *f* celebração *f*.
celebrar *vt* celebrar.
célebre *adj* célebre.
celebridad *f* celebridade *f*; **ser una celebridad** ser uma celebridade.
celeste *adj* celeste.
celestial *adj* celestial.
celo *m (fita adesiva)* fita-adesiva *f*; *(no trabalho etc.)* zelo *m*; **estar en celo** *(animais)* estar no cio.
❑ **celos** *mpl (no amor)* ciúmes *mpl*; *(defeito)* inveja *f*; **tener celos** ter ciúmes.
celofán® *m* celofane *m*.
celoso, sa *adj* ciumento(ta).
célula *f* célula *f*; **célula madre** célula-tronco *f*.
celular *adj* celular.
celulitis *f inv* celulite *f*.
cementerio *m* cemitério *m*; **cementerio de coches** ferro-velho *m*.
cemento *m* cimento *m*; **cemento armado** cimento armado.
cena *f* jantar *m*.
cenar *vt & vi* jantar.
cencerro *m* chocalho *m*; **estar como un cencerro** estar maluco.
cenefa *f* friso *m*.
cenicero *m* cinzeiro *m*.
ceniza *f* cinza *f*.
❑ **cenizas** *fpl (restos mortais)* cinzas *fpl*.
censado, da *adj* recenseado(da).
censar *vt* recensear.

censo *m* censo *m*; **censo electoral** corpo *m* de eleitores.
censor *m* censor *m*.
censura *f* censura *f*.
censurar *vt* censurar.
centena *f* centena *f*.
centenar *m* centena *f*.
centenario, ria 1 *adj* centenário(ria).
2 *m* centenário *m*.
centeno *m* centeio *m*.
centésimo, ma *num* centésimo(ma) → **sexto.**
centígrado, da *adj* centígrado(da).
centímetro *m* centímetro *m*.
céntimo *m* centavo *m*; **no tener un céntimo** estar sem um centavo.
centinela *mf* sentinela *f*.
centollo *m* aranha-do-mar *f*, santola *f*.
centrado, da *adj (objeto)* centrado(da); *(pessoa)* concentrado(da); **centrado en** concentrado em.
central *adj & f* central; **central eléctrica** central elétrica.
centralismo *m* centralismo *m*.
centralita *f* mesa *f* telefônica, PBX *m*.
centrar *vt* centrar; *(olhares, atenção)* atrair.
❑ **centrarse** *vpr*: **centrarse (en)** concentrar-se (em).
céntrico, ca *adj* central.
centrifugar *vt* centrifugar.
centro *m* centro *m*; **en el centro de** no centro de; **ser el centro de** ser o centro de; **centro (comercial)** centro comercial; **centro juvenil** centro juvenil; **centro social** centro social; **centro turístico** centro turístico; **centro urbano** centro urbano.
ceñido, da *adj* apertado(da).
ceñir *vt (ajustar)* apertar; *(rodear)* cercar.
❑ **ceñirse a** *v + prep* cingir-se a.
ceño *m* cenho *m*.
cepa *f* cepa *f*.
cepillar *vt (cabelo, terno etc.)* escovar; *fam (pessoa)* bajular.
cepillo *m* escova *f*; **cepillo de dientes** escova de dentes.
cepo *m (para animais)* armadilha *f*; *(para carros) grampo com que se imobilizam os carros mal estacionados.*
cera *f* cera *f*.
cerámica *f* cerâmica *f*.
ceramista *mf* ceramista *mf*.
cerca 1 *f (muro)* cerca *f*.
2 *adv (no espaço)* perto; *(no tempo)* próximo.
3 cerca de cerca de; **de cerca** de perto.
cercanías *fpl* cercanias *fpl*, arredores *mpl*.
cercano, na *adj* próximo(ma).
cercar *vt* cercar.
cerco *m* cerca *m*.
cerda *f (de escova)* cerda *f*.
cerdo, da 1 *adj & m, f lit & pej* porco(ca).
2 *m (para comer)* porco *m*.
cereal *m* cereal *m*.
❑ **cereales** *mpl (para café-da-manhã)* cereais *mpl*.
cerebelo *m* cerebelo *m*.
cerebro *m* cérebro *m*; **cerebro electrónico** cérebro eletrônico.
ceremonia *f* cerimônia *f*.
ceremonioso, sa *adj* cerimonioso(sa).
cereza *f* cereja *f*.
cerezo *m* cerejeira *f*.
cerilla *f* fósforo *m*.
cerillo *m CAm & Méx* fósforo *m*.
cero 1 *num* zero.
2 *m* zero *m*.
3 bajo cero abaixo de zero; **partir de cero** partir do zero; **sobre cero** acima de zero; **ser un cero a la izquierda** ser um zero à esquerda → **seis.**
cerquillo *m Amér* franja *f*.
cerrado, da *adj* fechado(da); *(sotaque, fala etc.)* cerrado(da); **'cerrado por vacaciones'** 'fechado para férias'.
cerradura *f* fechadura *f*.
cerrajería *f* serralheria *f*.
cerrajero, ra *m, f* serralheiro *m*, -ra *f*.
cerrar 1 *vt* fechar; *(finalizar)* encerrar.
2 *vi (loja)* fechar.
❑ **cerrarse** *vpr* fechar-se.
❑ **cerrarse a** *v + prep* fechar-se para, negar-se a.
cerro *m* morro *m*, cerro *m*.
cerrojo *m* ferrolho *m*.
certamen *m* certame *m*.
certeza *f* certeza *f*; **tener la certeza de** ter a certeza de.
certidumbre *f* certeza *f*.
certificado, da 1 *adj* registrado(da).
2 *m* certificado *m*.
certificar *vt (documento)* certificar; *(carta, pacote etc.)* registrar.
cervecería *f* cervejaria *f*.
cerveza *f* cerveja *f*; **cerveza sin alcohol**

cerveja sem álcool; **cerveza negra** cerveja preta.

cesar *vi* cessar; **cesar a alguien de** demitir alguém de; **(no) cesar de** (não) cessar de; **sin cesar** sem cessar.

cesárea *f* cesariana *f*.

cese *m (de emprego, cargo etc.)* demissão *f*; *(de atividade)* cessamento *m*.

cesión *f* cedência *f*.

césped *m* grama *f*.

cesta *f* cesta *f*; **cesta de la compra** cesta de compras.

cesto *m* cesto *m*.

cetro *m* cetro *m*.

ceviche *m Andes & Méx peixe cru ou marisco com cebola, limão e especiarias.*

cg (*abrev de* **centigramo**) C, cg.

chabacano, na **1** *adj* cafona.
2 *m Méx (fruta)* damasco *m*; *Méx (árvore)* damasqueiro *m*.

chacarero, a *m, f Andes & RP (agricultor)* chacareiro *m*, -ra *f*.

chacha *f fam (de casa)* empregada *f* doméstica; *(de crianças)* babá *f*.

cháchara *f* tagarelice *f*.

chacra *f Andes & RP* chácara *f*.

chafar *vt (objeto)* esmagar; *(plano, projeto etc.)* estragar.

chal *m* xale *m*.

chalado, da *adj* maluco(ca); **estar chalado por** *fam* estar maluco por.

chalé *m* chalé *m*.

chaleco *m* colete *m*; **chaleco salvavidas** colete salva-vidas.

chamaco, ca *m, f CAm & Méx* garoto *m*, -ta *f*.

chamba *f Méx & Ven fam* trabalho *m*.

chambear *vi Méx & Ven fam* trabalhar.

champán *m* champanhe *m*.

champiñón *m* cogumelo *m*; **champiñón con jamón** cogumelos com presunto.

champú *m* xampu *m*.

chamuscado, da *adj* chamuscado(da).

chamuscarse *vpr* chamuscar-se.

chamusquina *f*: **oler a chamusquina** não cheirar bem.

chance *f Amér fam* chance *f*.

chanchada *f Andes & CSur fig (indelicadeza)* grosseria *f*; *(porcaria)* chanchada *f*.

chancho *m Andes, CAm & CSur* porco *m*.

chancla *f (de borracha)* chinelo *m* de dedo; *Col & Méx (pantufa)* chinelo *m* (de quarto).

chancleta *f* chinelo *m* (de dedo).

chanclo *m* tamanco *m*.

chándal *m Esp* roupa *f* de esportes.

changarro *m Méx* lojinha *f*.

chanquete *m* petinga *f*.

chantaje *m* chantagem *f*.

chantajista *mf* chantagista *mf*.

chapa *f (de metal, madeira etc.)* chapa *f*; *(para garrafa)* tampinha *f*; *Amér (para porta)* fechadura *f*.

chapado, da *adj* banhado(da); **chapado a la antigua** antiquado, à moda antiga.

chapar *vt* chapear.

chaparrón *m* toró *m*, aguaceiro *m*.

chapopote *m Carib & Méx* piche *m*, alcatrão *m*.

chapucería *f* tapeação *f*.

chapucero, ra *adj (trabalho, serviço etc.)* tapeado(da); *(pessoa)* tapeador(ra).

chapulín *m CAm & Méx* gafanhoto *m*.

chapuza *f* tapeação *f*.

chaqueta *f* jaqueta *f*.

chaquetilla *f* colete *m*.

chaquetón *m* casaco *m*.

charca *f* açude *m*.

charco *m* poça *f*.

charcutería *f* charcutaria *f*.

charla *f (conversação)* conversa *f*; *(conferência)* palestra *f*.

charlar *vi* conversar.

charlatán, ana *adj* falador(ra).

charlestón *m* charleston *m*.

charol *m (para sapatos, bolsas)* couro *m* (envernizado); *Andes (para servir)* bandeja *f*; **de charol** de verniz.

charola *f Méx* bandeja *f*.

charro **1** *adj Méx* mexicano(na).
2 *m Méx* vaqueiro *m*.

chárter *m inv* charter *m*.

chasco *m (decepção)* fiasco *m*; *(brincadeira)* partida *f*, truque *m*.

chasis *m inv* chassi *m*.

chatarra *f* sucata *f*.

chatarrero, ra *m, f* sucateiro *m*, -ra *f*.

chato, ta **1** *adj (pessoa)* com o nariz achatado; *(nariz)* achatado(da).
2 *m, f (apelativo)* querido *m*, -da *f*.
3 *m (de vinho)* copo *f*.

Não confundir com o português *chato*, que tem um significado similar ao do espanhol *aburrido, pesado*: (*El río estaba bien chato;*

no había viento. O rio estava bem calmo; não havia vento.)

chau *interj Andes & RP fam* tchau!
chavo, va *m, f Méx fam* garoto(ta), rapaz *m*, moça *f*.
che *interj RP fam* meu, tchê.
chef *m* chefe *m* de cozinha.
chele, a *adj CAm (de cabelo claro)* louro (ra); *(de pele branca)* de pele clara.
cheque *m* cheque *m*; **cheque de viaje** traveler's check, cheque de viagem.
chequeo *m* check-up *m*.
chequera *f Amér* talão *m* de cheques.
chévere *adj Andes & Carib fam* bacana; **estar algo chévere** estar com boa presença.
chic *adj* chique.
chica *f (de casa)* empregada *f* doméstica.
chicha *f fam (para comer)* chicha *f*, carne *f*; *fam (de pessoa)* chicha *f*, carne *f*; *Andes (para beber) bebida alcoólica fermentada, em geral feita de milho.*
chícharo *m CAm & Méx* ervilha *f*.
chicharrones *mpl (de porco)* torresmo *m*.
chichón *m* galo *m*.
chicle *m* chiclete *m*.
chico, ca 1 *adj* menino(na).
2 *m, f* menino *m*, -na *f*.
chicote *m Amér (chibata)* chicote *m*.
chifa *m Perú fam* restaurante *m* chinês.
chiflado, da *adj fam* maluco(ca).
chiflar *vi fam (gostar)* adorar; *Amér (piar)* chilrear; *Amér (silvar)* assobiar.
❑ **chiflarse** *vpr* endoidar.
chiflido *m Amér* assobio *m*.
chillar *vi* berrar.
chillido *m* berro *m*.
chillón, ona *adj (voz)* esganiçado(da); *(cor)* berrante; *(criança)* chorão(ona).
chimenea *f* chaminé *f*.
chimichurri *m RP molho ou condimento com sabor forte e picante.*
chimpancé *m* chimpanzé *m*.
china *f (pedra)* seixo *m*; **tocar la china** ter azar.
chinche 1 *f* percevejo *m*.
2 *adj* chato(ta).
chincheta *f* tachinha *f*, percevejo *m*.
chinchín 1 *m (em brinde)* tintim *m*.
2 *interj* tintim!
chip *m* chip *m*.
chipirón *m* siba *f*; **chipirones en su tinta** sibas em sua própria tinta.
chiquear *vt Méx fam* mimar.
chirimoya *f* cherimólia *f*.
chiripá (*pl* **chiripaes**) *m Bol & CSur (de gaúcho)* chiripá *m*.
chisme *m (intriga)* fofoca *f*, mexerico *m*; *fam (objeto, aparelho)* coisa *f*.
chismoso, sa *adj* fofoqueiro(ra), mexeriqueiro(ra).
chispa *f* faísca *f*, fagulha *f*; *(graça)* faísca *f*; *(pouquinho)* bocadinho *m*.
chiste *m* chiste *m*; **chiste verde** piada suja.
chistoso, sa *adj* engraçado(da).
chivarse *vpr* dedurar, delatar.
chivatazo *m* delação *f*.
chivato, ta *m, f fam* delator *m*, -ra *f*, dedo-duro *mf*.
chocar 1 *vi* chocar.
2 *vt (mãos)* apertar; *(taças, copos)* brindar.
chocho, cha *adj (velho)* gagá; *(encantado)* maluco(ca).
choclo *m CSur & Perú* milho verde.
chocolate *m* chocolate *m*.
chocolatería *f* chocolataria *f*.
chocolatina *f* barra *f* de chocolate, chocolate *m*.
chófer *m* chofer *m*.
chollo *m fam* moleza *f*.
chomba *Andes & Arg*, **chompa** *Andes f* suéter *m*.
chongo *m Méx* coque *m*.
chopo *m* choupo *m*.
choque *m* choque *m*.
chorizo *m (frios)* chouriço *m*; *Esp fam (ladrão)* ladrão *m* de galinha.
choro *m Andes* mexilhão *m*.
chorrear *vi fam (roupa)* estar encharcado(da).
chorro *m* jorro *m*; **a chorros** a rodo, aos jorros.
choza *f* choça *f*.
chubasco *m* aguaceiro *m*.
chubasquero *m* capa *f* de chuva.
chúcaro, ra *adj Andes & RP* arisco(ca).
chuchería *f (doce)* guloseima *f*; *(quinquilharia)* bugiganga *f*.
chucho, cha *m, f fam* vira-lata *mf*.
chueco, ca *adj Amér (sinuoso)* torto(ta); *(com as pernas torcidas)* com as pernas tortas.

chufa *f* chufa *f*.
chuleta *f* costeleta *f*; **chuleta de cerdo** costeleta de porco; **chuleta de ternera** costeleta de vaca.
chuletón *m* bife *m* com osso.
chulo, la *adj (pretensioso)* presunçoso (sa); *fam (agradável)* bonito(ta).
chumbera *f* figueira-da-barbaria *f*.
chupado, da *adj fig (magro)* chupado (da); *fam (fácil)* canja; **está chupado** *fam* é canja.
chupar *vt* chupar.
chupe *m Andes & Arg* ensopado *m*; **chupe de camarones** ensopado de camarão.
chupete *m (de bebê)* chupeta *f*; *(de mamadeira)* bico *m*.
chupito *m (de licor)* cálice *m*.
churrasco *m* churrasco *m*.
churrería *f* carrocinha *f* de churros.
churro *m (para comer)* churro *m*.
chusma *f* ralé *f*.
chutar *vt* chutar.
chute *m* chute *m*.
Cía. (*abrev de* **compañía**) Cia.
cicatriz (*pl* **-ces**) *f* cicatriz *f*.
cicatrizar *vi* cicatrizar.
❑ **cicatrizarse** *vpr* cicatrizar.
ciclismo *m* ciclismo *m*.
ciclista *mf* ciclista *mf*.
ciclo *m* ciclo *m*.
ciclomotor *m* ciclomotor *m*.
ciclón *m* ciclone *m*.
ciego, ga *adj & m, f* cego(ga); **ciego de** cego de.
cielo *m* céu *m*; *(de casa, quarto etc.)* teto *m*; *(apelativo)* meu anjo *m*; **como llovido del cielo** *fig* caído do céu; **cielos** credo!
ciempiés *m inv* centopéia *f*.
cien = **ciento.**
ciencia *f* ciência *f*; **ciencias económicas** ciências econômicas; **ciencias naturales** ciências naturais; **ciencia ficción** ficção *f* científica.
❑ **ciencias** *fpl (em educação)* Ciências *fpl*.
científico, ca 1 *adj* científico(ca).
2 *m, f* cientista *mf*.
ciento *num* cento; **por ciento** por cento → **seis.**
cierre *m (fecho)* fechadura *f*; *(de loja, de negociação etc.)* fechamento *m*, fecho *m*; *(de atividade, evento etc.)* encerramento *m*; **cierre relámpago** *Amér* zíper *m*.
cierto, ta *adj* certo(ta); **por cierto** por falar nisso.
ciervo, va *m, f* cervo *m*.
cifra *f* cifra *f*.
cigala *f* lagostim *m*.
cigarra *f* cigarra *f*.
cigarrillo *m* cigarro *m*.
cigarro *m* cigarro *m*; *(rolo de tabaco)* charuto *m*.
cigüeña *f* cegonha *f*.
cilindrada *f* cilindrada *f*.
cilindraje *m* cilindragem *f*.
cilíndrico, ca *adj* cilíndrico(ca).
cilindro *m* cilindro *m*.
cima *f* cume *m*.
cimiento *m (de edifício)* cimento *m*; *(princípio, raíz)* alicerces *mpl*.
cinco *num* cinco → **seis.**
cincuenta *num* cinqüenta → **seis.**
cine *m* cinema *m*.
cineasta *mf* cineasta *mf*.
cinematografía *f* cinematografia *f*.
cinematográfico, ca *adj* cinematográfico(ca).
cínico, ca *adj* cínico(ca).
cinismo *m* cinismo *m*.
cinta *f* fita *f*; *(para gravar)* fita *f* (cassete); *(para medir)* fita *f* métrica; **cinta aislante** fita isolante; **cinta de correr** *(em academia)* esteira *f*; **cinta magnética** fita magnética.
cintura *f* cintura *f*.
cinturón *m* cinto *m*; **cinturón de seguridad** cinto de segurança.
ciprés *m* cipreste *m*.
circo *m* circo *m*.
circuito *m* circuito *m*; **circuito eléctrico** circuito elétrico.
circulación *f* circulação *f*.
circular 1 *adj & f (forma)* circular.
2 *vi* circular.
círculo *m* círculo *m*; **círculo polar** círculo polar.
circunferencia *f* circunferência *f*.
circunscribir *vt*: **circunscribir algo a algo** circunscrever algo a algo.
circunstancia *f* circunstância *f*.
circunstancial *adj* circunstancial.
cirio *m* círio *m*.
cirrosis *f inv* cirrose *f*.
ciruela *f* ameixa *f*.
ciruelo *m* ameixeira *f*.

cirugía *f* cirurgia *f*; **cirugía plástica** cirurgia plástica.
cirujano, na *m, f* cirurgião *m*, -ã *f*.
cisma *m* cisma *m*.
cisne *m* cisne *m*.
cisterna *f* cisterna *f*.
cita *f (reunião)* encontro *m*; *(com médico, chefe etc.)* hora *f*; *(nota)* citação *f*.
citación *f* citação *f*.
citar *vt* citar.
❑ **citarse** *vpr* marcar encontro.
cítrico, ca *adj* cítrico(ca).
❑ **cítricos** *mpl* citrinos *mpl*.
ciudad *f* cidade *m*.
ciudadanía *f* cidadania *f*.
ciudadano, na 1 *adj* citadino(na).
2 *m, f* cidadão *m*, -dã *f*.
cívico, ca *adj (da cidade, cidadão)* cívico (ca); *(educado, cortês)* civil.
civil *adj* civil; *(não eclesiástico)* laico (ca).
civilización *f* civilização *f*.
civilizado, da *adj* civilizado(da).
civismo *m* civismo *m*.
cl (*abrev de* **centilitro**) cl.
clan *m* clã *m*.
clara *f* clara *f*.
claraboya *f* clarabóia *f*.
clarear 1 *vt* desbotar.
2 *vi* clarear.
3 *v impess* clarear.
claridad *f* clareza *f*.
clarinete *m* clarinete *m*.
clarividencia *f* clarividência *f*.
claro, ra 1 *adj* claro(ra); *(chocolate)* fraco(ca).
2 *m* clareira *f*.
3 *adv* claramente.
4 *interj* claro!.
5 poner en claro deixar claro; **sacar en claro** tirar conclusões.
clase *f* classe *f*; *(de alunos)* turma *f*; *(sala)* sala *f* de aula; *(lição)* aula *f*; **de primera clase** de primeira classe; **clase media** classe média; **clase preferente** classe executiva; **clase turista** classe turística; **primera clase** primeira classe.
clásico, ca *adj* clássico(ca).
clasificación *f* classificação *f*.
clasificador, ra 1 *adj* classificador(ra).
2 *m (móvel)* arquivo *m*.
clasificar *vt* classificar.
❑ **clasificarse** *vpr* classificar-se.
claudicar *vi* claudicar.
claustro *m* claustro *m*; **claustro de profesores** corpo *m* docente.
claustrofobia *f* claustrofobia *f*.
cláusula *f* cláusula *f*.
clausura *f (de evento, curso)* encerramento *m*; *(em convento)* clausura *f*.
clausurar *vt (evento, curso, comemoração)* encerrar; *(loja, estabelecimento)* fechar.
clavadista *mf CAm & Méx mergulhadores que saltam ao mar do alto de rochedos.*
clavado, da *adj* cravado(da), exato(ta); **ser clavado a** *fam* ser a cara de.
clavar 1 *vt (unhas etc.)* cravar; *(prego)* pregar.
2 *vi fam (com o preço)* morder.
clave 1 *f* chave *f*.
2 *adj inv* chave.
clavel *m* cravo *m*.
clavícula *f* clavícula *f*.
clavija *f* pino *m*.
clavo *m (para segurar)* prego *m*; *(especiaria)* cravo *m*; **dar en el clavo** acertar na mosca.
claxon *m* buzina *m*.
cleptomanía *f* cleptomania *f*.
clérigo *m* clérigo *m*.
clero *m* clero *m*.
cliché *m* clichê *m*.
cliente *mf (de médico, advogado etc.)* cliente *mf*; *(de loja, comércio etc.)* freguês *m*, -sa *f*.
clima *m* clima *m*.
climático, ca *adj* climático(ca).
climatizado, da *adj* climatizado(da).
climatología *f* climatologia *f*.
clínica *f* clínica *f*.
clínico, ca *adj* clínico(ca).
clip *m (para papéis)* clipe *m*; *(para cabelo)* clip *m*.
cloaca *f* esgoto *m*.
clon *m* clone *m*.
cloro *m* cloro *m*.
clorofila *f* clorofila *m*.
clóset (*pl* **clósets**) *m Amér* armário *m* (embutido).
club *m* clube *m*.
cm (*abrev de* **centímetro**) cm.
coacción *f* coação *f*.
coaccionar *vt* coagir.
coartada *f* álibi *m*.
coba *f*: **dar coba** puxar o saco.

cobarde *adj & mf* covarde.
cobardía *f* covardia *f*.
cobertizo *m* galpão *m*, barracão *m*.
cobija *f Amér* manta *f*.
cobijar *vt* abrigar.
❑ **cobijarse** *vpr* abrigar-se.
cobra *f* naja *f*.
cobrador, ra *m, f* cobrador *m*, -ra *f*.
cobrar *vt (dinheiro)* cobrar; *(importância, fama)* adquirir.
cobre *m* cobre *m*; *Amér* tostão *m*; **no tener un cobre** não ter um tostão furado.
cobro *m* cobrança *f*; **a cobro revertido** a cobrar.
coca *f (planta)* coca *f*; *fam (cocaína)* coca *f*.
cocaína *f* cocaína *f*.
cocainómano, na *m, f* cocainômano *m*, -na *f*.
cocción *f* cozimento *m*.
cocear *vi* dar coices.
cocer 1 *vt* cozer; *(no forno)* assar.
2 *vi* cozer, ferver.
❑ **cocerse** *vpr fig* cozinhar.
coche *m (automóvel)* carro *m*; *(de trem)* vagão *m*; **coche cama** vagão-leito *m*; **coche de alquiler** carro de aluguel; **coche restaurante** vagão-restaurante *m*.
cochinillo *m*: **cochinillo al horno** leitão *m* assado.
cochino, na *adj & m, f* porco(ca).
cocido, da 1 *adj* cozido(da).
2 *m* cozido *m*.
cocina *f* cozinha *f*; *(aparelho)* fogão *m*; **cocina de gas** fogão a gás; **cocina de butano** fogão a gás butano; **cocina eléctrica** fogão elétrico.
cocinar *vt & vi* cozinhar.
cocinero, ra *m, f* cozinheiro *m*, -ra *f*.
coco *m (fruta)* coco *m*; *(árvore)* coqueiro *m*; *fam (cabeça)* coco *m*.
cocodrilo *m* crocodilo *m*.
cocotero *m* coqueiro *m*.
cóctel *m* coquetel *m*.
coctelera *f* coqueteleira *f*.
codazo *m* cotovelada *f*.
codiciar *vt* cobiçar.
codificado, da *adj* codificado(da).
código *m* código *m*; **código de barras** código de barras; **código penal** código penal; **código postal** código postal.
codo *m* cotovelo *m*; **codo a codo** lado a lado.
codorniz (*pl* **-ces**) *f* codorna *f*.
coeficiente *m* coeficiente *m*; **coeficiente intelectual** quociente *m* de inteligência.
coetáneo, a *adj* contemporâneo(a).
coexistencia *f* coexistência *f*.
coexistir *vi* coexistir.
cofia *f* touca *f*.
cofradía *f* confraria *f*.
cofre *m* cofre *m*.
coger 1 *vt (com as mãos)* pegar, apanhar; *(pessoas, animais)* apanhar, pegar; *(frutas)* apanhar, colher; *(trem, ônibus)* tomar, pegar; *(doença)* pegar; *(suj: touro)* pegar; *(idéias, indiretas)* captar.
2 *vi (enraizar)* pegar, vingar; *(entrar)* caber; *Amér vulg (copular)* foder.
❑ **cogerse** *vpr* agarrar-se.
cogida *f (de touro)* guampada *f*.
cogollo *m (gen pl)* broto *m*, coração *m*.
cogote *m* nuca *f*, cogote *m*; **cogotes de merluza** postas de merluza.
cohabitar *vi* coabitar.
coherencia *f* coerência *f*.
coherente *adj* coerente.
cohete *m* foguete *m*.
COI *m* (*abrev de* **Comité Olímpico Internacional**) COI *m*.
coima *f Andes & RP fam* suborno *m*.
coincidencia *f* coincidência *f*.
coincidir *vi* coincidir.
❑ **coincidir con** *v + prep* coincidir com.
coito *m* coito *m*.
cojear *vi (pessoa)* coxear; *(móvel)* bambear, estar coxo.
cojín *m* almofada *f*.
cojo, ja 1 *adj (pessoa, animal)* coxo(xa); *(mesa, cadeira etc.)* bambo(ba).
2 *m, f* coxo *m*, -xa *f*.
cojón *m vulg* colhão *m*.
❑ **cojones** *interj vulg* colhões.
cojudez *f Andes* estupidez *f*.
cojudo, da *adj Andes* estúpido(da).
col *f* couve *f*, repolho *m*.
cola *f* cola *f*; *(de avião, vestido, etc.)* cauda *f*; **hacer cola** fazer fila; **cola de caballo** rabo-de-cavalo *m*; **traer cola** *fig* ter conseqüências.
colaboración *f* colaboração *f*.
colaborador, ra *m, f* colaborador *m*, -ra *f*.
colaborar *vi*: **colaborar (en** ou **con)** colaborar (em ou com).
colador *m* coador *m*.

colar 1 *vt (líquido)* coar; *(o que é falso, ilegal etc.)* colar.
2 *vi (mentira)* colar.
❑ **colarse** *vpr (em cinema, metrô, etc.)* furar a fila; *(equivocar-se)* enganar-se.
colcha *f* colcha *f.*
colchón *m* colchão *m.*
colchoneta *f* colchonete *m.*
colección *f* coleção *f.*
coleccionar *vt* colecionar.
coleccionista *mf* colecionador *m*, -ra *f.*
colecta *f* coleta *f.*
colectivo, va 1 *adj* coletivo(va).
2 *m (grupo de pessoas)* coletivo *m*; *Andes (para transporte de pessoas)* táxi *m.*
colega *mf* colega *mf.*
colegiado, da *m, f* membro *mf* (de associação profissional, etc).
colegial, la *m, f* colegial *mf.*
colegio *m (de estudantes)* colégio *m*; *(de professionais)* associação *f*, ordem *f.*
cólera 1 *m (doença)* cólera *f.*
2 *f (desgosto)* cólera *f.*
colérico, ca *adj* colérico(ca).
colesterol *m* colesterol *m.*
coleta *f* rabinho *m.*
colgador *m* cabide *m.*
colgar *vt (roupa, quadro, etc.)* pendurar; *(pessoa)* enforcar; *fam (trabalho, atividade, profissão)* abandonar; **colgar el teléfono** desligar.
coliflor *f* couve-flor *f.*
colilla *f* ponta *f* de cigarro, guimba *f.*
colina *f* colina *f.*
colirio *m* colírio *m.*
colitis *f inv* colite *f.*
collage *m* colagem *f.*
collar *m (jóia)* colar *m*; *(para animais)* coleira *f.*
collarín *m* colar *m* ortopédico.
colmar *vt* encher; **colmar a alguien de** encher alguém de.
colmena *f* colmeia *f.*
colmillo *m (de pessoa)* canino *m*; *(de elefante)* presa *f.*
colmo *m*: **ser el colmo** ser o cúmulo; **ser el colmo de** ser o cúmulo de.
colocación *f* colocação *f.*
colocar *vt* colocar; **colocar a alguien** colocar alguém.
❑ **colocarse** *vpr fam* fazer a cabeça, drogar-se.
colonia *f* colônia *f*; *Méx (bairro)* subúrbio *m*; **colonia proletaria** *Méx* favela *f.*
colonización *f* colonização *f.*
colonizar *vt* colonizar.
colono, na *m, f* colono *m*, -na *f.*
coloquial *adj* coloquial.
coloquio *m* colóquio *m.*
color *m (de arco íris)* cor *m*; *(corante)* tinta *f*; *(aspecto)* tom *m*; **en color** em cores.
colorado, da *adj* corado(da); **ponerse colorado** corar.
colorante *m* corante *m.*
colorete *m* blush *m.*
colorido *m* colorido *m.*
colosal *adj* colossal.
columna *f* coluna *f*; **columna vertebral** coluna vertebral.
columpiarse *vpr* balançar-se.
columpio *m* balanço *m.*
coma 1 *f* vírgula *f.*
2 *m* coma *m*; **estar en coma** estar em coma.
comadre *f CAm & Méx* comadre *f.*
comadreja *f* doninha *f.*
comadrona *f* parteira *f.*
comal *m CAm & Méx travessa de metal ou barro para assar tortillas.*
comandante *mf* comandante *mf.*
comando *m* MIL comando *m.*
comarca *f* comarca *f.*
combate *m* combate *m.*
combatir *vi & vt* combater.
combinación *f* combinação *f*; *(de transportes)* conexão *f*, ligação *f.*
combinado *m* coquetel *m.*
combinar *vt & vi* combinar; **combinar algo con algo** conciliar algo com algo.
combustible *m* combustível *m.*
combustión *f* combustão *f.*
comedia *f* comédia *f*; **hacer comedia** *fam* fazer comédia.
comediante *mf* comediante *mf.*
comedor *m (cômodo)* sala *f* de jantar; *(móveis)* conjunto *m* de sala de jantar.
comelón *adj Amér fam* comilão(na).
comensal *mf* comensal *mf.*
comentar *vt* comentar.
comentario *m* comentário *m.*
comentarista *mf* comentarista *mf*, comentador *m*, -ra *f.*
comenzar *vt & vi* começar; **comenzar a hacer algo** começar a fazer algo.

comer 1 *vt* comer.
2 *vi* almoçar.
comercial 1 *adj* comercial.
2 *m Amér (anúncio na TV)* propaganda *f*, (anúncio) comercial *m*.
comercializar *vt* comercializar.
comerciante *mf* comerciante *mf*.
comerciar *vi*: **comerciar (con)** comercializar (com), negociar (com).
comercio *m* comércio *m*.
comestible *adj* comestível.
❑ **comestibles** *mpl* comestíveis *mpl*.
cometa 1 *m (astro)* cometa *m*.
2 *f (brinquedo)* papagaio *m*, pandorga *f*, pipa *f*.
cometer *vt* cometer.
cometido *m* tarefa *f*, dever *m*.
cómic *m* história *f* em quadrinhos.
comicios *mpl formal* eleições *fpl*.
cómico, ca *adj & m, f* cômico(ca).
comida *f (alimento)* comida *f*; *(ao meio-dia)* almoço *m*; **comida rápida** comida rápida; **comidas caseras** comida caseira; **comidas para llevar** comida para levar.
comienzo *m* começo *m*; **a comienzos de** no começo de.
comillas *fpl* aspas *fpl*; **entre comillas** entre aspas.
comilón, ona *adj CSur & Esp fam* comilão(ona).
comilona *f fam* banquete *m*.
comino *m* cominho *m*; **importar un comino** *fam* dar a mínima.
comisaría *f* delegacia *f*.
comisario, ria *m, f (de polícia)* delegado *m*, -da *f*; *(de exposição, museu)* organizador *m*, -ra *f*.
comisión *f* comissão *f*.
comisura *f* comissura *f*.
comité *m* comitê *m*.
comitiva *f* comitiva *f*.
como 1 *adv* como.
2 *conj (já que)* como; *(condição)* se.
3 **tan... como...** tão... quanto...; **como si** como se.
cómo 1 *adv* como.
2 *m*: **el cómo y el porqué** o como e o porquê.
3 **¿cómo?** como?; **¡cómo no!** claro que sim!
cómoda *f* cômoda *f*.
cómodamente *adv* comodamente.
comodidad *f* comodidade *f*.
❑ **comodidades** *fpl* comodidades *fpl*.
comodín *m* curinga *m*.
cómodo, da *adj* cômodo(da).
comodón, ona *adj* comodista.
compacto, ta *adj* compacto(ta).
compadecer *vt* lamentar.
❑ **compadecerse de** *v + prep* compadecer-se de.
compadre *m CAm & Méx* compadre *m*.
compadrear *vi RP fam* exibir-se.
compadreo *m RP fam* exibicionismo *m*.
compaginar *vt*: **compaginar algo con algo** conciliar algo com algo.
compañerismo *m* companheirismo *m*.
compañero, ra *m, f* companheiro *m*, -ra *f*.
compañía *f* companhia *f*; **de compañía** de companhia; **hacer compañía** fazer companhia.
comparación *f* comparação *f*.
comparar *vt* comparar.
❑ **compararse con** *v + prep* comparar-se com.
comparsa 1 *f (de festa)* grupo *m*; *(de teatro)* comparsas *mpl*.
2 *mf* comparsa *mf*.
compartimiento *m* compartimento *m*.
compartir *vt* compartilhar, compartir; **compartir algo con alguien** compartilhar algo com alguém.
compás *m* compasso *m*.
compasión *f* compaixão *f*.
compasivo, va *adj* compassivo(va).
compatible *adj* compatível; **compatible con** compatível com.
compatriota *mf* compatriota *mf*.
compenetrarse *vpr*: **compenetrarse (con)** entender-se (com).
compensación *f* compensação *f*.
compensar *vt & vi* compensar; **compensar algo con algo** compensar algo com algo.
competencia *f (rivalidade)* concorrência *f*; *Amér (em esportes)* competição *f*.
competente *adj* competente.
competición *f Esp* competição *f*.
competir *vi* competir.
competitivo, va *adj* competitivo(va).
complacer *vt & vi* comprazer.
❑ **complacerse en** *v + prep* regozijar-se por.
complaciente *adj* complacente.
complejidad *f* complexidade *f*.

complejo, ja 1 *adj* complexo(xa).
2 *m* complexo *m*.
complementar *vt* complementar.
❑ **complementarse** *vpr* complementarse.
complementario, ria *adj* complementar.
complemento *m* complemento *m*.
completamente *adv* completamente.
completar *vt (terminar)* completar; *Amér (rechear)* preencher.
completo, ta *adj (com todas as partes)* completo(ta); *(cheio)* lotado(da); **por completo** por completo.
complexión *f* compleição *f*.
complicación *f* complicação *f*.
complicado, da *adj* complicado(da).
complicar *vt* complicar; **complicar a alguien en** implicar alguém em.
❑ **complicarse** *vpr* complicar-se.
cómplice *mf* cúmplice *mf*.
complot *m* complô *m*.
componente *m* componente *m*.
componer *vt* compor.
❑ **componerse** *vpr Amér (melhorar)* recuperar-se.
❑ **componerse de** *v + prep* sarar de; **componérselas** arranjar-se.
comportamiento *m* comportamento *m*.
comportar *vt* comportar.
❑ **comportarse** *vpr* comportar-se.
composición *f* composição *f*.
compositor, ra *m, f* compositor *m*, -ra *f*.
compostura *f* compostura *f*.
compota *f* compota *f*.
compra *f* compra *f*; **hacer la compra** fazer as compras; **ir de compras** ir às compras.
comprador, ra *m, f* comprador *m*, -ra *f*.
comprar *vt* comprar.
comprender *vt* compreender.
comprensible *adj* compreensível.
comprensión *f* compreensão *f*.
comprensivo, va *adj* compreensivo(va).
compresa *f* compressa *f*.
compresor *m* compressor *m*.
comprimido, da 1 *adj* comprimido(da).
2 *m* comprimido *m*.
comprimir *vt* comprimir.
comprobación *f* comprovação *f*.
comprobar *vt* comprovar.
comprometer *vt* comprometer.
❑ **comprometerse** *vpr* comprometer-se; **comprometerse con algo/alguien** comprometer-se com algo/alguém; **comprometerse a hacer algo** comprometer-se a fazer algo.
comprometido, da *adj* comprometido(da).
compromiso *m* compromisso *m*; **sin compromiso** sem compromisso.
compuerta *f* comporta *f*.
compuesto, ta 1 *adj* composto(ta).
2 *m* composto *m*.
comuna *f CSur & Perú* prefeitura *f*.
compungido, da *adj* triste.
comulgar *vi* comungar.
❑ **comulgar con** *v + prep* coincidir com.
común *adj* comum.
comuna *f* comuna *f*.
comunicación *f* comunicação *f*.
comunicado, da 1 *adj* comunicado(da).
2 *m* comunicado *m*.
3 bien/mal comunicado bem/mal informado.
comunicar *vt & vi* comunicar.
comunicativo, va *adj* comunicativo(va).
comunidad *f* comunidade *f*; **comunidad autónoma** *Esp* comunidade autônoma; **Comunidad Europea** Comunidade Européia.
comunión *f* comunhão *f*.
comunismo *m* comunismo *m*.
comunista *mf* comunista *mf*.
comunitario, ria *adj* comunitário(rio).
con *prep* **(a)** *(modo, meio)* com; **lo ha conseguido con su esfuerzo** conseguiu-o com seu esforço; **clavó el clavo con el martillo** fincou o prego com o martelo.
(b) *(companhia)* com; **trabaja con su padre** trabalha com seu pai.
(c) *(que contém)* com; **le robaron la cartera con varios documentos** roubaram-lhe a carteira com vários documentos.
(d) *(apesar de)*: **con lo aplicado que es lo han suspendido** mesmo sendo tão aplicado, reprovaram-no; **con todo iremos a su casa** apesar de tudo iremos a sua casa.
(e) *(condição)*: **con salir a las cinco será suficiente** saindo às cinco será suficiente.
(f) *(em locuções)*: **con (tal) que** contanto que.

conato *m (de agressão)* tentativa *f*; **conato de incendio** princípio *m* de incêndio.
cóncavo, va *adj* côncavo(va).
concebir *vt (filho, plano)* conceber; *(esperanças)* alimentar; **no concebir** não fazer idéia de.
conceder *vt (dar)* conceder; *(permitir)* admitir.
concejal, la *m, f* vereador *m*, -ra *f*.
concentración *f* concentração *f*.
concentrado, da 1 *adj* concentrado(da).
2 *m (de líquido, substância)* concentrado *m*.
concentrar *vt* concentrar; *(o que está desunido)* reunir.
❑ **concentrarse** *vpr*: **concentrarse (en)** concentrar-se (em).
concepción *f* concepção *f*.
concepto *m* conceito *m*; **en concepto de** por conta de.
concernir *vi* concernir; **concernir a alguien hacer algo** competir a alguém fazer algo.
concertación *f* acordo *m*.
concertado, da *adj* pactado(da).
concertar *vt* combinar.
concesión *f* concessão *f*.
concesionario, ria 1 *adj* concessionário(ria).
2 *m (empresa)* concessionária *f*.
concha *f (valva)* concha *f*; *(de tartaruga)* carapaça *f*; *(material)* casco *m* de tartaruga, tartaruga *f*.
conciencia *f* consciência *f*; **a conciencia** conscienciosamente; **tener conciencia de** ter consciência de.
concienzudo, da *adj* consciencioso(sa).
concierto *m* concerto *m*; *(acordo)* convênio *m*.
conciliación *f* conciliação *f*.
conciliar *vt* conciliar; **conciliar el sueño** pegar no sono.
❑ **conciliarse** *vpr*: **conciliarse (con)** conciliar-se (com).
concisión *f* concisão *f*.
conciso, sa *adj* conciso(sa).
concluir *vt* concluir.
conclusión *f* conclusão *f*.
concordancia *f* concordância *f*.
concordar *vt* reconciliar.
❑ **concordar en** *v + prep* concordar em.
❑ **concordar con** *v + prep* concordar com.
concordia *f* concórdia *f*.
concretar *vt* concretizar.
concreto, ta 1 *adj* concreto(ta).
2 *m*: **concreto armado** *Amér* concreto *m* (armado).
concubina *f* concubina *f*.
concurrencia *f (público)* concorrência *f*, afluência *f*; *(de fatos)* coincidência *f*.
concurrente *adj* afluente.
concurrido, da *adj* concorrido(da).
concurrir *vi (assistir)* afluir; *(coincidir)* coincidir.
concursante *mf* concorrente *mf*.
concursar *vi* concorrer.
concurso *m* concurso *m*.
condado *m* condado *m*.
condal *adj* condal.
conde, desa *m, f* conde *m*, -dessa *f*.
condecoración *f* condecoração *f*.
condena *f* condenação *f*.
condenado, da *adj & m, f* condenado (da).
condenar *vt* condenar.
condensación *f* condensação *f*.
condensar *vt* condensar.
condición *f* condição *f*.
❑ **condiciones** *fpl* condições *fpl*; **estar en buenas/malas condiciones** estar em boas/más condições.
condicional *adj* condicional.
condimentar *vt* condimentar.
condimento *m* condimento *m*, tempero *m*.
condominio *m Méx* condomínio *m*.
conducción *f (de veículos)* direção *f*; *(conjunto de canos)* encanamento *m*.
conducir 1 *vt (veículo)* dirigir; *(dirigir)* conduzir.
2 *vi (em estrada)* dirigir; *(levar)* conduzir.
conducta *f* conduta *f*.
conducto *m* conduto *m*.
conductor, ra *m, f (de veículo)* motorista *mf*; *(transmissor)* condutor *m*, -ra *f*.
conectar *vt (cabos, peças etc.)* conectar, ligar; *(rádio, televisão etc.)* ligar; **conectar (con)** *(contatar com)* entrar em contato (com); *(compreender-se)* entender-se bem (com).
conejera *f* toca *f (de coelhos)*, lura *f*.
conejo, ja *m, f* coelho *m*, -lha *f*.
conexión *f* conexão *f*.
confección *f* confecção.
❑ **confecciones** *fpl (loja)* confecção *f*.
confederación *f* confederação *f*.

conferencia *f (reunião)* conferência *f*; *(por telefone)* chamada *f* (a distância).
conferenciante *mf* conferencista *mf*.
confesar *vt* confessar.
❑ **confesarse** *vpr* confessar-se.
confesión *f* confissão *f*.
confesionario *m* confessionário *m*.
confesor *m* confessor *m*.
confeti *m* confete *m*.
confiado, da *adj* confiante.
confianza *f* confiança *f*.
confiar *vt* confiar.
❑ **confiar en** *v + prep* confiar em.
❑ **confiarse** *vpr* confiar-se.
confidencia *f* confidência *f*.
confidencial *adj* confidencial.
confidente *mf (de um segredo)* confidente *mf*; *(da polícia)* informante *mf*.
configuración *f* configuração *f*.
configurar *vt* configurar.
confirmación *f (afirmação)* confirmação *f*; *(sacramento)* crisma *m*.
confirmar *vt* confirmar.
confiscar *vt* confiscar.
confitado, da *adj* cristalizado(da).
confite *m* confeito *m*.
confitería *f (para comprar doces)* confeitaria *f*; *CSur (para tomar café)* café *m*.
confitura *f doce de fruta*.
conflictivo, va *adj* conflituoso(sa).
conflicto *m* conflito *m*.
confluencia *f* confluência *f*.
confluir: **confluir en** *v + prep* confluir em.
conformarse *vpr*: **conformarse (con)** conformar-se (com).
conforme *adj & adv* conforme; **conforme a** conforme; **estar conforme con** estar conforme com.
conformidad *f*: **dar la conformidad** dar o consentimento.
conformismo *m* conformismo *m*.
conformista *mf* conformista *mf*.
confort *m* conforto *m*.
confortable *adj* confortável.
confrontación *f* confrontação *f*.
confundir *vt* confundir; **confundir algo/a alguien con** confundir algo/alguém com.
❑ **confundirse** *vpr* confundir-se.
❑ **confundirse con** *v + prep* confundir-se com.
confusión *f* confusão *f*.
confuso, sa *adj* confuso(sa).
congelación *f* congelamento *m*.
congelado, da *adj (alimentos, produtos etc.)* congelado(da).
❑ **congelados** *mpl* congelados *mpl*.
congelador *m* congelador *m*.
congelar *vt* congelar.
❑ **congelarse** *vpr* congelar-se.
congeniar *vpr*: **congeniar (con)** dar-se bem (com).
congénito, ta *adj* congênito(ta).
congestión *f* congestão *f*.
conglomerado *m* aglomerado *m*.
congregar *vt* congregar.
❑ **congregarse** *vpr* congregar-se.
congresista *mf* congressista *mf*.
congreso *m* congresso *m*.
conjetura *f* conjectura *f*.
conjugación *f (de verbos)* conjugação *f*; *(de cores, estilos etc.)* combinação *f*.
conjugar *vt* conjugar.
conjunción *f* GRAM conjunção *f*.
conjuntamente *adv* conjuntamente.
conjuntivitis *f inv* conjuntivite *f*.
conjunto *m* conjunto *m*; **en conjunto** em conjunto.
conmemoración *f* comemoração *f*.
conmemorar *vt* comemorar.
conmigo *pron* comigo.
conmoción *f* comoção *f*; **conmoción cerebral** concussão *f* cerebral.
conmover *vt* comover.
conmutador *m (de eletricidade)* comutador *m*; *Amér (de telefone)* central *f* telefônica.
cono *m* cone *m*.
conocer *vt* conhecer; *(distinguir)* reconhecer.
❑ **conocerse** *vpr* conhecer-se.
conocido, da *adj & m, f* conhecido(da).
conocimiento *m* conhecimento *m*.
❑ **conocimientos** *mpl* conhecimentos *mpl*.
conque *conj* quer dizer que, então.
conquista *f* conquista *f*.
conquistador, ra *m, f* conquistador *m*, -ra *f*.
conquistar *vt* conquistar.
consagrado, da *adj* consagrado(da).
consagrar *vt (monumento, rua etc.)* dedicar; *(dar fama)* consagrar.

consciente *adj* consciente; **ser consciente de** ser consciente de.
consecuencia *f* conseqüência *f*; **en consecuencia** em conseqüência.
consecuente *adj* conseqüente.
consecutivo, va *adj* consecutivo(va).
conseguir *vt* conseguir.
consejo *m* conselho *m*.
consenso *m* consenso *m*.
consentido, da *adj* consentido(da).
consentir *vt* consentir.
conserje *mf* porteiro *m*, -ra *f*.
conserjería *f* portaria *f*.
conserva *f* conserva *f*; **en conserva** em conserva.
conservador, ra *adj* conservador(ra).
conservadurismo *m* conservadorismo *m*.
conservante *m* conservante *m*.
conservar *vt* conservar.
❑ **conservarse** *vpr* conservar-se.
conservatorio *m* conservatório *m*.
considerable *adj* considerável.
consideración *f* consideração *f*; **de consideración** de consideração.
considerar *vt* considerar.
consigna *f (mandado)* ordem *f*; *(depósito)* guarda-volumes *m*; **en consigna** em consignação.
consignación *f* consignação *f*.
consigo *pron* consigo.
consiguiente: **por consiguiente** *adv* por conseguinte.
consistencia *f* consistência *f*.
consistente *adj* consistente.
consistir: **consistir en** *v + prep* consistir em.
consistorio *m* prefeitura *f*.
consola *f* console *m*.
consolar *vt* consolar.
❑ **consolarse** *vpr* consolar-se.
consolidación *f* consolidação *f*.
consolidar *vt* consolidar.
consomé *m* consomê *m*; **consomé al jerez** consomê ao xerez.
consonante *f* consoante *f*.
consorcio *m* consórcio *m*.
consorte *mf* consorte *mf*.
conspiración *f* conspiração *f*.
conspirar *vi (falar mal de)* conspirar; *(urdir)* tramar, maquinar.
constancia *f* constância *f*.
constante *adj (que dura)* constante; *(firme)* persistente.
constantemente *adv* constantemente.
constar *vi*: **constar (en)** constar (em).
❑ **constar de** *v + prep* constar de; **me consta que** estou sabendo que.
constelación *f* constelação *f*.
constipado *m formal* resfriado *m*.
constiparse *vpr formal* resfriar-se.
constitución *f* constituição *f*.
constitucional *adj* constitucional.
constituir *vt* constituir.
❑ **constituirse** *vpr* constituir-se.
❑ **constituirse de** *v + prep* constituir-se de.
construcción *f* construção *f*.
constructivo, va *adj* construtivo(va).
constructor *m* construtor *m*.
constructora *f* construtora *f*.
construir *vt* construir.
consuelo *m* consolo *m*.
cónsul *mf* cônsul *m*, consulesa *f*.
consulado *m* consulado *m*.
consulta *f* consulta *f*; **consulta (médica)** consulta (médica).
consultar *vt* consultar.
consultorio *m* consultório *m*; **consultorio sentimental** consultório sentimental.
consumición *f Esp* consumação *f*; **'consumición obligatoria'** 'consumação mínima'.
consumidor, ra *m, f* consumidor *m*, -ra *f*.
consumir *vt & vi* consumir.
❑ **consumirse** *vpr* consumir-se.
consumismo *m* consumismo *m*.
consumo *m* consumo *m*.
contabilidad *f* contabilidade *f*.
contable *mf Esp* contador *m*, -ra *f*.
contacto *m* contato *m*; **ponerse en contacto con** entrar em contato com.
contador, ra **1** *m, f Amér* contador *m*, -ra *f*. **2** *m (de luz, gás, telefone)* contador *m*.
contagiar *vt* contagiar.
contagio *m* contágio *m*; **por contagio** por contágio.
contagioso, sa *adj* contagioso(sa).
container *m (de mercadorias)* contêiner *m*; *(de lixo)* caçamba *f*.
contaminación *f* contaminação *f*, poluição *f*.
contaminado, da *adj* contaminado(da), poluído(da).

contaminar *vt* contaminar, poluir.
contar *vt & vi* contar.
❑ **contar con** *v + prep* contar com; **contar con alguien** contar com alguém.
contemplaciones *fpl* contemplações *fpl*; **sin contemplaciones** sem contemplações.
contemplar *vt* contemplar.
contemporáneo, a *adj* contemporâneo(a).
contenedor *m* contêiner *m*; **contenedor de basura** caçamba *f*.
contener *vt* conter.
❑ **contenerse** *vpr* conter-se.
contenido, da 1 *adj (reprimido)* contido(da).
2 *m* conteúdo *m*.
contentar *vt* contentar.
❑ **contentarse con** *v + prep* contentar-se com.
contento, ta *adj* contente.
contestación *f* resposta *f*.
contestador *m*: **contestador automático** secretária *f* eletrônica.
contestar *vt & vi* responder.
contexto *m* contexto *m*.
contigo *pron* contigo.
contiguo, gua *adj* contíguo(gua).
continental *adj* continental.
continente *m* continente *m*.
continuación *f* continuação *f*; **a continuación** a seguir.
continuamente *adv* continuamente.
continuar *vt & vi* continuar.
continuo, nua *adj* contínuo(nua).
contorno *m* contorno *m*.
contra *prep* contra; **en contra** contra; **en contra de** contra; **los pros y los contras** os prós e os contras.
contrabajo *m* contrabaixo *m*.
contrabandista *mf* contrabandista *mf*.
contrabando *m* contrabando *m*.
contracorriente *f* contracorrente *f*; **a contracorriente** contra a corrente.
contradecir *vt* contradizer.
❑ **contradecirse** *vpr* contradizer-se.
contradicción *f* contradição *f*.
contradictorio, ria *adj* contraditório (ria).
contraer *vt* contrair; **contraer matrimonio** contrair matrimônio.
contraindicado, da *adj* contra-indicado(da).
contraluz *m* contraluz *f*; **a contraluz** a contraluz.
contrapartida *f* contrapartida *f*; **en contrapartida** em contrapartida.
contrapelo *m*: **a contrapelo** a contrapelo.
contrapeso *m* contrapeso *m*.
contrariar *vt* contrariar.
contrario, ria *adj & m, f* contrário(ria); **al contrario** ao contrário; **por el contrario** pelo contrário; **llevar la contraria** ser do contra.
contraseña *f* contra-senha *f*.
contrastar 1 *vt* contrastar; *(comprovar)* confirmar.
2 *vi* contrastar.
contraste *m* contraste *m*.
contratar *vt* contratar.
contratiempo *m* contratempo *m*.
contrato *m* contrato *m*.
contribuir *vi*: **contribuir (a** ou **con)** contribuir (para ou com).
contrincante *mf* concorrente *mf*.
control *m (comprovação)* verificação *f*; *(domínio)* controle *m*; **control de pasaportes** controle de passaportes.
controlar *vt (comprovar)* verificar; *(dominar)* controlar.
❑ **controlarse** *vpr* controlar-se.
contusión *f* contusão *f*.
convalidar *vt (estudos)* revalidar.
convencer *vt & vi* convencer.
convención *f* convenção *f*.
convencional *adj* convencional.
conveniente *adj* conveniente.
convenio *m* convênio *m*.
convenir 1 *vt (determinar)* estabelecer.
2 *vi (ser adequado)* convir.
convento *m* convento *m*.
conversación *f* conversa *f*; **dar conversación a alguien** dar conversa a alguém.
conversar *vi* conversar.
convertir *vt*: **convertir algo/a alguien en algo** converter algo/alguém em algo.
❑ **convertirse en** *v + prep* converter-se em.
❑ **convertirse a** *v + prep* converter-se a.
convicción *f* convicção *f*.
❑ **convicciones** *fpl* convicções *fpl*.
convincente *adj* convincente.
convivencia *f* convivência *f*.
convivir: **convivir con** *v + prep* conviver com.

convocar *vt* convocar.
convocatoria *f* convocação *f.*
convulsión *f* convulsão *f.*
cónyuge *mf* cônjuge *mf.*
coñac *m* conhaque *m.*
coño 1 *m vulg* boceta *f.*
2 *interj vulg* porra!
cooperar *vi* cooperar.
cooperativa *f* cooperativa *f.*
coordinación *f* coordenação *f.*
coordinar *vt* coordenar.
copa *f (para beber)* taça *f*; *(troféu)* taça *f*, copa *f*; *(de árvore)* copa *f*; **invitar a una copa** convidar para um drinque; **tomar una copa** tomar um drinque; **ir de copas** sair para beber *(bebida alcoólica).*
❑ **copas** *fpl (do baralho espanhol)* copas *fpl.*

> Não confundir *copa (taça)* com o português *copa*, que em espanhol é *office*. (*Álvaro prefiere almorzar con una copa de vino.* No almoço, Álvaro prefere beber uma *taça* de vinho.)

copia *f* cópia *f.*
copiar *vt* copiar.
copiloto *m* co-piloto *m.*
copioso, sa *adj* copioso(sa).
copla *f* copla *f.*
copo *m* floco *m.*
coquetear *vi* paquerar.
coqueto, ta *adj* coquete.
coraje *m (ira)* raiva *f*; *(valentia)* coragem *f.*
coral 1 *m (do mar)* coral *m.*
2 *f (de vozes)* coral *m.*
coraza *f* armadura *f.*
corazón *m* coração *m*; *(de fruta)* caroço *m.*
❑ **corazones** *mpl (do baralho)* corações *mpl.*
corbata *f* gravata *f.*
corchete *m* colchete *m.*
corcho *m (material)* cortiça *f*; *(tampa)* rolha *f.*
cordel *m* cordel *m.*
cordero, ra 1 *m, f* cordeiro *m*, -ra *f.*
2 *m* cordeiro *m*; **cordero asado** cordeiro assado.
cordial *adj* cordial.
cordialmente *adv* cordialmente.
cordillera *f* cordilheira *f.*
cordón *m (de sapato)* cadarço *m*, cordão *m*; *(cabo elétrico)* fio *m*; **cordón umbilical** cordão umbilical.
coreografía *f* coreografia *f.*
corista *mf* corista *mf.*
cornada *f* chifrada *f.*
cornamenta *f* cornadura *f.*
córnea *f* córnea *f.*
corneja *f* gralha *f.*
córner *m* córner *m*, escanteio *m.*
corneta *f (instrumento)* corneta *f*; *Ven (de carro)* buzina *f.*
cornisa *f* cornija *f.*
coro *m* coro *m*; **a coro** em coro.
corona *f lit & fig* coroa *f.*
coronar *vt* coroar.
coronel *m* coronel *m.*
coronilla *f* cocuruto *m*; **estar hasta la coronilla** estar até o último fio de cabelo.
corporal *adj* corporal.
corpulento, ta *adj* corpulento(ta).
Corpus *m* Corpus *m* Christi.
corral *m* curral *m.*
correa *f* correia *f.*
corrección *f* correção *f.*
correctamente *adv* corretamente.
correcto, ta *adj* correto(ta).
corredor, ra 1 *m, f (em esporte)* corredor *m*, -ra *f*; *(intermediário)* corretor *m*, -ra *f.*
2 *m (passagem)* corredor *m.*
corregir *vt* corrigir.
❑ **corregirse** *vpr* corrigir-se.
correo *m* correio *m*; **correo aéreo** via *f* aérea; **correo certificado** correspondência *f* registrada; **correo urgente** correio expresso.
❑ **Correos** *mpl* Correios *mpl*; **'Correos y Telégrafos'** 'Correios e Telégrafos'.
correr 1 *vi* correr; *(tempo)* correr, passar; *(notícia, boato)* correr, espalhar-se.
2 *vt (tirar do lugar)* deslocar; *(deslizar)* correr.
3 dejar correr algo deixar algo seguir o seu curso.
❑ **correrse** *vpr (tintas, cores)* desbotar; *Amér (meias)* desfiar.
correspondencia *f* correspondência *f.*
corresponder *vi (incumbir)* corresponder.
correspondiente *adj* correspondente.
corresponsal *mf* correspondente *mf.*
corrida *f (de touros)* tourada *f.*
corriente 1 *adj (comum)* corrente.
2 *f* corrente *f.*
3 estar al corriente de una cosa estar a par de uma coisa; **ponerse al**

corriente de informar-se sobre; **corriente (eléctrica)** corrente (elétrica).
corro *m* roda *f*.
corromper *vt* corromper.
corrupción *f* corrupção *f*.
corsé *m* espartilho *m*.
corsetería *f loja de espartilhos.*
cortacésped *m* cortador *m* de grama.
cortado, da **1** *adj (leite, molho)* talhado (da); *(lábios, mãos)* rachado(da); *fam (pessoa)* inibido(da).
2 *m (de café)* pingado *m*.
cortafuegos *m inv* INFORM firewall *m*.
cortante *adj* cortante.
cortar *vt* cortar; *(rua)* atravessar; *(conversa)* interromper; *Amér (telefone etc.)* desligar.
❑ **cortarse** *vpr (ferir-se)* cortar-se; *(envergonhar-se)* inibir-se; *(leite, molho)* talhar; *(pele)* rachar.
cortaúñas *m inv* cortador *m* de unhas.
corte *m (em vestido, tecido etc.)* rasgão *m*; *(de energia, na pele)* corte *m*; *(vergonha)* inibição *f*; **corte y confección** corte e costura; **corte de pelo** corte de cabelo.
Cortes *fpl*: **Las Cortes** *parlamento ou assembléia do Estado espanhol.*
cortés *adj* cortês.
cortesía *f* cortesia *f*.
corteza *f (de árvore)* casca *f*; *(de queijo, pão)* crosta *f*.
cortijo *m* fazenda *f*.
cortina *f* cortina *f*.
corto, ta *adj (breve)* curto(ta); *fam (tolo)* burro(ra); **quedarse corto** calcular mal; **corto de vista** que tem pouca visão.
cortometraje *m* curta-metragem *f*.
cosa *f (objeto)* coisa *f*; *(sucesso)* acontecimento *m*; **ser cosa de alguien** ser coisa de alguém; **como si tal cosa** como se nada tivesse acontecido.
coscorrón *m* cascudo *m*.
cosecha *f* colheita *f*.
cosechar *vt & vi* colher.
coser *vt & vi* coser, costurar.
cosmopolita *adj* cosmopolita.
cosmos *m* cosmos *m*.
cosquillas *fpl* cócegas *fpl*; **hacer cosquillas** fazer cócegas; **tener cosquillas** ter cócegas.
coso *m CSur (objeto, aparelho)* coisa *f*.
cosquilleo *m* cócegas *fpl*, formigamento *m*.
costa *f* costa *f*; **a costa de** às custas de.
costado *m* lado *m*.
costanera *f CSur caminho ou estrada costeira.*
costar *vi* custar.
coste *m Esp* custo *m*.
costera *m Méx caminho ou estrada costeira.*
costero, ra *adj* costeiro(ra).
costilla *f* costela *f*; **costillas de cordero** costelas de cordeiro.
costo *m* custo *m*.
costoso, sa *adj* oneroso(sa), caro(ra).
costra *f* crosta *f*.
costumbre *f* costume *m*; **tener la costumbre de** ter o costume de.
costura *f* costura *f*.
costurera *f* costureira *f*.
costurero *m* caixa *f* de costura.
cota *f* altitude *f*.
cotejo *m* cotejo *m*.
cotidiano, na *adj* cotidiano(na).
cotillón *m* réveillon *m*.
cotización *f* cotação *f*.
cotizar *vt* cotar.
coto *m* coutada *f*; **coto (privado) de caza** reserva *f* de caça *(privativa).*
cotorra *f (pássaro)* caturrita *f*; *fam (pessoa)* tagarela *mf*.
COU *m Esp* (*abrev de* **curso de orientación universitaria**) *no antigo currículo da Espanha, curso de um ano preparatório para os exames de ingresso à universidade.*
coyuntura *f* conjuntura *f*.
coz *f* coice *m*.
cráneo *m* crânio *m*.
cráter *m* cratera *f*.
crawl *m* = **crol.**
creación *f* criação *f*.
creador, ra *m, f* criador *m*, -ra *f*.
crear *vt* criar.
creatividad *f* criatividade *f*.
creativo, va *adj* criativo(va).
crecer *vi* crescer.
crecimiento *m* crescimento *m*.
credencial *f* credencial *f*.
crédito *m* crédito *m*.
credo *m* credo *m*.
creencia *f* crença *f*.
creer *vt (considerar verdadeiro)* crer, acreditar; *(supor)* supor, achar; **¡ya lo creo!** sem dúvida!
❑ **creer en** *v + prep* crer em, acreditar em.

creído, da *adj* convencido(da).
crema *f (de leite)* creme *m* de leite; *(para sapatos)* graxa *f*; *(cosmético)* creme *m*; **crema de belleza** creme de beleza; **crema pastelera** creme de confeiteiro; **crema catalana** leite-creme *m*.
cremallera *f* zíper *m*, fecho *m*.
crepa *f Méx* crepe *m*.
crepe *f* crepe *m*.
cresta *f* crista *f*.
cretino, na *adj* cretino(na).
creyente *mf* crente *mf*.
cría *f (de gado)* novilho *m*; *(filhote)* cria *f*.
criadero *m* criadouro *m*, viveiro *m*.
criadillas *fpl* testículos *mpl* de boi.
criado, da *m, f* criado *m*, -da *f*.
crianza *f (de animais)* cria *f*; *(de filhos)* criação *f*; *(de vinho)* envelhecimento *f*.
criar 1 *vt* criar.
2 *vi (ter filhotes)* dar cria.
criatura *f* criatura *f*.
cricket *m* críquete *m*.
crimen *m lit & fig* crime *m*.
criminal *mf* criminoso *m*, -sa *f*.
crío, a *m, f* guri *m*, -ria *f*.
criollo, lla *m, f pessoa de origem européia nascida em país hispano-americano,* crioulo *m*, -la *f*.
crisis *f inv* crise *f*.
cristal *m* vidro *m*; *(mineral)* cristal *m*.
cristalería *f* artigos *mpl* de vidro.
cristalino, na 1 *adj* cristalino(na).
2 *m* cristalino *m*.
cristianismo *m* cristianismo *m*.
cristiano, na *m, f* cristão *m*, -tã *f*.
Cristo *m* Cristo *m*.
criterio *m (regra, norma)* critério *m*; *(opinião)* opinião *f*.
crítica *f* crítica *f*.
criticar 1 *vt* criticar.
2 *vi* resmungar.
crítico, ca *adj & m, f* crítico(ca).
croar *vi* coaxar.
croissant [krwa'san] *m* croissant *m*.
crol *m* crawl *m*.
cromo *m* cromo *m*.
crónica *f* crônica *f*.
cronometrar *vt* cronometrar.
cronómetro *m* cronômetro *m*.
croqueta *f* croquete *m*.
croquis *m inv* croqui *m*, esboço *m*.
cross *m inv* cross-country *m*.
cruce *m (de ruas, caminhos)* cruzamento *m*; *(no telefone)* linha *f* cruzada.
crucero *m (em barco)* cruzeiro *m*; *Méx (de estradas)* encruzilhada *f*.
crucial *adj* crucial.
crucifijo *m* crucifixo *m*.
crucigrama *m* palavras *fpl* cruzadas.
crudo, da *adj* cru(a); *(romance, filme)* chocante; *(clima)* áspero(ra).
cruel *adj* cruel.
crueldad *f* crueldade *f*.
crujido *m* estalido *m*.
crujiente *adj* crocante, estaladiço(ça).
crustáceo *m* crustáceo *m*.
cruz *f* cruz *f*; *(da moeda)* coroa *f*; *fig (carga)* fardo *m*.
cruzada *f* cruzada *f*.
cruzar *vt* atravessar.
❑ **cruzarse** *vpr*: **cruzarse de brazos** *fig* cruzar os braços.
❑ **cruzarse con** *v + prep* cruzar com.
cta. (*abrev de* **cuenta**) C/C.
cte. → **corriente.**
cuaderno *m* caderno *m*.
cuadra *f (para cavalos)* cavalariça *f*; *(conjunto de caballos)* haras *m*; *Amér (de duas ruas)* esquina *f*; *Amér (de quatro ruas)* quadra *f*, quarteirão *m*.
cuadrado, da *adj* quadrado(da).
cuadriculado, da *adj* quadriculado(da).
cuadrilla *f* quadrilha *f*.
cuadro *m (quadrado)* quadrado *m*; *(obra de arte)* quadro *m*; **a cuadros** xadrez.
cuajada *f* coalhada *f*; **cuajada con miel** coalhada com mel.
cual *pron*: **el/la cual** *(de pessoa)* o/a qual; *(de coisa)* o/a qual; **lo cual** o qual; **sea cual sea** seja qual for.
cuál *pron* qual.
cualidad *f* qualidade *f*.
cualquier *adj* = **cualquiera.**
cualquiera 1 *adj* qualquer.
2 *pron* qualquer um.
3 *mf pej*: **un/una cualquiera** um/uma qualquer.
cuando 1 *adv* quando.
2 *prep* durante.
3 *conj* se.
4 de cuando en cuando de quando em quando; **de vez en cuando** de vez em quando.
cuándo *adv* quando.
cuantía *f* quantia *f*.

cuanto, ta *adj & pron* quanto(ta); **despilfarra cuanto dinero gana** esbanja todo o dinheiro que ganha; **cuantas más mentiras digas, menos te creerán** quanto mais mentiras você disser, menos acreditarão em você; **cuanto menos trabajo hagas, peor te irá** quanto menos trabalhar, pior para você; **dio las gracias a todos cuantos le ayudaron** agradeceu a todos os que o ajudaram; **come cuanto/cuantos quieras** coma quanto/quantos quiser; **todo cuanto dijo era verdad** tudo o que disse era verdade; **cuanto más se tiene, más se quiere** quanto mais se tem, mais se quer; **cuanto antes** o quanto antes; **en cuanto** assim que; **en cuanto a** quanto a.

En cuanto é usado nos contextos em que se quer expressar que um fato ocorre imediatamente depois da finalização de outro. Tem um sentido similar ao português ***logo que***: (***En cuanto llegó todos se fueron.*** Logo que chegou, todos se foram. ***Dejaron de trabajar en cuanto sonó la campana.*** Deixaram de trabalhar, logo que soou a campainha.)

cuánto, ta 1 *adj* quanto(ta).
2 *pron (interrogativo)* quanto(ta).

cuarenta *num* quarenta → **seis.**

cuaresma *f* quaresma *f.*

cuartel *m* quartel *m*; **cuartel de la Guardia Civil** quartel da Guarda Civil.

cuartelazo *m Amér* quartelada *f.*

cuarteto *m* quarteto *m.*

cuartilla *f* folha *f (de papel).*

cuarto, ta 1 *num* quarto(ta).
2 *m* quarto *m.*
3 las tres y cuarto três e quinze; **cuarto de baño** banheiro *m*; **cuarto de hora** quarto de hora, quinze minutos; **un cuarto de kilo** um quarto de quilo → **sexto.**

cuarzo *m* quartzo *m.*

cuate, ta *mf inv CAm & Méx fam* colega *mf*, amigo *m*, -ga *f.*

cuatro *num* quatro → **seis.**

cuatrocientos, tas *num* quatrocentos (tas) → **seis.**

cubalibre *m* cuba-libre *m.*

cubertería *f* talheres *mpl.*

cubeta *f Amér* balde *m.*

cúbico, ca *adj* cúbico(ca).

cubierta *f (de livro)* capa *f*; *(de barco)* convés *m.*

cubierto, ta 1 *adj* coberto(ta).
2 *m (para comer)* talher *m*; *(teto)* alpendre *m.*
3 a cubierto a salvo.

cubito *m*: **cubito de hielo** cubo *m* de gelo, pedra *f* de gelo.

cúbito *m* cúbito *m.*

cubo *m (recipiente)* balde *m*; *(em matemática, geometria)* cubo *m*; **cubo de la basura** cesta *f* de lixo.

cubrir *vt* cobrir.
❑ **cubrirse** *vpr* cobrir-se.

cucaracha *f* barata *f.*

cuchara *f* colher *f.*

cucharada *f* colherada *f.*

cucharilla *f* colherinha *f.*

cucharón *m* concha *f* (de sopa).

cuchilla *f* facão *m* (de cozinha); **cuchilla de afeitar** lâmina *f* de barbear.

cuchillo *m* faca *f.*

cuclillas *fpl*: **en cuclillas** de cócoras.

cucurucho *m (para sorvete)* casquinha *f*; *(de papel)* cartucho *m.*

cuello *m (do corpo)* pescoço *m*; *(de uma camisa)* gola *f*, colarinho *m.*

cuenca *f* bacia *f.*

cuenco *m* tigela *f.*

cuenta *f* conta *f*; **caer en la cuenta** dar-se conta; **darse cuenta de** dar-se conta de; **tener en cuenta** levar em conta.

cuentagotas *m inv* conta-gotas *m inv*; **en cuentagotas** em conta-gotas.

cuentakilómetros *m inv* velocímetro *m.*

cuento *m (relato)* conto *m*; *(mentira)* embuste *m*, conto *m.*

cuerda *f* corda *f*; **cuerdas vocales** cordas vocais.

cuerno *m (de animal)* chifre *m*, corno *m*; *(instrumento)* trompa *f.*

cuero *m* couro *m*; **en cueros** pelado; **cuero cabelludo** couro cabeludo.

cuerpo *m* corpo *m.*

cuervo *m* corvo *m.*

cuesta *f* ladeira *f*; **cuesta arriba** ladeira acima; **cuesta abajo** ladeira abaixo; **a cuestas** nas costas.

cuestión *f* questão *f*; **ser cuestión de** ser questão de.

cuestionario *m* questionário *m.*

cueva *f* gruta *f*, cova *f.*

cuidado 1 *m* cuidado *m.*
2 *interj* cuidado!.
3 cuidado con cuidado com; **de cuidado**

que inspira cuidado; **estar al cuidado de** estar aos cuidados de; **tener cuidado** ter cuidado.
cuidadosamente *adv* cuidadosamente.
cuidadoso, sa *adj* cuidadoso(sa).
cuidar *vt* cuidar.
❑ **cuidar de** *v + prep* cuidar de.
❑ **cuidarse** *vpr* cuidar-se.
❑ **cuidarse de** *v + prep* cuidar de; *(encarregar-se de)* ocupar-se de.
culata *f (de arma)* culatra *f*; *(de motor)* cabeçote *m* (de cilindro).
culebra *f* cobra *f*.
culo *m fam (de pessoa)* bunda *m*, bumbum *m*; *(de garrafa etc.)* fundo *m*.
culpa *f* culpa *f*; **tener la culpa** ter a culpa.
culpabilidad *f* culpabilidade *f*.
culpable *adj & mf* culpado(da); **culpable de** culpado de.
culpar *vi* culpar; **culpar a algo/a alguien de algo** culpar algo/alguém de algo.
cultivar *vt* cultivar.
cultivo *m* cultivo *m*.
culto, ta **1** *adj* culto(ta).
2 *m* culto *m*.
cultura *f* cultura *f*.
cultural *adj* cultural.
culturismo *m* musculação *f*.
cumbre *f (de montanha)* cume *m*; *(reunião)* cúpula *f*, cimeira *f*.
cumpleaños *m inv* aniversário *m*; **feliz cumpleaños** feliz aniversário.
cumplido *m* lisonja *f*.
cumplir **1** *vt* cumprir; *(anos)* fazer.
2 *vi (prazo)* expirar.
❑ **cumplir con** *v + prep* cumprir com.
cúmulo *m (de coisas)* montão *m*; *(nuvem)* cúmulo *m*.
cuna *f* berço *m*.
cuneta *f* sarjeta *f*.
cuña *f (calço)* cunha *f*; *(em rádio, televisão)* intervalo *m* (comercial).
cuñado, da *m, f* cunhado *m*, -da *f*.
cuota *f* cota *f*.
cuplé *m* canção *f* (popular).
cupo *m (quantidade máxima)* cota *f*; *(quantidade proporcional)* parte *f*.
cupón *m (de sorteio, loteria)* bilhete *m*.
cúpula *f* cúpula *f*.
cura[1] *m (sacerdote)* padre *m*.
cura[2] *f* cura *f*; **cura de reposo** terapia *f* de repouso.
curandero, ra *m, f* curandeiro *m*, -ra *f*.
curar *vt (doença, ferimento etc.)* curar; *(carne, peixe)* defumar; *(peles)* curtir.
❑ **curarse** *vpr* curar-se.
curiosidad *f* curiosidade *f*; **tener curiosidad por** ter curiosidade por.
curioso, sa *adj & m, f* curioso(sa).
curita *f Amér* bandaid® *m*.
curry *m* curry *m*; **al curry** ao curry.
cursi *adj* cafona.
cursillo *m (curso breve)* curso *m* extra; *(de conferências)* seminário *m*.
curso *m* curso *m*; *(ano escolar)* ano *m* letivo; *(grupo de alunos)* turma *m*; *(evolução)* andamento *m*; **en curso** *(trabalho, processo)* em andamento; *(ano, mês)* em curso.
cursor *m* cursor *m*.
curva *f* curva *f*.
curvado, da *adj* curvado(da).
custodia *f* custódia *f*.
cutis *m inv* cútis *f*.
cuy *m Amér* porquinho-da-índia *m*.
cuyo, ya *adj* cujo(ja).

Dd

D. (*abrev de* **don**) D.
dado *m (para jogar)* dado *m.*
daga *f* punhal *m.*
dalia *f* dália *f.*
dama *f lit & formal* dama *f.*
❑ **damas** *fpl (jogo)* damas *fpl*; **'damas'** *(em toalete)* 'senhoras'.
damasco *m Amér* damasco *m*, abricó *m.*
danza *f* dança *f.*
danzar *vt & vi* dançar.
dañar *vt* danificar.
dañino, na *adj* nocivo(va).
daño *m (dor)* dor *f*; *(estrago)* prejuízo *m*, dano *m*; **hacer daño** *(comida)* fazer mal; *(provocar dor)* causar dor, machucar.
dar 1 *vt* dar; **el reloj ha dado las diez** o relógio deu dez horas; **no le quieren dar trabajo** não querem lhe dar trabalho; **me dio un consejo de amigo** deu-me um conselho de amigo; **su aspecto daba señales de cansancio** seu aspecto dava sinais de cansaço; **da clases/conferencias en la universidad** dá aulas/conferências na universidade; **dar las gracias** agradecer; **me dio los buenos días** deu-me um bom-dia; **dar un grito/susto** dar um grito/susto; **le dieron tres puñaladas** deram-lhe três punhaladas; **van a dar una fiesta para su aniversario** darão uma festa no seu aniversário; **dar algo/a alguien por** dar algo/alguém por; **lo dieron por muerto** deram-lhe por morto; **esto me da pena/vergüenza/sueño** isso me dá pena/vergonha/sono; **eso me da risa** isso me faz rir.
2 *vi* dar; **han dado las tres en el reloj** deram três horas no relógio; **le dieron varios ataques al corazón** teve vários ataques de coração; **le dieron en la cabeza** deram-lhe na cabeça; **la piedra dio contra el cristal** a pedra pegou no vidro; **dar de sí** dar de si; **dar que hablar/pensar** dar o que falar/pensar; **dar igual** ou **lo mismo** tanto fazer; **¡qué más da!** que importa?
❑ **dar a** *v + prep (estar orientado)* dar para; *(pôr em ação)* acionar.
❑ **dar con** *v + prep (encontrar)* achar, dar com; **dar con algo/alguien** dar com algo/alguém.
❑ **darse** *vpr (acontecer)* dar-se; *(bater)* dar; **dársele bien/mal algo a alguien** dar-se bem/mal em algo; **darse prisa** apressar-se; **dárselas de** *(fingir-se de)* bancar o; **darse por** *(considerar-se)* dar-se por.
❑ **darse a** *v + prep* entregar-se a.
dardo *m* dardo *m.*
❑ **dardos** *mpl (jogo)* dardos *mpl.*
dátil *m* tâmara *f.*
dato *m* dado *m*; **datos personales** dados pessoais.
dcha. → **derecha.**
d. de J.C. (*abrev de* **después de Jesucristo**) d.C.
de *prep* **(a)** *(posse)* de; **el coche de mi padre/mis padres** o carro de meu pai/meus pais; **el título del libro** o título do livro; **la casa es de ella** a casa é dela.
(b) *(matéria)* de; **un vaso de cristal** um copo de cristal; **un reloj de oro** um relógio de ouro.
(c) *(conteúdo)* de; **bebió un gran vaso de agua** bebeu um grande copo de água; **cogió una bolsa de patatas** pegou um saco de batatas.
(d) *(em descrições)* de; **de fácil manejo** de fácil manuseio; **la señora de verde** a senhora de verde.
(e) *(assunto)* de; **háblame de ti** fale-me de você; **libros de historia** livros de história.

(**f**) *(uso)* de, para; **una bici de carreras** uma bicicleta de corrida; **bolsa de deporte** bolsa para esportes.
(**g**) *(em qualidade de)* de, como; **trabaja de bombero** trabalha de ou como bombeiro.
(**h**) *(tempo)* de; **trabaja de nueve a cinco** trabalha das nove às cinco; **trabaja de noche y duerme de día** trabalha de noite e dorme de dia.
(**i**) *(momento)* de; **a las tres de la tarde** às três da tarde; **llegamos de madrugada** chegamos de madrugada; **de pequeña comía golosinas** quando era pequena, comia guloseimas.
(**j**) *(procedência, distância)* de; **vengo de mi casa** venho de casa; **soy de Zamora** sou de Zamora; **del metro a casa voy a pie** do metrô até minha casa vou a pé.
(**k**) *(causa, modo)* de; **morirse de frío** morrer de frio; **llorar de alegría** chorar de alegria; **de una (sola) vez** de uma (só) vez.
(**l**) *(com superlativos)* de, que; **el mejor de todos** o melhor de todos.
(**m**) *(quantidade)* de, que; **más/menos de** mais/menos de.
(**n**) *(condição)* se; **de querer ayudarme, lo haría** se quisesse me ajudar, ajudaria.
(**o**) *(depois de adj e antes de infinitivo)* de; **fácil de hacer** fácil de fazer; **difícil de creer** difícil de acreditar.

> Note que nunca usamos a preposição *de* para nos referir a um meio de transporte, como se faz em português. Para isso, utilizamos a preposição *en*: (***Prefiero viajar en barco y no en avión.*** Prefiro viajar de barco e não de avião. ***Voy a la escuela en ómnibus.*** Vou à escola de ônibus. ***Todos los fines de semana paseamos en bicicleta por el parque.*** Todos os fins de semana passeamos de bicicleta pelo parque. ***Andar en tren es una solución económica.*** Andar de trem é uma solução econômica.)
>
> (Ver Os artigos e As preposições na seção *Gramática espanhola*.)

debajo *adv* embaixo; **debajo de** abaixo de.
debate *m* debate *m*.
debatir *vt* debater.
deber 1 *m* dever *m*.
2 *vt* (**a**) *(obrigação)* dever, ter de; **debes dominar tus impulsos** você deve dominar seus impulsos; **debemos ir a casa a las diez** temos que ir para casa às dez; **le debes un respeto a tu padre** você deve respeito a seu pai.
(**b**) *(dinheiro, favor etc.)* dever; **me debes doce mil pesetas** você me deve doze mil pesetas; **le debo una visita** estou lhe devendo uma visita; **nos debe una explicación** deve-nos uma explicação; **¿cuánto** ou **qué le debo?** quanto ou o que lhe devo?
(**c**) *(em locuções)*: **debido a** devido a.
❑ **deber de** *v + prep (exprime suposição)* dever; **el tren debe de llegar a las nueve** o trem deve chegar às nove.
❑ **deberse a** *v + prep (ser conseqüência de)* dever-se a; *(consagrar-se)* dedicar-se a; **los padres se deben a sus hijos** os pais se dedicam a seus filhos.
❑ **deberes** *mpl* deveres *mpl* (de casa).
debido, da *adj* devido(da); **debido a** devido a.
débil *adj* débil, fraco(ca).
debilidad *f (fraqueza)* debilidade *f*; *(preferência)* inclinação *f*; **tener debilidad por** ter um fraco por.
debilitar *vt* debilitar, enfraquecer.
debut *m* estréia *f*.
década *f* década *f*.
decadencia *f* decadência *f*.
decadente *adj* decadente.
decaer *vi (força, energia)* decair, enfraquecer; *(ânimo, esperança)* esmorecer.
decaído, da *adj* abatido(da).
decano, na *m, f* decano *m*, -na *f*.
decena *f* dezena *f*.
decente *adj* decente.
decepción *f* decepção *f*.
decepcionar *vt* decepcionar.
❑ **decepcionarse** *vpr* decepcionar-se.
decidido, da *adj* decidido(da).
decidir *vt* decidir.
❑ **decidirse** *vpr*: **decidirse a hacer algo** decidir-se a fazer algo; **decidirse por algo** decidir-se por algo.
decimal *adj* decimal.
décimo, ma 1 *num* décimo(ma).
2 *m (em loteria) a décima parte de um bilhete de loteria* → **sexto.**
decir *vt* dizer; **¿diga?, ¿dígame?** *(no telefone)* alô?; **es decir** quer dizer; **se dice** diz-se que, dizem que.

decisión *f (resolução)* decisão *f*; *(de caráter)* determinação *f*.

declaración *f* declaração *f*; *(testemunho)* declaração *f*, depoimento *m*; *(de amor)* declaração *f*, confissão *f*; **prestar declaración** prestar depoimento; **tomar declaración** tomar depoimento; **declaración de renta** declaração de renda.

declarado, da *adj* declarado(da).

declarar 1 *vt* declarar.
2 *vi (dar testemunho)* testemunhar, depor.
❑ **declararse** *vpr (confessar-se)* declarar-se; *(incêndio, epidemia etc.)* irromper, surgir; *(no amor)* declarar-se.

declinar *vt & vi* declinar.

decoración *f* decoração *f*.

decorado *m* decoração *f*.

decorar *vt (casa, quarto)* decorar; *(cenário)* elaborar, criar.

decretar *vt* decretar.

decreto *m* decreto *m*.

dedal *m* dedal *m*.

dedicación *f* dedicação *f*.

dedicar *vt* dedicar.
❑ **dedicarse a** *v + prep* dedicar-se a.

dedo *m* dedo *m*; **hacer dedo** *fam* pedir carona; **dedo anular/corazón/índice/meñique** dedo anular/médio/indicador mínimo; **dedo gordo** ou **pulgar** dedo polegar.

deducción *f* dedução *f*.

deducir *vt* deduzir.

defecar *vi formal* defecar.

defecto *m* defeito *m*, deficiência *f*.

defender *vt* defender.
❑ **defenderse** *vpr*: **defenderse (de)** defender-se (de).

defensa *f* defesa *f*; **en defensa de algo/alguien** em defesa de algo/alguém.

defensor, ra *m, f* defensor *m*, -ra *f*; *(profissional)* advogado *m*, -da *f* (de defesa).

deficiencia *f (defeito)* deficiência *f*; *(falta, ausência)* insuficiência *f*.

deficiente *adj* deficiente.

déficit *m inv* déficit *m*; **déficit fiscal** déficit orçamentário.

definición *f* definição *f*.

definir *vt* definir.
❑ **definirse** *vpr fig* definir-se.

definitivo, va *adj* definitivo(va); **en definitiva** no fim das contas.

deformación *f* deformação *f*.

deformar *vt* deformar.

defraudar *vt (decepcionar)* frustrar; *(fraudar)* defraudar.

defunción *f* falecimento *m*.

degenerado, da *m, f* degenerado *m*, -da *f*.

degenerar *vi* degenerar.

degustación *f* degustação *f*.

dejadez *f* desleixo *m*, descuido *m*.

dejar 1 *vt* deixar; **deja el abrigo en la percha** deixe o casaco no cabide; **'deje aquí su compra'** 'deixe aqui sua compra'; **deja lo que no quieras** deixe o que não quiser; **deja un poco de café para mí** deixe um pouco de café para mim; **dejaré la llave a la portera** deixarei a chave com a porteira; **dejó su casa en busca de aventuras** deixou sua casa em busca de aventuras; **ha dejado sus estudios** deixou os estudos; **ha dejado buena impresión** deixou uma boa impressão; **este perfume deja mancha en la ropa** este perfume deixa mancha na roupa; **en vacaciones dejo el perro a mi madre** nas férias deixo o cachorro com minha mãe; **'dejen salir antes de entrar'** 'deixem que saiam antes de entrar'; **sus gritos no me dejaron dormir** seus gritos não me deixaram dormir; **dejar algo por** ou **sin hacer** deixar algo por ou sem fazer; **déjalo, que se fastidie** deixe isso para lá, que se dane; **deja tus preocupaciones para otro día** deixe suas preocupações para outro dia; **¡déjame!, que tengo trabajo** deixe-me em paz, que estou trabalhando; **dejar que** deixar que; **dejó que acabara de llover para salir** deixou que parasse de chover para sair; **dejar algo/a alguien aparte** deixar algo/alguém de lado; **dejar algo/a alguien atrás** deixar algo/alguém para trás; **dejar caer algo** deixar escapar algo.
2 *vi (parar)*: **dejar de hacer algo** deixar de fazer algo; *(não esquecer)*: **no dejar de hacer algo** não deixar de fazer algo.

del → **de, el.**

É uma contração da preposição ***de*** mais o artigo ***el*** (de + el = del): (***La escuela queda muy cerca del estadio de fútbol.*** A escola fica muito próxima do estádio de futebol. ***Nos mandaron libros del exterior.*** Mandaram-nos livros do exterior.) Em espanhol, somente a preposição *de* e a preposição *a* aceitam a contração com o artigo.

(Ver também Os artigos e As preposições na seção *Gramática espanhola*.)

delantal *m* avental *m*.
delante *adv (em primeiro lugar)* adiante, na frente; *(na parte da frente)* na frente; *(em frente)* diante, defronte; **delante de** diante de, em frente a; **por delante de** perante.
delantera *f* dianteira *f*, frente *f*; **tomar la delantera** tomar a dianteira.
delantero, ra 1 *adj (posição)* dianteiro(ra). **2** *m (em esporte)* atacante *mf*.
delatar *vt (pessoa)* delatar; *(suj: gesto, ato)* revelar.
delco® *m* distribuidor *m*.
delegación *f (escritório)* delegacia *f*, repartição *f*; *(representação)* delegação *f*; *Méx (distrito municipal)* distrito *m*; *Méx (de polícia)* delegacia *f* (de polícia).
delegado, da *m, f* delegado *m*, -da *f*.
delegar *vt* delegar.
deletrear *vt* soletrar.
delfín *m* golfinho *m*.
delgado, da *adj (franzino)* magro(gra); *(fino)* delgado(da).
deliberadamente *adv* deliberadamente, de propósito.
deliberado, da *adj* deliberado(da).
deliberar *vt* deliberar.
delicadeza *f* delicadeza *f*.
delicado, da *adj* delicado(da); *(requintado)* fino(na).
delicia *f* delícia *f*.
delicioso, sa *adj* delicioso(sa).
delincuencia *f* delinqüência *f*.
delincuente *mf* delinqüente *mf*; **delincuente común** delinqüente comum.
delirante *adj* delirante.
delirar *vi* delirar.
delirio *m* delírio *m*.
delito *m* delito *m*.
delta *m* delta *m*.
demanda *f (petição)* pedido *m*, solicitação *f*; *(de mercadorias)* encomenda *f*; *(judicial)* litígio *m*.
demandar *vt (requerer)* pedir, solicitar; *(judicialmente)* abrir ação judicial.
demás *pron*: **los/las demás** os/as demais; **lo demás** o restante; **por lo demás** fora isso.
demasiado, da 1 *adj* demasiado(da), excessivo. **2** *adv* demais.
demencia *f* demência *f*.
demente *adj* demente.
democracia *f* democracia *f*.
demócrata *adj & mf* democrata.
democráticamente *adv* democraticamente.
democrático, ca *adj* democrático(ca).
demoledor, ra *adj* demolidor(ra).
demoler *vt* demolir.
demonio *m (em religião)* demônio *m*; *fam (pessoa travessa)* endiabrado *m*; **¿qué demonios ...?** que diabos ...?
demora *f* demora *f*.
demorar 1 *vt (retrasar)* retardar, atrasar. **2** *vi Amér (tardar)* demorar; **demorar en hacer algo** demorar a fazer algo.
❑ **demorarse** *vpr (ir devagar)* demorar; *(chegar tarde)* atrasar-se.
demostración *f (de um fato)* exposição *f*; *(de afeto, sentimento etc.)* demonstração *f*.
demostrar *vt (provar)* demonstrar; *(indicar)* mostrar.
denominación *f*: **denominación de origen** denominação *f* de origem.
densidad *f* densidade *f*.
denso, sa *adj* denso(sa).
dentadura *f* dentadura *f*; **dentadura postiza** dentadura postiça.
dentífrico *m* pasta *f* de dentes.
dentista *mf* dentista *mf*.
dentro *adv* dentro; **dentro de** dentro de.
denunciante *mf* denunciante *mf*.
denunciar *vt* denunciar.
departamento *m (de empresa, organismo)* departamento *m*; *Amér (moradia)* apartamento *m*.
dependencia *f (subordinação)* dependência *f*; *(de casa)* dependência *f*, cômodo *m*; *(de diretoria, chefia)* departamento *m*.
depender: **depender de** *v + prep* depender de.
dependiente, ta *m, f* vendedor *m*, -ra *f*.
depilarse *vpr* depilar-se.
depilatorio, ria *adj* depilatório(ria).
deporte *m* esporte *m*; **hacer deporte** fazer esporte; **deportes de invierno** esportes de inverno.
deportista *mf* esportista *mf*, desportista *mf*.

deportivo, va 1 *adj* esportivo(va), desportivo(va).
2 *m (automóvel)* carro *m* esporte.
depositar *vt* depositar.
depósito *m* depósito; **depósito de agua** caixa-d'água *f*; **depósito de gasolina** tanque *m* de gasolina.
depresión *f* depressão *f*.
depresivo, va *adj* depressivo(va).
deprimido, da *adj* deprimido(da).
deprimir *vt* deprimir.
❑ **deprimirse** *vpr* deprimir-se.
deprisa *adv* depressa.
depuradora *f* estação *f* de tratamento *(de águas)*.
depurar *vt* depurar, purificar.
derecha *f*: **la derecha** a direita; **a la derecha** à direita; **ser de derechas** ser de direita.
derecho, cha 1 *adj (lado, mão, pé)* direito (ta); *(sem curvas)* reto(ta).
2 *m* direito *m*; *(de tecido, peça de roupa)* lado *m* direito.
3 *adv (diretamente)* direto; *(erguido)* direito, ereto.
4 **todo derecho** sempre em frente; **¡no hay derecho!** não é justo!
derivar: **derivar de** *v + prep* derivar de.
❑ **derivar en** *v + prep* resultar em.
dermoprotector, ra *adj* dermoprotetor(ra).
derramar *vt* derramar.
❑ **derramarse** *vpr* derramar-se.
derrame *m* derrame *m*; **derrame cerebral** derrame cerebral.
derrapar *vi* derrapar.
derretir *vt* derreter.
❑ **derretirse** *vpr (gelo, manteiga)* derreter; *(pessoa)* derreter-se.
derribar *vt* derrubar.
derrochar *vt* esbanjar.
derroche *m* esbanjamento *m*.
derrota *f* derrota *f*.
derrotar *vt* derrotar.
derrumbar *vt* derrubar.
❑ **derrumbarse** *vpr* desmoronar-se.
desabrochar *vt (casaco, camisa)* desabotoar.
❑ **desabrocharse** *vpr (botões)* desabotoar-se.
desacreditar *vt* desacreditar.
desacuerdo *m* discórdia *f*.
desafiar *vt* desafiar; **desafiar a alguien a hacer algo** desafiar alguém a fazer algo.
desafinar *vi* desafinar.
❑ **desafinarse** *vpr* desafinar.
desafío *m* desafio *m*.
desafortunadamente *adv* infelizmente.
desafortunado, da *adj* infeliz.
desagradable *adj* desagradável.
desagradecido, da *adj* ingrato(ta), mal-agradecido(da); *(trabalho, tarefa)* ingrato(ta).
desagüe *m* ralo *m*.
desahogarse *vpr* desabafar.
desaire *m* menosprezo *m*.
desajuste *m*: **desajuste horario** transtorno horário.
desaliñado, da *adj* desarrumado(da).
desalojar *vt* desalojar; **desalojar a alguien de** desalojar alguém de.
desamparado, da *adj* desamparado(da).
desangrarse *vpr* dessangrar-se.
desanimar *vt* desanimar.
❑ **desanimarse** *vpr* desanimar-se.
desaparecer *vi* desaparecer, sumir.
desaparecido, da *m, f* desaparecido *m*, -da *f*.
desaparición *f* desaparecimento *m*.
desapercibido, da *adj*: **pasar desapercibido** passar despercebido(da).
desaprovechar *vt* desperdiçar.
desarmador *m Méx* chave *f* de fenda.
desarrollado, da *adj* desenvolvido(da).
desarrollar *vt* desenvolver.
❑ **desarrollarse** *vpr (crescer, progredir)* desenvolver-se; *(ocorrer)* acontecer.
desarrollo *m* desenvolvimento *m*; **desarrollo sostenible** desenvolvimiento sustentável.
desasosiego *m* desassossego *m*.
desastre *m* desastre *m*; *(objeto de má qualidade)* traste *m*.
desatar *vt (corda, sapato)* desamarrar, desatar; *(animal, sentimento)* soltar.
desatino *m* desatino *m*.
desatornillar *vt Amér* desaparafusar.
desavenencia *f* desavença *f*.
desayunar *vi* tomar o café-da-manhã.
desayuno *m* café-da-manhã *m*.
desbarajuste *m* bagunça *f*, confusão *f*.
desbaratar *vt* desbaratar.
desbordarse *vpr (rio, lago)* transbordar;

(sentimento, paixão) expandir-se.

descabellado, da *adj* descabelado(da).

descafeinado *adj & m* descafeinado.

descalificar *vt (jogador)* desclassificar; *(idéias, pessoas)* desqualificar.

descalzarse *vpr* descalçar-se.

descalzo, za *adj* descalço(ça); **ir descalzo** ir descalço.

descampado *m* descampado *m*.

descansar *vi* descansar.

descansillo *m* patamar *m*.

descanso *m (pausa, alívio)* descanso *m*; *(num espetáculo)* intervalo *m*.

descapotable *m* conversível *m*.

descarado, da *adj* descarado(da).

descarga *f* descarga *f*; INFORM download *m*; **descarga eléctrica** descarga elétrica.

descargar *vt* descarregar; INFORM baixar, fazer download de.
❑ **descargarse** *vpr (bateria, isqueiro)* descarregar; *(queixar-se)* desabafar.

descaro *m* descaramento *m*.

descarrilar *vi* descarrilhar.

descartar *vt* descartar.

descendencia *f* descendência *f*.

descender *vi* descer, baixar.

descendiente *mf* descendente *mf*.

descenso *m* descida *f*.

descifrar *vt* decifrar.

descolgar 1 *vt (cortina, roupa, quadro)* retirar; *(telefone)* tirar do gancho.
2 *vi* tirar o fone do gancho.

descolorido, da *adj* desbotado(da).

descomponer *vt Méx* escangalhar, estragar.
❑ **descomponerse** *vpr Méx (um aparelho)* escangalhar-se; *RP (uma pessoa)* adoecer.

descomposición *f* decomposição *f*; **descomposición (de vientre)** *formal* diarréia *f*.

descompuesto, ta *adj Méx* escangalhado(da), estragado(da).

desconcertante *adj* desconcertante.

desconcertar *vt* desconcertar.

desconfianza *f* desconfiança *f*.

desconfiar *vi*: **desconfiar (de)** desconfiar (de).

descongelar *vt* descongelar.
❑ **descongelarse** *vpr* descongelar-se.

descongestionarse *vpr* descongestionar-se.

desconocer *vt* desconhecer.

desconocido, da *m, f* desconhecido *m*, -da *f*.

desconocimiento *m* desconhecimento *m*.

desconsiderado, da *adj* sem consideração, indelicado(da).

desconsolado, da *adj* desconsolado (da).

desconsuelo *m* desconsolo *m*.

descontar *vt* descontar.

descrédito *m* descrédito *m*.

describir *vt* descrever.

descripción *f* descrição *f*.

descuartizar *vt* esquartejar.

descubierto, ta *adj* descoberto(ta); **al descubierto** *(ao ar livre)* ao ar livre; *(sem proteção)* a descoberto.

descubrimiento *m* descobrimento *m*.

descubrir *vt* descobrir.

descuento *m* desconto *m*.

descuidado, da *adj (pessoa, aspecto)* descuidado(da), desleixado(da); *(local)* malcuidado(da).

descuidar *vt* descuidar.
❑ **descuidarse de** *v + prep (esquecer de)* descuidar de.

descuido *m* descuido *m*.

desde *prep* desde; **desde luego** evidentemente; **desde que** desde que.

desdén *m* desdém *m*.

desdentado, da *adj* desdentado(da).

desdicha *f* infelicidade *f*.

desdoblar *vt* desdobrar.

desear *vt* desejar.

desechable *adj* descartável.

desechar *vt* rejeitar.

desecho *m* lixo *m*.

desembarcar *vi* desembarcar.

desembocadura *f (de rio)* foz *f*, desembocadura *f*; *(de rua)* saída *f*.

desembocar: **desembocar en** *v + prep (rio)* desembocar em, desaguar em; *(rua)* ir dar em; *(situação, problema)* desembocar em, resultar em.

desempeñar *vt* desempenhar.

desempleo *m* desemprego *m*.

desencadenar *vt* desencadear.
❑ **desencadenarse** *v impess* desencadear-se.

desencajarse *vpr (peças)* desencaixar-se; *(rosto)* desfigurar-se.

desencanto *m* desencanto *m*.
desenchufar *vt* desconectar.
desenfadado, da *adj* descontraído(da).
desenfrenado, da *adj* desenfreado(da).
desengañar *vt* desenganar.
❑ **desengañarse** *vpr*: **desengañarse (de)** desenganar-se (de).
desengaño *m* desengano *m*.
desenlace *m* desenlace *m*, desfecho *m*.
desenmascarar *vt* desmascarar.
desenredar *vt (cabelo, meada, novelo)* desembaraçar; *(situação)* desenredar, resolver.
desentenderse *vpr*: **desentenderse (de)** desinteressar-se (de).
desenvolver *vt* desembrulhar.
❑ **desenvolverse** *vpr* desvencilhar-se.
deseo *m* desejo *m*.
desequilibrado, da *adj formal* desequilibrado(da).
desesperación *f* desespero *m*.
desesperarse *vpr* desesperar-se.
desfachatez *f* cinismo *m*.
desfallecer *vi* desfalecer.
desfigurarse *vpr* desfigurar-se.
desfiladero *m* desfiladeiro *m*.
desfile *m (de modelos)* desfile *m*; *(de militares)* desfile *m* militar, parada *f*.
desgana *f (falta de apetite)* falta *f* de apetite; *(falta de interesse)* apatia *f*.
desgastar *vt* desgastar.
desgracia *f* desgraça *f*; **por desgracia** infelizmente.
desgraciadamente *adv* desgraçadamente.
desgraciado, da *m, f* desgraçado *m*, -da *f*.
desgraciar *vt (estropiar)* estragar.
desgreñado, da *adj* desgrenhado(da), despenteado(da); **ir desgreñado** ir despenteado.
deshacer *vt (o que foi feito)* desfazer; *(destruir)* arruinar, desmanchar; *(desmanchar)* dissolver.
❑ **deshacerse** *vpr (desmanchar-se)* dissolver-se; *(estragar-se)* arruinar-se, desmanchar-se.
❑ **deshacerse de** *v + prep* desfazer-se de.
deshecho, cha *adj (estropiado)* estragado(da); *(triste, abatido)* abatido(da), desanimado(da).
desheredar *vt* deserdar.
deshidratarse *vpr* desidratar-se.
deshielo *m* degelo *m*.
deshonesto, ta *adj* desonesto(ta).
deshonra *f* desonra *f*.
deshuesar *vt* desossar.
desierto, ta 1 *adj* deserto(ta).
2 *m* deserto *m*.
designar *vt (pessoa)* designar; *(local)* marcar, decidir.
desigual *adj* desigual.
desigualdad *f* desigualdade *f*.
desilusión *f* desilusão *f*.
desilusionar *vt* desiludir.
desinfectante *m* desinfetante *m*.
desinfectar *vt* desinfetar.
desinflar *vt* murchar.
desintegración *f* desintegração *f*.
desinterés *m* desinteresse *m*.
desinteresado, da *adj* desinteressado(da).
desistir *vi*: **desistir (de)** desistir (de).
desliz (*pl* **-ces**) *m* deslize *m*.
deslizar *vt* deslizar.
❑ **deslizarse** *vpr* deslizar, escorregar.
deslumbrar *vt* deslumbrar.
desmadrarse *vpr fam* descontrolar-se.
desmaquillador *m* demaquilante *m*.
desmaquillarse *vpr remover a maquiagem (do rosto).*
desmayarse *vpr* desmaiar.
desmayo *m* desmaio *m*.
desmentir *vt* desmentir.
desmesurado, da *adj* desmedido(da).
desmontar *vt & vi* desmontar.
desmoralizar *vt* desmoralizar.
desnatado, da *adj Esp* desnatado(da).
desnivel *m* desnível *m*.
desnudar *vt* despir.
❑ **desnudarse** *vpr* despir-se.
desnudo, da *adj (sem roupa)* nu(a); *(sem enfeite)* nu(a), despojado(da).
desnutrición *f* desnutrição *f*.
desobedecer *vt* desobedecer.
desobediente *adj* desobediente.
desodorante *m* desodorante *m*.
desorden *m* desordem *f*; **en desorden** em desordem.
desordenar *vt* desordenar.
desorganización *f* desorganização *f*.
desorientar *vt* desorientar.
❑ **desorientarse** *vpr* desorientar-se.
despachar *vt (vender)* despachar; *(mandar embora)* despedir.
despacho *m (local de trabalho)* escritório

m, gabinete *m*; *(mesa de trabalho)* escrivaninha *f*.

despacio **1** *adv* devagar.
2 *interj* devagar!

despampanante *adj* espalhafatoso(sa).

desparpajo *m* desembaraço *m*.

despecho *m* despeito *m*.

despectivo, va *adj* pejorativo(va).

despedida *f* despedida *f*.

despedir *vt (dizer adeus)* despedir-se de; *(lançar, atirar)* despedir; *(produzir)* soltar.
❑ **despedirse** *vpr (dizer adeus)* despedir-se; *(do trabalho)* demitir-se, pedir demissão.

despegar **1** *vt* descolar.
2 *vi* decolar.

despegue *m* decolagem *f*.

despeinarse *vpr* despentear-se.

despejado, da *adj (céu, dia, noite)* limpo(pa); *(pessoa)* esperto(ta); *(local)* desimpedido(da).

despejar *vt (local)* desocupar; *(incógnita, dúvidas)* esclarecer.
❑ **despejarse** *vpr (céu, dia, noite)* limpar-se; *(pessoa)* despertar.

despensa *f* despensa *f*.

despeñadero *m* despenhadeiro *m*.

desperdiciar *vt* desperdiçar.

desperdicio *m* desperdício *m*.
❑ **desperdicios** *mpl* restos *mpl*.

desperezarse *vpr* espreguiçar.

desperfecto *m* avaria *f*.

despertador *m* despertador *m*.

despertar *vt (pessoa)* acordar; *(sentimento)* despertar.
❑ **despertarse** *vpr (pessoa)* acordar, despertar.

despido *m* demissão *f*.

despierto, ta *adj (não adormecido)* acordado(da); *(sabido)* esperto(ta).

despistado, da *adj* distraído(da).

despistarse *vpr* distrair-se.

despiste *m (esquecimento)* distração *f*; *(erro)* engano *m*.

desplazarse *vpr* deslocar-se.

desplegar *vt (tecido, jornal, mapa)* desdobrar; *(asas)* abrir; *(qualidade)* utilizar.

desplomarse *vpr* desmoronar.

despojos *mpl (de animal, pessoa)* despojos *mpl*, restos *mpl* (mortais); *(resíduos)* restos *mpl*.

despreciar *vt (pessoa, coisa)* desprezar; *(possibilidade, proposta etc.)* rejeitar.

desprecio *m* desprezo *m*.

desprender *vt (despregar)* desprender; *(desamarrar, desatar)* soltar.
❑ **desprenderse** *vpr* desprender-se.
❑ **desprenderse de** *v + prep (libertar-se de)* desfazer-se de; *(resultado, conclusão)* deduzir-se de.

desprendimiento *m (de terra)* deslizamento *m*.

despreocuparse *vpr* negligenciar.

desprevenido, da *adj* desprevenido(da).

desproporcionado, da *adj* desproporcional.

después *adv & adj* depois; **decídete, después será demasiado tarde** decida-se, porque depois será tarde demais; **yo voy después** eu vou depois; **poco/mucho después** pouco/muito depois; **¿qué calle viene después?** que rua vem depois?; **hay una farmacia y después está mi casa** há uma farmácia e depois é a minha casa; **Juan está primero, después vas tú** Juan aparece primeiro, depois vem você; **después de** depois de; **después de que te fueras** depois que você se foi; **después de todo** depois de tudo.

destacar **1** *vt* destacar.
2 *vi* destacar-se.

destajo *m*: **a destajo** por empreitada.

destapador *m Amér* abridor *m* de garrafas.

destapar *vt* abrir.

destello *m* cintilação *f*.

destemplado, da *adj (pessoa)* exagerado(da).

desteñir *vt & vi* desbotar.

desterrar *vt (pessoa)* desterrar; *(pensamento, sentimento)* afastar.

destierro *m* desterro *m*.

destilación *f* destilação *f*.

destilar *vt* destilar.

destilería *f* destilaria *f*.

destinar *vt* destinar.

destinatario, ria *m, f* destinatário *m*, -ria *f*.

destino *m* destino *m*; *(finalidade)* fim *m*; *(trabalho)* cargo *m*, posto *m*; **con destino a** com destino a.

destornillador *m* chave *f* de fenda.

destornillar *vt* desaparafusar.

destrozar *vt* destroçar.

destrucción *f* destruição *f*.

destruir *vt* destruir.
desubicado, a *m, f Amér* desajeitado *m*, -da *f*.
desuso *m* desuso *m*; **caer en desuso** cair em desuso.
desvalijar *vt* roubar.
desván *m* sótão *m*.
desvanecimiento *m* desfalecimento *m*.
desvariar *vi* desvairar.
desvelar *vt* perder o sono.
❑ **desvelarse** *vpr (não conseguir dormir)* perder o sono; *CAm & Méx (passar a noite em claro)* tresnoitar.
desventaja *f* desvantagem *f*.
desvergonzado, da *adj* desavergonhado(da).
desvestirse *vpr* despir-se.
desviar *vt* desviar.
❑ **desviarse** *vpr*: **desviarse (de)** *(caminho)* desviar (de); *(propósito)* afastar-se (de).
desvío *m* desvio *m*.
detallar *vt* detalhar.
detalle *m* detalhe *m*; **al detalle** em detalhes.
detallista *adj* detalhista.
detectar *vt* detectar.
detective *mf* detetive *mf*.
detener *vt (parar)* deter; *(capturar)* deter, prender.
❑ **detenerse** *vpr* deter-se.
detenido, da *m, f* detento *m*, -ta *f*.
detergente *m* detergente *m*.
determinación *f* determinação *f*; **tomar una determinación** tomar uma decisão.
determinado, da *adj* determinado(da).
determinante *adj & m* determinante.
determinar *vt* determinar; *(fixar)* definir.
detestable *adj* detestável.
detestar *vt* detestar.
detrás *adv (no espaço)* atrás, detrás; *(na ordem)* detrás; **detrás de** atrás de, detrás de; **por detrás** por trás de, por detrás.
deuda *f* dívida *f*; **contraer deudas** contrair dívidas.
devaluación *f* desvalorização *f*.
devaluar *vt* desvalorizar.
devoción *f* devoção *f*.
devolución *f* devolução *f*.
devolver **1** *vt* devolver; *(troco)* dar; *(o que se comeu)* vomitar; *(favor)* retribuir.
2 *vi (lançar pela boca)* vomitar.
devorar *vt* devorar.
devoto, ta *adj (em religião)* devoto(ta); *(entusiasta)* admirador(ra).
dg (*abrev de* **decigramo**) dg.
día *m* dia *m*; **es de día** é de dia; **de día** de dia; **al día siguiente** no dia seguinte; **del día** de hoje; **el día seis** o dia seis; **por día** por dia; **¿qué día hace?** como está o tempo hoje?; **todos los días** todos os dias; **día del espectador** *nos cinemas e teatros, dia em que a entrada é mais barata*; **día festivo** feriado *m*; **Día de los Inocentes** *Esp* ≃ Primeiro-de-abril *m*, dia da mentira; **día laborable** dia útil; **día libre** dia de folga; **Día de los Muertos** *Méx* Dia de Finados; **día del santo** *dia em que se celebra o nome de batismo de alguém, em correspondência com o hagiológio católico.*
diabetes *f inv* diabetes *f inv o m inv*.
diabético, ca *m, f* diabético *m*, -ca *f*.
diablo *m* diabo *m*.
diablura *f* diabrura *f*, travessura *f*.
diabólico, ca *adj* diabólico(ca).
diadema *f* diadema *f*.
diagnosticar *vt* diagnosticar.
diagnóstico *m* diagnóstico *m*.
dialecto *m* dialeto *m*.
diálogo *m* diálogo *m*.
diamante *m* diamante *m*.
❑ **diamantes** *mpl (do baralho)* ouros *mpl*.
diana *f* alvo *m*.
diapositiva *f* slide *m*.
diariero, a *m, f Andes & CSur* jornaleiro *m*, -ra *f*.
diario, ria **1** *adj* diário(ria).
2 *m* jornal *m*.
3 **a diario** diariamente.
diarrea *f* diarréia *f*.
dibujar *vt* desenhar.
dibujo *m* desenho *m*; **dibujos animados** desenhos animados.
diccionario *m* dicionário *m*; **diccionario de bolsillo** dicionário de bolso.
dicha *f (felicidade)* felicidade *f*.
dicho *m (provérbio)* ditado *m*; **dicho y hecho** dito e feito; **mejor dicho** ou melhor.
diciembre *m* dezembro *m* → **septiembre.**
dictado *m* ditado *m*.
dictador *m* ditador *m*.
dictadura *f* ditadura *f*.
dictamen *m* ditame *m*.

dictar *vt (texto)* ditar; *(decreto, lei etc.)* promulgar.
dictatorial *adj* ditatorial.
diecinueve *num* dezenove → **seis.**
dieciocho *num* dezoito → **seis.**
dieciséis *num* dezesseis → **seis.**
diecisiete *num* dezessete → **seis.**
diente *m* dente *m*; **diente de ajo** dente de alho; **diente de leche** dente de leite.
diéresis *f inv* trema *m*.
diesel *m inv* diesel *m inv*.
diestro, tra 1 *adj (da direita)* direito(ta); *(hábil)* destro(tra).
2 *m (toureiro)* matador *m*.
dieta *f* dieta *f*.
❑ **dietas** *fpl* despesas *fpl*, ajudas *fpl* de custos.
dietética *f* dietética *f*.
diez *num* dez → **seis.**
diferencia *f* diferença *f*; *(desacordo)* discordância *f*; **a diferencia de** em contraste com.
diferenciar *vt* diferenciar.
diferente *adj & adv* diferente.
diferido, da *adj*: **en diferido** em videoteipe.
diferir *vt (protelar)* adiar.
❑ **diferir de** *v + prep (estar em desacordo)* discordar de, divergir de.
difícil *adj* difícil.
dificultad *f* dificuldade *f*.
difundir *vt* difundir.
difunto, ta *m, f* defunto *m*, -ta *f*.
difusión *f* difusão *f*.
digerir *vt* digerir.
digestión *f* digestão *f*; **hacer la digestión** fazer a digestão.
digital *adj* digital.
dígito *m* dígito *m*.
dignarse *vpr*: **dignarse a hacer algo** dignar-se a fazer algo.
dignidad *f* dignidade *f*.
digno, na *adj* digno(na).
dilema *m* dilema *m*.
diligente *adj* diligente.
diluviar *v impess* diluviar.
diluvio *m* dilúvio *m*.
dimensión *f* dimensão *f*.
diminuto, ta *adj* diminuto(ta).
dimitir 1 *vt* demitir.
2 *vi*: **dimitir (de)** demitir-se (de).
dinámico, ca *adj* dinâmico(ca).
dinamita *f* dinamite *f*.
dinastía *f* dinastia *f*.
dinero *m* dinheiro *m*; **dinero suelto** trocado *m*.
diócesis *f inv* diocese *f*.
dios, sa *m, f* deus *m*, -sa *f*.
❑ **Dios** *m* Deus *m*; **como Dios manda** como Deus manda; **¡Dios mío!** meu Deus!; **¡por Dios!** por Deus!, Deus do céu!
diploma *m* diploma *m*.
diplomacia *f* diplomacia *f*.
diplomado, da *m, f* diplomado *m*, -da *f*.
diplomarse *vpr*: **diplomarse (en)** diplomar-se (em).
diplomático, ca 1 *adj* diplomático(ca).
2 *m, f (em política)* diplomata *mf*.
diplomatura *f* bacharelado *m*.
diptongo *m* ditongo *m*.
diputación *f sede do corpo administrativo de uma região autônoma, na Espanha*; **diputación provincial** *corpo administrativo de uma região autônoma, na Espanha.*
diputado, da *m, f* deputado *m*, -da *f*.
dique *m (muro)* dique *m*.
dirección *f (de empresa, veículo)* direção *f*; *(domicílio)* endereço *m*; **dirección asistida** direção hidráulica; **Dirección General de Tráfico** *departamento de trânsito espanhol (divisão do Ministério do Interior).*
direccionales *mpl Amér* pisca-piscas *mpl*.
directa *f (marcha de carro)* quinta *f*.
directo, ta *adj* direto(ta); **en directo** ao vivo.
director, ra *m, f* diretor *m*, -ra *f*.
directorio *m* diretório *m*; **directorio telefónico** *Amér* lista *f* telefônica.
dirigente *mf* dirigente *mf*.
dirigir *vt* dirigir; **dirigir la palabra a alguien** dirigir a palavra a alguém.
❑ **dirigirse a** *v + prep* dirigir-se a.
discar *vt Andes & RP* discar.
disciplina *f* disciplina *f*.
discípulo, la *m, f* discípulo *m*, -la *f*.
disco *m (em esporte, informática)* disco *m*; *(na rua)* semáforo *m*; **disco compacto** disco *m* compacto.
disconformidad *f* discordância *f*.
discoteca *f* discoteca *f*.
discreción *f* discrição *f*.
discrepancia *f* discrepância *f*.
discreto, ta *adj (pessoa)* discreto(ta); *(salário)* modesto(ta).
discriminación *f* discriminação *f*.

discriminar *vt* discriminar.
disculpa *f* desculpa *f*; **pedir disculpas** pedir desculpas.
disculpar *vt* desculpar.
❑ **disculparse** *vpr* desculpar-se; **disculparse por algo** desculpar-se por algo.
discurrir *vi (pensar)* discorrer.
discurso *m* discurso *m*.
discusión *f* discussão *f*.
discutible *adj* discutível.
discutir *vt & vi* discutir.
disecar *vt (planta)* secar; *(animal)* dissecar.
diseñador, ra *m, f* designer *mf*.
diseñar *vt* desenhar.
diseño *m* design *m*; *(para roupa)* modelo *m*; **de diseño** de modelo exclusivo.
disfraz (*pl* **-ces**) *m* disfarce *m*.
disfrazar *vt* disfarçar.
❑ **disfrazarse de** *v + prep* disfarçar-se de.
disfrutar *vi* desfrutar.
❑ **disfrutar de** *v + prep* desfrutar de.
disgustar *vt* desgostar.
❑ **disgustarse** *vpr* desgostar-se.
disgusto *m* desgosto *m*.
disidente *mf* dissidente *mf*.
disimular *vt & vi* dissimular.
disminución *f* diminuição *f*.
disminuir *vt* diminuir.
disolvente *m* solvente *m*.
disolver *vt* dissolver.
disparar *vt & vi* disparar.
❑ **dispararse** *vpr (agir precipitadamente)* precipitar-se; *(aumentar)* disparar.
disparate *m* disparate *m*.
disparo *m* disparo *m*.
dispensar *vt*: **dispensar a alguien de hacer algo** dispensar alguém de fazer algo.
dispersar *vt* dispersar.
disponer *vt* dispor.
❑ **disponer de** *v + prep* dispor de.
❑ **disponerse a** *v + prep* dispor-se a.
disponible *adj* disponível.
disposición *f* disposição *f*; **a disposición de** à disposição de.
dispositivo *m* dispositivo *m*.
dispuesto, ta *adj* disposto(ta); **dispuesto a** disposto a.
disputa *f* disputa *f*.
disputar 1 *vt* disputar.
2 *vi (discordar)* discutir, brigar.
❑ **disputarse** *vpr* disputar, concorrer a.
disquete *m* disquete *m*.
disquetera *f* drive *m*.
distancia *f* distância *f*; **¿a qué distancia?** a que distância?
distanciarse *vpr* afastar-se.
distante *adj* distante.
distinción *f* distinção *f*.
distinguido, da *adj* distinto(ta).
distinguir *vt* distinguir.
❑ **distinguirse** *vpr* distinguir-se.
distintivo *m* distintivo *m*.
distinto, ta *adj* distinto(ta).
distracción *f* distração *f*.
distraer *vt* distrair.
❑ **distraerse** *vpr* distrair-se.
distraído, da *adj* distraído(da).
distribución *f* distribuição *f*.
distribuir *vt* distribuir.
distrito *m* distrito *m*; **distrito postal** código postal.
disturbio *m* distúrbio *m*.
diurno, na *adj* diurno(na).
diva *f* diva *f*.
diván *m* divã *m*.
diversidad *f* diversidade *f*.
diversión *f* diversão *f*.
diverso, sa *adj* diverso(sa).
divertido, da *adj* divertido(da).
divertirse *vpr* divertir-se.
dividir *vt* dividir.
divino, na *adj* divino(na).
divisar *vt* divisar.
divisas *fpl* divisas *fpl*.
división *f* divisão *f*.
divisor *m* divisor *m*.
divorciado, da *m, f* divorciado *m*, -da *f*.
divorciarse *vpr* divorciar-se.
divorcio *m* divórcio *m*.
divulgar *vt* divulgar.
DNI *m Esp* (*abrev de* **documento nacional de identidad**) ≃ carteira *f* de identidade.
dobladillo *m* bainha *f*.
doblaje *m* dublagem *f*.
doblar *vt* dobrar; *(filme)* dublar.
doble 1 *adj* duplo(pla).
2 *mf (pessoa idêntica)* sósia *mf*; *(de ator)* dublê *mf*.
3 *m*: **el doble (de)** o dobro (de).
❑ **dobles** *mpl (em tênis)* dupla *f sing*.
doce *num* doze → **seis.**
docena *f* dúzia *f*; **media docena (de)** meia dúzia (de).

docente *adj* docente.
dócil *adj* dócil.
doctor, ra *m, f* doutor *m*, -ra *f*.
doctorado *m* doutorado *m*.
doctorarse *vpr* doutorar-se.
doctrina *f* doutrina *f*.
documentación *f* documentação *f*; **documentación del coche** documentos *mpl* do carro.
documental *m* documentário *m*.
documento *m* documento *m*.
dogma *m* dogma *m*.
dogmático, ca *adj* dogmático(ca).
dólar *m* dólar *m*.
doler *vi* doer; **me duele ...** estou com dor ...
dolor *m* dor *f*; *(tristeza)* dó *m*, pena *f*; **tener dolor de** ter dor de; **dolor de cabeza** dor de cabeça.
doloroso, sa *adj* doloroso(sa).
domador, ra *m, f* domador *m*, -ra *f*.
domar *vt* domar.
domesticar *vt* domesticar.
doméstico, ca *adj* doméstico(ca).
domicilio *m* domicílio *m*; **a domicilio** a domicílio.
dominante *adj* dominante.
dominar 1 *vt* dominar.
2 *vi (destacar)* ressaltar.
❑ **dominarse** *vpr* dominar-se.
domingo *m* domingo *m*; **domingo de Pascua** Domingo de Páscoa; **domingo de Ramos** Domingo de Ramos → **sábado.**
dominguero, ra *m, f fam* domingueiro *m*, -ra *f*.
dominical *m* suplemento *m* dominical.
dominio *m* domínio *m*.
dominó *m (jogo)* dominó *m*.
don *m (brinde)* presente *m*; *(talento)* dom *m*; *(forma de tratamento)*: **don Luis García** Sr. Luis García; **don Luis** Seu Luis.
donante *mf* doador *m*, -ra *f*.
donativo *m* donativo *m*.
donde 1 *adv* onde; **el bolso está donde lo dejaste** a bolsa está onde você a deixou; **de** ou **desde donde** de onde; **por donde** por onde.
2 *pron* onde; **esta es la casa donde nací** esta é a casa onde nasci; **de** ou **desde donde** de onde; **por donde** por onde.
dónde *adv (em interrogação)* onde; **de dónde** de onde; **por dónde** por onde.
donut *m* rosca *f*.
dopaje *m* doping *m*.
doparse *vpr* dopar-se.
dorado, da *adj* dourado(da).
dormir 1 *vi* dormir.
2 *vt (criança)* ninar.
3 **dormir con alguien** dormir com alguém.
❑ **dormirse** *vpr* adormecer; *(parte do corpo)* ficar dormente.
dormitorio *m* dormitório *m*; *(mobília)* conjunto *m* de quarto.
dorsal *adj* dorsal.
dorso *m (lado posterior)* verso *m*; *(de pessoa, animal)* dorso *m*; **dorso de la mano** dorso da mão.
dos *num* dois(duas); **cada dos por tres** a três por quatro → **seis.**
doscientos, tas *num* duzentos(tas) → **seis.**
dosis *f inv* dose *f*.
dotado, da *adj* dotado(da); **dotado de** dotado de.
dotar *vt* dotar.
Dr. (*abrev de* **doctor**) Dr.
Dra. (*abrev de* **doctora**) Dra.
dragón *m* dragão *m*.
drama *m* drama *m*.
dramático, ca *adj* dramático(ca).
dramaturgo, ga *m, f* dramaturgo *m*, -ga *f*.
droga *f* droga *f*.
drogadicción *f* toxicomania *f*.
drogadicto, ta *m, f* toxicômano *m*, -na *f*, toxicodependente *mf*.
droguería *f loja de produtos de limpeza.*
dto. → **descuento.**
dual *adj sistema de transmissão televisiva por meio do qual o telespectador pode optar pela versão original ou dublada do programa emitido.*
ducha *f* ducha *f*, chuveiro *m*; **darse una ducha** tomar uma ducha, tomar um banho.
ducharse *vpr* tomar uma ducha, tomar banho.
duda *f* dúvida *f*; **sin duda** sem dúvida.
dudar *vi* duvidar.
❑ **dudar de** *v + prep* duvidar de.
duelo *m* duelo *m*; *(aflição)* dó *m*, luto *m*.
duende *m* duende *m*; *(simpatia, encanto)* graça *f*, charme *m*; **tener duende** ter charme.
dueño, ña *m, f* dono *m*, -na *f*.

dulce 1 *adj* doce.
2 *m* doce *m*.
3 **dulce de leche** doce de leite; **dulce de membrillo** marmelada *f*.

dulzura *f* doçura *f*.

duna *f* duna *f*.

dúo *m* dueto *m*.

dúplex *m inv* apartamento *m* dúplex.

duplicar *vt* duplicar.

duración *f* duração *f*.

durante *adv* durante.

durar *vi* durar.

durazno *m Amér* pêssego *m*.

durex® *m Amér* fita® *m* durex.

dureza *f* dureza *f*; *(no pé, na mão)* calo *m*; *(de caráter)* firmeza *f*.

duro, ra 1 *adj* duro(ra); *(caráter, pessoa)* duro(ra), firme.
2 *adv* firme; **trabajar duro** trabalhar duro.

Ee

e *conj* e.

> Quando a palavra que acompanha a conjunção *y* começa pelo som *i*, nós a substituímos por *e*: (*Gustavo e Inés pasaron a sexto grado con excelentes notas.* Gustavo e Inés passaram para a sexta série com notas excelentes. *Padre e hijo hablaron con la maestra.* O pai e o filho falaram com a professora.)

ébano *m* ébano *m*.

ebrio, bria *adj formal* ébrio(bria).

ebullición *f* ebulição *f*.

echado, da *adj (horizontalmente)* deitado(da).

echar 1 *vt* **(a)** *(arremessar)* atirar, lançar, jogar; **echó la pelota** jogou a bola.
(b) *(adicionar)* acrescentar; **echa sal a la comida, está sosa** ponha mais sal na comida, está insossa; *(vinho, água)* servir.
(c) *(soltar)* dizer, dar; **echar una reprimenda** ralhar, repreender; **echar una bronca** dar uma bronca; **me echaron la buenaventura** tirou a minha sorte.
(d) *(enviar)* remeter.
(e) *(expelir)* expulsar; **el jefe la echó (del trabajo)** o chefe a demitiu (do trabalho); **lo echaron del colegio** expulsaram-no do colégio; **la han echado a la calle** mandaram-na para a rua.
(f) *(fumaça, vapor, faíscas)* soltar.
(g) *(acionar)*: **echar la llave/el cerrojo** passar a chave/o trinco; **echar el freno** frear, travar.
(h) *(flores, folhas)* brotar, dar.
(i) *(horizontalmente)* deitar; **echa al niño en el sofá para que duerma** deite o menino no sofá, para que durma.
(j) *(calcular)* estimar, dar; **¿cuántos años me echas?** quantos anos você me dá?
(k) *(em locuções)*: **echar abajo** derrubar, demolir; *(governo)* depor; *(projeto)* abandonar; **echar de menos** sentir falta de, ter saudade de.
2 *vi* **(a)** *(dirigir-se)* seguir; **echó por el camino más corto** seguiu pelo caminho mais curto.
(b) *(começar)*: **echar a hacer algo** começar a fazer algo; **echar a correr** sair correndo, desatar a correr.
❑ **echarse** *vpr (lançar-se)* atirar-se, jogar-se; *(horizontalmente)* deitar-se; **echarse a** *(começar a)* pôr-se a; **nos echamos a la carretera de buena mañana** pegamos a estrada bem cedo.

eclesiástico, ca *adj* eclesiástico(ca).

eclipse *m* eclipse *m*.

eco *m* eco *m*; *(de acontecimento, fato)* repercussão *f*.

ecología *f* ecologia *f*.

ecológico, ca *adj* ecológico(ca).

ecologista *mf* ambientalista *mf*.

economía *f* economia *f*.
❑ **economías** *fpl* economias *fpl*.

económico, ca *adj* econômico(ca).

economista *mf* economista *mf*.

ecosistema *m* ecossistema *m*.

ecuación *f* equação *f*.

ecuador *m* equador *m*.

edad *f* idade *f*; **tercera edad** terceira idade.

edición *f* edição *f*.

edificante *adj* edificante.

edificar *vt* edificar.

edificio *m* edifício *m*.

editar *vt* editar.

editor, ra *m, f* editor *m*, -ra *f*.

editorial *f* editora *f*.

edredón *m* acolchoado *m*.

educación *f* educação *f*.

educado, da *adj* educado(da); **bien**

educado bem-educado; **mal educado** mal-educado.
educar *vt* educar.
educativo, va *adj* educativo(va).
EEUU (*abrev de* **Estados Unidos**) EUA.
efectivo *m (dinheiro)* dinheiro *m*, numerário *m*; **en efectivo** em dinheiro.
efecto *m* efeito *m*; *(impressão)* efeito *m*, impressão *f*; **en efecto** com efeito; **efectos personales** bens *mpl* pessoais; **efectos secundarios** efeitos colaterais.
efectuar *vt* efetuar.
eficacia *f* eficácia *f*.
eficaz (*pl* **-ces**) *adj* eficaz.
eficiente *adj* eficiente.
EGB *f Esp* (*abrev de* **Educación General Básica**) *curso primário do antigo plano de estudos espanhol para alunos de 6 a 14 anos.*
egoísmo *m* egoísmo *m*.
egoísta *adj* egoísta.
egresado, da *m, f Amér (de escola) estudante formado*; *(de universidade)* graduado *m*, -da *f*.
egresar *vi Amér (de escola)* formar-se; *(de universidade)* formar-se, graduar-se.
ej. (*abrev de* **ejemplo**) ex.
eje *m* eixo *m*.
ejecución *f* execução *f*.
ejecutar *vt* executar.
ejecutivo, va *m, f* executivo *m*, -va *f*.
ejemplar 1 *adj* exemplar.
2 *m (protótipo)* modelo *m*; *(de livro, revista etc.)* exemplar *m*.
ejemplo *m* exemplo *m*; **poner un ejemplo** dar um exemplo; **por ejemplo** por exemplo.
ejercer *vt* exercer.
ejercicio *m* exercício *m*; **ejercicio físico** exercício físico.
ejército *m* exército *m*; *fig (multidão)* batalhão *m*.
ejote *m CAm & Méx* vagem *f*.
el, la (*pl* **los, las**) *art* **(a)** *(com substantivo)* o *m*, a *f*; **el coche** o carro; **las niñas** as meninas; **el agua, el hacha, el águila** a água, o machado, a águia; **el amor** o amor; **la vida** a vida; **los celos** os ciúmes.
(b) *(indica posse)* o *m*, a *f*; **se rompió la pierna** quebrou a perna; **tiene el pelo oscuro** tem o cabelo escuro.
(c) *(com dias da semana)* no *m*, na *f*; **vuelven el sábado** voltam no sábado.
(d) *(antes de adj)* o *m*, a *f*.
(e) *(em locuções)*: **el de** o de; **he perdido el tren, cogeré el de las nueve** perdi o trem, vou tomar o das nove; **mi hermano y el de Juan** meu irmão e o de Juan; **el que** *(pessoa, coisa)* o que; **coge la que quieras** pegue a que quiser.
él, ella (*pl* **ellos, ellas**) *pron pers* **(a)** *(sujeito, predicado)* ele *m*, ela *f*; **mi hermano es él** meu irmão é ele; **ella es una amiga de la familia** ela é uma amiga da família; **él me despierta con sus ladridos** ele me acorda com seus latidos.
(b) *(complemento)* ele *m*, ela *f*; **voy a ir de vacaciones con ellos** vou viajar de férias com eles.
(c) *(possessivo)*: **de él/ella** dele/dela.
elaborar *vt* preparar.
elasticidad *f* elasticidade *f*.
elástico, ca 1 *adj* elástico(ca).
2 *m* elástico *m*.
elección *f* escolha *f*; *(de presidente, chefe etc.)* eleição *f*.
❑ **elecciones** *fpl* eleições *fpl*.
electricidad *f* eletricidade *f*.
electricista *mf* eletricista *mf*.
eléctrico, ca *adj* elétrico(ca).
electrocutar *vt* eletrocutar.
electrodoméstico *m* eletrodoméstico *m*.
electrónica *f* eletrônica *f*.
electrónico, ca *adj* eletrônico(ca).
elefante *m* elefante *m*.
elegancia *f* elegância *f*.
elegante *adj* elegante.
elegir *vt* escolher; *(em votação)* eleger.
elemental *adj* elementar.
elemento *m* elemento *m*.
❑ **elementos** *mpl (forças da natureza)* elementos *mpl*; *(recursos)* meios *mpl*.
elevación *f* elevação *f*.
elevado, da *adj* elevado(da).
elevador *m Andes, CAm & Méx* elevador *m*.
elevadorista *mf Andes, CAm & Méx* ascensorista *mf*.
elevar *vt* erguer.
❑ **elevarse** *vpr* elevar-se.
eliminación *f* eliminação *f*.
eliminar *vt* eliminar.
élite *f* elite *f*.
ella → **él.**
ello *pron neutro* isso.
ellos, ellas *pron pl (sujeito)* eles(las);

(complemento) eles(las); **de ellos/ellas** *(possessivo)* deles/delas.

elocuencia *f* eloqüência *f*.

elocuente *adj* eloqüente.

elogiar *vt* elogiar.

elogio *m* elogio *m*.

elote *m Méx & CAm* espiga *f* de milho.

eludir *vt* evitar.

emancipado, da *adj* emancipado(da).

emanciparse *vpr* emancipar-se.

embajada *f* embaixada *f*.

embajador, ra *m, f* embaixador *m*, -ra *f*.

embalar *vt* embalar.
❑ **embalarse** *vpr* embalar.

embalsamar *vt* embalsamar.

embalse *m (local)* represa *f*.

embarazada *adj f*: **estar embarazada** estar grávida.

embarazo *m (de mulher)* gravidez *f*; *(dificuldade)* embaraço *m*.

embarcación *f* embarcação *f*.

embarcadero *m* cais *m*.

embarcar *vi* embarcar.
❑ **embarcarse** *vpr* embarcar.

embargar *vt* embargar.

embargo *m* embargo *m*; **sin embargo** no entanto, não obstante.

embarque *m* embarque *m*.

embestir *vt* investir.

emblema *m* emblema *m*.

emblemático, ca *adj* emblemático(ca).

emborracharse *vpr* embebedar-se.

emboscada *f* emboscada *f*.

embotellado, da *adj* engarrafado(da).

embotellamiento *m* engarrafamento *m*.

embotellar *vt* engarrafar.

embrague *m* embreagem *f*.

embrión *m* embrião *m*.

embrionario, ria *adj* embrionário(ria).

embrujar *vt* enfeitiçar.

embudo *m* funil *m*.

embustero, ra *m, f* embusteiro *m*, -ra *f*.

embutidos *mpl* frios *mpl*.

emergencia *f* emergência *f*.

emigración *f* emigração *f*; *(de animais)* migração *f*.

emigrante *mf* emigrante *mf*.

emigrar *vi* emigrar; *(animal)* migrar.

eminente *adj* eminente.

emisión *f (de som, mensagem etc.)* emissão *f*; *(em rádio, televisão)* transmissão *f*; *(de parecer, opinião etc.)* manifestação *f*.

emisor, ra *adj* emissor(ra).

emisora *f* emissora *f*.

emitir *vt (palavras, som etc.)* emitir; *(programa, música etc.)* transmitir; *(parecer, opinião etc.)* manifestar.

emoción *f* emoção *f*.

emocionado, da *adj* emocionado(da).

emocionante *adj* emocionante.

emocionarse *vpr* emocionar-se.

empacar *vi Amér* fazer as malas.

empacho *m (de comida)* indigestão *f*.

empalmar **1** *vt (fita)* unir; *(cabos)* conectar, juntar.
2 *vi (estrada)* juntar-se (a).

empanada *f* empada *f*.

empapado, da *adj* empapado(da).

empapar *vt* empapar.
❑ **empaparse** *vpr* empapar-se.

empapelar *vt* empapelar.

empaquetar *vt* empacotar.

empastar *vt (dente)* obturar.

empaste *m (de dente)* obturação *f*.

empatar **1** *vi* empatar.
2 *vt Andes & Ven* ligar, juntar.

empate *m* empate *m*; *Andes & Ven (união)* ligação *f*, junta *f*; **empate a** empate a.

empeñar *vt* empenhar.
❑ **empeñarse** *vpr (contrair dívidas)* endividar-se; *(dedicar-se)*: **empeñarse en hacer algo** empenhar-se em fazer algo.

empeño *m* empenho *m*.

empeorar *vt & vi* piorar.

emperador, triz (*fpl* **-ces**) **1** *m, f* imperador *m*, -triz *f*.
2 *m (pez)* peixe-espada *m*.

empezar *vt & vi* começar; **empezar a hacer algo** começar a fazer algo.

empinado, da *adj* íngreme.

empleado, da *m, f* empregado *m*, -da *f*.

emplear *vt* empregar.
❑ **emplearse en** *v + prep* empregar-se em.

empleo *m* emprego *m*.

empotrado, da *adj* embutido(da).

emprender *vt* empreender.

empresa *f* empresa *f*.

empresario, ria *m, f* empresário *m*, -ria *f*.

empujar *vt* empurrar; **empujar a alguien a hacer algo** pressionar alguém a fazer algo.

empujón *m* empurrão *m*; **a empujones** *(bruscamente)* aos empurrões; *(em forma* *discontínua)* aos trancos.

en *prep* (a) *(lugar no interior)* em; **viven en la capital** moram na capital.
(b) *(sobre a superfície)* em; **en el plato** no prato; **en la mesa** na mesa.
(c) *(ponto concreto)* em; **en casa** em casa; **en el trabajo** no trabalho.
(d) *(direção)* em; **el avión cayó en el mar** o avião caiu no mar; **entraron en la habitación** entraram no quarto.
(e) *(tempo)* em; **llegará en mayo** chegará em maio; **llegará en Navidades** chegará no Natal; **nació en 1940** nasceu em 1940; **nació en sábado** nasceu num sábado; **en un par de días** em dois dias.
(f) *(meio de transporte)* de; **ir en coche/tren/avión/barco** ir de carro/trem/avião/barco.
(g) *(modo)* em; **lo dijo en inglés** disse-o em inglês; **todo se lo gasta en ropa** ele gasta tudo em roupa; **en voz baja** em voz baixa.
(h) *(preço)* em; **las ganancias se calculan en millones** os lucros são calculados em milhões; **te lo dejo en 5.000 pesetas** para você faço por 5.000 pesetas.
(i) *(assunto)* em; **es un experto en matemáticas** é perito em matemática; **es doctor en medicina** é doutor em medicina.
(j) *(qualidade)* em, em termos de; **rápido en actuar** rápido ao agir; **le supera en inteligencia** supera-o em inteligência.

Os usos principais em que a preposição *en* se diferencia do português são os seguintes:

1. Para expressar tempo: (***Las clases terminan en diciembre y comienzan en marzo.*** As aulas terminam em dezembro e começam em março. ***En julio tenemos las vacaciones de invierno.*** Em julho, temos as férias de inverno. ***Nací en 1974.*** Nasci em 1974.)

Note que, quando indicamos a data concreta de algo, não utilizamos a preposição ***en***: (***Se festeja el Día de la Independencia en Argentina el 9 de julio.*** Festeja-se o Dia da Independência na Argentina em 9 de julho.)

2. Para referir-se a um meio de transporte: (***Prefiero viajar en barco y no en avión.*** Prefiro viajar de barco a de avião. ***Voy a la escuela en ómnibus.*** Vou à escola de ônibus. ***Todos los fines de semana paseamos en bicicleta por el parque.*** Todos os fins de semana, passeamos de bicicleta pelo parque. ***Andar en tren es una solución económica.*** Andar de trem é uma solução econômica.)

Note que, em espanhol, nunca se usa, neste contexto, a preposição ***de***, como ocorre em português.

(Ver também **As preposições** na seção *Gramática espanhola*.)

Em espanhol, não existe contração da preposição ***en*** com o artigo.

(Ver também **Os artigos** e **As preposições** na seção *Gramática espanhola*.)

enaguas *fpl* anágua *f sing*.

enamorado, da *adj*: **enamorado (de)** apaixonado(da) (por).

enamorarse *vpr*: **enamorarse (de)** apaixonar-se (por).

enano, na *adj & m, f* anão(nã).

encabezar *vt* encabeçar.

encadenar *vt (amarrar)* encadear; *(enlaçar)* ligar.
❑ **encadenarse** *vpr* encadear-se.

encajar *vt & vi* encaixar.

encaje *m (de vestido, camisa etc.)* renda *f*.

encalar *vt* caiar.

encantado, da 1 *adj* encantado(da); *fam (distraído)* distraído(da); *(enfeitiçado)* encantado(da).
2 *interj (cumprimento)* prazer em conhecê-lo!

encantador, ra *adj* encantador(ra).

encantar 1 *vt (enfeitiçar)* encantar.
2 *vi (gostar)* agradar.
3 **¡me encanta!** adoro!

encanto *m* encanto *m*.

encapotado, da *adj* coberto(ta), nublado(da).

encapricharse *vpr* obstinar-se.

encaramarse *vpr* encarapitar-se.

encarar *vt* encarar.
❑ **encararse** *vpr* encarar-se.

encarcelar *vt* encarcerar.

encarecer *vt* encarecer.

encargado, da *m, f* encarregado *m*, -da *f*.

encargar *vt*: **encargar algo a alguien** encomendar algo a alguém.
❑ **encargarse** *vpr*: **encargarse de algo/de hacer algo** encarregar-se de algo/de fazer algo.

encargo *m (pedido)* encomenda *f*; *(tarefa)* encargo *m*; *(mensagem)* recado *m*.
encariñarse: **encariñarse con** *v + prep* afeiçoar-se a ou por.
encarnado, da *adj* encarnado(da).
encausar *vt* processar.
encendedor *m* isqueiro *m*; **encendedor multichispa** magiclick® *m*.
encender *vt (luz, gás)* acender; *(aparelho elétrico)* ligar.
encendido *m (de motor)* ignição *f*.
encerado *m (na escola)* quadro-negro *m*, lousa *f*; *(do chão)* polimento *m*.
encerrar *vt* encerrar.
❑ **encerrarse** *vpr* fechar-se.
encestar *vi* encestar.
enchilarse *vpr Méx* corar; *fig (chatear-se)* enfezar-se, zangar-se.
enchinar *vt Amér (cabelos)* fazer permanente.
enchufar *vt (aparelho elétrico)* ligar *(à tomada)*; *fam (pessoa)*: **enchufar a alguien** mexer os pauzinhos para alguém.
enchufe *m* tomada *f*.
encía *f* gengiva *f*.
enciclopedia *f* enciclopédia *f*.
encierro *m (de pessoas)* encerramento *m* de protesto; *(de touros)* encurralamento *m*.
encima *adv (sobre)* em cima; *(além do mais)* ainda por cima; *(na própria pessoa)* consigo; **no llevo dinero encima** não estou levando dinheiro (comigo); **encima de** em cima de, acima de; **por encima** por alto; **por encima de** *(sobre)* acima de, por cima de; *(mais além de)* mais que.
encimera *f (de cozinha)* superfície *f*, mesada *f*.
encina *f* azinheira *f*.
encinta *adj f*: **estar encinta** estar grávida.
encoger *vt & vi* encolher.
❑ **encogerse** *vpr (tecido, roupa)* encolher; *(pessoa)* intimidar-se; **encogerse de hombros** dar de ombros.
encolar *vt* colar.
encolerizarse *vpr* encolerizar-se.
encomienda *f Amér* encomenda *f*.
encontrar *vt* encontrar; *(considerar)* achar; **encontrar trabajo** encontrar trabalho.
❑ **encontrarse** *vpr (em local)* estar; **encontrarse (con)** *(pessoa)* encontrar-se (com).
encrespado, da *adj (cabelo)* crespo (pa); *(mar)* agitado(da).
encrucijada *f* encruzilhada *f*.
encuadernar *vt* encadernar.
encuadre *m* enquadramento *m*.
encubrir *vt (pessoa)* esconder; *(fato)* encobrir.
encuentro *m* encontro *m*.
encuesta *f* pesquisa *f*.
encuestador, ra *m, f* pesquisador *m*, -ra *f*.
enderezar *vt* endireitar; *(negócio, trabalho)* encaminhar.
endeudado, da *adj* endividado(da).
endivia *f* endívia *f*.
enemigo, ga *m, f* inimigo *m*, -ga *f*; **enemigo de** *(não partidário)* contrário a.
energía *f* energia *f*.
enérgico, ca *adj* enérgico(ca).
enero *m* janeiro *m* → **septiembre.**
enfadado, da *adj* zangado(da), aborrecido(da).
enfadarse *vpr* zangar-se, aborrecer-se.
enfado *m* zanga *f*, aborrecimento *m*.
enfermar *vi* adoecer.
❑ **enfermarse** *vpr Amér* adoecer.
enfermedad *f* enfermidade *f*, doença *f*.
enfermería *f* enfermaria *f*.
enfermero, ra *m, f* enfermeiro *m*, -ra *f*.
enfermizo, za *adj* enfermiço(ça); *(obsessivo)* doentio(a).
enfermo, ma *adj & m, f* doente, enfermo(ma); **ponerse enfermo** adoecer.
enfocar *vt (luz, foco)* focalizar; *(câmara fotográfica, de vídeo)* focalizar; *(assunto, questão, problema)* enfocar.
enfoque *m (de câmara de fotos, vídeo)* foco *m*; *(de assunto, questão, problema)* enfoque *m*.
enfrentamiento *m* enfrentamento *m*.
enfrentarse *vpr (desentender-se, em esportes)* enfrentar-se; *(resistir)* opor-se.
enfrente *adv* em frente; **enfrente de** em frente a, na frente de.
enfriamiento *m* resfriado *m*.
enfriarse *vpr (comida, relacionamento)* esfriar; *(pessoa)* resfriar-se.
enganchar *vt (objeto, papel)* enganchar; *(cavalos, carro)* atrelar, engatar.
❑ **engancharse** *vpr* pendurar-se.
enganche *m Méx (para compra)* sinal *m*.

engañar *vt* enganar; *(ser infiel)* enganar, trair.
❑ **engañarse** *vpr* enganar-se.
engaño *m* engano *m*; *(infidelidade)* traição *f*.
engañoso, sa *adj* enganoso(sa).
engendrar *vt* engendrar.
englobar *vt* englobar.
engorda *f*: **de engorda** *Amér* de corte.
engordar *vi* engordar.
engranaje *m* engrenagem *f*.
engrapadora *f Amér* grampeador *m*.
engrapar *f Amér* grampear.
engrasar *vt* engraxar.
engrasado, da *adj (sujo)* engordurado (da); *(oleoso)* engraxado(da).

> Não confundir *engrasado (engordurado)* com o português *engraçado*, que em espanhol é *gracioso*. (*El piso del garaje está engrasado a causa del aceite de los autos*. O piso da garagem está *engordurado* por causa do óleo dos carros.)

engreído, da *adj* convencido(da), presunçoso(sa).
enhorabuena 1 *f* parabéns *mpl*, felicitações *fpl*.
2 *interj* parabéns!
3 dar la enhorabuena dar os parabéns.
enigma *m* enigma *m*.
enjabonar *vt* ensaboar; *fig (pessoa)* bajular.
❑ **enjabonarse** *vpr* ensaboar-se.
enjuagar *vt* enxaguar.
❑ **enjuagarse** *vpr (boca)* enxaguar-se.
enlace 1 *m (de trens)* entroncamento *m*; *(de estradas)* cruzamento *m*; *formal (casamento)* enlace *m*.
2 *mf* contato *m*, intermediário *m*, -ria *f*.
enlazar *vt* enlaçar.
enlosar *vt* enlousar.
enmendar *vt* emendar.
❑ **enmendarse** *vpr* emendar-se.
enmienda *f* emenda *f*.
enmudecer *vi* emudecer; *(por desgosto, susto etc.)* perder a fala.
enojado, da *adj* irritado(da), aborrecido(da).
enojar *vt* irritar, aborrecer.
❑ **enojarse** *vpr* irritar-se, aborrecer-se.
enojo *m (chateação)* irritação *f*, aborrecimento *m*; *(incômodo)* moléstia *f*.
enorme *adj* enorme.
enredadera *f* trepadeira *f*.
enredar *vt (embaraçar)* enredar, emaranhar; *fam (enganar)* enrolar; **enredar a alguien en** *(envolver)* implicar alguém em.
enredo *m (de lã, linha etc.)* enredo *m*; *(situação difícil)* aperto *m*; *(desordem)* confusão *f*.
enriquecer *vt* enriquecer.
❑ **enriquecerse** *vpr* enriquecer-se.
enrojecer 1 *vt* avermelhar.
2 *vi* corar, enrubescer.
enrollar *vt* enrolar.
❑ **enrollarse** *vpr fam Esp (falar muito)* tagarelar; *(na paquera)* enrolar-se.
ensalada *f* salada *f*; **ensalada de fruta** salada de frutas; **ensalada verde** salada verde.
ensaladera *f* saladeira *f*.
ensanchar *vt (saia, calça)* alargar.
ensartar *vt (pérolas, missangas)* ensartar, enfiar; *(agulha)* enfiar.
ensayar *vt* ensaiar; *(mecanismo, invenção)* testar.
ensayo *m* ensaio *m*; *(de mecanismo, invenção)* teste *m*.
enseguida *adv* em seguida.
ensenada *f* enseada *f*.
enseñanza *f* magistério *m*; *(método, sistema)* ensino *m*.
enseñar *vt (em escola, universidade etc.)* lecionar; *(apresentar)* mostrar.
enseres *mpl* bens *mpl*.
ensopar *vt Amér* ensopar.
ensuciar *vt* sujar.
❑ **ensuciarse** *vpr* sujar-se.
ente *m (ser)* ente *m*; *(associação)* entidade *f*.
entender *vt & vi* entender.
❑ **entender de** *v + prep* entender de.
❑ **entenderse** *vpr* entender-se; *fam (estar apaixonado por)* ter um rolo com; **entenderse bien/mal con** entender-se bem/mal com.
entendido, da *m, f* entendido *m*, -da *f*; **entendido en** entendido em.
enterarse *vpr*: **enterarse (de)** *(notícia, evento)* inteirar-se (de); *fam (dar-se conta de)* perceber.
entero, ra *adj* inteiro(ra); *(pessoa)* firme; **por entero** por inteiro.
enterrar *vt* enterrar.
entidad *f* entidade *f*.

entierro *m* enterro *m*.
entonces *adv* então; **desde entonces** desde então.
entrada *f* entrada *f*; **entrada libre** entrada franca; **de entrada** para começar.
entrañable *adj (digno de afeto)* íntimo (ma); *(carinhoso)* afetuoso(sa).
entrañas *fpl* entranhas *fpl*.
entrar 1 *vt* (**a**) *(introduzir)* colocar, pôr; **ya puedes entrar el coche en el garaje** você já pode pôr o carro na garagem.
(**b**) *INFORM* acessar.
2 *vi* (**a**) *(introduzir-se, penetrar)* entrar; **la pelota entró por la ventana** a bola entrou pela janela; **entramos en el bar de la esquina** entramos no bar da esquina; **el pájaro entró en la jaula** o pássaro entrou na gaiola; **entra frío por la ventana** está entrando frio pela janela; **el enchufe no entra** o plugue não entra; **la bala le entró por la ingle** a bala entrou por sua virilha; **el clavo ha entrado en la pared** o prego entrou na parede.
(**b**) *(pela porta, no corpo)* entrar, caber; **este anillo no te entra** este anel não lhe cabe; **en el garaje entran dos coches** cabem dois carros na garagem.
(**c**) *(ingressar)* entrar; **para entrar has de hacer un test** para entrar você tem de fazer um teste; **entró en el partido en abril** entrou no partido em abril; **entrar de** *(ofício, trabalho)* começar como; **entró de secretaria** começou como secretária.
(**d**) *(entender)* atinar, entrar na cabeça; **no le entra la geometría** a geometria não lhe entra na cabeça; **no me entra que aún lo quieras** não entendo como você ainda o ama.
(**e**) *(estado físico ou de ânimo)* sentir; **me entró mucha pena** senti muita pena; **me entraron ganas de hablar** tive vontade de falar.
(**f**) *(estar incluído)* entrar, estar incluído; **la consumición no entra** a consumação não está incluída; **esto no entraba en mis cálculos** com esta eu não contava.
(**g**) *(fazer parte)* entrar, participar; **entrar en** entrar em.
(**h**) *(quantidade)*: **¿cuántas peras entran en un kilo?** um quilo dá quantas pêras?
(**i**) *AUT* engatar; **no entra la quinta** a quinta não engata.
(**j**) *(começar)*: **entrar a** começar a; **entró a trabajar en la fábrica en mayo** começou a trabalhar na fábrica em maio.
entre *prep* (**a**) *(em meio a dois termos)* entre; **aparcar entre dos coches** estacionar entre dois carros; **vendré entre las tres y las cuatro** virei entre as três e as quatro; **era un color entre verde y azul** era uma cor entre o verde e o azul.
(**b**) *(em meio a muitos)* entre, em meio a; **estaba entre los asistentes** estava entre os espectadores; **entre hombres, mujeres y niños somos cien** entre homens, mulheres e crianças somos cem.
(**c**) *(participação, cooperação)* entre; **entre todos lo consiguieron** entre todos conseguiram; **lo haremos entre tú y yo** vamos fazê-lo entre você e eu; **entre nosotros** *(em confiança)* entre nós, cá entre nós.
(**d**) *(lugar)* entre, em meio a; **encontré tu carta entre los libros** encontrei sua carta em meio aos livros; **entre más estudies, más sabrás** *Amér* quanto mais você estudar, mais saberá.
entreacto *m* entreato *m*.
entrecejo *m* intercílio *m*, cenho *m*.
entrecot *m* entrecosto *m*; **entrecot a la pimienta verde** entrecosto com pimenta verde; **entrecot al roquefort** entrecosto ao roquefort.
entrega *f (pedido, dedicação)* entrega *f*; *(exemplar)* fascículo *m*, número *m*.
entregar *vt* entregar.
❑ **entregarse** *vpr* entregar-se; **entregarse a** entregar-se a.
entrelazar *vt* entrelaçar.
entremés *m* entrada *f*, antepasto *m*.
entrenador, ra *m, f* treinador *m*, -ra *f*.
entrenamiento *m* treinamento *m*, treino *m*.
entrenar *vt* treinar.
❑ **entrenarse** *vpr* treinar.
entrepierna *f* entrepernas *fpl*.
entresuelo *m* mezanino *m*, sobreloja *f*.
entretanto *adv* entretanto.
entretecho *m Chile* sótão *m*.
entretención *f Amér* distração *f*.
entretener *vt* entreter.
❑ **entretenerse** *vpr (divertir-se)* entreter-se; *(retrasar-se)* demorar-se.
entretenido, da *adj (agradável)* divertido(da); *(que precisa de atenção)* laborioso(sa).
entretenimiento *m* entretenimento *m*.

entretiempo *m*: **de entretiempo** de meia-estação.
entrever *vt* entrever.
entrevista *f* entrevista *f.*
entrevistador, ra *m, f* entrevistador *m*, -ra *f.*
entrevistar *vt* entrevistar.
entristecer *vt* entristecer.
❑ **entristecerse** *vpr* entristecer-se.
entrometerse *vpr* intrometer-se.
entusiasmado, da *adj* entusiasmado (da).
entusiasmar *vi* entusiasmar.
❑ **entusiasmarse** *vpr* entusiasmar-se.
entusiasmo *m* entusiasmo *m.*
entusiasta *adj* entusiasta.
envasar *vt (em garrafa)* engarrafar.
envase *m* recipiente *m*, vasilhame *m*; **envase sin retorno** garrafa sem retorno.
envejecer *vi* envelhecer.
envenenamiento *m* envenenamento *m.*
envenenar *vt* envenenar.
envergadura *f* envergadura *f.*
enviar *vt (mandar)* enviar; *(lançar)* jogar.
envidia *f* inveja *f.*
envidiar *vt* invejar.
envidioso, sa *adj* invejoso(sa).
envío *m (ação)* envio *m*; *(pacote)* encomenda *f.*
enviudar *vi* enviuvar.
envolver *vt* embrulhar.
enyesar *vt (parede, muro)* estucar; *(perna, braço etc.)* engessar.
epidemia *f* epidemia *f.*
epidermis *f inv* epiderme *f.*
episodio *m* episódio *m.*
época *f* época *f.*
equilibrado, da *adj* equilibrado(da).
equilibrar *vt* equilibrar.
equilibrio *m* equilíbrio *m.*
equilibrista *mf* equilibrista *mf.*
equipaje *m* bagagem *f*; **equipaje de mano** bagagem de mão.
equipar *vt* equipar.
equipo *m (pessoas)* equipe *f*; *(objetos, roupas)* equipamento *m.*
equitación *f* equitação *f.*
equivalente *adj & m* equivalente.
equivaler: **equivaler a** *v + prep* equivaler a.
equivocación *f* equívoco *m.*
equivocado, da *adj*: **estar equivocado** estar equivocado(da).
equivocar *vt* equivocar.
❑ **equivocarse** *vpr* equivocar-se.
❑ **equivocarse de** *v + prep* equivocar-se de.
era *f* era *f.*
erguido, da *adj* erguido(da).
erizo *m* ouriço *m.*
ermita *f* capela *f.*
erótico, ca *adj* erótico(ca).
erotismo *m* erotismo *m.*
errante *adj* errante.
errar *vi (enganar-se)* errar.
erróneo, a *adj* errado(da).
error *m* erro *m.*
eructar *vi* arrotar.
eructo *m* arroto *m.*
erudito, ta *m, f* erudito(ta).
erupción *f* erupção *f.*
esbelto, ta *adj* esbelto(ta).
esbozo *m* esboço *m.*
escabeche *m*: **en escabeche** ao molho escabeche.
escala *f (de barco, de mapa)* escala *f*; *(gradação)* escalão *m*; **a gran escala** *fam* em grande escala; **escala musical** escala musical.
escalador, ra *m, f* escalador *m*, -ra *f.*
escalar *vt (montanha, pico)* escalar; *(posições)* escalonar.
escalera *f* escada *f*, degrau *m*; **escalera de caracol** escada em caracol; **escalera mecánica** escada rolante.
❑ **escaleras** *fpl* escada *f.*
escalerilla *f* escada *f* (pequena).
escalofrío *m* calafrio *m.*
escalón *m* escada *f*, degrau *m.*
escalope *m* escalope *m.*
escalopín *m*: **escalopines de ternera** escalopinhos *mpl* de vitela.
escama *f (de peixe, réptil)* escama *f.*
escampar *vi (chuva, céu)* escampar.
escandalizar *vt* escandalizar.
❑ **escandalizarse** *vpr* escandalizar-se.
escándalo *m* escândalo *m.*
escaño *m (no parlamento)* cadeira *f.*
escapar *vi* escapar; **escapar de** escapar de.
❑ **escaparse** *vpr* escapar-se.
escaparate *m* vitrine *f.*
escape *m* escapamento *m*; **a escape** num instante.

escarabajo *m* escaravelho *m.*
escarbar *vt (terra)* escavar.
escarcha *f* geada *f.*
escarmentar 1 *vt* repreender.
2 *vi* aprender.
escarola *f* escarola *f.*
escasear *vi* escassear.
escasez *f* escassez *f*; *(pobreza)* miséria *f.*
escaso, sa *adj* escasso(sa); *(pobre)* miserável; *(pouco)* pouco(ca).
escayola *f Esp* gesso *m.*
escena *f (de crime, acidente)* cenário *f*; *(em teatro, evento)* cena *f.*
escenario *m (de teatro)* palco *m*; *(de evento)* lugar *m.*
escepticismo *m* ceticismo *m.*
escéptico, ca *adj* cético(ca).
esclavitud *f* escravidão *f.*
esclavo, va *m, f* escravo *m*, -va *f.*
esclusa *f* eclusa *f.*
escoba *f* vassoura *f.*

> Não confundir ***escoba (vassoura)*** com o português ***escova***, que em espanhol é ***cepillo***. (***Necesito una escoba para barrer el suelo.*** Preciso de uma ***vassoura*** para varrer o chão.)

escobilla *f (para varrer)* escova *f*; *Andes (para dentes)* escova *f* de dentes.
escocer *vi (pele)* coçar.
escoger *vt* escolher.
escolar 1 *adj* escolar.
2 *mf* aluno *m*, -na *f.*
escolaridad *f* escolaridade *f.*
escollo *m (rocha)* abrolho *m.*
escolta *f* escolta *f.*
escombros *mpl* escombros *mpl*, entulho *m.*
esconder *vt* esconder.
❑ **esconderse** *vpr* esconder-se.
escondido, da *adj*: **a escondidas** às escondidas.
escondite *m (lugar)* esconderijo *m*; *(jogo)* esconde-esconde *m.*
escopeta *f* escopeta *f.*
escorpión *m* escorpião *m.*
❑ **Escorpión** *m inv* Escorpião *m inv.*
escotado, da *adj* decotado(da).
escote *m* decote *m.*
escotilla *f* escotilha *f.*
escribir *vt & vi* escrever; **escribir a mano/máquina** escrever à mão/máquina.
❑ **escribirse** *vpr (manter correspondência)* corresponder-se.
escrito *m* escrito *m.*
escritor, ra *m, f* escritor *m*, -ra *f.*
escritorio *m* escrivaninha *f.*

> Note que ***escritorio*** também significa em espanhol ***móvel para escrever, fazer tarefas de escritório*** etc.: (***Tenía mucho trabajo esperando sobre el escritorio.*** Tinha muito trabalho esperando sobre a escrivaninha.)

escritura *f (letra)* escrita *f*; *(documento)* escritura *f.*
escrúpulo *m* escrúpulo *m.*
❑ **escrúpulos** *mpl* escrúpulos *mpl.*
escuadra *f* esquadro *m.*
escuchar *vt & vi* escutar; **escuchar la radio** ouvir rádio.
escudo *m* escudo *m.*
escuela *f* escola *f*; **escuela pública/privada** escola pública/privada; **escuela universitaria** escola superior.
esculpir *vt* esculpir.
escultor, ra *m, f* escultor *m*, -ra *f.*
escultura *f* escultura *f.*
escupir *vt & vi* cuspir.
escurrir *vt (roupa, pratos etc.)* escorrer.
❑ **escurrirse** *vpr* escorregar.
ese, sa *adj* esse(sa).
ése, sa *pron* esse(sa).
esencia *f* essência *f.*
esencial *adj* essencial.
esfera *f* esfera *f*; *(do relógio)* mostrador *m.*
esférico, ca *adj* esférico(ca).
esforzarse *vpr* esforçar-se.
esfuerzo *m* esforço *m.*
esfumarse *vpr* sumir.
esgrima *f* esgrima *f.*
esguince *m* entorse *m.*
eslabón *m* elo *m.*
eslálom *m* slalom *m.*
esmalte *m* esmalte *m*; **esmalte de uñas** esmalte *m* de unhas.
esmeralda *f* esmeralda *f.*
esmerarse *vpr* esmerar-se.
esmero *m* esmero *m.*
esmoquin *m* smoking *m.*
esnob (*pl* **esnobs**) *mf* esnobe *mf.*
eso *pron neutro* isso; **a eso de** por volta de; **y eso que** e isso que.
esos, esas *adj pl* esses, essas.
espacial *adj* espacial.

espacio *m* espaço *m*.
espacioso, sa *adj* espaçoso(sa).
espada *f* espada *f*.
❑ **espadas** *fpl (do baralho)* espadas *fpl*.
espagueti *m* espaguete *m*.
espalda 1 *f* costas *fpl*.
2 *f inv (em natação)* costas *fpl*.
3 a espaldas de por trás de.
espantapájaros *m inv* espantalho *m*.
espanto *m* espanto *m*.
espantoso, sa *adj (assustador)* espantoso(sa); *(muito feio)* horroroso(sa); *(muito grande)* enorme.
esparadrapo *m* esparadrapo *m*.
esparcir *vt* espalhar.
espárrago *m* aspargo *m*.
espasmo *m* espasmo *m*.
espátula *f* espátula *f*.
especia *f* especiaria *f*.
especial *adj (exclusivo)* especial; *(particular)* particular; *fam (pessoa)* especial.
especialidad *f (particularidade)* característica *f*; *(em restaurante, educação)* especialidade *f*.
especialista *mf* especialista *mf*.
especializado, da *adj* especializado(da).
especializarse *vpr*: **especializarse (en)** especializar-se (em).
especialmente *adv* especialmente.
especie *f lit & fig* espécie *f*; **en especie** em espécie; **especie protegida** espécie protegida.
especificar *vt* especificar.
específico, ca *adj* específico(ca).
espectáculo *m* espetáculo *m*.
espectador, ra *m, f* espectador *m*, -ra *f*.
especulación *f* especulação *f*.
espejismo *m* miragem *f*.
espejo *m* espelho *m*.
espera *f* espera *f*; **a la espera de** à espera de.
esperanza *f* esperança *f*.
esperar 1 *vt* esperar.
2 *vi (aguardar)* esperar.
3 ¡eso espero! assim espero!; **¡espera y verás!** espere e verá!; **esperar sentado** esperar sentado.
❑ **esperarse** *vpr* esperar-se.
esperma *m* esperma *m*.
espeso, sa *adj* espesso(sa).
espesor *m* espessura *f*.
espía *mf* espião *m*, -piã *f*, espia *mf*.
espiar *vt* espiar.
espiga *f (de trigo)* espiga *f*.
espina *f (de plantas)* espinho *m*; *(de peixes)* espinha *f*.
espinacas *fpl* espinafre *m*.
espinilla *f (de perna)* canela *f*; *(na pele)* espinha *f*.
espionaje *m* espionagem *f*.
espiral *f* espiral *f*; **en espiral** em espiral.
espirar *vi* expirar.
espiritismo *m* espiritismo *m*.
espíritu *m* espírito *m*.
espiritual *adj* espiritual.
espléndido, da *adj* esplêndido(da); *(pródigo)* generoso(sa).
esplendor *m* esplendor *m*.
espliego *m* lavanda *f*.
esponja *f* esponja *f*.
esponjoso, sa *adj* esponjoso(sa).
espontaneidad *f* espontaneidade *f*.
espontáneo, a 1 *adj* espontâneo(nea).
2 *m (em touradas) espectador que espontaneamente salta à arena durante uma corrida de touros.*
esposas *fpl* algemas *fpl*.
esposo, sa *m, f* esposo *m*, -sa *f*.
espray *m* spray *m*.
esprint *m* sprint *m*.
esprínter *mf* corredor *m*, -ra *f* de grande velocidade.
espuma *f* espuma *f*; **espuma para el pelo** mousse *f* para o cabelo.
esquash *m* squash *m*.
esqueleto *m* esqueleto *m*.
esquema *m* esquema *m*.
esquematizar *vt* esquematizar.
esquí *m* esqui *m*; **esquí acuático** esqui aquático.
esquiador, ra *m, f* esquiador *m*, -ra *f*.
esquiar *vi* esquiar.
esquilar *vt* tosquiar.
esquimal *adj & mf* esquimó.
esquina *f* esquina *f*; **doblar la esquina** dobrar a esquina.
esquivar *vt* esquivar.
estabilidad *f* estabilidade *f*.
estable *adj* estável.
establecer *vt* estabelecer; *(suj: lei, decreto)* decretar.
❑ **establecerse** *vpr* estabelecer-se.
establecimiento *m* estabelecimento *m*.
establo *m* estábulo *m*.

estaca *f* estaca *f.*

estación *f* estação *f*; **'estación de servicio'** 'posto *m* de gasolina'.

estacionamiento *m* estacionamento *m*; **'estacionamiento limitado'** 'estacionamento limitado'; **'estacionamiento indebido'** 'estacionamento indevido'.

estacionar *vt* estacionar; **'no estacionar'** 'proibido estacionar'.
❑ **estacionarse** *vpr* estacionar.

estadía *f Amér* estadia *f.*

estadio *m* estádio *m.*

estadística *f* estatística *f.*

estado *m* estado *m*; **estar en estado** estar grávida; **en buen/mal estado** em bom/mau estado; **estado civil/físico** estado civil/físico; **estado de ánimo** estado de ânimo.
❑ **Estado** *m*: **el Estado** o Estado.

estafa *f* fraude *f.*

estafador, ra *m, f* fraudador *m*, -ra *f.*

estafar *vt (roubar)* fraudar; *(enganar)* ludibriar.

estalactita *f* estalactite *f.*

estalagmita *f* estalagmite *f.*

estallar *vi (bomba)* explodir; *(guerra, revolução)* estourar; *(pessoa)* arrebentar.

estallido *m* estouro *f.*

estambre *m (de flor)* estame *m.*

estampado, da 1 *adj* estampado(da). **2** *m* estampado *m.*

estampida *f* debandada *f.*

estampilla *f Amér (de correio)* selo *m*; *(para coleção)* figurinha *f*, cromo *f.*

estancado, da *adj (água, rio etc.)* estagnado(da).

estancarse *vpr (água, rio etc.)* estagnar.

estancia *f* estadia *f*; *(cômodo)* estância *f*; *CSur (fazenda)* estância *f*, fazenda *f.*

estanco *m* tabacaria *f.*

estándar *adj* padrão.

estanque *m* represa *f.*

estante *m* prateleira *f.*

estantería *f* estante *f.*

estaño *m* estanho *m.*

estar 1 *vi* **(a)** estar; **¿está Juan?** o Juan está?; **la señora no está** a senhora não está; **estaré allí a la hora convenida** estarei aí na hora marcada; **estuvieron trabajando día y noche** trabalharam dia e noite; **están golpeando la puerta** estão batendo à porta.
(b) *(com datas)* ser; **¿a qué estamos hoy?** que dia é hoje?; **hoy estamos a martes 13 de julio** hoje é terça-feira, 13 de julho; **estamos en febrero/primavera** estamos em fevereiro/na primavera.
(c) *(permanecer)* estar, ficar; **estaré un par de horas y me iré** ficarei umas duas horas e depois me vou; **han estado en París todo el verano** estiveram em Paris o verão todo; **estuvo toda la tarde en casa** esteve toda a tarde em casa.
(d) *(estar preparado)* ficar pronto; **la comida estará a las tres** o almoço ficará pronto às três; **¿aún no está ese trabajo?** ainda não está pronto esse trabalho?
(e) *(expressa valores, graus)*: **estar a** estar a; **está a veinte pesos** está a vinte pesos.
(f) *(servir)*: **estar para** ser para.
(g) *(faltar)*: **estar por** estar por; **aún está por descubrir** ainda está por descobrir-se.
(h) *(prestes a, em perigo de)*: **estar por** estar para, estar a ponto de; **estuve por darle una bofetada** estive a ponto de dar-lhe uma bofetada.
2 *v cop* **(a)** *(exprime qualidade, estado)* estar; **¿cómo estás?** como vai?; **esta calle está sucia** esta rua está suja; **estar bien/mal** estar bem/mal; **estar bueno/malo** estar bom/mau; **estar con/sin** estar com/sem.
(b) *(exprime atitude)*: **el jefe está que muerde** o chefe está uma fera; **el asunto está que arde** o assunto está quente.
(c) *(exprime ocupação)*: **estar como** trabalhar como.
(d) *(exprime situação)*: **estar de** ser; **estar de suerte** estar com sorte.
(e) *(ação)*: **estar de** estar de.
(f) *(exprime permanência)*: **estar en** estar em; **estar en guardia** estar de guarda; **estar en uso** estar sendo usado; **estar de moda** estar na moda.
(g) *(consistir)*: **estar en** estar em.
(h) *(em locuções)*: **¿estamos?** de acordo?
❑ **estarse** *vpr* estar, ficar.

estárter *m* desafogador *m.*

estatal *adj* estatal.

estático, ca *adj* estático(ca).

estatua *f* estátua *f.*

estatura *f* estatura *f*; **estatura media** estatura mediana.

estatus *m* status *m*, estatuto *m* social.
estatuto *m* estatuto *m*.
este[1], ta *adj* este(ta).
este[2] *m* este *m*.
❑ **Este** *m*: **el Este** o Leste.
éste, ta *pron* este(ta).
estera *f* esteira *f*.
estéreo *m* estéreo *m*.
estéril *adj (pessoa, animal)* estéril; *(vasilhame, seringa)* esterilizado(da).
esterilizar *vt* esterilizar.
esternón *m* esterno *m*.
estética *f* estética *f*.
estibador, ra *m, f* estivador *m*, -ra *f*.
estiércol *m* esterco *m*.
estilo *m* estilo *m*; **por el estilo** do estilo.
estilográfica *f* caneta-tinteiro *f*.
estima *f* estima *f*.
estimación *f (apreço)* estima *f*.
estimado, da *adj* estimado(da); *(valorizado)* avaliado(da).
estimulante *adj & m* estimulante.
estimular *vt* estimular.
estímulo *m* estímulo *m*.
estirado, da *adj (orgulhoso)* convencido(da).
estirar 1 *vt (corda, pernas etc.)* esticar.
2 *vi (atrair para si)* puxar.
❑ **estirarse** *vpr (esticar-se)* espreguiçar-se.
estirpe *f* estirpe *f*.
esto *pron neutro* isto.
estofado *m* cozido *m*.
estoicismo *m* estoicismo *m*.
estoico, ca *adj* estóico(ca).
estómago *m* estômago *m*.
estorbar *vt & vi* estorvar.
estorbo *m* estorvo *m*.
estornudar *vi* espirrar.
estornudo *m* espirro *m*.
estos, tas *adj pl* estes(tas).
éstos, tas *pron pl* estes(tas).
estrafalario, ria *adj fam* extravagante.
estrangulador, ra *m, f* estrangulador *m*, -ra *f*.
estrangular *vt* estrangular.
estrategia *f* estratégia *f*.
estratégico, ca *adj* estratégico(ca).
estrechar *vt (caminho, rua)* estreitar; *(roupa, mão)* apertar; *(amizade, relação)* aproximar.
❑ **estrecharse** *vpr* apertar-se.
estrecho, cha 1 *adj (rua, caminho etc.)* estreito(ta); *(sapato, roupa etc.)* apertado (da); *(amizade)* profundo(da).
2 *m* estreito *m*.
3 **estar estrecho** *(num lugar)* estar apertado.
estrella *f* estrela *f*; **estrella de cine** estrela de cinema; **estrella de mar** estrela-do-mar *f*; **estrella fugaz** estrela cadente.
estrellarse *vpr* chocar-se.
estremecerse *vpr*: **estremecerse (de)** estremecer-se (de).
estrenar *vt* estrear.
estreno *m* estréia *f*.
estreñimiento *m* prisão *f* de ventre.
estrepitoso, sa *adj (queda)* aparatoso (sa); *(voz, riso)* estridente.
estrés *m* estresse *m*.
estría *f* estria *f*.
estribillo *m* estribilho *m*.
estribo *m* estribo *m*; **perder los estribos** perder as estribeiras.
estribor *m* estibordo *m*.
estricto, ta *adj* estrito(ta); *(rigoroso)* severo(ra).
estrofa *f* estrofe *f*.
estropajo *m* esponja *f* de aço, esfregão *m*.
estropeado, da *adj* avariado(da).
estropear *vt (máquina, aparelho etc.)* avariar; *(projeto, plano, comida etc.)* estragar.
❑ **estropearse** *vpr (máquina, aparelho)* avariar-se.
estructura *f* estrutura *f*.
estuario *m* estuário *m*.
estuche *m* estojo *m*.
estudiante *mf* estudante *mf*.
estudiar *vt & vi* estudar.
estudio *m (para prova, exame médico etc.)* estudo *m*; *(de artista, apartamento etc.)* estúdio *m*.
❑ **estudios** *mpl (educação)* estudos *mpl*; *(de rádio, televisão)* estúdios *mpl*.
estudioso, sa *adj* estudioso(sa).
estufa *f* aquecedor *m*.
estupefacto, ta *adj* estupefato(ta).
estupendo, da 1 *adj* estupendo(da).
2 *interj* estupendo!
estupidez *f* estupidez *f*.
estúpido, da *adj* estúpido(da).
ETA *f (abrev de* **Euskadi ta Askatasuna***)* ETA *f*.

etapa *f* etapa *f*; *(de escritor, artista)* fase *f*; *(parte)* etapa *f*.
etarra *mf militante da ETA*.
etc. = etcétera.
etcétera *adv* etcétera.
eternidad *f* eternidade *f*; *fam (longa duração)* eternidade *f*.
eterno, na *adj* eterno(na); *fam (que dura muito, que se repete)* eterno(na).
ética *f* ética *f*.
ético, ca *adj* ético(ca).
etimología *f* etimologia *f*.
etiqueta *f* etiqueta *f*; **de etiqueta** de gala.
étnico, ca *adj* étnico(ca).
eucalipto *m* eucalipto *m*.
eucaristía *f* eucaristia *f*.
eufemismo *m* eufemismo *m*.
eufórico, ca *adj* eufórico(ca).
euro *m* euro *m*.
euskera 1 *adj* basco(ca).
2 *m* basco *m*.
eutanasia *f* eutanásia *f*.
evacuación *f* evacuação *f*.
evacuar *vt* evacuar.
evadir *vt* fugir a.
❑ **evadirse de** *v + prep* fugir de.
evaluación *f* avaliação *f*; *(de casa, terreno etc.)* vistoria *f*.
evaluar *vt* avaliar; *(casa, terreno etc.)* vistoriar.
evangelio *m* evangelho *m*; *fam (verdade indiscutível)* bíblia *f*.
evangelización *f* evangelização *f*.
evaporarse *vpr* evaporar-se.
evasión *f* evasão *f*; *(de dinheiro)* fuga *f*; **evasión de capitales** fuga de capitais.
eventual *adj* eventual.
eventualidad *f* eventualidade *f*.
evidencia *f* evidência *f*.
evidente *adj* evidente.
evidentemente *adv* evidentemente.
evitar *vt* evitar.
evocar *vt* evocar.
evolución *f* evolução *f*.
evolucionar *vi* evoluir.
exactamente *adv* exatamente.
exactitud *f* exatidão *f*.
exacto, ta *adj* exato(ta).
exageración *f* exagero *m*.
exagerado, da *adj* exagerado(da).
exagerar *vt & vi* exagerar.
exaltarse *vpr* exaltar-se.
examen *m* exame *m*.
examinar *vt* examinar.
❑ **examinarse** *vpr*: **examinarse (de)** prestar exame (de).
excavación *f* escavação *f*.
excavadora *f* escavadora *f*.
excavar *vt* escavar.
exceder *vt* exceder.
❑ **excederse** *vpr* exceder-se.
excelencia *f* excelência *f*; **por excelencia** por excelência.
excelente *adj* excelente.
excentricidad *f* excentricidade *f*.
excéntrico, ca *m, f* excêntrico *m*, -ca *f*.
excepción *f* exceção *f*; **a** ou **con excepción de** à ou com exceção de; **de excepción** excepcional.
excepcional *adj* excepcional.
excepto *adv* exceto.
excesivo, va *adj* excessivo(va).
exceso *m* excesso *m*; **exceso de** excesso de; **en exceso** em excesso; **exceso de peso** excesso de peso.
❑ **excesos** *mpl* excessos *mpl*.
excitar *vt* excitar.
❑ **excitarse** *vpr* excitar-se.
exclamación *f* exclamação *f*.
excluir *vt* excluir.
exclusiva *f* exclusividade *f*; **en exclusiva** em exclusivo.
exclusivo, va *adj* exclusivo(va).
excursión *f* excursão *f*.
excusa *f* desculpa *f*.
excusar *vt* desculpar.
❑ **excusarse** *vpr* desculpar-se.
exento, ta *adj* isento(ta).
exhaustivo, va *adj* exaustivo(va).
exhibición *f* exibição *f*.
exhibir *vt* exibir.
exigencia *f* exigência *f*.
exigente *adj* exigente.
exigir *vt* exigir.
exiliar *vt (desterrar)* exilar.
❑ **exiliarse** *vpr* exilar-se.
exilio *m* exílio *m*.
existencia *f* existência *f*.
❑ **existencias** *fpl* estoque *m*.
existir *vi* existir.
éxito *m* êxito *m*, sucesso *m*; **tener éxito** ter êxito.
exitoso, sa *adj* bem-sucedido(da).

exótico, ca *adj* exótico(ca).
expedición *f* expedição *f*; *(de carteira)* emissão *f*.
expediente *m (de trabalhador, empregado etc.)* expediente *m*; *(documentação)* processo *m*; *(de aluno)* ficha *f*.
expedir *vt (pacote, mercadoria etc.)* expedir; *(documento)* emitir.
expendedor, ra *m, f* vendedor *m*, -ra *f*; **expendedor automático** vendedor automático.
expensas: **a expensas de** *loc prep* à custa de.
experiencia *f* experiência *f*.
experimentado, da *adj* experiente.
experimental *adj* experimental.
experimentar *vt* experimentar.
experimento *m* experiência *f*.
experto, ta *m, f* perito *m*, -ta *f*; **experto en** perito em.
expirar *vi formal (morrer)* expirar.
explicación *f* explicação *f*.
explicar *vt* explicar.
❑ **explicarse** *vpr (falar)* explicar-se; *(entender)* compreender.
explícito, ta *adj* explícito(ta).
explorador, ra *m, f* explorador *m*, -ra *f*.
explorar *vt* explorar; *(paciente)* examinar.
explosión *f* explosão *f*.
explosivo, va 1 *adj* explosivo(va).
2 *m* explosivo *m*.
explotación *f* exploração *f*.
explotar 1 *vi (bomba)* explodir.
2 *vt* explorar.
exponente *m* expoente *m*.
exponer *vt* expor.
❑ **exponerse** *vpr*: **exponerse (a)** expor-se (a).
exportación *f* exportação *f*.
exportar *vt* exportar.
exposición *f* exposição *f*; **exposición de arte** exposição de arte.
expositor, ra 1 *m, f (pessoa)* expositor *m*, -ra *f*.
2 *m (móvel)* expositor *m*.
exprés *adj* expresso(sa).
expresar *vt* expressar.
❑ **expresarse** *vpr* expressar-se.
expresión *f* expressão *f*.
expresivo, va *adj* expressivo(va).
expreso, sa 1 *adj* expresso(sa).
2 *m (trem)* expresso *m*.
exprimidor *m* espremedor *m*.
exprimir *vt* espremer.
expuesto, ta *adj*: **estar expuesto a** estar exposto(ta) a.
expulsar *vt* expulsar.
expulsión *f* expulsão *f*.
exquisito, ta *adj* magnífico(ca), delicioso(sa).

> Não confundir ***exquisito (magnífico, delicioso)*** com o português ***esquisito***, que em espanhol é ***extraño***. (***Esta comida está muy sabrosa; es realmente exquisita***. Esta comida está muito saborosa; é realmente deliciosa.)

éxtasis *m inv* êxtase *m*.
extender *vt (asas, mapa)* estender; *(notícias)* espalhar; *(documento)* emi-tir.
❑ **extenderse** *vpr (ocupar, difundir-se)* espalhar-se; *(durar)* estender-se; *(falar muito)* alargar-se.
extensión *f* extensão *f*.
extenso, sa *adj* extenso(sa).
exterior *adj & m* exterior.
exterminar *vt* exterminar.
externo, na 1 *adj* externo(na).
2 *m, f (aluno)* aluno *m* externo, aluna *f* externa.
extinguirse *vpr* extinguir-se.
extintor *m* extintor *m*.
extirpar *vt formal* extirpar.
extra *adj & m* extra.
extracción *f* extração *f*.
extracto *m* extrato *m*.
extractor *m* exaustor *m*.
extradición *f* extradição *f*.
extraer *vt lit & formal* extrair.
extranjero, ra 1 *adj & m, f* estrangeiro (ra).
2 *m* estrangeiro *m*.
extrañar *vt (sentir falta)* sentir saudade de; *(surpreender)* estranhar a.
❑ **extrañarse** *vpr*: **extrañarse (de)** estranhar.
extrañeza *f* estranheza *f*.
extraño, ña *adj & m, f* estranho(nha).
extraordinario, ria *adj* extraordinário(ria).
extraterrestre *mf* extraterrestre *mf*.
extravagante *adj* extravagante.
extraviar *vt formal* extraviar.
❑ **extraviarse** *vpr formal* extraviar-se.
extremar *vt* extremar.
extremaunción *f* extrema-unção *f*.

extremidades *fpl* membros *mpl*.
extremista *mf* extremista *mf*.
extremo, ma 1 *adj* extremo(ma). **2** *m (final)* extremo *m*; *(ponto máximo)* máximo *m*; **en extremo** ao máximo.
extrovertido, da *adj* extrovertido(da).

Ff

fabada *f (comida)* feijoada *f*; **fabada asturiana** *feijoada asturiana, feita com feijão, chouriço e bacon.*
fábrica *f* fábrica *f.*
fabricante *mf* fabricante *mf.*
fabricar *vt* fabricar.
fábula *f* fábula *f.*
fabuloso, sa *adj* fabuloso(sa).
faceta *f* faceta *f.*
fachada *f* fachada *f.*
fácil *adj* fácil.
facilidad *f* facilidade *f*; **tener facilidad para** ter facilidade para.
facilitar *vt* facilitar.
factor *m* fator *m.*
factura *f* fatura *f.*
facturación *f (de bagagem)* registro *m* da bagagem; *(de empresa)* faturamento *f.*
facturar *vt (bagagem)* registrar; *(cobrar)* faturar.
facultad *f* faculdade *f*; **facultad de ciencias/letras** faculdade de ciências/letras.
faena *f (tarefa, trabalho)* trabalho *m*; *(em touradas)* lide *f.*
faisán *m* faisão *m.*
faja *f (roupa de baixo)* cinta *f*; *(para cintura)* faixa *f.*
fajo *m*: **fajo de billetes** maço *m* de notas.
falange *f (osso)* falange *f.*
falda *f* saia *f*; *(de montanha)* aba *f.*
falla *f* falha *f.*
fallar *vi (enganar-se)* errar; *(fracassar, deixar de funcionar)* falhar.
fallecer *vi formal* falecer.
fallo *m (engano)* erro *m*; *(omissão)* falha *f*; *(sentença)* veredicto *m.*
falsedad *f* falsidade *f.*
falsete *m* falsete *m.*
falsificar *vt* falsificar.
falso, sa *adj* falso(sa).
falta *f* falta *f*; *(engano)* erro *f*; *(violação de uma lei)* infração *f*; **echar en falta** *(pessoa, coisa)* sentir saudade de, sentir a falta de; *(o que sumiu)* dar por falta de; **hace falta** faz falta; **falta de educación** falta de educação.
faltar *vi* faltar; **faltar a clase** faltar às aulas; **¡no faltaba más!** claro que sim!
❑ **faltar a** *v + prep* faltar a.
fama *f* fama *f.*
familia *f* família *f*; **familia numerosa** família numerosa.
familiar *adj & m, f* familiar.
familiarizarse *vpr*: **familiarizarse (con)** familiarizar-se (com).
famoso, sa *adj* famoso(sa).
fanatismo *m* fanatismo *m.*
fandango *m* fandango *m.*
fanfarrón, ona *adj* fanfarrão(na).
fantasía *f* fantasia *f.*
fantasma *m* fantasma *m*; *fam (pessoa pretensiosa)* presunçoso *m*, -sa *f.*
fantástico, ca *adj* fantástico(ca).
farmacéutico, ca *m, f* farmacêutico *m*, -ca *f.*
farmacia *f* farmácia *f*; **'farmacia de guardia'** 'farmácia de plantão'.
faro *m (torre)* farol *m*; *(lâmpada)* luz *f.*
❑ **faros** *mpl (de carro)* faróis *mpl.*
farol *m (luz)* lâmpada *f*; *(nas touradas) movimento do toureiro que consiste em passar a capa pela cabeça do touro, em seguida pela sua própria e finalmente pousá-la no ombro.*
farola *f lâmpada de iluminação pública.*
farolillo *m* lanterna *f (de papel).*
farsa *f* farsa *f.*
farsante *adj* farsante.
fascismo *m* fascismo *m.*
fascista *mf* fascista *mf.*

fase *f* fase *f.*
fastidiar *vi (perturbar)* incomodar; *(entediar)* enfastiar.
❑ **fastidiarse** *vpr fam (pessoa)* enfastiar-se; *fam (plano, projeto)* estragar.
fastidio *m (perturbação)* incômodo *m*; *(fastio)* tédio *m.*
fatal 1 *adj* fatal; *(muito ruim)* terrível.
2 *adv fam (muito mal)* terrivelmente.
fatalidad *f* fatalidade *f.*
fatiga *f* fadiga *f.*
fatigarse *vpr* fatigar-se.
fauna *f* fauna *f.*
favor *m* favor *m*; **estar a favor de** estar a favor de; **hacer un favor** fazer um favor; **pedir un favor** pedir um favor; **por favor** por favor.
favorable *adj* favorável.
favorecer *vt* favorecer.
favorito, ta *adj* favorito(ta).
fax *m* fax *m.*
fayuquero *m CAm & Méx* muambeiro *m*, -ra *f*, contrabandista *m f.*
fe *f* fé *f*; **de buena/mala fe** *fig* de boa/má-fé.
fealdad *f* feiúra *f.*
febrero *m* fevereiro *f* → **septiembre.**
fecha *f* data *f*; **fecha de caducidad** data de validade; **fecha de nacimiento** data de nascimento.
❑ **fechas** *fpl* época *f.*
fechar *vt* datar.
fecundo, da *adj (mulher)* fértil; *(idéias)* fecundo(da).
federación *f* federação *f.*
felicidad *f* felicidade *f.*
❑ **felicidades** *interj* felicidades!
felicitación *f (oralmente)* parabéns *mpl*; *(por escrito)* cartão *m* de felicitações.
❑ **felicitaciones** *fpl* parabéns *mpl*, felicitações *fpl.*
felicitar *vt* felicitar.
feligrés, esa *m, f* freguês *m*, -esa *f.*
feliz *adj* feliz.
felpudo *m* capacho *m.*
femenino, na *adj* feminino(na).
feminismo *m* feminismo *m.*
feminista *mf* feminista *mf.*
fémur *m* fêmur *m.*
fenomenal *adj fam* fenomenal.
fenómeno 1 *m* fenômeno *m.*
2 *adv fam* legal.
feo, a *adj* feio (feia).
féretro *m* féretro *m.*
feria *f* feira *f*; **feria de muestras** feira industrial.
❑ **ferias** *fpl* festas *fpl.*

> Não confundir ***feria (feira)*** com o português ***feira (referente aos dias da semana)***, como por exemplo ***segunda-feira***, que em espanhol é ***lunes***. (***Gabriela compra la fruta y la verdura en la feria.*** Gabriela compra frutas e verduras na ***feira.***)

feriado *m Amér* feriado *m.*
fermentación *f* fermentação *f.*
feroz (*pl* **-ces**) *adj* feroz.
ferretería *f* loja *f* de ferragens.
ferrocarril *m* ferrovia *f.*
ferroviario, ria *adj* ferroviário(ria).
ferry *m* ferry *m.*
fértil *adj* fértil.
fertilidad *f* fertilidade *f.*
festival *m* festival *m*; **festival de cine** festival de cinema.
festividad *f* festividade *f.*
festivo, va *adj (traje, tom)* festivo(va); *(dia)* feriado(da).
feto *m* feto *m.*
fiambre *m* frios *mpl.*
fianza *f* fiança *f.*
fiar *vt* fiar.
❑ **fiarse** *vpr*: **fiarse (de)** fiar-se (de).
fibra *f* fibra *f*; **fibra óptica** fibra óptica.
ficción *f* ficção *f.*
ficha *f* ficha *f*; *(de dominó etc.)* peça *f.*
fichar 1 *vt (trabalhador, jogador)* contratar; *(delinqüente)* fichar.
2 *vi (empregado, trabalhador)* marcar o ponto.
fichero *m* fichário *m*; INFORM arquivo *m.*
ficticio, cia *adj* fictício(cia).
fidelidad *f* fidelidade *f.*
fideos *mpl* aletria *f.*
fiebre *f* febre *f.*
fiel *adj & m* fiel.
fieltro *m* feltro *m.*
fiera *f* fera *f.*
fiero, ra *adj* feroz.
fierro *m Amér* ferro *m.*
fiesta *f* festa *f*; *(dia festivo)* feriado *m*; *(contentamento)* alegria *f*; **fiesta mayor** *festa do santo padroeiro de uma localidade.*
figura *f* figura *f.*

figurar 1 *vt* figurar; *(simular)* fingir.
2 *vi (fazer parte)* figurar; *(ser importante)* aparecer.
❑ **figurarse** *vpr* imaginar.
figurativo, va *adj* figurativo(va).
figurín *m* figurino *m*.
fijador *m (de cabelo)* fixador *m*.
fijar *vt* fixar.
❑ **fijarse** *vpr* fixar-se; **fijarse en** fixar-se em.
fijo, ja *adj* fixo(xa).
fila *f* fila *f*.
filatelia *f* filatelia *f*.
filatélico, ca *m, f* filatélico *m*, -ca *f*.
filete *m (de carne, peixe)* filé *m*; *(linha)* filete *m*; **filete de ternera** filé de vitela; **filete de lenguado** filé de linguado.
filiación *f* filiação *f*.
filial 1 *adj (de filho)* filial.
2 *f (sucursal)* filial *f*.
filmar *vt & vi* filmar.
filoso, sa *adj Amér* afiado(da).
filosofar *vi fam* filosofar.
filosofía *f* filosofia *f*; *fam (virtude)* paciência *f*.
filósofo, fa *m, f* filósofo *m*, -fa *f*.
filtrar *vt* filtrar.
filtro *m* filtro *m*; **filtro solar** filtro solar.
fin *m* fim *m*; **a fines de** no final de; **en fin** enfim; **por fin** por fim; **fin de semana** fim de semana; **'fin zona de estacionamiento'** 'fim da área de estacionamento'; **a fin de que** a fim de que.
final *adj & m, f* final.
finalidad *f* finalidade *f*.
finalista *mf* finalista *mf*.
finalizar *vt & vi* finalizar.
financiación *f* financiamento *m*.
financiar *vt* financiar.
financista *mf Amér* financista *mf*.
finanzas *fpl* finanças *f*.
finca *f* sítio *m*.
fingir *vt* fingir.
fino, na 1 *adj* fino(na).
2 *m* *xerez seco*; **finas hierbas** ervas *fpl* aromáticas.
fiordo *m* fiorde *m*.
firma *f (de pessoa)* assinatura *f*; *(empresa)* firma *f*.
firmar *vt* assinar.
firme *adj (constante, bem amarrado)* firme; *(inabalável)* definitivo(va).
firmemente *adv* firmemente.
firmeza *f* firmeza *f*.
fiscal 1 *adj* fiscal.
2 *mf* promotor *m*, -ra *f* do Ministério Público.
fiscalía *f* promotoria *f*.
física *f* física *f*.
físico, ca 1 *adj & m, f* físico(ca).
2 *m* físico *m*.
fisioterapeuta *mf* fisioterapeuta *mf*.
fisonomía *f* fisionomia *f*.
fisonomista *adj* fisionomista.
flaco, ca *adj* magro(gra).
flamante *adj (que dá na vista)* vistoso(sa); *(que tem pouco uso)* novo(va).
flamenco, ca 1 *adj & m, f* flamengo(ga).
2 *m (ave)* flamingo *m*; *(canto andaluz)* flamenco *m*; *(língua)* flamengo *m*.
flan *m* flã *m*, pudim *m* de leite.
flaqueza *f* fraqueza *f*.
flash *m* flash *m*.
flauta *f* flauta *f*.
flecha *f (sinal)* seta *f*; *(arma)* flecha *f*.
fleco *m (de cortina, toalha de mesa etc.)* franja *f*.
❑ **flecos** *mpl (de calça, camisa etc.)* franjas *fpl*.
flemón *m* abscesso *m* (gengival).
flequillo *m* franja *f*.
flexibilidad *f* flexibilidade *f*.
flexible *adj* flexível.
flexión *f* flexão *f*.
flojera *f fam* frouxidão *f*.
flojo, ja *adj (corda, prego)* frouxo(xa); *(caráter, qualidade)* fraco(ca).
flor *f* flor *f*.
flora *f* flora *f*.
florecer *vi* florescer.
florero *m* floreira *f*.
florido, da *adj* florido(da).
florista *mf* florista *mf*.
floristería *f* florista *f*.
flota *f* frota *f*.
flotador *m* flutuador *m*.
flotar *vi* flutuar.
flote: **a flote** *adv* flutuando; **salir flote** *fig* seguir adiante.
fluido, da 1 *adj* fluido(da).
2 *m* fluido *m*.
fluir *vi* fluir.
flúor *m* flúor *m*.
FM *f (abrev de* **frecuencia modulada**) FM *f*.

foca *f* foca *f.*
foco *m* foco *m*; *Andes & Méx (de lustre, abajur)* lâmpada *f.*
foie-gras *m inv* foie gras *m.*
foja *f Amér (fólio)* folha *f.*
folio *m* folha *f* (de papel ofício).
folklore *m* folclore *m.*
folklórico, ca *adj* folclórico(ca).
follaje *m* folhagem *f.*
folleto *m* folheto *m.*
fomentar *vt* fomentar.
fonda *f* pensão *f.*
fondo *m* fundo *m*; **a fondo** a fundo; **al fondo de** no fundo de.
❑ **fondos** *mpl (dinheiro)* fundos *mpl.*
fontanero, ra *m, f Esp* encanador *m*, -ra *f.*
footing *m* jogging *m.*
forastero, ra *m, f* forasteiro *m*, -ra *f.*
forense *mf* médico-legista *m*, médica-legista *f.*
forestal *adj* florestal.
forjar *vt* forjar.
forma *f* forma *f*; **en forma de** em forma de; **estar en forma** estar em forma.
❑ **formas** *fpl* modos *mpl.*
formación *f* formação *f*; **formación profesional** formação profissional.
formal *adj* formal.
formalidad *f* formalidade *f.*
formar *vt* formar.
❑ **formarse** *vpr* formar-se.
formidable *adj* formidável.
fórmula *f* fórmula *f.*
formular *vt* formular.
formulario *m* formulário *m.*
forrar *vt* forrar.
❑ **forrarse** *vpr fam* forrar-se.
forro *m (de peça de roupa)* forro *m*; *(de livro)* encadernação *f.*
fortaleza *f (virgor)* força *f*; *(recinto)* fortaleza *f.*
fortuna *f (destino)* sorte *f*; *(riqueza)* fortuna *f.*
forzado, da *adj* forçado(da).
forzar *vt* forçar; **forzar a alguien a hacer algo** forçar alguém a fazer algo.
forzosamente *adv* forçosamente.
fósforo *m* fósforo *m.*
fósil *m* fóssil *m.*
foso *m (de castelo)* fosso *m*; *(de orquestra)* poço *m* da orquestra.
foto *f fam* foto *f.*
fotocopia *f* fotocópia *f.*
fotocopiadora *f* fotocopiadora *f.*
fotocopiar *vt* fotocopiar.
fotografía *f* fotografia *f.*
fotografiar *vt* fotografar.
fotográfico, ca *adj* fotográfico(ca).
fotógrafo, fa *m, f* fotógrafo *m*, -fa *f.*
fotomatón *m cabine fotográfica automática.*
fra. (*abrev de* **factura**) n. fat.
fracasar *vi* fracassar.
fracaso *m* fracasso *m.*
fracción *f* fração *f.*
fractura *f* fratura *f.*
frágil *adj* frágil.
fragmento *m* fragmento *m*; *(de obra)* excerto *m.*
fraile *m* frade *m.*
frambuesa *f* framboesa *f.*
francamente *adv* francamente.
franco, ca 1 *adj (sincero)* franco(ca); *(sem obstáculos)* livre; *CSur (dia)* de licença.
2 *m* franco *m.*
3 franco belga franco-belga; **franco francés** franco-francês; **franco suizo** franco-suíço.
francotirador, ra *m, f* franco-atirador *m*, -ra *f.*
franela *f* flanela *f.*
franqueo *m* franquia *f.*
frasco *m* frasco *m.*
frase *f* frase *f.*
fraternal *adj* fraternal.
fraternidad *f* fraternidade *f.*
fraude *m* fraude *f.*
fray *m* frei *m.*
frazada *f Amér* cobertor *m*; **frazada eléctrica** cobertor elétrico.
frecuencia *f* freqüência *f.*
frecuente *adj* freqüente.
fregadero *m* pia *f.*
fregado, da *adj Amér fam* aborrecido(da).
fregar *vt (limpar)* lavar; *(friccionar)* esfregar; *Amér fam (perturbar)* irritar.
fregona *f (mulher)* faxineira *f.*
freír *vt* fritar.
frenar *vt (máquina, carro)* frear, travar; *(sentimentos, ímpetos)* conter.
frenazo *m* freada *f*, travada *f.*
frenético, ca *adj* frenético(ca).

freno *m* freio *m*; **freno de mano** freio de mão; **freno de urgencia** freio de emergência.

frente[1] *m (em guerra)* front *m*; *(de protesto, passeata)* frente *f*; **estar al frente de** estar à frente de.

frente[2] *f* testa *f*; **de frente** de frente; **frente a** em frente de; **frente a frente** frente a frente.

fresa *f* morango *m*.

fresco, ca 1 *adj* fresco(ca).
2 *m, f* atrevido *m*, -da *f*.
3 *m (vento suave)* brisa *f*; *(obra de arte)* afresco *m*.

fresno *m* freixo *m*.

fresón *m* morango *m* grande.

frigorífico *m Esp* frigorífico *m*.

frijol *m* feijão *m*.

frío, a 1 *adj* frio (fria).
2 *m* frio *m*.
3 **pelarse de frío** *fam* morrer de frio.

fritada *f* fritada *f*; **fritada de pescado** fritada de peixe.

frito, ta *adj* frito(ta).

fritura *f* fritura *f*.

frívolo, la *adj* frívolo(la).

frondoso, sa *adj* frondoso(sa).

frontera *f* fronteira *f*.

fronterizo, za *adj* fronteiriço(ça).

frontón *m* frontão *m*.

frotar *vt* esfregar.

frustración *f* frustração *f*; *(de plano, projeto)* fracasso *m*.

frustrarse *vpr (pessoa)* decepcionar-se; *(plano, projeto)* fracassar.

fruta *f* fruta *f*; **fruta del tiempo** fruta da estação.

frutal *m* árvore *f* frutífera.

frutería *f* frutaria *f*.

frutero, ra 1 *m, f* fruteiro *m*, -ra *f*.
2 *m* fruteira *f*.

frutilla *f Andes & RP* morango *m*.

fruto *m* fruto *m*; **frutos secos** frutos secos.

fuego 1 *m* fogo *m*.
2 *interj* fogo!.
3 **tener fuego** ter fogo; **¿tienes fuego?** tem fogo?; **fuegos artificiales** fogos de artifício.

fuelle *m* fole *m*.

fuente *f (nascente, chafariz)* fonte *f*; *(recipiente)* travessa *f*; **fuente de soda** *Col, Méx & Ven* bar *m*, boteco *m*.

fuera 1 *adv* fora.
2 *interj* fora!.
3 **por fuera** por fora; **fuera borda** sem borda; **fuera de** fora de.

fuerte 1 *adj & m* forte.
2 *adv* com força.

fuerza *f* força *f*; **a fuerza de** à base de; **a la fuerza** à força; **por fuerza** por força.

fuga *f* fuga *f*; *(de gás)* escapamento *m*.

fugarse *vpr* fugir.

fugaz (*pl* **-ces**) *adj* fugaz.

fugitivo, va *m, f* fugitivo *m*, -va *f*.

fulana *f* prostituta *f*.

fulano, na *m, f* fulano *m*, -na *f*; **fulano y mengano** fulano e beltrano.

fulminante *adj* fulminante.

fumador, ra *m, f* fumante *mf*; **'(no) fumadores'** '(não) fumantes'.

fumar *vt & vi* fumar; **fumar en pipa** fumar cachimbo; **'no fumar'** 'proibido fumar'.

función *f* função *f*.

funcionar *vi* funcionar.

funcionario, ria *m, f* funcionário *m*, -ria *f*.

funda *f* capa *f*; *(para travesseiro)* fronha *f*; *(para óculos)* porta-óculos *m*.

fundación *f* fundação *f*.

fundador, ra *m, f* fundador *m*, -ra *f*.

fundamental *adj* fundamental.

fundamento *m* fundamento *m*.
❑ **fundamentos** *mpl* fundamentos *mpl*.

fundar *vt* fundar.
❑ **fundarse en** *v + prep* fundamentar-se em.

fundición *f* fundição *f*.

fundir *vt* fundir.
❑ **fundirse** *vpr* fundir-se.

funeral *m* funeral *m*.

fungir: **fungir de** *v + prep Amér* servir de.

funicular *m* funicular *m*.

furgón *m (carro grande)* furgão *m*; *(de trem)* vagão *m*.

furgoneta *f* caminhonete *f*.

furia *f* fúria *f*; *fam (vigor)* fúria *f*.

furioso, sa *adj* furioso(sa); *(intenso)* tremendo(da).

furor *m* furor *m*; **hacer furor** *fam* causar furor.

fusible *m* fusível *m*.

fusil *m* fuzil *m*.

fusilar *vt* fuzilar.
fusión *m* fusão *f.*
fustán *m Perú & Ven (roupa de baixo)* anágua *f*; *(roupa de rua)* saia *f.*
fútbol *m* futebol *m*; **fútbol sala** futebol de salão.
futbolín *m* pebolim *m.*
futbolista *mf* futebolista *mf.*
futuro, ra 1 *adj* futuro(ra). **2** *m* futuro *m.*

Gg

g (*abrev de* **gramo**) g.
g/ → **giro.**
gabán *m* casaco *m*.
gabardina *f* gabardina *f*.
gabinete *m* gabinete *m*.
gafas *fpl Esp* óculos *mpl*; **gafas de sol** óculos de sol.
gaita *f* gaita *f*.
gala *f* gala *f*; **de gala** de gala.
❑ **galas** *fpl (vestidos)* traje *m* de gala.
galán *m* galã *m*; *(móvel)* cabide *m*.
galaxia *f* galáxia *f*.
galería *f* galeria *f*; **galería de arte** galeria de arte.
❑ **galerías** *fpl* centro *m* comercial.
galleta *f* bolacha *f*.
gallina **1** *f* galinha *f*.
2 *mf (covarde)* galinha *f*.
3 gallina ciega cabra-cega *f*.
gallinero *m* galinheiro *m*.
gallo *m* galo *m*; *(peixe)* galo-do-fundo *m*; *fam (tom falso)* nota *f* falsa.
galopar *vi* galopar.
galope *m* galope *m*.
gama *f* gama *f*.
gamba *f Esp* camarão *m*.
gamuza *f (para limpar)* pano *m* de pó; *(couro)* camurça *m*.
gana *f (apetite)* fome *f*; **de buena gana** de boa vontade; **de mala gana** de má vontade; **no darle la gana de hacer algo** não ter vontade de fazer algo.
❑ **ganas** *fpl (desejo)* vontade *f*; **tener ganas de** ter vontade de.
ganadería *f (bovinos, ovinos etc.)* gado *m*; *(atividade)* criação *f* de gado.
ganadero, ra *m, f (dono)* criador *m*, -ra *f* de gado; *(cuidador)* vaqueiro *m*, -ra *f*.
ganado *m* gado *m*.
ganador, ra *m, f* ganhador *m*, -ra *f*.
ganancias *fpl* lucro *m*.
ganar *vt & vi* ganhar.
❑ **ganarse** *vpr* ganhar.
ganchillo *m (varinha com gancho)* agulha *f* de crochê; *(tecido rendado, atividade)* crochê *m*.
gancho *m (para pendurar)* gancho *m*; *(atrativo)* sex-appeal *m*; *CAm, Méx & Ven (para roupa)* cabide *m*.
gandul, la *adj* folgado(da).
ganga *f* pechincha *f*.
ganso *m* ganso *m*.
garabato *m* rabisco *m*.
garaje *m* garagem *f*.
garantía *f* garantia *f*.
garbanzo *m* grão-de-bico *m*.
garfio *m* garfo *m*.
garganta *f* garganta *f*.
gargantilla *f* gargantilha *f*.
gárgaras *fpl* gargarejos *mpl*.
garra *f* garra *f*.
garrafa *f* garrafa *f*.
garrapata *f* carrapato *m*.
garúa *f Amér* garoa *f*.
gas *m* gás *m*.
❑ **gases** *mpl (do estômago)* gases *mpl*.
gasa *f (para ferimentos)* gaze *f*.
gaseosa *f* gasosa *f*.
gaseoso, sa *adj* gasoso(sa).
gasfitería *f Chile, Ecuad & Perú* encanamento *m*, canalização *f*.
gasfitero *m Chile, Ecuad & Perú* encanador *m*.
gasóleo *m* óleo *m* diesel.
gasolina *f* gasolina *f*; **gasolina normal** gasolina normal; **gasolina sin plomo** gasolina sem chumbo; **gasolina súper** gasolina azul.
gasolinera *f* posto *m* de gasolina.
gastar *vt* gastar.

❑ **gastarse** *vpr* gastar-se.
gasto *m* gasto *m*.
❑ **gastos** *mpl* gastos *mpl*.
gastritis *f inv* gastrite *f*.
gastronomía *f* gastronomia *f*.
gastronómico, ca *adj* gastronômico(ca).
gatear *vi* engatinhar, gatinhar.
gatillo *m* gatilho *m*.
gato, ta **1** *m, f* gato *m*, -ta *f*.
2 *m (para o carro)* macaco *m*.
3 **a gatas** de quatro.
gaucho *m* gaúcho *m*.
gavilán *m* gavião *m*.
gaviota *f* gaivota *f*.
gazpacho *m* gaspacho *m*; **gazpacho andaluz** *sopa fria feita com hortaliças, pão, água, vinagre e azeite.*
gel *m* gel *m*.
gelatina *f* gelatina *f*.
gemelo, la **1** *adj & m, f* gêmeo(a).
2 *m* músculo *m* gêmeo.
❑ **gemelos** *mpl (para punhos)* abotoaduras *fpl*; *(para enxergar)* binóculos *mpl*.
gemido *m* gemido *m*.
Géminis *m inv* Gêmeos *m inv*.
gemir *vi* gemer.
generación *f* geração *f*.
generador *m* gerador *m*.
general **1** *adj* geral.
2 *m* general *m*.
3 **en general** em geral; **por lo general** em geral.
generalizar *vt & vi* generalizar.
generalmente *adv* geralmente.
generar *vt* gerar.
género *m* gênero *m*; **'géneros de punto'** 'loja de malhas'.
generosidad *f* generosidade *f*.
generoso, sa *adj* generoso(sa).
genial *adj* genial.
genio *m* gênio *m*; **tener mal genio** ter mau gênio.
genitales *mpl* genitais *mpl*.
gente *f fam* gente *f*.

> *La gente*: Não confundir com o uso de *a gente* em português, que tem um sentido similar a alguns usos de ***nosotros*** ou outras expressões que se referem a um coletivo de maior ou menor amplitude que necessariamente inclui o falante: (***La gente se equivoca mucho pero yo nunca lo hago.*** As pessoas se enganam muito, mas eu nunca me engano.)

gentil *adj* gentil.
gentileza *f* gentileza *f*.
genuino, na *adj* genuíno(na).
geografía *f* geografia *f*.
geográficamente *adv* geograficamente.
geometría *f* geometria *f*.
geométrico, ca *adj* geométrico(ca).
geranio *m* gerânio *m*.
gerente *mf* gerente *mf*.
germen *m* germe *m*.
gestión *f* gestão *f*.
gestionar *vt* providenciar.
gesto *m (com as mãos)* gesto *m*; *(com o rosto)* careta *f*.
gestor, ra *m, f (de pessoas)* despachante *mf*; *(de empresa)* administrador *m*, -ra *f*.
gestoría *f (estabelecimento)* despachante *m, agência que lida com a renovação e aquisição de documentos legais ou oficiais de clientes*; *(atividade)* administração *f*.
gigante **1** *adj fam* gigante.
2 *mf fam* gigante *mf*.
3 *m (ser fabuloso)* gigante *m*.
gigantesco, ca *adj* gigantesco(ca).
gimnasia *f* ginástica *f*.
gimnasio *m* ginásio *m*.
gimnasta *mf* ginasta *mf*.
ginebra *f* gim *m*.
ginecólogo, ga *m, f* ginecologista *mf*.
gira *f (viagem)* excursão *f*; *(atuação)* turnê *f*.
girar **1** *vt* girar; *(cheque, envio)* enviar.
2 *vi* girar.
girasol *m* girassol *m*.
giro *m (movimento circular)* giro *m*; *(curva)* curva *f*; *(aspecto)* aspecto *m*; *(de letra de câmbio, cheque)* transferência *f*; *(expressão, ditado)* gíria *f*; **giro postal** vale-postal *m*; **giro urgente** vale-postal *m* urgente.
gis *m Méx* giz *m*.
gitano, na *adj & m, f* cigano(na).
glaciar *m* geleira *f*.
gladiolo *m* gladíolo *m*.
glándula *f* glândula *f*.
global *adj* global.
globo *m (para brincar, para voar)* balão *m*; *(corpo esférico, a Terra etc.)* globo *m*; **globo terráqueo** globo terrestre.
glóbulo *m* glóbulo *m*.
gloria *f (fama, céu)* glória *f*; *fam (prazer, pessoa)* glória *f*.

glorieta *f (praça)* rotunda *f*; *(de jardim)* caramanchão *m*.
glorioso, sa *adj* glorioso(sa).
glucosa *f* glicose *f*.
gluten *m* glúten *m*.
gobernador, ra *m, f* governador *m*, -ra *f*.
gobernante *m, f* governante *mf*.
gobernar *vt* governar.
gobierno *m* governo *m*.
goce *m* gozo *m*.
gol *m* gol *m*; **marcar un gol** marcar um gol.
goleador, ra *m, f* goleador *m*, -ra *f*.
golf *m* golfe *m*.
golfo, fa **1** *m, f (adulto)* canalha *mf*; *(criança)* diabinho *m*, -nha *f*.
2 *m (em geografia)* golfo *m*.
3 *f (prostituta)* piranha *f*.
golondrina *f* andorinha *f*.
golosina *f* guloseima *f*.
goloso, sa *adj* guloso(sa).
golpe *m (choque, soco)* pancada *f*; *(desgraça, assalto)* golpe *m*; **de golpe** de repente.
golpear *vt & vi* golpear.
golpiza *f Amér* sova *f*.
goma *f (para colar)* cola *f*; *(látex industrial)* borracha *f*; *(fita elástica)* elástico *m*; **goma de borrar** borracha *f*.
gomina *f* brilhantina *f*.
gordo, da **1** *adj (pessoa)* gordo(da); *(objeto)* grosso(sa); *(grave)* grande; *(importante)* graúdo(da).
2 *m, f* gordo *m*, -da *f*.
3 *m*: **el gordo** *prêmio principal da loteria espanhola*.
gordura *f* gordura *f*.
gorila *m* gorila *m*; *fam (guarda-costas)* gorila *m*.
gorjeo *m* gorjeio *m*.
gorra *f* boné *m*; **de gorra** de filão.
gorrión *m* pardal *m*.
gorro *m* gorro *m*.
gota *f* gota *f*; **ni gota** nem uma gota.
❑ **gotas** *fpl* gotas *fpl*.
gotera *f (de água, em rachadura)* goteira *f*; *(mancha)* mancha *f* de umidade.
gótico, ca **1** *adj* gótico(ca).
2 *m* gótico *m*.
gozar *vt & vi* gozar.
❑ **gozar de** *v + prep* gozar de.
gozo *m* gozo *m*.
gr (*abrev de* **grado**) gr.
grabación *f* gravação *f*.
grabado *m* gravura *f*.
grabar *vt lit & fig* gravar.
gracia *f (humor, atrativo)* graça *f*; *(dom)* talento *m*; **hacer gracia** agradar.
❑ **gracias** *interj* obrigado(da); **dar las gracias a** dar graças a; **gracias a** graças a; **gracias por** obrigado por; **muchas gracias** muito obrigado.
gracioso, sa *adj (que faz rir)* engraçado(da); *(com charme)* gracioso(sa).
grada *f (de estádio, praça de touros)* arquibancada *f*; *(de escada, escadaria)* degrau *m*.
gradería *f* arquibancada *f*.
grado *m* grau *m*; **de buen grado** de bom grado.
graduación *f* graduação *f*.
graduado, da **1** *adj (pessoa)* graduado(da); *(régua, termômetro)* graduado(da).
2 *m, f (pessoa)* graduado *m*, -da *f*.
3 *m (documento)* diploma *m*; **graduado escolar** *Esp* diploma escolar.
gradual *adj* gradual.
gradualmente *adv* gradualmente.
graduar *vt (calefação, aquecedor)* regular; *(régua, termômetro)* graduar.
❑ **graduarse** *vpr* graduar-se; **graduarse en** graduar-se em.
graffiti *m* grafite *m*.
grafía *f* grafia *f*.
gráfica *f* gráfico *m*.
gráfico, ca **1** *adj* gráfico(ca).
2 *m (desenho)* gráfico *m*.
gragea *f* drágea *f*.
gramática *f* gramática *f*.
gramatical *adj* gramatical.
gramo *m* grama *f*.
gran *adj* → **grande**.
granada *f (fruta)* romã *f*; *(projetil)* granada *f*.
granadilla *f Amér* maracujá *m*.
granate **1** *adj inv* grená.
2 *m* grená *m*.
grande **1** *adj* grande.
2 *mf (nobre) aristocrata de máximo grau na hierarquia nobiliárquica espanhola*.
3 ir grande algo a alguien ficar grande para alguém.
grandeza *f* grandeza *f*.
grandioso, sa *adj* grandioso(sa).
granel: **a granel** *adv* a granel.
granero *m* celeiro *m*.

granito *m* granito *m*.
granizada *f* granizada *f*.
granizado *m suco de fruta gelado.*
granizar *v impess* cair granizo.
granja *f* granja *f*.
granjero, ra *m, f* granjeiro *m*, -ra *f*.
grano *m* grão *m*; *(na pele)* espinha *f*; **ir al grano** *fam* ir ao assunto.
granuja *mf* pivete *mf*.
grapa *f* grampo *m*.
grapadora *f* grampeador *m*.
grapar *vt* grampear.
grasa *f* gordura *f*; *(de animal)* banha *f*; *(para carros, máquinas)* graxa *f*.
grasiento, ta *adj (pele, cabelo)* oleoso(sa); *(pessoa, aspecto)* gordo(da).
graso, sa *adj (pele, cabelo)* oleoso(sa); *(alimento, comida)* gordo(da).
gratificar *vt* gratificar; **'se gratificará'** 'se oferece recompensa'.
gratinado *m* gratinado *m*.
gratinar *vt* gratinar.
gratis 1 *adv* grátis.
2 *adj* grátis.
gratitud *f* gratidão *f*.
grato, ta *adj* grato(ta).
gratuito, ta *adj* gratuito(ta).
grave *adj* grave.
gravedad *f* gravidade *f*.
gravilla *f* brita *f*.
gremio *m* grêmio *m*.
greña *f* cabelo *m* emaranhado.
grieta *f* greta *f*.
grifero, ra *m, f Perú* empregado *m*, -da *f* de posto de gasolina.
grifo *m Esp (de água)* torneira *f*; *Perú (de combustível)* posto *m* de gasolina.
grill [gril] *m* grelha *f*.
grillo *m* grilo *m*.
gripa *f Col & Méx* gripe *f*.
gripe *f* gripe *f*.
gris 1 *adj* cinzento(ta); *(pessoa)* apagado(da).
2 *m* cinzento *m*.
gritar *vi* gritar.
grito *m* grito *m*; **a gritos** aos gritos.
grosella *f (fruta)* groselha *f*; *(bebida)* xarope *m* de groselha.
grosería *f* grosseria *f*.
grosero, ra *adj* grosseiro(ra).
grosor *m* grossura *f*.
grotesco, ca *adj* grotesco(ca).
grúa *f (máquina)* guindaste *m*; *(veículo)* guincho *m*.
grueso, sa 1 *adj (pessoa)* corpulento (ta); *(objeto)* grosso(sa).
2 *m (espessura, volume)* grossura *f*; *(parte principal)* grosso *m*.
grumo *m* grumo *m*.
gruñido *m* grunhido *m*.
gruñir *vi* grunhir.
grupa *f* garupa *f*.
grupo *m* grupo *m*; **en grupo** em grupo; **grupo de riesgo** grupo de risco; **grupo sanguíneo** grupo sangüíneo.
gruta *f* gruta *f*.
guacamole *m* guacamole *m*.
guachimán *m Amér* vigilante *m*.
guagua *f Carib fam (para transporte coletivo)* ônibus *m*; *Andes (criança)* bebê *m*.
guante *m* luva *f*.
guantera *f* porta-luvas *m*.
guapo, pa *adj (pessoa)* bonito(ta); *fam (objeto, espetáculo etc.)* bonito(ta).
guardabarros *m inv* pára-lama *m*.
guardacoches *m inv vigilante de parque de estacionamento.*
guardaespaldas *m inv* guarda-costas *m inv*.
guardameta *m* goleiro *m*.
guardapolvo *m* guarda-pó *m*.
guardar *vt* guardar.
❑ **guardarse de** *v + prep* evitar.
guardarropa *m (de local)* vestiário *m*; *(armário)* guarda-roupa *m*.
guardería *f* creche *f*.
guardia 1 *mf (polícia)* guarda *mf*.
2 *f (vigilância)* guarda *f*; *(turno)* plantão *m*.
3 **guardia civil** guarda civil; **guardia de seguridad** segurança *mf*; **guardia urbano** guarda urbano; **guardia municipal** guarda municipal; **de guardia** de plantão.
❑ **Guardia Civil** *f guarda civil espanhola.*
guardián, ana *m, f* guardião *m*, -diã *f*.
guarida *f* covil *m*.
guarnición *f* acompanhamento *m*; *(do exército)* guarnição *f*.
guarro, rra *adj Esp pej* porco(ca).
guarura *m Méx* capanga *m*.
guasa *f fam* gozação *f*.
guayaba *f* goiaba *f*.
guayabo *m* goiabeira *f*.
güero, ra *adj Méx fam* loiro(ra).
guerra *f* guerra *f*; **guerra civil** guerra civil;

guerra **mundial** guerra mundial.
guerrera *f (jaqueta)* dólmã *m*.
guerrero, ra *m, f* guerreiro *m*, -ra *f*.
guerrilla *f* guerrilha *f*.
guerrillero, ra *m, f* guerrilheiro *m*, -ra *f*.
guía 1 *mf (pessoa)* guia *mf*.
2 *f (livro, sinalização)* guia *m*.
3 guía telefónica lista *f* telefônica; **guía turística** guia *m* turístico.
guiar *vt* guiar.
❑ **guiarse por** *v + prep* guiar-se por.
guijarro *m* cascalho *m*.
guillotina *f* guilhotina *f*.
guinda *f* ginja *f*.
guindilla *f* malagueta *f*.
guiñar *vt*: **guiñar un ojo** piscar um olho.
guiñol *m* fantoche *m*.
guión *m (argumento)* roteiro *m*; *(esquema)* esquema *m*; *(em gramática)* hífen *m*.
guionista *mf* roteirista *mf*.
guiri *mf Esp fam* gringo *m*, -ga *f*.
guirnalda *f* grinalda *f*.
guisado *m* guisado *m*.
guisante *m Esp* ervilha *f*.
guisar *vt & vi* guisar.
guiso *m* guisado *m*.
guitarra *f (tradicional)* violão *m*; *(elétrica)* guitarra *f*.
guitarrista *mf (de guitarra tradicional)* violonista *mf*; *(de guitarra elétrica)* guitarrista *mf*.
gusano *m* verme *m*.
gustar *vi* gostar; **me gustan las naranjas** gosto de laranjas.

O verbo espanhol ***gustar*** tem um significado muito parecido com o do português ***gostar***. Contudo, é usado sintaticamente de maneira diferente; exige un objeto indireto para completar seu sentido.

(A mí) **me gusta** mucho la playa.
↓ objeto indireto — ↓ sujeito

(A ti) **te gustan** los postres.
↓ objeto indireto — ↓ sujeito

(A ella) **le gusta** la historia.
↓ objeto indireto — ↓ sujeito

(A nosotros) **nos gusta** ir a bailar.
↓ objeto indireto — ↓ sujeito

Note que o verbo ***gustar*** não leva em geral a preposição ***de***.

gusto *m* gosto *m*; *(sentido)* paladar *m*; *(capacidade para escolher)* bom *m* gosto; *(desejo)* vontade *f*; **a gusto** à vontade; **al gusto** ao gosto; **¡mucho gusto!** muito prazer!

Hh

h. (*abrev de* **hora**) h.

ha. (*abrev de* **hectárea**) ha.

haba *f* fava *f.*

habano *m* havana *m.*

haber 1 *m* **(a)** *(posses)* bens *mpl.* **(b)** *(em contas, contabilidade)* haver *m*; **tiene tres pisos en su haber** tem três apartamentos entre seus bens.
2 *v aux* **(a)** *(em tempos compostos)* haver, ter; **los niños ya han comido** as crianças já comeram; **los turistas habían desayunado antes** os turistas tinham tomado o café-da-manhã antes; **lo he hecho** fi-lo; **lo había hecho** tinha-o feito.
(b) *(exprime recriminação)* ter; **haber venido antes** se tivesse vindo antes; **¡haberlo dicho!** se houvesse dito!
3 *v impess* **(a)** *(existir, estar)* haver; **¿qué hay hoy para comer?** que há hoje para almoçar?; **había/hubo muchos problemas** havia/houve muitos problemas; **¿no hay nadie en casa?** não há ninguém em casa?
(b) *(ter lugar, acontecer)* haver; **el jueves no habrá reparto** na quinta-feira não haverá distribuição; **ha habido una pelea** houve uma briga.
(c) *(exprime obrigação)*: **hay que hacer algo** é preciso fazer algo.
(d) *(em locuções)*: **habérselas con alguien** *(desentender-se)* haver-se com alguém; **¡hay que ver!** o que se vê!; **no hay de qué** não há de quê!
❑ **haber de** *v + prep (ser obrigado a)* ter de.

Atenção: os usos do espanhol *haber* são diferentes dos do português *haver*:

1. para todas as formas compostas de valor temporal: (***ha cantado, había cantado, hubo cantado, habría cantado, habrá cantado, haya cantado, hubiera*** ou ***hubiese cantado.***)
Não se usa como o verbo ***tener***.
O verbo ***haber*** só é conjugado sozinho quando tem a função de auxiliar. Em todos os outros usos esse verbo é invariável, mas lembre-se de que a forma do presente muda: **ha** → **hay**: (***Hay tres libros en el estante.*** Há três livros na estante.)

2. para significar 'estar presente ou encontrar-se': (***Había muchos niños en la escuela.*** Havia muitos meninos na escola.)

3. para significar 'existir': (***Había ratones debajo de mi cama.*** Havia ratos debaixo da minha cama. ***Es tan maleducado que no hay quien pueda con él.*** É tão mal-educado que não há quem possa com ele.)

Não é usado para expressar 'tempo transcorrido', como se faz em português; para esse fim, o espanhol usa o verbo ***hacer***: (***Hace diez días que espero su respuesta.*** Há dez dias que espero sua resposta. ***Hace quince años que vivo en Argentina.*** Há quinze anos que vivo na Argentina.)

Com ***haber***, formam-se duas construções com significado modal: ***haber + de + infinitivo***, que tem significado de obrigação ou necessidade, e ***haber + que + infinitivo***, que tem significado de obrigação, necessidade ou conveniência: (***Ellos habían de solucionar el problema.*** Eles tinham de solucionar o problema. ***Hay que solucionar este problema.*** É preciso solucionar este problema.)

habichuela *f* feijão *m.*

hábil *adj* hábil; **día hábil** dia útil.

habilidad *f* habilidade *f.*

habiloso, sa *adj Chile* habilidoso(sa).

habitación *f (cômodo)* peça *f*; *(dormitório)* quarto *m*; **habitación doble** quarto duplo; **habitación individual** quarto individual.

habitante *mf* habitante *mf*.
habitar *vi & vt* habitar.
hábito *m (costume, batina)* hábito *m*.
habitual *adj* habitual.
habitualmente *adv* habitualmente.
hablador, ra *adj* falador(ra).
habladurías *fpl* mexerico *m*.
hablar *vi & vt* falar; **hablar por teléfono** falar ao telefone; **hablar por hablar** falar por falar; **¡ni hablar!** nem falar!
❑ **hablar de** *v + prep* falar de.
❑ **hablarse** *vpr* falar-se.
hacer **1** *vt* **(a)** *(criar, cozinhar)* fazer; **hacer planes/un vestido** fazer planos/um vestido; **hacer un poema** fazer um poema; **hacer una película** fazer um filme; **para hacer la carne/la comida** para preparar a carne/o almoço; **han hecho un edificio nuevo** fizeram um novo edifício; **la carretera hace una curva** a estrada faz uma curva; **el fuego hace humo** o fogo faz fumaça; **el árbol hace sombra** a árvore dá sombra; **el niño hizo un gesto de dolor** a criança fez um gesto de dor; **le hice una señal con la mano** fiz-lhe um sinal com a mão; **el reloj hace tic-tac** o relógio faz tiquetaque; **deberías hacer deporte** você devia fazer esporte; **hace ballet desde pequeña** faz balé desde pequena; **hicimos muchas fotografías del viaje** tiramos muitas fotografias da viagem; **hoy hace guardia** hoje tem plantão; **hace tercero de BUP** fazer o terceiro ano do segundo grau; **en vacaciones haremos una excursión** nas férias faremos uma viagem; **hizo las camas antes de salir** fez as camas antes de sair; **este traje te hace más delgado** essa roupa o deixa mais magro; **la mili no le hizo un hombre** o serviço militar não fez dele um homem; **hizo pedazos el papel** fez o papel em pedaços; **hacer feliz a alguien** fazer alguém feliz; **llegar tarde hace mal efecto** chegar tarde deixa má impressão; **hace el papel de reina** faz o papel de rainha; **no me hagas reír/llorar** não me faça rir/chorar.
(b) *(mandar)* mandar; **hizo arrancar los árboles del jardín** mandou arrancar as árvores do jardim; **haré que tiñan el traje** mandarei tingir o terno.
(c) *(comportar-se como)* ser; **hacer el animal** ser bruto.
2 *vi* fazer; **déjame hacer a mí** deixe-me fazer; **hacer de** fazer de; **hacer como** fazer como.
3 *v impess* **(a)** *(tempo meteorológico)* fazer; **hoy hace sol** hoje faz sol; **hacer frío/calor/fresco** faz frio/calor/fresco; **hacer buen/mal tiempo** fazer bom/mau tempo.
(b) *(tempo decorrido)* fazer, haver; **hace un año que no lo veo** faz um ano que não o vejo; **no nos hablamos desde hace un año** não nos falamos há um ano.
❑ **hacerse** *vpr (transformar-se em)* tornar-se; *(treinar-se)* formar-se; *(desenvolver-se, amadurecer)* crescer; *(cozinhar)* fazer; *(resultar)* tornar-se, ser; *(mostrar-se)* fazer-se de.
❑ **hacerse a** *v + prep (habituar-se)* acostumar-se a.
❑ **hacerse con** *v + prep (apossar-se)* apoderar-se de.
❑ **hacerse de** *v + prep Amér (adquirir, obter)* conseguir.
hacha *f* machado *m*.
hachís *m* haxixe *m*.
hacia *prep (em direção a)* para; *(no tempo)* por volta de.
hacienda *f (propriedade)* fazenda *f*; *(posses)* patrimônio *m*.
❑ **Hacienda** *f* (Ministério da) Fazenda *f*.
hada *f* fada *f*.
hala *interj (para apressar)* vamos!; *(exprime chateação)* poxa!
halago *m* lisonja *f*.
halcón *m* falcão *m*.
hall *m* hall *m*.
hallar *vt (encontrar)* achar; *(inventar)* descobrir.
❑ **hallarse** *vpr* achar-se.
halógeno, na *adj* halógeno(na).
halterofilia *f* halterofilismo *m*.
hamaca *f* rede *f*.
hambre *f* fome *f*; **tener hambre** ter fome.
hambriento, ta *adj* faminto(ta).
hamburguesa *f* hambúrger *m*.
hamburguesería *f* casa *f* de hambúrgueres.
hámster *m* hamster *m*.
hangar *m* hangar *m*.
hardware ['xarwar] *m* hardware *m*.
harina *f* farinha *f*.
hartar *vt* fartar.

❑ **hartarse de** *vpr* fartar-se.
harto, ta *adj* farto(ta); **estar harto de** estar farto de.
hasta *prep & adv* até; **hasta luego** até logo; **hasta pronto** até breve; **hasta que** até que.
haya *f* faia *f.*
haz (*pl* **-ces**) *m (de luz)* facho *m*; *(de ervas)* molho *m*; *(de lenha)* feixe *m.*
hazaña *f* façanha *f.*
hebilla *f* fivela *f.*
hebra *f* linha *f.*
hechizar *vt* enfeitiçar.
hechizo *m* feitiço *m.*
hecho, cha 1 *adj* feito(ta).
2 *m* fato *m.*
3 **muy/poco hecho** bem/malpassada; **hecho de** feito de; **de hecho** de fato.
hectárea *f* hectare *m.*
helada *f* geada *f.*
heladería *f* sorveteria *f.*
helado, da 1 *adj* gelado(da); *(pasmo)* petrificado(da).
2 *m* sorvete *m.*
helar 1 *v impess* gear.
2 *vt* gelar.
❑ **helarse** *vpr* congelar-se.
hélice *f* hélice *f.*
helicóptero *m* helicóptero *m.*
hematoma *m* hematoma *m.*
hembra *f* fêmea *f.*
hemorragia *f* hemorragia *f.*
heno *m* feno *m.*
hepatitis *f inv* hepatite *f.*
herboristería *f* ervanário *m.*
heredar *vt* herdar.
heredero, ra *m, f* herdeiro *m*, -ra *f.*
hereje *mf* herege *mf.*
herejía *f* heresia *f.*
herencia *f* herança *f.*
herida *f* ferida *f.*
herido, da *adj & m, f* ferido(da).
herir *vt* ferir.
❑ **herirse** *vpr* ferir-se.
hermanastro, tra *m, f* meio-irmão *m*, meia-irmã *f.*
hermano, na *m, f* irmão *m*, -mã *f.*
hermético, ca *adj* hermético(ca).
hermoso, sa *adj* formoso(sa); *(ação, gesto)* bom (boa).
hermosura *f* formosura *f.*
héroe *m* herói *m.*
heroico, ca *adj* heróico(ca).
heroína *f* heroína *f.*
heroinómano, na *m, f* heroinómano *m*, -na *f.*
heroísmo *m* heroísmo *m.*
herradura *f* ferradura *f.*
herramienta *f* ferramenta *f.*
herrería *f* ferraria *f.*
herrero *m* ferreiro *m.*
hervir *vt & vi* ferver.
heterosexual *mf* heterossexual *mf.*
hidalgo *m* fidalgo *m.*
hidratante *adj* hidratante.
hidratar *vt* hidratar.
hiedra *f* hera *f.*
hielo *m* gelo *m.*
hiena *f* hiena *f.*
hierba *f (do campo)* erva *f*; *(do jardim)* grama *f*, relva *f.*
hierbabuena *f* hortelã *f.*
hierro *m* ferro *m.*
hígado *m* fígado *m.*
higiene *f* higiene *f.*
higiénico, ca *adj* higiênico(ca).
higo *m* figo *m.*
higuera *f* figueira *f.*
hijastro, tra *m, f* enteado *m*, -da *f.*
hijo, ja *m, f* filho *m*, -lha *f*; **hijo político** afilhado *m.*
❑ **hijos** *mpl* filhos *mpl.*
hilera *f* fileira *f.*
hilo *m* fio *m*; *(para costurar)* linha *f.*
hilvanar *vt* alinhavar.
hincapié *m*: **hacer hincapié en** insistir em.
hinchado, da *adj (bexiga, colchão)* inflado(da); *(parte do corpo)* inchado(da).
hinchar *vt (encher de ar)* inflar; *(aumentar)* exagerar.
❑ **hincharse** *vpr (parte do corpo)* inchar.
❑ **hincharse de** *v + prep (cansar)* encher-se de.
hinchazón *f* inchaço *m.*
híper *m fam* hiper *m.*
hipermercado *m* hipermercado *m.*
hipermetropía *f* hipermetropia *f.*
hipertensión *f* hipertensão *f.*
hipertenso, sa *adj* hipertenso(sa).
hípica *f (esporte)* hipismo *m.*
hipnotizar *vt* hipnotizar.
hipo *m* soluço *m.*
hipocresía *f* hipocrisia *f.*

hipócrita *adj* hipócrita.
hipódromo *m* hipódromo *m.*
hipopótamo *m* hipopótamo *m.*
hipoteca *f* hipoteca *f.*
hipótesis *f inv* hipótese *f.*
hipotético, ca *adj* hipotético(ca).
hippy ['xipi] *mf* hippie *mf.*
hispánico, ca *adj* hispânico(ca).
hispano, na *adj* hispano(na); *(nos Estados Unidos)* hispano-americano(na).
histeria *f* histeria *f.*
histérico, ca *adj* histérico(ca).
historia *f* história *f.*
histórico, ca *adj* histórico(ca).
historieta *f (relato)* historinha *f*; *(conto com desenhos)* história *f* em quadrinhos.
hobby ['xoβi] *m* hobby *m.*
hocico *m* focinho *m.*
hockey ['xokej] *m* hóquei *m.*
hogar *m* lar *m.*
hogareño, ña *adj* caseiro(ra).
hoguera *f* fogueira *f.*
hoja *f (de papel, das plantas)* folha *f*; *(de faca)* lâmina *f*; **hoja de afeitar** lâmina de barbear.
hojalata *f* latão *m.*
hojaldre *m* massa *f* folhada.
hola *interj* oi!, olá!
holgado, da *adj* folgado(da).
holgazán, ana *adj* folgado(da).
hombre 1 *m* homem *m.*
2 *interj* homem.
3 **hombre de negocios** homem de negócios.
hombrera *f* ombreira *f.*
hombro *m* ombro *m.*
homenaje *m* homenagem *f*; **en homenaje (a)** em homenagem (a).
homeopatía *f* homeopatia *f.*
homicida *mf* homicida *mf.*
homicidio *m* homicídio *m.*
homosexual *mf* homossexual *mf.*
hondo, da *adj* fundo(da); *(intenso)* profundo(da).
honestidad *f* honestidade *f.*
honesto, ta *adj* honesto(ta).
hongo *m* fungo *m*, cogumelo *m.*
honor *m* honra *f*; **en honor de** em honra a.
honorario *adj* honorário(ria).
❑ **honorarios** *mpl* honorários *mpl.*
honra *f* honra *f*; **¡a mucha honra!** com muita honra!
honradez *f* honra *f.*
honrado, da *adj* honrado(da).
honrar *vt* honrar.
hora *f* hora *f*; **¿a qué hora?** a que horas?; **¿qué hora es?** que horas são?; **pedir hora para** marcar hora para; **tener hora** ter horas; **a última hora** à última hora; **media hora** meia hora; **hora punta** hora do rush ou de pico.
horario *m* horário *m*; **'horario comercial'** 'horário comercial'.
horca *f (para execuções)* forca *f*; *(em agricultura)* forquilha *f.*
horchata *f* orchata *f.*
horizontal *adj* horizontal.
horizonte *m lit & fig* horizonte *m.*
horma *f* forma *f.*
hormiga *f* formiga *f.*
hormigón *m* concreto *m*; **hormigón armado** concreto armado.
hormigonera *f* betoneira *f.*
hormiguero *m* formigueiro *m.*
hormona *f* hormônio *m.*
hornear *vt* assar.
horno *m* forno *m*; **al horno** assado ao forno.
horóscopo *m* horóscopo *m.*
horquilla *f (para cabelo)* grampo *m.*
horrible *adj* horrível.
horror *m* horror *m*; **¡qué horror!** que horror!
horrorizar *vt* horrorizar.
horroroso, sa *adj* horroroso(sa).
hortaliza *f* hortaliça *f.*
hortelano, na *m, f* horticultor *m*, -ra *f.*
hortensia *f* hortênsia *f.*
hospedarse *vpr* hospedar-se.
hospital *m* hospital *m.*
hospitalario, ria *adj* hospitaleiro(ra).
hospitalidad *f* hospitalidade *f.*
hospitalizar *vt* hospitalizar.
hostal *m* pensão *f.*
hostelería *f* hotelaria *f.*
hostia 1 *f (para comunhão)* hóstia *f*; *Esp vulg (golpe, tapa)* bofetada *f.*
2 *interj Esp* porra!
hostil *adj* hostil.
hotel *m* hotel *m*; **hotel de lujo** hotel de luxo.
hotelero, ra *adj* hoteleiro(ra).
hoy *adv* hoje; **hoy en día** hoje em dia; **hoy por hoy** agora mesmo.

hoyo *m (na terra)* cova *f*; *(no golfe)* buraco *m*.

hoz *f* foice *f*.

huachafo, fa *adj Perú fam* cafona.

hueco, ca 1 *adj* oco(ca).
2 *m (depressão, abertura)* buraco *m*; *(de tempo)* momento *m*.

huelga *f* greve *f*.

huella *f* marca *f*; **huellas dactilares** impressões *fpl* digitais.

huérfano, na *m, f* órfão *m*, -fã *f*.

huerta *f* campo *m*.

huerto *m* horta *f*.

hueso *m (de pessoa, animal)* osso *m*; *(de fruta)* caroço *m*.

huésped, da *m, f* hóspede *m*, -da *f*.

huevada *f Andes vulg* estupidez *f*.

huevear *vi Chile & Perú fam* perder tempo.

huevo *m* ovo *m*; **huevo de la copa** ou **tibio** *Amér* ovo quente; **huevo estrellado** *Amér* ovo estrelado; **huevo frito** ovo frito; **huevo revuelto** ovo mexido.

huevón *m Andes & Ven vulg* bobo *m*; *Méx vulg* mandrião *m*.

huida *f* fuga *f*.

huir *vi* fugir; **huir de algo/alguien** fugir de algo/alguém.

humanidad *f* humanidade *f*.
❑ **humanidades** *fpl* ciências *fpl* humanas, humanísticas *fpl*.

humanitario, ria *adj* humanitário(ria).

humano, na 1 *adj* humano(na).
2 *m (homem)* (ser) humano *m*.

humareda *f* fumaçada *f*.

humedad *f* umidade *f*.

humedecer *vt* umedecer.

húmedo, da *adj* úmido(da).

humilde *adj* humilde.

humillación *f* humilhação *f*.

humillante *adj* humilhante.

humillar *vt* humilhar.

humo *m* fumaça *f*.
❑ **humos** *mpl* ares *mpl* de superioridade.

humor *m* humor *m*; **mal humor** mau humor; **buen humor** bom humor.

humorismo *m* humorismo *m*.

humorista *mf* humorista *mf*.

humorístico, ca *adj* humorístico(ca).

hundir *vt (pessoa, barco)* afundar; *(prédio, teto)* cair.
❑ **hundirse** *vpr (pessoa, barco)* afundar-se; *(prédio, teto)* cair.

huracán *m* furacão *m*.

hurtadillas: **a hurtadillas** *adv* às escondidas.

hurto *m* furto *m*.

Ii

iceberg *m* iceberg *m*.
icono *m* ícone *m*.
ida *f* ida *f*; **ida y vuelta** ida e volta.
idea *f* idéia *f*.
ideal *adj & m* ideal.
idealismo *m* idealismo *m*.
idealista *mf* idealista *mf*.
idéntico, ca *adj* idêntico(ca).
identidad *f* identidade *f*.
identificación *f* identificação *f*.
identificar *vt* identificar.
❑ **identificarse** *vpr* identificar-se.
ideología *f* ideologia *f*.
idilio *m* idílio *m*.
idioma *m* idioma *m*.
idiota *adj* idiota.
ídolo *m* ídolo *m*.
idóneo, a *adj* idôneo(a).
iglesia *f* igreja *f*.
ignorancia *f* ignorância *f*.
ignorante *adj* ignorante.
ignorar *vt* ignorar.
igual 1 *adj* igual.
2 *adv* do mesmo modo.
3 dar igual tanto fazer; **es igual** tanto faz; **al igual que** do mesmo modo que; **por igual** igualmente.
igualado, da *adj* igualado(da).
igualdad *f* igualdade *f*.
igualmente *adv* igualmente.
ilegal *adj* ilegal.
ilegítimo, ma *adj* ilegítimo(ma).
ileso, sa *adj* ileso(sa).
ilimitado, da *adj* ilimitado(da).
ilógico, ca *adj* ilógico(ca).
iluminación *f* iluminação *f*.
iluminar *vt* iluminar.
ilusión *f (alegria)* alegria *f*; *(esperança)* sonho *m*; **hacer ilusión** sonhar; **hacerse ilusiones** sonhar.
ilusionarse *vpr* sonhar, ficar contente.
ilustración *f* ilustração *f*.
ilustrar *vt* ilustrar.
ilustre *adj* ilustre.
imagen *f* imagem *f*.
imaginación *f* imaginação *f*.
imaginar *vt* imaginar.
❑ **imaginarse** *vpr* imaginar-se.
imaginario, ria *adj* imaginário(ria).
imaginativo, va *adj* imaginativo(va).
imán *m* ímã *m*.
imbécil *adj* imbecil.
imitación *f* imitação *f*.
imitar *vt* imitar.
impaciencia *f* impaciência *f*.
impaciente *adj* impaciente; **impaciente por** ansioso para.
impar *adj* ímpar.
imparable *adj* imparável.
imparcial *adj* imparcial.
impasible *adj* impassível.
impecable *adj* impecável.
impedimento *m* impedimento *m*.
impedir *vt* impedir.
impensable *adj* impensável.
imperativo *m* imperativo *m*.
imperceptible *adj* imperceptível.
imperdible *m* alfinete *m* de segurança.
imperdonable *adj* imperdoável.
imperfecto, ta 1 *adj* imperfeito(ta).
2 *m* imperfeito *m*.
imperial *adj* imperial.
imperio *m* império *m*.
impermeable 1 *adj* impermeável.
2 *m* impermeável *m*.
impersonal *adj* impessoal.
impertinencia *f* impertinência *f*.
impertinente *adj* impertinente.

ímpetu *m* ímpeto *m*.
implicar *vt* implicar.
implícito, ta *adj* implícito(ta).
imponer *vt & vi* impor.
importación *f* importação *f*.
importancia *f* importância *f*.
importante *adj* importante.
importar *vt & vi* importar; **no importa** não importa.
importe *m* importância *f*, importe *m*; **'importe del billete'** 'preço do bilhete'.
imposibilidad *f* impossibilidade *f*.
imposible 1 *adj* impossível; *fam (insuportável)* impossível.
2 *m* impossível *m*.
3 *interj* impossível!
impostor, ra *m, f* impostor *m*, -ra *f*.
impotencia *f* impotência *f*.
impotente *adj* impotente.
impreciso, sa *adj* impreciso(sa).
impregnar *vt* impregnar.
imprenta *f (arte)* imprensa *f*; *(oficina)* tipografia *f*.
imprescindible *adj* imprescindível.
impresión *f* impressão *f*.
impresionante *adj* impressionante.
impresionar *vi* impressionar.
impreso *m* impresso *m*.
impresora *f* impressora *f*.
imprevisto *m* imprevisto *m*.
imprimir *vt* imprimir.
improvisación *f* improvisação *f*.
improvisado, da *adj* improvisado(da).
improvisar *vt* improvisar.
imprudente *adj* imprudente.
impuesto *m* imposto *m*.
impulsar *vt* impulsar; **impulsar a alguien a hacer algo** levar alguém a fazer algo.
impulsivo, va *adj* impulsivo(va).
impulso *m* impulso *m*.
impuro, ra *adj* impuro(ra).
inaceptable *adj* inaceitável.
inadecuado, da *adj* inadequado(da).
inadmisible *adj* inadmissível.
inaguantable *adj* insuportável.
inauguración *f* inauguração *f*.
inaugurar *vt* inaugurar.
incapacidad *f (incompetência)* incapacidade *f*; *(por doença)* deficiência *f*.
incapaz (*pl* **-ces**) *adj* incapaz; **ser incapaz de** ser incapaz de.
incendio *m* incêndio *m*; **contra incendios** contra-incêndio.
incentivo *m* incentivo *m*.
incidente *m* incidente *m*.
incineradora *f* incinerador *m*.
incinerar *vt* incinerar.
incitar *vt* incitar.
inclinación *f* inclinação *f*.
inclinar *vt* inclinar.
❑ **inclinarse** *vpr* inclinar-se.
❑ **inclinarse por** *v + prep* inclinar-se por.
incluido, da *adj* incluído(da).
incluir *vt* incluir.
inclusive *adv* inclusive.
incluso *adv* inclusive.
incógnita *f* incógnita *f*.
incoherente *adj* incoerente.
incoloro, ra *adj* incolor.
incómodo, da *adj* incômodo(da).
incomparable *adj* incomparável.
incompatibilidad *f* incompatibilidade *f*; **incompatibilidad de caracteres** incompatibilidade de gênio.
incompetente *adj* incompetente.
incomprensible *adj* incompreensível.
incomunicado, da *adj* incomunicável.
incondicional *adj* incondicional.
inconfundible *adj* inconfundível.
inconsciencia *f* inconsciência *f*.
inconsciente *adj* inconsciente.
incontable *adj* incontável.
inconveniente *m* inconveniente.
incorporación *f* incorporação *f*.
incorporar *vt (acrescentar)* incorporar; *(levantar)* erguer.
❑ **incorporarse** *vpr (levantar-se)* erguer-se; *(passar a fazer parte)*: **incorporarse (a)** incorporar-se (a).
incorrecto, ta *adj* incorreto(ta).
incorregible *adj* incorrigível.
incrédulo, la *adj* incrédulo(la).
increíble *adj* incrível.
incremento *m* incremento *m*.
incubadora *f* incubadora *f*.
incubar *vt* incubar.
inculpado, da *m, f* inculpado *m*, -da *f*.
inculto, ta *adj* inculto(ta).
incumbir *vi* incumbir.
incurable *adj* incurável.
incurrir: **incurrir en** *v + prep* incorrer em.
indecente *adj* indecente.

indeciso, sa *adj (inseguro, vacilante)* indeciso(sa); *(pouco claro)* impreciso(sa).
indefenso, sa *adj* indefeso(sa).
indefinido, da *adj (ilimitado)* infinito (ta); *(impreciso, em gramática)* indefinido(da).
indemnización *f* indenização *f*.
indemnizar *vt* indenizar.
independencia *f* independência *f*.
independiente *adj* independente.
independizarse *vpr*: **independizarse (de)** tornar-se independente (de).
indeterminado, da *adj* indeterminado(da).
indicación *f* indicação *f*.
indicador *m* indicador *m*; **indicador de dirección** pisca-pisca *m*.
indicar *vt* indicar.
indicativo, va *adj* indicativo(va).
índice *m* índice *m*.
indicio *m* indício *m*.
indiferencia *f* indiferença *f*.
indiferente *adj* indiferente.
indígena *mf* indígena *mf*.
indigestión *f* indigestão *f*.
indigesto, ta *adj* indigesto(ta).
indignación *f* indignação *f*.
indignado, da *adj* indignado(da).
indignante *adj* revoltante.
indirecta *f* indireta *f*.
indirecto, ta *adj* indireto(ta).
indiscreto, ta *adj* indiscreto(ta).
indiscriminado, da *adj* indiscriminado(da).
indiscutible *adj* indiscutível.
indispensable *adj* indispensável.
indispuesto, ta *adj* indisposto(ta).
individual *adj* individual.
individuo *m lit & pej* indivíduo *m*.
índole *f (de pessoa)* índole *f*.
Indonesia *f* Indonésia *f*.
indudablemente *adv* indubitavelmente.
indumentaria *f* indumentária *f*.
industria *f* indústria *f*.
industrial 1 *adj* industrial.
2 *mf* industrial *mf*.
industrializado, da *adj* industrializado(da).
inédito, ta *adj* inédito(ta).
inepto, ta *adj* inepto(ta).
inequívoco, ca *adj* inequívoco(ca).
inesperado, da *adj* inesperado(da).
inestable *adj* instável.
inevitable *adj* inevitável.
inexperto, ta *adj* inexperiente.
infalible *adj* infalível.
infancia *f* infância *f*.
infanta *f* infanta *f*.
infantería *f* infantaria *f*.
infantil *adj lit & pej* infantil.
infarto *m* infarto *m*.
infección *f* infecção *f*.
infeccioso, sa *adj* infeccioso(sa).
infectar *vt* infeccionar.
❑ **infectarse** *vpr* infeccionar-se.
infelicidad *f* infelicidade *f*.
infeliz (*pl* **-ces**) 1 *adj* infeliz.
2 *mf* infeliz *mf*.
inferior *adj & mf* inferior.
inferioridad *f* inferioridade *f*.
infidelidad *f* infidelidade *f*.
infiel *adj & mf* infiel.
infierno *m lit & fig* inferno *m*.
ínfimo, ma *adj* ínfimo(ma).
infinito, ta 1 *adj* infinito(ta).
2 *m* infinito *m*.
inflación *f* inflação *f*.
inflar *vt* inflar.
❑ **inflarse de** *v + prep* empanturrar-se de.
inflexible *adj* inflexível.
influencia *f* influência *f*; **tener influencia** ter influência.
influenciar *vt* influenciar.
influir: **influir en** *v + prep* influenciar.
influjo *m* influxo *m*.
influyente *adj* influente.
información *f* informação *f*; **'información'** 'informações'.
informal *adj* informal.
informalidad *f* informalidade *f*.
informar *vt* informar.
❑ **informarse** *vpr* informar-se.
informática *f* informática *f*.
informático, ca *m, f* técnico *m*, -ca *f* de informática.
informativo *m* informativo *m*.
informe *m* informe *m*.
❑ **informes** *mpl* referências *fpl*.
infracción *f* infração *f*.
infundir *vt* infundir.
infusión *f* infusão *f*.
ingeniería *f* engenharia *f*.
ingeniero, ra *m, f* engenheiro *m*, -ra *f*.

ingenio *m* engenho *m*.
ingenioso, sa *adj* engenhoso(sa).
ingenuidad *f* ingenuidade *f*.
ingenuo, nua *adj* ingênuo(nua).
ingle *f* virilha *f*.
ingrato, ta *adj* ingrato(ta).
ingrediente *m* ingrediente *m*.
ingresar 1 *vt (dinheiro)* depositar. **2** *vi (em hospital)* ser internado(da); *(em sociedade, escola etc.)* ingressar, entrar.
ingreso *m (de dinheiro)* depósito *m*; *(em hospital)* internação *f*; *(em sociedade, escola etc.)* ingresso *m*, entrada *f*.
inhabitable *adj* inabitável.
inhalar *vt* inalar.
inhibición *f* inibição *f*.
inhumano, na *adj* desumano(na).
iniciación *f* iniciação *f*.
inicial *adj & f* inicial.
iniciar *vt* iniciar.
❑ **iniciarse en** *v + prep* iniciar-se.
iniciativa *f* iniciativa *f*; **tener iniciativa** ter iniciativa.
inicio *m* início *m*.
inimaginable *adj* inimaginável.
injerto *m* enxerto *m*.
injusticia *f* injustiça *f*.
injusto, ta *adj* injusto(ta).
inmaduro, ra *adj* imaturo(ra).
inmediatamente *adv* imediatamente.
inmediato, ta *adj (em tempo)* imediato (ta); *(em espaço)* contíguo(gua); **de inmediato** de imediato.
inmejorable *adj* excelente.
inmenso, sa *adj* imenso(sa).
inmigración *f* imigração *f*.
inmigrante *mf* imigrante *mf*.
inmigrar *vi* imigrar.
inmobiliaria *f* imobiliária *f*.
inmoral *adj* imoral.
inmortal *adj* imortal.
inmóvil *adj* imóvel.
inmovilizar *vt* imobilizar.
inmueble *m* imóvel.
inmune *adj* imune.
inmunidad *f* imunidade *f*.
innato, ta *adj* inato(ta).
innecesario, ria *adj* desnecessário(ria).
innovación *f* inovação *f*.
inocencia *f* inocência *f*.
inocentada *f (bobagem)* tolice *f*; *(piada)* ≃ peça *f* do 1º de Abril.
inocente *adj* inocente.
inofensivo, va *adj* inofensivo(va).
inolvidable *adj* inesquecível.
inoportuno, na *adj* inoportuno(na).
inoxidable *adj* inoxidável.
inquietarse *vpr* inquietar-se.
inquieto, ta *adj* inquieto(ta).
inquietud *f* inquietude *f*.
inquilino, na *m, f* inquilino *m*, -na *f*.
Inquisición *f*: **la Inquisición** a Inquisição.
insaciable *adj* insaciável.
insalubre *adj* insalubre.
insatisfacción *f* insatisfação *f*.
insatisfecho, cha *adj* insatisfeito(ta).
inscribirse *vpr*: **inscribirse (en)** inscrever-se (em).
inscripción *f* inscrição *f*.
insecticida *m* inseticida *m*.
insecto *m* inseto *m*.
inseguridad *f* insegurança *f*.
inseguro, ra *adj* inseguro(ra).
insensato, ta *adj* insensato(ta).
insensible *adj (pessoa)* insensível.
inseparable *adj* inseparável.
insertar *vt* inserir; **insertar algo en** inserir algo em.
inservible *adj* inútil.
insignia *f* insígnia *f*.
insignificante *adj* insignificante.
insinuar *vt* insinuar.
❑ **insinuarse** *vpr* insinuar-se.
insípido, da *adj* insípido(da).
insistencia *f* insistência *f*.
insistir *vi* insistir; **insistir en** insistir em.
insolación *f* insolação *f*; **pillar una insolación** *fam* pegar uma insolação.
insolencia *f* insolência *f*.
insolente *adj* insolente.
insólito, ta *adj* insólito(ta).
insolvente *adj* insolvente.
insomnio *m* insônia *f*.
insonorización *f* insonorização *f*.
insoportable *adj* insuportável.
inspeccionar *vt* inspecionar.
inspector, ra *m, f* inspetor *m*, -ra *f*.
inspiración *f* inspiração *f*.
inspirar *vt* inspirar.
❑ **inspirarse** *vpr*: **inspirarse (en)** inspirar-se (em).
instalación *f* instalação *f*; **instalación eléctrica** instalação elétrica.
❑ **instalaciones** *fpl* instalações *fpl*; **insta-**

laciones deportivas instalações esportivas.
instalar *vt* instalar.
❑ **instalarse** *vpr* instalar-se.
instancia *f* requerimento *m*.
instantánea *f* instantânea *f*.
instantáneo, a *adj* instantâneo(a).
instante *m* instante *m*; **al instante** na hora.
instintivo, va *adj* instintivo(va).
instinto *m* instinto *m*.
institución *f* instituição *f*.
❑ **instituciones** *fpl* instituições *fpl*.
institucional *adj* institucional.
instituir *vt* instituir.
instituto *m (centro de ensino)* escola *f* secundária; *(centro cultural, de pesquisa)* instituto *m*.
institutriz (*pl* **-ces**) *f* preceptora *f*.
instrucción *f* instrução *f*.
❑ **instrucciones** *fpl* instruções *fpl*.
instruir *vt* instruir.
instrumental *m* instrumental *m*.
instrumento *m lit & fig* instrumento *m*.
insuficiente *adj* insuficiente.
insufrible *adj* insuportável.
insultante *adj* insultante.
insultar *vt* insultar.
insulto *m* insulto *m*.
insuperable *adj* insuperável.
intacto, ta *adj* intacto(ta).
integración *f* integração *f*.
integrarse *vpr*: **integrarse (en)** integrar-se (em).
íntegro, gra *adj* íntegro(gra).
intelectual *mf* intelectual *mf*.
inteligencia *f* inteligência *f*.
inteligente *adj* inteligente.
intemperie *f*: **a la intemperie** à intempérie.
intención *f* intenção *f*; **con la intención de** com a intenção de; **tener la intención de** ter a intenção de.
intencionado, da *adj* intencionado(da).
intensivo, va *adj* intensivo(va).
intenso, sa *adj* intenso(sa).
intentar *vt* tentar.
intento *m (propósito)* intenção *f*; *(ensaio)* tentativa *f*.
interactivo, va *adj* interativo(va).
intercalar *vt* intercalar.
intercambio *m* intercâmbio *m*.
interceder: **interceder por** *v + prep* interceder por.
interceptar *vt* interceptar.
interés *m (curiosidade, proveito)* interesse *m*; *(dinheiro)* juro *m*.
❑ **intereses** *mpl (dinheiro)* juros *mpl*; *(fortuna, aspirações)* interesses *mpl*.
interesado, da *adj* interessado(da).
interesante *adj* interessante.
interesar *vi* interessar.
❑ **interesarse en** *v + prep (sentir-se atraído por)* interessar-se por ou em.
❑ **interesarse por** *v + prep (perguntar por)* interessar-se por ou em.
interferencia *f* interferência *f*.
interino, na *adj* interino(na).
interior 1 *adj* interior.
2 *m lit & fig* interior *m*; *(em esporte)* ponta *m*.
interlocutor, ra *m, f* interlocutor *m*, -ra *f*.
intermediario, ria *m, f* intermediário *m*, -ria *f*.
intermedio, dia 1 *adj* intermédio(dia).
2 *m (de espetáculo)* intervalo *m*.
interminable *adj* interminável.
intermitente *m* pisca-pisca *m*.
internacional *adj* internacional.
internacionalmente *adv* internacionalmente.
internado *m* internato *m*.
interno, na *adj & m, f* interno(na).
interponerse *vpr* interpor-se.
interpretación *f* interpretação *f*.
interpretar *vt* interpretar.
intérprete *mf* intérprete *mf*.
interrail *m passe de trem para viajar pela Europa*.
interrogación *f* interrogação *f*.
interrogante *m o f* interrogação *f*.
interrogar *vt* interrogar.
interrogatorio *m* interrogatório *m*.
interrumpir *vt* interromper.
interrupción *f* interrupção *f*.
interruptor *m* interruptor *m*.
interurbano, na *adj* interurbano(na).
intervalo *m* intervalo *m*.
intervención *f* intervenção *f*; **intervención quirúrgica** intervenção cirúrgica.
intervenir 1 *vt (em medicina)* operar; *(revisar contas)* intervir.
2 *vi*: **intervenir (en)** *(participar)* intervir (em).

interviú *f* entrevista *f*.
intestino *m* intestino *m*.
intimidad *f* intimidade *f*.
íntimo, ma *adj* íntimo(ma).
intocable *adj* intocável.
intolerable *adj* intolerável.
intolerante *adj* intolerante.
intoxicación *f* intoxicação *f*.
intoxicarse *vpr* intoxicar-se.
intranquilo, la *adj* intranqüilo(la).
intransigente *adj* intransigente.
intransitable *adj* intransitável.
intrépido, da *adj* intrépido(da).
intriga *f* intriga *f*.
intrigar *vt & vi* intrigar.
introducción *f* introdução *f*.
introducir *vt* introduzir.
introvertido, da *adj* introvertido(da).
intruso, sa *m, f* intruso *m*, -sa *f*.
intuición *f* intuição *f*.
inundación *f* inundação *f*.
inundar *vt* inundar.
inusual *adj* inusual.
inútil *adj* inútil.
invadir *vt* invadir.
inválido, da *m, f* inválido *m*, -da *f*.
invasión *f* invasão *f*.
invasor, ra *m, f* invasor *m*, -ra *f*.
invención *f* invenção *f*.
inventar *vt* inventar.
inventario *m* inventário *m*.
invento *m (aparelho, engano)* invento *m*; *fam (idéia)* invento *m*.
invernadero *m* estufa *f*.
inversión *f (de dinheiro)* investimento *m*; *(de ordem)* inversão *f*.
inverso, sa *adj* inverso(sa); **a la inversa** ao inverso.
invertir *vt (dinheiro, tempo)* investir; *(ordem)* inverter.
investigación *f* investigação *f*.
investigador, ra *m, f (em universidade)* pesquisador *m*, -ra *f*.
investigar *vt (delito, crime)* investigar; *(em universidade)* pesquisar.
invidente *mf* deficiente *mf* visual.
invierno *m* inverno *m*; **en invierno** no inverno.
invisible *adj* invisível.
invitación *f* convite *m*.
invitado, da *m, f* convidado *m*, -da *f*.
invitar *vt* convidar; **invitar a alguien a hacer algo** convidar alguém a fazer algo.
involucrar *vt* envolver.
❑ **involucrarse** *vpr*: **involucrarse (en)** envolver-se (em).
invulnerable *adj* invulnerável.
inyección *f* injeção *f*.
ir *vi* (a) ir; **fuimos andando** fomos andando; **iremos en coche/autobús/tren** iremos de carro/ônibus/trem; **vamos al sur** vamos ao sul; **¡vamos!** vamos!; **nunca va a las juntas** nunca vai às reuniões; **todavía va al colegio** ainda vai à escola; **la carretera va hasta Valencia** a estrada vai até Valência; **le va bien en su trabajo** está se dando muito bem no trabalho; **los negocios van mal** os negócios vão mal; **¿cómo te va?** como vai?
(b) *(trabalhar)* funcionar; **la televisión no va** a televisão não funciona; **la manivela va floja** a manivela está frouxa.
(c) *(roupa)* vestir; **iba en calzoncillos y con corbata** vestia cuecas e gravata; **iba de azul/de uniforme** vestia azul/uniforme.
(d) *(ter aspecto físico)* estar; **iba hecho un pordiosero** estava que parecia um mendigo; **tal como voy no puedo entrar** com este aspecto não posso entrar.
(e) *(custar)* estar; **ir a** estar a.
(f) *(exprime duração gradativa)* estar; **ir haciendo algo** estar fazendo algo; **voy mejorando mi estilo** estou melhorando meu estilo.
(g) *(cair bem, convir)* ficar; **le va fatal el color negro** a cor preta lhe cai muito mal; **le irían bien unas vacaciones** umas férias lhe fariam bem; **no le va la actitud de cínico** o cinismo não lhe fica bem.
(h) *(fazer referência)*: **ir por** ou **con alguien** referir-se a alguém.
(i) *(em locuções)*: **fue y dijo que ...** foi e disse que ...; **ni me va ni me viene** *fam* para mim tanto faz; **¡qué va!** que nada!; **vamos, no te preocupes, no llores** vá lá, não se preocupe, não chore; **ir bien a** ou **para** ir bem em direção a.
❑ **ir a** *v + prep (exprime intenção, opinião)* ir.
❑ **ir de** *v + prep (filme, livro)* ser sobre; *fig (pessoa)* fazer-se de.
❑ **ir por** *v + prep (procurar)* ir buscar; *(alcançar)* ir.
❑ **irse** *vpr (retirar-se)* ir-se; **irse de casa**

sair de casa; *(gastar-se, desaparecer)* desaparecer; **irse abajo** vir abaixo.

ira *f* ira *f.*

ironía *f* ironia *f.*

irónico, ca *adj* irônico(ca).

IRPF *m Esp* (*abrev de* **Impuesto sobre la Renta de las Personas Físicas**) IRPF *m.*

irracional *adj* irracional.

irrecuperable *adj* irrecuperável.

irregular *adj* irregular.

irregularidad *f* irregularidade *f.*

irresistible *adj* irresistível.

irresponsable *adj* irresponsável.

irreversible *adj* irreversível.

irrigar *vt* irrigar.

irritable *adj* irritável.

irritación *f* irritação *f.*

irritante *adj* irritante.

irritar *vt* irritar.
❑ **irritarse** *vpr* irritar-se.

isla *f* ilha *f.*

islote *m* ilhota *f.*

istmo *m* istmo *m.*

itinerario *m* itinerário *m.*

IVA *m* (*abrev de* **impuesto sobre el valor añadido**) *Amér* (*abrev de* **impuesto sobre el valor agregado**) ICMS *m.*

izda → **izquierda.**

izquierda *f*: **la izquierda** a esquerda; **a la izquierda** à esquerda; **ser de izquierdas** ser de esquerda.

izquierdo, da *adj* esquerdo(da).

Jj

jabalí *m* javali *m*.
jabalina *f* dardo *m*.
jabón *m* sabão *m*; *(perfumado)* sabonete *m*.
jabonera *f* saboneteira *f*.
jacuzzi® *m* jacuzzi® *m*.
jade *m* jade *m*.
jaguar *m* jaguar *m*.
jaiba *f CAm, Carib & Méx* caranguejo *m*.
jaladera *f Amér (em portas, gavetas)* puxador *m*.
jalar *vt Amér (arrastar)* puxar.
jalea *f* geléia *f*; **jalea real** geléia real.
jaleo *m (barulho)* bagunça *f*; *(desordem)* confusão *f*.
jamás *adv* jamais.
jamón *m* presunto *m*; **jamón serrano** presunto defumado; **jamón York** presunto cozido.
jarabe *m* xarope *m*.
jardín *m* jardim *m*; **jardín botánico** jardim botânico; **jardín de infancia** jardim de infância; **jardín público** jardim público.
jardinera *f (recipiente)* vaso *m*.
jardinero, ra *m, f* jardineiro *m*, -ra *f*; **a la jardinera** à jardineira.
jarra *f* jarra *f*; **en jarras** de mãos na cintura.
jarro *m* jarro *m*.
jarrón *m* vaso *m* (para flores).
jaula *f* jaula *f*.
jazmín *m* jasmim *m*.
jazz *m* jazz *m*.
jefatura *f (local)* sede *f*; *(cargo)* chefia *f*; **jefatura de policía** central *f* de polícia.
jefe, fa *m, f* chefe *mf*; **jefe de gobierno** chefe de governo.
jerez *m* xerez *m*.
jerga *f (de um grupo)* gíria *f*; *(linguajar especializado)* jargão *m*.
jeringa *f* seringa *f*.
jeringuilla *f* seringa *f*.
jersey *m Amér (tecido)* jérsei *m*; *Esp (de lã)* suéter *m*.
Jesucristo *m* Jesus Cristo *m*.
jesús *interj* saúde!; *(de assombro)* credo!
jícama *f CAm & Méx tubérculo comestível parecido com a cebola.*
jinete *m (pessoa a cavalo)* cavaleiro *m*; *(em equitação)* ginete *m*.
jirafa *f* girafa *f*.
jirón *m Perú* avenida *f*.
jitomate *m CAm & Méx* tomate *m*.
JJ OO (*abrev de* **juegos olímpicos**) *mpl* Jogos *mpl* Olímpicos.
joder *vulg* **1** *vt (irritar)* sacanear.
2 *vi (copular)* foder.
3 *interj Esp (exprime chateação)* droga!; *(exprime assombro)* porra!
jornada *f* jornada *f*.
jornal *m* salário *m* por dia.

> Não confundir *jornal (salário por dia)* com o português *jornal*, que em espanhol é *periódico*. (*Este trabajo no es muy bueno; el jornal es muy bajo.* Este trabalho não é muito bom; o *salário* por dia é muito baixo.)

jornalero, ra *m, f* jornaleiro *m*, -ra *f*, bóia-fria *mf*.
jota *f (dança)* jota *f*.
joven *adj & mf* jovem.
❑ **jóvenes** *mpl*: **los jóvenes** os jovens.
joya *f lit & fig* jóia *f*.
joyería *f* joalheria *f*.
joyero, ra 1 *m, f* joalheiro *m*, -ra *f*.
2 *m* porta-jóias *m*.
joystick *m* joystick *m*.
jubilación *f* aposentadoria *f*.
jubilado, da *m, f* aposentado *m*, -da *f*.

jubilarse *vpr* aposentar-se.
judaísmo *m* judaísmo *m*.
judía *f Esp*: **judías (verdes)** vagens *fpl*.
judío, a 1 *adj* judaico(ca), judeu(dia).
2 *m, f* judeu *m*, -dia *f*.
judo ['ʒuðo] *m* judô *m*.
juego *m* jogo *m*; **juego de azar** jogo de azar; **juego de manos** ilusionismo *m*; **juegos de sociedad** jogos de salão; **juegos olímpicos** jogos olímpicos.
juerga *f* farra *f*.
jueves *m inv* quinta-feira *f*; **jueves Santo** Quinta-feira Santa → **sábado.**
juez (*pl* **-ces**) *mf* juiz *m*, juíza *f*; **juez de línea** bandeirinha *m*.
jugador, ra *m, f* jogador *m*, -ra *f*.
jugar *vi & vt* jogar.
❑ **jugar a** *v + prep (bola, baralho etc.)* jogar; *(bonecas)* brincar de.
❑ **jugar con** *v + prep (não levar a sério)* brincar com.
❑ **jugarse** *vpr* jogar; **jugársela** jogar (algo).
jugo *m* suco *m*.
jugoso, sa *adj* suculento(ta).
juguete *m* brinquedo *m*.
juguetería *f* loja *f* de brinquedos.
juguetón, ona *adj* brincalhão(lhona).
juicio *m* juízo *m*; *(opinião)* opinião *f*; **a mi juicio** na minha opinião.
julio *m* julho *m* → **septiembre.**
junco *m* junco *m*.
jungla *f* selva *f*.
junio *m* junho *m* → **septiembre.**
junta *f (grupo de pessoas)* grupo *m*; *(sessão)* reunião *f*; *(órgão)* junta *f*.
juntar *vt* juntar.
❑ **juntarse** *vpr* juntar-se.
junto, ta 1 *adj* junto(ta).
2 *adv* junto.
3 **junto a** junto a; **todo junto** tudo junto.
jurado *m* júri *m*.
jurar *vt & vi* jurar.
jurídico, ca *adj* jurídico(ca).
justicia *f* justiça *f*.
justificación *f* justificação *f*.
justificar *vt* justificar.
❑ **justificarse** *vpr* justificar-se.
justo, ta 1 *adj* justo(ta).
2 *adv* justo, justamente.
juvenil *adj* juvenil.
juventud *f* juventude *f*.
juzgado *m (tribunal, prédio)* tribunal *m*.
juzgar *vt* julgar.

Kk

karaoke *m* karaoke *m*.
kárate *m* caratê *m*.
karateca *mf* carateca *mf*.
kg (*abrev de* **kilogramo**) kg.
kilo *m* quilo *m*; **medio kilo (de)** meio quilo (de); **un cuarto de kilo (de)** um quarto de quilo (de).
kilogramo *m* quilograma *m*.
kilómetro *m* quilômetro *m*; **kilómetros por hora** quilômetros por hora.
kimono *m* quimono *m*.
kínder *m* *Andes & Méx* creche *f*.
kiwi *m* kiwi *m*.
kleenex® *m inv* lenço *m* de papel.
km (*abrev de* **kilómetro**) km.
km^2 (*abrev de* **kilómetro cuadrado**) km^2.
KO *m* (*abrev de* **knock-out**) K.O. *m*.

L l

l (*abrev de* **litro**) l.

la (*pl* **las**) → **el** → **lo.**

laberinto *m* labirinto *m*; *(coisa complicada)* quebra-cabeça *m*.

labio *m* lábio *m*.

labor *f (trabalho)* trabalho *m*; *(em agricultura)* lavoura *f*.

laborable *adj* útil; **'sólo laborables'** 'apenas dias úteis'.

laboral *adj* laboral.

laboratorio *m* laboratório *m*; **laboratorio fotográfico** laboratório fotográfico.

laborioso, sa *adj* laborioso(sa).

labrador, ra *m, f* lavrador *m*, -ra *f*.

labrar *vt (terra)* lavrar; *(madeira, pedra etc.)* cinzelar.

laca *f (para cabelo)* laquê *m*; *(verniz)* laca *f*.

lacio, cia *adj* liso(sa).

lacón *m* *pernil de porco, assado e curado.*

lácteo, a *adj* lácteo(a).

ladera *f* ladeira *f*.

lado *m* lado *m*; **al lado de** ao lado de; **al otro lado de** do outro lado de; **de lado** de lado; **el lado bueno/malo de algo** ou **alguien** o lado bom/mau de algo ou alguém.

ladrar *vi* latir, ladrar.

ladrido *m* latido *m*, ladrido *m*.

ladrillo *m* tijolo *m*.

ladrón, ona 1 *m, f (pessoa)* ladrão *m*, ladra *f*.
2 *m (plugue)* benjamim *m*.

lagartija *f* lagartixa *f*.

lagarto *m* lagarto *m*.

lago *m* lago *m*.

lágrima *f* lágrima *f*.

laguna *f (de água)* laguna *f*; *(na memória)* lacuna *f*.

lamentable *adj* lamentável.

lamentar *vt* lamentar.
❑ **lamentarse** *vpr*: **lamentarse de** lamentar-se de.

lamer *vt* lamber.

lámina *f (de papel)* folha *f*; *(de metal)* chapa *f*; *(estampa)* lâmina *f*.

lámpara *f* luminária *f*, lâmpada *f*.

lana *f* lã *f*; *Amér fam (dinheiro)* grana *f*.

lancha *f* lancha *f*; **lancha motora** lancha a motor.

langosta *f (crustáceo)* lagosta *f*; *(inseto)* gafanhoto *m*.

langostino *m* lagostim *m*; **langostino a la plancha** lagostins grelhados; **langostinos al ajillo** lagostins ao alho e óleo.

lanza *f* lança *f*.

lanzar *vt* lançar.
❑ **lanzarse** *vpr* lançar-se.

lapa *f* lapa *f*.

lapicera *f* *CSur* caneta *f*.

lapicero *m (lápis)* lapiseira *f*; *Andes (de tinta)* caneta *f*.

lápida *f* lápide *f*.

lápiz (*pl* **-ces**) *m* lápis *m*; **lápiz de labios** batom *m*; **lápiz de ojos** lápis de olhos.

largavistas *m inv Amér* binóculo *m*.

largo, ga 1 *adj* longo(ga), comprido (da); *(extenso)* longo(ga).
2 *m (longitude)* comprimento *m*.
3 a la larga no fim; **a lo largo de** *(praia, estrada etc.)* ao longo de; *(dias, anos etc.)* durante; **de largo recorrido** de longa distância.

> Não confundir ***largo (longo)*** com o português ***largo***, que em espanhol é ***ancho***. (***El camino hasta mi casa es muy largo***. O caminho até minha casa é muito ***longo***.)

largometraje *m* longa-metragem *m*.

laringe *f* laringe *f*.

lástima *f (compaixão)* pena *f*; *(desgosto,*

pena) lástima *f*; **¡qué lástima!** que pena!
lata *f (vasilhame)* lata *f*; *(lâmina metálica)* latão *m*; **ser una lata** *fam (tédio, estorvo)* ser uma droga; **lata de conserva** lata de conserva.
latido *m* pulsação *f*.
látigo *m* chicote *m*.
latir *vi* pulsar.
laurel *m (folha)* louro *m*; *(árvore)* loureiro *m*.
lava *f* lava *f*.
lavabo *m (toalete)* banheiro *m*; *(lavatório)* pia *f*.
lavadero *m* lavanderia *f*.
lavado *m* lavagem *f*; **lavado automático** lavagem automática.
lavadora *f* máquina *f* de lavar.
lavanda *f* lavanda *f*.
lavandería *f* lavanderia *f*.
lavaplatos 1 *m inv* lava-louças *f*.
2 *mf inv* ajudante *mf* de cozinha.
lavar *vt* lavar.
❑ **lavarse** *vpr* lavar-se.
lavavajillas *m inv (máquina)* lava-louças *f*; *(detergente)* detergente *m*.
laxante *m* laxante *m*.
lazo *m* laço *m*.
le (*pl* **les**) *pron (a ele, ao senhor)* lhe; *(a eles, a vocês)* lhes.

> Em espanhol, a forma ***se*** é usada no lugar de ***le*** quando o pronome do objeto indireto e o pronome do objeto direto coincidem.
>
> (Ver **Os pronomes** na seção ***Gramática espanhola***.)

leal *adj* leal.
lealtad *f* lealdade *f*.
lección *f* lição *f*.
lechal *adj* de mama.
leche 1 *f (alimento)* leite *m*; *vulg (golpe)* pancada *f*.
2 *interj* raios!.
3 leche condensada leite condensado; **leche descremada** leite desnatado; **leche entera** leite integral; **leche frita** *doce feito de ovo e farinha frito*; **leche limpiadora** leite de limpeza.
lechera *f (recipiente)* leiteira *f* → **lechero.**
lechería *f* leiteria *f*.
lechero, ra *m, f* leiteiro *m*, -ra *f*.
lecho *m* leito *m*.
lechuga *f* alface *f*.
lechuza *f* coruja *f*.
lector, ra 1 *m, f* leitor *m*, -ra *f*.
2 *m* leitor *m*.
lectura *f* leitura *f*.
leer *vt & vi* ler.
legal *adj* legal.

> O adjetivo ***legal*** em espanhol não é usado para expressar apreciação positiva, mas somente no sentido de 'de acordo com a lei': (***El proceso fue totalmente legal; no hubo nada fuera de la ley.*** O processo foi totalmente legal; não houve nada fora da lei.)
>
> Para manifestar o positivo, podem-se usar outros adjetivos como ***magnífico, bueno, buenísimo, fantástico, guay, bárbaro,*** assim como tantos outros.

legalidad *f* legalidade *f*; *(conjunto de leis)* legislação *f*.
legible *adj* legível.
legislación *f* legislação *f*.
legislatura *f* legislatura *f*.
legítimo, ma *adj* legítimo(ma).
legumbre *f* legume *m*.
lejano, na *adj* distante, longínquo(qua).
lejía *f* água *f* sanitária.
lejos *adv* distante, longe; **lejos de** longe de; **a lo lejos** a distância; **de lejos** de longe.
lencería *f (roupa de baixo)* lingerie *f*; *(local)* loja *f* de lingerie.
lengua *f* língua *f*; **lenguas de gato** línguas de gato; **lengua materna** língua materna; **lengua oficial** língua oficial.
lenguado *m* linguado *m*.
lenguaje *m* linguagem *f*.
lengüeta *f (de sapato)* lingüeta *f*; *(de instrumento musical)* lingüeta *f*.
lentamente *adv* lentamente.
lente *m o f* lente *f*; **lentes de contacto** lentes de contato.
❑ **lentes** *mpl formal* óculos *mpl*.
lenteja *f* lentilha *f*.
lentitud *f* lentidão *f*.
lento, ta *adj & adv* lento(ta).
leña *f* lenha *f*.
leñador, ra *m, f* lenhador *m*, -ra *f*.
leño *m* tronco *m*.
Leo *m inv* Leão *m inv*.
león, ona *m, f* leão *f*, leoa.
leopardo *m (animal)* leopardo *m*; *(couro)* pele *f* de leopardo.

leotardos *mpl* meia-calça *f.*
lesbiana *f* lésbica *f.*
lesión *f* lesão *f.*
letal *adj* letal.
letra *f* letra *f*; **letra de cambio** letra de câmbio.
❑ **letras** *fpl (em ensino)* letras *fpl.*
letrero *m* letreiro *m.*
levantamiento *m* levantamento *m*; **levantamiento de pesos** levantamento de peso.
levantar *vt* levantar.
❑ **levantarse** *vpr* levantar-se.
levante *m* levante *m.*
léxico *m* léxico *m.*
ley *f* lei *f.*
leyenda *f* lenda *f.*
liar *vt (pacote)* atar; *(cigarro)* enlear; *fam (pessoa)* enrolar.
❑ **liarse** *vpr* envolver-se; **liarse a** começar a (fazer algo).
libélula *f* libélula *f.*
liberal *adj* liberal.
liberar *vt* liberar.
libertad *f* liberdade *f.*
❑ **libertades** *fpl* liberdades *fpl.*
libertador, ra *m, f* libertador *m*, -ra *f.*
libra *f* libra *f*; **libra esterlina** libra esterlina.
Libra *f* Libra *f*, Balança *f.*
librar 1 *vt (liberar)* libertar.
2 *vi (ter festa)* estar de folga.
❑ **librarse** *vpr*: **librarse (de)** livrar-se (de).
libre *adj* livre; **libre de** livre de; **'libre'** *(em táxi)* 'livre'.
librería *f (estabelecimento)* livraria *f*; *(móvel)* estante *m.*
librero *m CAm & Méx* estante *f.*
libreta *f* caderneta *f.*
libro *m* livro *m*; **libro de bolsillo** livro de bolso; **libro de reclamaciones** livro de reclamações.
licencia *f* licença *f*; **licencia de conducir** ou **manejar** *Amér* carteira *f* de motorista.
licenciado, da *m, f* licenciado *m*, -da *f.*
licenciarse *vpr (em universidade)* graduar-se; *(do serviço militar)* terminar o serviço militar.
licenciatura *f* licenciatura *f.*
liceo *m CSur & Ven* ≃ escola *f* de segundo grau.
licor *m* licor *m.*
licorería *f loja de bebidas alcoólicas.*
licuadora *f* liquidificador *m.*
líder *mf* líder *mf.*
lidia *f* lide *f.*
liebre *f* lebre *f.*
lienzo *m* tela *f.*
liga *f* liga *f*; *(em esporte)* campeonato *m.*
ligar 1 *vt (amarrar, relacionar)* ligar.
2 *vi fam (conquistar)* paquerar.

Não confundir com o português ***ligar***, que tem um significado similar ao espanhol ***llamar por teléfono, prender*** *(la televisión, la luz, el motor del coche)*, ***prestar atención***: ***(Habían ligado las cuerdas de tal forma que nunca más las pudieron desatar.*** Haviam amarrado as cordas de tal forma, que nunca mais puderam desamarrá-las.)

ligeramente *adv* ligeiramente.
ligero, ra *adj* ligeiro(ra); *(de pouco peso)* leve; *(vestido, tecido)* fino(na); **a la ligera** superficialmente.
light [lait] *adj* light.
ligue *m fam* caso *m.*
liguero *m* cinta-liga *f.*
lija *f* lixa *f.*
lijar *vt* lixar.
lila 1 *adj inv (cor)* lilás.
2 *f (arbusto, flor)* lilás *m.*
lima *f (ferramenta)* lima *f*; *(fruta)* limão *m*; **lima para uñas** lixa *f* de unhas.
límite *m* limite *m.*
limón *m* limão-galego *m.*
limonada *f* limonada *f.*
limonero *m* limoeiro *m.*
limosna *f* esmola *f.*
limpiabotas *m inv* engraxate *m.*
limpiador, ra *m, f* limpador *m*, -ra *f.*
limpiaparabrisas *m inv (de automóvel)* limpador *m* de pára-brisa; *(pessoa)* limpador *m* de pára-brisa.
limpiar *vt* limpar; *fam (roubar)* limpar; **limpiar la casa** limpar a casa.
limpieza *f* limpeza *f*; **hacer la limpieza** fazer a limpeza.
limpio, pia *adj* limpo(pa); **en limpio** a limpo.
linaje *m* linhagem *f.*
lince *m* lince *m.*
lindo, da *adj* lindo(da); *Amér (agradável)* bonito(ta); **de lo lindo** à beça.
línea *f* linha *f*; **línea aérea** linha aérea; **línea telefónica** linha telefônica.

lingote *m* lingote *m*; **lingote de oro** lingote de ouro.

lingüística *f* lingüística *f*.

lingüístico, ca *adj* lingüístico(ca).

lino *m* linho *m*.

linterna *f* lanterna *f*.

lío *m (pacote)* embrulho *m*; *(desentendimento)* confusão *f*; *fam (desorganização)* desordem *f*; *fam (relacionamento amoroso)* caso *m*; **hacerse un lío** fazer uma confusão.

lionesa *f bolo tipo profiterole, grande, com recheio de chocolate ou nata.*

liquidación *f* liquidação *f*; **'liquidación total'** 'liquidação total'.

liquidar *vt* liquidar; *fam (matar)* liquidar.

líquido *m* líquido *m*.

lira *f* lira *f*; **lira italiana** lira italiana.

lirio *m* lírio *m*.

liso, sa *adj* liso(sa).

lista *f (enumeração)* lista *f*; *(em tecido)* listra *f*; **lista de boda** lista de casamento; **lista de correos** posta-restante *f*; **lista de espera** lista de espera; **lista de precios** lista de preços; **lista de vinos** lista de vinhos.

listín *m* lista *f*; **listín telefónico** lista telefônica.

listo, ta 1 *adj (inteligente)* inteligente; *(vivaz)* esperto(ta); *(preparado)* pronto(ta).
2 *interj* pronto!.
3 estar listo estar pronto.

listón *m (de madeira)* ripa *f*; *(em esporte)* barra *f*.

lisura *f Perú* palavrão *m*.

literal *adj* literal.

literario, ria *adj* literário(ria).

literas *fpl (em dormitório, barco)* beliche *m*; *(em trem)* leito *m*, couchette *f*.

literatura *f* literatura *f*.

litro *m* litro *m*.

llaga *f* chaga *f*.

llama *f (de fogo)* chama *f*; *(animal)* lhama *m*.

llamada *f (sinal, aviso)* chamada *f*; *(de telefone)* ligação *f*; **llamada automática** ligação automática; **llamada interurbana** ligação interurbana; **llamada telefónica** ligação telefônica; **'última llamada'** 'última chamada'.

llamar 1 *vt (convocar, nomear)* chamar; *(por telefone)* ligar.
2 *vi (porta)* chamar, bater; *(campainha)* chamar, tocar; **llamar por teléfono** telefonar.
❑ **llamarse** *vpr* chamar-se.

llano, na 1 *adj (superfície, terreno)* plano (na); *(caráter)* simples *inv*.
2 *m (terreno)* planície *f*.

llanta *f (aro de metal)* pára-lama *m*; *Amér (roda, pneumático etc.)* pneu *m*.

llanura *f* planície *f*.

llave *f* chave *f*; **llave de contacto** chave de ignição; **llave de paso** registro *m*; **llave inglesa** chave inglesa; **llave maestra** chave mestra.

llegada *f* chegada *f*.
❑ **llegadas** *fpl* desembarque *m*; **'llegadas internacionales'** 'desembarque internacional'.

llegar 1 *vi* chegar.
2 *v aux* chegar.
❑ **llegar a** *v + prep* chegar a; **llegar a ser** chegar a ser; **llegar a conocer** chegar a conhecer.
❑ **llegar de** *v + prep* chegar de.

> O verbo *llegar* é usado, geralmente, com a preposição *a*: (***Llegamos a casa después de la medianoche.*** Chegamos em casa depois da meia-noite. ***Llegar a la fiesta no fue difícil: lo complicado fue irse.*** Chegar à festa não foi difícil: o complicado foi ir embora. ***Marta y Aníbal llegaron tarde a clase.*** Marta e Aníbal chegaram tarde à aula.)
>
> Note que, em espanhol, o verbo *llegar* nunca é usado com a preposição ***de***, ao contrário do que ocorre em português.
>
> (Ver também **As preposições** na seção *Gramática espanhola*.)

llenar *vt (recipiente, espaço)* encher; *(formulário)* preencher.
❑ **llenarse de** *v + prep* encher-se de.

lleno, na 1 *adj* cheio (cheia).
2 *m* lotação *f* esgotada.
3 de lleno em cheio.

llevar *vt* (a) levar; **el barco lleva carga y pasajeros** o barco leva carga e passageiros; **llevó el niño a casa de la abuela** levou a criança à casa da avó; **me llevaron en coche** me levaram de carro; **llevar a alguien a** *(conduzir)* levar alguém a; **lleva la contabilidad** leva a contabilidade; **lleva muy bien sus estudios** vai muito bem nos estudos; **lleva tres semanas de viaje** está há três semanas de viagem; **me llevó mucho tiempo hacer el trabajo** me levou muito tempo fazer o

trabalho; **este camino lleva a Madrid** este caminho conduz a Madri.
(**b**) *(usar, ultrapassar, haver)* ter; **llevar el pelo largo** ter o cabelo comprido; **llevas las manos sucias** você está com as mãos sujas; **te llevo seis puntos** tenho seis pontos de vantagem; **me lleva tres centímetros** tem três centímetros a mais do que eu; **le lleva seis años** é seis anos mais velha que ele; **llevo leída media novela** já li a metade do romance; **lo llevo dicho hace tiempo** há muito que disse isso.
(**c**) *(roupa, objeto pessoal)* usar; **lleva gafas** usar óculos; **no llevamos dinero** não temos dinheiro.
(**d**) *(agüentar)* suportar; **lleva mal la soledad** não suporta a solidão.
(**e**) *(indica repetição)* estar; **lleva viniendo cada día** está vindo todos os dias.
❑ **llevarse** *vpr (pegar, receber)* levar; *(obter)* conseguir; *(estar na moda)* usar-se muito; *(em matemática)* ir; **llevarse bien/mal (con)** dar-se bem/mal (com).

llorar *vi & vt* chorar.

llorón, ona *m, f* chorão *m*, -na *f*.

llover 1 *v impess* chover.
2 *vi (ser abundante)* chover.
3 llover a cántaros chover a cântaros.

llovizna *f* chuvisco *m*.

lloviznar *v impess* chuviscar.

lluvia *f lit & fig* chuva *f*.

lluvioso, sa *adj* chuvoso(sa).

lo, la 1 *pron (a ele, ao senhor)* o; *(a eles, a vocês)* os.
2 *pron neutro* o.
3 *art* o.
4 lo de o de; **lo que** o que.

lobo, ba *m, f* lobo *m*, -ba *f*.

local *adj & m* local.

localidad *f (povoado, cidaded)* localidade *f*; *(assento)* lugar *m*; *(ingresso)* entrada *f*.

localización *f* localização *f*.

localizar *vt* localizar.
❑ **localizarse** *vpr* localizar-se.

loción *f* loção *f*; **loción bronceadora** bronzeador *m*.

loco, ca *adj & m, f* louco(ca); **loco por** louco por; **a lo loco** sem pensar; **volver loco a alguien** deixar alguém louco.

locomotora *f* locomotiva *f*.

locura *f* loucura *f*.

locutor, ra *m, f* locutor *m*, -ra *f*.

locutorio *m (de emissora)* cabine *f*; *(de convento)* locutório *m*.

lodo *m* lodo *m*.

logaritmo *m* logaritmo *m*.

lógica *f* lógica *f*.

lógico, ca *adj* lógico(ca).

logrado, da *adj* conseguido(da).

lograr *vt* conseguir, lograr.

logro *m* êxito *m*.

lombriz (*pl* **-ces**) *f* lombriga *f*.

lomo *m* lombo *m*; *(de livro)* lombada *f*; **lomo de cerdo** lombo de porco; **lomo embuchado** lombo recheado; **lomo ibérico** paio *m*; **lomos de merluza** postas *fpl* de merluza.

lona *f* lona *f*.

loncha *f* fatia *f*.

lonche *m Col & Méx (de pão, frios e salada)* sanduíche *m*; *Perú (refeição)* lanche *m*.

longaniza *f* lingüiça *f*.

longitud *f* comprimento *m*, longitude *f*.

lonja *f (prédio)* bolsa *f* de comércio; *(pedaço)* fatia *f*.

loro *m* papagaio *m*.

lote *m* lote *m*.

lotería *f* loteria *f*; **lotería primitiva** *Esp loteria espanhola comparável à sena.*

lotero, ra *m, f* cauteleiro *m*, -ra *f*.

loza *f* louça *f*.

ltda. (*abrev de* **limitada**) ltda.

lubina *f* perca-do-mar *f*.

lubricante *m* lubrificante *m*.

lucha *f* luta *f*; **lucha libre** luta livre.

luchador, ra *m, f* lutador *m*, -ra *f*.

luchar *vi* lutar.
❑ **luchar por** *v + prep* lutar para.

luciérnaga *f* vaga-lume *m*, pirilampo *m*.

lucir 1 *vt (roupa)* trajar.
2 *vi (brilhar)* luzir; *(trabalho, esforço)* compensar; *Amér (semelhante)* parecer.
❑ **lucirse** *vpr (ficar bem)* fazer bem; *(exibir-se)* arrumar-se; *fam (fazer papel de bobo)* ser ridículo.

lucro *m* lucro *m*.

lúdico, ca *adj* lúdico(ca).

luego 1 *adv (mais tarde)* depois; *Amér (daqui a pouco)* logo.
2 *conj* portanto.
3 desde luego *(sem dúvida)* com toda a certeza; *(para recriminar)* de modo nenhum; **luego luego** *Amér (imediatamente depois)* logo, logo.

lugar *m* lugar *m*; **tener lugar** ter lugar; **en**

lugar de em lugar de.
lujo *m* luxo *f*; **de lujo** de luxo.
lujoso, sa *adj* luxuoso(sa).
lujuria *f* luxúria *f*.
lumbago *m* lumbago *m*.
luminoso, sa *adj* luminoso(sa).
luna *f (astro)* lua *f*; *(de vidro)* vidro *m*.
lunar 1 *adj (da lua)* lunar.
2 *m (na pele)* lunar *m*, sinal *m*.
❑ **lunares** *mpl (estampa)* bolinhas *fpl*.
lunes *m inv* segunda-feira *f inv* → **sábado.**
luneta *f* vidro *m* traseiro.
lupa *f* lupa *f*.
lustrabotas *m inv Amér* engraxate *m*.
lustrador *m Amér* engraxate *m*.
luto *m (dor, roupa)* luto *m*.
luz (*pl* **-ces**) *f* luz *f*; **luz solar** luz solar; **dar a luz** dar à luz.
❑ **luces** *fpl (de carro)* farol *m sing*.
lycra® *f* lycra® *f*.

Mm

m (*abrev de* **metro**) m.
m²(*abrev de* **metro cuadrado**) m².
macanudo, da *adj CSur Perú fam* fantástico(ca).
macarrones *mpl* macarrão *m.*
macedonia *f* macedônia *f*; **macedonia de frutas** salada *f* de frutas.
maceta *f* vaso *m.*
machacar *vt (achatar)* esmagar; *(derrotar)* massacrar.
machismo *m* machismo *m.*
machista *mf* machista *mf.*
macho 1 *adj (homem, animal)* macho.
2 *m (animal, peça)* macho *m.*
macizo, za 1 *adj (sólido)* maciço(ça); *(de carnes duras)* rijo(ja).
2 *m (de montanhas)* maciço *m*; *(de flores)* canteiro *m.*
macramé *m* macramê *m.*
macuto *m* mochila *f.*
madeja *f* madeixa *f.*
madera *f* madeira *f*; **de madera** de madeira.
madrastra *f* madrasta *f.*
madre *f (mulher)* mãe *f*; *(religiosa)* madre *f*; **madre política** sogra *f*; **¡madre mía!** nossa mãe!
madreselva *f* madressilva *f.*
madriguera *f* toca *f.*
madrina *f* madrinha *f.*
madrugada *f (depois da meia-noite)* madrugada *f*; *(alvorada)* aurora *f.*
madrugador, ra *adj* madrugador(ra).
madrugar *vi* madrugar.
madurar *vt & vi* amadurecer.
madurez *f* maturação *f*; *(idade adulta)* maturidade *f.*
maduro, ra *adj* maduro(ra).
maestría *f* maestria *f.*
maestro, tra *m, f (de escola)* professor *m*, -ra *f*; *(de arte, ofício etc.)* mestre *m*, -tra *f*; *(músico)* maestro *m*, -ina *f.*
mafia *f* máfia *f.*
magdalena *f* madalena *f.*
magia *f (arte)* mágica *f*; *(encanto)* magia *f.*
mágico, ca *adj* mágico(ca).
magistrado, da *m, f* magistrado *m*, -da *f.*
magistratura *f* magistratura *f.*
magnate *m* magnata *m.*
magnesio *m* magnésio *m.*
magnético, ca *adj* magnético(ca).
magnetófono *m* gravador *m.*
magnífico, ca *adj (luxuoso)* magnífico (ca); *(de boa qualidade)* excelente.
magnitud *f* magnitude *f.*
magnolia *f* magnólia *f.*
mago, ga *m, f (em espetáculo)* mágico *m*, -ca *f*; *(personagem fantástica)* mago *m*, -ga *f.*
magro, gra *adj* magro(gra).
maicena *f* maisena *f.*
maillot *m (para balé)* malha *f*; *(para esporte)* maiô *m*; *(para ciclista)* abrigo *m.*
maíz *m* milho *m.*
majestuoso, sa *adj* majestoso(sa).
majo, ja *adj Esp fam* legal.
mal *m & adv* mal; **el mal** o mal; **encontrarse mal** sentir-se mal; **oír/ver mal** ouvir/ ver mal; **oler mal** cheirar mal; **saber mal** ter gosto ruim; **sentar mal** cair mal; **ir de mal en peor** ir de mal a pior = **malo.**
malcriar *vt* malcriar.
maldad *f (qualidade)* malvadez *f*; *(ação)* maldade *f.*
maldición *f* maldição *f.*
maldito, ta *adj* maldito(ta); **¡maldita sea!** maldito seja!
maleable *adj* maleável.
malecón *m (muralha)* amurada *f*; *(em ancoradouro, praia)* quebra-mar *m*; *Amér*

(passeio marítimo) calçadão *m.*
maleducado, da *adj* mal-educado(da).
malentendido *m* mal-entendido *m.*
malestar *m* mal-estar *m.*
maleta *f* mala *f*; **hacer las maletas** fazer as malas.
maletero *m* porta-malas *m.*
maletín *m* maleta *f.*
malformación *f* má-formação *f.*
malgastar *vt* desperdiçar.
malhablado, da *adj* mal-educado(da).
malhechor, ra *adj* malfeitor(ra).
malhumorado, da *adj* mal-humorado(da).
malicia *f (maldade)* maldade *f*; *(astúcia)* malícia *f.*
malintencionado, da *adj* mal-intencionado(da).
malla *f* malha *f.*
❑ **mallas** *fpl* collant *m.*
malo, la (*compar & superl* **peor**) *adj (com tendência para o mal, prejudicial etc.)* mau (má); *(de pouca qualidade)* ruim; **estar malo** estar passando mal; **estar de malas** estar de mau humor; **por las malas** na marra.

Não confundir *mala (má)* com o português *mala*, que em espanhol é *maleta*, *valija*. (*Jorge es una mala persona; no es de fiar.* Jorge é uma *má* pessoa; não é de confiança.)

malograr *vt Andes* estragar.
❑ **malograrse** *vpr* estragar.
malpensado, da *m, f* malicioso *m*, -sa *f.*
maltratar *vt* maltratar.
mamá *f fam* mamãe *f*; **mamá grande** *Amér* vovó *f.*
mamadera *f CSur & Perú (garrafa)* mamadeira *f*; *(chupeta)* bico *m.*
mamar *vt & vi* mamar.
mamífero *m* mamífero *m.*
mamila *f Méx* mamadeira *f.*
mampara *f (de chuveiro, quarto)* biombo *m.*
manada *f* manada *f.*
mánager *mf* empresário *m*, -ria *f.*
manantial *m* manancial *m.*
mancha *f* mancha *f.*
manchar *vt* manchar.
❑ **mancharse** *vpr* manchar-se.
manco, ca *adj* maneta.
mancuernilla *f CAm & Méx* abotoaduras *fpl.*
mandar *vt (ordenar, enviar etc.)* mandar; *(dirigir)* comandar.
mandarina *f* bergamota *f.*
mandíbula *f* mandíbula *f.*
mando *m (autoridade)* mando *m*; *(chefe)* chefe *m*; *(instrumento)* comando *m*; **mando a distancia** controle *m* remoto.
manecilla *f* ponteiro *m.*
manejable *adj* manejável.
manejar *vt* manejar; *Amér (guiar)* dirigir.
manejo *m* manejo *m.*
manera *f* maneira *f*; **de cualquier manera** de qualquer maneira; **de esta manera** desta maneira; **de manera que** de maneira que.
❑ **maneras** *fpl* modos *mpl.*
manga *f (de vestido)* manga *f*; *(tubo flexível)* mangueira *f*; *(de campeonato)* rodada *f.*
mango *m (asa)* cabo *m*; *(fruta)* manga *f.*
manguera *f* mangueira *f.*
maní *m Andes, CAm & RP* amendoim *m.*
manía *f (obsessão)* mania *f*; *(entusiasmo exagerado)* fanatismo *m*; *(ojeriza)* antipatia *f.*
maniático, ca *adj (com obsessões)* maníaco(ca); *(muito entusiasta)* fanático(ca).
manicomio *m* manicômio *m.*
manicura *f* manicure *f*; **hacerse la manicura** fazer as unhas.
manifestación *f (de pessoas)* manifestação *f*; *(amostra)* demonstração *f*; *(declaração)* declaração *f.*
manifestante *mf* manifestante *mf.*
manifestar *vt* declarar.
❑ **manifestarse** *vpr* manifestar-se.
manifiesto, ta **1** *adj* manifesto(ta).
2 *m* manifesto *m.*
manillar *m Esp* guidom *m.*
maniobra *f* manobra *f.*
manipular *vt* manipular.
maniquí *m & mf (boneco)* manequim.
manivela *f* manivela *f.*
mano **1** *f* mão *f.*
2 *m CAm & Méx* mano *m.*
3 **a mano** à mão; **a mano derecha/izquierda** à direita/esquerda; **de segunda mano** de segunda mão; **dar la mano a alguien** dar a mão a alguém; **mano de obra** mão-de-obra *f*; **echar una mano a alguien** dar uma mão a alguém.
manopla *f* mitene *f.*

manosear *vt* manusear.
mansión *f* mansão *f*.
manso, sa *adj (animal)* manso(sa); *(pessoa)* calmo(ma).
manta *f* manta *f*.
manteca *f (de animal)* gordura *f*; *(de cacau)* manteiga *f* de cacau.
mantel *m* toalha *f (de mesa)*.
mantelería *f* roupa *f* de mesa.
mantener *vt* manter; *(segurar)* sustentar.
❑ **mantenerse** *vpr (sustentar-se)* suster-se; *(alimentar-se)* sustentar-se.
mantenimiento *m (de pessoa)* sustento *m*; *(de prédio, carro)* manutenção *f*.
mantequería *f* mercearia *f*.
mantequilla *f* manteiga *f*.
mantilla *f* mantilha *f*.
mantón *m* xale *m*.
manual *adj & m* manual.
manualidades *f* bricolagem *f*.
manuscrito *m* manuscrito *m*.
manzana *f (fruta)* maçã *f*; *(de casas)* quarteirão *m*; **manzana al horno** maçã ao forno.
manzanilla *f (bebida quente)* chá *m* de camomila; *(vinho) tipo de vinho de xerez, suave e de coloração clara*.
manzano *m* macieira *f*.
mañana **1** *f (parte do dia)* manhã *f*.
2 *m (futuro)*: **el mañana** o amanhã.
3 *adv (no dia seguinte)* amanhã.
4 **de la mañana** da manhã; **por la mañana** de manhã.
mapa *m* mapa *m*.
maqueta *f* maquete *f*.
maquillaje *m* maquiagem *f*.
maquillar *vt* maquiar.
❑ **maquillarse** *vpr* maquiar-se.
máquina *f (aparelho)* máquina *f*; *(locomotiva)* motor *m*; *CAm & Cuba (carro)* carro *m*; **a máquina** à máquina; **máquina de afeitar** barbeador *m* (elétrico); **máquina de coser** máquina de costura; **máquina de escribir** máquina de escrever; **máquina fotográfica** máquina fotográfica.
maquinaria *f* maquinaria *f*.
maquinilla *f* barbeador *m*.
maquinista *mf* maquinista *mf*.
mar *m o f* mar *m*.
maracas *fpl* maracá *m*.
maratón *m o f lit & fig* maratona *f*.
maravilla *f* maravilha *f*.
maravilloso, sa *adj (admirável)* maravilhoso(sa); *(inexplicável)* extraordinário (ria).
marca *f (sinal, nome etc.)* marca *f*; *(em esporte)* record *m*; **de marca** de grife; **marca registrada** marca registrada.
marcado, da *adj* visível.
marcador *m (painel)* placar *m*; *(de tinta)* marcador *m*.
marcapasos *m inv* marcapasso *m*.
marcar *vt* marcar; *(número de telefone)* discar; *(cabelo)* pentear.
marcha *f (saída)* partida *f*; *(de veículo)* marcha *f*; *(desenvolvimento)* andamento *m*; *fam (movimentação)* animação *f*; *(peça musical)* marcha *f*; **poner en marcha** pôr em funcionamento.
marchar *vi (aparelho, mecanismo)* funcionar; *(assunto, negócio)* andar; *(soldado)* marchar.
❑ **marcharse** *vpr (partir)* ir-se embora.
❑ **marcharse a** *v + prep (ir para)* ir-se para.
❑ **marcharse de** *v + prep (sair de)* ir-se de.
marchitarse *vpr* murchar.
marciano, na *m, f (de Marte)* marciano *m*, -na *f*; *(extraterrestre)* extraterrestre *mf*.
marco *m (de quadro)* moldura *f*; *(de porta, janela)* batente *m*; *(limite)* âmbito *m*; **marco (alemán)** marco *m* (alemão).
marea *f* maré *f*; **marea negra** maré negra.
mareado, da *adj* enjoado(da).
marearse *vpr* enjoar.
marejada *f* marulho *m*.
marejadilla *f* marola *f*.
maremoto *m* maremoto *m*.
mareo *m* enjôo *m*, tontura *f*.
marfil *m* marfim *m*.
margarina *f* margarina *f*.
margarita *f* margarida *f*.
margen *m (de página, de rio etc.)* margem *f*; *(benefício)* margem *f* de lucro; *(tempo)* margem *f* de tempo; *(possibilidade de agir)* margem *f* de manobra.
marginación *f* marginalização *f*.
marginado, da *m, f* marginalizado *m*, -da *f*.
mariachi *m Amér* conjunto *m* mariachi.
maricón *m vulg & pej* veado *m*.
marido *m* marido *m*.
marihuana *f* maconha *f*.
marina *f* marinha *f*.

marinero, ra *adj* marinheiro(ra); **a la marinera** *com molho de vinho branco e alho.*
marino *m* marinho *m.*
marioneta *f* marionete *f.*
□ **marionetas** *fpl* teatro *m* de marionetes.
mariposa *f* borboleta *f; (em natação)* (nado) *m* borboleta.
mariquita *f* joaninha *f.*
mariscada *f* mariscada *f.*
marisco *m* marisco *m.*
marisma *f* marisma *f.*
marítimo, ma *adj* marítimo(ma).
mármol *m* mármore *m.*
marqués, esa *m, f* marquês *m*, -esa *f.*
marquesina *f* marquise *f.*
marrano, na 1 *adj (sujo)* emporcalhado (da); *(pouco confiável)* calhorda.
2 *m, f (suíno)* porco *m*, -ca *f.*
marrón *adj inv* marrom.
martes *m inv* terça-feira *f* → **sábado.**
martillo *m* martelo *m.*
mártir *mf* mártir *mf.*
marxista *mf* marxista *mf.*
marzo *m* março *m* → **septiembre.**
más 1 *adv* (a) *(geral)* mais; **Pepe es más alto/ambicioso** Pepe é mais alto/ambicioso; **tengo más hambre** estou com mais fome; **más de/que** mais de/que; **más ... que ...** mais ... que ...; **de más** a mais; **eso está de más** isso está de mais; **el/la más** o/a mais; **no necesitas más trabajo** você não precisa de mais trabalho; **¿quién/qué más?** quem/o que mais?; **no vino nadie más** não veio ninguém mais; **dos más dos igual a cuatro** dois mais dois são quatro.
(b) *(indica intensidade)*: **¡qué día más bonito!** que dia mais bonito!; **no lo soporto, ¡es más tonto!** não o suporto, ele é tão idiota!
(c) *(indica preferência)* mais; **más vale que te quedes en casa** mais vale ficar em casa.
(d) *(em locuções)*: **poco más** pouco mais; **es más** e tem mais; **más o menos** mais ou menos; **por más que** por mais que; **por más que lo intente no lo conseguirá** por mais que tente, não conseguirá; **¿qué más da?** que diferença faz?
2 *m inv (em matemática)* mais *m inv*; **tener sus más y sus menos** ter os seus prós e contras.

> Não confundir ***más (mais)*** com o português ***más***, que em espanhol é ***malas***. (***Este pantalón sale más caro de lo que pensé.*** Esta calça sai ***mais*** caro do que pensei.)

masa *f* massa *f.*
masaje *m* massagem *f.*
masajista *mf* massagista *mf.*
mascar *vt* mascar.
máscara *f (para o rosto)* máscara *f; (conjunto de roupas)* disfarce *m.*
mascarilla *f (creme, loção)* máscara *f; (para nariz e boca)* mascarilha *f.*
mascota *f* mascote *f.*
masculino, na *adj (em gramática, sexo)* masculino(na); *(viril)* másculo(la).
masía *f casarão rural catalão.*
masticar *vt* mastigar.
mástil *m* mastro *m.*
matadero *m* matadouro *m.*
matador *m* matador *m.*
matambre *m RP* matambre *m.*
matamoscas *m inv (pá)* mata-moscas *m inv; (spray)* inseticida *m.*
matanza *f (de pessoas, animais)* matança *f; (de porco)* abate *m.*
matar *vt* matar; *(brilho, cor)* apagar; *(em jogos, baralho)* bater.
□ **matarse** *vpr (dar atenção, trabalhar)* matar-se.
matarratas *m inv (substância venenosa)* mata-ratos *m inv*; *fam (bebida ruim)* purgante *m.*
matasellos *m inv* carimbo *m (de correios).*
mate 1 *adj* fosco(ca).
2 *m (em xadrez)* xeque-mate *m; (planta)* erva-mate *f; (para beber)* mate *m.*
matemáticas *fpl* matemática *f.*
matemático, ca *adj* matemático(ca).
materia *f* matéria *f*; **materia prima** matéria-prima *f.*
material 1 *adj* material.
2 *m* material *m; (de escritório, laboratório)* equipamento *m.*
maternidad *f* maternidade *f.*
materno, na *adj* materno(na).
matinal *adj* matinal.
matiz (*pl* **-ces**) *m (de cor)* matiz *m; (pequena diferença)* nuança *f.*
matizar *vt* matizar.
matón *m* capanga *m.*

matorral *m (local)* matagal *m*; *(arbusto)* moita *f*.
matrícula *f (de colégio, universidade)* matrícula *f*; *(de veículo)* placa *f*.
matricular *vt* emplacar.
❑ **matricularse** *vpr* matricular-se.
matrimonio *m (duas pessoas)* casal *m*; *(cerimônia)* casamento *m*.
matutino, na *adj* matutino(na).
maullar *vi* miar.
maullido *m* miado *m*.
máxima *f* máxima *f*.
máximo, ma 1 *adj* máximo(ma).
2 *m (limite superior)* máximo *m*; **como máximo** no máximo.
maya 1 *adj & mf* maia.
2 *m* maia *m*.
mayo *m* maio *m* → **septiembre.**
mayonesa *f* maionese *f*.
mayor 1 *adj (em tamanho, em importância)* maior; *(em idade)* mais velho(lha).
2 *m (no exército)* major *m*.
3 **el/la mayor** *(em tamanho, importância)* o/a maior; *(em idade)* o mais velho/a mais velha; **al por mayor** por atacado; **mayor de edad** maior de idade.
❑ **mayores** *mpl*: **los mayores** *(adultos)* os adultos; *(anciãos)* os idosos.
mayoreo *m Amér* atacado *m (venda)*.
mayoría *f* maioria *f*.
mayúscula *f* maiúscula *f*; **en mayúsculas** em maiúsculas.
mazapán *m* marzipã *m*.
mazo *m (de madeira)* marreta *f*; *Amér (baralho)* maço *m*.
me *pron (complemento direto, reflexivo)* me; *(complemento indireto)* me, mim.
mear *vi fam* mijar.
mecánica *f* mecânica *f*.
mecánico, ca 1 *adj (escada, aparelho etc.)* mecânico(ca); *(ato, resposta etc.)* automático(ca).
2 *m* mecânico *m*.
mecanismo *m* mecanismo *m*.
mecanografía *f* tipografia *f*.
mecanógrafo, fa *m, f* datilógrafo *m*, -fa *f*.
mecedora *f* cadeira *f* de balanço.
mecer *vt* embalar.
mecha *f (de vela, explosivo)* pavio *m*; *(de cabelo)* mecha *f*; *(de toucinho defumado)* fatia *f*.
mechero *m Esp* isqueiro *m*.
mechón *m* mecha *m (de cabelo)*.
medalla *f* medalha *f*.
medallón *m* medalhão *m*; **medallones de rape** postas de arraia; **medallones de solomillo** filé mignon.
media *f* meia *f*.
❑ **medias** *fpl* meias *fpl*.
mediado, da *adj*: **a mediados de** em meados de.
medialuna *f Amér* croissant *m*.
mediana *f* canteiro *m*.
mediano, na *adj (em tamanho, em qualidade)* mediano(na); *(comum)* medíocre.
medianoche *f* meia-noite *f*.
mediante *prep* mediante.
mediar *vi* mediar.
medicamento *m* remédio *m*.
medicina *f (ciência, profissão)* medicina *f*; *(medicamento)* remédio *m*.
medicinal *adj* medicinal.
médico, ca *m, f* médico *m*, -ca *f*; **médico de guardia** médico de plantão.
medida *f* medida *f*; **tomar medidas** tomar medidas; **medidas de seguridad** medidas de segurança; **a medida que** à medida que; **sin medida** desmedido (da).
medieval *adj* medieval.
medio, dia 1 *adj (na metade, não inteiro)* meio (meia); *(geral, intermédio)* médio (dia).
2 *m* meio *m*; *(em matemática)* metade *f*, meio *m*.
3 *adv (não completamente)* meio.
4 **en medio de** *(entre dois, vários)* em meio a; *(na metade de)* pelo meio de; **a medias** *(sem terminar)* pela metade; *(dividido entre dois)* meio a meio; **medio ambiente** meio ambiente.
❑ **medios** *mpl (recursos econômicos)* meios *mpl*.
mediocre *adj* medíocre.
mediocridad *f* mediocridade *f*.
mediodía *m* meio-dia *f*; *(das doze às quinze horas) período do dia entre as 12h e as 15h.*
mediopensionista *mf pessoa que estuda em alguma instituição, com direito a refeição diária.*
medir *vt* medir.
meditar *vt & vi* meditar.
mediterráneo, a *adj* mediterrâneo(a).
médium *mf inv* médium *mf inv*.

medusa *f* medusa *f*.
megáfono *m* megafone *m*.
mejilla *f* bochecha *f*.
mejillón *m* mexilhão *m*; **mejillones a la marinera** mexilhões com molho de vinho branco e alho.
mejor 1 *adj* melhor.
2 *adv* melhor.
3 *interj* melhor.
4 **el/la mejor** o/a melhor; **a lo mejor** talvez.
mejora *f (de prédio, local)* melhoria *f*; *(de salário)* aumento *m*.
mejorar *vt & vi* melhorar.
❑ **mejorarse** *vpr* melhorar.
mejoría *f (de doença, pessoa)* melhora *f*; *(de trabalho)* melhoria *f*.
melancolía *f* melancolia *f*.
melancólico, ca *adj* melancólico(ca).
melena *f (de pessoa)* cabeleira *f*; *(de leão)* juba *f*.
mella *f (numa arma, ferramenta)* mossa *f*; *(num dente)* buraco *m*; **hacer mella** deixar marcas.
mellizo, za *adj* gêmeo(a).
❑ **mellizos** *mpl* gêmeos *mpl*.
melocotón *m Esp* pêssego *m*; **melocotón en almíbar** pêssegos em calda.
melocotonero *m Esp* pessegueiro *m*.
melodía *f* melodia *f*.
melodrama *m* melodrama *m*.
melodramático, ca *adj* melodramático (ca).
melón *m* melão *m*; **melón con jamón** melão com presunto.
membrillo *m* marmelo *m*.
memorable *adj* memorável.
memoria *f (faculdade, de computador)* memória *f*; *(recordação)* lembrança *f*; *(estudo)* dissertação *f*; *(descrição)* relatório *m*; **de memoria** de cor.
❑ **memorias** *fpl* memórias *fpl*.
memorizar *vt* memorizar.
menaje *m* aparelho *m* de cozinha.
mención *f (citação)* menção *f*; *(em prêmio, concurso)* menção *f* (honrosa).
mencionar *vt* mencionar.
mendigo, ga *m, f* mendigo *m*, -ga *f*.
menestra *f* minestrone *m*; **menestra de verduras** sopa de verduras.
menor 1 *adj (em tamanho, importância)* menor; *(em idade)* mais novo(va).
2 *mf (pessoa)* menor.
3 **el/la menor** *(de menos idade)* o mais novo/a mais nova; **menor de edad** menor de idade.
menos 1 *adv* (a) *(geral)* menos; **está menos gordo/agresivo** está menos gordo/agressivo; **ya tengo menos hambre** já estou com menos fome; **menos manzanas/aire** menos maçãs/ar; **menos que** menos que; **menos de cincuenta/cien** menos de cinqüenta/cem; **menos ... que ...** menos ... que ...; **de menos** a menos; **el/la menos** o/a menos; **lo menos** o mínimo; **es lo de menos** é o de menos; **tres menos dos igual a uno** três menos dois igual a um; **son las cuatro menos diez** são dez para as quatro.
(b) *(exceto)* menos; **acudieron todos menos él** vieram todos menos ele; **todo menos eso** tudo menos isso.
(c) *(em locuções)*: **a menos que** a menos que; **poco menos** pouco menos; **¡menos mal!** ainda bem!
2 *m inv (em matemática)* menos *m inv*; **al/por lo menos** ao/pelo menos.
menospreciar *vt* menosprezar.
menosprecio *m* menosprezo *m*.
mensaje *m* mensagem *f*.
mensajero, ra *m, f* mensageiro *m*, -ra *f*.
menstruación *f* menstruação *f*.
mensual *adj* mensal.
menta *f (planta)* hortelã *f*; *(para beber)* chá *m* de hortelã; **a la menta** mentolado (da).
mental *adj* mental.
mente *f (inteligência)* mente *f*; *(forma de pensar)* opinião *f*.
mentir *vi* mentir.
mentira *f* mentira *f*.
mentiroso, sa *m, f* mentiroso *m*, -sa *f*.
mentón *m* queixo *m*.
menú *m* menu *m*; **menú de degustación** menu de degustação.
menudeo *m Amér* varejo *m*.
menudo, da *adj* miúdo(da); **a menudo** freqüentemente.
meñique 1 *adj* mindinho.
2 *m* mindinho *m*.
mercadillo *m* bricabraque *m*.
mercado *m* mercado *m*.
mercancía *f* mercadoria *f*.
mercantil *adj* mercantil.
mercería *f* armarinho *m*.
mercurio *m* mercúrio *m*.

merecer *vt* merecer.
❑ **merecerse** *vpr* merecer.
merendar *vt & vi* merendar.
merendero *m café ou lanchonete ao ar livre, no campo ou à beira-mar.*
merengue *m* merengue *m*, suspiro *m*.
meridiano, na **1** *adj (transparente)* evidente; *(do meio-dia)* meridiano(na).
2 *m (da Terra)* meridiano *m*.
meridional *adj* meridional.
merienda *f* merenda *f*.
mérito *m* mérito *m*.
merluza *f* merluza *f*; **merluza a la plancha** merluza na chapa.
mermelada *f* geléia *f*.
mero *m* garoupa *f*; **mero a la plancha** garoupa na chapa.
mes *m* mês *m*; **en el mes de** no mês de.
mesa *f* mesa *f*; **poner la mesa** pôr a mesa; **quitar la mesa** tirar a mesa.
mesero, ra *m, f Amér* garçom *m*, -nete *f*.
meseta *f* planalto *m*.
mesilla *f*: **mesilla de noche** mesa *f* de cabeceira, criado-mudo *m*.
mesón *m restaurante de estilo rústico.*
mestizo, za *m, f* mestiço *m*, -ça *f*.
meta *f (de competição)* chegada *f*, meta *f*; *(objetivo)* meta *f*; *(em campo de futebol)* gol *m*.
metáfora *f* metáfora *f*.
metal *m* metal *m*.
metálico, ca **1** *adj* metálico(ca).
2 *m (dinheiro)* numerário *m*.
3 en metálico à vista.
meteorito *m* meteorito *m*.
meteorología *f* meteorologia *f*.
meter *vt* (**a**) *(introduzir, internar)* meter; **meter algo/a alguien en** meter algo/alguém em; **lo han metido en la cárcel** meteram-no na prisão.
(**b**) *(pôr)* colocar; **voy a meter medio millón en el banco** vou colocar meio milhão no banco.
(**c**) *(investir)* apostar; **he metido mis ahorros en esa empresa** apostei minhas economias nessa empresa; **meter a alguien en algo** implicar alguém em algo.
(**d**) *fam (fazer agüentar)* empurrar; **nos meterá su discurso** vai-nos empurrar seu discurso.
(**e**) *fam (impor)* tascar; **me han metido una multa** tascaram-me uma multa.
(**f**) *(provocar)* dar, meter; **meter miedo a alguien** meter medo em alguém; **meter prisa a alguien** apressar alguém; **no metas ruido** não faça barulho.
(**g**) *fam (soltar)* dar; **le metieron una bronca por llegar tarde** deram-lhe uma bronca por chegar tarde.
(**h**) *(em locuções)*: **meter la pata** *fam* pisar na bola.
❑ **meterse** *vpr* meter-se; **meterse a** *(dedicar-se a)* meter-se a; *(iniciar)* começar; **meter en** meter-se em.
❑ **meterse con** *v + prep* meter-se com.
método *m* método *m*.
metralla *f (fragmento)* estilhaço *m*.
metro *m (unidade de comprimento, fita métrica)* metro *m*; *(transporte)* metrô *m*.
metrópoli *f (grande cidade)* metrópole *f*; *(sede do governo)* capital *f*.
mezcla *f* mistura *f*.
mezclar *vt* misturar; *(em negócio, assunto)* envolver; **mezclar a alguien en algo** envolver alguém em algo.
❑ **mezclarse en** *v + prep (negócio, assunto)* envolver-se em.
mezquino, na *adj* mesquinho(nha).
mezquita *f* mesquita *f*.
mg (*abrev de* **miligramo**) mg.
mi (*pl* **mis**) *adj* meu (minha).
mí *pron* mim; **¡a mí qué!** e daí?; **por mí ...** por mim ...
mico *m* mico *m*.
microbio *m* micróbio *m*.
microbús *f (ônibus)* microônibus *m*; *Méx (táxi)* táxi-lotação *m*.
micrófono *m* microfone *m*.
microondas *m inv* microondas *m inv*.
microscopio *m* microscópio *m*.
miedo *m* medo *m*; **tener miedo de** ter medo de.
miedoso, sa *adj* medroso(sa).
miel *f* mel *m*.
miembro *m* membro *m*.
mientras *conj* enquanto; **mientras (que)** enquanto; **mientras (tanto)** enquanto isso, entretanto.
miércoles *m inv* quarta-feira *f* → **sábado.**
mierda **1** *f vulg* merda *f*.
2 *interj* merda!
mies *f (cereal)* grão *m (maduro)*; *(sega)* ceifa *f*.
miga *f (de pão)* miga *f*; *(pequena quantidade)* pedacinho *m*; *(parte importante)* cerne *m*.

❑ **migas** *fpl migalhas de pão velho umedecidas e fritas com alho e pimentão.*
migaja *f (de pão)* migalha *f*; *(pequena quantidade)* pedacinho *m*.
mil *num* mil → **seis.**
milagro *m* milagre *m*; **de milagro** por milagre.
milanesa *f*: **a la milanesa** à milanesa.
milenario, ria 1 *adj* milenar.
2 *m* milênio *m*.
milenio *m* milênio *m*.
milésimo, ma *adj* milésimo(ma).
miligramo *m* miligrama *m*.
mililitro *m* mililitro *m*.
milímetro *m* milímetro *m*.
militante *mf* militante *mf*.
militar *adj & m* militar.
milla *f* milha *f*.
millar *m* milhar *m*.
millón *num* milhão → **seis.**
millonario, ria *m, f* milionário *m*, -ria *f*.
mimado, da *adj* mimado(da).
mimar *vt* mimar.
mímica *f* mímica *f*.
mimosa *f* mimosa *f*.
min (*abrev de* **minuto**) min.
mina *f (jazida, explosivo)* mina *f*; *(de lápis)* grafite *m*.
mineral 1 *adj* mineral.
2 *m (substância)* mineral *m*.
minero, ra *m, f* mineiro *m*, -ra *f*.
miniatura *f* miniatura *f*; **en miniatura** em miniatura.
minifalda *f* minissaia *f*.
mínimo, ma 1 *adj* mínimo(ma).
2 *m* mínimo *m*; **como mínimo** no mínimo.
ministerio *m* ministério *m*.
ministro, tra *m, f* ministro *m*, -tra *f*.
minoría *f* minoria *f*.
minoritario, ria *adj* minoritário(ria).
minucioso, sa *adj* minucioso(sa).
minúscula *f* minúscula *f*; **en minúscula** em letra minúscula.
minúsculo, la *adj* minúsculo(la).
minusválido, da *m, f* deficiente *mf* físico.
minutero *m* ponteiro *m* dos minutos.
minuto *m* minuto *m*.
mío, mía 1 *adj* meu (minha).
2 *pron*: **el mío, la mía** o meu, a minha; **lo mío es el deporte** meu negócio é esporte.
miope *adj* míope.
miopía *f* miopia *f*.
mirada *f* olhar *m*.
mirador *m (local)* mirante *m*, miradouro *m*; *(terraço fechado)* varanda *f* (fechada).
mirar 1 *vt (observar)* olhar; *(vigiar)* cuidar; *(considerar)* pensar em.
2 *vi (estar orientado)* voltar-se para, ter vista para; *(buscar)* procurar.
❑ **mirarse** *vpr* olhar-se.
mirilla *f* olho *m* mágico.
mirlo *m* melro *m*.
mirón, ona *m, f* enxerido *m*, -da *f*.
misa *f* missa *f*; **misa del gallo** missa do galo.
miserable *adj (muito pobre, mesquinho)* miserável; *(infeliz)* desgraçado(da).
miseria *f* miséria *f*.
misericordia *f* misericórdia *f*.
misil *m* míssil *m*.
misión *f* missão *f*.
misionero, ra *m, f* missionário *m*, -ria *f*.
mismo, ma 1 *adj* mesmo(ma).
2 *pron*: **el mismo/la misma** o mesmo/a mesma.
3 **ahora mismo** agora mesmo; **lo mismo (que)** o mesmo (que); **dar lo mismo** dar no mesmo.
misterio *m* mistério *m*.
misterioso, sa *adj* misterioso(sa).
mitad *f (parte)* metade *f*; *(centro, meio)* meio *m*.
mitin *m* comício *m*.
mito *m* mito *m*.
mitología *f* mitologia *f*.
mixto, ta 1 *adj* misto(ta).
2 *m* torrada *f*, misto *m* (quente).
ml (*abrev de* **mililitro**) ml.
mm (*abrev de* **milímetro**) mm.
mobiliario *m* mobília *f*.
mocasín *m* mocassim *m*.
mochila *f* mochila *f*.
mochuelo *m* mocho *m*.
moco *m* muco *m*, ranho *m*.
moda *f* moda *f*; **a la moda** à moda; **estar de moda** estar na moda; **pasado de moda** fora de moda.
modalidad *f* modalidade *f*.
modelo *m & mf* modelo.
módem (*pl* **módems**) *m* modem *m*.
moderno, na *adj* moderno(na).
modestia *f* modéstia *f*.

modesto, ta *adj (pobre, humilde)* modesto(ta); *(escasso)* módico(ca).
modificación *f* modificação *f.*
modificar *vt* modificar.
modisto, ta *m, f* estilista *mf.*
modo *m* modo *m*; **de modo que** de modo que; **de ningún modo** de modo nenhum; **de todos modos** de todo os modos; **en cierto modo** de certo modo.
moflete *m* bochecha *f* grande.
moho *m* mofo *m.*
mojado, da *adj* molhado(da).
mojar *vt* molhar.
❑ **mojarse** *vpr* molhar-se.
molde *m* molde *m.*
moldeado *m* penteado *m* (modelado).
moldear *vt (dar forma)* moldar; *(em cabeleireiro)* modelar.
mole *m Méx molho picante com especiarias e tomate.*
molestar 1 *vt (atrapalhar)* perturbar.
2 *vi (doer, chatear)* incomodar.
❑ **molestarse** *vpr (aborrecer-se, irritar-se)* zangar-se; *(dar-se trabalho)* incomodar-se.
molestia *f (perturbação)* incômodo *m*; *(dor)* moléstia *f.*
molesto, ta *adj* molesto(ta); **estar molesto** estar irritado.
molino *m* moinho *m*; **molino de viento** moinho de vento.
molusco *m* molusco *m.*
momento *m* momento *m*; **hace un momento** faz um instante; **por el momento** no momento; **al momento** imediatamente; **de un momento a otro** de um momento a outro; **¡un momento!** um momento!
momia *f* múmia *f.*
monada *f fam* amor *m*, gracinha *f*; **¡qué monada!** que gracinha!
monaguillo *m* coroinha *m.*
monarca *mf* monarca *mf.*
monarquía *f* monarquia *f.*
monasterio *m* mosteiro *m.*
Moncloa *f*: **la Moncloa** *residência oficial do presidente do governo espanhol.*
moneda *f* moeda *f*; **'introducir monedas'** 'introduzir moedas'.
monedero *m* porta-moedas *m.*
monitor, ra 1 *m, f (pessoa)* monitor *m*, -ra *f.*
2 *m (tela)* monitor *m* de vídeo.
monja *f* freira *f.*
monje *m* monge *m.*
mono, na 1 *adj (agradável)* bonito(ta).
2 *m, f (animal)* macaco *m*, -ca *f.*
3 *m (peça de roupa)* macacão *m*; **¡qué mono!** que bonito!
monólogo *m* monólogo *m.*
monopatín *m* skate *m.*
monopolio *m* monopólio *m.*
monótono, na *adj* monótono(na).
monstruo *m* monstro *m.*
montacargas *m inv* elevador *m* de carga.
montaje *m (de máquina, espetáculo)* montagem *f*; *(estafa)* armadilha *f.*
montaña *f* montanha *f*; **montaña rusa** montanha-russa.
montañismo *m* montanhismo *m.*
montañoso, sa *adj* montanhoso(sa).
montar 1 *vt* montar; *(clara de ovo)* bater.
2 *vi* montar.
monte *m* monte *m.*
montera *f* chapéu *m* de toureiro.
montón *m (pilha)* montão *f*; *fam (grande quantidade)* montão *m.*
montura *f (de óculos)* armação *f*; *(cavalo, burro etc.)* montaria *f.*
monumental *adj (de monumento)* monumental; *(enorme)* descomunal.
monumento *m* monumento *m.*
moño *m* coque *m.*
mora *f* amora *f.*
morado, da 1 *adj* roxo(xa).
2 *m (cor)* roxo *m*; *(ferimento)* hematoma *m.*
moral 1 *adj* moral.
2 *f* moral *f.*
moraleja *f* moral *f* (da história).
moralista *mf* moralista *mf.*
morcilla *f* morcilha *f.*
mordaza *f* mordaça *f.*
mordedura *f* mordida *f.*
morder *vt* morder.
mordida *f Méx fam* propina *f.*
mordisco *m (ato)* mordidela *f*; *(ferimento)* mordida *f*; *(pedaço)* bocado *m.*
moreno, na *adj (de sol)* bronzeado(da), moreno(na); *(pele)* moreno(na); *(cabelo)* castanho(nha).
moribundo, da *adj* moribunda(da).
morir *vi* morrer.
❑ **morirse** *vpr lit & fig* morrer.
moro, ra 1 *adj* mourisco(ca).
2 *m, f* mouro *m*, -ra *f.*
morocho, cha *adj Andes & RP fam (pessoa)* robusto(ta); *(pele)* moreno(na)

(cabelo) castanho(nha).
moroso, sa *m, f* moroso *m*, -sa *f*.
morralla *f Méx* trocado *m*.
morro *m* focinho *m*.
morsa *f* morsa *f*.
mortal *adj (acidente, ferimento)* mortal; *fam (entediante)* maçante.
mortero *m (recipiente)* almofariz *m*; *(arma)* morteiro *m*.
mosaico *m* mosaico *m*.
mosca *f* mosca *f*; **por si las moscas** por via das dúvidas.
moscatel *m* moscatel *m*.
mosquito *m* mosquito *m*.
mostaza *f* mostarda *f*.
mostrador *m* balcão *m*.
mostrar *vt* mostrar.
❑ **mostrarse** *vpr* mostrar-se.
motel *m* motel *m*.
motivación *f* motivação *f*.
motivar *vt* motivar.
motivo *m* motivo *m*; **con motivo de** por ocasião de.
moto *f* moto *f*; **moto acuática** jet ski *m*.
motocicleta *f* motocicleta *f*.
motociclismo *m* motociclismo *m*.
motociclista *mf* motociclista *mf*.
motocross *m inv* motocross *m inv*.
motoneta *f Amér* lambreta *f*.
motor *m* motor *m*.
motora *f* lancha *f*, barco *m* a motor.
motorista *mf* motoqueiro *m*, -ra *f*.
mousse *f* musse *m*; **mousse de chocolate** musse de chocolate; **mousse de limón** musse de limão.
mover *vt* mover.
❑ **moverse** *vpr* mexer-se.
movida *f fam* agito *m*, embalo *m*.
movido, da *adj* animado(da).
móvil 1 *adj* móvel.
2 *m (motivo)* móbil *m*; *(telefone)* celular *m*.
movimiento *m* movimento *m*.
mozo, za 1 *m, f (novo, solteiro)* moço *m*, -ça *f*; *Perú & RP (em restaurante, bar)* garçom *m*, garçonete *f*.
2 *m (de hotel, estação)* porteiro *m*; *(no exército)* recruta *m*.

Não confundir *mozo (garçom)* com o português *moço*, que em espanhol é *joven*. (*El mozo del restaurante nos atendió correctamente.* O *garçom* do restaurante nos atendeu educadamente.)

mucamo, ma *m, f Amér* empregado *m*, -da *f*.
muchacha *f fam* criada *f*.
muchachada *f Amér* rapaziada *f*.
muchacho, cha *m, f* moço *m*, -ça *f*.
muchedumbre *f* multidão *f*.
mucho, cha 1 *adj* muito(ta).
2 *adv* muito.
3 como mucho quando muito; **ni mucho menos** nem pensar; **por mucho que** por mais que.
❑ **muchos, chas** *pron* muitos(tas).
mudanza *f* mudança *f*.
mudar *vt* mudar.
❑ **mudarse** *vpr* mudar-se.
mudo, da *adj & m, f* mudo(da).
mueble *m* móvel *m*.
mueca *f* careta *f*.
muela *f* molar *m*.
muelle *m (de colchão)* mola *f*; *(de porto)* cais *m*.
muerte *f* morte *f*.
muerto, ta *adj & m, f* morto(ta).
muestra *f (de mercadoria)* amostra *f*; *(demonstração)* demonstração *f*; *(exposição, expressão)* mostra *f*.
mugido *m* mugido *m*.
mugir *vi* mugir.
mujer *f* mulher *f*.
mulato, ta *m, f* mulato *m*, -ta *f*.
muleta *f (para andar)* muleta *f*; *(de toureiro) capa vermelha que o toureiro agita para provocar o touro.*
mulo, la *m, f* mulo *m*, -la *f*.
multa *f* multa *f*.
multar *vt* multar.
multicine *m cinema com várias salas.*
multimedia *adj* INFORM multimídia.
multinacional *f* multinacional *f*.
múltiple *adj* múltiplo(pla).
multiplicación *f* multiplicação *f*.
multiplicar *vt* multiplicar.
❑ **multiplicarse** *vpr* multiplicar-se.
múltiplo *m* múltiplo *m*.
multitud *f* multidão *f*.
mundial *adj* mundial.
mundo *m* mundo *m*; **todo el mundo** todo o mundo; **hombre/mujer de mundo** homem/mulher do mundo *m*.
munición *f* munição *f*.
municipal 1 *adj* municipal.
2 *m, f* polícia *mf*.

municipio *m* município *m*.
muñeca *f (da mão)* pulso *m*.
muñeco, ca *m, f* boneco *m*, -ca *f*.
muñequera *f* munhequeira *f*.
mural *m* mural *m*.
muralla *f* muralha *f*.
murciélago *m* morcego *m*.
muro *m* muro *m*.
musa *f* musa *f*.
músculo *m* músculo *m*.
museo *m* museu *m*.
musgo *m* musgo *m*.
música *f* música *f*; **música ambiental** música ambiente; **música clásica** música clássica; **música pop** música pop.
musical *adj* musical.
musicalmente *adv* musicalmente.
músico, ca *m, f* músico *m*, -ca *f*.
muslo *m* coxa *f*; **muslo de pollo** coxa de galinha.
musulmán, ana *adj* & *m, f* muçulmano (na).
mutilado, da *m, f* mutilado *m*, -da *f*.
mutua *f* mútua *f*.
mutuo, tua *adj* mútuo(tua).
muy *adv* muito.

Nn

nabo *m* nabo *m*.
nacer *vi* nascer.
nacimiento *m* nascimento *m*; *(de Natal)* presépio *m*.
nación *f* nação *f*.
nacional *adj* nacional.
nacionalidad *f* nacionalidade *f*.
nada *pron & adv* nada; **de nada** *(resposta para 'obrigado')* de nada; **nada más** nada mais.
nadador, ra *m, f* nadador *m*, -ra *f*.
nadar *vi* nadar.
nadie *pron* ninguém.
nailon *m* náilon *m*.
naipe *m* carta *f (de baralho)*.
nalga *f* nádega *f*.
❑ **nalgas** *fpl* nádegas *fpl*.
nana *f (canto)* cantiga *f* de ninar; *Amér (para criança)* babá *f*.
naranja 1 *f (fruta)* laranja *f*; **naranja exprimida** suco *m* de laranja.
2 *adj inv (cor)* alaranjado(da).
3 *m inv (cor)* laranja *m inv*.
naranjada *f* laranjada *f*.
naranjo *m* laranjeira *f*.
narcotraficante *mf* narcotraficante *mf*.
narcotráfico *m* narcotráfico *m*.
nariz (*pl* **-ces**) *f* nariz *m*.
narración *f* narração *f*.
narrador, ra *m, f* narrador *m*, -ra *f*.
narrar *vt* narrar.
narrativa *f* narrativa *f*.
nata *f Esp* nata *f*.
natación *f* natação *f*.
natillas *fpl* mingau *m*.
nativo, va *m, f* nativo *m*, -va *f*.
natural *adj* natural; **natural de** natural de.
naturaleza *f* natureza *f*; **por naturaleza** por natureza.
naufragar *vi* naufragar.
naufragio *m* naufrágio *m*.
náuseas *fpl* náuseas *fpl*; **tener náuseas** sentir náuseas.
náutico, ca *adj* náutico(ca).
navaja *f* navalha *f*.
naval *adj* naval.
nave *f (barco)* nau *f*; *(de igreja, de fábrica)* nave *f*; **nave espacial** nave espacial.
navegable *adj* navegável.
navegar *vi* navegar.
Navidad Natal *m*; **Feliz Navidad** Feliz Natal.
❑ **Navidades** *fpl* Natal *m*.
nazareno *m homem penitente, em procissões da Semana Santa.*
neblina *f* neblina *f*.
necedad *f* disparate *m*.
necesario, ria *adj* necessário(ria).
neceser *m* nécessaire *m*.
necesidad *f* necessidade *f*; **de primera necesidad** de primeira necessidade.
❑ **necesidades** *fpl* necessidades *fpl*; **hacer sus necesidades** fazer suas necessidades; **pasar necesidades** passar necessidades.
necesitar *vt* necessitar; **'se necesita ...'** 'precisa-se de ...'.
necio, cia *adj* tonto(ta).
necrológicas *fpl* obituário *m*.
negación *f* negação *f*.
negado, da *adj* inepto(ta).
negar *vt* negar.
❑ **negarse** *vpr*: **negarse a hacer algo** recusar-se a fazer algo.
negativa *f* negativa *f*.
negativo, va 1 *adj* negativo(va).
2 *m* negativo *m*.
negociable *adj* negociável.
negociación *f* negociação *f*.

negociador, ra *m, f* negociador *m*, -ra *f*.
negociar *vt & vi* negociar.
negocio *m* negócio *m*; **hacer negocios** fazer negócios.
negro, gra 1 *adj (cor)* preto(ta); *(etnia)* negro(gra); *fig (de azar)* azarado(da).
2 *m, f (pessoa)* negro *m*, -gra *f*.
3 *m (cor)* preto *m*.
nene, na *m, f fam* bebê *m*.
nenúfar *m* nenúfar *m*.
nervio *m (de pessoa)* nervo *m*; *(de planta)* nervura *f*; *(vigor)* fibra *f*.
❑ **nervios** *mpl* nervos *mpl*.
nerviosismo *m* nervosismo *m*.
nervioso, sa *adj* nervoso(sa).
neto, ta *adj (peso, preço)* líquido(da); *(contorno, linha)* nítido(da).
neumático *m* pneu *m*.
neurosis *f inv* neurose *f*.
neutral *adj* neutro(tra).
neutro, tra *adj* neutro(tra).
nevada *f* nevada *f*.
nevado, da *adj* nevado(da).
nevar *v impess* nevar.
nevera *f* geladeira *f*.
ni 1 *conj*: **no ... ni ...** não ... nem...; **no es alto ni bajo** não é alto nem baixo; **no es rojo ni verde** não é vermelho nem verde; **ni ... ni** nem ... nem ...; **ni mañana ni pasado** nem amanhã nem depois; **ni un/una** nem um/uma; **ni siquiera lo ha probado** nem sequer o provou; **ni que** nem que.
2 *adv* nem; **está tan atareado que ni come** está tão atarefado que nem come.
nicho *m* nicho *m*.
nido *m* ninho *m*.
niebla *f* névoa *f*.
nieto, ta *m, f* neto *m*, -ta *f*.
nieve *f* neve *f*.
NIF *m* (*abrev de* **número de identificación fiscal**) CPF *m*.
ningún *adj* → **ninguno.**
ninguno, na 1 *adj (nem um)* nenhum(ma); **ningún día** nenhum dia.
2 *pron (nem um)* nenhum; *(nenhuma pessoa)* ninguém.
niña *f (do olho)* menina *f* → **niño.**
niñera *f* babá *f*.
niñez *f* infância *f*.
niño, ña *m, f* menino *m*, -na *f*.
níquel *m* níquel *m*.
níspero *m (árvore)* nespereira *f*; *(fruta)* nêspera *f*.
nítido, da *adj* nítido(da).
nitrógeno *m* nitrogênio *m*.
nivel *m* nível *m*; **al nivel de** ao nível de; **nivel de vida** padrão *m* de vida.
no *adv* não; **estamos de acuerdo, ¿no?** estamos de acordo, não é?; **¿cómo no?** claro (que sim)!; **eso sí que no** isso sim que não!; **¡qué no!** não!
noble *adj & mf* nobre.
nobleza *f* nobreza *f*.
noche *f* noite *f*; **por la noche** à noite; **de la noche** da noite.
Nochebuena *f* Noite *f* de Natal.
Nochevieja *f* Réveillon *m*, Noite *f* de Ano-Novo.
noción *f* noção *f*.
❑ **nociones** *fpl* noções *fpl*.
nocivo, va *adj* nocivo(va).
noctámbulo, la *m, f* noctâmbulo *m*, -la *f*.
nocturno, na *adj* noturno(na).
nogal *m* nogueira *f*.
nómada *mf* nômade *f*.
nombrar *vt (citar)* mencionar; *(para um cargo)* nomear.
nombre *m* nome *m*; **a nombre de** em nome de; **nombre de pila** nome de batismo; **nombre y apellido** nome e sobrenome.
nomeolvides *m inv* miosótis *m inv*.
nómina *f (lista de empregados)* folha *f* de pagamento; *(salário)* salário *m*.
nórdico, ca *adj (do norte)* do norte; *(escandinavo)* nórdico(ca).
noreste *m* nordeste *m*.
noria *f* roda-gigante *f*.
norma *f* norma *f*.
normal *adj* normal.
normalmente *adv* normalmente.
noroeste *m* noroeste *m*.
norte *m* norte *m*.
nos *pron* nos.
nosotros, tras *pron* nós; **nosotros nos vamos** nós vamos embora; **ven con nosotros** venha conosco.
nostalgia *f* nostalgia *f*.
nostálgico, ca *adj* nostálgico(ca).
nota *f* nota *f*; **tomar nota** tomar nota.
notable 1 *m (qualificação)* ≃ notável *m*.
2 *adj (que sobressai)* notável.
notar *vt* notar.

notario, ria *m, f* notário *m*, -ria *f*.
noticia *f* notícia *f*; **las noticias** o telejornal.
novatada *f* trote *m*.
novato, ta *m, f* calouro *m*, -ra *f*.
novecientos, tas *num* novecentos(tas) → **seis.**
novedad *f* novidade *f*; **'novedades'** 'novidades'.
novela *f* romance *f*; **novela de aventuras** romance de aventuras; **novela policíaca** romance policial; **novela rosa** romance de amor.
novelesco, ca *adj* romanesco(ca).
novelista *mf* romancista *mf*.
noveno, na *num* nono(na) → **sexto.**
noventa *num* noventa → **seis.**
noviazgo *m* noivado *m*.
noviembre *m* novembro *m* → **septiembre.**
novillada *f tourada com novilho.*
novillero *m aprendiz de toureiro.*
novillo, lla *m, f* novilho *m*, -lha *f*.
novio, via *m, f* namorado *m*, -da *f*.
❑ **novios** *mpl (em casamento)* noivos *mpl*.
nubarrón *m* nuvem *m*.
nube *f* nuvem *f*.
nublado, da *adj* nublado(da).
nublarse *v impess* nublar-se.
nubosidad *f* nebulosidade *f*.
nuboso, sa *adj* nublado(da).
nuca *f* nuca *f*.
nuclear *adj* nuclear.
núcleo *m* núcleo *m*.
nudillos *mpl* nós *mpl* dos dedos.
nudismo *m* nudismo *m*.
nudista *mf* nudista *mf*.
nudo *m* nó *m*; *(de comunicações)* centro *m*.
nuera *f* nora *f*.
nuestro, tra 1 *adj* nosso(sa).
2 *pron*: **el nuestro/la nuestra** o nosso/a nossa; **lo nuestro** o nosso negócio.
nuevamente *adv* novamente.
nueve *num* nove → **seis.**
nuevo, va *adj* novo(va); **de nuevo** de novo.
nuez (*pl* **-ces**) *f (fruta)* noz *f*; *(do pescoço)* pomo-de-adão *m*.
nulidad *f (de contrato, acordo)* anulação *f*; *(pessoa)* nulidade *f*.
nulo, la *adj* nulo(la).
núm. (*abrev de* **número**) n.
numerado, da *adj* numerado(da).
número *m* número *m*; **número de teléfono** número de telefone; **marcar un número** discar um número.
numeroso, sa *adj* numeroso(sa).
numismática *f* numismática *f*.
nunca *adv* nunca.
nupcial *adj* nupcial.
nupcias *fpl* núpcias *fpl*.
nutria *f* lontra *f*.
nutrición *f* nutrição *f*.
nutritivo, va *adj* nutritivo(va).
ñandú *m* ema *f*.
ñato, ta *adj Amér* achatado(da).
ñoñería *f* tolice *f*.
ñoño, ña *adj (afetado)* melindroso(sa); *(muito suscetível)* mimoso(sa); *(sem graça)* insosso(sa).
ñoqui *m* nhoque *m*.
n° (*abrev de* **número**) nº.

O

o *conj* ou; **o sea** ou seja.

> Quando a palavra que acompanha a conjunção ***o*** começa pelo som ***o***, nós a substituímos por ***u***: (***¿Quién faltó a clase ayer? ¿Mariana u Olga?*** Quem faltou à aula ontem? Mariana ou Olga?; ***Se puede llegar al club en auto u ómnibus.*** Pode-se chegar ao clube de carro ou de ônibus.)

oasis *m inv* oásis *m inv*.
obedecer *vt & vi* obedecer.
❑ **obedecer a** *v + prep* obedecer a.
obediencia *f* obediência *f*.
obediente *adj* obediente.
obesidad *f* obesidade *f*.
obeso, sa *adj* obeso(sa).
obispo *m* bispo *m*.
objeción *f* objeção *f*.
objetividad *f* objetividade *f*.
objetivo, va 1 *adj* objetivo(va). **2** *m (finalidade, alvo)* objetivo *m*; *(lente)* objetiva *f*.
objeto *m* objeto *m*; *(finalidade)* objetivo *m*; **con el objeto de** com o objetivo de; **'objetos perdidos'** 'achados e perdidos'.
obligación *f* obrigação *f*.
obligar *vt* obrigar; **obligar a alguien a hacer algo** obrigar alguém a fazer algo.
obligatorio, ria *adj* obrigatório(ria).
obra *f* obra *f*; **obra de caridad** obra de caridade; **obra de teatro** peça de teatro.
❑ **obras** *fpl (em prédio, rua)* obras *fpl*.
obrador *m* oficina *f*.
obrero, ra *m, f* operário *m*, -ria *f*.
obsequiar *vt* obsequiar.
obsequio *m* obséquio *m*.
observación *f* observação *f*.
observador, ra *adj* observador(ra).
observar *vt (olhar com atenção, obedecer)* observar; *(dar-se conta de)* perceber.
observatorio *m* observatório *m*.
obsesión *f* obsessão *f*.
obsesionar *vt* obcecar.
❑ **obsesionarse** *vpr* obcecar-se.
obstáculo *m* obstáculo *m*.
obstante: **no obstante** *conj* não obstante.
obstinado, da *adj* obstinado(da).
obstruir *vt* obstruir.
❑ **obstruirse** *vpr* obstruir-se.
obtener *vt* obter.
obvio, via *adj* óbvio(via).
oca *f (ave)* ganso *m*; *(jogo)* jogo-da-glória *m*.
ocasión *f* ocasião *f*; **de ocasión** de ocasião.
ocasional *adj* ocasional.
ocaso *m (de sol)* pôr-do-sol *m*; *fig (declínio)* ocaso *m*.
occidental *adj* ocidental.
occidente *m* ocidente *m*.
❑ **Occidente** *m* Ocidente *m*.
océano *m* oceano *m*.
ochenta *num* oitenta → **seis.**
ocho *num* oito → **seis.**
ochocientos, tas *num* oitocentos(tas) → **seis.**
ocio *m (tempo livre)* ócio *m*; *(diversão)* lazer *m*.
ocioso, sa *adj* ocioso(sa).
ocre *adj inv (cor)* ocre.
octavo, va *num* oitavo(va) → **sexto.**
octubre *m* outubro *m* → **septiembre.**
oculista *mf* oculista *mf*.
ocultar *vt* ocultar.
oculto, ta *adj* oculto(ta).
ocupación *f* ocupação *f*.
ocupado, da *adj* ocupado(da); **'ocupado'** 'ocupado'.

ocupar *vt* ocupar; *(dar emprego)* empregar.
❑ **ocuparse de** *v + prep* ocupar-se de.

ocurrir *vi* ocorrer.
❑ **ocurrirse** *vpr* ocorrer.

odiar *vt* odiar.

odio *m* ódio *m*.

oeste *m* oeste *m*.

ofensiva *f* ofensiva *f*.

oferta *f (em preço)* promoção *f*; *(proposta)* proposta *f*; *(de produtos, mercadorias etc.)* oferta *f*.

oficial *adj & mf* oficial.

oficina *f (de profissional)* escritório *m*; *(em empresa, instituição)* agência *f*; **oficina de correos** agência de correios; **oficina de objetos perdidos** setor *m* de achados e perdidos; **oficina de turismo** agência de turismo.

Não confundir com o português *oficina*, que tem un significado similar ao do espanhol *taller*: (*Mi secretaria se encuentra en la oficina de 9 a 17 horas.* Minha secretária encontra-se no escritório das 9 às 17 horas.)

oficinista *mf* escriturário *m*, -ria *f*.

oficio *m* ofício *m*.

ofrecer *vt* oferecer *m*; *(mostrar)* apresentar.
❑ **ofrecerse** *vpr* oferecer-se.

oftalmología *f* oftalmologia *f*.

ogro *m (em contos infantis)* bicho-papão *m*; *fam (pessoa de caráter difícil)* monstro *m*.

oído *m (sentido)* audição *f*; *(órgão)* ouvido *m*; **al oído** *(em voz baixa)* ao pé do ouvido; *(confidencialmente)* ao ouvido.

oír *vt* ouvir; **¡oiga!** eh!, faça o favor!

ojal *m* casa *f (de botão)*.

ojalá *interj* oxalá!

ojeras *fpl* olheiras *fpl*.

ojo 1 *m (órgão)* olho *m*; *(abertura)* buraco *m*.
2 *interj* atenção!.
3 ojo de buey vigia *f*; **a ojo** *fig* a olho.

OK [o'kej] *interj* OK!

ola *f* onda *f*; **ola de calor** onda de calor; **ola de frío** frente *f* fria.

ole *interj* olé!

oleaje *m* marulho *m*.

óleo *m* óleo *m*.

oler *vt & vi* cheirar; **oler bien/mal** cheirar bem/mal.
❑ **olerse** *vpr* suspeitar.

olfato *m (sentido)* olfato *m*; *(astúcia)* faro *m*.

olimpiadas *fpl* olimpíadas *fpl*.

olímpico, ca *adj* olímpico(ca).

oliva *f* azeitona *f*.

olivo *m* oliveira *f*.

olla *f* panela *f*; **olla a presión** panela de pressão.

olmo *m* olmo *m*.

olor *m* cheiro *m*.

olvidar *vt* esquecer.
❑ **olvidarse de** *v + prep* esquecer-se de.

olvido *m (de memória)* esquecimento *m*; *(descuido)* distração *f*.

ombligo *m lit & fig* umbigo *m*.

omitir *vt (calar)* omitir; *(não fazer)* esquecer.

once *num* onze → **seis.**

ONCE *f Esp entidade espanhola de assistência aos cegos e aos deficientes físicos.*

onda *f (em física)* onda *f*; *(de cabelo)* cacho *m*.

ondulado, da *adj (cabelo)* cacheado(da).

ONU *f* ONU *f*.

opaco, ca *adj* opaco(ca).

opción *f* opção *f*; **tener opción a** ter direito a.

ópera *f* ópera *f*.

operación *f* operação *f*; **operación retorno/salida** *operação policial rodoviária para assistir o tráfego no retorno e na partida dos feriados.*

operador, ra *m, f* telefonista *mf*.

operar *vt* operar.

operario, ria *m, f* operário *m*, -ria *f*.

opinar *vt & vi* opinar.

opinión *f* opinião *f*; **la opinión pública** a opinião pública.

oponer *vt (obstáculo, força etc.)* opor; *(razão, argumento etc.)* replicar.
❑ **oponerse** *vpr*: **oponerse (a)** *(forças, idéias, planos etc.)* opor-se (a); *(negar-se (a))* recusar-se (a).

oportunidad *f* oportunidade *f*; **'oportunidades'** 'promoções'.

oportuno, na *adj* oportuno(na).

oposición *f (resistência)* oposição *f*; *(empecilho)* impedimento *m*; **la oposición** a oposição.
❑ **oposiciones** *fpl* concurso *m* (público).

oprimir *vt (premer)* apertar; *(reprimir)* oprimir.

optar: **optar a** *v + prep* aspirar a.
❑ **optar por** *v + prep* optar por.
optativo, va *adj* opcional.
óptica *f* ótica *f.*
optimismo *m* otimismo *m.*
optimista *adj* otimista.
opuesto, ta *adj* oposto(ta); **opuesto a** oposto a.
oración *f* oração *f.*
orador, ra *m, f* orador *m*, -ra *f.*
oral *adj* oral.
órale *interj Amér* está bem.
orangután *m* orangotango *m.*
oratoria *f* oratória *f.*
órbita *f* órbita *f.*
orca *f* orca *f.*
orden[1] *m* ordem *f*; **en orden** em ordem.
orden[2] *f* ordem *f.*
ordenación *f* ordenação *f.*
ordenado, da *adj* ordenado(da).
ordenador *m Esp* computador *m.*
ordenar *vt* ordenar.
ordeñar *vt* ordenhar.
ordinario, ria *adj* ordinário(ria).
orégano *m* orégano *m.*
oreja *f* orelha *f.*
orgánico, ca *adj* orgânico(ca).
organillo *m* realejo *m.*
organismo *m* organismo *m.*
organización *f* organização *f.*
organizador, ra *m, f* organizador *m*, -ra *f.*
organizar *vt* organizar.
órgano *m* órgão *m.*
orgullo *m* orgulho *m.*
orgulloso, sa *adj* orgulhoso(sa); **orgulloso de** orgulhoso de.
oriental **1** *adj* oriental.
2 *mf* oriental *mf.*
orientar *vt* orientar.
❑ **orientarse** *vpr* orientar-se.
oriente *m (ponto cardeal)* oriente *m*; *(vento)* leste *m.*
❑ **Oriente** *m* Oriente *m.*
orificio *m* orifício *m.*
origen *m* origem *f.*
original *adj (único, inicial)* original; *(estranho)* peculiar.
originario, ria *adj* originário(ria); **originario de** originário de.
orilla *f (de mar, rio, lago)* margem *f*; *(borda)* beira *f.*
orillarse *vpr Col, Méx & Ven (sair)* afastar-se.
orina *f* urina *f.*
orinal *m* urinol *m.*
orinar *vi* urinar.
oro *m* ouro *m.*
❑ **oros** *mpl (do baralho)* ouros *mpl.*
orquesta *f* orquestra *f.*
orquestar *vt* orquestrar.
orquídea *f* orquídea *f.*
ortiga *f* urtiga *f.*
ortodoxo, xa *adj* ortodoxo(xa).
oruga *f (de borboleta)* larva *f*; *(para roda)* esteira *f.*
os *pron* vos.
oscilar *vi* oscilar.
❑ **oscilar entre** *v + prep* oscilar entre.
oscuridad *f (falta de luz)* escuridão *f*; *(confusão)* obscuridade *f.*
oscuro, ra *adj* escuro(ra); *(idéia, linguagem etc.)* obscuro(ra); **a oscuras** às escuras.
oso, sa *m, f* urso *m*, -sa *f*; **oso hormiguero** tamanduá *m.*

> Não confundir com o português *osso*, que tem um significado similar ao do espanhol *hueso*: (*El oso panda está en peligro de extinción.* O urso panda está em perigo de extinção.)

osobuco *m* ossobuco *m.*
ostra *f* ostra *f.*
OTAN *f* OTAN *f.*
otoño *m* outono *m.*
otorrino, na *m, f fam* otorrino *m*, -na *f.*
otorrinolaringólogo, ga *m, f* otorrinolaringologista *mf.*
otro, tra *adj & pron* outro(tra); **el otro día** outro dia; **la otra tarde/noche** outra tarde/noite.
ovalado, da *adj* oval.
ovario *m* ovário *m.*
oveja *f* ovelha *f.*
ovni *m* óvni *m.*
óxido *m* óxido *m.*
oxígeno *m* oxigênio *m.*
oyente *mf* ouvinte *mf.*
ozono *m* ozônio *m.*

Pp

p. (*abrev de* **página**) p.

pabellón *m (de prédio, de orelha)* pavilhão *m*; *(tenda de campanha)* barraca *f*.

pacer *vi* pastar.

pacharán *m licor típico de Navarra, La Rioja e País Basco.*

paciencia *f* paciência *f*; **perder la paciencia** perder a paciência; **tener paciencia** ter paciência.

paciente *adj & mf* paciente.

pacificación *f* pacificação *f*.

pacífico, ca *adj* pacífico(ca).

pacifismo *m* pacifismo *m*.

pacifista *mf* pacifista *mf*.

pack *m (de garrafas)* engradado *m*; *(de latas)* caixa *f*.

pacto *m* pacto *m*.

padecer *vt & vi* padecer.

❑ **padecer de** *v + prep* padecer de.

padrastro *m (parente)* padrasto *m*; *(no dedo)* sabugo *m (de unha)*.

padre 1 *m (de filhos)* pai *m*; *(sacerdote)* padre *m*.

2 *adj Méx fam* fenomenal; **estar padre** *Méx fam* ser fenomenal.

❑ **padres** *mpl* pais *mpl*.

> Não confundir ***padre (pai)*** com o português ***padre***, que em espanhol também é ***padre***. (***Juan es el padre de mi hijo***. Juan é o ***pai*** do meu filho.)

padrino *m* padrinho *m*.

❑ **padrinos** *mpl* padrinhos *mpl*.

padrísimo *adj Méx fam* fenomenal.

paella *f* paelha *f*.

pág. (*abrev de* **página**) pág.

paga *f* pagamento *m*.

pagadero, ra *adj*: **pagadero a** pagável em.

pagado, da *adj (dúvida, conta etc.)* pago (ga); *(favor, ajuda, desejo)* retribuído (da).

pagano, na *m, f* pagão *m*, -gã *f*.

pagar *vt* pagar; **'pague en caja antes de retirar su vehículo'** 'pague no caixa antes de retirar seu veículo'.

página *f* página *f*.

pago *m (ação, quantidade)* pagamento *m*; *(prêmio)* recompensa *f*.

país *m* país *m*.

paisaje *m* paisagem *f*.

paisano, na *m, f (pessoa não militar)* civil *mf*; *(do mesmo país, cidade etc.)* conterrâneo *m*, -nea *f*.

paja *f* palha *f*; *(para bebidas)* canudinho *m*; *fig (parte descartável)* resto *m*.

pajarita *f* gravata-borboleta *f*; **pajarita de papel** pássaro *m* de papel.

pájaro *m* pássaro *m*.

paje *m* pajem *m*.

pala *f* pá *f*.

palabra *f* palavra *f*; **de palabra** verbalmente.

❑ **palabras** *fpl* palavras *fpl*.

palacio *m* palácio *m*; **palacio municipal** *Amér* prefeitura *f*.

paladar *m* paladar *m*.

paladear *vt* saborear.

palanca *f* alavanca *f*.

palangana *f* bacia *f*.

palco *m* camarote *m*.

paleta *f (de pedreiro)* colher *f*; *(de pintor)* paleta *f*; *Méx (sorvete)* picolé *m*.

paletilla *f* omoplata *f*; **paletilla de cordero** costeleta *f* de cordeiro.

pálido, da *adj* pálido(da).

palillo *m (para dentes)* palito *m*; *(para tambor)* baqueta *f*.

paliza *f (espancamento)* surra *f*; *(esforço)* labuta *f*; *fam (derrota)* surra *f*.

palma *f (de mão, palmeira)* palma *f*; *(árvore)* palmeira *f*.
❑ **palmas** *fpl* palmas *fpl*; **dar palmas** bater palmas.

palmada *f (golpe)* palmada *f*; *(ruído)* palmas *fpl*.

palmera *f* palmeira *f*.

palmitos *mpl* palmito *m*; **palmitos a la vinagreta** palmito ao molho vinagrete.

palo *m (de madeira)* pau *m*; *(golpe)* paulada *f*; *(de barco)* mastro *m*; *(em baralho)* naipe *m*.

paloma *f* pomba *f*.

palomar *m* pombal *m*.

palomitas *fpl* pipocas *fpl*.

palpitar *vi* palpitar.

palta *f Andes & RP* abacate *m*.

pamela *f* capelina *f*.

pampa *f* pampa *f*.

pan *m* pão *m*; **pan de molde** pão de fôrma; **pan de muerto** *Méx pastel doce que se come no Dia de Todos os Santos*; **pan dulce** *Amér* pão doce; **pan rallado** farinha *f* de rosca; **pan tostado** torrada *f*.

panadería *f* padaria *f*.

panadero, ra *m, f* padeiro *m*, -ra *f*.

panal *m (de abelhas)* favo *m*.

pancarta *f* cartaz *m*.

pandereta *f* tamborim *m*.

pandilla *f* turma *f*.

panecillo *m* pãozinho *m*.

panel *m* painel *m*.

panera *f (de vime)* cesta *f* de pão; *(caixa)* caixa *f* para pão.

pánico *m* pânico *m*.

panorama *m* panorama *m*.

panorámica *f* panorâmica *f*.

panorámico, ca *adj* panorâmico(ca).

pantaletas *fpl CAm & Ven* calcinha *f*.

pantalla *f (de cinema, televisão)* tela *f*; *(de luminária)* abajur *m*.

pantalones *mpl* calças *fpl*; **pantalones cortos** calças curtas; **pantalones vaqueros** jeans *mpl*.

pantano *m (construído)* açude *m*, barragem *f*; *(natural)* pântano *m*.

pantanoso, sa *adj* pantanoso(sa).

pantera *f* pantera *f*.

pantimedias *fpl Méx* meia-calça *f*.

pantorrilla *f* panturrilha *f*.

pantys *mpl* meia-calça *f*.

pañal *m* fralda *f*; **pañales higiénicos** fraldas descartáveis.

paño *m (para limpar)* pano *m*; *(para roupa)* tecido *m*; **paño de cocina** pano de prato.

pañuelo *m* lenço *m*.

papa *f Amér* batata *f*; **papas fritas** batatas fritas.

Papa *m*: **el Papa** o Papa.

papá *m fam* papai *m*; **papá grande** *Amér* vovô *m*.
❑ **papás** *mpl fam* pais *mpl*.

papagayo *m* papagaio *m*.

papel *m* papel *m*; **papel higiénico** papel higiênico; **papel pintado** papel de parede.
❑ **papeles** *mpl (documentos)* papéis *mpl*.

papeleo *m* burocracia *f*.

papelera *f* papeleira *f*, cesto *m* de papéis; *(fábrica)* fábrica *f* de papel.

papelería *f* papelaria *f*.

papeleta *f (de votação)* cédula *f* (eleitoral); *(de notas)* boletim *m* escolar; *fig (assunto difícil)* pepino *m*.

paperas *fpl* papeira *f*.

papilla *f* mingau *m*.

paquete *m* pacote *m*.

par **1** *adj (número)* par.
2 *adj & m* par.
3 **de par en par** *(completamente aberto)* de par em par; **sin par** *(incomparável)* sem par; **un par de ...** um par de.

para *prep* **(a)** *(finalidade)* para; **esta agua no es buena para beber** esta água não é boa para beber; **lo he comprado para ti** comprei-o para você; **te lo repetiré para que te enteres** vou repetir para que você entenda.
(b) *(motivação)* para; **lo he hecho para agradarte** fiz isso para lhe agradar.
(c) *(direção)* para; **ir para casa** ir para casa; **salir para el aeropuerto** sair para o aeroporto.
(d) *(tempo)* para; **lo tendré acabado para mañana** estará pronto amanhã; **la ceremonia se ha fijado para el día cinco** marcou-se a cerimônia para o dia cinco.
(e) *(comparação)* para; **está muy delgado para lo que come** está magro demais, levando em conta o que come.
(f) *(iminência, propósito)* para; **la comida está lista para servir** o almoço está pronto para ser servido.

parabólico, ca *adj* parabólico(ca).

parabrisas *m inv* pára-brisa *m inv*.
paracaídas *m inv* pára-quedas *m inv*.
parachoques *m inv* pára-choque *m inv*.
parada *f (alto, estação)* parada *f*; **parada de autobús** parada *mf* de ônibus; **parada de taxis** ponto *m* de táxi.
paradero *m Andes* parada *f*.
parado, da 1 *adj (carro, máquina etc.)* parado(da); *(desempregado)* desempregado(da); *(tímido)* retraído(da); *Amér (verticalmente)* de pé.
2 *m, f* desempregado *m*, -da *f*.
paradoja *f* paradoxo *m*.
paradójico, ca *adj* paradoxal.
parador *m* pousada *f*; **parador nacional** *Esp hotel de propriedade estatal.*
paraguas *m inv* guarda-chuva *m*.
paraíso *m lit & fig* paraíso *m*.
paraje *m* paragem *f*.
paralelas *fpl* paralelas *fpl*.
paralelo, la 1 *adj* paralelo(la).
2 *m* paralelo *m*.
parálisis *f inv* paralisia *f*.
paralítico, ca *m, f* paralítico *m*, -ca *f*.
paralizar *vt* paralisar.
parapente *m* parapente *m*.
parar *vt & vi* parar; *Amér (pôr em pé)* levantar; **'para en todas las estaciones'** 'pára em todas as estações'; **sin parar** sem parar.
❑ **pararse** *vpr (deter-se)* parar; *Amér (pôr-se em pé)* levantar-se.
pararrayos *m inv* pára-raios *m inv*.
parasol *m* guarda-sol *m*.
parchís *m inv* ≃ ludo *m*.
parcial 1 *adj* parcial.
2 *m exame escolar periódico*, prova *f* parcial.
pardo, da *adj* pardo(da).
parecer 1 *m (opinião)* parecer *m*; *(aspecto)* aparência *f*.
2 *v copulativo & v impess* parecer.
❑ **parecerse** *vpr* parecer-se.
parecido, da 1 *adj* parecido(da).
2 *m* semelhança *f*.
pared *f* parede *f*.
pareja *f* par *m*; *(de casados, noivos)* casal *m*.
parentesco *m* parentesco *m*.
paréntesis *m inv* parêntese *m*.
pareo *m* pareô *m*.
pariente, ta *m, f* parente *mf*.
parking *m Esp* estacionamento *m*.
parlamentario, ria *m, f* parlamentar *mf*.
parlamento *m (assembléia legislativa)* parlamento *m*; *(discurso)* fala *f*.
parlanchín, ina *adj* tagarela.
paro *m (desemprego)* desemprego *m*; *(de máquinas)* parada *f*; *(protesto)* greve *f*; **estar en paro** estar desempregado.
parpadear *vi* piscar.
párpado *m* pálpebra *f*.
parque *m* parque *m*; **parque acuático** parque aquático; **parque de atracciones** parque de diversões; **parque de bomberos** *Esp* posto *m* de bombeiros; **parque infantil** parque infantil; **parque nacional** parque nacional; **parque zoológico** jardim *m* zoológico.
parqué *m* parquê *m*.
parquear *vt Col* estacionar.
parquímetro *m* parquímetro *m*.
parra *f* parreira *f*.
párrafo *m* parágrafo *m*.
parrilla *f (para cozinhar)* grelha *f*; *Amér (de carro)* capô *m*; **a la parrilla** na grelha.
parrillada *f sortido de carnes ou peixes assados à grelha*; **parrillada de carne** sortido de carne na grelha; **parrillada de pescado** sortido de peixe na grelha.
parroquia *f* paróquia *f*; *fig (conjunto de pessoas)* clientela *f*, freguesia *f*.
parte[1] *m (comunicado)* participação *f*; **dar parte** dar parte.
parte[2] *f* parte *f*; **de parte de** da parte de; **¿de parte de quién?** quem deseja falar?; **en alguna parte** em algum lugar; **en otra parte** em outro lugar; **en parte** em parte; **en todas partes** em todas as partes; **la mayor parte** a maior parte; **por otra parte** por outro lado; **por todas partes** por toda parte.
participación *f* participação *f*.
participar *vt* participar.
❑ **participar en** *v + prep* participar de.
partícula *f* partícula *f*.
particular *adj* particular; **en particular** em particular.
partida *f (saída, de jogo)* partida *f*; *(de tecido, mercadorias etc.)* lote *m*; **partida de nacimiento** certidão *f* de nascimento.
partidario, ria *m, f* partidário *m*, -ria *f*; **partidario de** partidário de.
partidista *adj* partidista.
partido *m (em política)* partido *m*; *(em esporte)* jogo *m*, partida *f*; **sacar partido**

tirar partido; **partido de ida** jogo *m* (de) fora; **partido de vuelta** jogo *m* (em) casa.

partir 1 *vt (quebrar)* partir; *(dividir)* repartir.
2 *vi (encaminhar-se)* partir.
3 a partir de a partir de.
❑ **partir de** *v + prep* partir de.

partitura *f* partitura *f*.

parto *m* parto *m*.

parvulario *m* jardim-de-infância *m*.

pasa *f* passas *fpl*.

pasable *adj* passável.

pasada *f (com vassoura, pano)* esfregação *f*; *(de tinta, verniz etc.)* demão *f*; *(no tricô)* carreira *f*; **de pasada** de passagem.

pasado, da 1 *adj* passado(da).
2 *m* passado *m*.
3 pasado mañana depois de amanhã.

pasaje *m* passagem *f*; *(conjunto de passageiros)* passageiros *mpl*.

pasajero, ra *adj & m, f* passageiro(ra); **pasajeros sin equipaje** passageiros sem bagagem.

pasamanos *m inv* corrimão *m*.

pasaporte *m* passaporte *m*.

pasar (a) *(geral)* passar; **me pasó la mano por el pelo** passou a mão pelo meu cabelo; **¿me pasas la sal?** pode me passar o sal?; **me has pasado la tos** você me passou a tosse; **ya ha pasado los veinticinco** já passou dos vinte e cinco; **mi hijo me pasa dos centímetros** meu filho é dois centímetros mais alto que eu; **pasó dos años en Roma** passou dois anos em Roma; **hemos pasado un buen rato juntos** passamos um bom tempo juntos; **ya he pasado el examen** passei no exame.
(b) *(cruzar)* atravessar; **ayúdame a pasar la calle** ajude-me a atravessar a rua; **pasé el río a nado** atravessei o rio a nado.
(c) *(conduzir para dentro)* levar; **el criado nos pasó al salón** o criado nos levou ao salão.
(d) *(admitir)* aceitar; **no podemos pasar estos ejercicios** não podemos aceitar estes exercícios.
(e) *(consentir)* tolerar; **te he pasado muchas bromas y tú no aguantas nada** tolerei muita brincadeira sua e você não agüenta nada.
(f) *(adiantar)* ultrapassar; **no pases el semáforo en rojo** não ultrapasse o sinal vermelho; **pasar a un coche/a un rival** ultrapassar um carro/um rival.
(g) *(omitir)* pular.
(h) *(em locuções)*: **pasar lista** fazer a chamada; **pasar visita** fazer visita.
2 *vi* (a) *(geral)* passar; **el pájaro pasó a otra rama** o pássaro pulou para outro galho; **pasar de ... a ...** passar de ... a ...; **el autobús pasa por mi casa** o ônibus passa pela minha casa; **pasó por mi lado** passou por mim; **el Manzanares pasa por Madrid** o Manzanares passa por Madri; **pasar de largo** passar direto; **déjame más sitio que no paso** dê-me mais espaço que não consigo passar; **pasaré por mi oficina/tu casa** passarei pelo meu escritório/pela tua casa; **vendré cuando pase el verano** virei quando passar o verão; **el tiempo pasa muy deprisa** o tempo passa muito depressa.
(b) *(passar de fora para dentro)* entrar; **'no pasar'** 'não entre'; **¡pase!** entre!; **'pasen por caja'** 'pagar no caixa'.
(c) *(ocorrer)* acontecer, passar-se; **¿qué te pasa?** o que há com você?; **¿qué pasa aquí?** o que se passa aqui?; **pase lo que pase** aconteça o que acontecer.
(d) *(mudar de ação)*: **pasar a** passar a.
(e) *(prestar)* servir; **puede pasar** pode servir.
(f) *fam (prescindir)*: **pasar de** não interessar.
(g) *(tolerar)*: **pasar por** passar por.
❑ **pasarse** *vpr* (a) *(acabar, usar tempo)* passar.
(b) *(deteriorar-se)* estragar.
(c) *(não lembrar)* esquecer-se de.
(d) *(não perceber)* escapar (algo a alguém).
(e) *fam (abusar)* passar dos limites; **pasarse a** *(trocar de lado)* passar-se para.
(f) *(sentir-se)*: **pasárselo** ou **pasarlo bien** divertir-se; **pasárselo** ou **pasarlo mal** não se divertir; **(se) lo pasa mal cuando lo ve** se sente mal quando o vê.

pasarela *f (de barco)* passadiço *m*; *(para modelos)* passarela *f*.

pasatiempo *m* passatempo *m*.

Pascua *f* Páscoa *f*.
❑ **Pascuas** *fpl* Festas *fpl*; **felices Pascuas** Feliz Páscoa.

pase *m (autorização)* passe *m*; *(em tourada)* *na tourada, quando o toureiro faz o touro passar sob a capa.*

pasear **1** *vt* levar para passear.
2 *vi* passear.

paseíllo *m desfile dos toureiros pela arena antes da tourada.*

paseo *m* passeio *m*; *(rua larga)* avenida *f*; **dar un paseo** dar um passeio; **ir de paseo** passear.

pasillo *m* corredor *m*.

pasión *f* paixão *f*.

pasiva *f* passiva *f*.

pasividad *f* passividade *f*.

pasivo, va **1** *adj* passivo(va).
2 *m* passivo *m*.

paso *m* passo *m*; *(caminho)* passagem *f*; **de paso** de passagem; **a dos pasos** a dois passos; **paso a nivel** passagem de nível; **paso de peatones** faixa *f* (de pedestres); **paso de cebra** faixa *f* (de pedestres).

pasodoble *m* paso *m* doble.

pasta *f* massa *f*; *Esp (bolinho)* biscoito *m*; *Esp fam (dinheiro)* grana *f*; **pasta de dientes** pasta *f* de dentes.

> Não confundir *pasta (massa)* com o português *pasta*, que em espanhol é *carpeta*. (*Me encanta comer pasta los domingos*. Adoro comer *massa* aos domingos.)

pastel *m (doce)* bolo *m*; *(para pintar)* pastel *m*.

pastelería *f* confeitaria *f*.

pastelero, ra *m, f* confeiteiro *m*, -ra *f*.

pastilla *f (medicamento)* comprimido *m*; *(bala)* dropes *mpl*.

pastor, ra **1** *m, f (de gado)* pastor *m*, -ra *f*.
2 *m (sacerdote)* pastor *m*.

pastoreo *m* pastoreio *m*.

pata **1** *f (de animal)* pata *f*; *(de móvel)* pé *m*; *fam (de pessoa)* perna *f*.
2 *m Perú* compadre *m*.
3 **estar patas arriba** *fig* estar de pernas para o ar; **meter la pata** cometer uma gafe; **tener mala pata** *fig* ser pé-frio.

patada *f* patada *f*.

patata *f Esp* batata *f*; **patatas bravas** *batatas com molho picante*; **patatas fritas** batatas fritas.

paté *m* patê *m*.

patente **1** *adj* patente.
2 *f (direito, privilégio)* patente *f*; *CSur (de carro)* placa *f*.

paterno, na *adj* paterno(na).

patilla *f (no rosto)* costeleta *f*; *(dos óculos)* haste *f*.

patín *m* patins *mpl*; *(barco)* pedalinho *m*; **patín de pedales** pedalinho *m*.

patinaje *m* patinação *f*; **patinaje sobre hielo** patinação no gelo.

patinar *vi (com patins, escorregar)* patinar; *fam (errar)* enganar-se.

patinazo *m (acidental)* escorregão *m*; *fam (erro)* engano *m*.

patineta *f CSur, Méx & Ven* patinete *f*.

patinete *m* patinete *f*.

patio *m* pátio *m*; **patio interior** pátio interior *m*.

pato, ta *m, f* pato *m*, -ta *f*; **pato a la naranja** pato com laranja; **pato confitado** pato glasseado.

patoso, sa *adj Esp fam* desajeitado(da).

patria *f* pátria *f*.

patriota *mf* patriota *mf*.

patriótico, ca *adj* patriótico(ca).

patrocinador, ra *m, f* patrocinador *m*, -ra *f*.

patrón, ona **1** *m, f (chefe)* patrão *m*, -troa *f*; *(santo)* padroeiro *m*, -ra *f*.
2 *m (de barco)* capitão *m*; *(em costura)* padrão *m*; *fig (modelo)* padrão *m*.

patronal *f* patronal *f*.

patrono, na *m, f (chefe)* patrão *m*, -troa *f*; *(das artes)* protetor *m*, -ra *f*.

patrulla *f* patrulha *f*; **patrulla urbana** ronda *f*.

pausa *f* pausa *f*.

pauta *f* pauta *f*.

pavada *f Perú & RP* estupidez *f*.

pavimento *m (de estrada)* pavimento *f*; *(de rua)* calçamento *m*.

pavo, va *m, f* peru *m*, -rua *f*; **pavo real** pavão *m*, -voa *f*.

payaso, sa *m, f (do circo)* palhaço *m*, -ça *f*; *fam (pessoa engraçada)* palhaço *m*, -ça *f*.

paz (*pl* **-ces**) *f* paz *f*; **dejar en paz** deixar em paz; **hacer las paces** fazer as pazes; **que en paz descanse** que descanse em paz.

PC *m* (*abrev de* **personal computer**) PC *m*.

PD (*abrev de* **posdata**) P.S.

peaje *m* pedágio *m*.

peatón *m* pedestre *mf*.

peatonal *adj* de pedestres.

peca *f* sarda *f*.

pecado *m* pecado *m*.

pecador, ra *m, f* pecador *m*, -ra *f*.

pecar *vi* pecar.

pecera *f* aquário *m*.
pecho *m* peito *m*.
pechuga *f* peito *m*.
pecoso, sa *adj* sardento(ta).
peculiar *adj* peculiar.
pedagogía *f* pedagogia *f*.
pedagogo, ga *m, f* pedagogo *m*, -ga *f*.
pedal *m* pedal *m*.
pedalear *vi* pedalar.
pedante *adj* pedante.
pedazo *m* pedaço *m*; **hacer pedazos** fazer em pedaços.
pedestal *m* pedestal *m*.
pediatra *mf* pediatra *mf*.
pedido *m* pedido *m*.
pedir *vt & vi* pedir; **pedir prestado** pedir emprestado.
pedo *m fam* peido *m*.
pedregoso, sa *adj* pedregoso(sa).
pedrisco *m* granizo *m*.
pega *f (substância)* cola *f*; *fam (empecilho)* objeção *f*; **poner pegas** fazer objeções.
pegajoso, sa *adj lit & fig* pegajoso(sa).
pegamento *m* cola *f*.
pegar 1 *vt (aderir, unir)* colar; *(espancar)* bater; *(contagiar)* passar, pegar; *(aproximar)* apoiar; *(grito, pulo)* dar.
2 *vi (sol)* bater; *(harmonizar)* combinar.
❑ **pegarse** *vpr (machucar-se)* golpear-se, bater-se; *(esbarrar)* bater; *(aderir)* colar; *(numa pessoa)* grudar.

> Não confundir com o português *pegar*, que tem vários significados inexistentes em espanhol. Em espanhol, o verbo *pegar* é usado nos seguintes casos:
>
> 1. (*Tengo que pegar esa pieza rota con cola.* Tenho que colar esta peça quebrada com cola. *Él pegó los botones del pantalón.* Ele pregou os botões da calça.)
>
> 2. Bater: (*La madre le pegó al niño porque se había portado mal.* A mãe bateu no menino porque ele havia se comportado mal.)
>
> 3. Dar: (*Se pegó un susto enorme.* Deu um susto enorme.)
>
> Não se pode usar em espanhol o verbo *pegar* com os sentidos de *tomar* (pegar um meio de transporte), de *criar raízes* (a planta pegou) ou de aceitar algo para fazer (pegar um trabalho).

peinado *m* penteado *m*.
peinador, dora *m, f Méx & RP* cabeleireiro *m*, -ra *f*.
peinar *vt* pentear.
❑ **peinarse** *vpr* pentear-se.
peine *m* pente *m*.
peineta *f* pente *m (para prender)*.
p.ej. (*abrev de* **por ejemplo**) p. ex.
peladilla *f amêndoa descascada e açucarada.*
pelar *vt (batatas, fruta etc.)* descascar; *(ave)* depenar.
peldaño *m* degrau *m*.
pelea *f* briga *f*.
pelear *vi* brigar.
❑ **pelearse** *vpr* brigar.
peletería *f* peleteria *f*.
pelícano *m* pelicano *m*.
película *f* filme *m*.
peligro *m* perigo *m*; **correr peligro** correr perigo.
peligroso, sa *adj* perigoso(sa).
pelirrojo, ja *adj* ruivo(va).
pellejo *m (de animal)* pelego *m*; *(de fruta)* casca *f*.
pellizcar *vt* beliscar.
pellizco *m* beliscão *m*.
pelo *m (de pessoa)* cabelo *m*; *(de animal)* pêlo *m*; **con pelos y señales** em detalhes; **por un pelo** por um fio; **tomar el pelo a alguien** debochar de alguém; **pelo rizado** cabelo crespo.
pelota 1 *f (bola, jogo)* bola *f*.
2 *mf fam (pessoa)* puxa-saco *mf*.
3 jugar a la pelota jogar bola; **hacer la pelota** *fam* puxar o saco.
pelotari *mf* jogador *m*, -ra *f (de bola)*.
pelotón *m (de pessoas)* multidão *f*; *(de soldados)* pelotão *m*.
pelotudo, da *adj RP fam* otário(ria).
peluca *f* peruca *f*.
peludo, da *adj* peludo(da).
peluquería *f (local)* cabeleireiro *m*; *(ofício)* corte *m* de cabelo.
peluquero, ra *m, f* cabeleireiro *m*, -ra *f*.
pelvis *f inv* pélvis *f inv*.
pena *f* pena *f*; *CAm, Carib, Col, Méx & Ven (vergonha)* vergonha *f*; **a duras penas** a duras penas; **valer la pena** valer a pena; **¡qué pena!** que pena!
penalti, penalty *m* pênalti *m*.
pendejo *m Amér fam* pentelho *m*.
pendiente 1 *adj* pendente.
2 *m Esp* brinco *m*.

3 *f* ladeira *f*, encosta *f*.
4 **llevar pendientes** usar brincos.
péndulo *m* pêndulo *m*.
pene *m* pênis *m*.
penetrar *vi* penetrar.
penicilina *f* penicilina *f*.
península *f* península *f*.
peninsular *adj* peninsular.
penitencia *f* penitência *f*; **hacer penitencia** fazer penitência.
penitente *m* penitente *mf*.
penoso, sa *adj (lamentável)* lamentável; *(difícil)* penoso(sa); *CAm, Carib, Col, Méx & Ven (vergonhoso)* vergonhoso(sa).
pensador, ra *m, f* pensador *m*, -ra *f*.
pensamiento *m* pensamento *m*.
pensar *vt & vi* pensar.
pensativo, va *adj* pensativo(va).
pensión *f* pensão *f*; **media pensión** meia pensão; **pensión completa** pensão completa.
peña *f (rocha)* penha *f*; *(de amigos)* turma *f*.
peñasco *m* penhasco *m*.
peón *m (da indústria)* operário *m*; *(da agricultura)* peão *m*.
peonza *f* pião *m*.
peor 1 *adj* pior.
2 *adv* pior.
3 **el/la peor** o/a pior.
pepino *m* pepino *m*.
pepita *f (de fruta)* semente *f*; *(de ouro)* pepita *f*.
pequeño, ña *adj* pequeno(na).
pera *f* pêra *f*.
peral *m* pereira *f*.
percebe *m* craca *f*.
percha *f* cabide *m*.
perchero *m* cabideiro *m*.
percibir *vt* perceber.
perdedor, ra *m, f* perdedor *m*, -ra *f*.
perder *vt & vi* perder.
❑ **perderse** *vpr (perder o caminho)* perder-se; *(deixar de ver, ouvir)* perder.
pérdida *f* perda *f*.
perdigón *m* perdigão *m*.
perdiz (*pl* **-ces**) *f* perdiz *f*.
perdón 1 *m* perdão *m*.
2 *interj* perdão!
perdonar *vt* perdoar.
peregrinación *f* peregrinação *f*.
peregrino, na *m, f* peregrino *m*, -na *f*.
perejil *m* salsa *f*.
pereza *f (moleza)* preguiça *f*; *(lentidão)* lerdeza *f*.
perezoso, sa *adj* preguiçoso(sa).
perfección *f* perfeição *f*.
perfeccionista *mf* perfeccionista *mf*.
perfectamente *adv* perfeitamente.
perfecto, ta *adj* perfeito(ta).
perfil *m* perfil *m*; **de perfil** de perfil.
perforación *f* perfuração *f*.
perforar *vt* perfurar.
perfumar *vt* perfumar.
❑ **perfumarse** *vpr* perfumar-se.
perfume *m* perfume *m*.
perfumería *f* perfumaria *f*; **'perfumería-cosmética'** 'perfumaria-cosmética'.
pergamino *m* pergaminho *m*.
pérgola *f* caramanchão *f*.
periferia *f* periferia *f*.
periódico, ca 1 *adj* periódico(ca).
2 *m* jornal *m*.
periodismo *m* jornalismo *m*.
periodista *mf* jornalista *mf*.
período *m* período *m*.
periquito *m* periquito *m*.
peritaje *m* perícia *f*.
perito, ta *m, f* perito *m*, -ta *f*.
perjudicar *vt* prejudicar.
perjuicio *m* prejuízo *m*.
perla *f* pérola *f*; **ir de perlas** ir bem.
permanecer *vi* permanecer.
❑ **permanecer en** *v + prep* permanecer em.
permanencia *f* permanência *f*.
permanente 1 *adj* permanente.
2 *f (de cabelo)* permanente *m*.
permiso *m (autorização)* permissão *f*; *(de soldado)* licença *f*; **permiso de conducir** carteira de motorista.
permitir *vt* permitir.
pernoctar *vi* pernoitar.
pero *conj* mas, porém; **pero, ¿no lo has visto?** mas você não o viu?
perpendicular *adj & f* perpendicular; **perpendicular a** perpendicular a.
perpetuo, tua *adj* perpétuo(tua).
perplejo, ja *adj* perplexo(xa).
perra *f (zanga)* birra *f*; *fam (dinheiro)* grana *f*.
perrito *m*: **perrito caliente** cachorro-quente *m*.
perro, rra *m, f* cão *m*, cadela *f*.

persa 1 *adj* persa.
2 *mf* persa *mf.*
persecución *f* perseguição *f.*
perseguir *vt (seguir)* perseguir; *(querer conseguir)* persistir.
persiana *f* persiana *f.*
persona *f* pessoa *f*; **en persona** em pessoa.
personaje *m (pessoa famosa)* celebridade *m*; *(em filme, peça de teatro)* personagem *m.*
personal 1 *adj (particular)* pessoal; *(sem intermediários)* personalizado(da).
2 *m (pessoas, empregados)* pessoal *m*; **'sólo personal autorizado'** 'somente pessoal autorizado'.
personalidad *f* personalidade *f.*
perspectiva *f* perspectiva *f.*
persuadir *vt* persuadir.
persuasión *f* persuasão *f.*
pertenecer *vi* pertencer.
❑ **pertenecer a** *v + prep* pertencer a.
perteneciente *adj* pertencente; **perteneciente a** pertencente a.
pertenencias *fpl* pertences *mpl.*
pértiga *f* vara *f.*
pesa *f* peso *m.*
❑ **pesas** *fpl* peso *m sing.*
pesadez *f* peso *m.*
pesadilla *f lit & fig* pesadelo *m.*
pesado, da *adj* pesado(da); *(pessoa)* chato(ta).
pesadumbre *f (mágoa)* desgosto *m*; *(tristeza)* pesar *m.*
pésame *m*: **dar el pésame** dar os pêsames.
pesar 1 *m (tristeza)* pesar *m.*
2 *vi & vt* pesar.
3 **a pesar de** apesar de.
pesca *f* pesca *f.*
pescadería *f* peixaria *f.*
pescadero, ra *m, f* peixeiro *m*, -ra *f.*
pescadilla *f* pescadinha *f.*
pescadito *m*: **pescadito frito** peixinhos *mpl* fritos.
pescado *m* peixe *m inv.*
pescador, ra *m, f* pescador *m*, -ra *f.*
pescar *vt* pescar; *fam (entender, perceber)* pescar.
pesebre *m* presépio *m.*
pesero *m CAm & Méx* microônibus *m.*
peseta *f* peseta *f.*
pesimismo *m* pessimismo *m.*
pesimista *adj* pessimista.
pésimo, ma *adj* péssimo(ma).
peso *m* peso *m.*
pesquero, ra 1 *adj* pesqueiro(ra).
2 *m (barco)* navio *m* pesqueiro.
pestañas *fpl* cílios *mpl.*
peste *f (mau cheiro)* fedor *m*; *(doença)* peste *f.*
pesticida *m* pesticida *m.*
pestillo *m* ferrolho *m.*
pétalo *m* pétala *f.*
petanca *f* bocha *f.*
petardo *m* petardo *m.*
petición *f* petição *f.*
peto *m* babador *m.*
petróleo *m* petróleo *m.*
petrolero, ra 1 *adj* petroleiro(ra).
2 *m* petroleiro *m.*
petrolífero, ra *adj* petrolífero(ra).
petulancia *f* petulância *f.*
petulante *adj* petulante.
petunia *f* petúnia *f.*
pez (*pl* **-ces**) *m* peixe *m*; **pez espada** peixe-espada *m.*
pezón *m* mamilo *m.*
pezuña *f* casco *m.*
pianista *mf* pianista *mf.*
piano *m* piano *m*; **piano bar** piano-bar *m.*
piar *vi* piar.
pibe, ba *m, f RP fam* guri *m*, -ria *f.*
picador, ra *m, f* picador *m*, -ra *f.*
picadora *f* moedor *m.*
picadura *f (de inseto, réptil etc.)* picada *f*; *(para cachimbo)* fumo *m* picado.
picante *adj* picante.
picar 1 *vt* picar.
2 *vi (comer um pouco)* beliscar; *(sal, pimentão)* picar; *(pele)* coçar; *(sol)* queimar.
❑ **picarse** *vpr (dente)* cariar-se; *fam (aborrecer-se)* zangar-se.
pícaro, ra *adj* pícaro(ra).
picas *fpl (no baralho)* espadas *fpl.*
pichón *m* filhote *m* de pomba.
picnic *m* piquenique *m.*
pico *m (de ave)* bico *m*; *(de montanha)* pico *m*; *(ferramenta)* picareta *f*; **y pico** e pico.
picor *m* coceira *f.*
picoso, sa *adj Méx* picante.
pie *m* pé *m*; *(de animal)* pata *f*; *(apoio)* pedestal *m*; *(de uma montanha)* sopé *m*; *(de um texto)* rodapé *m*; **a pie** a pé; **en pie**

em pé; **estar de pie** estar de pé; **hacer pie** dar pé; **pies de cerdo** *pés de porco cozidos de diversas maneiras.*

piedad *f* piedade *f.*

piedra *f* pedra *f*; **piedra preciosa** pedra preciosa.

piel *f* pele *f*; *(de fruta)* casca *f.*

piercing *m* piercing *m.*

pierna *f (de pessoa)* perna *f*; *(de animal)* pata *f*; **estirar las piernas** esticar as pernas; **pierna de cordero** patas de cordeiro.

pieza *f* peça *f*; **pieza de recambio** peça de reposicão.

pijama *m* pijama *m.*

pila *f* pilha *f*; *(bacia)* pia *f*; **pila alcalina** pilha alcalina.

pilar *m* pilar *m.*

píldora *f* pílula *f.*

pillar *vt (objeto, doença)* pegar, apanhar; *(aprisionar)* prender; *fam (surpreender)* pegar, apanhar.

pilotar *vt* pilotar.

piloto **1** *mf (de avião, de barco)* piloto *mf.* **2** *m (luz de carro)* luz *f* traseira. **3 piloto automático** piloto *m* automático.

pimentón *m* pimentão *m.*

pimienta *f* pimenta *f*; **a la pimienta verde** à pimenta verde.

pimiento *m* pimentão *m*; **pimientos asados** pimentões assados; **pimientos del piquillo** *tipo de pimentão vermelho ligeiramente picante assado ou grelhado.*

pin *m* pin *m.*

pincel *m* pincel *m.*

pinchar *vt (com agulha, alfinete etc.)* espetar; *(roda)* furar; *(afrontar)* provocar; *fam (com injeção)* picar.
❑ **pincharse** *vpr fam (droga)* picar-se.

pinchazo *m (de roda)* furo *m*; *(na pele)* picada *f.*

pinche *adj Méx fam* ruim.

pincho *m* espeto *m.*

ping-pong® [pim'pon] *m* pingue-pongue *m.*

pingüino *m* pingüim *m.*

pino *m* pinho *m.*

pintada *f* pichação *f.*

pintado, da *adj* pintado(da); **'recién pintado'** 'tinta fresca'.

pintalabios *m inv* batom *m.*

pintar *vt (com cores)* pintar; *fig (expor)* descrever.
❑ **pintarse** *vpr* pintar-se.

pintor, ra *m, f* pintor *m*, -ra *f.*

pintoresco, ca *adj (expressivo, vivo)* cintilante; *(típico)* pitoresco(ca).

pintura *f (arte)* pintura *f*; *(substância)* tinta *f.*

pinzas *fpl (de roupa)* prendedor *m*; *(instrumento)* pinça *f*; *(em roupa)* prega *f*; *(de um caranguejo)* garra *f.*

piña *f (do pinheiro)* pinha *f*; *(fruta)* abacaxi *m*; *fam (de pessoas)* patota *f*; **piña americana** abacaxi; **piña en almíbar** abacaxi em calda; **piña natural** abacaxi fresco.

piñata *f pote de doces.*

piñón *m* pinhão *m.*

piojo *m* piolho *m.*

pipa *f* cachimbo *m.*

pipí *m fam* xixi *m*; **hacer pipí** fazer xixi.

pique *m fam* zanga *f*; **irse a pique** ir a pique.

piragua *f* canoa *f.*

piragüismo *m* canoagem *f.*

pirámide *f* pirâmide *f.*

piraña *f* piranha *f.*

pirata *adj & m lit & fig* pirata.

piratear *vt* piratear.

piratería *f* pirataria *f.*

pirómano, na *m, f* piromaníaco *m*, -ca *f.*

piropo *m* galanteio *m.*

pirueta *f* pirueta *f.*

pisada *f (no chão)* pegada *f*; *(barulho)* passo *m.*

pisar *vt* pisar.

piscina *f* piscina *f.*

Piscis *m inv* Peixes *m inv.*

pisco *m Chile & Perú aguardente de uva pisco.*

piso *m (solo)* chão *m*; *(de um prédio)* andar *m*; *Esp (moradia)* apartamento *m*; **piso bajo** térreo *m.*

pisotón *m* pisada *f.*

pista *f* pista *f*; **pista de tenis** quadra *f* de tênis.

pistacho *m* pistache *m.*

pistola *f* pistola *f.*

pistolero *m* pistoleiro *m.*

pita *f* pita *f.*

pitar *vi* apitar; **salir pitando** *fam* sair correndo.

pitillera *f* cigarreira *f.*

pitillo *m* cigarro *m.*

pito *m (instrumento)* apito *m*; *(som)* silvo *m*.
pitón *m (do touro)* chifre *m*; *(cobra)* píton *f*.
pizarra *f (rocha)* ardósia *f*; *(na sala de aula)* quadro-negro *m*.
pizarrón *m Amér* quadro-negro *m*.
pizza ['pi:tsə] *f* pizza *f*.
pizzería [ˌpi:tsə'rɪə] *f* pizzaria *f*.
placa *f* placa *f*.
placer *m* prazer *m*; **es un placer** é um prazer.
plan *m* plano *m*; **hacer planes** fazer planos.
plancha *f (de metal, para cozinhar)* chapa *f*; *(para passar)* ferro *m*; *fam (erro)* mancada *f*; **a la plancha** na chapa.
planchar *vt* passar a ferro.
planeta *m* planeta *m*.
planilla *f Amér* planilha *f*, impresso *m*.
plano, na 1 *adj* plano(na).
2 *m* plano *m*.
planta *f* planta *f*; *(num prédio)* andar *f*; *(de produção)* fábrica *m*; **planta baja** andar térreo; **segunda planta** segundo andar.
plantar *vt* plantar.
❑ **plantarse** *vpr (bater o pé)* plantar-se; *(no baralho)* ficar.
planteamiento *m (explicação)* alegação *f*; *(perspectiva)* abordagem *f*.
plantear *vt (plano, projeto)* planejar; *(problema, questão)* colocar.
❑ **plantearse** *vpr* considerar.
plantilla *f (de sapato)* palmilha *f*; *(folha impressa)* planilha *f*.
plástico *m* plástico *m*; **de plástico** de plástico.
plastificar *vt* plastificar.
plastilina® *f* plastilina *f*.
plata *f (metal)* prata *f*; *Amér fam (dinheiro)* dinheiro *m*; **de plata** de prata.
plataforma *f* plataforma *f*.
plátano *m (árvore)* bananeira *f*; *(fruta)* banana *f*.
platea *f* platéia *f*.
plateresco, ca *adj* plateresco(ca).
plática *f CAm & Méx* conversa *f*.
platicar *vi CAm & Méx* conversar.
platillo *m (prato pequeno)* pratinho *m*; *(de balança)* prato *m*.
❑ **platillos** *mpl (em música)* pratos *mpl*.
plato *m* prato *m*; **plato combinado** prato combinado; **plato principal** prato principal; **plato del día** prato do dia; **platos caseros** pratos caseiros.
platudo, da *adj Amér fam* endinheirado(da).
playa *f* praia *f*; **playa de estacionamiento** *CSur & Perú* estacionamento *m*.
playback *m* playback *m*.
playeras *fpl* tênis *m*, sapatilhas *fpl* de lona.
plaza *f (numa cidade)* praça *f*; *(espaço, assento)* lugar *m*; *(cargo)* vaga *f*; *Esp (mercado)* feira *f*; **plaza de toros** praça de touros.
plazo *m (de tempo)* prazo *m*; *(pagamento)* prestação *f*; **a corto plazo** a curto prazo; **a largo plazo** a longo prazo; **a plazos** a prestação.
plegable *adj* dobrável.
pleito *m* pleito *m*.
plenamente *adv* plenamente.
plenitud *f* plenitude *f*.
pleno, na 1 *adj* pleno(na).
2 *m* sessão *f* plenária.
pliegue *m* prega *f*.
plomada *f* prumo *m*.
plomería *f Amér* encanamento *m*.
plomero *m Amér* encanador *m*.
plomo *m* chumbo *m*; *fam (pessoa inconveniente)* mala *f*.
pluma *f* pena *f*; **pluma estilográfica** caneta-tinteiro *f*; **pluma fuente** *Amér* caneta-tinteiro *f*.
plumaje *m* plumagem *f*.
plumero *m (para tirar o pó)* espanador *m*; *(enfeite)* cocar *m*.
plumier (*pl* **plumiers**) *m* penal *m*.
plumilla *f* pluma *f*.
plumón *m* penugem *f*.
plural 1 *adj* plural.
2 *m* plural *m*.
pluralidad *f* pluralidade *f*.
pluralismo *m* pluralismo *m*.
plusmarca *f* recorde *m*.
plusmarquista *mf* recordista *mf*.
p.m. (*abrev de* **post meridiem**) p.m.
PM (*abrev de* **policía militar**) PM.
p.o. (*abrev de* **por orden**) p.o.
población *f (habitantes)* população *f*; *(cidade)* povoado *m*.
poblado, da 1 *adj* povoado(da).
2 *m* povoado *m*.
poblar *vt* povoar.
pobre *adj & mf* pobre.
pobreza *f* pobreza *f*.
pocilga *f lit & fig* pocilga *f*.

pocillo *m Amér* xícara *f*.
poco, ca 1 *adj* pouco(ca).
2 *pron* pouco(ca).
3 *adv* pouco.
4 **por poco** por pouco; **un poco (de)** um pouco (de); **dentro de poco** daqui a pouco; **hace poco** há pouco; **poco a poco** pouco a pouco.
poda *f* poda *f*.
podar *vt* podar.
poder 1 *m* poder *m*; **tiene poder para convencer a los demás** tem poder para convencer os outros; **poder adquisitivo** poder aquisitivo; **estar/hacerse con el poder** estar no/conquistar o poder; **estar en poder de alguien** estar em poder de alguém.
2 *v aux* (a) poder; **puedo levantar esta piedra** posso levantar esta pedra; **¿se puede fumar aquí?** pode-se fumar aqui?; **no puedo salir por la noche** não posso sair à noite; **no podemos abandonarlo** não podemos abandoná-lo; **puedo ir en barco o en avión** posso ir de navio ou de avião; **podías haber cogido el tren** você podia ter tomado o trem; **podría ser más discreto** você poderia ser mais discreto; **¡hubiera podido invitarnos!** devia ter nos convidado!
(b) *(em locuções)*: **a** ou **hasta más no poder** ao máximo; **no poder más** *(estar zangado)* não agüentar mais; *(estar cansado)* não poder mais; **¿se puede?** posso?
3 *v impess* poder; **puede ser que llueva** pode ser que chova; **no puede ser verdad** não pode ser verdade; **¿vendrás mañana? – puede** você virá amanhã? – pode ser.
4 *vt (ser mais forte)* poder com; **no hay quien me pueda** comigo ninguém pode.
❑ **poder con** *v + prep (doença, rival)* poder com; *(tarefa, problema)* conseguir; *(suportar)* poder.
poderoso, sa *adj* poderoso(sa).
podio *m* pódio *m*.
podrido, da *adj* podre.
poema *m* poema *m*.
poesía *f* poesia *f*.
poeta *mf* poeta *m*, -tisa *f*.
poético, ca *adj* poético(ca).
polar *adj* polar.
polaroid® *f* polaróide *f*.
polea *f* roldana *f*.
polémica *f* polêmica *f*.
polémico, ca *adj* polêmico(ca).
polen *m* pólen *m*.
polera *m Chile & Perú* camiseta *f*.
polichinela *m* polichinelo *m*.
policía 1 *f (corpo)* polícia *f*.
2 *mf (agente)* polícia *mf*.
3 **policía municipal** polícia *f*; **policía nacional** polícia federal; **policía urbana** ≃ polícia municipal.
policíaco, ca *adj* policial.
polideportivo *m* polidesportivo *m*.
poliéster *m* poliéster *m*.
políglota *mf* poliglota *mf*.
polígono *m* polígono *m*.
politécnica *f* politécnica *f*.
política *f* política *f*.
político, ca 1 *adj* político(ca); *(parente)*: **padre político** sogro *m*; **hijo político** genro *m*; **madre política** sogra *f*; **hija política** nora *f*.
2 *m, f* político *m*, -ca *f*.
póliza *f (de seguros)* apólice *f*; *(taxa)* selo *m* fiscal.
pollo *m (filhote de ave)* pinto *m*; *(para comer)* frango *m*; **pollo a la plancha** frango na chapa; **pollo al ajillo** frango ao alho e óleo; **pollo al curry** frango ao curry; **pollo asado** frango assado.
polluelo *m* pinto *m*.
polo *m (de pilha)* pólo *m*; *(roupa)* camiseta *f* pólo.
polución *f* poluição *f*.
polvera *f* caixa *f (para pó-de-arroz)*.
polvo *m* pó *m*.
❑ **polvos** *mpl (em cosmética, medicina)* pó *m*; **polvos de talco** talco *m*.

Não confundir com o português *polvo*, que tem um significado similar ao do espanhol *pulpo*: (*Soy alérgica al polvo; mi casa debe estar siempre muy limpia.* Sou alérgica ao pó; minha casa tem que estar sempre muito limpa.)

pólvora *f* pólvora *f*.
polvoriento, ta *adj* empoeirado(da).
polvorón *m biscoito feito com farinha, manteiga e açúcar.*
pomada *f* pomada *f*.
pomelo *m* toranja *f*.
pomo *m (de porta, gaveta)* maçaneta *f*; *(da espada)* empunhadura *f*.
pómulo *m* maçã *f* (do rosto).

ponchar *vt CAm & Méx* furar.
❑ **poncharse** *vpr CAm & Méx* furar.

poner *vt* (**a**) *(geral)* pôr; **poner algo/a alguien a** pôr algo/alguém a ou em.
(**b**) *(roupa)*: **poner algo a alguien** pôr algo em alguém.
(**c**) *(parte, contribuição)* contribuir com; **poner algo de mi/tu parte** fazer algo de minha/sua parte.
(**d**) *(fazer estar de uma certa maneira)* deixar.
(**e**) *(preço, medida)* fixar; *(multa, dever de casa)* dar.
(**f**) *(esforço, vontade)* dedicar; **puso toda su voluntad pero no lo consiguió** deu o melhor de si, mas não conseguiu o que queria.
(**g**) *(fax, telegrama)* enviar; **poner una conferencia** fazer uma ligação interurbana.
(**h**) *(aparelho)* ligar.
(**i**) *(em cinema, teatro, TV)* dar.
(**j**) *(gás, luz)* instalar; *(loja)* abrir.
(**k**) *(casa)* arrumar.
(**l**) *(nome)* dar.
(**m**) *(em subj, imper, gerúndio) (fazer de conta)* supor.
❑ **ponerse** *vpr* (**a**) *(colocar-se)* pôr-se.
(**b**) *(roupa, galas, maquiagem)* pôr.
(**c**) *(estar de uma certa maneira)* ficar.
(**d**) *(iniciar ação)*: **ponerse a hacer algo** pôr-se a fazer algo.
(**e**) *(de saúde)*: **ponerse malo** ou **enfermo** ficar doente; **ponerse bien** ficar bom.
(**f**) *(completar-se)*: **ponerse de algo** encher-se de algo.
(**g**) *(suj: astro)* pôr-se.

poniente *m (oeste)* poente *m*.

popa *f* popa *f*.

popote *m Méx* canudinho *m*.

popular *adj* popular.

popularidad *f* popularidade *f*.

póquer *m* pôquer *m*.

por *prep* (**a**) *(causa)* por; **se enfadó por tu comportamiento** irritou-se por causa do seu comportamento.
(**b**) *(finalidade)* para; **lo hizo por complacerte** assim o fez para agradar-lhe; **lo compro por ti** comprou-o para você.
(**c**) *(meio, modo, agente)* por; **por mensajero/fax** por mensageiro/fax; **por escrito** por escrito; **el récord fue batido por el atleta** o recorde foi batido pelo atleta.
(**d**) *(tempo aproximado)* por volta de; **creo que la boda será por abril** acho que o casamento será em abril.
(**e**) *(tempo concreto)* por; **por la mañana/tarde/noche** pela manhã/tarde/noite; **por unos días** por uns dias.
(**f**) *(aproximadamente em)* por; **está por ahí** está por aí; **¿por dónde vive?** onde ele mora?
(**g**) *(através de)* por; **pasar por la aduana** passar pela alfândega; **entramos en Francia por Italia** entramos na França pela Itália.
(**h**) *(em vez, em lugar de)* por; **cambio el coche por la moto** troco o carro pela moto; **él lo hará por mí** ele o fará por mim.
(**i**) *(distribuição)* por; **cien pesetas por unidad** cem pesetas por unidade; **20 km por hora** 20 km por hora.
(**j**) *(em matemática)* vezes; **dos por dos igual a cuatro** duas vezes dois são quatro.

porcelana *f* porcelana *f*.

porcentaje *m* porcentagem *f*.

porche *m* alpendre *m*.

porción *f* porção *f*.

porno *adj fam* pornô.

pornografía *f* pornografia *f*.

pornográfico, ca *adj* pornográfico(ca).

porque *conj* porque.

porqué *m* porquê *m*.

porrón *m recipiente de vidro, com gargalo comprido e pontiagudo.*

portaaviones *m inv* porta-aviões *m inv*.

portada *f* capa *f*.

portador, ra *m, f* portador *m*, -ra *f*; **al portador** ao portador.

portaequipajes *m inv* porta-malas *m inv*.

portafolios *m inv* pasta *f*.

portal *m* portal *m*.

portalámparas *m inv* soquete *m*.

portamaletas *m inv Amér* porta-malas *m inv*.

portarse *vpr* portar-se; **portarse bien/mal** portar-se bem/mal.

portátil *adj* portátil.

portavoz (*pl* **-ces**) *mf* porta-voz *mf*.

portazo *m* batida *f* de porta com força; **dar un portazo** bater a porta com força.

portería *f (de prédio)* portaria *f*; *(em esporte)* gol *m*.

portero, ra *m, f (de prédio)* porteiro *m*,

-ra *f*; *(em esporte)* goleiro *m*, -ra *f*; **portero electrónico** porteiro eletrônico, interfone *m*.
porvenir *m* porvir *m*, futuro *m*.
posada *f* pousada *f*.
posarse *vpr* pousar.
posavasos *m inv* porta-copos *m inv*.
posdata *f* pós-escrito *m*.
pose *f* pose *f*.
poseedor, ra *m, f* possuidor *m*, -ra *f*.
poseer *vt* possuir.
posesión *f (de coisas)* posse *f*; *(propriedade)* propriedade *f*.
❑ **posesiones** *fpl (território)* possessões *fpl*.
posesivo, va 1 *adj* possessivo(va).
2 *m* possessivo *m*.
posibilidad *f* possibilidade *f*.
posible *adj* possível.
posición *f* posição *f*.
positivamente *adv* positivamente.
positivo, va 1 *adj* positivo(va).
2 *m* positivo *m*.
posmoderno, na *adj* pós-moderno(na).
poso *m* sedimento *m*.
postal *f* cartão-postal *m*.
poste *m* poste *m*.
póster *m* pôster *m*.
posterior *adj* posterior.
postre *m* sobremesa *f*; **postre de la casa** sobremesa da casa.
póstumo, ma *adj* póstumo(ma).
postura *f* postura *f*.
potable *adj* potável; *fam (aceitável)* passável.
potaje *m* guisado *m*; **potaje de garbanzos** guisado de grão-de-bico.
potencia *f* potência *f*.
potenciar *vt* potencializar.
potrero *m Amér* potreiro *m*.
potro *m (cavalo)* potro *m*; *(em ginástica)* cavalo *m*.
pozo *m* poço *m*.
p.p. (*abrev de* **por poder**) p. o.
práctica *f* prática *f*.
❑ **prácticas** *fpl* estágio *m*.
practicante *mf (em religião)* devoto *m*, -ta *f*; **practicante (ambulatorio)** auxiliar *mf* de enfermagem.
practicar *vt & vi* praticar.
práctico, ca *adj* prático(ca).
pradera *f* pradaria *f*.
prado *m* prado *m*.
pral. → **principal.**
precario, ria *adj* precário(ria).
precaución *f* precaução *f*.
precintado, da *adj* lacrado(da).
precio *m* preço *m*; **precio fijo** preço fixo; **precios de costo** preços de custo; **tener un precio** ter um preço.
preciosidad *f* preciosidade *f*.
precioso, sa *adj* precioso(sa).
precipicio *m* precipício *m*.
precipitación *f* precipitação *f*.
precipitado, da *adj* precipitado(da).
precipitarse *vpr* precipitar-se.
precisamente *adv* precisamente.
precisar *vt* precisar.
preciso, sa *adj* preciso(sa).
precoz *adj* precoce.
predicar *vt* pregar.
predilecto, ta *adj* predileto(ta).
predominar *vt* predominar.
preescolar *adj* pré-escolar.
preferencia *f* preferência *f*.
preferible *adj* preferível.
preferir *vt* preferir.
prefijo *m* prefixo *m*.
pregón *m* pregão *m*.
pregonar *vt (notícia)* apregoar; *(segredo)* espalhar.
pregonero *m* pregoeiro *m*.
pregunta *f* pergunta *f*; **hacer una pregunta** fazer uma pergunta.
preguntar *vt* perguntar.
❑ **preguntar por** *v + prep* perguntar por.
❑ **preguntarse** *vpr* perguntar-se.
prehistoria *f* pré-história *f*.
prehistórico, ca *adj* pré-histórico(ca).
prejuicio *m* preconceito *m*.

> Não confundir ***prejuicio (preconceito)*** com o português ***prejuízo***, que em espanhol é ***perjuicio***. (*Antonio tiene muchos prejuicios contra los indígenas*. Antonio tem muito *preconceito* contra os indígenas.)

prematuro, ra *adj* prematuro(ra).
premeditación *f* premeditação *f*.
premiar *vt* premiar.
premio *m* prêmio *m*; **premio gordo** primeiro prêmio.
prenatal *adj* pré-natal.
prenda *f (vestido)* roupa *f*; *(garantia)* penhor *m*.

prensa *f (para comprimir)* prensa *f*; *(para imprimir)* imprensa *f*; **la prensa** a imprensa.
preocupación *f* preocupação *f*.
preocupado, da *adj*: **estar preocupado** estar preocupado(da).
preocupar *vi* preocupar.
❑ **preocuparse por** *vpr* preocupar-se com.
❑ **preocuparse de** *v + prep* ocupar-se de.
preparación *f (arranjo)* preparativos *mpl*; *(formação)* preparo *m*.
preparar *vt* preparar.
❑ **prepararse** *vpr* arrumar-se.
preparativos *mpl* preparativos *mpl*.
preparatoria *f Méx* ≃ segundo grau *m*.
preponderante *adj* preponderante.
preposición *f* preposição *f*.
prepotente *adj* prepotente.
presa *f (de um animal)* presa *f*; *(barragem)* represa *f*.
presbiterio *m* presbitério *m*.
prescindir: **prescindir de** *v + prep* prescindir de.
presencia *f* presença *f*.
presenciar *vt* presenciar.
presentable *adj* apresentável.
presentación *f* apresentação *f*.
presentador, ra *m, f* apresentador *m*, -ra *f*.
presentar *vt* apresentar.
❑ **presentarse** *vpr* apresentar-se.
❑ **presentarse a** *v + prep* apresentar-se para.
presente 1 *adj* presente.
2 *m* presente *m*.
3 tener presente ter presente; **los presentes** os presentes.
presentimiento *m* pressentimento *m*.
preservar *vt* preservar.
preservativo *m* preservativo *m*.
presidencia *f* presidência *f*.
presidencial *adj* presidencial.
presidente, ta *m, f* presidente *mf*.
presidiario, ria *m, f* presidiário *m*, -ria *f*.
presidir *vt* presidir.
presión *f* pressão *f*; **presión sanguínea** pressão arterial.
preso, sa *m, f* preso *m*, -sa *f*.
préstamo *m* empréstimo *m*.
prestar *vt* prestar; *(dinheiro)* emprestar.
❑ **prestarse a** *v + prep* prestar-se a.
prestigio *m* prestígio *m*.
presumido, da *adj* presumido(da).
presumir *vi*: **presumir (de)** querer parecer.
presunción *f (hipótese)* suposição *f*; *(vaidade)* presunção *f*.
presunto, ta *adj* suposto(ta).
presuntuoso, sa *adj* presunçoso(sa).
presupuesto *m* orçamento *m*.
pretencioso, sa *adj* pretensioso(sa).
pretender *vt* pretender.
pretendiente *mf* pretendente *mf*.
pretensión *f* pretensão *f*.
pretexto *m* pretexto *m*.
prever *vt* prever.
previo, via *adj* prévio(via).
previsor, ra *adj* previdente.
previsto, ta *adj* previsto(ta).
primaria *f* primário *m*.
primario, ria *adj (primeiro)* primordial; *(elementar)* primário(ria).
primavera *f* primavera *f*.
primer *num* = **primero.**
primera *f* primeira *f* → **primero.**
primero, ra 1 *num* primeiro(ra).
2 *m, f* primeiro *m*, -ra *f*.
3 *adv* primeiro.
4 lo primero o primeiro; **a primeros de mes** em princípios do mês → **sexto.**
primo, ma *m, f* primo *m*, -ma *f*.
primogénito, ta *m, f* primogênito *m*, -ta *f*.
princesa *f* princesa *f*.
principado *m* principado *m*.
principal 1 *adj* principal.
2 *m* térreo *m*.
príncipe *m* príncipe *m*.
principiante *mf* principiante *mf*.
principio *m* princípio *m*; **a principios de** em princípios de; **al principio** no princípio; **en principio** em princípio; **por principios** por princípio.
pringoso, sa *adj* pegajoso(sa).
prioridad *f* prioridade *f*.
prisa *f* pressa *f*; **darse prisa** apressar-se; **tener prisa** ter pressa.
prisión *f* prisão *f*.
prisionero, ra *m, f* prisioneiro *m*, -ra *f*.
prisma *m* prisma *m*.
prismáticos *mpl* binóculo *m*.
privado, da *adj* privado(da); **en privado** em particular.

privar *vt*: **privar de** privar de.
❑ **privarse** *vpr*: **privarse (de)** privar-se (de).
privilegiado, da *adj* privilegiado(da).
privilegio *m* privilégio *m*.
proa *f* proa *f*.
probabilidad *f* probabilidade *f*.
probable *adj* provável.
probador *m* provador *m*.
probar *vt & vi* provar.
❑ **probarse** *vpr* provar.
probeta *f* proveta *f*.
problema *m* problema *m*.
problemático, ca *adj* problemático(ca).
procedencia *f* procedência *f*.
procedente *adj* procedente; **procedente de** procedente de.
proceder *m & vi* proceder.
❑ **proceder de** *v + prep* proceder de.
procedimiento *m* procedimento *m*.
procesado, da *m, f* réu *m*, ré *f*.
procesar *vt* processar.
procesión *f* procissão *f*.
proceso *m* processo *m*.
proclamación *f* proclamação *f*.
proclamar *vt* proclamar.
❑ **proclamarse** *vpr* proclamar-se.
procurar *vt* tentar.

Não confundir ***procurar (tentar)*** com o português ***procurar***, que em espanhol é ***buscar***. (*Ellos procuraban olvidar el pasado*. Eles *tentavam* esquecer o passado.)

prodigarse *vpr* prodigalizar.
producción *f* produção *f*.
producir *vt* produzir.
❑ **producirse** *vpr* acontecer.
productividad *f* produtividade *f*.
productivo, va *adj* produtivo(va).
producto *m* produto *m*; **productos lácteos** laticínios.
productor, ra *m, f* produtor *m*, -ra *f*.
productora *f* produtora *f*.
profecía *f* profecia *f*.
profesión *f* profissão *f*.
profesional 1 *adj* profissional.
2 *mf* profissional *mf*.
profesionista *mf Méx* profissional *mf*.
profesor, ra *m, f* professor *m*, -ra *f*.
profeta *m* profeta *m*.
profiteroles *mpl* profiteroles *mpl*.
profundidad *f* profundidade *f*.
profundo, da *adj* profundo(da).
programa *m* programa *m*.
programación *f* programação *f*.
programador, ra *m, f* programador *m*, -ra *f*.
programar *vt* programar.
progresar *vi* progredir.
progresivo, va *adj* progressivo(va).
progreso *m* progresso *m*.
prohibición *f* proibição *f*.
prohibido, da *adj* proibido(da); **'prohibido aparcar'** 'proibido estacionar'; **'prohibido el paso'** 'passagem proibida'; **'prohibido el paso a personas ajenas a la obra'** 'passagem proibida a pessoas estranhas à obra'; **'prohibido fijar carteles'** 'proibido colocar cartazes'; **'prohibido fumar'** 'proibido fumar'; **'prohibida la entrada'** 'entrada proibida'; **'prohibida la entrada a menores'** 'entrada proibida para menores'.
prohibir *vt* proibir.
prójimo *m* próximo *m*.
proliferación *f* proliferação *f*.
prólogo *m* prólogo *m*.
prolongar *vt (no espaço)* alongar; *(no tempo)* prolongar.
❑ **prolongarse** *vpr (esticar-se)* alongar-se; *(durar mais)* prolongar-se.
promedio *m* média *f*.
promesa *f* promessa *f*.
prometer *vt & vi* prometer.
❑ **prometerse** *vpr* prometer-se.
prometido, da *m, f* prometido *m*, -da *f*.
promoción *f* promoção *f*; **promoción de ventas** promoção de vendas.
promocionar *vt* promover.
❑ **promocionarse** *vpr* promover-se.
promotor, ra *m, f* promotor *m*, -ra *f*.
pronóstico *m* prognóstico *m*; **pronóstico del tiempo** previsão *f* do tempo.
pronto *adv (prematuramente)* cedo; *(rapidamente)* pronto; **de pronto** de repente; **tan pronto como** tão logo.
pronunciación *f* pronúncia *f*.
pronunciar *vt* pronunciar.
propaganda *f* propaganda *f*.
propensión *f* propensão *f*; **propensión a** propensão a.
propenso, sa *adj*: **ser propenso a** ser propenso(sa) a.
propicio, cia *adj* propício(cia).
propiedad *f* propriedade *f*.

propietario, ria *m, f* proprietário *m*, -ria *f*.
propina *f* gorjeta *f*.
propio, pia *adj* próprio(pria).
proponer *vt* propor.
❑ **proponerse** *vpr* propor-se.
proporcionado, da *adj* proporcional.
proporcionar *vt* proporcionar.
proposición *f* proposição *f*.
propósito *m* propósito *m*; **a propósito** de propósito; **a propósito de** a propósito de.
propuesta *f* proposta *f*.
prórroga *f* prorrogação *f*.
prorrogar *vt* prorrogar.
prosa *f* prosa *f*.
proscrito, ta *m, f* proscrito *m*, -ta *f*.
prospecto *m (folheto)* prospecto *m*; *(de medicamento)* bula *f*.
próspero, ra *adj* próspero(ra).
prostíbulo *m* prostíbulo *m*.
prostitución *f* prostituição *f*.
prostituta *f* prostituta *f*.
protagonista *mf* protagonista *mf*.
protección *f* proteção *f*.
proteger *vt* proteger.
❑ **protegerse** *vpr* proteger-se.
protegido, da *m, f* protegido *m*, -da *f*.
proteína *f* proteína *f*.
protesta *f* protesto *m*.
protestante *mf* protestante *mf*.
protestar *vi* protestar.
protocolo *m* protocolo *m*.
provecho *m (benefício)* proveito *m*; *(rendimento)* lucro *m*; **buen provecho** bom apetite.
provechoso, sa *adj* proveitoso(sa).
provenir: **provenir de** *v + prep* provir de.
proverbio *m* provérbio *m*.
provincia *f* província *f*.
provisional *adj* provisório(ria).
provocación *f* provocação *f*.
provocar 1 *vt* provocar.
2 *vi Amér (atrair)* tentar.
provocativo, va *adj* provocativo(va).
próximo, ma *adj* próximo(ma); **'próximas llegadas'** 'próximas chegadas'.
proyección *f* projeção *f*.
proyectar *vt* projetar.
proyecto *m* projeto *m*.
proyector *m* projetor *m*.
prudencia *f* prudência *f*.
prudente *adj* prudente.
prueba *f* prova *f*.
psicoanálisis *m inv* psicanálise *f*.
psicología *f* psicologia *f*.
psicológico, ca *adj* psicológico(ca).
psicólogo, ga *m, f* psicólogo *m*, -ga *f*.
psicópata *mf* psicopata *mf*.
psiquiatra *mf* psiquiatra *mf*.
psiquiátrico *m* hospital *m* psiquiátrico.
psíquico, ca *adj* psíquico(ca).
pta. → **peseta.**
púa *f (de metal, de madeira)* farpa *f*; *(de pente)* dente *m*.
pub *m* pub *m*.
pubertad *f* puberdade *f*.
pubis *m inv* púbis *m inv*.
publicación *f* publicação *f*.
públicamente *adv* publicamente.
publicar *vt* publicar.
publicidad *f* publicidade *f*.
publicitario, ria *adj* publicitário(ria).
público, ca 1 *adj* público(ca).
2 *m* público *m*.
3 en público em público.
pucha *interj Andes & RP* puxa!
pudín *m* pudim *m*.
pudor *m* pudor *m*.
pudrir *vt* apodrecer.
❑ **pudrirse** *vpr* apodrecer.
pueblo *m (nação, população)* povo *m*; *(localidade)* povoado *m*.
puente *m* ponte *f*; **hacer puente** fazer ponte; **puente aéreo** *Esp* ponte aérea.
puerco, ca 1 *adj* porco(ca).
2 *m, f* porco *m*, -ca *f*; *Méx (carne)* carne *f* de porco.
puerro *m* alho-porro *m*.
puerta *f* porta *f*; **puerta de embarque** portão *m* (de embarque); **puerta principal** porta principal.
puerto *m (de mar)* porto *m*; *(de montanha)* desfiladeiro *m*.
pues *conj (de causa)* porque; *(uso ilativo)* pois.
puesta *f*: **puesta de sol** pôr-do-sol *m*.
puesto, ta 1 *adj* galhardo(da).
2 *m* posto *m*.
3 puesto que visto que.
pulga *f* pulga *f*.
pulidora *f* polidor *m*.
pulir *vt* polir.
pulmón *m* pulmão *m*.

pulmonía *f* pneumonia *f.*
pulóver *m Amér* pulôver *m.*
pulpa *f (de fruta, planta)* polpa *f*; *(da carne)* carne *f.*
pulpo *m* polvo *m.*
pulque *m CAm & Méx bebida fermentada feita com suco de agave.*
pulquería *f CAm & Méx bar onde se vende pulque.*
pulsar *vt (campainha, botão)* pressionar; *(cordas de um instrumento)* tanger.
pulsera *f* pulseira *f.*
pulso *m* pulso *m.*
puma *m* puma *m.*
puna *f Andes & Arg mal-estar causado pela rarefação do ar em grandes altitudes.*
punk *mf* punk *mf.*
punta *f* ponta *f*; **en la punta de (la lengua)** na ponta (da língua).
puntapié *m* pontapé *m.*
puntera *f* biqueira *f.*
puntería *f* pontaria *f.*
puntiagudo, da *adj* pontiagudo(da).
puntilla *f* renda *f.*
punto *m* ponto *m*; **a punto de** a ponto de; **en punto** em ponto; **punto de encuentro** ponto de encontro; **punto de vista** ponto de vista; **punto y aparte** ponto e parágrafo; **punto y coma** ponto-e-vírgula; **punto y seguido** ponto; **puntos suspensivos** reticências.
puntuación *f* pontuação *f.*
puntual *adj* pontual.
puntualidad *f* pontualidade *f.*
puntualización *f* especificação *f.*
puntualizar *vt* especificar.
puntuar *vt* pontuar.
punzón *m* punção *m.*
puñado *m* punhado *m.*
puñal *m* punhal *m.*
puñalada *f (golpe)* punhalada *f*; *(ferimento)* facada *f.*
puñetazo *m* soco *m.*
puñetero, ra *adj fam* chato(ta).
puño *m* punho *m.*
pupa *f* afta *f.*
pupitre *m (móvel)* carteira *f.*
puré *m* purê *m*; **puré de patatas** ou **papas** *Amér* purê de batata.
puritano, na *adj* puritano(na).
puro, ra 1 *adj* puro(ra).
2 *m* charuto *m.*
puta *f vulg* puta *f.*
puzzle *m* quebra-cabeças *m inv.*
PVP *m* (*abrev de* **precio venta al público**) *preço de venda ao público.*
pza. (*abrev de* **plaza**) pça.

Qq

que 1 *pron* que; **ese es el hombre que me lo compró** esse é o homem que o comprou de mim; **la moto que me gusta es muy cara** a moto de que eu gosto é muito cara; **el hombre que conociste ayer es Juan** o homem que você conheceu ontem é o Juan; **no ha leído el libro que le regalé** não leu o livro que lhe dei de presente; **la playa a la que fui es preciosa** fui a uma praia linda; **la mujer con la que hablas es mi novia** a mulher com a qual você está falando é a minha namorada; **el día en que fui era soleado** o dia em que fui estava ensolarado; **la persona de la que te hablo es médico** a pessoa de quem lhe falo é um médico; **al/a la que** ao/à qual.

2 *conj* **(a)** que; **es importante que me escuches** é importante que você me ouça; **me ha confesado que me quiere** confessou-me que gosta de mim; **hemos de esperar, que todavía no es la hora** temos de esperar, que ainda não está na hora; **tanto me lo pidió que se lo di** tanto me pediu que acabei dando-o; **espero que te diviertas** espero que você se divirta; **quiero que lo hagas** quero que você o faça; **¿que no quieres hacerlo? pues no pasa nada** não quer fazê-lo? não tem problema; **¡que te diviertas!** divirta-se!; **¡que sí/no!** já disse que sim/não!

(b) *(comparativo)* (do) que; **es más rápido que tú** é mais rápido (do) que você; **antes morir que vivir la guerra** antes morrer que viver a guerra.

(c) *(exprime finalidade)* para que; **ven aquí que te vea** venha cá para que eu o veja.

(d) *(exprime disjunção)* ou; **quieras que no, harás lo que yo te mande** querendo ou não, você fará o que eu lhe mandar.

qué 1 *adj (interrogativo)* que.

2 *pron (interrogativo)* o que.

3 *adv (exclamativo)* que.

4 ¿qué? *(¿como é?)* quê?; **¿por qué (...)?** *(interrogativo causal)* por que (...)?

quebrado *m* fração *f.*

quebrar *vi* falir.

quedar *vi* ficar; *(haver suficiente)* restar; *(não haver suficiente)* faltar; **quedar en ridículo** cair no ridículo; **quedar por hacer** restar por fazer; **quedar bien/mal con alguien** ficar bem/mal com alguém; **quedar en nada** dar em nada.

❑ **quedar con** *v + prep* combinar com.

❑ **quedar en** *v + prep* combinar.

❑ **quedarse** *vpr (permanecer, chegar a ser)* ficar; *(reter, adquirir)* ficar com.

❑ **quedarse con** *v + prep (preferir)* ficar com; *fam (zombar de)* debochar de.

quehacer *m* afazer *m.*

quejarse *vpr* queixar-se; **quejarse por** queixar-se por; **quejarse de** queixar-se de.

quejido *m* gemido *m.*

quemadura *f* queimadura *f.*

quemar *vt & vi* queimar.

❑ **quemarse** *vpr* queimar-se.

queque *m Andes & CAm* biscoito *m.*

querer 1 *m* querer *m.*

2 *vt* **(a)** querer; **el niño quiere una bicicleta** o menino quer uma bicicleta; **queremos que las cosas vayan bien** queremos que as coisas fiquem bem; **quiero fumar** quero fumar; **¿quiere pasar?** quer entrar?; **¿cuánto quiere por el coche?** quanto quer pelo carro?; **tal vez él quiera acompañarte** talvez ele queira acompanhá-lo; **quisiera hacer obras en verano** queria fazer obras no verão.

(b) *(sentir amor)* amar; **me dijo: te**

quiero disse-me: eu te amo; **quiere mucho a su hijo** quer muito bem ao seu filho.
(c) *(precisar)* requerer; **esta habitación quiere más luz** este quarto requer mais luz.
3 *vi (ter vontade)* querer; **ven cuando quieras** venha quando quiser; **estoy aquí porque quiero** estou aqui porque quero; **queriendo** por querer; **sin querer** sem querer.
4 *v impess (haver indícios)* estar como.
❑ **quererse** *vpr* amar-se.

querido, da *adj* querido(da).

queso *m* queijo *m*; **queso manchego** *queijo de leite de ovelha originário de La Mancha*; **queso rallado** queijo ralado; **queso de bola** queijo bola.

quiebra *f* falência *f*.

quien *pron* quem; **apoyaré a quienes considere oportuno** apoiarei aqueles que considerar apropriado.

quién *pron* quem; **¿quién es?** *(na porta)* quem é?; *(no telefone)* quem fala?

quieto, ta *adj* quieto(ta).

quilla *f* quilha *f*.

quilo *m* = **kilo.**

química *f* química *f*.

químico, ca *m, f* químico *m*, -ca *f*.

quince *num* quinze → **seis.**

quincena *f* quinzena *f*.

quiniela *f* ≃ loteria *f* esportiva.

quinientos, tas *num* quinhentos(tas) → **seis.**

quinqué *m* candeeiro *m*.

quinteto *m* quinteto *m*.

quinto, ta *num* quinto(ta) → **sexto.**

quiosco *m* quiosque *m*.

quirófano *m* sala *m* de cirurgia.

quisquilla *f* bagatela *f*.

quisquilloso, sa *adj* melindroso(sa).

quitamanchas *m inv* tira-manchas *m inv*.

quitar *vt (tirar)* roubar; *(afastar, suprimir)* tirar.
❑ **quitarse** *vpr (afastar-se)* sair; **quitarse la ropa** tirar a roupa.

quizá *adv* quiçá.

Rr

rábano *m* rabanete *m*.
rabia *f* raiva *f*.
rabieta *f* birra *f*.
rabioso, sa *adj* raivoso(sa).
rabo *m* rabo *m*.
racha *f (de vento, ar)* rajada *f*; *fam (de sorte)* maré *f*; **buena racha** boa sorte *f*; **mala racha** má sorte *f*.
racial *adj* racial.
racimo *m* cacho *m*.
ración *f* ração *f*.
racismo *m* racismo *m*.
racista *mf* racista *mf*.
radar *m* radar *m*.
radiación *f* radiação *f*.
radiador *m* radiador *m*.
radiante *adj lit & fig* radiante.
radiar *vt* irradiar.
radical *adj lit & fig* radical.
radio 1 *f* rádio *m*.
2 *m (em matemática, de roda)* raio *m*; *(osso)* rádio *m*.
radioaficionado, da *m, f* radioamador *m*, -ra *f*.
radiocasete *m o f* radiocassete *m*.
radiodespertador *m* radiodespertador *m*.
radiodifusión *f* radiodifusão *f*.
radiodifusora *f Amér* radioemissora *f*.
radiografía *f* radiografia *f*.
radiólogo, ga *m, f* radiologista *mf*.
radionovela *f* radionovela *f*.
radiorreloj *m* radiorrelógio *m*.
radioyente *mf* radiouvinte *mf*.
ráfaga *f (de vento, de tiros)* rajada *f*; *(de luz)* raio *m*.
rafia *f* ráfia *f*.
rafting *m* rafting *m*.
raíl *m* trilho *m*, carril *m*.
raíz *f* raiz *m*; **a raíz de** por conseqüência de; **raíz cuadrada** raiz quadrada.
raja *f (rachadura)* fenda *f*; *(porção)* fatia *f*.
rajatabla: **a rajatabla** *adv* ao pé da letra.
rallador *m* ralador *m*.
rallar *vt* ralar.
rally (*pl* **rallys**) *m* rally *m*.
rama *f* ramo *m*.
rambla *f* avenida *f*.
ramo *m* ramo *m*.
rampa *f* rampa *f*.
rana *f* rã *f*.
ranchera *f Méx canção típica mexicana*.
rancho *m (sítio)* rancho *m*; *(comida)* rancho *m*.
rancio, cia *adj (vinho)* azedo(da); *(manteiga)* rançoso(sa).
rango *m* classe *f*.
ranura *f* ranhura *f*.
rape *m* arraia *f*; **rape a la marinera** arraia cozida ao vinho e alho; **rape a la plancha** arraia na chapa.
rápidamente *adv* rapidamente.
rapidez *f* rapidez *f*.
rápido, da 1 *adj* rápido(da).
2 *m* corredeira *f*.
raptar *vt* raptar.
raqueta *f* raquete *f*.
raramente *adv* raramente.
raro, ra *adj (pouco freqüente, escasso)* raro(ra); *(fora do comum)* estranho(nha); *(singular, original)* extravagante.
rascacielos *m inv* arranha-céu *m*.
rascador *m* raspador *m*.
rascar *vt (com as unhas)* coçar; *(limpar, arrancar)* raspar.
rasgar *vt* rasgar.
rasgo *m* traço *m*.
raso, sa 1 *adj* raso(sa).
2 *m* cetim *m*.

3 al raso ao ar livre.
rastrillo *m (instrumento)* ancinho *m*; *Méx (para barbear)* navalha *f*.
rastro *m (pegada)* rastro *m*; *(para compras)* mercado *m* de pulgas.
rata *f* ratazana *f*.
ratán *m Amér* vime *m*.
ratero, ra *m, f* ladrão *m*, -dra *f* de galinhas.
rato *m* momento *m*; **a ratos** às vezes; **pasar un buen rato** divertir-se; **pasar un mal rato** passar por um mau pedaço; **ratos libres** horas *fpl* vagas.
ratón *m* rato *m*.
raya *f (linha)* raia *f*; *(estampa)* listra *f*; *(do cabelo)* risca *f*; *(de calça)* vinco *f*; *(peixe)* arraia *f*; **a rayas** listrado(da); **de rayas** de listras.
rayo *m* raio *m*; **rayos X** raios X.
rayuela *f* amarelinha *f*.
raza *f* raça *f*; **de raza** de raça.
razón *f* razão *f*; **dar la razón** dar a razão; **entrar en razón** tomar consciência; **tener razón** ter razão.
razonable *adj* razoável.
razonamiento *m* raciocínio *m*.
razonar 1 *vt (expor)* argumentar.
2 *vi (pensar)* raciocinar.
reacción *f* reação *f*.
reaccionar *vi* reagir.
reactor *m* reator *m*.
real *adj* real.
realeza *f* realeza *f*.
realidad *f* realidade *f*; **en realidad** na realidade.
realismo *m* realismo *m*.
realización *f* realização *f*; *(de filme)* direção *f*.
realizar *vt* realizar; *(filme)* dirigir.
realmente *adv* realmente.
realquilado, da *m, f* sublocador *m*, -ra *f*.
realquilar *vt* sublocar.
reanimación *f* reanimação *f*.
rebaja *f (de preço)* desconto *m*; *(de altura, nível etc.)* descida *f*.
❑ **rebajas** *fpl* liquidação *f*.
rebajado, da *adj (preço)* com desconto.
rebajar *vt (preço, nível)* baixar; *(humilhar)* rebaixar.
rebanada *f* rabanada *f*.
rebanar *vt (dar um talho)* cortar; *(fazer fatias)* fatiar.
rebaño *m* rebanho *m*.
rebelarse *vpr* revoltar-se.
rebelde *adj & mf* rebelde.
rebeldía *f* rebeldia *f*.
rebelión *f* rebelião *f*.
rebozado, da *adj* empanado(da).
rebozo *m Amér* xale *m*.
recado *m* recado *m*.
recaer *vi* recair.
recalcar *vt* recalcar.
recalentar *vt (aquecer novamente)* reaquecer; *(aquecer demais)* sobreaquecer.
❑ **recalentarse** *vpr (aquecer-se demais)* sobreaquecer-se.
recámara *f CAm, Col & Méx* quarto *m*.
recamarera *f CAm, Col & Méx* camareira *f*.
recambio *m (parte)* peça *f* sobressalente; *(de caneta)* recarga *f*.
recargar *vt* recarregar; *(carregar demais)* sobrecarregar; *(imposto)* subir.
recato *m (pudor)* recato *m*; *(moderação)* prudência *m*.
recepción *f* recepção *f*.
recepcionista *mf* recepcionista *mf*.
receptor *m* receptor *m*.
recesión *f* recessão *f*.
receta *f* receita *f*; **receta médica** receita médica.
recetar *vt* receitar.
rechazar *vt* rejeitar.
rechazo *m* rejeição *f*.
recibidor *m* vestíbulo *m*.
recibimiento *m* recebimento *f*.
recibir *vt* receber.
❑ **recibirse** *vpr Amér* formar-se.
recibo *m* recibo *m*.
reciclado, da *adj* reciclado(da).
reciclaje *m* reciclagem *f*.
reciclar *vt* reciclar.
❑ **reciclarse** *vpr* fazer uma reciclagem.
recién *adv* recentemente, recém; **recién hecho** recém-feito; **recién nacido** recém-nascido; **'recién pintado'** 'recém-pintado'.
reciente *adj* recente.
recientemente *adv* recentemente.
recinto *m* recinto *m*.
recipiente *m* recipiente *m*.
recital *m* recital *m*; **recital de música** recital de música.
recitar *vt* recitar.
reclamación *f* reclamação *f*; *(pedido)* requerimento *f*; **'reclamaciones y quejas'**

'queixas e reclamações'.

reclamar *vt (exigir)* reivindicar; *(precisar)* requerer.

recluir *vt* enclausurar.

reclusión *f* reclusão *f.*

recobrar *vt (jóia, carteira etc.)* recuperar; *(forças, esperança etc.)* recobrar, recuperar.

recogedor *m* pá *f.*

recoger *vt (guardar, reunir)* recolher; *(coletar)* colher; *(receber)* acolher.
❑ **recogerse** *vpr (retirar-se, ir deitar)* recolher-se.

recogida *f (de objetos, lixo etc.)* recolha *f*; *(de frutos)* colheita *f.*

recolección *f* colheita *f.*

recomendar *vt* recomendar.

recompensa *f* recompensa *f.*

recompensar *vt* recompensar.

reconocer *vt* reconhecer.

reconocimiento *m (agradecimento, de méritos etc.)* reconhecimento *m*; *(prova, em medicina)* exame *m.*

reconquista *f* reconquista *f.*

récord ['rekor] *m* recorde *m.*

recordar *vt* recordar; **recordar a** lembrar.

recorrer *vt* percorrer.

recorrido *m* percurso *m*; **largo recorrido** de longa distância.

recortar *vt* recortar.

recostarse *vpr* encostar-se.

recreo *m* recreio *m.*

recta *f* reta *f.*

rectangular *adj* retangular.

rectángulo *m* retângulo *m.*

rectitud *f (honestidade)* retidão *f*; *(rigor)* severidade *f.*

recto, ta *adj (caminho, honesto)* reto(ta); *(rigoroso)* severo(ra); **todo recto** sempre em frente.

rector, ra *m, f* reitor *m*, -ra *f.*

recuerdo *m* recordação *f*; *(presente)* lembrança *f.*
❑ **recuerdos** *mpl* lembranças *fpl*; **dar recuerdos** mandar lembranças.

recuperación *f* recuperação *f.*

recuperar *vt* recuperar.
❑ **recuperarse** *vpr* recuperar-se; **recuperarse (de)** recuperar-se (de).

recurrir *vi* recorrer.

recurso *m* recurso *m.*
❑ **recursos** *mpl* recursos *mpl*; **recursos humanos** recursos humanos.

red *f (de cabelo, estradas etc.)* rede *f*; *(de lojas, empresas etc.)* cadeia *f.*

redacción *f* redação *f.*

redactar *vt* redigir.

redactor, ra *m, f* redator *m*, -ra *f.*

redil *m* cercado *m.*

redondeado, da *adj* arredondado(da).

redondel *m* círculo *m.*

redondo, da *adj* redondo(da).

reducción *f* redução *f.*

reducir *vt* reduzir.
❑ **reducirse a** *v + prep* reduzir-se a.

reembolsar *vt (despesas)* reembolsar; *(dívida)* pagar.

reembolso *m (de despesas)* reembolso *m*; *(de dívida)* pagamento *m*; **contra reembolso** pelo reembolso postal.

reemplazar *vt* substituir.

reestrenar *vt* relançar.

reestreno *m* relançamento *m.*

reestructurar *vt* reestruturar.

refacción *f Chile & Méx (de carro, máquina, aparelho)* peça *f* sobressalente; *Amér (em prédio)* reparação *f.*

refaccionar *vt Amér* reparar.

referencia *f* referência *f.*
❑ **referencias** *fpl* referências *fpl.*

referéndum *m* referendo *m.*

referente *adj*: **referente a** referente a.

referirse: **referirse a** *v + prep* referir-se a.

refinería *f* refinaria *f.*

reflector *m* refletor *m.*

reflejarse *vpr* refletir-se.

reflejo, ja 1 *adj* reflexo(xa).
2 *m* reflexo *m.*
❑ **reflejos** *mpl* reflexos *mpl*; **hacerse reflejos** fazer luzes; **tener reflejos** ter reflexos.

reflexión *f* reflexão *f.*

reflexionar *vi* refletir.

reforma *f* reforma *f*; **hacer reformas** fazer reformas.

reformar *vt* reformar.
❑ **reformarse** *vpr* regenerar-se.

reforzar *vt* reforçar.

refrán *m* refrão *m.*

refrescante *adj* refrescante.

refresco *m* refresco *m.*

refrigerado, da *adj* refrigerado(da).

refrigerador *m* geladeira *f.*

refugiado, da *m, f* refugiado *m*, -da *f.*

refugiar *vt* dar refúgio.

▫ **refugiarse** *vpr* refugiar-se.
refugio *m* refúgio *m*.
regadera *f* regador *m*; *Col, Méx & Ven (no banheiro)* chuveiro *m*.
regadío *m* regadio *m*.
regalar *vt* dar, presentear.
regaliz (*pl* **-ces**) *m* alcaçuz *m*.
regalo *m* presente *m*.
regañar 1 *vt* ralhar.
2 *vi* brigar.
regar *vt (campos, plantas)* regar; *(suj: rio)* banhar.
regata *f* regata *f*.
regatear 1 *vt (preço)* pechinchar, regatear; *(esforços, ajuda, elogios)* poupar.
2 *vi (em esporte)* driblar.
regazo *m* regaço *m*, colo *m*.
regenerar *vt (coisa)* recuperar; *(pessoa)* regenerar.
▫ **regenerarse** *vpr (pessoa)* regenerar-se.
régimen *m* regime *m*.
región *f* região *f*.
regional *adj* regional.
regir *vt & vi* reger.
registrar *vt (local, objeto)* inspecionar; *(pessoa)* revistar; *(em lista, rol etc.)* registrar.
▫ **registrarse** *vpr* registrar-se.
registro *m (escritório, de luz, água etc.)* registro *m*; *(vistoria)* inspeção *f*; **registro civil** registro civil.
regla *f (norma)* regra *f*; *(instrumento)* régua *f*; *(feminina)* regras *fpl*, menstruação *f*; **en regla** em ordem; **por regla general** via de regra.
reglamento *m* regulamento *m*.
regresar 1 *vi* regressar.
2 *vt Amér* devolver.
▫ **regresarse** *vpr Amér* regressar.
regreso *m* regresso *m*.
regular 1 *adj & adv* regular.
2 *vt* regulamentar.
regularidad *f* regularidade *f*.
rehabilitar *vt* reabilitar.
rehén *mf* refém *mf*.
rehogar *vt* refogar.
reina *f* rainha *f*; *(no baralho)* dama *f*.
reinado *m* reinado *m*.
reinar *vi* reinar.
reincorporar *vt* reincorporar.
▫ **reincorporarse** *vpr*: **reincorporarse (a)** reincorporar-se (a).
reino *m* reino *m*.
Reino Unido *m*: **el Reino Unido** o Reino Unido.
reintegro *m* reembolso *m*.
reír 1 *vi* rir.
2 *vt* rir de.
▫ **reírse de** *v + prep* rir-se de.
reivindicación *f* reivindicação *f*.
reivindicar *vt* reivindicar.
reja *f* grade *f*.
rejilla *f (para abertura)* grade *f*; *(de forno)* grelha *f*.
rejuvenecer *vt & vi* rejuvenescer.
relación *f (nexo)* relação *f*; *(familiaridade)* relacionamento *m*; *(enumeração)* relação *f*, lista *f*; *(narração)* relato *m*.
▫ **relaciones** *fpl* relações *fpl*.
relacionar *vt* relacionar.
▫ **relacionarse** *vpr* relacionar-se.
relajación *f* relaxamento *m*.
relajar *vt* relaxar.
▫ **relajarse** *vpr* relaxar-se.
relajo *m Amér* tumulto *m*.
relámpago *m* relâmpago *m*.
relampaguear *v impess* relampejar.
relatar *vt* relatar.
relativo, va *adj* relativo(va); *(escasso)* reduzido(da); **relativo a** relativo a.
relato *m* relato *m*.
relevo *m* substituição *f*.
▫ **relevos** *mpl* revezamentos *mpl*.
relieve *m (em arte, do terreno)* relevo *m*; *(importância)* relevância *f*.
religión *f* religião *f*.
religioso, sa *adj & m, f* religioso(sa).
relinchar *vi* relinchar.
relincho *m* relincho *m*.
rellano *m* patamar *m*.
rellenar *vt (preencher novamente)* tornar a encher; *(preencher até o topo)* encher; *(frango, bolo)* rechear; *(formulário, documento)* preencher.
relleno, na 1 *adj* cheio (cheia).
2 *m (de travesseiro, colchão etc.)* estofo *m*; *(de bolo, frango etc.)* recheio *m*.
reloj *m* relógio *m*; **reloj de arena** ampulheta *f*; **reloj de pared** relógio de parede; **reloj de pulsera** relógio de pulso.
relojería *f* relojoaria *f*.
relojero, ra *m, f* relojoeiro *m*, -ra *f*.
remar *vi* remar.
remediar *vt* remediar.
remedio *m (auxílio)* ajuda *f*; *(para doença, solução)* remédio *m*; **no quedar más**

remedio não ter remédio; **no tener más remedio que ...** não ter mais remédio que ...; **sin remedio** sem remédio.
remendar *vt* remendar.
remite *m* remetente *m*.
remitente *mf* remetente *mf*.
remitir *vt* remeter.
❑ **remitirse a** *v + prep* remeter a.
remo *m* remo *m*.
remojar *vt* pôr de molho.
remojo *m*: **en remojo** de molho.
remolacha *f* beterraba *f*.
remolcador *m (barco)* rebocador *m*.
remolcar *vt* rebocar.
remolque *m* reboque *m*.
remontar *vt* subir.
❑ **remontarse a** *v + prep* remontar-se a.
remordimiento *m* remorso *m*.
remoto, ta *adj* remoto(ta).
remover *vt (café, sopa)* mexer; *(terra)* remover; *(lembranças)* despertar.
remuneración *f* remuneração *f*.
renacuajo *m* girino *m*.
rencor *m* rancor *m*.
rendición *f* rendição *f*.
rendimiento *m* rendimento *m*.
rendir *vt & vi* render.
❑ **rendirse** *vpr* render-se.
RENFE *f Esp companhia ferroviária espanhola.*
renguear *vt Amér* mancar.
reno *m* rena *f*.
renovación *f* renovação *f*.
renovar *vt* renovar.
renta *f (benefício)* renda *f*; *(de casa, carro)* aluguel *m*; *(renda)* rendimentos *mpl*.
rentable *adj* rentável.
rentar *vt Amér* alugar.
renunciar *vi*: **renunciar (a)** *(prescindir de)* renunciar (a); *(declinar)* recusar.
reñir 1 *vt (repreender)* ralhar.
2 *vi (desentender-se)* brigar.
reo, a *m, f* réu *m*, ré *f*.
reparación *f* reparação *f*.
reparar *vt* reparar.
❑ **reparar en** *v + prep* reparar em.
repartidor, ra *m, f* distribuidor *m*, -ra *f*.
repartir *vt (dividir)* repartir; *(distribuir)* repartir.
reparto *m (de bens, dinheiro etc.)* partilha *f*; *(de mercadorias, jornais etc.)* distribuição *f*; *(de atores)* elenco *m*.
repasar *vt (trabalho, lição etc.)* repassar; *(quarto, local)* revistar; *(preparativos)* conferir; *(roupa)* remendar.
repaso *m* revisão *f*; *fam (reprimenda)* repreensão *f*.
repelente *adj* repelente; *fam (pessoa desagradável)* antipático(ca).
repente: **de repente** *adv* de repente.
repentino, na *adj* repentino(na).
repercusión *f* repercussão *f*.
repertorio *m* repertório *m*.
repetición *f* repetição *f*.
repetidor, ra 1 *m, f (aluno)* repetente *mf*.
2 *m (em telecomunicações)* repetidora *f*.
repetir 1 *vt* repetir.
2 *vi (sabor)* fazer arrotar.
réplica *f* réplica *f*.
replicar *vt & vi* replicar.
repoblación *f (de cidade, região etc.)* repovoamento *m*; *(de bosque, campos etc.)* reflorestamento *m*; **repoblación forestal** reflorestamento *m*.
repoblar *vt (cidade, região etc.)* repovoar; *(bosque, campos etc.)* reflorestar.
reponer *vt* repor.
❑ **reponerse** *vpr* refazer-se.
reportaje *m* reportagem *f*.
reportar *vt Méx* relatar.
❑ **reportarse** *Andes, CAm & Méx* anunciar-se.
reporte *m Méx* relatório *m*.
reportero, ra *m, f* repórter *mf*.
reposo *m* repouso *m*; **en reposo** em repouso.
repostería *f* confeitaria *f*; **repostería de la casa** confeitaria caseira.
representación *f* representação *f*; **en representación de** representando.
representante *mf (de ator, cantor etc.)* agente *mf*; *(vendedor)* representante *mf*.
representar *vt* representar; *(idade)* aparentar.
representativo, va *adj* representativo (va).
represión *f* repressão *f*.
reprimir *vt* reprimir.
❑ **reprimirse** *vpr* reprimir-se.
reprochar *vt* recriminar.
reproche *m* recriminação *f*.
reproducción *f* reprodução *f*.
reproducir *vt* reproduzir.
❑ **reproducirse** *vpr* reproduzir-se.
reptar *vi* rastejar.

reptil *m* réptil *m*.
república *f* república *f*.
republicano, na *adj* republicano(na).
repuesto *m* peça *f* de reposição; **de repuesto** de reserva.
repugnar *vt* repugnar.
reputación *f* reputação *f*.
requerir *vt* requerer.
requesón *m* requeijão *m*.
res *f (animal)* rês *f*; *Col, Méx & Ven (bovino)* carne *f* de vaca.
resaca *f* ressaca *f*.
resbalada *f Amér* deslize *m*.
resbaladizo, za *adj* escorregadio(ia).
resbalar *vi (derivar)* deslizar; *(enganar-se)* cometer um deslize.
❑ **resbalarse** *vpr* escorregar.
rescatar *vt* resgatar.
rescate *m* resgate *m*.
resentimiento *m* ressentimento *m*.
reserva *f* reserva *f*; **de reserva** de reserva; **'reservas de hoteles y pensiones'** 'reservas de hotéis e pensões'; **reserva natural** reserva natural.
reservación *f Amér* reserva *f*.
reservado, da 1 *adj* reservado(da). **2** *m* reservado *m*, sala *f* privada.
reservar *vt* reservar.
resfriado, da 1 *adj* resfriado(da). **2** *m* resfriado *m*. **3 pillar un resfriado** *fam* pegar um resfriado.
resfriarse *vpr* resfriar-se.
resfrío *m Amér* resfriado *m*.
resguardar *vt* resguardar.
❑ **resguardarse** *vpr*: **resguardarse (de)** resguardar-se (de).
resguardo *m* comprovante *m*.
residencia *f* residência *f*; *(de preço baixo)* pensão *f*.
residuo *m* resíduo *m*.
❑ **residuos** *mpl* resíduos *mpl*.
resignarse *vpr* resignar-se.
resistencia *f* resistência *f*.
resistente *adj* resistente.
resistir *vt & vi* resistir.
❑ **resistirse** *vpr*: **resistirse (a)** resistir a; **me resisto a creerlo** não posso acreditar.
resolver *vt* resolver.
resonancia *f* ressonância *f*.
resorte *m* mola *f*.
respaldo *m* encosto *m*.
respectivo, va *adj* respectivo(va).
respecto *m*: **respecto a** no tocante a; **al respecto** nesse sentido; **con respecto a** em relação a.
respetable *adj* respeitável.
respetar *vt* respeitar.
respeto *m* respeito *m*.
respiración *f* respiração *f*.
respirar *vi* respirar.
respiro *m* respiração *f*; **darse un respiro** dar uma folga.
resplandor *m* resplendor *m*.
responder *vt & vi* responder; **responder a** responder a; *(ser provocado por)* dever-se a.
❑ **responder de** *v + prep (responsabilizar-se por)* responder por.
❑ **responder por** *v + prep (garantir)* responder por.
responsabilidad *f* responsabilidade *f*.
responsable *adj* responsável; **responsable de** responsável por.
respuesta *f* resposta *f*.
resta *f* subtração *f*.
restar *vt (em matemática)* subtrair; *(diminuir)* minimizar; **restar importancia a** minimizar a importância de.
restauración *f* restauração *f*.
restaurado, da *adj* restaurado(da).
restaurador, ra *m, f* restaurador *m*, -ra *f*.
restaurante *m* restaurante *m*.
restaurar *vt* restaurar.
resto *m* resto *m*.
❑ **restos** *mpl* restos *mpl*.
restricción *f* restrição *f*.
resucitar *vt & vi* ressuscitar.
resuelto, ta *adj* resolvido(da).
resultado *m* resultado *m*.
resultar *vi (acabar em)* resultar; *(ter sucesso)* funcionar; *(parecer, representar-se)* ser.
resumen *m* resumo *m*.
resumir *vt* resumir.
retablo *m* retábulo *m*.
retal *m* retalho *m*.
retención *f* retenção *f*.
retirado, da *adj (afastado)* retirado(da); *(do trabalho)* aposentado(da).
retirar *vt* retirar.
❑ **retirarse** *vpr (do trabalho)* aposentar-se; *(recolher-se)* retirar-se.

reto *m* desafio *m*.
retocar *vt* retocar.
retorcer *vt* torcer.
❑ **retorcerse de** *v + prep* torcer-se de.
retórica *f* retórica *f*.
retornable *adj* retornável.
retorno *m* retorno *m*.
retransmisión *f* retransmissão *m*.
retransmitir *vt* retransmitir.
retrasado, da *adj (trabalho, relógio etc.)* atrasado(da); *(não atual)* antigo(ga).
retrasar *vt (protelar)* adiar; *(relógio)* atrasar; *(tornar mais lento)* retardar.
❑ **retrasarse** *vpr (tardar)* atrasar-se; *(relógio, o pagamento)* atrasar.
retraso *m* atraso *m*; **con retraso** com atraso; **llevar retraso** estar atrasado.
retratar *vt (fotografar)* tirar o retrato de; *(desenhar, descrever)* retratar.
retrato *m* retrato *m*; **es el vivo retrato de su padre** é o retrato do pai.
retrete *m* casinha *m*.
retroceder *vi* retroceder.
retrospectivo, va *adj* retrospectivo(va).
retrovisor *m* retrovisor *m*.
reuma *m o f* reumatismo *m*.
reunión *f* reunião *m*.
reunir *vt* reunir.
❑ **reunirse** *vpr* reunir-se.
revancha *f* revanche *f*.
revelado *m* revelação *f*; **revelado en color/blanco y negro** revelação em cores/preto-e-branco.
revelar *vt* revelar.
reventar 1 *vt* arrebentar.
2 *vi* arrebentar; *fam (irritar)* aborrecer.
❑ **reventarse** *vpr* arrebentar.
reventón *m* estouro *m*.
reverencia *f* reverência *f*.
reversa *f Méx* marcha *f* a ré.
reversible *adj* reversível.
reverso *m* reverso *m*.
revés *m* avesso *m*; **al revés** *(em ordem contrária)* do avesso; *(ao invés, longe disso)* pelo contrário.
revestimiento *m* revestimento *m*.
revisar *vt (trabalho, prova)* corrigir; *(lei, norma)* rever; *(carro)* fazer a revisão de; *Amér (paciente)* examinar.
revisión *f* revisão *f*.
revista *f* revista *f*; **pasar revista** vistoriar.
revistero *m* porta-revistas *m inv*.
revolcarse *vpr* rolar.
revoltillo *m (tumulto)* confusão *f*; *(comida) ovo mexido, normalmente, com cogumelos e camarão.*
revoltoso, sa *adj (travesso)* levado(da); *(rebelde)* revoltado(da).
revolución *f* revolução *f*; *(em mecânica, astronomia)* rotação *f*.
revolucionario, ria *m, f* revolucionário *m*, -ria *f*.
revolver *vt (mesclar)* mexer; *(desarranjar)* revolver.
revólver *m* revólver *m*.
revuelta *f* revolta *f*.
revuelto, ta 1 *adj (desarranjado)* revolvido(da); *(escuro)* turvo(va); *(tempo)* instável; *(mar)* revolto(ta); *(confuso)* agitado(da).
2 *m* ovos *mpl* mexidos.
rey *m* rei *m*; **los Reyes Magos** os Reis Magos.
❑ **Reyes** *m*: **día de Reyes** *o dia em que, na Espanha e nos países hispano-americanos, as crianças recebem presentes.*
rezar *vt & vi* rezar.
rezo *m* reza *f*.
ría *f* estuário *m*.
riachuelo *m* riacho *m*.
riada *f* cheia *f*.
ribera *f* ribeira *f*.
ribete *m* debrum *m*.
rico, ca *adj (pessoa, país)* rico(ca); *(comida)* saboroso(sa); *fam (simpático)* bonito(ta); *(muito bom)* excelente; *Amér (dia, casa, dança etc.)* agradável.
ridículo, la 1 *adj* ridículo(la).
2 *m* ridículo *m*; **hacer el ridículo** fazer ridículo.
riego *m* irrigação *f*.
rienda *f* rédea *f*.
riesgo *m* risco *m*; **a todo riesgo** contra todos os riscos.
riesgoso, sa *adj Amér* arriscado(da).
rifar *vt* rifar.
rigidez *f* rigidez *f*.
rígido, da *adj* rígido(da).
rigor *m* rigor *m*; **de rigor** de praxe.
riguroso, sa *adj* rigoroso(sa).
rima *f* rima *f*.
rímel *m* rímel *m*.
rincón *m (lugar oculto, afastado)* rincão *m*; *(ângulo)* canto *m*.
ring *m* ringue *m*.

rinoceronte *m* rinoceronte *m*.
riña *f* briga *f*.
riñón *m* rim *m*.
❑ **riñones** *mpl* rins *mpl*; **riñones al jerez** rins ao xerez.
riñonera *f* pochete *f*, carteira *f* de cintura.
río *m* rio *m*.
rioja *m (vinho)* rioja *m*.
RIP (*abrev de* **requiescat in pace**) RIP.
riqueza *f* riqueza *f*.
risa *f* riso *m*.
ristra *f* trança *f*.
ritmo *m* ritmo *m*.
rito *m (conjunto de regras, costume)* rito *m*; *(cerimônia)* ritual *m*.
ritual *m* ritual *m*.
rival *mf* rival *mf*.
rizado, da *adj (cabelo)* encaracolado(da); *(papel, tecido etc.)* enrugado(da); *(mar)* encrespado(da).
rizo *m* caracol *m*.
RNE (*abrev de* **Radio Nacional de España**) *estação de rádio espanhola*.
robar *vt* roubar.
roble *m* carvalho *m*.
robo *m* roubo *m*.
robot *m* robô *m*.
robusto, ta *adj* robusto(ta).
roca *f* rocha *f*.
roce *m (ação, atrito)* fricção *f*; *(trato)* contato *m*; *(discussão)* atrito *m*.
rociar *vt (molhar)* orvalhar; *(com spray)* borrifar.
rocío *m* orvalho *m*.
rock *m* rock *m*.
rocoso, sa *adj* rochoso(sa).
rodaballo *m* rodovalho *m*.
rodaje *m* rodagem *f*.
rodar 1 *vt (filme)* rodar; *(veículo)* amaciar.
2 *vi* rolar; *(perambular)* rondar.
rodeado, da *adj* rodeado(da); **rodeado de** rodeado de.
rodear *vt* rodear.
❑ **rodearse de** *v + prep* rodear-se de.
rodeo *m (caminho longo, volta)* desvio *m*; *(falando)* rodeios *mpl*; **dar rodeos** fazer rodeios.
rodilla *f* joelho *m*; **de rodillas** de joelhos.
rodillo *m* rolo *m*.
roedor *m* roedor *m*.
roer *vt lit & fig* roer.
rogar *vt* rogar.
rojo, ja 1 *adj* vermelho(lha).
2 *m, f* comunista *mf*.
3 *m* vermelho *m*.
rollito *m* rolinho *m* primavera.
rollo *m (filme fotográfico, cilindro)* rolo *m*; *Esp & Méx fam (atividade)* chatice *f*; **corta el rollo** corta essa.
romana *f*: **a la romana** *envolto em ovo e farinha ou pão ralado e frito*.
románico, ca 1 *adj* românico(ca).
2 *m* românico *m*.
romántico, ca *adj* romântico(ca).
rombo *m* rombo *m*.
romería *f* romaria *f*.
romero *m* alecrim *m*.
romo, ma *adj* rombo(ba).
rompecabezas *m inv* quebra-cabeça *m*.
rompeolas *m inv* quebra-mar *m*.
romper 1 *vt (partir)* quebrar; *(terminar, rasgar)* romper; *(interromper)* acabar, romper.
2 *vi* romper.
3 romper con alguien romper com alguém; **romper a hacer algo** começar a fazer algo.
❑ **romperse** *vpr (partir-se)* quebrar-se; *(rasgar-se)* romper-se.
ron *m* rum *m*.
roncar *vi (pessoa)* roncar; *(mar, vento etc.)* rugir.
ronco, ca *adj* rouco(ca).
ronda *f (passeio)* volta *f*; *(grupo de pessoas)* grupo *m*; *(vigilância)* ronda *f*; *fam (de drinques, petiscos etc.)* rodada *f*; *(rua)* perimetral *m*.
ronquido *m* ronco *m*.
ronronear *vi* ronronar.
ronroneo *m (de gato)* ronrom *m*; *(de motor, máquina)* ruído *m*.
ropa *f* roupa *f*; **ropa interior** roupa de baixo; **lavar la ropa** lavar a roupa.
roquefort *m* roquefort *m*; **al roquefort** ao roquefort.
rosa 1 *f* rosa *f*.
2 *adj inv* rosa *inv*.
3 rosa de los vientos rosa dos ventos.
rosado, da *adj* rosado(da); *(vinho)* rosé.
rosal *m* roseiral *m*.
rosario *m (oração)* rosário *m*; *(objeto)* terço *m*.
roscón *m rosca doce que se come tradicionalmente no dia de Reis, 6 de janeiro*.
rosetón *m* roseta *f*.
rosquilla *f* rosquinha *f*.

rostro *m* rosto *m*.
roto, ta 1 *adj* quebrado(da).
2 *m (em roupa)* buraco *m*.
rotonda *f* rotunda *f*.
rotulador *m Esp* marcador *m*.
rótulo *m* rótulo *m*.
rotundo, da *adj* rotundo(da).
rozar *vt* roçar.
❑ **rozarse** *vpr* roçar-se.
r.p.m. (*abrev de* **revoluciones por minuto**) r.p.m.
Rte. (*abrev de* **remitente**) Rte.
RTVE (*abrev de* **Radiotelevisión Española**) *companhia de rádio e televisão espanhola.*
rubí *m* rubi *m*.
rubio, bia *adj* loiro(ra).

Não confundir ***rubio (loiro)*** com o português *ruivo*, que em espanhol é ***pelirrojo***. (***El bebé es rubio; tiene el pelo del color del trigo.*** O bebê é ***loiro***; tem o cabelo da cor do trigo.)

rubor *m* rubor *m*.
ruborizarse *vpr* ruborizar-se.
rudimentario, ria *adj* rudimentar.
rudo, da *adj* rude.
rueda *f* roda *f*; **rueda de prensa** entrevista *f* coletiva; **rueda de repuesto** ou **de recambio** estepe *m*, pneu *m* sobressalente.
ruedo *m (praça de touros)* arena *f*; *(limite exterior)* círculo *m*.
ruego *m* pedido *m*, súplica *f*.
rugby *m* rúgbi *m*.
rugido *m* rugido *m*.
rugir *vi* rugir.
rugoso, sa *adj* rugoso(sa).
ruido *m* ruído *m*.
ruidoso, sa *adj* ruidoso(sa).
ruin *adj (mau)* ruim; *(avarento)* miserável.
ruina *f* ruína *f*.
❑ **ruinas** *fpl* ruínas *fpl*.
ruinoso, sa *adj* ruinoso(sa).
ruiseñor *m* rouxinol *m*.
ruleta *f* roleta *f*.
rulo *m* rolo *m*.
ruma *f Andes* montão *m*.
rumba *f* rumba *f*.
rumbo *m* rumo *m*; **rumbo a** rumo a.
rumiante 1 *adj* ruminante.
2 *m* ruminante *m*.
rumiar *vt lit & fig* ruminar.
rumor *m* rumor.
rumorear *vt* rumorejar.
ruptura *f* ruptura *f*.
rural *adj* rural.
ruta *f* rota *f*.
rutina *f* rotina *f*.

S

s (*abrev de* **segundo**) s.
S (*abrev de* **San**) S.
SA *f* (*abrev de* **sociedad anónima**) SA *f.*
sábado *m* sábado *m*; **cada sábado, todos los sábados** cada sábado, todos os sábados; **caer en sábado** cair no sábado; **el próximo sábado, el sábado que viene** o próximo sábado, sábado que vem; **el sábado** o sábado; **el sábado pasado** sábado passado; **el sábado por la mañana/tarde/noche** sábado de manhã/tarde/noite; **este sábado** este sábado; **los sábados** aos sábados.
sábana *f* lençol *m.*
sabañón *m* frieira *f.*
saber 1 *m* saber *m.*
2 *vt & vi* saber.
3 saber algo de saber algo de; **saber bien/mal** ter bom/mau sabor; **saber mal a alguien** sentir muito.
❑ **saber a** *v + prep* ter sabor de.
sabiduría *f* sabedoria *f.*
sabio, bia *adj & m, f* sábio(bia).
sable *m* sabre *m.*
sabor *m* sabor *m*; **sabor a** sabor de.
saborear *vt* saborear.
sabotaje *m* sabotagem *f.*
sabroso, sa *adj* saboroso(sa); *(comentário, notícia etc.)* interessante.
sacacorchos *m inv* saca-rolhas *m inv.*
sacapuntas *m inv* apontador *m* de lápis.
sacar 1 *vt* tirar; *(vantagem)* levar; *(conseguir, obter)* ganhar; *(ampliar)* alargar; *(barriga, músculo)* dilatar; *(criar, fabricar)* lançar.
2 *vi (em esporte)* servir.
3 sacar a bailar tirar para dançar; **sacar billetes/entradas** comprar bilhetes/entradas; **sacar brillo** polir; **sacar dinero** sacar dinheiro; **sacar fotos** tirar fotos; **sacar la lengua** mostrar a língua; **sacar nota** tirar nota; **sacar buenas/malas notas** tirar notas boas/ruins.
❑ **sacarse** *vpr (carteirinha, autorização)* tirar.
sacarina *f* sacarina *f.*
sacerdote *m* sacerdote *m.*
saciar *vt* saciar.
saco *m* saco *m*; *Amér (jaqueta)* casaco *m*; **saco de dormir** saco de dormir.
sacramento *m* sacramento *m.*
sacrificar *vt* sacrificar.
❑ **sacrificarse** *vpr*: **sacrificarse (por)** sacrificar-se (por).
sacrificio *m* sacrifício *m.*
sacristán *m* sacristão *m.*
sacudida *f (movimento brusco)* sacudida *f*; *(terremoto)* tremor *m.*
sacudir 1 *vt (agitar)* sacudir; *(espancar)* bater.
2 *vi CSur & Méx (limpar)* tirar o pó.
safari *m* safári *m.*
Sagitario *m inv* Sagitário *m.*
sagrado, da *adj* sagrado(da).
sal *f* sal *m*; *fig (graça)* tempero *m.*
❑ **sales** *fpl* sais *mpl.*
sala *f* sala *f*; **sala de espera** sala de espera; **sala de estar** sala de estar; **sala de fiestas** salão de festas; **sala de juegos** sala de jogos; **sala climatizada** sala com ar condicionado.
salado, da *adj* salgado(da); *Amér (pessoa)* desgraçado(da).
salamandra *f* salamandra *f.*
salar *vt* salgar.
salario *m* salário *m.*
salchicha *f* salsicha *f.*
salchichón *m* salsichão *m.*
saldo *m* saldo *m.*
salero *m (recipiente)* saleiro *m*; *(charme)* graça *f.*

salida *f* saída *f*; *(passeio)* excursão *f*; *(repente)* comentário *m*; **'salida sin compra'** 'saída sem compras'; **'salida de socorro** ou **emergencia'** 'saída de incêndio ou emergência'; **'salidas internacionales'** 'embarque *m* internacional'.

salina *f* salina *f*.
❑ **salinas** *fpl* salinas *fpl*.

salir *vi* (a) *(geral)* sair; **salió a la calle** foi para a rua; **¡sal aquí fuera!** venha aqui fora!; **salir de** sair de; **el tren sale muy temprano** o trem sai muito cedo; **él ha salido para Madrid** foi para Madri; **Juan y María salen juntos** o Juan e a María saem juntos; **Mónica sale con Juan** a Mónica sai com o Juan; **el tapón sale poco a poco** a tampa sai pouco a pouco; **el anillo no le sale del dedo** o anel não lhe sai do dedo; **mi número ha salido premiado** meu número foi premiado; **ya ha salido el sol** já saiu o sol; **ha salido una nueva revista** saiu uma nova revista; **¡qué bien sales en la foto!** como você ficou bem na foto!; **en la película sale tu actor favorito** seu ator favorito atua no filme; **esta esquina sale mucho** essa quina é muito saliente.
(b) *(resultar)* sair, dar em; **ha salido muy estudioso** saiu muito estudioso; **salió elegida mejor actriz del año** foi escolhida a melhor atriz do ano; **ha salido perjudicado en el reparto** saiu prejudicado na repartição; **salir bien/mal** ir bem/mal.
(c) *(adiantar)* resolver; **este problema no me sale** não consigo resolver este problema; **me ha salido la división** consegui resolver a divisão; *(proceder)* **salir de** vir de.
(d) *(presentar-se)* surgir; **me salió un empleo en una oficina** consegui um emprego num escritório; **ahora me salen los traumas infantiles** agora estão começando a aparecer os meus traumas infantis.
(e) *(custar)* ficar; **la comida le ha salido por diez mil pesetas** o almoço ficou em dez mil pesetas.
(f) *(superar um obstáculo)*: **salir adelante** seguir adiante.
❑ **salirse** *vpr (partir, desviar-se)* sair; *(cair para fora)* transbordar.

saliva *f* saliva *f*.

salmón *m* salmão *m*; **salmón ahumado** salmão defumado; **salmón fresco** salmão fresco.

salmonete *m* salmonete *m*.

salón *m* salão *m*; **salón del automóvil** salão do automóvel; **salón recreativo** salão de jogos.

salpicadera *f Méx* pára-lama *m*.

salpicadero *m* painel *m* de instrumentos.

salpicar *vt & vi* salpicar.

salpicón *m (comida) prato frio feito com peixe ou marisco cortados em pedaços, temperados e condimentados com cebola, vinagrete*; **salpicón de marisco** salpicão de frutos do mar.

salpimentar *vt* temperar.

salsa *f (para comidas)* molho *m*; *(graça)* tempero *f*; *(baile, música)* salsa *f*; **salsa bechamel** molho branco; **salsa rosa** molho rosa; **salsa de tomate** molho de tomate; **salsa verde** molho verde; **salsa vinagreta** molho vinagrete.

> Não confundir *salsa (molho)* com o português *salsa*, que em espanhol é *perejil*. (*La abuela cocina salsas con muchos ingredientes*. A vovó cozinha os *molhos* com muitos ingredientes.)

salsera *f* molheira *f*.

saltamontes *m inv* gafanhoto *m*.

saltar 1 *vi* saltar; *(soltar-se)* cair; *(estourar)* explodir.
2 *vt* saltar.
❑ **saltarse** *vpr (omitir)* saltar; *(não dar atenção)* ignorar.

salteado, da *adj* salteado(da).

saltear *vt* saltear.

salto *m* salto *m*; **salto de agua** queda-d'água; **salto de cama** robe *f*.

salud *f* saúde *f*; **tener buena/mala salud** ter boa/má saúde; **estar bien/mal de salud** estar bem/mal de saúde; **¡(a su) salud!** (à sua) saúde!

saludable *adj* saudável; *(benéfico)* salutar.

saludar *vt* cumprimentar, saudar.
❑ **saludarse** *vpr* cumprimentar-se, saudar-se.

saludo *m* cumprimento *m*, saudação *f*.
❑ **saludos** *mpl* lembranças *fpl*.

salvación *f* salvação *f*.

salvaje *adj* selvagem.

salvamanteles *m inv* descanso *m* (de pratos).

salvar *vt* salvar; *(perigo, dificuldade, obstáculo)* superar; *(distância, espaço)* guardar.
❑ **salvarse** *vpr* salvar-se.
salvaslip *m* absorvente *m* higiênico.
salvavidas *m inv* salva-vidas *m inv*.
salvo *adv* salvo; **a salvo** a salvo.
san *adj* → **santo.**
sanatorio *m* sanatório *m*.
sanción *f* sanção *f*.
sancochar *vt Amér* aferventar.
sandalia *f* sandália *f*.
sandía *f* melancia *f*.
sandwich *m* sanduíche *m*.
sanfermines *mpl festas populares de Pamplona.*
sangrar *vi* sangrar.
sangre *f* sangue *m*; **sangre azul** sangue azul; **sangre fría** sangue-frio.
sangría *f* sangria *f*.
sangriento, ta *adj* sangrento(ta).
sanidad *f (serviços de saúde)* saúde *f*; *(higiene)* saneamento *m*.
sanitario, ria 1 *adj* sanitário(ria).
2 *m, f* sanitarista *mf*.
❑ **sanitarios** *mpl (instalações sanitárias)* sanitários *mpl*.
sano, na *adj (com saúde, sem vício)* são (sã); *(bom para a saúde)* saudável; **sano y salvo** são e salvo.
santiguarse *vpr* benzer-se.
santo, ta 1 *adj & m, f* santo(ta).
2 *m dia em que se celebra o nome de batismo de alguém.*
santuario *m* santuário *m*.
sapo *m* sapo *m*.
saque *m* saque *m*.
saquear *vt* saquear.
sarampión *m* sarampo *m*.
sarcástico, ca *adj* sarcástico(ca).
sardina *f* sardinha *f*; **sardinas a la plancha** sardinhas na chapa.
sargento *m* sargento *m*.
sarna *f* sarna *f*.
sarpullido *m* brotoeja *f*.
sarro *m* sarro *m*.
sartén *f* frigideira *f*.
sastre *m* alfaiate *m*.
sastrería *f* alfaiataria *f*.
satélite *m* satélite *m*.
sátira *f* sátira *f*.
satírico, ca *adj* satírico(ca).
satisfacción *f* satisfação *f*.
satisfacer *vt* satisfazer.
satisfecho, cha *adj* satisfeito(ta).
sauce *m* salgueiro *m*.
sauna *f* sauna *f*.
saxofón *m* saxofone *m*.
sazonar *vt* temperar.
se *pron (geral)* se; **el niño se lava los dientes** a criança escova os dentes; **enfadándose no conseguirán nada** vocês não vão conseguir nada zangando-se; **se aman con pasión** amam-se com paixão; **se escriben semanalmente** escrevem-se semanalmente; **las cosas se guardan en su sitio** guardam-se as coisas nos seus lugares; **se ha suspendido la reunión** cancelou-se a reunião; **'se habla inglés'** 'fala-se inglês'; **'se prohíbe fumar'** 'proibido fumar'; **se dice que** diz-se que; *(complemento indireto)* lhe; **cojo las carteras de los niños, yo se las daré** levo as pastas das crianças, depois as entregarei; **dame el regalo de Juan, yo se lo daré** dê-me o presente de Juan, que eu o entrego; **no utilicen sus hojas, yo se las daré** não usem suas folhas, eu as fornecerei.

> Em espanhol usa-se a forma ***se*** no lugar de *le* quando o pronome do objeto indireto e o pronome do objeto direto coincidem.
>
> (Ver **Os pronomes** na seção *Gramática espanhola.*)
>
> Também é usado nas construções em que não é preciso explicitar o sujeito: (***Se convocó a los alumnos.*** Os alunos foram convocados.)
>
> (Ver também ***gente*** no lado Português-Espanhol do dicionário.)

secador *m* secador *m*; **secador de cabello** secador de cabelo.
secadora *f* máquina *f* de secar.
secano *m* sequeiro *m*.
secar *vt* secar.
❑ **secarse** *vpr* secar-se.
sección *f* seção *f*.
seco, ca *adj* seco(ca); **a secas** a seco; **en seco** a seco.
secretaría *f* secretaria *f*; *Méx (do poder executivo)* ministério *m*.
secretariado *m* secretariado *m*.
secretario, ria *m, f* secretário *m*, -ria *f*; *Méx (do poder executivo)* secretário

m, -ria *f* de estado.
secreto, ta 1 *adj* secreto(ta).
2 *m* segredo *m*; **en secreto** em segredo.
secta *f* seita *f*.
sector *m* setor *m*.
secuestrador, ra *m, f* seqüestrador *m*, -ra *f*.
secuestrar *vt* seqüestrar.
secuestro *m* seqüestro *m*.
secundario, ria *adj* secundário(ria).
sed *f lit & fig* sede *f*; **dar sed** dar sede; **tener sed** ter sede, estar com sede.
seda *f* seda *f*.
sedante *m* sedativo *m*.
sede *f* sede *f*.

Não confundir *sede (sede)* com o português *sede (de água)*, que em espanhol é *sed*. (*Montevideo es la sede administrativa del Mercosur*. Montevidéu é a *sede* administrativa do Mercosul.)

sedentario, ria *adj* sedentário(ria).
sediento, ta *adj* sedento(ta).
seductor, ra *m, f* sedutor *m*, -ra *f*.
segador, ra *m, f* ceifador *m*, -ra *f*.
segadora *f* ceifadora *f*.
segar *vt* ceifar.
segmento *m* segmento *m*.
seguido, da 1 *adj* seguido(da).
2 *adv (em linha reta)* em frente; *Amér (muitas vezes)* freqüentemente.
3 en seguida em seguida; **todo seguido** sempre em frente.
seguir 1 *vt* seguir.
2 *vi (ir em frente)* continuar.
3 seguir a algo seguir-se a algo.
según 1 *prep (de acordo com, dependendo de)* segundo.
2 *adv (como, à medida que)* conforme.
3 según yo/tú para mim/você.

É uma preposição que tem um significado similar ao do português *segundo* ou *conforme*: (*La maestra explicó los resultados del experimento según una nueva teoría*. A professora explicou os resultados do experimento segundo uma nova teoria.)

(Ver também **As preposições** na seção *Gramática espanhola*.)

segunda *f* segunda *f* → **segundo.**
segundero *m* ponteiro *m* dos segundos.
segundo, da 1 *num & m, f* segundo(da).
2 *m* segundo *m* → **sexto.**

Usa-se em geral com o significado de 'o que vem depois do primeiro lugar': (*Lamentablemente nuestro equipo salió en el segundo puesto en el campeonato.* Lamentavelmente, nossa equipe obteve o segundo lugar no campeonato.)

seguramente *adv* seguramente.
seguridad *f* segurança *f*.
❑ **Seguridad Social** *f* Previdência *f* Social.
seguro, ra 1 *adj (firme, infalível)* seguro (ra); *(fiel)* de confiança.
2 *m (de carro, vida, casa)* seguro *m*; *CAm & Méx (para roupa)* alfinete *m* de segurança; **Seguro Social** *Amér* Previdência *f* Social; **seguro de viaje** seguro de viagem.
3 *adv* com certeza.
4 estar seguro *(sem medo)* sentir-se seguro; *(certo, confiado)* ter a certeza.
seis 1 *adj inv (para contar, ordenar)* seis.
2 *m (número, baralho)* seis *m*; *(data)* dia *m* seis.
3 *fpl*: **las seis** as seis.
4 las seis de la tarde/mañana as seis da tarde/manhã; **doscientos seis** duzentos e seis; **treinta y seis** trinta e seis; **de seis en seis** de seis em seis; **empatados a seis** empatados a seis; **los seis** os seis; **seis a cero** seis a zero.
seiscientos, tas *num* seiscentos(tas) → **seis.**
selección *f* seleção *f*.
seleccionador, ra *m, f* selecionador *m*, -ra *f*.
seleccionar *vt* selecionar.
selectividad *f exames de admissão a universidade* ≃ exame vestibular *m*.
selecto, ta *adj* seleto(ta).
selector *m* seletor *m*.
self-service *m* self-service *m*.
sello *m (de correio)* selo *m*; *(para selar cartas)* lacre *m*.
selva *f* selva *f*.
semáforo *m* semáforo *m*.
semana *f* semana *f*.
❑ **Semana Santa** Semana Santa.
semanal *adj* semanal.
semanario *m* semanário *m*.
sembrar *vt* semear.
semejante *adj & m* semelhante.
semejanza *f* semelhança *f*.
semen *m* sêmen *m*.

semestre *m* semestre *m*.
semidesnatado, da *adj* semidesnatado(da).
semidirecto, ta *adj* semidireto(ta).
semifinal *f* semifinal *f*.
semilla *f* semente *f*.
sémola *f* sêmola *f*.
Senado *m*: **el Senado** o Senado.
senador, ra *m, f* senador *m*, -ra *f*.
sencillo, lla **1** *adj* simples; *(ingênuo)* singelo(la).
2 *m Amér & CAm (dinheiro)* trocado *m*.
sendero *m* sendeiro *m*.
seno *m* seio *m*.
sensación *f* sensação *f*.
sensacional *adj* sensacional.
sensacionalismo *m* sensacionalismo *m*.
sensacionalista *adj* sensacionalista.
sensato, ta *adj* sensato(ta).
sensibilidad *f* sensibilidade *f*.
sensible *adj* sensível.
sensual *adj* sensual.
sentado, da *adj* sentado(da); **dar por sentado** dar por acertado.
sentar **1** *vt (bases)* estabelecer.
2 *vi*: **sentar bien/mal a alguien** *(comida, piada)* cair bem/mal a alguém; *(roupa, sapatos, jóias)* ficar bem/mal a alguém.
❑ **sentarse** *vpr* sentar-se.
sentencia *f* sentença *f*.
sentenciar *vt* sentenciar.
sentido *m* sentido *m*; **sentido común** senso comum.
sentimental *adj* sentimental.
sentimiento *m* sentimento *m*; *(tristeza)* pesar *m*.
sentir *vt* sentir; **lo siento** *(desculpa)* sinto muito; *(por falecimento)* meus pêsames.
❑ **sentirse** *vpr* sentir-se; **sentirse bien/mal** sentir-se bem/mal.
seña *f* sinal *m*.
❑ **señas** *fpl (domicílio)* endereço *m*; *(sinais)* características *fpl*; **señas personales** características físicas.
señal *f* sinal *m*; **señal de tráfico** sinal de trânsito.
señalado, da *adj (data, dia)* marcado(da); *(pessoa)* distinto(ta).
señalar **1** *vt (pôr marca)* assinalar; *(com a mão, dedo)* apontar; *(lugar, preço, data)* marcar; *(ser indício)* indicar.
2 *vi (com a mão, dedo)* apontar.
señor, ra **1** *adj (grande)* tremendo(da).
2 *m (homem, forma de tratamento)* senhor *m*; *(proprietário)* senhor *m*, dono *m*; *(homem muito cortês)* cavalheiro *m*; **muy señor mío** Ilmo. Senhor.

> Não confundir com o português ***o senhor, a senhora***, que é uma forma de tratamento, quer dizer, uma forma para dirigir-se diretamente ao outro. Em espanhol, no tratamento de respeito, utiliza-se a forma ***usted***.
>
> Note a diferença entre: (***Vi que el señor estaba sentado junto a la señora*** – não estou falando nem com o senhor nem com a senhora, mas com Maria, por exemplo – e ***Vi que usted estaba sentado junto a la señora*** – estou falando com a pessoa a quem me dirijo através da forma ***usted***).
>
> (Ver ***usted*** no lado Espanhol-Português do dicionário.)

señora *f* senhora *f*; *(cônjuge)* esposa *f*; *(proprietária)* dona *f*; **muy señora mía** Ilma. Senhora.
señorita *f (na escola)* professora *f*; *(mulher nova)* moça *f*; *(forma de tratamento)* senhorita *f*.
señorito, ta *adj pej* grã-fino(na).
separación *f* separação *f*.
separado, da *adj* separado(da).
separar *vt* separar.
❑ **separarse** *vpr* separar-se.
sepia *f* siba *f*; **sepia a la plancha** siba na chapa.
septentrional *adj* setentrional.
septiembre *m* setembro *m*; **a principios/finales de septiembre** no início/final de setembro; **a mediados de septiembre** em meados de setembro; **el 9 de septiembre** *(data)* 9 de setembro; **el pasado/próximo (mes de) septiembre** setembro passado/próximo; **en septiembre** em setembro; **este (mes de) septiembre** *(passado)* setembro passado; *(próximo)* setembro próximo; **para septiembre** para setembro.
séptimo, ma *num* sétimo(ma) → **sexto.**
sepulcro *m* sepulcro *m*.
sequía *f* seca *f*.
ser **1** *m* ser *m*; **ser humano/vivo** ser humano/vivo.
2 *v aux (forma a voz passiva)* ser; **el atracador fue visto por un testigo** o ladrão foi visto por uma testemunha.
3 *v cop (descrição)* ser; **mi abrigo es lila**

meu casaco é lilás; **este señor es alto/gracioso** este senhor é alto/gracioso; **son estudiantes** são estudantes; **su mujer es abogada** sua mulher é advogada; **el gato es un mamífero** o gato é um mamífero; **el edificio es un monumento nacional** o edifício é um monumento nacional; **ser de** *(matéria)* ser de; **ser como** ser como.
4 *vi* ser; **el eclipse fue ayer** o eclipse foi ontem; **la riña ha sido en la calle** a briga foi na rua; **esta belleza no es de este mundo** esta beleza não é deste mundo; **ser o no ser** ser ou não ser; **¿cuánto es? – son doscientas** quanto é? – são duzentos; **mañana será martes** amanhã é terça; **hoy es San José** hoje é dia de São José; **¿qué hora es?** que horas são?; **son las tres de la tarde** são três da tarde; **el negocio fue su ruina** o negócio foi a sua ruína; **a no ser que** a não ser que; **como sea** seja como for; **o sea** ou seja.
5 *v impess* ser; **ser de día/de noche** ser de dia/de noite; **es muy tarde para ir** é muito tarde para ir.
❑ **ser para** *v + prep (servir, adequar-se)* ser para.

serenar *vt* serenar.
❑ **serenarse** *vpr* serenar-se.

serenidad *f* serenidade *f*.

sereno, na *adj (pessoa)* sereno(na); *(mar)* calmo(ma); *(tempo)* bom (boa).

serie *f* série *f*.

seriedad *f* seriedade *f*.

serio, ria *adj* sério(ria); *(sem enfeites)* sereno(na); **en serio** a sério; **ir en serio** ser a sério; **tomar en serio** levar a sério.

sermón *m* sermão *m*.

serpentina *f* serpentina *f*.

serpiente *f* serpente *f*.

serrar *vt* serrar.

serrín *m* serragem *f*.

serrucho *m* serrote *m*.

servicio *m* serviço *m*; **estar de servicio** estar de serviço; **'fuera de servicio'** 'fora de serviço'; **servicio militar** serviço militar; **servicios mínimos** serviços mínimos; **servicio público** serviço público; **servicio de revelado rápido** revelação *f* rápida; **servicio urgente** serviço urgente.
❑ **servicios** *mpl* sanitários *mpl*.

servidumbre *f (empregados)* criadagem *f*; *(dependência)* servidão *f*.

servilleta *f* guardanapo *m*.

servir 1 *vt* servir; *(mercadoria)* fornecer.
2 *vi* servir; **servir de algo** servir de algo.
❑ **servirse** *vpr* servir-se; **'sírvase usted mismo'** 'sirva-se você mesmo'.
❑ **servirse de** *v + prep* servir-se de.

sesenta *num* sessenta → **seis.**

sesión *f* sessão *f*; **sesión continua** sessão contínua.

sesos *mpl* miolos *mpl*.

seta *f* cogumelo *m*; **setas al ajillo** *cogumelos com alho e óleo*; **setas con gambas** *cogumelos com camarão.*

setecientos, tas *num* setecentos(tas) → **seis.**

setenta *num* setenta → **seis.**

setiembre *m* = **septiembre.**

seto *m* sebe *f*.

severidad *f* severidade *f*.

severo, ra *adj* severo(ra).

sexismo *m* sexismo *m*.

sexista *mf* sexista *mf*.

sexo *m* sexo *m*.

sexto, ta 1 *adj* sexto(ta).
2 *m, f*: **el sexto, la sexta** o sexto, a sexta.
3 capítulo sexto sexto capítulo; **el sexto día** o sexto dia; **en sexto lugar, en sexta posición** em sexto lugar, na sexta posição; **la sexta parte** a sexta parte.

sexual *adj* sexual.

sexualidad *f* sexualidade *f*.

shorts *mpl* short *m*.

show *m* show *m*.

si *conj* se.

sí (*pl* **síes**) **1** *adv (afirmação)* sim.
2 *pron (reflexivo)* si.
3 *m* assentimento *m*.

sida *m* (*abrev de* **síndrome de inmunodeficiencia adquirida**) Aids *f*.

sidecar *m* side-car *m*.

sidra *f* sidra *f*.

siega *f* ceifa *f*.

siembra *f* semeadura *f*.

siempre *adv* sempre; *Amér (até agora)* ainda; **desde siempre** desde sempre.

sien *f* têmpora *f*.

sierra *f* serra *f*.

siesta *f* sesta *f*; **echar una siesta** fazer uma sesta.

siete *num* sete → **seis.**

sifón *m (garrafa)* sifão *m*; *(água com gás)* água *f* gaseificada.
sigla *f* sigla *f*.
siglo *m* século *m*; *fam (período muito comprido)* século *m*.
significado *m* significado *m*.
significar *vt* significar.
significativo, va *adj* significativo(va).
signo *m (do zodíaco, de ódio, amizade etc.)* signo *m*; *(símbolo, indicação)* sinal *m*; **signo de admiración** ponto de exclamação; **signo de interrogación** ponto de interrogação.
siguiente 1 *adj* seguinte. **2** *mf*: **el siguiente** o próximo.
sílaba *f* sílaba *f*.
silbar *vi & vt* assobiar.
silbato *m* apito *m*.
silbido *m* silvo *m*.
silenciador *m* silenciador *m*.
silencio *m* silêncio *m*; **guardar silencio** guardar silêncio.
silenciosamente *adv* silenciosamente.
silencioso, sa *adj* silencioso(sa).
silicona *f* silicone *m*.
silla *f* cadeira *f*; **silla de montar** sela *f*.
sillín *m* selim *m*.
sillón *m* poltrona *f*.
silueta *f* silhueta *f*.
silvestre *adj* silvestre.
símbolo *m* símbolo *m*.
simétrico, ca *adj* simétrico(ca).
similar *adj* similar.
similitud *f* similitude *f*.
simpatía *f* simpatia *f*.
simpático, ca *adj* simpático(ca).
simpatizante *mf* simpatizante.
simpatizar *vi* simpatizar; **simpatizar con** simpatizar com.
simple *adj* simples; *(ingênuo)* simplório (ria).
simplicidad *f* simplicidade *f*.
simular *vt* simular.
simultáneo, a *adj* simultâneo(a).
sin *prep* sem.
sinagoga *f* sinagoga *f*.
sinceridad *f* sinceridade *f*.
sincero, ra *adj* sincero(ra).
sincronizar *vt* sincronizar.
sindicato *m* sindicato *m*.
sinfonía *f* sinfonia *f*.
sinfónico, ca *adj* sinfônico(ca).
singular *adj & m* singular.
siniestro, tra 1 *adj* sinistro(tra). **2** *m (acidente, desgraça)* desastre *m*.
sinnúmero *m*: **un sinnúmero de** um sem-número de.
sino *conj (para contrapor)* mas; *(exceto)* senão.
sinónimo *m* sinônimo *m*.
síntesis *f* síntese *f*.
sintético, ca *adj* sintético(ca).
sintetizador *m* sintetizador *m*.
síntoma *m* sintoma *m*.
sintonía *f* sintonia *f*.
sintonizar *vt* sintonizar.
sinvergüenza *mf* sem-vergonha *mf*.
siquiera *adv (apenas)* sequer; **ni siquiera** nem sequer.
sirena *f (em mitologia)* sereia *f*; *(som)* sirene *f*.
sirviente, ta *m, f* servente *mf*.
sisa *f (de vestido)* cava *f*.
sistema *m* sistema *m*; **por sistema** sistematicamente.
sitiar *vt* sitiar.
sitio *m (espaço)* lugar *m*; *(de cidade, vilarejo)* cerco *m*; *Méx (de táxis)* ponto *m* de táxi; **en otro sitio** em outro lugar; **hacer sitio** dar lugar.
situación *f* situação *f*.
situar *vt (pôr)* colocar; *(localizar)* situar. ▫ **situarse** *vpr (pessoa)* colocar-se.
skin head *mf* skinhead *mf*.
SL *f* (*abrev de* **sociedad limitada**) Ltda.
SM (*abrev de* **Su Majestad**) SM.
s/n (*abrev de* **sin número**) s/n.
sobaco *m* sovaco *m*.
sobado, da *adj (livro, vestido)* usado(da); *(chiste, piada)* batido(da).
soberbia *f* soberba *f*.
soberbio, bia *adj* soberbo(ba).
soborno *m* suborno *m*.
sobrar *vi* sobrar.
sobras *fpl* sobras *fpl*.
sobre[1] *prep* sobre; **sobre todo** sobretudo.
sobre[2] *m* envelope *m*.
sobrecarga *f* sobrecarga *f*.
sobredosis *f inv* overdose *f*.
sobregirado, da *adj Amér* com saldo negativo.
sobrehumano, na *adj* sobre-humano (na).
sobremesa *f período após a refeição em*

que se conversa ou se vê televisão.

> Não confundir com o português ***sobremesa***, que se usa com um significado similar ao do espanhol ***postre***. (***Nos quedamos de sobremesa más de dos horas.*** Ficamos conversando à mesa por mais de duas horas.)

sobrenombre *m* apelido *m*, alcunha *f*.

> Não confundir ***sobrenombre (apelido)*** com o português ***sobrenome***, que em espanhol é ***apellido***. (***Me llamo Roberto pero mi sobrenombre es Tito.*** Meu nome é Roberto mas meu ***apelido*** é Tito.)

sobrepasar *vt* sobrepujar.
sobreponer *vt* sobrepor.
❑ **sobreponerse** *vpr*: **sobreponerse (a)** sobrepor-se a.
sobrepuesto, ta *adj* superposto(ta).
sobresaliente 1 *adj (relevante)* destacado(da).
2 *m (qualificação)* excelente *m*.
sobresalir *vi* sobressair.
sobresalto *m* sobressalto *m*.
sobrevivir *vi* sobreviver.
sobrevolar *vt* sobrevoar.
sobrino, na *m, f* sobrinho *m*, -nha *f*.
sobrio, bria *adj* sóbrio(bria).
sociable *adj* sociável.
social *adj* social.
socialista *mf* socialista *mf*.
sociedad *f* sociedade *f*.
socio, cia *m, f* sócio *m*, -cia *f*.
sociología *f* sociologia *f*.
sociólogo, ga *m, f* sociólogo *m*, -ga *f*.
socorrer *vt* socorrer.
socorrismo *m* pronto-socorro *m*, socorrismo *m*.
socorrista *mf* socorrista *m*.
socorro 1 *m* socorro *m*.
2 *interj* socorro!
soda *f* soda *f*.
sofá *m* sofá *m*.
sofisticado, da *adj* sofisticado(da).
sofocante *adj* sufocante.
sofoco *m (aperto, vergonha)* sufoco *m*; *(mágoa)* desgosto *m*.
sofrito *m alho e cebola picados e fritos.*
software ['sofwer] *m* software *m*.
sol *m* sol *m*; *(em praça de touros) as localidades mais baratas (ao sol) numa praça de touros*; **el Sol** o Sol; **tomar el sol** tomar sol.
solamente *adv* somente.
solapa *f (de vestido, jaqueta)* lapela *f*; *(de livro)* orelha *f*.
solar 1 *adj (do sol)* solar.
2 *m (terreno)* lote *m*.
solárium *m* solário *m*.
soldado *m* soldado *m*; **soldado raso** soldado raso.
soldador, ra 1 *m, f* soldador *m*, -ra *f*.
2 *m* maçarico *m*, ferro *m* de soldar.
soldar *vt* soldar.
soleado, da *adj* ensolarado(da).
soledad *f* solidão *f*.
solemne *adj* solene.
solemnidad *f* solenidade *f*.
soler *vi* costumar.
solfeo *m* solfejo *m*.
solicitar *vt* solicitar.
solicitud *f (pedido)* requerimento *m*; *(folha impressa)* formulário *m*.
solidaridad *f* solidariedade *f*.
sólido, da 1 *adj* sólido(da).
2 *m* sólido *m*.
solista *mf* solista *mf*.
solitario, ria 1 *adj & m, f* solitário(ria).
2 *m (jogo)* paciência *f*; *(jóia)* solitário *m*.
sollozar *vi* soluçar.
sollozo *m* soluço *m*.
solo, la *adj (sem companhia)* sozinho(nha); *(único, sem família)* só; *(café)* preto; *(sem conteúdo)* vazio(zia); **a solas** a sós.
sólo *adv* somente.
solomillo *m* lombinho *m*; **solomillo a la parrilla** lombinho grelhado; **solomillo de ternera** lombinho de vaca.
soltar *vt* soltar.
soltero, ra *adj & m, f* solteiro(ra).
solterón, ona *m, f* solteirão *m*, -na *f*.
soltura *f* desembaraço *m*; **con soltura** com desembaraço.
solución *f* solução *f*.
solucionar *vt* solucionar.
solvente *adj* solvente.
sombra *f* sombra *f*; *(em praça de touros) as localidades mais caras (à sombra) numa praça de touros*; **a la sombra** à sombra; **dar sombra** dar sombra.
sombrero *m* chapéu *m*.
sombrilla *f* sombrinha *f*.
someter *vt* submeter; **someter a alguien a algo** submeter alguém a algo.
❑ **someterse** *vpr* submeter-se.

somier *m* estrado *m*.
somnífero *m* sonífero *m*.
sonajero *m* chocalho *m*.
sonar 1 *vi (telefone, campainha)* tocar; *(ser conhecido, sabido)* lembrar; *(letra)* soar.
2 *vt* assoar.
❑ **sonar a** *v + prep* parecer.
❑ **sonarse** *vpr* assoar-se.
sonido *m* som *m*.
sonoro, ra *adj* sonoro(ra); *(que soa bem)* sonante.
sonreír *vi* sorrir.
❑ **sonreírse** *vpr* sorrir.
sonriente *adj* sorridente.
sonrisa *f* sorriso *m*.
sonrojarse *vpr* ruborizar-se.
sonso, sa *adj Amér fam* bobo(ba).
soñar *vi & vt* sonhar.
❑ **soñar con** *v + prep* sonhar com.
sopa *f* sopa *f*; **sopa de cebolla** sopa de cebola; **sopa de marisco** sopa de marisco; **sopa de pescado** sopa de peixe.
sopera *f* sopeira *f*.
soplar 1 *vi* soprar.
2 *vt (ar, poeira)* soprar; *fam (resposta)* soprar.
soplete *m* maçarico *m*.
soplido *m* sopro *m*.
soplo *m (do coração, de ar)* sopro *m*; *fam (denúncia)* delação *f*.
soportales *mpl* arcadas *fpl*.
soportar *vt* suportar.
soporte *m* suporte *m*.
soprano *f* soprano *f*.
sorber *vt* sorver.
sorbete *m* picolé *m*; **sorbete de frambuesa** picolé de framboesa; **sorbete de limón** picolé de limão.
sordo, da *adj & m, f* surdo(da).
sordomudo, da *m, f* surdo-mudo *m*, surda-muda *f*.
soroche *m Andes mal-estar provocado pela altitude.*
sorprendente *adj* surpreendente.
sorprender *vt* surpreender.
❑ **sorprenderse** *vpr* surpreender-se.
sorpresa *f* surpresa *f*; **por sorpresa** de surpresa.
sorpresivo, va *adj Amér* imprevisto(ta).
sortear *vt (rifar)* sortear; *(evitar)* esquivar.
sorteo *m* sorteio *m*.
sortija *f* anel *m*.
SOS *m (abrev de* **save our souls**) SOS *m*.
sosiego *m* sossego *m*.
soso, sa *adj* insosso(sa).
sospechar *vt* suspeitar.
❑ **sospechar de** *v + prep* suspeitar de.
sospechoso, sa *adj & m, f* suspeito(ta).
sostén *m (apoio)* suporte *m*; *(roupa feminina)* sutiã *m*.
sostener *vt (segurar, apoiar)* amparar; *(manter, afirmar)* sustentar.
❑ **sostenerse** *vpr (apoiar-se)* segurar-se; *(manter-se em pé)* sustentar-se de pé.
sota *f (em baralho)* valete *m*.
sotana *f* sotaina *f*.
sótano *m* porão *m*.
squash *m* = **esquash.**
Sr. *(abrev de* **señor**) Sr.
Sra. *(abrev de* **señora**) Sra.
Sres. *(abrev de* **señores**) Srs.
Srta. *(abrev de* **señorita**) Srta.
SSMM *(abrev de* **Sus Majestades**) SM.
Sta. *(abrev de* **santa**) Sta.
Sto. *(abrev de* **santo**) Sto.
stock *m* estoque *m*.
stop *m* parada *f*.
su *(pl* **sus**) *adj* seu (sua).
suave *adj* suave.
suavidad *f* suavidade *f*.
suavizante *m* amaciador *m*.
subasta *f* leilão *m*.
subcampeón, ona *m, f* vice-campeão *m*, -peã *f*.
subconsciente *m* subconsciente *m*.
subdesarrollado, da *adj* subdesenvolvido(da).
subdesarrollo *m* subdesenvolvimento *m*.
subdirector, ra *m, f* vice-diretor *m*, -ra *f*.
subdirectorio *m* sub-diretório *m*.
súbdito, ta *m, f* súdito *m*, -ta *f*.
subida *f* subida *f*.
subir 1 *vt* subir; *(braço, mão)* erguer; *(volume, voz)* levantar.
2 *vi* subir.
❑ **subir a** *v + prep (apartamento, montanha)* subir a; *(carro, barco, avião, trem)* embarcar em; *(bicicleta, cavalo)* montar em; *(conta, fatura)* dar.
❑ **subir de** *v + prep (categoria)* subir de.
❑ **subirse a** *v + prep (lugar alto)* subir a; *(carro, barco, avião, trem)* embarcar em; *(bicicleta, cavalo)* montar em.
súbito, ta *adj* súbito(ta).

subjetivo, va *adj* subjetivo(va).
subjuntivo *m* subjuntivo *m*.
sublevar *vt* sublevar.
❑ **sublevarse** *vpr* sublevar-se.
sublime *adj* sublime.
submarinismo *m* mergulho *m*.
submarinista *mf* mergulhador *m*, -ra *f*.
submarino *m* submarino *m*.
subrayar *vt* sublinhar.
subsidio *m* subsídio *m*.
subsistencia *f* subsistência *f*.
subsuelo *m* subsolo *m*.
subterráneo, a 1 *adj* subterrâneo(a).
2 *m* subterrâneo *m*.
subtitulado, da *adj* legendado(da).
subtítulo *m* legenda *f*.
suburbio *m* subúrbio *m*.
subvención *f* subvenção *f*.
sucedáneo *m* sucedâneo *m*.
suceder *v impess & vi* suceder.
❑ **suceder a** *v + prep* suceder a.
sucesión *f (em cargo, série)* sucessão *f*; *(descendência)* sucessores *mpl*.
sucesivo, va *adj* sucessivo(va).
suceso *m* sucesso *m*.
❑ **sucesos** *mpl (na imprensa)* geral *f*.
sucesor, ra *m, f* sucessor *m*, -ra *f*.
suciedad *f* sujeira *f*.
sucio, cia 1 *adj* sujo(ja).
2 *adv* sujo.
suculento, ta *adj* suculento(ta).
sucumbir *vi* sucumbir.
sucursal *f* sucursal *f*.
sudadera *f* moletom *m*.
sudar *vi* suar.
sudeste *m* sudeste *m*.
sudoeste *m* sudoeste *m*.
sudor *m* suor *m*.
suegro, gra *m, f* sogro *m*, -gra *f*.
suela *f* sola *f*.
sueldo *m* soldo *m*.
suelo *m (piso)* chão *m*; *(terreno)* terra *f*; *(superfície terrestre)* solo *m*; **en el suelo** no chão.
suelto, ta 1 *adj* solto(ta).
2 *m (dinheiro)* trocado *m*.
sueño *m* sono *m*; *(imagem mental, desejo)* sonho *m*; **coger el sueño** pegar no sono.
suero *m* soro *m*.
suerte 1 *f* sorte *f*; *(nas touradas) cada uma das partes de uma tourada.*
2 *interj* boa sorte!.
3 por suerte por sorte; **tener suerte** ter sorte.
suéter *m* suéter *m*.
suficiente *adj & m* suficiente.
sufragio *m* sufrágio *m*.
sufrido, da *adj (pessoa)* sofrido(da); *(cor)* resistente.
sufrimiento *m* sofrimento *m*.
sufrir *vt & vi* sofrer.
❑ **sufrir de** *v + prep* sofrer de.
sugerencia *f* sugestão *f*.
sugerir *vt* sugerir.
suicidio *m* suicídio *m*.
suite *f* suíte *f*.
sujetador *m Esp* sutiã *m*.
sujetar *vt* segurar.
❑ **sujetarse** *vpr* segurar-se.
sujeto, ta 1 *adj* preso(sa).
2 *m (assunto)* objeto *m*; *(em gramática)* sujeito *m*; *pej (indivíduo)* sujeitinho *m*.
suma *f* soma *f*.
sumar *vt* somar.
sumario *m (resumo)* sumário *m*; *(em judiciário)* autos *mpl*.
sumergible *adj* à prova d'água.
sumergirse *vpr* submergir-se.
suministrar *vt* fornecer, abastecer.
suministro *m* fornecimento *m*, abastecimento *m*.
sumiso, sa *adj* submisso(sa).
súper 1 *adj fam* super.
2 *m fam* supermercado *m*.
3 *f* gasolina *f* azul.
superación *f* superação *f*.
superar *vt* superar.
❑ **superarse** *vpr* superar-se.
superficial *adj* superficial.
superficie *f* superfície *f*; **en la superficie** à primeira vista.
superfluo, flua *adj* supérfluo(flua).
superior *adj & mf* superior; **superior a** superior a.
supermercado *m* supermercado *m*.
superponer *vt* sobrepor.
superstición *f* superstição *f*.
supersticioso, sa *adj* supersticioso(sa).
superviviente *mf* sobrevivente *mf*.
suplemento *m* suplemento *m*.
suplente *adj* suplente.
supletorio *m (telefone)* extensão *f*.
súplica *f* súplica *f*.

suplir *vt (falta, carência)* suprir; *(pessoa)* substituir.
suponer *vt* supor.
suposición *f* suposição *f*.
supositorio *m* supositório *m*.
suprema *f*: **supremas de merluza** filés *mpl* de merluza.
suprimir *vt* suprimir.
supuesto, ta 1 *adj (hipotético)* suposto (ta); *(fictício)* falso(sa).
2 *m (suposição)* pressuposto *m*; **por supuesto** com certeza.
sur *m* sul *m*.
surco *m* sulco *m*.
sureño, ña *adj* sulino(na).
surf *m* surfe *m*.
surfista *mf* surfista *mf*.
surgir *vi (brotar, aparecer)* surgir; *(sobressair)* destacar-se.
surtido, da 1 *adj* sortido(da).
2 *m* sortido *m*.
surtidor *m* bomba *f*.
susceptible *adj* suscetível; **susceptible de** passível de.
suscribir *vt* subscrever.
❑ **suscribirse a** *v + prep* assinar.
suscripción *f* assinatura *f*.
suspender *vt* suspender; *(em prova)* rodar.
suspense *m Esp* suspense *m*.
suspenso *m* reprovação *f*.
suspirar *vi* suspirar.
❑ **suspirar por** *v + prep* suspirar por.
suspiro *m* suspiro *m*.
sustancia *f* substância *f*.
sustancial *adj* substancial.
sustantivo *m* substantivo *m*.
sustituir *vt* substituir; **sustituir algo por algo** substituir algo por algo; **sustituir alguien por alguien** substituir alguém por alguém.
susto *m* susto *m*; **¡qué susto!** que susto!
sustracción *f (roubo)* roubo *m*; *(operação aritmética)* subtração *f*.
sustraer *vt (roubar)* roubar; *(em aritmética)* subtrair.
susurrar *vi & vt* sussurrar.
suyo, ya 1 *adj (dele, dela)* seu (sua).
2 *pron*: **el suyo/la suya** o seu/a sua; **lo suyo** a sua área.

Tt

t. (*abrev de* **tonelada**) ton.

tabaco *m (cigarro)* cigarro *m*; *(planta)* tabaco *m*.

tábano *m* mutuca *f*.

tabasco *m* tabasco *m*.

taberna *f* taberna *f*.

tabique *m* tabique *m*.

tabla *f (de madeira)* tábua *f*; *(de metal, mármore)* placa *f*; *(lista)* tabela *f*; *(de navegar, surfe)* prancha *f*; *(de multiplicar)* tabuada *f*; *(em arte)* painel *m*.
❑ **tablas** *fpl (em jogo)* empate *m*; *(no teatro)* palco *m*.

tablao *m*: **tablao flamenco** *espetáculo de flamenco*.

tablero *m (de jogos)* tabuleiro *m*; *(de madeira)* tábua *f*.

tableta *f (de chocolate)* tablete *m*; *(medicamento)* comprimido *m*.

tablón *m* tábua *f*; **tablón de anuncios** quadro *m* de avisos.

tabú *m* tabu *m*.

taburete *m* tamborete *m*.

tacaño, ña *adj* tacanho(nha).

tachar *vt* riscar.

tacho *m CSur* lata *f* de lixo.

tácito, ta *adj* tácito(ta).

taco *m (para parede)* bucha *f*; *(de bilhar)* taco *m*; *(de presunto, queijo)* naco *m*; *(de papel)* maço *m*; *fam (obscenidade, grosseria)* palavrão *m*; *fam (tumulto)* confusão *f*; *CAm & Méx (de tortilha de milho)* taco *m*.

tacón *m* salto *m*.

tacto *m* tato *m*.

taekwondo *m* tae kwon do *m*.

tajada *f (de melão, melancia)* talhada *f*; *fam (efeito do álcool)* bebedeira *f*.

tal 1 *adj* tal.
2 *pron* tal.
3 tal vez talvez.

taladradora *f* furadeira *f*.

taladrar *vt* furar.

taladro *m* broca *f*.

talco *m* talco *m*.

talento *m (aptidão)* talento *m*; *(entendimento)* inteligência *f*.

talla *f (de vestido, sapato)* tamanho *m*; *(altura)* estatura *f*; *(de pedra preciosa)* corte *m*; *(escultura)* entalhe *m*.

tallarines *mpl* talharim *m*.

taller *m* oficina *f*.

> Não confundir com o português ***talher***, que tem um significado similar ao do espanhol ***cubierto***: (***Dejé el auto en el taller mecánico para que lo arreglaran.*** Deixei o carro na oficina mecânica para que o consertassem.)

tallo *m* talo *m*.

talón *m (de pé, de sapato)* calcanhar *m*; *(de cheque)* folha *m* de cheque.

talonario *m* talão *m* de cheques.

tamal *m CAm & Méx espécie de empada à base de farinha de milho recheada de carne moída e enrolada numa folha de bananeira ou de milho.*

tamaño *m* tamanho *m*.

también *adv* também; **también dijo que ...** também disse que ...; **yo también** eu também.

> Note que, em espanhol, existe uma forma negativa que é ***tampoco***: (***Ayer dormí muy bien. – Yo también.*** Ontem dormi muito bem. – Eu também. ***Ayer no dormí muy bien. – Yo tampoco.*** Ontem não dormi muito bem. – Eu também não.)

tambor *m (instrumento, de máquina de lavar)* tambor *m*; *(de detergente)* pote *m*.

tampoco *adv* tampouco, também não; **yo tampoco** eu também não; **si a ti no**

te gusta a mí tampoco se você não gosta, eu também não.

Utiliza-se em um sentido similar ao do português *também não*: (*No me gusta el tenis y tampoco el fútbol.* Não gosto de tênis nem de futebol. *Josefina no cocina bien: Helena tampoco.* Josefina não cozinha bem: Helena também não.)
Note que, em espanhol, não existe uma forma como *também não*.

tampón *m (para carimbo)* almofada *f* de carimbo; *(para menstruação)* tampão *m*.

tan *adv* → **tanto.**

tanda *f (turma)* turno *m*; *(sucessão)* série *f*.

tándem *m (bicicleta)* tandem *m*; *(grupo de dois)* duo *m*.

tanga *m* tanga *f*.

tango *m* tango *m*.

tanque *m (para transporte de líquidos)* caminhão *m* cisterna; *(de guerra)* tanque *m*.

tanto, ta *(antes de adj tan)* **1** *adj* tanto(ta); **es muy rico, tiene tanto dinero** é muito rico, tem muito dinheiro; **no quiero tanta sopa** não quero tanta sopa; **tanto ... que** tanto ... que; **nos dieron tantas pesetas al día** deram-nos tantas pesetas por dia; **y tantos** e tantos; **tanto ... como** tanto ... quanto; **hay tantas peras como manzanas** há tantas peras quanto maçãs; **tiene tanta suerte como tú** tem tanta sorte quanto você.
2 *pron* tanto(ta); **yo tengo muchas posibilidades, él no tantas** eu tenho muitas possibilidades, ele nem tantas; **había mucha gente allí, aquí no tanta** ali havia muita gente, aqui nem tanta; **supongamos que vengan tantos, ¿cómo los alojaremos?** suponhamos que venham tantos, onde os alojaremos?; **(a) las tantas** (às) tantas; **ser uno de tantos** ser um entre tantos.
3 *m (ponto)* tento *m*; **consiguieron el tanto de la victoria** conseguiram o tento da vitória; **marcar un tanto** marcar um tento; *(quantidade indeterminada)* **un tanto** um tanto; **tanto por ciento** tanto por cento.
4 *adv* tanto; **no merece la pena disgustarse tanto** não vale a pena amargurar-se tanto; **tanto que** tanto que; **es tan guapa que me vuelve loco** é tão bonita que me deixa louco; **come tanto que va a reventar** come tanto que vai-se arrebentar; **tanto ... como** tanto ... quanto; **es tan alto como su padre** é tão alto quanto o pai; **sabe tanto como yo** sabe tanto quanto eu; **por (lo) tanto** portanto; **tanto (es así) que** tanto (é assim) que.

tapa *f (de recipiente)* tampa *f*; *(de livro)* capa *f*; *Esp (de comida)* petisco *m*; *(de sapato)* sola *f*.

tapadera *f (de recipiente)* tampa *f*; *(para cobrir)* cobertura *f*.

tapar *vt (fechar, na cama)* tapar; *(ocultar)* encobrir; *(com roupa)* agasalhar.
❑ **taparse** *vpr (na cama)* tapar-se; *(com roupa)* agasalhar-se.

tapete *m* toalhinha *m* de tricô.

tapia *f* muro *m*.

tapicería *f (tecido)* estofamento *m*; *(loja)* estofador *m*.

tapiz (*pl* **-ces**) *m* tapeçaria *f*.

tapizado *m* estofo *m*.

tapizar *vt* estofar.

tapón *m* tampão *m*.

taquería *f Méx pequeno café ou restaurante.*

taquigrafía *f* taquigrafia *f*.

taquilla *f (de cinema, teatro, trem)* bilheteria *f*; *(armário)* escaninho *m*; *(dinheiro)* arrecadação *f*.

taquillero, ra 1 *adj (filme, ator)* bom (boa) de bilheteria.
2 *m, f (empregado)* bilheteiro *m*, -ra *f*, empregado *m*, -da de bilheteria *f*.

tara *f* tara *f*.

tardar *vt* tardar, demorar.

tarde 1 *f* tarde *f*.
2 *adv* tarde.
3 de la tarde da tarde; **por la tarde** de tarde; **buenas tardes** boa tarde.

tarea *f (trabalho)* tarefa *f*; *(para a escola)* tarefa *m* de casa.

tarifa *f* tarifa *f*; **'tarifas del metro'** 'tarifas do metrô'.

tarima *f* estrado *m*.

tarjeta *f* cartão *m*; **'tarjetas admitidas'** 'aceitam-se cartões de crédito'; **tarjeta de crédito** cartão de crédito; **tarjeta de embarque** cartão de embarque; **tarjeta postal** cartão-postal *m*; **tarjeta (de) prepago** cartão pré-pago.

tarro *m* frasco *m*.

tarta *f* bolo *m*, torta *f*; **tarta de la casa** torta da casa; **tarta de chocolate** bolo

de chocolate; **tarta helada** torta gelada; **tarta de Santiago** *bolo com massa à base de amêndoas moídas*; **tarta al whisky** torta ao uísque.
tartaleta *f* tortinha *f*.
tartamudo, da *m, f* gago *m*, -ga *f*.
tasa *f* taxa *f*; **tasas de aeropuerto** taxas de embarque.
tasca *f* botequim *m*, taberna *f*.
tatuaje *m* tatuagem *f*.
taurino, na *adj* taurino(na).
Tauro *m inv* Touro *m inv*.
tauromaquia *f* tauromaquia *f*.
taxi *m* táxi *m*.
taxímetro *m* taxímetro *m*.
taxista *mf* taxista *mf*.
taza *f (recipiente, conteúdo)* xícara *f*; *(em banheiro)* vaso *m* sanitário.

Não confundir *taza (xícara)* com o português *taça*, que em espanhol é *copa*. (*La empleada sirvió el té en taza de porcelana*. A empregada serviu o chá em *xícaras* de porcelana.)

tazón *m*, tigela *f*.
te *pron* te.
té *m* chá *m*.
teatral *adj* teatral.
teatro *m* teatro *m*.
tebeo *m* gibi *m*.
techo *m* teto *m*.
tecla *f* tecla *f*.
teclado *m* teclado *m*.
teclear *vt & vi* digitar.
técnica *f* técnica *f*.
técnico, ca *adj* técnico(ca).
tecnología *f* tecnologia *f*.
tecnológico, ca *adj* tecnológico(ca).
teja *f* telha *f*.
tejado *m* telhado *m*.
tejanos *mpl* jeans *mpl*.
tejer *vt* tecer.
tejido *m* tecido *m*.
tel. (*abrev de* **teléfono**) tel.
tela *f (para roupa)* tecido *m*; *(para pintar)* tela *f*; *fam (assunto)* pano *m* para manga; *fam (dinheiro)* grana *f*.
telaraña *f* teia *f* de aranha.
tele *f fam* → **televisor**; → **televisión.**
telearrastre *m* telesqui *m*.
telecabina *f* teleférico *m*.
telecomunicación *f* telecomunicação *f*.
telediario *m* telejornal *m*.
teledirigido, da *adj* teledirigido(da), telecomandado(da).
telefax *m inv* fax *m*.
teleférico *m* teleférico *m*.
telefonazo *m* telefonema *m*.
telefonear *vi* telefonar.
telefonía *f* telefonia *f*; **telefonía fija** telefonia fixa; **telefonía móvil** telefonia móvel ou celular.
telefónico, ca *adj* telefônico(ca).
telefonista *mf* telefonista *mf*.
teléfono *m* telefone *m*; **teléfono móvil** telefone móvel ou celular.
telégrafo *m* telégrafo *m*.
telegrama *m* telegrama *m*; **poner un telegrama** mandar um telegrama.
telenovela *f* telenovela *f*.
teleobjetivo *m* teleobjetiva *f*.
telepatía *f* telepatia *f*.
telescopio *m* telescópio *m*.
telesilla *f* teleférico *m (de cadeira)*.
telespectador, ra *m, f* telespectador *m*, -ra *f*.
teletexto *m* teletexto *m*.
teletipo *m* teletipo *m*.
televidente *mf* telespectador *m*, -ra *f*.
televisado, da *adj* televisionado(da).
televisión *f* televisão *f*.
televisor *m* televisor *m*.
télex *m inv* telex *m*.
telón *m* cortina *f*.
tema *m* tema *m*.
temática *f* temática *f*.
temático, ca *adj* temático(ca).
temblar *vi* tremer.
temblor *m* tremor *m*.
temer *vt* temer.
❑ **temer por** *v + prep* temer por.
❑ **temerse** *vpr* temer-se.
temor *m* temor *m*.
temperamento *m* temperamento *m*.
temperatura *f* temperatura *f*.
tempestad *f* tempestade *f*.
templado, da *adj* temperado(da).
templo *m* templo *m*.
temporada *f* temporada *f*; **de temporada** da estação.
temporal **1** *adj (transitório)* temporário (ria).
2 *m (tempestade)* temporal *m*.
temporario, ria *adj Amér* temporário (ria).

temprano, na 1 *adj (fruta)* temporão (rã).
2 *adv (primeiras horas, antes da hora prevista)* cedo.
tenazas *fpl* tenaz *f*.
tendedero *m* varal *m*.
tendencia *f* tendência *f*.
tender *vt* estender; **tender la cama** *Amér* fazer a cama.
❑ **tender a** *v + prep* tender a.
❑ **tenderse** *vpr* deitar-se.
tenderete *m* barraca *f*.
tendero, ra *m, f* lojista *mf*, comerciante *mf*.
tendón *m* tendão *m*.
tenedor *m* garfo *m*.
tener 1 *vt* (a) ter; **tiene mucho dinero** tem muito dinheiro; **la casa tiene cuatro habitaciones** a casa tem quatro ambientes; **México tiene varios millones de habitantes** o México tem vários milhões de habitantes; **la sala tiene cuatro metros de largo** a sala tem quatro metros de comprimento; **tener fiebre/dolor de muelas** ter febre/dor de dentes; **tenía una enfermedad grave** tinha uma doença grave; **tengo dos hijos** tenho dois filhos; **tengo un hermano mayor** tenho um irmão mais velho; **¿cuántos años tiene?** quantos anos tem?; **ya tiene diez años** já tem dez anos; **tener frío/calor** ter frio/calor; **tener hambre/sed** ter fome/sede; **tener miedo/sueño** ter medo/sono; **tiene los ojos azules** tem os olhos azuis; **tengo el pelo rubio** tenho o cabelo louro; **nos tiene cariño** tem carinho por nós; **le tiene lástima** tem pena dele; **hemos tenido una discusión** tivemos uma discussão; **tuvieron una pelea en la calle** tiveram uma briga na rua; **tener un niño** ter um filho; **espero que tengas un buen viaje** espero que faça uma boa viagem; **que tengan unas felices fiestas** tenham boas festas; **hoy tengo clase** hoje tenho aula; **el médico no tiene consulta hoy** o médico não atende hoje; **tener que** *(haver de)* ter que; **tengo mucho que contaros del viaje** tenho muito que lhes contar sobre a viagem; **tiene algo que decirnos** tem algo para nos dizer.
(b) *(pegar)* tomar, segurar; **ten el libro que me pediste** tome o livro que você me pediu; **tiene la olla por las asas** segure a panela pelas asas.
(c) *(valorizar, considerar)*: **tener algo/a alguien por** ou **como** ter algo/alguém por ou como; **ten por seguro que lloverá** pode contar com que vai chover; **le tienen por informal** é considerado informal.
(d) *Amér (levar)*: **tengo tres años aquí** estou aqui há três anos.
(e) *(em locuções)*: **tener lugar** *(acontecer)* ter lugar; **la reunión tendrá lugar el jueves** a reunião terá lugar quinta-feira.
2 *v aux* (a) *(haver)* ter; **teníamos pensado ir a cenar** tínhamos pensado em ir jantar fora; **tiene alquilada una casa en la costa** alugou uma casa no litoral.
(b) *(pôr)* deixar; **me tienes loca con tus tonterías** você me deixa louca com suas tolices.

> Tem a maioria dos significados em comum com os de *ter* em português. A diferença mais notável é que **tener**, em espanhol, não pode ser empregado no sentido temporal.
>
> (Ver ***haber*** no lado Espanhol-Português do dicionário.)
>
> Alguns dos significados de *ter* em português são assumidos pelos verbos ***haber*** e ***hacer*** do espanhol.
>
> (Ver ***haber*** e também ***hacer*** no lado Espanhol-Português do dicionário.)

teniente *m* tenente *m*.
tenis *m* tênis *m*; **tenis de mesa** tênis de mesa.
tenista *mf* tenista *mf*.
tenor *m* tenor *m*.
tensión *f* tensão *f*; *(do sangue)* pressão *f*.
tenso, sa *adj* tenso(sa).
tentación *f* tentação *f*.
tentáculo *m* tentáculo *m*.
tentempié *m (bebida, comida)* aperitivo *m*; *(brinquedo)* balalão *m*.
tenue *adj (cor, luz)* tênue; *(tecido, cortina)* fino(na).
teñir *vt* tingir.
teología *f* teologia *f*.
teoría *f* teoria *f*; **en teoría** em teoria.
terapeuta *mf* terapeuta *mf*.
tercer *adj* → **tercero.**
tercermundista *adj* terceiro-mundista.
tercero, ra 1 *num* terceiro(ra).

2 *m* terceiro *m.*
3 *f* terceira *f* → **sexto.**
tercio *m* terço *m*; *(de tourada) cada uma das três partes de uma tourada.*
terciopelo *m* veludo *m.*
terco, ca *adj* teimoso(sa).
tergal® *m* tergal® *m.*
termas *fpl* termas *fpl.*
terminado, da *adj* terminado(da).
terminal *adj & m, f* terminal.
terminar *vt & vi* terminar.
❑ **terminar en** *v + prep* terminar em.
❑ **terminar por** *v + prep* terminar por.
término *m* termo *m*; *Col, Méx & Ven (de carne)* modo *m* de preparação.
❑ **términos** *mpl* termos *mpl.*
terminología *f* terminologia *f.*
termita *f* cupim *m*, broca *f.*
termo *m* garrafa *f* térmica.
termómetro *m* termômetro *m.*
termostato *m* termostato *m.*
ternera *f* carne *f* de vaca; **ternera asada** carne assada.
ternero, ra *m, f* terneiro *m*, -ra *f.*
terno *m Amér* terno *m.*
ternura *f* ternura *f.*
terraplén *m* aterro *m.*
terrateniente *mf* latifundiário *m*, -ria *f.*
terraza *f (de casa, apartamento)* varanda *f*; *(de bar, restaurante)* esplanada *f*; *(para cultivo)* terraço *m.*
terremoto *m* terremoto *m.*
terreno *m lit & fig* terreno *f.*
terrestre *adj* terrestre.
terrible *adj* terrível.
territorio *m* território *m.*
terrón *m* torrão *m.*
terror *m* terror *m.*
terrorismo *m* terrorismo *m.*
terrorista *mf* terrorista *mf.*
tertulia *f* tertúlia *f.*
tesis *f inv* tese *f.*
tesoro *m* tesouro *m.*
test *m* teste *m.*
testamento *m* testamento *m.*
testarudo, da *adj* teimoso(sa).
testículo *m* testículo *m.*
testigo *m* testemunha *f.*
testimonio *m (prova)* testemunho *m*; *(depoimento)* declaração *m.*
teta *f fam* teta *f.*
tetera *f* chaleira *f.*
textil *adj* têxtil.
texto *m* texto *m.*
textura *f* textura *f.*
ti *pron* ti.
tianguis *m Méx* feira *f.*
tibia *f* tíbia *f.*
tibio, bia *adj* morno(na).
tiburón *m* tubarão *m.*
ticket *m (tíquete)* bilhete *m*; *(comprovante)* recibo *m.*
tiempo *m* tempo *m*; **a tiempo** a tempo; **al mismo tiempo que** ao mesmo tempo que; **con tiempo** com tempo; **del tiempo** natural; **en otros tiempos** em outros tempos; **hace tiempo** faz tempo; **tener tiempo** ter tempo; **todo el tiempo** o tempo todo; **tiempo libre** tempo livre.
tienda *f (estabelecimento)* loja *f*; *(para acampar)* barraca *f*; **tienda de campaña** barraca de campanha; **tienda de comestibles** mercearia *f*; **tienda de confecciones** loja de confecções.
tierno, na *adj (macio)* tenro(ra); *(carinhoso)* terno(na).
tierra *f* terra *f*; **tierra adentro** terra adentro.
❑ **Tierra** *f*: **la Tierra** a Terra.
tieso, sa *adj (rijo)* duro(ra); *(levantado)* direito(ta); *(antipático)* presunçoso(sa).
tiesto *m* vaso *m.*
tigre, esa *m, f* tigre *m*, tigresa *f.*
tijeras *fpl* tesoura *f.*
tila *f* chá *m* de tília.
tilde *f* til *m.*
timbal *m* timbale *m.*
timbre *m (aparelho)* campainha *f*; *(de voz, som)* timbre *m*; *(para uso oficial)* carimbo *m.*
tímido, da *adj* tímido(da).
timo *m* vigarice *f.*
timón *m lit & fig* leme *m*; *Andes (de carro)* volante *m.*
tímpano *m* tímpano *m.*
tina *f* tina *f.*
tino *m (mira)* pontaria *f*; *(moderação)* tino *m.*
tinta *f (para escrever, desenhar etc)* tinta *f*; *(de lula)* siba *f*; **en su tinta** com siba.
tintero *m* tinteiro *m.*
tinto *m* vinho *m* tinto.
tintorería *f* tinturaria *f.*
tío, a *m, f (parente)* tio *m*, tia *f*; *fam (companheiro, amigo)* amigo *m*, -ga *f*; *fam (pessoa)* cara *m.*

tiovivo *m* carrossel *m*.
típico, ca *adj* típico(ca).
tipo *m lit & pej* tipo *m*; *fam (indivíduo)* tipo *m*; **tipo de cambio** taxa *f* de câmbio.
tipografía *f* tipografia *f*.
tíquet *m (tíquete)* bilhete *m*; *(comprovante)* recibo *m*.
tira *f* tira *f*.
tirabuzón *m* caracol *m*.
tirada *f (de exemplares)* tiragem *f*; *(em jogos)* jogada *f*; *(distância grande)* esticada *f*.
tiradero *m Méx* desordem *f*.
tirador *m* puxador *m*.
tiranía *f* tirania *f*.
tirano, na *m, f* tirano *m*, -na *f*.
tirante *adj (pessoa)* esticado(da); *(relacionamento, situação)* tenso(sa).
❑ **tirantes** *mpl* suspensórios *mpl*.
tirar 1 *vt (lançar, disparar)* atirar; *(jogar, virar)* derrubar; *(despejar)* derramar; *(descartar)* jogar fora; *(malgastar)* desperdiçar.
2 *vi (chamar atenção)* atrair; *(desviar-se)* virar; *fam (permanecer)* durar; *(em jogos)* jogar.
3 ir tirando *fam* ir levando.
❑ **tirar a** *v + prep (ter semelhança, parecer com)* puxar a.
❑ **tirar de** *v + prep (porta, puxador)* puxar.
❑ **tirarse** *vpr (lançar-se, jogar-se)* atirar-se; *(gastar tempo)* passar.
tirita® *f* Bandaid® *m*.
tiritar *vi* tiritar.
tiro *m* tiro *m*; *(de bola, balão)* jogada *f*; *(de chaminé)* tiragem *f*.
tirón *m* puxão *m*.
tisú *m* lamê *m*.
títere *m* títere *m*.
❑ **títeres** *mpl* títeres *mpl*.
titular 1 *adj (professor, médico)* titular.
2 *m (de jornal)* manchete *f*.
3 *vt* intitular.
❑ **titularse** *vpr (chamar-se)* intitular-se; *(em estudos)* titular-se.
título *m* título *m*.
tiza *f* giz *m*.
tlapalería *f Méx* loja *f* de ferragens.
toalla *f* toalha *f*; **toalla de ducha** tolha de banho; **toalla de manos** tolha de rosto.
tobillo *m* tornozelo *m*.
tobogán *m (em parque)* tobogã *m*; *(para a neve)* trenó *m*.
tocadiscos *m inv* toca-discos *m inv*.
tocador *m* toucador *m*.
tocar 1 *vt* tocar.
2 *vi (em distribuição, sorteio)* levar; *(chamar)* bater; *(estar próximo)* ficar perto (de); *(turno)* **te toca a ti** é a sua vez.
3 'no tocar el género' 'não tocar'.
tocino *m* toucinho *m*.
todavía *adv* ainda.

> Não confundir com o português *todavia*, que tem um significado similar ao do espanhol *sin embargo*: (*Juan se acostó a las 8 de la noche de ayer y todavía duerme.* João foi dormir às 8 da noite de ontem e ainda está dormindo.)

todo, da 1 *adj* todo(da); *(sem exceção)* tudo(da).
2 *pron (para coisas)* tudo; *(para pessoas)* todo(da).
3 *m* todo *m*.
4 ante todo antes de mais nada; **sobre todo** sobretudo.
toga *f* toga *f*.
toldo *m* toldo *m*.
tolerado, da *adj* apto(ta).
tolerancia *f* tolerância *f*.
tolerante *adj* tolerante.
tolerar *vt* tolerar.
toma *f (de leite)* mama *f*; *(de luz, telefone)* tomada *f*; *(de água, gás)* conexão *f*.
tomar *vt (geral)* tomar; *(dinheiro, presente)* aceitar; *(meio de transporte)* pegar; *(empregados)* contratar; *(comida)* comer; *(carinho, ódio)* ganhar; **tomar a alguien por** *(considerar)* tomar alguém por; *(não distinguir)* confundir alguém com; **tomar a mal** levar a mal; **tomar algo** *(comer)* comer algo; *(beber)* tomar algo; **tomar el fresco** tomar a brisa; **tomar el sol** tomar sol; **tomar prestado** pedir emprestado.
tomate *m* tomate *m*.
tómbola *f* tômbola *f*.
tomillo *m* tomilho *m*.
tomo *m* tomo *m*.
tonel *m* tonel *m*.
tonelada *f* tonelada *f*.
tónica *f* água *f* tônica.
tónico, ca 1 *adj* tônico(ca).
2 *m (cosmético)* tônico *m*.
tono *m* tom *m*.
tontería *f* tolice *f*.
tonto, ta *adj (pouco inteligente)* burro(ra); *(ingênuo)* tolo(la); *(imprestável)* inútil.

tope *m (ponto máximo)* topo *m*; *(peça)* cunha *f*.
tópico, ca **1** *adj (medicamento)* externo (na).
2 *m (assunto repetido)* tópico *m*; *(frase muito repetida)* lugar-comum *m*.
topo *m* toupeira *f*.
tórax *m* tórax *m*.
torbellino *m lit & fig* torvelinho *m*.
torcer **1** *vt* torcer.
2 *vi* virar.
❑ **torcerse** *vpr (pé, braço)* torcer; *(negócio, projeto)* dançar.
torcido, da *adj* torcido(da).
tordo *m* tordo *m*.
torear **1** *vt (touro)* tourear; *fig (evitar)* driblar; *fig (provocar)* brincar.
2 *vi (toureiro)* tourear.
torera *f (jaqueta)* bolero *m*.
torero, ra *m, f* toureiro *m*, -ra *f*.
tormenta *f* tormenta *f*.
tormentoso, sa *adj (dia, céu etc.)* tormentoso(sa); *(caráter)* tempestuoso(sa).
torneo *m* torneio *m*.
tornillo *m* parafuso *m*.
torniquete *m* torniquete *m*.
toro *m* touro *m*.
❑ **toros** *mpl* tourada *f*.
torpe *adj (pouco ágil)* desastrado(da); *(pouco inteligente)* burro(ra); *(lento)* lerdo(da).
torpedo *m* torpedo *m*.
torpeza *f (falta de agilidade)* lerdeza *f*; *(falta de inteligência)* burrice *f*; *(falta de velocidade)* lentidão *f*.
torre *f* torre *f*.
torrente *m* torrente *f*.
torrija *f* rabanada *f*.
torta *f fam (tapa)* bofetada *f*; *fam (acidente)* bofetada *f*; *Amér (de verduras, de carne)* torta *f*; *CSur & Ven (doce)* bolo *m*; *Méx (de pão)* sanduíche *m*.
tortazo *m fam (golpe suave)* tapa *m*, bofetada *f*; *(golpe forte)* pancada *f*.
tortilla *f (de ovos)* omelete *f*; *Méx (de milho) espécie de panqueca de farinha de milho sem levedura preparada num recipiente de barro*; **tortilla (a la) francesa** omelete; **tortilla de champiñón** omelete de cogumelos; **tortilla española** omelete de batata; **tortilla de espárragos** omelete de aspargos; **tortilla de gambas** omelete de camarão; **tortilla de jamón** omelete de presunto.
tórtola *f* rola *f*.
tortuga *f* tartaruga *f*.
torturar *vt* torturar.
tos *f* tosse *f*.
toser *vi* tossir.
tostada *f* torrada *f*.
tostador *m* torradeira *f*.
tostar *vt* torrar.
❑ **tostarse** *vpr* bronzear-se.
total **1** *adj & m* total.
2 *adv* em resumo.
totalidad *f*: **la totalidad de** a totalidade de.
tóxico, ca *adj* tóxico(ca).
toxicomanía *f* toxicomania *f*.
toxicómano, na *m, f* toxicômano *m*, -na *f*.
trabajador, ra *adj & m, f* trabalhador(ra).
trabajar *vi & vt* trabalhar.
❑ **trabajar de** *v + prep* trabalhar como; **trabajar de niñera** trabalhar como babá.
trabajo *m* trabalho *m*; **trabajos manuales** trabalhos manuais.
trabalenguas *m inv* trava-língua *m*.
tractor *m* trator.
tradición *f* tradição *f*.
tradicional *adj* tradicional.
tradicionalmente *adv* tradicionalmente.
traducción *f* tradução *f*.
traducir *vt* traduzir.
traductor, ra *m, f* tradutor *m*, -ra *f*.
traer *vt* (a) trazer; **me trajo un regalo de Cuba** me trouxe um presente de Cuba; **¿qué traes ahí?** que traz aí?; **este asunto le trajo graves problemas** este assunto lhe trouxe problemas graves; **el periódico trae una gran noticia** o jornal traz uma boa notícia.
(b) *(roupas)* vestir; **hoy trae un abrigo muy bonito** hoje veste um casaco muito bonito.
❑ **traerse** *vpr*: **traérselas** *fam* dar o que falar.
traficante *mf* traficante *mf*.
traficar *vi* traficar.
tráfico *m (de veículos)* trânsito *m*; *(de drogas)* tráfico *m*.
tragar **1** *vt* engolir; *(gastar)* consumir; **no tragar a alguien** *fam* não agüentar alguém.
2 *vi* engolir.

▫ **tragarse** *vpr (acreditar) fam* engolir; *(dissimular)* disfarçar.
tragedia *f* tragédia *f.*
trágico, ca *adj* trágico(ca).
tragicomedia *f* tragicomédia *f.*
trago *m (de líquido)* trago *m*; *fam (drinque)* trago *m*; *(desgosto)* trago *m* amargo.
traición *f* traição *f.*
traje *m (de homem)* terno *m*; *(de mulher)* vestido *m*; *(de região, época etc.)* traje *m*; **traje (de) chaqueta** terno de senhora; **traje de baño** maiô *m.*
trama *f* trama *f.*
tramar *vt* tramar.
tramitar *vt* tramitar.
tramo *m (de caminho, rua)* troço *m*; *(de escada)* lance *m.*
tramoya *f (em teatro)* maquinaria *f.*
tramoyista *mf* maquinista *mf (de teatro).*
trampa *f (para caçar)* armadilha *f*; *(engano)* tramóia *f*; *(em jogo, competição)* trapaça *f*; *(porta)* alçapão *m*; **hacer trampa** trapacear.
trampolín *m (em piscina)* trampolim *m*; *(en esqui, ginástica)* trampolim *m.*
trance *m (momento difícil)* momento *m* difícil; *(estado hipnótico)* transe *m.*
tranquilidad *f* tranqüilidade *f.*
tranquilo, la *adj* tranqüilo(la).
transbordador *m* barca *f (de travessia).*
transbordar *vt* baldear.
transbordo *m* baldeação *f*; **hacer transbordo** fazer baldeação.
transcurrir *vi* transcorrer.
transeúnte *mf* transeunte *mf.*
transferencia *f* transferência *f.*
transformación *f* transformação *f.*
transformador *m* transformador *m.*
transformar *vt* transformar; **transformar algo/a alguien en** transformar algo/alguém em.
▫ **transformarse** *vpr* transformar-se; **transformarse en** transformar-se em.
transfusión *f* transfusão *f.*
transgénico, ca *adj* transgênico(ca).
transición *f* transição *f.*
transigir *vi* transigir.
transistor *m (aparelho de rádio)* rádio *m* transistor; *(em eletricidade)* transistor *m.*
tránsito *m* trânsito *m.*
translúcido, da *adj* translúcido(da).
transmitir *vt* transmitir.
transparente *adj* transparente.
transportar *vt* transportar.
transporte *m* transporte *m*; **transporte privado** transporte privado; **transporte público** transporte público.
transversal *adj* transversal.
tranvía *m* bonde *m*, eléctrico *m Port.*
trapear *vt Amér* esfregar.
trapecio *m* trapézio *m.*
trapecista *mf* trapezista *mf.*
trapo *m* trapo *m.*
tráquea *f* traquéia *f.*
tras *prep (no espaço)* atrás de; *(no tempo)* depois de.
trasero, ra 1 *adj* traseiro(ra).
2 *m fam (nádegas)* traseiro *m.*
trasladar *vt (de casa)* mudar; *(empregado, trabalhador)* transferir; *(protelar)* adiar.
▫ **trasladarse** *vpr (no espaço)* deslocar-se; *(de casa)* mudar-se.
traslado *m (de móveis, livros etc)* mudança *f*; *(de cargo etc)* transferência *f.*
traspasar *vt* traspassar; *(suj: líquido)* transvasar.
traspiés *m inv (topada)* tropeção *m*; *(erro)* deslize *m.*
trasplantar *vt* transplantar.
trasplante *m* transplante *m.*
traste *m (móvel, utensílio)* traste *m*; *CSur (nádegas)* traseiro *m.*
▫ **trastes** *mpl Andes, CAm & Méx* coisas *fpl*; **lavar los trastos** lavar os pratos.
trasto *m lit & fig* traste *m.*
▫ **trastos** *mpl* trastes *mpl.*
tratado *m* tratado *m.*
tratamiento *m* tratamento *m.*
tratar *vt* tratar.
▫ **tratar de** *v + prep* tratar de.
▫ **tratarse** *vpr* tratar-se.
tratativas *fpl CSur* tratativa *f.*
trato *m* trato *m.*
trauma *m* trauma *m.*
través: **a través de** *prep (no tempo)* ao longo de; *(no espaço)* através de.
travesaño *m* trave *f.*
travesía *f* travessia *f.*
travesti *m* travesti *m.*
travieso, sa *adj* travesso(sa).
trayecto *m* trajeto *m.*
trayectoria *f* trajetória *f.*
trazado *m* traçado *m.*

trazar *vt* traçar.
trazo *m* traço *m*.
trébol *m (planta)* trevo *m*; *(no baralho)* paus *mpl*.
trece *num* treze → **seis.**
tregua *f (em guerra, conflito)* trégua *f*; *(em trabalho, estudos)* pausa *f*.
treinta *num* trinta → **seis.**
tremendo, da *adj (temível, muito grande)* tremendo(da); *(traquinas)* travesso(sa).
tren *m* trem *m*; **tren de cercanías** trem suburbano; **tren de lavado** lavagem *f* automática.
trenza *f* trança *f*.
trepar *vi* trepar.
tres *num* três → **seis.**
tresillo *m* conjunto *m* de sala.
triangular *adj* triangular.
triángulo *m* triângulo *m*.
tribu *f* tribo *m*.
tribuna *f* tribuna *f*.
tribunal *m (juízes, edifício)* tribunal *m*; *(em exame, concurso)* banca *f*, jurí *m*.
triciclo *m* triciclo *m*.
trigo *m* trigo *m*.
trilladora *f* debulhadora *f*.
trillar *vt* debulhar.
trillizos, zas *m, fpl* trigêmeos *mpl*, -meas *fpl*.
trimestral *adj* trimestral.
trimestre *m* trimestre *m*.
trinchante *m* trinchante *m*.
trineo *m* trenó *m*.
trío *m* trio *m*.
tripa *f (ventre)* barriga *f*; *(intestino)* tripa *f*.
❑ **tripas** *fpl* tripas *fpl*.
triple *adj* triplo(pla).
trípode *m* tripé *m*.
tripulación *f* tripulação *f*.
tripulante *mf* tripulante *mf*.
triste *adj* triste.
tristeza *f* tristeza *f*.
triturar *vt* triturar.
triunfal *adj* triunfal.
triunfar *vi* triunfar.
triunfo *m* triunfo *m*.
trivial *adj* trivial.
trizas *fpl* pedaços *mpl*; **hacer trizas algo** fazer algo em pedaços.
trofeo *m* troféu *m*.
trombón *m* trombone *m*.
trompa *f (de elefante, de inseto)* tromba *f*; *(instrumento)* trompa *f*; *fam (efeito do álcool)* porre *m*.
trompazo *m* pancada *f*.
trompeta *f* trompete *m*.
tronar 1 *v impess* trovejar.
2 *vi Méx fam* dançar, fracassar.
tronco *m* tronco *m*.
trono *m* trono *m*.
tropa *f* tropa *f*.
❑ **tropas** *fpl* tropas *fpl*.
tropezar: **tropezar con** *v + prep* tropeçar em.
tropezón *m (golpe)* tropeção *m*; *(de presunto, pão)* pedaço *m*; *(erro)* tropeço *m*.
tropical *adj* tropical.
trópico *m* trópico *m*.
tropiezo *m (golpe)* tropeção *m*; *(dificuldade)* dificuldade *f*; *(erro)* tropeço *m*.
trotar *vi* trotar.
trote *m (de cavalo)* trote *m*; *(trabalho, esforço)* atividade *f*.
trozo *m* pedaço *m*; **a trozos** em pedaços; **un trozo de** um pedaço de.
trucaje *m* trucagem *f*, efeitos *mpl* especiais.
trucha *f* truta *f*.
truco *m (armadilha, ardil)* truque *m*; *(em filme)* efeito *m* especial.
trueno *m (durante tormenta)* trovão *m*; *(de arma)* estrondo *m*.
trufa *f* trufa *f*; **trufas heladas** trufas geladas.
trusa *f Perú* cueca *f*.
tu (*pl* **tus**) *adj* teu (tua).
tú *pron* tu; **hablar** ou **tratar de tú** tratar por tu.

> A forma espanhola ***tú*** é usada em algumas partes do mundo hispanoparlante. Em outras, utiliza-se ***vos***, e em outras as duas formas são usadas.
>
> (Ver **Os pronomes** na seção *Gramática espanhola*.)

tuberculosis *f inv* tuberculose *m*.
tubería *f (de água, gás)* cano *m*; *(conjunto de tubos)* encanamento *m*.
tubo *m (de água, gás)* cano *m*; *(recipiente)* bisnaga *f*; **tubo de escape** cano *m* de escape.
tuerca *f* porca *f*.
tuerto, ta *adj* caolho(lha).
tul *m* tule *m*.

tulipán *m* tulipa *f.*
tullido, da *adj* aleijado(da).
tumba *f* tumba *f.*
tumbar *vt* tombar; *fam (em prova)* rodar.
❑ **tumbarse** *vpr* deitar-se.
tumbona *f* espreguiçadeira *f.*
tumor *m* tumor *m.*
tumulto *m* tumulto *m.*
tuna *f (grupo musical)* tuna *f*; *(fruta) CAm & Méx* opúncia *f*, tuna *f.*
túnel *m* túnel *m.*
túnica *f* túnica *f.*
tupido, da *adj* opaco(ca).
turbina *f* turbina *f.*
turbio, bia *adj (líquido, água)* turvo(va); *(questão, ocorrência)* sujo(ja).
turbulencia *f* turbulência *f.*
turismo *m* turismo *m*; *(carro)* automóvel *m.*
turista *mf* turista *mf.*
turistear *vi Andes & Méx* fazer turismo.
turístico, ca *adj* turístico(ca).
turno *m (ordem)* turno *m*; *(momento)* vez *f*; **'su turno'** 'sua vez'.
turrón *m* torrone *m.*
tutear *vt* tratar por tu.
❑ **tutearse** *vpr* tratar-se por tu.
tutor, ra *m, f* tutor *m*, -ra *f.*
tuyo, ya 1 *adj* teu (tua).
2 *pron*: **el tuyo/la tuya** o teu/a tua; **lo tuyo** o teu.
TV (*abrev de* **televisión**) TV.

Uu

u *conj* ou.

> Quando a palavra que segue a conjunção *o* começa com o som *o*, nós a substituímos por *u*: (*¿Quién faltó a clase ayer? ¿Mariana u Olga?* Quem faltou à aula ontem? Mariana ou Olga? *Se puede llegar al club en auto u ómnibus.* Pode-se chegar ao clube de carro ou de ônibus.)

UCI *f* (*abrev de* **unidad de cuidados intensivos**) UTI *f*.
Ud. → **usted.**
Uds. → **ustedes.**
úlcera *f* úlcera *f*.
último, ma *adj* último(ma); **a últimos de** no final de; **por último** por último; **'última llamada'** 'última chamada'.
ultraligero *m* ultraleve *m*.
ultramarinos *mpl* mercearia *f*.
ultravioleta *adj* ultravioleta.
umbral *m* umbral *m*.
un, una 1 *art* um (uma).
2 *adj* = **uno.**
unánime *adj* unânime.
Unesco *f* Unesco *f*.
únicamente *adv* unicamente.
Unicef *f* Unicef *f*.
único, ca *adj* único(ca).
unicornio *m* unicórnio *m*.
unidad *f* unidade *f*.
unido, da *adj* unido(da).
unifamiliar *adj* unifamiliar.
unificación *f* unificação *f*.
uniforme *m* uniforme *m*.
unión *f* união *f*.
unir *vt* unir; *(mesclar)* misturar; *(comunicar)* ligar.
❑ **unirse** *vpr* unir-se.
unisex *adj inv* unissex.
universal *adj* universal.
universidad *f* universidade *f*.
universitario, ria *m, f* universitário *m*, -ria *f*.
universo *m* universo *m*.
uno, na 1 *adj* um (uma); **uno día volveré** um dia voltarei; **en la calle había unos coches mal aparcados** na rua havia uns carros mal estacionados; **he conocido a unas chicas muy simpáticas** conheci umas garotas muito simpáticas; **tienes treinta y un días para decidirte** você tem trinta e um dias para se decidir; **había cincuenta y una mujeres** havia cinqüenta e uma mulheres; **había unas doce personas** havia umas doze pessoas.
2 *pron* **(a)** *(indefinido)* um (uma); **los bombones están muy buenos, coge uno** os bombons estão muito bons, pegue um; **tienes muchas manzanas, dame unas** você tem muitas maçãs, dê-me algumas; **uno de** um de; **uno ... otro** um ... outro.
(b) *fam (referido a pessoas)* um (uma); **ayer hablé con uno que te conoce** ontem falei com alguém que lhe conhece.
(c) *(eu)*: **una ya está acostumbrada a eso** já estou acostumado a isso.
(d) *(em locuções)*: **de uno en uno** de um em um; **uno a uno** um a um; **uno por uno** um por um; **más de uno** mais de um; **uno más** mais um → **seis.**
untar *vt (tabuleiro, torrada)* untar; *(manchar)* sujar.
❑ **untarse** *vpr* sujar-se.
uña *f* unha *f*; **hacer las uñas** fazer as unhas.
uralita® *f* amianto *m*.
uranio *m* urânio *m*.
urbanización *f* urbanização *f*.
urbano, na 1 *adj* urbano(na).
2 *m, f* polícia *mf*.
urgencia *f* urgência *f*.

▫ **Urgencias** *fpl* emergência *f.*
urgente *adj* urgente; **'urgente'** *(em cartas, mensagem)* 'urgente'.
urgentemente *adv* urgentemente.
urinario *m* mictório *m.*
urna *f* urna *f.*
urraca *f* gralha *f.*
urticaria *f* urticária *f.*
usado, da *adj* usado(da).
usar *vt* usar.
uso *m* uso *m.*
usted (*pl* **-des**) *pron* o senhor (a senhora), você.

Não confundir com ***você/s*** em português, que se usa no tratamento informal ou familiar.

(Ver ***você/s*** no lado Português-Espanhol do dicionário.)

usual *adj* usual.
usuario, ria *m, f* usuário *m*, -ria *f.*
utensilio *m* utensílio *m.*
útero *m* útero *m.*
útil **1** *adj* útil.
2 *m* utensílio *m.*
utilidad *f* utilidade *f.*
utilitario *m* carro *m* de passeio.
utilizar *vt* utilizar.
uva *f* uva *f*; **uvas de la suerte** *as doze uvas que, segundo a tradição, deve comer-se ao mesmo tempo em que soam as doze badaladas da noite de ano-novo.*

Vv

vaca *f* vaca *f.*

vacaciones *fpl* férias *fpl*; **estar de vacaciones** estar de férias; **ir de vacaciones** tirar férias.

vacante *f* vaga *f.*

vaciar *vt* esvaziar.

vacilar *vi* vacilar.

vacío, a 1 *adj* vazio(zia).
2 *m (espaço)* vazio *m*; *(buraco)* espaço *m*; **al vacío** ao vácuo.

vacuna *f* vacina *f.*

vacunación *f* vacinação *f.*

vacunar *vt* vacinar.

vado *m (numa rua)* rampa *m*; *(de rio)* vau *m*; **'vado permanente'** 'proibido estacionar'.

vagabundo, da *m, f* vagabundo *m*, -da *f.*

vagamente *adv* vagamente.

vagina *f* vagina *f.*

vago, ga *adj (despreocupado)* preguiçoso(sa); *(impreciso)* vago(ga).

vagón *m* vagão *m.*

vagoneta *f* vagonete *f.*

vaho *m (de água)* vapor *m*; *(hálito)* bafo *m.*
❑ **vahos** *mpl* vapores *mpl.*

vaina *f* vagem *f.*

vainilla *f* baunilha *f.*

vajilla *f* louça *f.*

vale 1 *m (documento)* vale *m*; *Ven (colega, amigo)* amigo *m.*
2 *interj (concordância)* de acordo!

valentía *f* valentia *f.*

valer 1 *vt (preço)* custar; *(originar, equivaler)* valer.
2 *vi* valer; *(ser útil)* servir; **¿vale?** certo?
❑ **valerse de** *v + prep* valer-se de.

valeriana *f* valeriana *f.*

validez *f* validade *f.*

válido, da *adj* válido(da).

valiente *adj (pessoa)* valente; *(atitude, resposta)* corajoso(sa).

valija *f RP* mala *f.*

valioso, sa *adj* valioso(sa).

valla *f (muro)* cerca *f*; *(de publicidade)* outdoor *m*; *(em esporte)* barreira *f.*

valle *m* vale *m.*

valor *m* valor *m.*

valoración *f* avaliação *f.*

valorar *vt (calcular)* avaliar; *(avaliar)* valorizar.

vals *m inv* valsa *f.*

válvula *f* válvula *f.*

vanguardista *adj* vanguardista.

vanidad *f* vaidade *f.*

vanidoso, sa *adj* vaidoso(sa).

vano, na *adj*: **en vano** em vão.

vapor *m (de líquido, sólido)* vapor *m*; *(barco)* (barco a) vapor *m*; **al vapor** ao vapor.

vaporizador *m* vaporizador *m.*

vaquero, ra *adj (roupa, jaqueta, calça)* jeans.
❑ **vaqueros** *mpl* jeans *m.*

vara *f (de árvore, arbusto)* vara *f*; *(de mando)* batuta *f.*

variable *adj (opinião)* variável; *(pessoa, clima)* instável.

variado, da *adj* variado(da).

variar *vt* variar.
❑ **variar de** *v + prep* variar de.

varicela *f* varicela *f.*

varices *fpl* varizes *fpl.*

variedad *f* variedade *f.*
❑ **variedades** *fpl (espetáculo)* variedades *fpl.*

varios, rias *adj pl* vários(rias); **'varios'** 'diversos'.

varón *m* varão *m.*

varonil *adj* varonil.

vasallo, lla *m, f* vassalo *m*, -la *f.*

vasco, ca 1 *adj & m, f* basco(ca).
2 *m* basco *m.*

3 a la vasca a la basca.
vasija *f* vasilha *f.*
vaso *m* copo *m.*

> Não confundir ***vaso (copo)*** com o português *vaso*, que em espanhol é ***florero***. (***Compré una docena de vasos nuevos para tomar agua.*** Comprei uma dúzia de ***copos*** novos para tomar água.)

vasto, ta *adj* vasto(ta).
Vaticano *m*: **El Vaticano** o Vaticano.
vaya *interj* eta!
Vda. → **viuda.**
Vdo. → **viudo.**
vecindad *f* vizinhança *f*; *Méx* cortiço *m.*
vecindario *m* vizinhança *f.*
vecino, na *adj & m, f* vizinho(nha).
vegetación *f* vegetação *f.*
vegetal 1 *adj* vegetal.
2 *m* vegetal *m.*
vegetariano, na *m, f* vegetariano *m*, -na *f.*
vehículo *m* veículo *m.*
veinte *num* vinte → **seis.**
vejez *f* velhice *f.*
vejiga *f* bexiga *f.*
vela *f* vela *f*; **en vela** em vela.
velcro® *m* velcro® *m.*
velero *m* veleiro *m.*
veleta *f* cata-vento *m.*
vello *m* pêlo *m.*
velo *m* véu *m.*
velocidad *f* velocidade *f*; **'velocidad controlada por radar'** 'velocidade controlada por radar'.
velódromo *m* velódromo *m.*
velomotor *m* velocípede *m.*
velorio *m* *Amér* velório *m.*
veloz *adj* veloz.
vena *f (do corpo, disposição)* veia *f*; *(de mineral, de água)* veio *m*; *(estado de ânimo)* humor *m.*
venado *m* veado *m.*
vencedor, ra *m, f* vencedor *m*, -ra *f.*
vencejo *m* andorinhão *m.*
vencer *vt & vi* vencer.
vencido, da *adj* vencido(da); **darse por vencido** dar-se por vencido.
vencimiento *m* vencimento *m.*
venda *f* venda *f.*
vendaje *m* vendas *fpl.*
vendar *vt* vendar.
vendaval *m* vendaval *m.*
vendedor, ra *m, f* vendedor *m*, -ra *f.*
vender *vt* vender.
vendimia *f* vindima *f.*
vendimiador, ra *m, f* vindimador *m*, -ra *f.*
vendimiar *vt* vindimar.
veneno *m* veneno *m.*
venenoso, sa *adj* venenoso(sa).
venganza *f* vingança *f.*
vengarse *vpr* vingar-se.
venida *f* vinda *f.*
venir *vi* **(a)** *(geral)* vir; **ya vienen los turistas** os turistas estão chegando; **vino a las doce** veio às doze; **vino de visita ayer por la tarde** veio visitar-nos ontem de tarde; **vino a verme apenas llegó** veio ver-me assim que chegou; **el año que viene iremos a París** o ano que vem iremos a Paris; **ahora viene la escena más divertida** agora vem a cena mais divertida; **su foto viene en la primera página** a sua fotografia vem na primeira página; **el texto viene en inglés** o texto vem em inglês.
(b) *(ocorrer)* acontecer; **le vino una desgracia inesperada** aconteceu-lhe uma desgraça inesperada; **vino la guerra** veio a guerra; **venir de** vir de.
(c) *(roupa, sapatos)* estar; **el abrigo le viene pequeño** o casaco é pequeno para ele; **tus zapatos no me vienen** seus sapatos não me servem; **¿a qué viene esto?** o que significa isso?
❑ **venirse** *vpr (chegar)* vir; **venirse abajo** *(edifício)* vir abaixo; *(projeto)* ir por água abaixo; *(pessoa)* desmoronar-se.
venta *f (ação, produto)* venda *f*; *(hospedaria)* estalagem *f*; **'en venta'** 'à venda'; **venta al detalle** venda ao varejo; **venta al mayor** venda por atacado; **'venta de billetes'** 'venda de bilhetes'; **'venta de boletos'** *Amér* 'venda de ingressos'; **venta anticipada** venda antecipada.
ventaja *f* vantagem *f.*
ventana *f* janela *f.*
ventanilla *f (guichê etc.)* bilheteria *f*; *(de carro)* janela *f.*
ventilación *f* ventilação *f.*
ventilador *m* ventilador *m.*
ventisca *f* nevasca *f.*
ventosa *f* ventosa *f.*
ventoso, sa *adj* ventoso(sa).

ventrílocuo, cua *m, f* ventríloquo *m*, -qua *f*.

ver 1 *vt* (a) ver; **desde casa vemos el mar** de casa vemos o mar; **ver la televisión/una película** ver televisão/um filme. (b) *(visitar)* ver; **fui a ver a unos amigos** fui ver uns amigos; **¿no ves que no funciona la máquina?** não vê que a máquina não funciona?; **ya veo que estás de mal humor** estou vendo que você está de mau humor; **ya veo lo que pretendes** estou vendo o que pretende; **voy a ver si han venido ya** vou ver se já chegaram; **ayer lo vi en el parque** ontem o vi no parque; **yo no lo veo tan mal** eu não vejo as coisas assim tão mal; **esta es tu manera de ver las cosas** esta é a sua maneira de ver; **hay que ver** só vendo; **por lo visto, por lo que se ve** pelo visto; **ver mundo** ver mundo.
2 *vi* ver; **los ciegos no ven** os cegos não vêem; **ver bien/mal** ver bem/mal; **a ver** vejamos.
❑ **verse** *vpr* ver-se; **verse con** *(tratar-se)* ver a.

veraneante *mf* veranista *mf*.

veranear *vi* veranear.

veraneo *m* veraneio *m*.

veraniego, ga *adj* estival, de verão.

verano *m* verão *m*; **en verano** no verão.

veras *fpl*: **de veras** de veras.

verbena *f (celebração)* festa *f*; *(planta)* verbena *f*.

verbo *m* verbo *m*; **verbo auxiliar** verbo auxiliar.

verdad *f* verdade *f*; **de verdad** de verdade; **¿verdad?** verdade?

verdadero, ra *adj* verdadeiro(ra).

verde *adj & m* verde; **los Verdes** os Verdes.

verdulería *f* quitanda *f*.

verdulero, ra *m, f* verdureiro *m*, -ra *f*.

verdura *f* verdura *f*; **verdura con patatas** *entrada composta por batatas cozidas e verduras, normalmente vagem ou couve.*

vereda *f CSur & Perú* calçada *f*.

veredicto *m* veredicto *m*.

vergonzoso, sa *adj* vergonhoso(sa).

vergüenza *f* vergonha *f*.

verificar *vt* verificar.

verja *f* grade *f*.

vermut *m* vermute *m*.

verosímil *adj* verossímil.

verruga *f* verruga *f*.

versión *f* versão *f*; **versión original** versão original.

verso *m* verso *m*.

vertedero *m* lixeira *f*.

verter *vt* verter.

vertical *adj* vertical.

vértice *m* vértice *m*.

vertido *m* despejos *mpl*.

vertiente *f* vertente *f*.

vértigo *m* vertigem *f*.

vestíbulo *m* vestíbulo *m*.

vestido *m (vestimenta)* roupa *f*; *(para mulher)* vestido *m*.

vestimenta *f* vestimenta *f*.

vestir *vt & vi* vestir.
❑ **vestirse** *vpr* vestir-se.

vestuario *m (roupa)* vestuário *m*; *(de clube etc.)* vestiário *m*.

veterano, na *m, f* veterano *m*, -na *f*.

veterinario, ria *m, f* veterinário *m*, -ria *f*.

vez (*pl* **-ces**) *f* vez *f*; **a veces** às vezes; **alguna vez** alguma vez; **de vez en cuando** de vez em quando; **dos veces** duas vezes; **en vez de** em vez de; **muchas veces** muitas vezes; **otra vez** outra vez; **pocas veces** poucas vezes; **tres veces por día** três vezes ao dia; **una vez** uma vez; **unas veces** umas vezes.

VHS *m* (*abrev de* **video home system**) VHS *m*.

vía *f* via *f*; **en vías de** em vias de.

viaducto *m* viaduto *m*.

viajar *vi* viajar.

viaje *m* viagem *f*; **ir de viaje** ir de viagem; **viaje de novios** viagem de núpcias; **¡buen viaje!** boa viagem!

viajero, ra *m, f* viajante *mf*.

vianda *f CSur (comida)* vianda *f*; *(recipiente)* marmita *f*.

víbora *f* víbora *f*.

vibrar *vi* vibrar.

vicepresidente, ta *m, f* vice-presidente *mf*.

viciarse *vpr* viciar-se.

vicio *m* vício *m*.

vicioso, sa *adj* vicioso(sa).

víctima *f* vítima *f*; **ser víctima de** ser vítima de.

victoria *f* vitória *f*.

vid *f* vide *f*.

vida *f* vida *f*; **buena vida** boa vida; **de to-**

da la vida de toda a vida; **ganarse la vida** ganhar a vida; **mala vida** vida ruim; **vida familiar** vida familiar.
vidente *mf* vidente *mf.*
video *m Amér* vídeo *m.*
vídeo *m* vídeo *m.*
videocámara *f* câmera *f* de vídeo.
videocasete *m* fita *f* de vídeo.
videojuego *m* videogame *m.*
vidriera *f* vitral *m.*
vidrio *m* vidro *m.*
vieira *f* vieira *f.*
vieja *f Col & Méx fam (mulher)* mina *f* → **viejo.**
viejo, ja 1 *adj* velho(lha).
2 *m, f* velho *m*, -lha *f*; *RP & Ven (colega, amigo)* amigo *m*, -ga *f*; *Amér (pai e mãe)* velho *m*, -lha *f.*
viento *m* vento *m.*
vientre *m* ventre *m.*
viernes *m inv* sexta-feira *f.*
❑ **Viernes Santo** *m* Sexta-feira Santa → **sábado.**
viga *f* viga *f.*
vigencia *f* vigência *f.*
vigente *adj* vigente.
vigilante *mf* vigilante *mf.*
vigilar *vt* vigiar.
vigor *m* vigor; **en vigor** em vigor.
vigoroso, sa *adj* vigoroso(sa).
vil *adj* vil.
villancico *m* cântico *m* de Natal.
vinagre *m* vinagre *m.*
vinagreras *fpl* galheteiro *m.*
vinagreta *f* vinagrete *m*; **a la vinagreta** ao molho vinagrete.
vinculación *f* vinculação *f.*
vincular *vt* vincular.
vino *m* vinho *m*; **vino de la casa** vinho da casa; **vino blanco** vinho branco; **vino corriente** vinho barato; **vino de mesa** vinho de mesa; **vino rosado** vinho rosé; **vino tinto** vinho tinto.
viña *f* vinha *f.*
violación *f* violação *f.*
violador, ra *m, f* violador *m*, -ra *f.*
violar *vt* violar.
violencia *f* violência *f.*
violento, ta *adj* violento(ta).
violeta *adj inv, f m inv* violeta.
violín *m* violino *m.*
violinista *mf* violinista *mf.*
violoncelo *m* violoncelo *mf.*
VIP *m (abrev de* **Very Important Person**) VIP *m.*
virgen *adj* virgem.
❑ **Virgen** *f*: **la virgen** a Virgem.
Virgo *m inv* Virgem *f.*
virtud *f* virtude *f*; **en virtud de** em virtude de.
viruela *f* varíola *f.*
virus *m inv* vírus *m inv.*
viruta *f* lasca *f.*
visa *f Amér* visto *m.*
visado *m* visto *m.*
víscera *f* víscera *f.*
viscosa *f (tela)* viscose *f.*
visera *f* viseira *f.*
visible *adj* visível.
visillos *mpl* cortinas *fpl (de renda).*
visita *f* visita *f*; **hacer una visita** fazer uma visita.
visitante *mf* visitante *mf.*
visitar *vt* visitar.
vislumbrar *vt* vislumbrar.
víspera *f* véspera *f.*
vista *f* vista *f*; *(no judiciário)* audiência *f*; **a primera vista** à primeira vista; **a simple vista** a olho nu; **¡hasta la vista!** até a vista!
vistazo *m* olhada *f.*
visto, ta *adj (ultrapassado)* fora de moda; **estar bien/mal visto** *(fato, conduta etc.)* ser bem-visto/malvisto; **por lo visto** *(aparentemente)* pelo visto.
vistoso, sa *adj* vistoso(sa).
vital *adj* vital.
vitalidad *f* vitalidade *f.*
vitamina *f* vitamina *f.*

Não confundir ***vitamina (vitamina)*** com o português ***vitamina (leite com frutas)***, que em espanhol é ***licuado***. (***En invierno es bueno tomar vitamina C para no resfriarse***. No inverno, é bom tomar ***vitamina*** C para não se resfriar.)

vitrina *f (móvel)* cristaleira *f*; *Amér (de loja)* vitrine *f.*
viudo, da *m, f* viúvo *m*, -va *f.*
viva *interj* viva!
víveres *mpl* víveres *mpl.*
vivienda *f* casa *f.*
vivir *vi & vt* viver; **vivir de** viver de.
vivo, va *adj* vivo(va); *(dor, inteligência)*

agudo(da); *(lembrança, costume)* presente; *(descrição, relato)* pormenorizado(da).
vocabulario *m* vocabulário *m*.
vocación *f* vocação *f*.
vocal *f* vogal *f*.
vodka *m* vodca *f*.
vol. (*abrev de* **volumen**) vol.
volador, ra *adj* voador(ra).
volante 1 *adj (que voa)* voador(ra).
2 *m (de carro)* volante *m*; *(enfeite)* babado *m*.
volar 1 *vt (fazer estourar)* fazer explodir.
2 *vi* voar; *(desaparecer)* sumir.
volcán *m* vulcão *m*.
volcánico, ca *adj* vulcânico(ca).
volcar *vt & vi* virar.
voleibol *m* voleibol *m*.
volquete *m* caminhão *m* basculante.
voltaje *m* voltagem *f*.
voltear *vt Andes & Méx (pôr do avesso, em posição contrária)* girar; *Amér (derrubar, entornar)* virar.
❑ **voltearse** *vpr Andes, CAm, Carib & Méx (dar a volta)* girar-se; *Amér (cair)* virar.
voltereta *f* cambalhota *f*.
volumen *m* volume *m*.
voluntad *f* vontade *f*.
voluntario, ria *adj & m, f* voluntário(ria).
voluntarioso, sa *adj* voluntarioso(sa).
volver 1 *vt* (a) *(colchão, omelete)* virar.
(b) *(cabeça, olhar)* voltar.
(c) *(transformar)* deixar; **lo volvió tonto** deixou-o bobo; **vas a volver tonto al niño** você vai acabar deixando o menino abobalhado.
2 *vi* (a) *(geral)* voltar; **volver a** voltar a; **volver en sí** *fig* voltar a si.
(b) *(antes de infin)*: **volver a** tornar a.
❑ **volverse** *vpr* (a) *(variar de posição)* virar-se.
(b) *(retornar)* voltar.
(c) *(transformar-se)* tornar-se.
(d) *(virar a cabeça)* voltar-se.
(e) *(em locuções)*: **volverse atrás** voltar atrás; **volverse algo /alguien contra alguien** voltar-se algo/alguém contra alguém.
vomitar *vt* vomitar.
vos *pron Andes, CAm, Carib & RP* você, tu.

> Esta forma de tratamento informal ou familiar pode ser traduzida para o português como *você* ou *tu*. Alguns falantes de espanhol usam *vos* e outros utilizam *tú*, com o mesmo significado. Algo semelhante ocorre em português; alguns falantes usam *tu* e outros usam *você*; o uso de uma ou de outra forma depende principalmente da origem geográfica do falante.
>
> (Ver **Os pronomes** na seção *Gramática espanhola*.)

vosotros, tras *pron* vocês, vós.

> Esta forma de tratamento plural para contextos familiares ou informais não é usada na América Hispânica, mas é usada em boa parte da Espanha.
>
> (Ver **Os pronomes** na seção *Gramática espanhola*.)

votación *f* votação *f*.
votante *mf* votante *mf*.
votar *vt & vi* votar.
voto *m* voto *m*.
voz (*pl* **-ces**) *f (de pessoa, em música)* voz *f*; *(termo)* palavra *f*; *(boato)* rumor *m*; **en voz alta** em voz alta; **en voz baja** em voz baixa.
vuelo *m (ação, trajeto)* vôo *m*; *(de vestido, saia)* roda *f*; **'vuelos nacionales'** 'vôos domésticos'.
vuelta *f* volta *f*; **dar una vuelta** dar uma volta; **dar vueltas** dar voltas; **darse la vuelta** dar-se volta; **estar de vuelta** estar de volta; **a la vuelta** à volta; **a la vuelta de la esquina** na esquina; **a vuelta de correo** correio do mesmo dia; **vuelta al colegio** volta às aulas.
vuelto *m Amér* troco *m*.
vuestro, tra 1 *adj* vosso(sa), de vocês.
2 *pron*: **el vuestro/la vuestra** o vosso/a vossa, o/a de vocês, o seu/a sua; **lo vuestro** o negócio de vocês.
vulgar *adj* vulgar.

Ww

walkman® *m* walkman® *m*.
wáter ['bater] *m* WC *m*.
waterpolo *m* pólo *m* aquático.
WC *m* (*abrev de* **water closet**) WC *m*.
whisky *m* uísque *m*.
windsurf *m* windsurfe *m*; **hacer windsurf** fazer windsurfe.

Xx

xenofobia *f* xenofobia *f*.
xenófobo, ba *adj* xenofóbico(ca).
xilófono *m* xilofone *m*.

Yy

y *conj* e.

> Quando a palavra que acompanha a conjunção começa pelo som *i*, nós a substituímos por ***e***: (***Gustavo e Inés pasaron a sexto grado con excelentes notas.*** Gustavo e Inés passaram para a sexta série com notas excelentes. ***Padre e hijo hablaron con la maestra.*** O pai e o filho falaram com a professora.)

ya 1 *adv* já.
2 *interj* tá!
3 *conj* já.
4 ya ...ya ... ou ... ou ...; **ya que** já que.
yacimiento *m* jazida *f*.
yanqui *mf pej* ianque *mf*.
yate *m* iate *m*.
yegua *f* égua *f*.
yema *f (de ovo, de dedo)* gema *f*; *(de planta)* rebento *m*; *(doce) doce sólido, feito com açúcar e ovo.*
yen *m* iene *m*.
yerbatero *m Andes* ervanário *m*.
yerno *m* genro *m*.
yeso *m* gesso *m*.
yo *pron* eu; **yo de ti** eu se fosse você; **yo que tú/él/etc.** eu se fosse você/ele/etc.
yodo *m* iodo *m*.
yoga *m* ioga *f*.
yogur *m* iogurte *m*.
yunque *m* bigorna *f*.

Zz

zafiro *m* safira *f*.
zafra *f* almotolia *f*.
zaguán *m* saguão *m*.
zambullida *f* mergulho *m*.
zambullirse *vpr* mergulhar.
zanahoria *f* cenoura *f*.
zancadilla *f* calço *m*.
zanco *m* anta *f*.
zancudo *m Amér* pernilongo *m*, mosquito *m*.
zanja *f* valo *m*.
zapateado *m* sapateado *m*.
zapatería *f* sapataria *f*.
zapatero, ra 1 *m, f* sapateiro *m*, -ra *f*.
2 *m* móvel *m* para guardar sapatos.
zapatilla *f* chinelo *m*; **zapatilla de deporte** tênis *m*.

zapato *m* sapato *m*; **zapatos de caballero/señora** sapato de homem/mulher.

zarandear *vt* sacudir.

zarpar *vi* zarpar.

zarpazo *m* arranhaço *m*.

zarza *f* sarça *f*, silva *f*.

zarzuela *f (obra musical)* zarzuela *f*; *(comida) prato de peixe ou marisco com molho picante.*

zénit *m* zênite *m*.

zinc *m* zinco *m*.

zíper *m CAm, Carib & Méx* zíper *m*, fecho *m* ecler.

zócalo *m (do prédio)* plinto *m*; *(de parede)* rodapé *m*.

zodíaco *m* zodíaco *m*.

zona *f* zona *f*; **zona azul** *zona de estacionamento limitado.*

zonzo, za *adj Amér* zonzo(za), tonto (ta); **hacerse el zonzo** fazer-se de bobo.

zoo *m* zôo *m*.

zoología *f* zoologia *f*.

zoológico, ca 1 *adj* zoológico(ca).
2 *m* jardim *m* zoológico.

zopenco, ca *adj* idiota.

zorra *f vulg* rameira *f*.

zorro, rra 1 *m, f (animal)* raposo *m*, -sa *f*; *(pessoa astuciosa)* raposa *f* velha.
2 *m (pele)* raposa *f*.

zueco *m* tamanco *m*.

zumbar 1 *vt fam* surrar.
2 *vi* zumbir.

zumbido *m* zumbido *m*.

zumo *m Esp* suco *m*; **zumo de naranja** suco de laranja.

zurcir *vt* cerzir.

zurdo, da *adj & m, f* canhoto(ta).

> Não confundir ***zurdo (canhoto)*** com o português ***surdo***, que em espanhol é ***sordo***. (***Pedro es zurdo***. Pedro é ***canhoto***.)

zurrar *vt* surrar.

SUPLEMENTO

Ao telefone

Chamada informal (a um/a amigo/a, etc.)

– ¡Hola! Habla Ana Inés. ¿Podría hablar con Lucía, por favor?
– *Sí, habla Lucía. ¿Cómo estás?*

– ¡Hola! Habla Jaime. ¿Está Pedro en casa?
– *Sí, ya lo llamo. Un momento, por favor.*

Chamada formal (a uma empresa, a um escritório, etc.)

– Buenos días. ¿Podría hablar con el ingeniero Juan Antonio Gómez, por favor?
– *Sí, ¿de parte de quién?*

– Es la arquitecta Cristina Echenique.
– Buenos días. ¿Podría hablar con el ingeniero Juan Antonio Gómez, por favor?
– *Lamentablemente no se encuentra en este momento.¿Quiere dejar un mensaje?*

NOTA: No mundo hispano-americano, usa-se geralmente um sobrenome para identificar uma pessoa. Esse sobrenome é colocado imediatamente após o nome próprio e é o sobrenome do pai, como Gómez em Juan Antonio Gómez. O segundo sobrenome, da mãe, como Fabregat em Juan Antonio Gómez Fabregat, faz-se necessário em trâmites oficiais e no preenchimento de diversos formulários.

Chamada internacional (Ligação a cobrar)

– Buenos días, señorita. Quisiera hacer una llamada internacional de cobro revertido a Buenos Aires. La característica es 541-1 y el número es 932-5677.
– *Debo preguntar primero si aceptan los cargos ... Sí, aceptan. Ya le comunico.*
– Muchas gracias.

Engano

– Buenos días. ¿Podría hablar con Mauricio, por favor?
– *Tiene el número equivocado. Aquí no vive nadie con ese nombre.*

– Hola, ¿ 708-4582?
– *No, número equivocado.*

Através de uma central telefônica (PABX)

– ¿Podría comunicarme con el interno 1518, por favor?
– *Ya le comunico. Un minuto, por favor.*

– ¿Podría pasarme con el interno 405, por favor?
– *La línea está ocupada. ¿Quiere esperar o llama más tarde?*
– Intento otra vez más tarde./Espero.

Através de uma central telefônica (PABX automático)

Ud. se ha comunicado con Aerolíneas Paraguayas. Para hablar en español, presione 1. Para hablar en inglés, 2 ... Si desea comunicarse con "Reserva de pasajes", digite 3. Si desea averiguar el horario de nuestros vuelos, digite 4. Por equipajes perdidos, digite 5. De lo contrario, aguarde en línea que será atendido por una operadora.

Para deixar uma mensagem ou recado

– La Dra. Méndez no se encuentra en este momento. ¿Quiere dejarle un mensaje?
– *Sí. ¿Podría avisarle que llamó el Sr. González?*
– Sí, claro. Tomo nota.
– *Gracias. Hasta luego.*

– ¿Quiere dejar un recado?
– *Sí, por favor. Dígale que llame al Sr. González.*
– ¿Tiene su teléfono?
– *Sí, lo tiene.*

Mais informações sobre telefones

• Diz-se que "da ocupado", quando não podemos nos comunicar com o número para o qual estamos ligando. Do contrário, diz-se "da libre".
• Quando alguém atende o telefone, pode dizer: ¿Hola?, ¿Diga?, ¿Bueno?, ¿Aló?.
• Para falar de um telefone público, são necessárias moedas, fichas ou cartões. Tanto as fichas como os cartões podem ser comprados em bancas de jornal e lojas.
• Em muitas casas e escritórios existem secretárias eletrônicas (contestadores automáticos ou máquinas contestadoras). A mensagem deve ser deixada após o sinal ou "bip".

Conhecendo-se

Para apresentar-se

– ¡Hola! Mi nombre es Verónica.
– *¡Hola! Soy Elena.*

Para apresentar outra pessoa (um amigo, um familiar, etc.)

– ¿Se conecen? María, te presento a mi madre.
– *Un gusto.*

– ¿Se conecen? Pabli, ¿conoces a Ricardo?

Para uma apresentação mais formal

Forma de tratamento tú:
– Emilio, me gustaría presentarte a nuestro Gerente de División, Antonio Salerno.
– Emilio, quiero que conozcas a Salerno.
– *Un gusto/ Gusto en conocerlo.*
– *Encantado. El gusto es mío.*

Forma de tratamento usted:
– Emilio, me gustaría presentarte a nuestro Gerente de División, Antonio Salerno.
– Martínez, le presento al Sr. Salerno.
– *Un gusto/ Gusto en conocerlo.*
– *Encantado. El gusto es mío.*

Para despedir-se

– Fue un gusto.
– ¡Qué le vaya bien!
– Adiós.
– Hasta luego/ Hasta pronto.

Modelo de carta informal

A data — 3 de mayo, 2005

Saudação introdutória — Querida Mariana,

te mando unas pocas líneas para agradecerte el paquete que me enviaste por correo. ¡Fue una linda sorpresa encontrarme con tu regalo de cumpleaños! Me gustaron mucho los libros que me compraste y estoy disfrutando mucho de su lectura.

Espero verte pronto de nuevo. Saluda a Nicolás y a Julieta de mi parte.

Gracias otra vez.

Fórmula de despedida — Te mando un beso grande,

Assinatura — Letícia

Outras fórmulas de despedida possíveis:

- Un abrazo
- Muchos cariños
- Un saludo para todos

Letícia Arnaux
Pasaje Azul
1423 Capital Federal
Buenos Aires, Argentina

Mariana Rodríguez
Camino del Sol 255
00901 San Juan
Puerto Rico

Os números

Os números cardinais são usados para contar:

1	uno (un/ una)
2	dos
3	tres
4	cuatro
5	cinco
6	seis
7	siete
8	ocho
9	nueve
10	diez
11	once
12	doce
13	trece
14	catorce
15	quince
16	dieciséis
17	diecisiete
18	dieciocho
19	diecinueve
20	veinte
21	veintiuno (veintiún/ veintiuna)
22	veintidós
23	veintitrés
24	veinticuatro
25	veinticinco
26	veintiséis
27	veintisiete
28	veintiocho
29	veintinueve
30	treinta
31	treinta y uno (una)
40	cuarenta
50	cincuenta
60	sesenta
70	setenta
80	ochenta
90	noventa
100	cien
101	ciento uno (un/una)
102	ciento dos
110	ciento diez
200	doscientos/ doscientas
201	doscientos uno/un, doscientas una
259	doscientos/as cincuenta y nueve
300	trescientos/as
400	cuatrocientos/as
500	quinientos/as
600	seiscientos/as
700	setecientos/as
800	ochocientos/as
900	novecientos/as
1.000	mil
1.001	mil uno
1.002	mil dos
1.100	mil cien
1.200	mil doscientos/as
2.000	dos mil
10.000	diez mi
100.000	cien mil
1.000.000	un millón
2.000.000	dos millones
1.000.000.000	mil millones
1.000.000.000.000	un billón

NOTAS:

• Quando o número cardinal **uno** é colocado antes de substantivos masculinos, muda sua forma para **un**. Ocorre o mesmo com todos os números cardinais terminados em **uno** (veintiuno, treinta y uno, ciento uno, etc.): Tengo dos hijos, un niño e una niña. Gabriela acaba de cumplir veintiún años.

• As palavras **decena** e **docena** são usadas no lugar de **diez** e **doce**, especialmente se a informação não for muito precisa: **Había una decena/docena de personas**. Essas palavras também são usadas para expressar quantidade, por exemplo, **una decena/docena de huevos, una decena/docena de sobres, una decena/docena de rosas**. Da mesma forma, pode-se usar a combinação **media docena**. No entanto, em espanhol, nunca usamos **media** unicamente para significar seis, como ocorre no português.
• Os números cardinais **doscientos**, **trescientos**, **cuatrocientos**, **quinientos**, etc. concordam com o gênero dos substantivos que os acompanham. Por isso, dizemos **doscientos pesos/doscientas libras**, **trescientos libros/trescientas libretas**, **cuatrocientos problemas/ cuatrocientas deudas**, **quinientos niños/quinientas niñas**, etc.
• Os números ordinais, como seu nome indica, servem para colocar coisas em ordem:

1º	primer, primero/a
2º	segundo
3º	tercer, tercero/a
4º	cuarto
5º	quinto
6º	sexto
7º	séptimo
8º	octavo
9º	noveno
10º	décimo
11º	undécimo
12º	duodécimo
13º	decimotercero
20º	vigésimo
30º	trigésimo

NOTAS:
• Os números ordinais apresentam uma forma masculina e outra feminina: **Mi primer marido/mi primera esposa, el segundo hijo/la segunda hija, el tercer piso/la tercera casa**, etc.
• Quando os números ordinais **primero** e **tercero** são colocados antes do substantivo, mudam sua forma para **primer** e **tercer**, respectivamente: **el primer grado/el grado primero, el tercer año/el año tercero**.
• Existem ordinais para o restante dos números: por exemplo, **quincuagésimo** (50º), **nonagésimo** (90º), etc., mas são pouco usados.

Para informações adicionais sobre os números, consulte as entradas **seis** e **sexto** no lado Espanhol-Português do dicionário e as entradas **meia** e **sexto** no lado Português-Espanhol.

A data

As formas mais comumente usadas para se perguntar a data são:

– ¿Qué día es hoy?
– Hoy es miércoles.

– ¿En qué fecha estamos?
– *15 de julio.*

Os **dias da semana** são:

Espanhol	**Português**
domingo	domingo
lunes	segunda-feira
martes	terça-feira
miércoles	quarta-feira
jueves	quinta-feira
viernes	sexta-feira
sábado	sábado

O espanhol conserva as formas latinas para dar nome aos dias da semana, em português usam-se as formas de ordenamento seqüencial.
Diferentemente do português, os dias da semana, em espanhol, são do gênero masculino: **el lunes, el martes, el miércoles,** etc. Além disso, não se usam precedidos de preposição: te veo el sábado.
Por outro lado, o espanhol usa o ordinal **primero** para referir-se ao primeiro dia do mês. Por exemplo: **Hoy es 1ro (primero) de abril**. Para os dias restantes do mês, usam-se os números cardinais: **dos de mayo, tres de junio,** etc.

Os **meses do ano** são:

enero	julio
febrero	agosto
marzo	setiembre
abril	octubre
mayo	noviembre
junio	diciembre

Para informações adicionais sobre dias e meses, consulte as entradas **sábado** e **se(p)tiembre** no lado Espanhol-Português do dicionário, ou as entradas **sábado** e **setembro** no lado Português-Espanhol.

A hora

As formas mais usuais para se perguntar as horas em espanhol são: **¿Qué hora es?** ou **¿Tienes hora?**. Pode-se responder da seguinte forma:

Son las cinco en punto.

Son las cinco y cinco.

Son cinco y cuarto.

Son cinco y media.

Son seis menos veinticinco.

Son seis menos cuarto.

Es la una de la tarde/
Es la una de la mañana.

Son las doce del mediodía/
Son las doce de la noche.

Nota:
Nos contextos mais formais em espanhol, usa-se o horário de 24 horas: **el avión sale a las 14:30** (o mesmo que dizer às duas e meia), **la conferencia comienza 18:30** (seis e meia da tarde), etc.

México
Cuba
República
Dominicana
Puerto Rico
Honduras
Guatemala
Nicaragua
El Salvador
Costa Rica
Panamá
Colombia
Venezuela
Ecuador
Brasil
Perú
Bolivia
Paraguay
Argentina
Chile
Uruguay
0
1000 miles
América Hispânica

América Latina/ América Hispânica

Quando falamos de **América Latina**, referimo-nos a um conjunto de países do continente americano que foram colonizados pela **Espanha** ou por **Portugal**. É um conceito histórico-cultural que, em um sentido abrangente, une o México, a América Central, o Caribe e a América do Sul. Estendendo-se desde a fronteira norte-mexicana até o Pólo Sul, o povo latino-americano compartilha um passado colonial, certas tradições e uma situação econômica e política mais ou menos generalizada.

Boa parte desses países compartilham também o uso da **língua espanhola**. Assim, esses países em seu conjunto recebem o nome de **América Hispânica**, que é composta, ao Norte, pelo México; na América Central, pela Guatemala, El Salvador, Honduras, Nicarágua, Costa Rica, Panamá; no Caribe por Cuba, República Dominicana e Porto Rico e, na América do Sul, pela Venezuela, Colômbia, Equador, Peru, Bolívia, Chile, Argentina, Uruguai, Paraguai.

Embora compartilhem a língua e suas tradições, não se pode ver a **América Hispânica** como uma estrutura homogênea, uma vez que cada país possui culturas diferentes e mantém sua individualidade.

A língua no mundo

Os **países hispano-americanos** têm o espanhol como **língua oficial** e formam, junto com a Espanha, uma comunidade hispanófona com mais de 350 milhões de pessoas. Também existem territórios onde se fala espanhol, embora não como língua oficial: Andorra, Antilhas Holandesas (Bonaire e Curaçao), Austrália, Canadá, Estados Unidos, Filipinas, Gibraltar, Guam. Entre esses territórios, destacam-se os Estados Unidos, já que ali existem quase 25 milhões de pessoas que falam espanhol e são, em sua maioria, de origem mexicana, portorriquenha e cubana.

Em relação ao número de falantes, o espanhol ocupa o quarto lugar no mundo, somente superado pelo chinês, o inglês e o hindu. Também é uma das línguas oficiais das Nações Unidas. Por outro lado, é a língua romance (proveniente do latim) mais falada do mundo.

Castelhano ou espanhol

Algumas pessoas chamam a língua espanhola de **espanhol**, enquanto outras a chamam de **castelhano**. Este último nome faz menção à origem da língua, já que nasceu em **Castela** (centro e norte da Espanha) a língua que hoje é falada na **Espanha** e na **América Hispânica**, juntamente com outras. Mas é importante destacar que espanhol e castelhano se referem ao mesmo idioma.

Prêmios Nobel de Literatura

Por suas obras publicadas em espanhol, diferentes autores hispano-americanos receberam o **Prêmio Nobel de Literatura**. Em 1945, a poetisa chilena Gabriela Mistral foi agraciada com esse prêmio e, até o momento, é a única mulher hispano-americana que recebeu tal distinção. Em 1967, foi premiado Miguel Ángel Asturias, por sua obra sobre a Guatemala. O chileno Pablo Neruda recebeu o prêmio em 1971, o colombiano Gabriel García Márquez em 1982 e o mexicano Octavio Paz em 1990.

Esportes na América Hispânica

Os diferentes povos hispano-americanos não compartilham somente a língua espanhola e sua tradição lingüística. Compartilham também, junto com uma boa parte do mundo ocidental, seu amor pelo **futebol**.

Em quase todo bairro de uma cidade da América Hispânica, existem crianças e jovens que jogam futebol na rua, no clube ou na escola. Em um jogo onde se enfrentam rivais tradicionais como, por exemplo, River e Boca na Argentina, Peñarol e Nacional no Uruguai, Olimpia e Cerro Porteño no Paraguai, Alianza de Lima e Universitario no Peru, e outros, os torcedores que não estiverem no estádio estarão certamente junto a seus televisores ou rádios, acompanhando cada minuto da partida. O futebol é um fenômeno de massa que movimenta adultos, jovens e crianças.

Muitas vezes, a **Copa do Mundo de Futebol** teve lugar em países hispano-americanos: no Uruguai em 1930, no Chile em 1962, no México em 1970 e 1986 e na Argentina em 1978. O Uruguai foi campeão do mundo em 30 e em 50, e a Argentina em 78 e 86.

A crescente participação das **mulheres** é um fenômeno recente relacionado ao futebol. Cada vez mais, as mulheres jogam futebol na América Hispânica, de forma amadora e profissional, e cada vez mais as mulheres vão ao estádio para torcer pelo seu time preferido.

No entanto, o futebol não é o único esporte que se pratica nessas terras. O **basquetebol** é muito popular. Freqüentemente, organizam-se campeonatos nacionais e internacionais nos quais as melhores equipes profissionais de basquetebol enfrentam as equipes rivais. Esse esporte também atrai multidões.

Por outro lado, o **beisebol** tem uma divulgação muito mais limitada. Praticado basicamente na América Central e nos países do Caribe, alguns dos melhores jogadores de beisebol que atuam nas ligas norte-americanas são originários de Cuba, Santo Domingo, Porto Rico e México.

A música hispano-americana

Uma outra paixão popular hispano-americana é a **música**. Desde o **tango** do Rio da Prata até a **salsa**, a **cúmbia** e o **merengue** do Caribe e América Central, a música acompanha festas e reuniões familiares. São ritmos e danças com características muito diferentes, como a **cueca**, dança popular chilena, o som cubano e a marimba guatemalteca, que identificam povos e culturas. A originalidade da música hispano-americana, que teve, em parte, influência de ritmos africanos e indígenas, atravessou as fronteiras do continente. Hoje, as pessoas escutam e dançam esses ritmos na Europa e nos Estados Unidos.

Por outro lado, a música hispano-americana tem sido permeável às tendências mundiais contemporâneas. Nesse sentido, diferentes grupos de rock e pop em espanhol têm-se sobressaído e atraído multidões desde a década de 1970.

O desenvolvimento do turismo na América Hispânica

Atualmente, o turismo é uma das indústrias mais importantes da América Hispânica, já que milhares de turistas provenientes da própria América Hispânica e de outros continentes a visitam periodicamente.

O turismo tradicional concentra-se nas praias do Caribe (México, Cuba, Porto Rico, Santo Domingo, etc.). Importantes cadeias hoteleiras oferecem serviços de nível internacional. A Argentina e o Chile, por sua vez, oferecem os famosos **centros de esqui** como Bariloche e Farellones. Esses lugares são visitados por esquiadores argentinos e chilenos, mas também por europeus e norte-americanos que desejam praticar **esportes de inverno** durante o verão no hemisfério norte.

Além disso e de maneira particular, as ruínas pré-colombianas atraem milhares de turistas todos os anos. Machu Pichu, antiga cidade sagrada dos incas, é um dos centros turísticos mais importantes do Peru. Outro centro turístico importante é o templo dos Guerreiros no México, onde se encontra Chichen Itzá, cidade maia antiga localizada no norte de Yucatán. A ilha da Páscoa, situada no oceano Pacífico, a 3.700 quilômetros da costa do Chile, é também um ponto turístico muito importante.

Também as Cataratas do Iguaçu são um espetáculo imponente que reúne pessoas de todas as partes do mundo. As Cataratas situam-se no coração da América do Sul, em uma zona limítrofe entre o Paraguai, a Argentina e o Brasil.

Os meios de comunicação na América Hispânica

Diferentes cadeias televisivas transmitem programas em espanhol para a América Hispânica durante as 24 horas do dia. Entre elas, destaca-se a **CBS Telenotícias**, considerado o principal canal informativo para o público ibero-americano. A partir de 1997, a **CNN** cria a **CNN en español** para atingir o público falante de espanhol. Os jornalistas são de origem ibero-americana e dá-se prioridade à cobertura da informação produzida na América Hispânica.

A **MTV en español** e a **Telemúsica** encarregam-se de difundir a música em espanhol, ao mesmo tempo que a **ESPN en español** e **PSN** fazem o mesmo com as transmissões esportivas. Vários canais transmitem filmes e séries dubladas ou legendadas em espanhol.

Por outro lado, a América Hispânica conta com três grandes centros editoriais: México, Argentina e Colômbia. Nesses países, publicam-se livros em espanhol que são distribuídos na América Hispânica e no resto do mundo.

Festas e feriados na América Hispânica

No dia 12 de outubro, comemora-se a chegada de Cristóvão Colombo ao então chamado Novo Mundo. É uma data que assinala o começo da expansão territorial da Espanha, além de suas fronteiras. Também assinala o começo de uma época que produziu danos incomensuráveis às culturas indígenas que viviam nesse território antes da chegada dos europeus. Essa data marca o encontro ou o choque de dois mundos que até aquele momento não se conheciam e cujos destinos foram mudados para sempre.

Em diferentes datas durante o ano, cada país hispano-americano celebra também a independência, ou seja, comemora o final de um processo através do qual esses países se tornaram independentes da Espanha. Desta forma, festeja-se a fundação das novas nações hispano-americanas.

As festas religiosas mais importantes do ano são o **Natal** e a **Páscoa**. As crianças recebem presentes na **Noite de Natal** (dia 24 de dezembro) ou mesmo no **Dia de Natal** (25 de dezembro). Seguindo a tradição espanhola, em algumas famílias, as crianças também recebem presentes no dia 6 de janeiro, o **Dia de Reis**, já que nesse dia os Reis Magos levam seus presentes ao Menino Jesus.

A noite de 31 de dezembro ou de **Final de Ano** é festejada, freqüentemente, com champanhe. Em muitos países hispanos, costuma-se comer uma uva a cada uma das doze badaladas do relógio.

Por influência da cultura norte-americana, nas últimas décadas começou-se a festejar, em outubro, o **Dia das Bruxas** (Halloween). No entanto, muitos países conseguiram também manter suas tradições. O México, por exemplo, cultua seus mortos no dia 2 de novembro, o **Dia dos Mortos**.

GRAMÁTICA ESPANHOLA

Os substantivos

Em espanhol, os substantivos podem ser masculinos ou femininos. Muitos substantivos masculinos terminam em **o** e muitos substantivos femininos terminam em **a**. Os substantivos masculinos podem combinar-se com o artigo **el**, com o artigo **un** ou com adjetivos terminados em **o**. Os substantivos femininos são usados com o artigo **la**, com o artigo **una** e com adjetivos terminados em **a**.

cuaderno	▸	**el cuaderno nuevo**	(masculino)
lapicera	▸	**la lapicera roja**	(feminino)

Em espanhol, todos os substantivos terminados em **aje** são masculinos. Também existem substantivos, com significados muito similares, que são masculinos em espanhol, mas femininos em português e vice-versa.

Espanhol	**Português**
Masculino	Feminino
el garaje	a garagem
el lenguaje	a linguagem
el aparato	a aparelhagem
el árbol	a árvore
el color	a cor
el dolor	a dor
el equipo	a equipe

Espanhol	**Português**
Feminino	Masculino
la leche	o leite
la Navidad	o Natal
la nariz	o nariz
la risa	o riso
la sal	o sal
la sangre	o sangue
la sonrisa	o sorriso

Alguns dias da semana são femininos em português, mas masculinos em espanhol. Ver dias da semana no capítulo **Idioma em ação**.

Os substantivos podem estar no **singular** (um) ou no **plural** (mais de um). A maioria dos substantivos plurais forma-se acrescentando um **s** à sua forma singular:

libro	▸	libros	globo	▸	globos
regla	▸	reglas	ananá	▸	ananás
niño	▸	niños			

Os substantivos que terminam em consoante formam o plural acrescentando-se **es**:

árbol	▸	árboles	ratón	▸	ratones
cartel	▸	carteles	cárcel	▸	cárceles
reloj	▸	relojes			

Alguns substantivos são iguais no singular e no plural. Em número, eles se diferenciam pelo artigo ou o adjetivo que os acompanha:

la crisis	►	las crisis
el análisis	►	los análisis
el atlas geográfico	►	los atlas geográficos

Como em português, alguns substantivos possuem formas diferentes para o masculino e o feminino:

caballo	►	yegua	actor	►	actriz
príncipe	►	princesa	rey	►	reina

Acentuação

De acordo com a sílaba tônica, as palavras são classificadas e acentuadas da seguinte forma:

Palavras agudas

a última sílaba é tônica	►	São acentuadas as palavras terminadas em **vogal**, **n**, **s**.	Exemplos: sof**á**, caf**é**, aqu**í**, ingl**é**s, alem**á**n.

Palavras graves ou **llanas**

a penúltima sílaba é tônica	►	São acentuadas as palavras terminadas em **consoante** (excetuando-se **n** e **s**).	Exemplos: vol**á**til, in**ú**til, inm**ó**vel, d**ó**lar, l**á**piz.

Palavras esdrújulas

a antepenúltima sílaba é tônica	►	Todas as palavras **esdrújulas** são acentuadas.	Exemplos: m**á**gico, esdr**ú**julas, c**é**lebre.

Uso do acento diferencial

Há algumas palavras em espanhol que não obedecem às regras gerais e que têm acento apenas para não gerar confusão com outra que se escreve da mesma forma. Nesse caso, o acento se chama tilde diacrítica.

aún (advérbio) = ainda	≠	**aun** (conjunção) = até mesmo; inclusive
dé (verbo dar)	≠	**de** (preposição)
él (pronome pessoal reto 3ª pes. sing.)	≠	**el** (artigo masculino singular)
más (advérbio) = mais	≠	**mas** (conjunção) = mas
mí (pronome oblíquo 1ª pes. sing.)	≠	**mi** (pronome possessivo)
sé (verbos ser ou saber)	≠	**se** (pronome reflexivo/oblíquo 3ª pes. sing./ pl.)
sí (afirmação)	≠	**si** (condicional)
sólo (advérbio) = somente	≠	**solo**(a) (adj.) = sozinho
té (subs.) = chá	≠	**te** (pronome oblíquo 2ª pes. sing.)
tú (pronome pessoal reto 2ª pes. sing.)	≠	**tu** (pronome possessivo)

Os artigos

O artigo em espanhol pode ser indefinido (**un**, **una**, etc.) ou definido (**el**, **la**, etc.). Existem quatro formas para o artigo indefinido e cinco formas para o artigo definido. Os artigos mudam de acordo com o gênero (masculino, feminino ou neutro) e o número (singular – um – ou plural – mais de um).

Definidos

Masculino	► **el / los**	Exemplos: **el** hombre, **los** hombres
Feminino	► **la / las**	Exemplos: **la** mujer, **las** mujeres

Indefinidos

Masculino	► **un / unos**	Exemplos: **un** hombre, **unos** hombres
Feminino	► **una / unas**	Exemplos: **una** mujer, **unas** mujeres
Neutro	► **lo**	Exemplos: **lo** bueno

Por razões ligadas à história da língua espanhola, em alguns casos, utiliza-se o artigo **el** com valor feminino. Isso ocorre quando se trata de substantivos femininos que começam com as sílabas **a** ou **ha** tônicas.

el águila **el hambre** **el agua** **el hada** **el área** **el habla**

O artigo **lo** não combina com substantivos, e sim com adjetivos ou com construções adjetivas.

Português		**Espanhol**
o livro	lo libro (incorreto)	el libro
o homem	lo hombre (incorreto)	el hombre

▲ O artigo o em português é usado nos casos em que em espanhol se usaria **el** e também quando em espanhol se usaria **lo**.

Espanhol: Prefiero lo natural a lo artificial.
Português: Prefiro o natural ao artificial.

Espanhol: Lo más importante es que seas feliz.
Português: O mais importante é que você seja feliz.

Espanhol: Entre el frío y el calor, prefiro el primero.
Português: Entre o frio e o calor, prefiro o primeiro.

O artigo **el** somente se combina em uma só palavra com as preposições **a** e **de**. Quando o artigo **el** une-se à preposição **de** ou à preposição **a** formam-se **del** e **al**. Não existem outros tipos de contrações em espanhol.

Voy al cine.	**Voy a la playa.**
Vengo del teatro.	**Vengo de la plaza.**

Os adjetivos

A maioria dos adjetivos distinguem o feminino do masculino pela terminação: **a** para o primeiro e **o** para o segundo.

un perro lind**o**	una gata lind**a**
el reloj antigu**o**	la ciudad antigu**a**
los elefantes enferm**os**	las jirafas enferm**as**

Alguns adjetivos não mudam sua forma, por exemplo, **verde, cortés, útil, especial, hipócrita, israelí, feliz, infeliz, gris, triste, torpe, atroz, azul, cruel, joven, virgen, árabe.**

No plural, os adjetivos têm as mesmas terminações que os substantivos. Adiciona-se um **s** depois da vogal não acentuada e **es** depois da vogal acentuada ou consoante:

rojo	►	rojo**s**	inteligente	►	inteligent**es**
cursi	►	cursi**s**	fácil	►	fácil**es**
portugués	►	portugue**ses**			

A gradação

Para comparar, as seguintes formas são usadas em espanhol:

más	...	que	menos	...	que
igual de	...	que	tan	...	como

Es **más** inteligente **que** su hermana.
Es **menos** trabajador **que** su compañera.
Es **igual de** lindo **que** el otro cuaderno.
Es **tan** maravilloso **como** me habían dicho.

O espanhol mantém as formas comparativas latinas em alguns adjetivos:

mejor	más bueno (incorrecto)
peor	más malo (incorrecto)
mayor	más grande (correcto)
menor	más pequeño (correcto)

Apócope

Alguns adjetivos são contraídos quando posicionados antes do substantivo; isso se chama apócope:

bueno	▸	buen	Este es un buen vino.
malo	▸	mal	Esa niña tiene mal aspecto.
grande	▸	gran	Esa película me provocó una gran emoción.

O superlativo

Para formar o superlativo, as seguintes formas são usadas:

el más • la más • los más • las más
el menos • la menos • los menos • las menos

Sofia es la **más** linda de las niñas.
Juan es el **menos** indicado para hacer ese trabajo.

Uma outra forma usada para intensificar ocorre por meio da terminação **ísimo/a(s)**:

Luciana es tiern**ísima.** • Los gatitos son pequeñ**ísimos.**

Os pronomes

Pronomes são aquelas palavras que têm a capacidade de apontar para outra parte do texto ou da conversação ou, também, para elementos que se encontram fora deles. Quando se usam os pronomes para referir-se às **pessoas gramaticais**, esses pronomes são chamados de pronomes pessoais. As pessoas gramaticais são três: quem fala/falante (a primeira, **1ª**); o interlocutor do falante (a segunda, **2ª**) e a que designa qualquer outro elemento que não faça parte da conversação (a terceira, **3ª**).

Pronomes pessoais

Como ocorre com outras palavras, os pronomes pessoais podem ter diferentes funções dentro de uma frase. Tanto em espanhol quanto em português, um pronome pessoal pode ser sujeito, objeto direto ou indireto ou ser introduzido por uma preposição.

Os pronomes pessoais mudam sua forma de acordo com a função que desempenham na frase.

Sujeito *Objeto direto*

Los alumnos estaban viendo un documental.

El profesor lo interrumpió para comunicarles que ellos estaban dispensados del resto de las clases.

Objeto direto *Objeto indireto*

Os pronomes permitem que a pessoa que escuta ou lê possa entender quando se continua falando da mesma entidade ou pessoa, sem que seja necessário repetir todo o tempo sua denominação. Vejamos como soa estranho o texto anterior sem pronomes:

Los alumnos estaban viendo un documental. El profesor interrumpió el documental para comunicar a los alumnos que los alumnos estaban dispensados del resto de las clases.

Pronomes pessoais retos

São aqueles que normalmente são o sujeito da oração. Em espanhol, são chamados pronombres sujeto.

singular	1ª pessoa	►	yo
	2ª pessoa	►	tú (não formal)
	3ª pessoa	►	él - ella - usted (formal)
plural	1ª pessoa	►	nosotros nosotras
	2ª pessoa	►	vosotros vosotras
	3ª pessoa	►	ellos ellas usted

Os pronomes não são usados da mesma maneira por todos os falantes de espanhol. Na América, por exemplo, não se usa **vosotros** como se usa na maior parte da Espanha. Por outro lado, em alguns lugares da América, em boa parte da Argentina, Uruguai e em algumas regiões do Chile, México e América Central usa-se a forma **vos** para falar a uma pessoa com a qual temos familiaridade.

Quadro contrastivo do uso das formas de tratamento em espanhol e em português

	Brasil	**Espanha**	**América Latina em geral**	**Argentina, Uruguai e países que usam o "vos"**
Não formal	você	tú	tú	vos
	vocês	vosotros	ustedes	ustedes
Formal	o senhor / a senhora	usted	usted	usted
	os senhores / as senhoras	ustedes	ustedes	ustedes

As formas de tratamento **usted** e **ustedes** são usadas com o verbo na 3ª pessoa do singular e plural, respectivamente.

Pronomes oblíquos

São os que funcionam como objeto direto e indireto. Os átonos não são usados com preposição. Os tônicos vêm sempre após uma preposição.

Formas átonas

	objeto direto	**objeto indireto**
yo	me	me
tú	te	te
él / ella	lo / la	le (se)
nosotros(as)	nos	nos
vosotros(as)	os	os
elles / ellas	los / las	les (se)

Formas tônicas

yo	mí	conmigo
tú	ti	contigo
él / ella	él / ella / usted/ sí	consigo – con él/ ella/ usted
nosotros(as)	nosotros(as)	con nosotros(as)
vosotros(as)	vosotros(as)	con vosotros(as)
elles / ellas	ellos(as) / ustedes/ sí	consigo – con ellos(as)/ ustedes

Formas reflexivas

yo	me
tú	te
él / ella	se
nosotros(as)	nos
vosotros(as)	os
elles / ellas	se

Le ou **les** transformam-se em **se**, quando aparecem junto com **lo, la, los** ou **las**.

Les pregunté a los niños qué querían comer.
Se lo pregunté (correto)
Lo lo pregunté (incorreto)

▲ Diferentemente do português, é obrigatório em espanhol que apareçam as formas de objeto direto e indireto mesmo que subentendidas no contexto. Por outro lado, as formas de sujeito (**yo, tú, vos, él,** etc.) não são tão necessárias, pois estão marcadas na terminação do verbo.

– ¿Le diste el regalo a María?
– Sí, se lo di. (correto)

– ¿Le diste el regalo a Mariana?
– Sí, di. (incorreto)

Em espanhol, **la gente** significa conjunto de pessoas e não pode ser usado com o sentido de **yo** ou **nosotros** como ocorre em português com a expressão **a gente**. Quando em espanhol queremos colocar um sujeito incluindo a primeira pessoa, sem mencioná-la explicitamente, usa-se a forma **uno** ou **nosotros**.

Observe que em espanhol **a)** pode ser equivalente a **b)** mas não equivalente a **c)**:

a) La gente va a la playa en verano

= b) Las personas van a la playa en verano
≠ c) Yo voy a la playa en verano o nosotros vamos a la playa en verano

Em espanhol, os pronomes são colocados quase sempre antes do verbo (próclise). Eles somente são colocados depois do verbo (ênclise) quando este se apresenta no infinitivo, no gerúndio ou no imperativo.

Me avisaron que llegó el libro que había pedido. Voy a comprarlo.
Esta máquina funciona mal, estoy llevándomela para arreglarla.
Regalásela; es una buena idea.

▲ Em espanhol, não há colocação mesoclítica para os pronomes.

Me dijo que comprar-lo-ía (incorreto)

Os verbos reflexivos como **levantarse, peinarse, preocuparse, avergonzarse,** utilizam a forma **se** nas formas de terceira pessoa (**él, ella, ellos, ellas**) ou de tratamento formal ou de cortesia (**usted, ustedes**).

usted se levanta • él se levanta • ella se levanta • ustedes se levantan • ellos se levantan • ellas se levantan

Os pronomes possessivos

Os pronomes que transmitem a idéia de relação entre o objeto referido pelo substantivo e uma pessoa do discurso chamam-se possessivos e, na verdade, freqüentemente indicam posse.

	singular		**plural**	
yo	mi	mío/a	mis	míos/as
tú, vos	tu	tuyo/a	tus	tuyo/as
nosotros	nuestro/a		nuestros/as	
vosotros	vuestro/a*		vuestros/as	
usted, ustedes, él, ella, ellos, ellas	su	suyo/a	sus	suyos/as

* Embora a forma **vosotros** não seja usada na América Hispânica, ela se conserva nos possessivos em muitos países. Ex. Como ustedes pueden ver en vuestras (sus) pantallas.

As duas séries de possessivos que existem dependem, em seu uso, do lugar que ocupam em relação ao substantivo. As formas **mi**, **tu**, etc. são colocadas sempre antes do substantivo: Su pantallón es lindo. As formas **mío**, **tuyo**, etc. vêm depois do substantivo: Este pantalón es suyo.

▲ É possível combinar os pronomes colocados depois do substantivo (mío, suyo, tuyo, etc.) com o artigo, mas não os pronomes colocados antes do substantivo, como ocorre em português.

El regalo **mío** se perdió. (correto)
Me encanta **mi** niña. (correto)
Me encanta la mi niña. (incorreto)

Os pronomes demonstrativos

Quando se marca a situação de algo com respeito a uma pessoa, usam-se os **pronomes demonstrativos**, que funcionam quase como um dedo indicador que aponta.

masculino		**feminino**		**neutro**
singular	**plural**	**singular**	**plural**	
este	estes	esta	estas	esto
ese	esos	esa	esas	eso
aquel	aquellos	aquella	aquellas	aquello

▲ Em espanhol, há uma distinção clara entre **ese auto** e **este auto**. Ao dizer **ese auto**, o supomos longe no tempo, no espaço ou na conversação, independentemente de se tratar ou não de algo anteriormente especificado.

As preposições

As preposições atualmente usadas em espanhol são: **a • ante • bajo • con • contra • de • desde • en • entre • hacia • hasta • para • por • sin • sobre • tras.**

a ► Veo **a** Juan jugando al fútbol.
Ayer le di el regalo **a** Jorge.
Me invitaron **a** bailar.
El año pasado viajamos **a** Brasil.
Mañana voy **a** cortarme el pelo.

A + EL = AL Los niños fueron **al** estadio.

ante ► Tuvieron que declarar **ante** la justicia.

bajo ► Encontré la tijera **bajo** la alfombra.
Está **bajo** sospecha.

con ► Salió **con** sus padres.
Anda **con** el pelo despeinado.
Comieron pan **con** manteca.

contra ► El cuadro está apoyado **contra** la mesa.
Brasil juega mañana **contra** Uruguay.

de ► un vaso **de** vidrio • una botella **de** agua
un plato **de** carne • un libro **de** arte
Ellos fueron a la casa **de** mis padres.
Nicolás viene **de** San Pablo.
Martín no sale **de** su casa.
Sus actitudes muestran el poder de la razón.

DE+ EL = DEL Ignacio viene **del** parque.

desde ► Lo sospeché **desde** el principio.
Desde ahora las cosas van a cambiar.

en ► Siempre viajan a Río de Janeiro **en** verano.
Disfruta quedándose **en** casa.
Se toma todo **en** broma.
Habla muy bien **en** español.
Anda **en** zapatillas.

andar / ir / viajar ► **en** barco, **en** avión, **en** ómnibus, **en** tren, **en** bicicleta

entre ► Esto es algo **entre** ella y él.
Está **entre** la iglesia y la farmacia.
Hicieron ese trabajo **entre** los tres.

hacia ► Van **hacia** el árbol.
Esa ventana da **hacia** la playa.

hasta ► Sofía va a ir **hasta** el supermercado sola.
Luciana ordenó **hasta** dejar todo impecable.
Decidió no volver **hasta** el otro día.

para ► Trajo un vestido **para** la muñeca.
Hay que trabajar **para** vivir.
Necesitas un martillo **para** poner ese cuadro.

por ► Me encanta hablar **por** teléfono.
Me voy de vacaciones **por** un mes.
El hombre pasa **por** la puerta de mi casa todas las mañanas.
El acto no se hizo **por** falta de público.
Los invitados están **por** llegar.

sin ► Vino **sin** su perro.
Anda **sin** apuro.
Caminan siempre **sin** zapatos por la playa.

sobre ► Pone el livro **sobre** el escritorio.
Se dedica a escribir **sobre** historia.
Montevideo está **sobre** el Río de la Plata.

tras ► El detective está **tras** los pasos del asesino.
No hay sustancia **tras** su discurso.

Os advérbios

Alguns advérbios de tempo:
ahora • antes • después • tarde • luego • ayer • ya • jamás • siempre

Alguns advérbios de lugar:
aquí • cerca • lejos • fuera • allí

Alguns advérbios de modo:
así • bien • mal • lentamente

Alguns advérbios de quantidade:
tanto • mucho • demasiado • casi

Alguns advérbios de afirmação:
sí • también • asimismo

Alguns advérbios de negação:
no • tampoco

Alguns advérbios de dúvida:
quizás • tal vez • posiblemente

Para formar advérbios a partir de adjetivos, adiciona-se a terminação **mente** ao singular da forma feminina do adjetivo, se houver:

lindo	►	linda**mente**	tranquila	►	tranquila**mente**
decidido	►	decidida**mente**	fácil	►	fácil**mente**
inteligente	►	inteligente**mente**	voraz	►	voraz**mente**
anterior	►	anterior**mente**			

Quando a forma do adjetivo leva acento gráfico, esse acento é mantido ao formar o advérbio:

ágil	►	**ágilmente**
fácil	►	**fácilmente**
inútil	►	**inútilmente**

Os verbos

Em espanhol há três conjugações, que se caracterizam pelas terminações dos verbos no infinitivo:

1ª conjugação: **ar** (cantar, hablar, contar, empezar)
2ª conjugação: **er** (beber, vender, entender, volver)
3ª conjugação: **ir** (partir, subir, adquirir)

A conjugação regular

1. Formas impessoais

Infinitivo

am-ar	part-ir	tem-er

Gerundio

am-ando	part-iendo	tem-iendo

Particípio

am-ado	part-ido	tem-ido

▲ Em espanhol, não existe a possibilidade de flexionar o infinitivo:
cantarmos (incorreto)
salirem (incorreto)

2. Formas pessoais simples

Modo indicativo

Presente

yo	am-o	tem-o	part-o
tú	am-as	tem-es	part-es
vos*	am-ás	tem-és	partí-s
él /ella /usted	am-a	tem-e	part-e
nosotros	am-amos	tem-emos	part-imos
vosotros	am-ais	tem-éis	part-ís
ellos/ellas/ustedes	am-an	tem-en	part-en

* Em muitas partes da América, usa-se a forma **vos** para dirigir-se a um interlocutor com o qual se tem familiaridade.

Pretérito perfecto simples

yo	am-é	tem-í	part-í
tú /vos	am-aste	tem-iste	part-iste
él /ella /usted	am-ó	tem-ió	part-ió
nosotros	am-amos	tem-imos	part-imos
vosotros	am-asteis	tem-isteis	part-isteis
ello/ellas/ustedes	am-aron	tem-ieron	part-ieron

Pretérito imperfecto

yo	am-aba	tem-ía	part-ía
tú /vos	am-abas	tem-ías	part-ías
él /ella /usted	am-aba	tem-ía	part-ía
nosotros	am-ábamos	tem-íamos	part-íamos
vosotros	am-abais	tem-íais	part-íais
ellos/ellas/ustedes	am-aban	tem-ían	part-ían

É necessário considerar que a forma do imperfeito do espanhol é com **b** e não com **v** e que a terminação **ía** leva sempre acento agudo.

Futuro (futuro do presente)

yo	am-aré	tem-erá	part-iré
tú /vos	am-arás	tem-erás	part-irás
él /ella /usted	am-ará	tem-erá	part-irá
nosotros	am-aremos	tem-eremos	part-iremos
vosotros	am-aréis	tem-eréis	part-iréis
ellos/ellas/ustedes	am-arán	tem-erán	parti-rán

Para expressar o futuro em espanhol, usa-se com muito mais freqüência a forma **ir + a + infinitivo** do que o futuro simples. **Voy a cantar** é mais comum que **cantaré**.

Condicional (futuro do pretérito)

yo	am-aría	tem-ería	part-iría
tú /vos	am-arías	tem-erías	part-irías
él /ella /usted	am-aría	tem-ería	part-iría
nosotros	am-aríamos	tem-eríamos	part-iríamos
vosotros	am-aríais	tem-eríais	part-iríais
ellos/ellas/ustedes	am-arían	tem-erían	part-irían

Modo subjuntivo

Presente

yo	am-e	tem-a	part-a
tú/vos	am-es	tem-as	part-as
él/ella/usted	am-e	tem-a	part-a
nosotros	am-emos	tem-amos	part-amos
vosotros	am-éis	tem-áis	part-áis
ello/ellas/ustedes	am-en	tem-an	part-an

Pretérito imperfecto

yo	am-ara/am-ase	tem-iera/tem-iese	part-iera/part-iese
tú/vos	am-aras/am-ases	tem-ieras/tem-ieses	part-ieras/part-ieses
él/ella/usted	am-ara/am-ase	tem-iera/tem-iese	part-iera/part-iese
nosotros	am-áramos/am-ásemos	tem-iéramos/tem-iésemos	part-iéramos/part-iésemos
vosotros	am-arais/ am-aseis	tem-ierais/tem-ieseis	part-ierais/part-ieseis
ellos/ellas/ustedes	am-aran/am-asen	tem-ieran/tem-iesen	part-ieran/part-iesen

Em espanhol, as formas **cantase** e **cantara** são sinônimas, embora esta última seja usada com muito mais freqüência em todo o âmbito hispanofalante. A forma **cantara** não tem significado de pretérito mais-que-perfeito do indicativo como em português. Para poder expressar o que em português expressa-se com **cantara** em espanhol, usa-se a forma composta: había cantado.

Português: **cantara** = Espanhol: **había cantado**

Futuro

yo	am-are	tem-iere	part-iere
tú/vos	am-ares	tem-ieres	part-iere
él/ella/usted	am-are	tem-iere	part-iere
nosotros	am-áremos	tem-iéremos	part-iéremos
vosotros	am-areis	tem-iereis	part-iereis
ellos/ellas/ustedes	am-aren	tem-ieren	parti-ieren

Em espanhol, não se usa o futuro do subjuntivo, a não ser em textos legais ou antigos.

3. Formas pessoais compostas

Todas as formas auxiliares formam-se com o verbo **haber** no tempo correspondente, mais o particípio. **Tener**, o equivalente em muitos contextos do português a ter, tem outro significado e não se usa para formar a conjugação composta regular.

Modo indicativo

Pretérito perfecto compuesto

yo	he amado
tú/vos	has amado
él/ella/usted	ha amado
nosotros	hemos amado
vosotros	habéis amado
ellos/ellas/ustedes	han amado

Pretérito pluscuamperfecto

yo	había amado
tú /vos	habías amado
él /ella /usted	había amado
nosotros	habíamos amado
vosotros	habíais amado
ellos/ellas/ustedes	habían amado

Pretérito anterior

É uma forma pouco utilizada em espanhol coloquial.

yo	hube amado
tú /vos	hubiste amado
él /ella /usted	hubo amado
nosotros	hubimos amado
vosotros	hubisteis amado
ellos/ellas/ustedes	hubieron amado

Futuro perfecto

yo	habré amado
tú /vos	habrás amado
él /ella /usted	habrá amado
nosotros	habremos amado
vosotros	habréis amado
ellos/ellas/ustedes	habrán amado

Condicional perfecto

yo	habría amado
tú /vos	habrías amado
él /ella /usted	habría amado
nosotros	habríamos amado
ellos/ellas/ustedes	habrían amado

Modo subjuntivo

Pretérito perfecto compuesto

yo	haya amado
tú /vos	hayas amado
él /ella /usted	haya amado
nosotros	hayamos amado
vosotros	hayáis amado
ellos/ellas/ustedes	hayan amado

Pretérito pluscuamperfecto

yo	hubiera / hubiese amado
tú /vos	hubieras / hubieses amado
él /ella /usted	hubiera / hubiese amado
nosotros	hubiéramos / hubiésemos amado
vosotros	hubierais / hubieseis amado
ellos/ellas/ustedes	hubieran / hubiesen amado

Futuro perfecto

yo	hubiere amado
tú /vos	hubieres amado
él /ella /usted	hubiere amado
nosotros	hubiéremos amado
vosotros	hubiereis amado
ellos/ellas/ustedes	hubieren amado

Modo imperativo

(tú)	ama	teme	parte
(vos)	amá	temé	partí
(usted)	ame	tema	parta
(ustedes)	amen	teman	partan

Conjugações verbais

Aqui estão apresentados 47 verbos freqüentes na língua Espanhola e conjugados em todos os tempos e pessoas. Eles também servem de modelo para a conjugação de outros verbos.

FORMAS NO PERSONALES				INDICATIVO		
IFINITIVO		PARTICÍPIO	GERUNDIO	PRESENTE	PRETÉRITO PERFECTO SIMPLES	PRETÉRITO IMPERFECTO
haber	yo	habido	habiendo	he	hube	había
	tú/ vos			has	hubiste	habías
	él/ ella/ usted			ha	hubo	había
	nosotros			hemos	hubimos	habíamos
	vosotros			habéis	hubisteis	habíais
	ellos/ellas/ustede			han	hubieron	habían
ser	yo	sido	siendo	soy	fui	era
	tú/ vos			eres/sos	fuiste	eras
	él/ ella/ usted			es	fue	era
	nosotros			somos	fuimos	éramos
	vosotros			sois	fuisteis	erais
	ellos/ellas/ustede			son	fueron	eran
acertar	yo	acertado	acertando	acierto	acerté	acertaba
	tú/ vos			aciertas/acertás	acertaste	acertabas
	él/ ella/ usted			acierta	acertó	acertaba
	nosotros			acertamos	acertamos	acertábamos
	vosotros			acertáis	acertasteis	acertabais
	ellos/ellas/ustede			aciertan	acertaron	acertaban
andar	yo	andado	andando	ando	anduve	andaba
	tú/ vos			andas/andás	anduviste	andabas
	él/ ella/ usted			anda	anduvo	andaba
	nosotros			andamos	anduvimos	andábamos
	vosotros			andáis	anduvisteis	andabais
	ellos/ellas/ustede			andan	anduvieron	andaban
caber	yo	cabido	cabiendo	quepo	cupe	cabía
	tú/ vos			cabes/cabés	cupiste	cabías
	él/ ella/ usted			cabe	cupo	cabía
	nosotros			cabemos	cupimos	cabíamos
	vosotros			cabéis	cupisteis	cabiáis
	ellos/ellas/ustede			caben	cupieron	cabían

INDICATIVO		SUBJUNTIVO		IMPERATIVO
FUTURO	CONDICIONAL	PRESENTE SUBJUNTIVO	PRETÉRITO IMPERFECTO	IMPERATIVO
habré	habría	haya	hubiera o hubiese	—
habrás	habrías	hayas	hubieras o hubieses	he
habrá	habría	haya	hubiera o hubiese	haya
habremos	habríamos	hayamos	hubiéramos o hubiésemos	hayamos
habréis	habríais	hayáis	hubierais o hubieseis	habed
habrán	habrían	hayan	hubieran o hubiesen	hayan
seré	sería	sea	fuera o fuese	—
serás	serías	seas	fueras o fueses	sé
será	sería	sea	fuera o fuese	sea
seremos	seríamos	seamos	fuéramos o fuésemos	seamos
seréis	seríais	seáis	fuerais o fueseis	sed
serán	serian	sean	fueran o fuesen	sean
acertaré	acertaría	acierte	acertara o acertase	—
acertarás	acertarías	aciertes	acertaras o acertases	acierta
acertará	acertaría	acierte	acertara o acertase	acierte
acertaremos	acertaríamos	acertemos	acertáramos o acertásemos	acertemos
acertaréis	acertaríais	acertéis	acertarais o acertaseis	acertad
acertarán	acertarían	acierten	acertaran o acertasen	acierten
andaré	andaría	ande	anduviera o anduviese	—
andarás	andarías	andes	anduvieras o anduvieses	anda
andará	andaría	ande	anduviera o anduviese	ande
andaremos	andaríamos	andemos	anduviéramos o anduviésemos	andemos
andaréis	andaríais	andéis	anduvierais o anduvieseis	andad
andarán	andarían	anden	anduvieran o anduviesen	anden
cabré	cabría	quepa	cupiera o cupiese	—
cabrás	cabrías	quepas	cupieras o cupieses	cabe
cabrá	cabría	quepa	cupiera o cupiese	quepa
cabremos	cabríamos	quepamos	cupiéramos o cupiésemos	quepamos
cabréis	cabríais	quepáis	cupierais o cupieseis	cabed
cabrán	cabrían	quepan	cupieran o cupiesen	quepan

FORMAS NO PERSONALES				INDICATIVO		
IFINITIVO		PARTICÍPIO	GERUNDIO	PRESENTE	PRETÉRITO PERFECTO SIMPLES	PRETÉRITO IMPERFECTO
caer	yo	caído	cayendo	caigo	caí	caía
	tú/ vos			caes/caés	caíste	caías
	él/ ella/ usted			cae	cayó	caía
	nosotros			caemos	caímos	caíamos
	vosotros			caéis	caístes	caíais
	ellos/ellas/ustede			caen	cayeron	caían
cazar	yo	cazado	cazando	cazo	cacé	cazaba
	tú/ vos			cazas/cazás	cazaste	cazabas
	él/ ella/ usted			caza	cazó	cazaba
	nosotros			cazamos	cazamos	cazábamos
	vosotros			cazáis	cazasteis	cazabais
	ellos/ellas/ustede			cazan	cazaron	cazaban
cocer	yo	cocido	cociendo	cuezo	cocí	cocía
	tú/ vos			cueces/cocés	cociste	cocías
	él/ ella/ usted			cuece	coció	cocía
	nosotros			cocemos	cocimos	cocíamos
	vosotros			cocéis	cocisteis	cocíais
	ellos/ellas/ustede			cuecen	cocieron	cocían
colgar	yo	colgar	colgando	cuelgo	colgué	colgaba
	tú/ vos			cuelgas/colgás	colgaste	colgabas
	él/ ella/ usted			cuelga	colgó	colgaba
	nosotros			colgamos	colgamos	colgábamos
	vosotros			colgáis	colgasteis	colgabais
	ellos/ellas/ustede			cuelgan	colgaron	colgaban
comenzar	yo	comenzado	comenzando	comienzo	comencé	comenzaba
	tú/ vos			comienzas/ comenzás	comenzaste	comenzabas
	él/ ella/ usted			comienza	comenzó	comenzaba
	nosotros			comenzamos	comenzamos	comenzábamos
	vosotros			comenzáis	comenzasteis	comenzabais
	ellos/ellas/ustede			comienzan	comenzaron	comenzaban
conducir	yo	conducido	conduciendo	conduzco	conduje	conducía
	tú/ vos			conduces	condujiste	conducías
	él/ ella/ usted			conduce	condujo	conducía
	nosotros			conducimos	condujimos	conducíamos
	vosotros			conducís	condujisteis	conducíais
	ellos/ellas/ustede			conducen	condujeron	conducían

INDICATIVO		SUBJUNTIVO		IMPERATIVO
FUTURO	CONDICIONAL	PRESENTE SUBJUNTIVO	PRETÉRITO IMPERFECTO	IMPERATIVO
caeré	caería	caiga	cayera o cayese	—
caerás	caerías	caigas	cayeras o cayeses	cae
caerá	caería	caiga	cayera o cayese	caiga
caeremos	caeríamos	caigamos	cayéramos o cayésemos	caigamos
caeréis	caeríais	caigáis	cayerais o cayeseis	caed
caerán	caerían	caigan	cayeran o cayesen	caigan
cazaré	cazaría	cace	cazara o cazase	—
cazarás	cazarías	caces	cazaras o cazases	caza
cazará	cazaría	cace	cazara o cazase	cace
cazaremos	cazaríamos	cacemos	cazáramos o cazásemos	cacemos
cazaréis	cazaríais	cacéis	cazarais o cazaseis	cazad
cazarán	cazarían	cacen	cazaran o cazasen	cacen
coceré	cocería	cueza	cociera o cociese	—
cocerás	cocerías	cuezas	cocieras o cocieses	cuece
cocerá	cocería	cueza	cociera o cociese	cueza
coceremos	coceríamos	cozamos	cociéramos o cociésemos	cozamos
coceréis	coceríais	cozáis	cocierais o cocieseis	coced
cocerán	cocerían	cuezan	cocieran o cociesen	cuezan
colgaré	colgaría	cuelgue	colgara o colgase	—
colgarás	colgarías	cuelgues	colgaras o colgases	cuelga
colgará	colgaría	cuelgue	colgara o colgase	cuelgue
colgaremos	colgaríamos	colguemos	colgáramos o colgásemos	colguemos
colgaréis	colgaríais	colguéis	colgarais o colgaseis	colgad
colgarán	colgarían	cuelguen	colgaran o colgasen	cuelguen
comenzaré	comenzaría	comience	comenzara o comenzase	—
comenzarás	comenzarías	comiences	comenzaras o comenzases	comienza
comenzará	comenzaría	comience	comenzara o comenzase	comience
comenzaremos	comenzaríamos	comencemos	comenzáramos o comenzásemos	comencemos
comenzáreis	comenzaríais	comencéis	comenzarais o comenzaseis	comenzad
comenzarán	comenzarían	comiencen	comenzaran o comenzasen	comiencen
conduciré	conduciría	conduzca	condujera o condujese	—
conducirás	conducirías	conduzcas	condujeras o condujeses	conduce
conducirá	conduciría	conduzca	condujera o condujese	conduzca
conduciremos	conduciríamos	conduzcamos	condujéramos o condujésemos	conduzcamos
conduciréis	conduciríais	conduzcáis	condujerais o condujeseis	conducid
conducirán	conducirían	conduzcan	condujeran o condujesen	conduzcan

FORMAS NO PERSONALES				INDICATIVO		
IFINITIVO		PARTICÍPIO	GERUNDIO	PRESENTE	PRETÉRITO PERFECTO SIMPLES	PRETÉRITO IMPERFECTO
conocer	yo	conocido	conociendo	conozco	conocí	conocía
	tú/ vos			conoces/conocés	conociste	conocías
	él/ ella/ usted			conoce	conoció	conocía
	nosotros			conocemos	conocimos	conocíamos
	vosotros			conocéis	conocisteis	conocíais
	ellos/ellas/ustede			conocen	conocieron	conocían
dar	yo	dado	dando	doy	dí	daba
	tú/ vos			das	diste	dabas
	él/ ella/ usted			da	dio	daba
	nosotros			damos	dimos	dábamos
	vosotros			dais	disteis	dabais
	ellos/ellas/ustede			dan	dieron	daban
decir	yo	dicho	diciendo	digo	dije	decía
	tú/ vos			dices/decís	dijiste	decías
	él/ ella/ usted			dice	dijo	decía
	nosotros			decimos	dijimos	decíamos
	vosotros			decís	djisteis	decíais
	ellos/ellas/ustede			dicen	dijeron	decían
dirigir	yo	dirigido	dirigiendo	dirijo	dirigí	dirigía
	tú/ vos			diriges/dirigís	dirigiste	dirigías
	él/ ella/ usted			dirige	dirigió	dirigía
	nosotros			dirigimos	dirigimos	dirigíamos
	vosotros			dirigís	dirigisteis	dirigíais
	ellos/ellas/ustede			dirigen	dirigieron	dirigían
dormir	yo	dormido	durmiendo	duermo	dormí	dormía
	tú/ vos			duermes/dormís	dormiste	dormías
	él/ ella/ usted			duerme	durmió	dormía
	nosotros			dormimos	dormimos	dormíamos
	vosotros			dormís	dormistes	dormíais
	ellos/ellas/ustede			duermen	durmieron	dormían
entender	yo	entendido	entendiendo	entiendo	entendí	entendía
	tú/ vos			entiendes/ entendés	entendiste	entendías
	él/ ella/ usted			entiende	entendió	entendía
	nosotros			entendemos	entendimos	entendíamos
	vosotros			entendéis	entendistes	entendíais
	ellos/ellas/ustede			entienden	entendieron	entendían

INDICATIVO		SUBJUNTIVO		IMPERATIVO
FUTURO	CONDICIONAL	PRESENTE SUBJUNTIVO	PRETÉRITO IMPERFECTO	IMPERATIVO
conoceré	conocería	conozca	conociera o conociese	—
conocerás	conocerías	conozcas	conocieras o conocieses	conoce
conocerá	conocería	conozca	conociera o conociese	conozca
conoceremos	conoceríamos	conozcamos	conociéramos o conociésemos	conozcamos
conoceréis	conoceríais	conozcáis	conocierais o conocieseis	conoced
conocerán	conocerían	conozcan	conocieran o conociesen	conozcan
daré	daría	dé	diera o diese	—
darás	darías	des	dieras o dieses	dá
dará	daría	dé	diera o diese	dé
daremos	daríamos	demos	diéramos o diésemos	demos
daréis	daríais	deis	dierais o dieseis	dad
darán	darían	den	dieran o diesen	den
diré	diría	diga	dijera o dijese	—
dirás	dirías	digas	dijeras o dijeses	di
dirá	diría	diga	dijera o dijese	diga
diremos	diríamos	digamos	dijéramos o dijésemos	digamos
diréis	diríais	digáis	dijerais o dijeseis	decid
dirán	dirían	digan	dijeran o dijesen	digan
dirigiré	dirigiría	dirija	dirigiera o dirigiese	—
dirigirás	dirigirías	dirijas	dirigieras o dirigieses	dirige
dirigirá	dirigiría	dirija	dirigiera o dirigiese	dirija
dirigiremos	dirigiríamos	dirijamos	dirigiéramos o dirigiésemos	dirijamos
dirigiréis	dirigiríais	dirijáis	dirigierais o dirigieseis	dirigid
dirigirán	dirigirían	dirijan	dirigieran o dirigiesen	dirijan
dormiré	dormiría	duerma	durmiera o durmiese	—
dormirás	dormirías	duermas	durmieras o durmieses	duerme
dormirá	dormiría	duerma	durmiera o durmiese	duerma
dormiremos	dormiríamos	durmamos	durmiéramos o durmiésemos	durmamos
dormiréis	dormiríais	durmáis	durmierais o durmieseis	dormid
dormirán	dormirían	duerman	durmieran o durmiesen	duerman
entenderé	entendería	entienda	entendiera o entendiese	—
entenderás	entenderías	entiendas	entendieras o entendieses	entiende
entenderá	entendería	entienda	entendiera o entendiese	entienda
entenderemos	entenderíamos	entendamos	entendiéramos o entendiésemos	entendamos
entenderéis	entenderíais	entendáis	entendierais o entendieseis	entended
entenderán	entenderían	entiendan	entendieran o entendiesen	entiendan

FORMAS NO PERSONALES				INDICATIVO		
IFINITIVO		PARTICÍPIO	GERUNDIO	PRESENTE	PRETÉRITO PERFECTO SIMPLES	PRETÉRITO IMPERFECTO
estar	yo	estado	estando	estoy	estuve	estaba
	tú/ vos			estás	estuviste	estabas
	él/ ella/ usted			está	estuvo	estaba
	nosotros			estamos	estuvimos	estábamos
	vosotros			estáis	estuvisteis	estabais
	ellos/ellas/ustede			están	estuvieron	estaban
hacer	yo	hecho	haciendo	hago	hice	hacía
	tú/ vos			haces/hacés	hiciste	hacías
	él/ ella/ usted			hace	hizo	hacía
	nosotros			hacemos	hicimos	hacíamos
	vosotros			hacéis	hicisteis	hacíais
	ellos/ellas/ustede			hacen	hicieron	hacían
huir	yo	huido	huyendo	huyo	huí	huía
	tú/ vos			huyes/huís	huiste	huías
	él/ ella/ usted			huye	huyó	huía
	nosotros			huimos	huimos	huíamos
	vosotros			huís	huisteis	huíais
	ellos/ellas/ustede			huyen	huyeron	huían
ir	yo	ido	yendo	voy	fui	iba
	tú/ vos			vas	fuiste	ibas
	él/ ella/ usted			va	fue	iba
	nosotros			vamos	fuimos	íbamos
	vosotros			vais	fuisteis	ibais
	ellos/ellas/ustede			van	fueron	iban
jugar	yo	jugado	jugando	juego	jugué	jugaba
	tú/ vos			juegas/jugás	jugaste	jugabas
	él/ ella/ usted			juega	jugó	jugaba
	nosotros			jugamos	jugamos	jugábamos
	vosotros			jugáis	jugasteis	jugabais
	ellos/ellas/ustede			juegan	jugaron	jugaban
leer	yo	leído	leyendo	leo	leí	leía
	tú/ vos			lees/leés	leíste	leías
	él/ ella/ usted			lee	leyó	leía
	nosotros			leemos	leímos	leíamos
	vosotros			leéis	leísteis	leíais
	ellos/ellas/ustede			leen	leyeron	leían

INDICATIVO		SUBJUNTIVO		IMPERATIVO
FUTURO	CONDICIONAL	PRESENTE SUBJUNTIVO	PRETÉRITO IMPERFECTO	IMPERATIVO
estaré	estaría	esté	estuviera o estuviese	—
estarás	estarías	estés	estuvieras o estuvieses	está
estará	estaría	esté	estuviera o estuviese	esté
estaremos	estaríamos	estemos	estuviéramos o estuviésemos	estemos
estaréis	estaríais	estéis	estuvierais o estuvieseis	estad
estarán	estarían	estén	estuvieran o estuviesen	estén
haré	haría	haga	hiciera o hiciese	—
harás	harías	hagas	hicieras o hicieses	haz
hará	haría	haga	hiciera o hiciese	haga
haremos	haríamos	hagamos	hiciéramos o hiciésemos	hagamos
haréis	haríais	hagáis	hicierais o hicieseis	haced
harán	harían	hagan	hicieran o hiciesen	hagan
huiré	huiría	huya	huyera o huyese	—
huirás	huirías	huyas	huyeras o huyeses	huye
huirá	huiría	huya	huyera o huyese	huya
huiremos	huiríamos	huyamos	huyéramos o huyésemos	huyamos
huiréis	huiríais	huyáis	huyerais o huyeseis	huid
huirán	huirían	huyan	huyeran o huyesen	huyan
iré	iría	vaya	fuera o fuese	—
irás	irías	vayas	fueras o fueses	ve
irá	iría	vaya	fuera o fuese	vaya
iremos	iríamos	vayamos	fuéramos o fuésemos	vayamos
iréis	iríais	vayáis	fuerais o fueseis	id
irán	irían	vayan	fueran o fuesen	vayan
jugaré	jugaría	juegue	jugara o jugase	—
jugarás	jugarías	juegues	jugaras o jugases	juega
jugará	jugaría	juegue	jugara o jugase	juegue
jugaremos	jugaríamos	juguemos	jugáramos o jugásemos	juguemos
jugaréis	jugaríais	juguéis	jugarais o jugaseis	jugad
jugarán	jugarían	jueguen	jugaran o jugasen	jueguen
leeré	leería	lea	leyera o leyese	—
leerás	leerías	leas	leyeras o leyeses	lee
leeré	leería	lea	leyera o leyese	lea
leeremos	leeríamos	leamos	leyéramos o leyésemos	leamos
leeréis	leeríais	leáis	leyerais o leyeseis	leed
leerán	leerían	lean	leyeran o leyesen	lean

FORMAS NO PERSONALES				INDICATIVO		
IFINITIVO		PARTICÍPIO	GERUNDIO	PRESENTE	PRETÉRITO PERFECTO SIMPLES	PRETÉRITO IMPERFECTO
llegar	yo	llegado	llegando	llego	llegué	llegaba
	tú/ vos			llegas/llegás	llegaste	llegabas
	él/ ella/ usted			llega	llegó	llegaba
	nosotros			llegamos	llegamos	llegábamos
	vosotros			llegáis	llegasteis	llegabais
	ellos/ellas/ustede			llegan	llegaron	llegaban
mover	yo	movido	moviendo	muevo	moví	movía
	tú/ vos			mueves/movés	moviste	movías
	él/ ella/ usted			mueve	movió	movía
	nosotros			movemos	movimos	movíamos
	vosotros			movéis	movisteis	movíais
	ellos/ellas/ustede			mueven	movieron	movían
nacer	yo	nacido	naciendo	nazco	nací	nacía
	tú/ vos			naces/nacés	naciste	nacías
	él/ ella/ usted			nace	nació	nacía
	nosotros			nacemos	nacimos	nacíamos
	vosotros			nacéis	nacisteis	nacíais
	ellos/ellas/ustede			nacen	nacieron	nacían
negar	yo	negado	negando	niego	negué	negaba
	tú/ vos			niegas/negás	negaste	negabas
	él/ ella/ usted			niega	negó	negaba
	nosotros			negamos	negamos	negábamos
	vosotros			negáis	negasteis	negabais
	ellos/ellas/ustede			niegan	negaron	negaban
oír	yo	oído	oyendo	oigo	oí	oía
	tú/ vos			oyes/oís	oíste	oías
	él/ ella/ usted			oye	oyó	oía
	nosotros			oímos	oímos	oíamos
	vosotros			oís	oísteis	oíais
	ellos/ellas/ustede			oyen	oyeron	oían
oler	yo	olido	oliendo	huelo	olí	olía
	tú/ vos			hueles/olés	oliste	olías
	él/ ella/ usted			huele	olió	olía
	nosotros			olemos	olimos	olíamos
	vosotros			oléis	olisteis	olíais
	ellos/ellas/ustede			huelen	olieron	olían

INDICATIVO		SUBJUNTIVO		IMPERATIVO
FUTURO	CONDICIONAL	PRESENTE SUBJUNTIVO	PRETÉRITO IMPERFECTO	IMPERATIVO
llegaré	llegaría	llegue	llegara o llegase	—
llegarás	llegarías	llegues	llegaras o llegases	llega
llegará	llegaría	llegue	llegara o llegase	llegue
llegaremos	llegaríamos	lleguemos	llegáramos o llegásemos	lleguemos
llegaréis	llegaríais	lleguéis	llegarais o llegaseis	llegad
llegarán	llegarían	lleguen	llegaran o llegasen	lleguen
moveré	movería	mueva	moviera o moviese	—
moverás	moverías	muevas	movieras o movieses	mueve
moverá	movería	mueva	moviera o moviese	mueva
moveremos	moveríamos	movamos	moviéramos o moviésemos	movamos
moveréis	moveríais	mováis	movierais o movieseis	moved
moverán	moverían	muevan	movieran o moviesen	muevan
naceré	nacería	nazca	naciera o naciese	—
nacerás	nacerías	nazcas	nacieras o nacieses	nace
nacerá	nacería	nazca	naciera o naciese	nazca
naceremos	naceríamos	nazcamos	naciéramos o naciésemos	nazcamos
naceréis	naceríais	nazcáis	nacierais o nacieseis	naced
nacerán	nacerían	nazcan	nacieran o naciesen	nazcan
negaré	negaría	niegue	negara o negase	—
negarás	negarías	niegues	negaras o negases	niega
negará	negaría	niegue	negara o negase	niegue
negaremos	negaríamos	neguemos	negáramos o negásemos	neguemos
negaréis	negaríais	neguéis	negarais o negaseis	negad
negarán	negarían	nieguen	negaran o negasen	nieguen
oiré	oiría	oiga	oyera o oyese	—
oirás	oirías	oigas	oyeras o oyeses	oye
oirá	oiría	oiga	oyera o oyese	oiga
oiremos	oiríamos	oigamos	oyéramos o oyésemos	oigamos
oiréis	oiríais	oigáis	oyerais o oyeseis	oíd
oirán	oirían	oigan	oyeran o oyesen	oigan
oleré	olería	huela	oliera o oliese	—
olerás	olerías	huelas	olieras o olieses	huele
olerá	olería	huela	oliera o oliese	huela
oleremos	oleríamos	olamos	oliéramos o oliésemos	olamos
oleréis	oleríais	oláis	olierais o olieseis	oled
olerán	olerían	huelan	olieran o oliesen	huelan

FORMAS NO PERSONALES				INDICATIVO		
IFINITIVO		PARTICÍPIO	GERUNDIO	PRESENTE	PRETÉRITO PERFECTO SIMPLES	PRETÉRITO IMPERFECTO
parecer	yo	parecido	pareciendo	parezco	parecí	parecía
	tú/ vos			pareces/parecés	pareciste	parecías
	él/ ella/ usted			parece	pareció	parecía
	nosotros			parecemos	parecimos	parecíamos
	vosotros			parecéis	parecisteis	parecíais
	ellos/ellas/ustede			parecen	parecieron	parecían
pedir	yo	pedido	pidiendo	pido	pedí	pedía
	tú/ vos			pides/pedís	pediste	pedías
	él/ ella/ usted			pide	pidió	pedía
	nosotros			pedimos	pedimos	pedíamos
	vosotros			pedís	pedisteis	pedíais
	ellos/ellas/ustede			piden	pidieron	pedían
poder	yo	podido	pudiendo	puedo	pude	podía
	tú/ vos			puedes/podés	pudiste	podías
	él/ ella/ usted			puede	pudo	podía
	nosotros			podemos	pudimos	podíamos
	vosotros			podéis	pudisteis	podíais
	ellos/ellas/ustede			pueden	pudieron	podían
poner	yo	puesto	poniendo	pongo	puse	ponía
	tú/ vos			pones/ponés	pusiste	ponías
	él/ ella/ usted			pone	puso	ponía
	nosotros			ponemos	pusimos	poníamos
	vosotros			ponéis	pusisteis	poníais
	ellos/ellas/ustede			ponen	pusieron	ponían
predecir	yo	predicho	prediciendo	predigo	predije	predecía
	tú/ vos			predices/predecís	predijiste	predecías
	él/ ella/ usted			predice	predijo	predecía
	nosotros			predecimos	predijimos	predecíamos
	vosotros			predecís	predjisteis	predecíais
	ellos/ellas/ustede			predicen	predijeron	predecían
proteger	yo	protegido	protegiendo	protejo	protegí	protegía
	tú/ vos			proteges/protegés	protegiste	protegías
	él/ ella/ usted			protege	protegió	protegía
	nosotros			protegemos	protegimos	protegíamos
	vosotros			protegéis	protegisteis	protegíais
	ellos/ellas/ustede			protegen	protegieron	protegían

INDICATIVO		SUBJUNTIVO		IMPERATIVO
FUTURO	CONDICIONAL	PRESENTE SUBJUNTIVO	PRETÉRITO IMPERFECTO	IMPERATIVO
pareceré	parecería	parezca	pareciera o pareciese	—
parecerás	parecerías	parezcas	parecieras o parecieses	parece
parecerá	parecería	parezca	pareciera o pareciese	parezca
pareceremos	pareceríamos	parezcamos	pareciéramos o pareciésemos	parezcamos
pareceréis	pareceríais	parezcáis	parecierais o parecieseis	pareced
parecerán	parecerían	parezcan	parecieran o pareciesen	parezcan
pediré	pediría	pida	pidiera o pidiese	—
pedirás	pedirías	pidas	pidieras o pidieses	pide
pedirá	pediría	pida	pidiera o pidiese	pida
pediremos	pediríamos	pidamos	pidiéramos o pidiésemos	pidamos
pediréis	pediríais	pidáis	pidierais o pidieseis	pedid
pedirán	pedirían	pidan	pidieran o pidiesen	pidan
podré	podría	pueda	pudiera o pudiese	—
podrás	podrías	puedas	pudieras o pudieses	puede
podrá	podría	pueda	pudiera o pudiese	pueda
podremos	podríamos	podamos	pudiéramos o pudiésemos	podamos
podréis	podríais	podáis	pudierais o pudieseis	poded
podrán	podrían	puedan	pudieran o pudiesen	puedan
pondré	pondría	ponga	pusiera o pusiese	—
pondrás	pondrías	pongas	pusieras o pusieses	pon
pondrá	pondría	ponga	pusiera o pusiese	ponga
pondremos	pondríamos	pongamos	pusiéramos o pusiésemos	pongamos
pondréis	pondríais	pongáis	pusierais o pusieseis	poned
pondrán	pondrían	pongan	pusieran o pusiesen	pongan
prediré	prediría	prediga	predijera o predijese	—
predirás	predirías	predigas	predijeras o predijeses	predice
predirá	prediría	prediga	predijera o predijese	prediga
prediremos	prediríamos	predigamos	predijéramos o predijésemos	predigamos
prediréis	prediríais	predigáis	predijerais o predijeseis	predecid
predirán	predirían	predigan	predijeran o predijesen	predigan
protegeré	protegería	proteja	protegieria o protegiese	—
protegerás	protegerías	protejas	protegierias o protegieses	protege
protegerá	protegería	proteja	protegieria o protegiese	proteja
protegeremos	protegeríamos	protejamos	protegiéramos o protegiésemos	protejamos
protegeréis	protegeríais	protejáis	protegieriais o protegieseis	proteged
protegerán	protegerían	protejan	protegierian o protegiesen	protejan

FORMAS NO PERSONALES				INDICATIVO		
IFINITIVO		PARTICÍPIO	GERUNDIO	PRESENTE	PRETÉRITO PERFECTO SIMPLES	PRETÉRITO IMPERFECTO
querer	yo	querido	queriendo	quiero	quise	quería
	tú/ vos			quieres/querés	quisiste	querías
	él/ ella/ usted			quiere	quiso	quería
	nosotros			queremos	quisimos	queríamos
	vosotros			queréis	quisisteis	queríais
	ellos/ellas/ustede			quieren	quisieron	querían
reír	yo	reído	riendo	río	reí	reía
	tú/ vos			ríes/reís	reíste	reías
	él/ ella/ usted			ríe	rió	reía
	nosotros			reímos	reímos	reíamos
	vosotros			reís	reísteis	reíais
	ellos/ellas/ustede			ríen	rieron	reían
saber	yo	sabido	sabiendo	sé	supe	sabía
	tú/ vos			sabes/sabés	supiste	sabías
	él/ ella/ usted			sabe	supo	sabía
	nosotros			sabemos	supimos	sabíamos
	vosotros			sabéis	supisteis	sabíais
	ellos/ellas/ustede			saben	supieron	sabían
sacar	yo	sacado	sacando	saco	saqué	sacaba
	tú/ vos			sacas/sacás	sacaste	sacabas
	él/ ella/ usted			saca	sacó	sacaba
	nosotros			sacamos	sacamos	sacábamos
	vosotros			sacáis	sacasteis	sacabais
	ellos/ellas/ustede			sacan	sacaron	sacaban
salir	yo	salido	saliendo	salgo	salí	salía
	tú/ vos			sales/salís	saliste	salías
	él/ ella/ usted			sale	salió	salía
	nosotros			salimos	salimos	salíamos
	vosotros			salís	salisteis	salíais
	ellos/ellas/ustede			salen	salieron	salían
seguir	yo	seguido	siguiendo	sigo	seguí	seguía
	tú/ vos			sigues/seguís	seguiste	seguías
	él/ ella/ usted			sigue	siguió	seguía
	nosotros			seguimos	seguimos	seguíamos
	vosotros			seguís	seguisteis	seguíais
	ellos/ellas/ustede			siguen	siguieron	seguían

INDICATIVO		SUBJUNTIVO		IMPERATIVO
FUTURO	CONDICIONAL	PRESENTE SUBJUNTIVO	PRETÉRITO IMPERFECTO	IMPERATIVO
querré	querría	quiera	quisiera o quisiese	—
querrás	querrías	quieras	quisieras o quisieses	quiere
querrá	querría	quiera	quisiera o quisiese	quiera
querremos	querríamos	queramos	quisiéramos o quisiésemos	queramos
querréis	querríais	queráis	quisierais o quisieseis	quered
querrán	querrían	quieran	quisieran o quisiesen	quieran
reiré	reiría	ría	riera o riese	—
reirás	reirías	rías	rieras o rieses	ríe
reirá	reiría	ría	riera o riese	ría
reiremos	reiríamos	riamos	riéramos o riésemos	riamos
reiréis	reiríais	riais	rierais o rieseis	reíd
reirán	reirían	rían	rieran o riesen	rían
sabré	sabría	sepa	supiera o supiese	—
sabrás	sabrías	sepas	supieras o supieses	sabe
sabrá	sabría	sepa	supiera o supiese	sepa
sabremos	sabríamos	sepamos	supiéramos o supiésemos	sepamos
sabréis	sabríais	sepáis	supierais o supieseis	sabed
sabrán	sabrían	sepan	supieran o supiesen	sepan
sacaré	sacaría	saque	sacara o sacase	—
sacarás	sacarías	saques	sacaras o sacases	saca
sacará	sacaría	saque	sacara o sacase	saque
sacaremos	sacaríamos	saquemos	sacáramos o sacásemos	saquemos
sacaréis	sacaríais	saquéis	sacarais o sacaseis	sacad
sacarán	sacarían	saquen	sacaran o sacasen	saquen
saldré	saldría	salga	saliera o saliese	—
saldrás	saldrías	salgas	salieras o salieses	sal
saldrá	saldría	salga	saliera o saliese	salga
saldremos	saldríamos	salgamos	saliéramos o saliésemos	salgamos
saldréis	saldríais	salgáis	salierais o salieseis	salid
saldrán	saldrían	salgan	salieran o saliesen	salgan
seguiré	seguiría	siga	siguiera o siguiese	—
seguirás	seguirías	sigas	siguieras o siguieses	sigue
seguirá	seguiría	siga	siguiera o siguiese	siga
seguiremos	seguiríamos	sigamos	siguiéramos o siguiésemos	sigamos
seguiréis	seguiríais	sigáis	siguierais o siguieseis	seguid
seguirán	seguirían	sigan	siguieran o siguiesen	sigan

FORMAS NO PERSONALES				**INDICATIVO**		
IFINITIVO		PARTICÍPIO	GERUNDIO	PRESENTE	PRETÉRITO PERFECTO SIMPLES	PRETÉRITO IMPERFECTO
sentir	yo	sentido	sintiendo	siento	sentí	sentía
	tú/ vos			sientes/sentís	sentiste	sentías
	él/ ella/ usted			siente	sintió	sentía
	nosotros			sentimos	sentimos	sentíamos
	vosotros			sentís	sentisteis	sentíais
	ellos/ellas/ustede			sienten	sintieron	sentían
tener	yo	tenido	teniendo	tengo	tuve	tenía
	tú/ vos			tienes/tenés	tuviste	tenías
	él/ ella/ usted			tiene	tuvo	tenía
	nosotros			tenemos	tuvimos	teníamos
	vosotros			tenéis	tuvisteis	teníais
	ellos/ellas/ustede			tienen	tuvieron	tenían
traer	yo	traído	trayendo	traigo	traje	traía
	tú/ vos			traes/traés	trajiste	traías
	él/ ella/ usted			trae	trajo	traía
	nosotros			traemos	trajimos	traíamos
	vosotros			traéis	trajisteis	traíais
	ellos/ellas/ustede			traen	trajeron	traían
valer	yo	valido	valiendo	valgo	valí	valía
	tú/ vos			vales/valés	valiste	valías
	él/ ella/ usted			vale	valió	valía
	nosotros			valemos	valimos	valíamos
	vosotros			valéis	valisteis	valíais
	ellos/ellas/ustede			valen	valieron	valían
venir	yo	venido	viniendo	vengo	vine	venía
	tú/ vos			vienes/venís	viniste	venías
	él/ ella/ usted			viene	vino	venía
	nosotros			venimos	vinimos	veníamos
	vosotros			venís	vinisteis	veníais
	ellos/ellas/ustede			vienen	vinieron	venían
ver	yo	visto	viendo	veo	vi	veía
	tú/ vos			ves	viste	veías
	él/ ella/ usted			ve	vio	veía
	nosotros			vemos	vimos	veíamos
	vosotros			veís	visteis	veíais
	ellos/ellas/ustede			ven	vieron	veían

INDICATIVO		SUBJUNTIVO		IMPERATIVO
FUTURO	CONDICIONAL	PRESENTE SUBJUNTIVO	PRETÉRITO IMPERFECTO	IMPERATIVO
sentiré	sentiría	sienta	sintiera o sintiese	—
sentirás	sentirías	sientas	sintieras o sintieses	siente
sentirá	sentiría	sienta	sintiera o sintiese	sienta
sentiremos	sentiríamos	sintamos	sintiéramos o sintiésemos	sintamos
sentiréis	sentiríais	sintáis	sintierais o sintieseis	sentid
sentirán	sentirían	sientan	sintieran o sintiesen	sientam
tendré	tendría	tenga	tuviera o tuviese	—
tendrás	tendrías	tengas	tuvieras o tuvieses	ten
tendrá	tendría	tenga	tuviera o tuviese	tenga
tendremos	tendríamos	tengamos	tuviéramos o tuviésemos	tengamos
tendréis	tendríais	tengáis	tuvierais o tuvieseis	tened
tendrán	tendrían	tengan	tuvieran o tuviesen	tengan
traeré	traería	traiga	trajera o trajese	—
traerás	traerías	traigas	trajeras o trajeses	trae
traerá	traería	traiga	trajera o trajese	traiga
traeremos	traeríamos	traigamos	trajéramos o trajésemos	traigamos
traeréis	traeríais	traigáis	trajerais o trajeseis	traed
traerán	traerían	traigan	trajeran o trajesen	traigan
valdré	valdría	valga	valiera o valiese	—
valdrás	valdrías	valgas	valieras o valieses	vale
valdrá	valdría	valga	valiera o valiese	valga
valdremos	valdríamos	valgamos	valiéramos o valiésemos	valgamos
valdréis	valdríais	valgáis	valierais o valieseis	valed
valdrán	valdrían	valgan	valieran o valiesen	valgan
vendré	vendría	venga	viniera o viniese	—
vendrás	vendrías	vengas	vinieras o vinieses	ven
vendrá	vendría	venga	viniera o viniese	venga
vendremos	vendríamos	vengamos	viniéramos o viniésemos	vengamos
vendréis	vendríais	vengáis	vinierais o vinieseis	venid
vendrán	vendrían	vengan	vinieran o viniesen	vengan
veré	vería	vea	viera o viese	—
verás	verías	veas	vieras o vieses	ve
verá	vería	vea	viera o viese	vea
veremos	veríamos	veamos	viéramos o viésemos	veamos
veréis	veríais	veáis	vierais o vieseis	ved
verán	verían	vean	vieran o viesen	vean

Falsos amigos

acordar ≠ acordar
Las secretarias *acordaron* la entrevista
► As secretárias *combinaram* a entrevista.

Os meninos *acordaram* às sete.
► Los niños se *despertaron* a las siete.

acreditar ≠ acreditar
El banco *acreditó* el dinero em mi cuenta de ahorros.
► O banco *creditou* o dinheiro na minha conta poupança.

Não *acredito* no que está acontecendo.
► No *creo* lo que está sucediendo.

aniversario ≠ aniversário
La semana próxima se festeja el *aniversario* de la ciudad; hace 150 años que se fundó.
► Na semana que vem se festeja o *aniversário* da cidade, faz 150 anos que ela foi fundada.

Amanhã é o *aniversário* de Paula.
► El *cumpleaños* de Paula es manãna.

apellido ≠ apelido
El *apellido* de mis primos es González.
► O *sobrenome* dos meus primos é González.

O *apelido* de Edson Arantes do Nascimento é Pelé.
► El *apodo* de Edson Arantes do Nascimento es Pelé.

aspas ≠ aspas
Las *aspas* producen el movimiento de la rueda de los molinos.
► As *pás* produzem o movimento da roda dos moinhos.

As citações de autores devem ser escritas entre *aspas*.
► Las citas de los autores deben escribir-se entre *comillas*.

aula ≠ aula
En esta escuela hay diez *aulas* pequeñas y una biblioteca.
► Nesta escola há dez *salas* de aulas pequenas e uma biblioteca.

Gosto muito da *aula* de espanhol.
► Me gusta mucho la *clase* de español.

balón ≠ balão
La forma del *balón* de fútbal es muy diferente a la de del rugby.
► A forma da *bola* de futebol é muito diferente da de rúgbi.

Há muitos *balões* de diferentes cores na festa.
► Hay muchos *globos* de diferentes colores en la fiesta.

basura ≠ vassoura
Este lugar está muy mugriento: hay *basura* por todos lados.
► Este lugar está muito sujo, há *lixo* por todos os lados.

Preciso de uma *vassoura* para varrer.
► Necesito de una *escoba* para barrer.

bolsa ≠ bolsa
Ana siempre guarda las *bolsas* de plástico del supermercado.
► Ana sempre guarda as *sacolas* de plástico do supermercado.

Alguém roubou a *bolsa* de Maria.
► Alguén robó la *cartera* de María.

borracha ≠ borracha
Verónica tomó demasiado; está totalmente *borracha*.
► Verônica bebeu demais; está totalmente *bêbada*.

A menina sempre perde sua *borracha* de apagar.
► La niña siempre pierde su *goma* de borrar.

cadera ≠ cadeira
Doña Tota se fracturó la *cadera* al caerse en la calle.
► Dona Tota quebrou o *quadril* ao cair na rua.

Há quatro *cadeiras* na sala.
► Hay cuatro *sillas* en el living.

cartera ≠ carteira
Alguien robó la *cartera* de María.
► Alguém roubou a *bolsa* de Maria.

Ele perdeu a *carteira* de estudante.
► Él perdió el *carnet* de estudiante.

copa ≠ copa
Álvaro prefiere almorzar con una *copa* de vino.
► No almoço, Álvaro prefere beber uma *taça* de vinho.

Costumamos almoçar na *copa*.
► Solemos comer en el *office*.

engrasado ≠ engraçado
El piso del garaje está *engrasado* a causa del aceite de los autos.
► O piso da garagem está *engordurado* por causa do óleo dos carros.

Pedro é muito *engraçado*, sempre faz todos rirem.
► Pedro es muy *gracioso*; siempre hace reír a todos.

escoba ≠ escova
Necesito una *escoba* para barrer el suelo.
► Preciso de uma *vassoura* para varrer o chão.

Achei minha *escova* de dentes.
► Encontré mi *cepillo* de dientes.

exquisito ≠ esquisito
Esta comida está muy sabrosa; es realmente *exquisita*. ► Esta comida está muito saborosa, é realmente *deliciosa*.

Não gosto deste lugar, há algo *esquisito*.
► No me gusta este lugar; hay algo *estranho*.

feria ≠ feira
Grabriela compra la fruta y la verdura en la *feria*.
► Gabriela compra frutas e verdura na *feira*.

Às segundas-*feiras* trabalho na cidade.
► Los dias lunes trabajo en la ciudad.

jornal ≠ jornal
Este trabajo no es muy bueno; el *jornal* es muy bajo.
► Este trabalho não é muito bom; o *salário por dia* é muito baixo.

Todos os dias leio o *jornal*.
► Todos los días leo el *periódico*.

largo ≠ largo
El camino hasta mi casa es muy *largo*.
► O caminho até minha casa é muito *longo*.

Essa rodovia é muito *larga*, tem seis pistas.
► Esa autopista es muy *ancha*, tiene seis carriles.

mala ≠ mala
Jorge es una *mala* persona; no es de fiar.
► Jorge é uma *má* pessoa, não é de confiança.

Estou viajando com uma *mala* grande.
► Estoy viajando con una *valija* grande.

más ≠ más
Este pantalón sale *más* caro de lo que pensé.
► Esta calça sai *mais* caro do que pensei.

São pessoas *más*, tenha cuidado com elas.
► Son *malas* personas; cuidate de ellas.

mozo ≠ moço
El *mozo* del restaurante nos atendió correctamente.
► O *garçom* do restaurante nos atendeu educadamente.

Quando era *moço*, jogava futebol todos os dias.
► Cuando era *joven*, jugaba el fútbal todos los días.

padre ≠ padre
Juan es el *padre* de mi hijo.
► Juan é o *pai* do meu filho.

O senhor é o novo *padre* da igreja?
► ¿Usted es el nuevo *padre* de la iglesia?

pasta ≠ pasta
Me encanta comer *pasta* los domingos.
► Adoro comer *massa* aos domingos.

Ele guardou seus documentos em uma *pasta*?
► ¿Guardó sus documentos en una *carpeta*?

prejuicio ≠ prejuízo
Antonio tiene muchos *prejuicios* contra los indígenas.
► Antônio tem muitos *preconceitos* contra os indígenas.

Ele teve muitos *prejuízos* com a enchente.
► Tuvo muchos *perjuicios* con la inundación.

procurar ≠ procurar
Ellos *procuraban* olvidar el pasado.
► Eles *tentavam* esquecer o passado.

Tânia *procurava* Márcia.
► Tánia *buscaba* a Márcia.

rubio ≠ ruivo
El bebé es *rubio*; tiene el pelo del color del trigo.
► O bebê é *loiro*; tem o cabelo da cor do trigo.

Ela é a *ruiva* da turma, eu gosto de seu cabelo vermelho.
► Ella es la *pelirroja* de la clase, me gusta su cabello rojo.

salsa ≠ salsa
La abuela cocina *salsas* con muchos ingredientes.
► A vovó cozinha *molhos* com muitos ingredientes.

Maria usou *salsa* para temperar o frango.
► María uso *perejil* para condimentar el pollo.

sede ≠ sede
Montevideo es la *sede* administrativa del Mercosur. ► Montevidéu é a *sede* administrativa do Mercosul.

Os meninos têm muita *sede* depois de jogar bola.
► Los niños tienen mucha *sed* después de jugar la pelota.

sobrenombre ≠ sobrenome
Me llamo Roberto pero mi *sobrenombre* es Tito.
► Meu nome é Roberto mas meu *apelido* é Tito.

Seu nome é Lúcia e seu ***sobrenome*** é Lopes.
► Su nombre es Lucía y su ***apellido*** es Lopes.

taza ≠ taça
La empleada sirvió el té en *tazas* de porcelana.
► A empregada serviu o chá na *xícara* de porcelana.

A vovó serviu o champanhe nas *taças* novas.
► La abuela sirvió champán en las *copas* nuevas.

vaso ≠ vaso
Compré una docena de *vasos* nuevos para tomar agua.
► Comprei uma dúzia de *copos* novos para tomar água.

Ela arrumou as flores no *vaso*.
► Ella arregló las flores en el *florero*.

vitamina ≠ vitamina
En invierno es bueno tomar *vitamina* C para no resfriarse.
► No inverno é bom tomar *vitamina* C para não se resfriar.

Minha mãe preparou uma *vitamina* de banana e maçã.
► Mamá me preparó un *licuado* de plátano y manzana.

zurdo ≠ surdo
Pedro es *zurdo*.
► Pedro é *canhoto*.

Precisamos falar alto, pois ele é um pouco *surdo*.
► Tenemos que hablar alto porque es un poco *sordo*.

Português-Espanhol
Portugués-Español

Aa

a *prep* **(a)** *(introduz um complemento indireto)* a; **dar algo a alguém** darle algo a alguien; **diga ao João para vir** dile a João que venga; **mostrar algo a alguém** mostrarle algo a alguien.
(b) *(relativo a direção)* a; **vamos ao cinema** vamos al cine; **fomos à praia** fuimos a la playa.
(c) *(relativo a posição, lugar, distância)* a; **fica na saída do teatro** queda a la salida del teatro; **é à esquerda/direita** es a la izquierda/derecha; **fica a dez quilômetros** queda a diez kilómetros.
(d) *(introduz um complemento direto)* a; **ele atirou-se a comer** se abalanzó a comer.
(e) *(relativo a quantidade, medida, preço)*: **aos centos/às dezenas** por centenares/decenas, de a centenas/decenas *Amér*; **a quanto ...?** ¿a cuánto ...?; **a quanto estão as peras?** ¿a cuánto están las peras?; **vender a metro** vender por metros ou metro *RP*.
(f) *(indica modo, maneira)* a; **feito à mão** hecho(cha) a mano; **bater à máquina** escribir a máquina; **sal a gosto** sal a su gusto.
(g) *(relativo a velocidade)* a; **ia a cem por hora** iba a cien por hora; **dirigir a 60 km/h** conducir a 60 km/h *Esp*, manejar a 60 km/h *Amér*.
(h) *(indica freqüência)*: **três vezes ao dia** tres veces al día, tres veces por día *Amér*; **estou lá às terças-feiras e quintas-feiras** estoy allí los martes y los jueves.
(i) *(introduz complemento de tempo)* a; **abertura às oito horas** abrimos a las ocho; **fica a dez minutos daqui** queda a diez minutos de aquí.
(j) *(indica série)*: **de ... a ...** de ... a ...; **a loja tem de tudo, de pregos a máquinas de lavar** la tienda tiene de todo, desde clavos hasta lavadoras.
(k) *(seguido de infinito para exprimir momento)* a; **engasgou-se ao comer** se atragantó al comer; **ao ler gagueja** tartamudea al leer.
(l) *(seguido de infinitivo indicando duas ações)* a; **saiu a cantar** salió a cantar.
(m) *(em locuções)*: **a não ser que** a no ser que.

à = a + a → a la.

aba *f (de chapéu)* ala *f*; *(corte de carne)* falda *f*.

abacate *m* aguacate *m*, palta *f Andes & RP*.

abacaxi *m* piña *f Esp, Andes, CAm & Méx*, ananá *m RP*.

abadia *f* abadía *f*.

abafado, da *adj* cargado(da).

abafar 1 *vt (ruído)* amortiguar.
2 *vi (sufocar)* sofocar.

abaixar *vt* bajar.
❑ **abaixar-se** *vp* agacharse.

abaixo *adv (para baixo)* hacia abajo; **abaixo o governo!** ¡abajo el gobierno!; **mais abaixo** más abajo; **abaixo de** *(em espaço)* debajo de; *(em hierarquia)* por debajo de.

abaixo-assinado (*pl* **abaixo-assinados**) *m* petición *f*.

abajur (*pl* **-res**) *m* lámpara *f*.

abalar *vt* **1** *(fazer estremecer)* estremecer.
2 *(comover)* conmover.

abalo *m*: **abalo (sísmico)** movimiento *m* sísmico.

abanar *vt* mover.

abandonado, da *adj* abandonado(da).

abandonar *vt* abandonar.

abandono *m (do lar)* abandono *m*; *(de cargo)* dimisión *f*; **ao abandono** sin amparo.

abarcar *vt* abarcar.

abarrotado, da *adj* abarrotado(da).

abarrotar *vt* colmar; **a abarrotar** hasta los topes.

abastecer *vt* abastecer.
❑ **abastecer-se** *vp* abastecerse.

abastecimento *m* abastecimiento *m.*

abater *vt (baixar)* rebajar; *(derrubar)* derribar; *(matar)* abatir.

abatimento *m (desconto)* descuento *m*; *(fraqueza)* desánimo *m.*

abcesso *m* absceso *m.*

abdicar *vi (de direito)* abdicar; *(de cargo)* renunciar.

abdômen *m* abdomen *m.*

abdominal (*pl* **-ais**) *adj* abdominal.
❑ **abdominais** *mpl*: **fazer abdominais** hacer abdominales.

á-bê-cê *m* abecé *m.*

abecedário *m* abecedario *m.*

abelha *f* abeja *f.*

abelhudo, da *adj* entrometido(da).

aberração (*pl* **-ões**) *f* aberración *f.*

aberto, ta *adj* abierto(ta).

abertura *f (ato de abrir)* apertura *f*; *(ranhura)* ranura *f*; MÚS obertura *f.*

abeto *m* abeto *m.*

ABI (*abrev de* **Associação Brasileira de Imprensa**) *Asociación Brasileña de Prensa.*

abismo *m* abismo *m.*

abóbada *f* bóveda *f.*

abóbora *f* calabaza *f*, zapallo *m RP.*

abobrinha *f* calabacín *m*, calabacita *f Méx*, zapallito *m CSur.*

abolir *vt* abolir.

abominar *vt* detestar.

abono *m*: **abono de família** bono *m* familiar.

abordagem (*pl* **-ns**) *f* enfoque *m.*

abordar *vt* abordar.

aborígine *mf* aborigen *mf.*

aborrecer *vt (irritar)* molestar; *(entediar)* aburrir.
❑ **aborrecer-se** *vp (irritar-se)* enfadarse, enojarse *Amér*; *(entediar-se)* aburrirse.

aborrecido, da *adj (chato)* aburrido(da); *(zangado)* enfadado(da), enojado(da) *Amér.*

aborrecimento *m (tédio)* aburrimiento *m*; *(contrariedade)* molestia *f.*

abortar *vi* abortar.

aborto *m* MED aborto *m.*

abotoar *vt* abotonar.

abraçar *vt* abrazar.
❑ **abraçar-se** *vp* abrazarse.

abraço *m* abrazo *m*; **'um abraço'** *(em carta, postal)* 'un abrazo'.

abrandar 1 *vt (dor)* calmar.
2 *vi (vento, chuva)* amainar.

abranger *vt* abarcar.

abreviação (*pl* **-ões**) *f* abreviación *f.*

abreviatura *f* abreviatura *f.*

abridor (*pl* **-res**) *m*: **abridor de garrafa** abrebotellas *m inv*; **abridor de lata** abrelatas *m inv.*

abrigar *vt* proteger.
❑ **abrigar-se** *vp* resguardarse.

abrigo *m (refúgio)* abrigo *m*; **ao abrigo de** al abrigo de.

abril *m* abril *m* → **setembro.**

abrir 1 *vt* abrir.
2 *vi (loja)* abrir; *(desabrochar)* abrirse.
3 abrir o apetite abrir el apetito; **abrir a boca** abrir la boca; **abrir mão de algo** renunciar a algo; **abrir os olhos** *fig* abrir los ojos.
❑ **abrir-se** *vp*: **abrir-se com alguém** sincerarse con alguien.

absinto *m* absenta *f.*

absolutamente *adv* absolutamente.

absoluto, ta *adj* absoluto(ta).

absolver *vt* absolver.

absorção *f* absorción *f.*

absorvente *adj* absorbente.
❑ **absorventes** *mpl*: **absorventes higiênicos** salvaeslips® *mpl Esp*, protectores diarios *mpl RP & Ven.*

absorver *vt* absorber.

abstêmio, mia *m, f* abstemio *m*, -mia *f.*

abstrato, ta *adj* abstracto(ta).

absurdo, da 1 *adj* absurdo(da).
2 *m* disparate *m.*

abundância *f* abundancia *f.*

abundante *adj* abundante.

abusado, da *adj* atrevido(da).

abusar *vi* abusar; **abusar de algo** abusar de algo; **abusar de alguém** abusar de alguien.

abuso *m (excesso de uso)* mal uso *m*; JUR abuso *m.*

a.C. (*abrev de* **antes de Cristo**) a.C.

a/c (*abrev de* **aos cuidados de**) → **a la atención de.**

acabamento *m* acabado *m.*

acabar 1 *vt* acabar.
2 *vi* acabarse.

3 acabar com algo acabar ou terminar con algo; **acabar com alguém** matar a alguien; **acabar de fazer algo** acabar de hacer algo; **acabar bem** acabar bien; **acabar por fazer algo** terminar por hacer algo.
❑ **acabar-se** *vp* acabarse ou terminarse; **acabou-se!** ¡basta!

acácia *f* acacia *f.*

academia *f* academia *f*; **academia de belas-artes** academia de Bellas Artes; **academia de ginástica** gimnasio *m.*

açafrão *m* azafrán *m.*

acalmar 1 *vt* calmar.
2 *vi (vento, dor)* calmarse.
❑ **acalmar-se** *vp* calmarse.

acampamento *m* campamento *m.*

acampar *vi* acampar.

acanhado, da *adj* retraído(da).

acanhar-se *vp* avergonzarse *Esp & RP,* apenarse *Andes, Carib & Méx.*

ação (*pl* **-ões**) *f* acción *f*; **entrar em ação** entrar en acción.

acariciar *vt* acariciar.

acaso *m* casualidad *f*; **ao acaso** al azar; **por acaso** por casualidad.

acastanhado, da *adj* castaño(ña).

acatar *vt* acatar.

aceder *vi* acceder.

aceitar *vt* aceptar.

acelerador (*pl* **-res**) *m* acelerador *m.*

acelerar 1 *vt* acelerar.
2 *vi* acelerarse.

acenar *vi* hacer señas.

acender *vt* encender, prender *Amér.*

aceno *m* gesto *m.*

acento *m* acento *m*; **acento circunflexo** acento circunflejo; **acento agudo/grave** acento agudo/grave.

acepção (*pl* **-ões**) *f* acepción *f.*

acerca: **acerca de** *prep* acerca de.

acerola *f* acerola *f.*

acertar 1 *vt (relógio)* poner en hora.
2 *vi (em alvo, em resposta)* acertar; *(com lugar)* dar.

acervo *m* colección *f.*

aceso, sa *adj (luz)* encendido(da), prendido(da) *Amér*; *(discussão)* acalorado(da).

acessível (*pl* **-eis**) *adj (local, pessoa)* accesible; *(preço)* asequible; *(livro)* disponible.

acesso *m (a local)* acceso *m*; *(de raiva, riso)* ataque *m*; **de fácil acesso** de fácil acceso.

acessório, ria 1 *adj* accesorio(ria).
2 *m* accesorio *m.*

acetona *f* acetona *f.*

achado *m (descoberta)* hallazgo *m*; *(pechincha)* ganga *f.*

achar *vt* encontrar; **achar que** pensar que; **acho que não/sim** creo que no/sí.

acidentado, da 1 *adj* accidentado(da).
2 *m (ferido)* accidentado *m.*

acidental (*pl* **-ais**) *adj* accidental.

acidentalmente *adv* accidentalmente.

acidente *m* accidente *m.*

acidez *f* acidez *f.*

ácido, da 1 *adj* ácido(da).
2 *m* ácido *m.*
3 ácido cítrico ácido cítrico; **ácido sulfúrico** ácido sulfúrico.

acima *adv* arriba; **mais acima** más arriba; **rio acima** río arriba; **rua acima** calle arriba; **acima de** *(em espaço)* encima de; *(em hierarquia)* por encima de; **acima de tudo** por encima de todo.

acionar *vt* accionar.

acionista *mf* accionista *mf.*

acne *f* acné *m.*

aço *m* acero *m*; **aço inoxidável** acero inoxidable.

acocorar-se *vr* ponerse en cuclillas.

acolhimento *m* acogida *f.*

acompanhamento *m (de evolução, situação)* seguimiento *m*; *(de prato de carne, peixe)* acompañamiento *m*; MÚS acompañamiento *m.*

acompanhante *mf* acompañante *mf.*

acompanhar *vt* acompañar; *(programa, situação)* seguir.

aconchegante *adj* acogedor(ra).

aconselhar *vt* aconsejar.
❑ **aconselhar-se** *vp* pedir consejo.

aconselhável (*pl* **-eis**) *adj* aconsejable; **pouco aconselhável** poco aconsejable.

acontecer *vi* ocurrir; **acontece que** pasa que; **aconteça o que acontecer** pase lo que pase.

acontecimento *m* acontecimiento *m.*

acordar 1 *vt* despertar.
2 *vi* despertarse.

> Não confundir *acordar (despertar)* com o espanhol *acordar*, que em português é *combinar*. (*Os meninos acordaram às sete.* Los niños se *despertaron* a las siete.)

acorde *m* acorde *m.*

acordeão (*pl* **-ões**) *m* acordeón *m*.
acordo *m* acuerdo *m*; **estar de acordo com** estar de acuerdo con; **de acordo com** de acuerdo con; **de acordo!** ¡de acuerdo!
acorrentar *vt* encadenar.
acostamento *m* arcén *m*, acotamiento *m Méx*, banquina *f RP*.
acostumado, da *adj*: **estar acostumado a algo** estar acostumbrado(da) a algo.
acostumar-se *vp* acostumbrarse.
açougue *m* carnicería *f*.
açougueiro, ra *m, f* carnicero *m*, -ra *f*.
acre *adj (sabor)* agrio (agria); *(cheiro)* penetrante.
acreditar *vi* creer; **acreditar em** creer en.

> Não confundir *acreditar (creer)* com o espanhol *acreditar*, que em português é *creditar*. (*Não acredito no que está acontecendo*. No *creo* lo que está sucediendo.)

acrescentar *vt* añadir.
acréscimo *m* incremento *m*.
acrílica *adj f* → **fibra.**
acrobata *mf* acróbata *mf*.
açúcar *m* azúcar *m*; **açúcar branco** azúcar blanco; **açúcar em cubos** terrón *m* de azúcar; **açúcar demerara** azúcar moreno; **açúcar mascavo** azúcar mascabado; **açúcar em pó** azúcar glasé ou impalpable *RP*.
açucareiro *m* azucarero *m*.
acumulação (*pl* **-ões**) *f* acumulación *f*.
acumular *vt* acumular.
acupuntura *f* acupuntura *f*.
acusação (*pl* **-ões**) *f* acusación *f*.
acusar *vt* acusar.
A.D. (*abrev de* **Anno Domini**) A.D.
adaptação (*pl* **-ões**) *f* adaptación *f*.
adaptado, da *adj* adaptado(da).
adaptador (*pl* **-res**) *m* adaptador *m*.
adaptar *vt* adaptar.
❑ **adaptar-se** *vp*: **adaptar-se a** adaptarse a.
adega *f* bodega *f*.
adepto, ta *m, f* adepto *m*, -ta *f*.
adequado, da *adj* adecuado(da).
adereço *m* decorado *m*.
aderente 1 *adj* adherente.
2 *mf fig* adepto *m*, -ta *f*.
aderir *vi lit & fig* adherirse; **aderir a algo** adherirse a algo.
adesão (*pl* **-ões**) *f fig* adhesión *f*.
adesivo, va 1 *adj* adhesivo(va).
2 *m* adhesivo *m*.
adesões → **adesão.**
adeus 1 *m* adiós *m*.
2 *interj* ¡adiós!; **dizer adeus** decir adiós.
adiamento *m* aplazamiento *m*.
adiantado, da 1 *adj (no espaço)* adelantado(da); *(no tempo)* anticipado(da).
2 *adv*: **chegar adiantado** llegar adelantado.
3 estar adiantado estar adelantado; **pagar adiantado** pagar por adelantado.
adiantar *vt & vi* adelantar; **não adianta nada!** ¡no sirve de nada!
❑ **adiantar-se** *vp* adelantarse.
adiante 1 *adv (na frente)* adelante.
2 *interj (para a frente)* ¡adelante!; **mais adiante** después.
3 passar adiante pasar por alto; **e por aí adiante** y tal, y eso.
adiar *vt* aplazar.
adição (*pl* **-ões**) *f* adición *f*.
adicionar *vt (acrescentar)* añadir; *(somar)* sumar.
adivinha *f* adivinanza *f*.
adivinhar *vt* adivinar.
adjetivo *m* adjetivo *m*.
adjunto, ta *adj & m, f* adjunto(ta).
administração *f* administración *f*.
administrador, ra (*mpl* **-res,** *fpl* **-s**) *m, f* administrador *m*, -ra *f*.
administrar *vt (empresa, remédio)* administrar; *(injeção)* poner.
admiração *f* admiración *f*.
admirador, ra (*mpl* **-res,** *fpl* **-s**) *m, f* admirador *m*, -ra *f*.
admirar *vt (contemplar)* admirar; *(espantar)* sorprender.
❑ **admirar-se** *vp* sorprenderse.
admirável (*pl* **-eis**) *adj* admirable.
admissão (*pl* **-ões**) *f* admisión *f*.
admitir *vt (deixar entrar)* admitir; *(permitir)* permitir.
adoçante *m* edulcorante *m*.
adoção (*pl* **-ões**) *f* adopción *f*.
adoçar *vt* endulzar.
adoecer *vi* enfermar.
adolescência *f* adolescencia *f*.
adolescente *mf* adolescente *mf*.
adorar *vt* adorar.
adorável (*pl* **-eis**) *adj* adorable.
adormecer 1 *vt (fazer dormir)* adormecer.

2 *vi (começar a dormir)* dormirse.
adornar *vt* adornar.
adotado, da *adj* adoptado(da).
adotar *vt* adoptar.
adquirir *vt* adquirir.
adrenalina *f* adrenalina *f.*
adulterar *vt* adulterar.
adultério *m* adulterio *m.*
adulto, ta *adj & m, f* adulto(ta).
advérbio *m* adverbio *m.*
adversário, ria *adj & m, f* adversario(ria).
advertência *f* advertencia *f.*
advogado, da *m, f* abogado *m*, -da *f.*
á-é-i-ó-u *m*: **aprender o á-é-i-ó-u** aprender las vocales.
aéreo, rea *adj* aéreo(a); *(fig: distraído)* en las nubes.
aerobarco *m* aerodeslizador *m Esp*, alíscafo *m Andes & RP.*
aerodinâmico, ca *adj* aerodinámico(ca).
aeródromo *m* aeródromo *m.*
aerograma *m* aerograma *m.*
aeromoça *f* azafata *f*, aeromoza *f Amér.*
aeromodelismo *m* aeromodelismo *m.*
aeronáutica *f* aeronáutica *f.*
aeroporto *m* aeropuerto *m.*
aerossol (*pl* **-óis**) *m* aerosol *m.*
afagar *vt* acariciar.
afastado, da *adj (parente)* lejano(na); *(lugarejo)* apartado(da).
afastar *vt (desviar)* alejar; *(apartar)* apartar.
❑ **afastar-se** *vp (desviar-se)* alejarse; *(distanciar-se)* distanciarse; **afastar-se de** alejarse de.
afável (*pl* **-eis**) *adj (pessoa)* afable; *(animal)* manso(sa).
afeição *f (afeto)* afecto *m*; *(inclinação)* simpatía *f.*
afetar *vt* afectar.
afetivo, va *adj (pessoa)* afectuoso(sa); *(carência, problema, vida)* afectivo(va).
afeto *m* afecto *m.*
afetuoso, osa *adj* afectuoso(sa).
afiado, da *adj* afilado(da).
afiar *vt* afilar.
aficionado, da *adj & m, f* aficionado(da).
afilhado, da *m, f* ahijado *m*, -da *f.*
afim (*pl* **-ns**) **1** *adj* afín.
2 *m* pariente *m* político.
afinado, da *adj (instrumento musical)* afinado(da); *(motor)* ajustado(da).
afinal *adv*: **afinal (de contas)** a fin de cuentas.
afinar *vt (instrumento musical)* afinar; *(motor)* ajustar.
afinidade *f* afinidad *f.*
afirmação (*pl* **-ões**) *f* afirmación *f.*
afirmar *vt* afirmar.
afirmativo, va *adj* afirmativo(va).
afixar *vt (cartaz, aviso)* fijar.
aflição (*pl* **-ões**) *f* aflicción *f.*
afligir *vt* afligir.
❑ **afligir-se** *vp* afligirse; **afligir-se com** afligirse por ou con.
aflorar 1 *vt (assunto, tema)* abordar.
2 *vi (emergir)* aflorar.
afluência *f (de produtos, pessoas)* afluencia *f*; *(riqueza)* abundancia *f.*
afluente 1 *m (rio)* afluente *m.*
2 *adj (pessoa)* rico(ca).
afobado, da *adj (apressado)* apresurado (da), apurado(da) *RP*; *(atrapalhado)* precipitado(da), aturullado(da) *Amér.*
afogado, da *adj & m, f* ahogado(da).
afogador (*pl* **-res**) *m* estárter *m*, toma *f* de aire *RP.*
afogamento *m* ahogo *m.*
afogar *vt* ahogar.
❑ **afogar-se** *vp* ahogarse.
afônico, ca *adj* afónico(ca).
afortunado, da *adj* afortunado(da).
afresco *m (em pintura)* fresco *m.*
afronta *f* ofensa *f.*
afrouxar *vt (velocidade)* aminorar.
afta *f* afta *f.*
afugentar *vt* ahuyentar.
afundar *vt* hundir.
❑ **afundar-se** *vp* hundirse.
agachar-se *vp* agacharse.
agarrar 1 *vt* agarrar.
2 *vi* pegarse.
❑ **agarrar-se** *vp*: **agarrar-se a** *(segurar-se a)* agarrarse a; *(dedicar-se a)* dedicarse a; **aqueles dois estão sempre se agarrando** esos dos siempre están toqueteándose; **agarrar-se aos livros** *fam* ponerse a empollar, ponerse a tragar *RP.*
agasalhar-se *vp* abrigarse.
agasalho *m (peça de roupa)* abrigo *m.*
ágeis → **ágil.**
agência *f* agencia *f*; **agência bancária** sucursal *f* bancaria; **agência de correios** oficina *f* de correos; **agência funerária**

pompas *fpl* fúnebres; **agência imobiliária** agencia inmobiliaria; **agência de viagens** agencia de viajes.

agenda *f (livro)* agenda *f*; *(plano de reunião)* orden *m* del día.

agente *mf* agente *m*; **agente secreto** agente secreto.

ágil (*pl* **ágeis**) *adj* ágil.

agilidade *f* agilidad *f*.

ágio *m* agio *m*.

agir *vi* actuar.

agitação *f* agitación *f*.

agitado, da *adj (pessoa)* agitado(da); *(mar, tempo)* revuelto(ta).

agitar *vt (líquido)* agitar.
❑ **agitar-se** *vp* inquietarse.

aglomeração (*pl* **-ões**) *f (de pessoas)* aglomeración *f*; *(de detritos)* acumulación *f*.

aglomerar *vt* aglomerar.

agonia *f (angústia)* angustia *f*; *(náusea)* mareo *m*; *(antes da morte)* agonía *f*.

agora *adv* ahora; **agora mesmo** ahora mismo; **agora que** ahora que; **essa agora** ¡pero qué cosa!; **por agora** de momento, por ahora *Amér*; **só agora** hasta ahora no, recién ahora *RP*; **é agora ou nunca** ahora o nunca.

agosto *m* agosto *m* → **setembro.**

agradar *vi*: **agradar a alguém** gustar a alguien.

agradável (*pl* **-eis**) *adj* agradable.

agradecer 1 *vi* dar las gracias.
2 *vt* agradecer.
3 **agradecer algo a alguém** agradecerle algo a alguien; **agradecer a alguém por algo** dar las gracias a alguien por algo.

agradecido, da *adj* agradecido(da); **mal agradecido** desagradecido(da); **muito agradecido!** ¡muchas gracias!

agradecimento *m* agradecimiento *m*.

agravamento *m* empeoramiento *m*.

agravante *adj & m ou f* agravante.

agravar *vt* empeorar.

agredir *vt (fisicamente)* agredir; *(verbalmente)* insultar.

agregado *m*: **agregado familiar** domicilio *m* fiscal.

agressão (*pl* **-ões**) *f (física)* agresión *f*; *(verbal)* insulto *m*.

agressivo, va *adj* agresivo(va).

agreste *adj (paisagem)* agreste; *(tempo)* inclemente.

agrião (*pl* **-ões**) *m* berro *m*.

agrícola *adj* agrícola.

agricultor, ra (*mpl* **-res,** *fpl* **-s**) *m, f* agricultor *m*, -ra *f*.

agricultura *f* agricultura *f*.

agridoce *adj* agridulce.

agronomia *f* agronomía *f*.

agrupar *vt* agrupar.

água *f* agua *f*; **de dar água na boca** delicioso; **água benta** agua bendita; **água corrente** agua corriente; **água destilada** agua destilada; **água mineral com gás** ou **gaseificada** agua mineral con gas; **água mineral sem gás** agua mineral sin gas; **água potável** agua potable; **água sanitária** lejía *f*, blanqueador *m Méx*, lavandina *f Arg*; **água tônica** tónica *f*.

aguaceiro *m* aguacero *m*.

água-de-colônia *f* colonia *f*.

aguado, da *adj* aguado(da).

água-oxigenada *f* agua *f* oxigenada.

aguardar *vt* aguardar.

aguardente *f* aguardiente *m*; **aguardente de cana** aguardiente de caña de azúcar, caña *f Amér*; **aguardente de pêra** aguardiente de pera; **aguardente velha** aguardiente envejecido.

aguarrás *f* aguarrás *m*.

água-viva (*pl* **águas-vivas**) *f* medusa *f*, aguamala *f Méx*, aguaviva *f RP*.

aguçado, da *adj* afilado(da).

aguçar *vt* afilar.

agudo, da *adj* agudo(da).

agüentar *vt lit & fig* aguantar.

águia *f* águila *f*.

agulha *f* aguja *f*.

ai *interj* ¡ay!

aí *adv (nesse lugar, nesse ponto)* ahí; *(então)* entonces; **por aí** *(direção)* por allí; *(em lugar indeterminado)* por ahí; **andar por aí** andar por ahí.

AIDS (*abrev de* **Acquired Immune Deficiency Syndrome**) *f* sida *m*.

ainda *adv* todavía; **ainda agora** justo ahora; **ainda assim** aunque, aun así; **ainda bem!** ¡menos mal!; **ainda bem que** menos mal que; **ainda não** todavía no; **ainda por cima** y encima; **ainda que** aunque.

aipim (*pl* **-ns**) *m* mandioca *f* dulce, yuca *f* dulce *Andes & Méx*.

aipo *m* apio *m*.

ajeitar *vt* arreglar.
❑ **ajeitar-se** *vp (adaptar-se)* arreglarse;

(*acomodar-se*) acomodarse.

ajoelhar-se *vp* arrodillarse.

ajuda *f* ayuda *f.*

ajudante *mf* ayudante *mf.*

ajudar *vt* ayudar.

ajuste *m*: **ajuste de contas** ajuste *m* de cuentas.

Al. → **alameda.**

ala *f (fileira)* fila *f*; *(de edifício)* ala *f.*

alambique *m* alambique *m.*

alameda *f* alameda *f.*

alargar **1** *vt (em espaço)* ensanchar; *(em tempo)* prolongar; *(fig: expandir)* expandir.
2 *vi* darse, ceder *Amér.*

alarido *m* grito *m.*

alarmante *adj* alarmante.

alarme *m* alarma *f*; **falso alarme, alarme falso** falsa alarma.

alastrar *vt* esparcir.
❑ **alastrar-se** *vp* extenderse.

alavanca *f* palanca *f.*

albergue *m* albergue *m*; **albergue da juventude** albergue juvenil.

álbum (*pl* **-ns**) *m* álbum *m.*

alça *f (de vestido, combinação)* tirante *m*, bretel *m CSur*; *(de bolsa, mala)* asa *f*; *(de arma)* empuñadura *f.*

alcachofra *f* alcachofa *f*, alcaucil *m RP.*

alcançar *vt (apanhar, atingir etc.)* alcanzar; *(obter)* conseguir; *(compreender)* llegar.

alcance *m* alcance *m*; **ao alcance de** al alcance de; **fora do alcance de** fuera del alcance de.

alçapão (*pl* **-ões**) *m* alzapaños *mpl.*

alcaparras *fpl* alcaparras *fpl.*

alcatéia *f* manada *f.*

alcatifa *f* alfombra *f.*

alcatra *f* lomo *m*, cuadril *m Amér.*

alcatrão *m* alquitrán *m.*

álcool *m* alcohol *m*; **álcool etílico** alcohol etílico.

alcoólico, ca *adj & m, f* alcohólico(ca).

Alcorão *m* Corán *m.*

alcunha *f* alias *m.*

aldeia *f* aldea *f.*

alecrim *m* romero *m.*

alegação (*pl* **-ões**) *f (explicação)* alegación *f*; *(prova)* argumentación *f*; JUR *(defesa)* alegato *m.*

alegar *vt* JUR *(explicar)* alegar; *(provar)* argumentar.

alegoria *f* alegoría *f.*

alegórico *adj m* → **carro.**

alegrar *vt* alegrar.
❑ **alegrar-se** *vp* alegrarse.

alegre *adj lit & fig* alegre.

alegria *f* alegría *f.*

aleijado, da *adj* tullido(da).

aleijar *vt* herir.
❑ **aleijar-se** *vp* herirse.

além **1** *adv* más allá.
2 *m*: **o além** el más allá.
3 **além disso** además; **mais além** más allá.

além-mar *adv & m* ultramar.

alergia *f lit & fig* alergia *f.*

alérgico, ca *adj lit & fig* alérgico(ca).

alerta *adv & m* alerta.

alfabético, ca *adj* alfabético(ca).

alfabeto *m* alfabeto *m.*

alface *f* lechuga *f.*

alfaiate *m* sastre *m.*

alfândega *f* aduana *f.*

alfazema *f* espliego *m.*

alfinete *m (de costura)* alfiler *m*; *(jóia)* broche *m*; **alfinete de fralda** imperdible *m*; **alfinete de gravata** pasador *m.*

alforreca *f* medusa *f*, aguamala *f Méx*, aguaviva *f RP.*

alga *f* alga *f.*

algarismo *m* cifra *f.*

algazarra *f* griterío *m.*

álgebra *f* álgebra *f.*

algemas *fpl* esposas *fpl.*

algo *pron* algo.

algodão *m* algodón *m*; **algodão doce** algodón dulce.

alguém *pron* alguien; **ser alguém** ser alguien.

algum, ma (*mpl* **-ns**, *fpl* **-s**) **1** *adj* algún (una).
2 *pron* alguno(na).
3 **algum dia** algún OU un día; **alguma coisa** algo; **alguma vez** alguna vez; **não há melhora alguma** no ha mejorado nada.
❑ **alguma** *f (evento, feito)*: **deve ter lhe acontecido alguma** debe de haberle pasado algo.

alheio, alheia *adj (de outrem)* ajeno(na); *(desconhecido)* extraño(ña); *(distraído)* absorto(ta).

alho *m* ajo *m.*

alho-porro (*pl* **alhos-porros**) *m* puerro *m.*

ali *adv* allí; **aqui e ali** aquí y allí; **até ali** hasta allí; **logo ali** allí mismo, ahí nomás *RP*; **por ali** por allí.
aliado, da *adj & m, f* aliado(da).
aliança *f* alianza *f*.
aliar *vt* aliar.
❑ **aliar-se** *vp* aliarse.
aliás *adv (a propósito)* a propósito; *(além disso)* además.
álibi *m* coartada *f*.
alicate *m* alicates *mpl*, pinza *f Méx & RP*.
alicerce *m* cimiento *m*.
aliciante *adj* tentador(ra).
aliciar *vt (subornar)* sobornar; *(seduzir)* atraer.
alienado, da *adj (pessoa)* alienado(da); *(bem)* vendido(da).
alimentação *f* alimentación *f*.
alimentar (*pl* **-res**) **1** *adj* alimenticio(cia).
2 *vt* alimentar.
❑ **alimentar-se** *vp* alimentarse.
alimentício, cia *adj* alimenticio(cia).
alimento *m* alimento *m*.
alinhado, da *adj (em linha)* alineado(da); *(pessoa)* aliñado(da).
alinhamento *m* INFORM alineación *f*.
alinhar *vt* alinear.
alinhavar *vt* hilvanar.
alisar *vt* alisar.
alistar *vt* enrolar.
❑ **alistar-se** *vp (em exército)* alistarse; *(em partido)* afiliarse.
aliviar *vt* aliviar.
alívio *m (de peso)* disminución *f*; *(de dor)* alivio *m*; *(de trabalho)* reducción *f*; *(fig: de preocupação)* alivio *m*.
alma *f* alma *f*.
almoçar **1** *vi* almorzar.
2 *vt* comer.
almoço *m* almuerzo *m*.
almofada *f (de sofá)* cojín *m*, almohadón *m RP*; *(de carimbo)* almohadilla *f*.
almôndega *f* albóndiga *f*.
alô *interj* ¿diga?, ¿bueno? *Méx*, ¿aló? *Andes*, ¿hola? *RP*.
alojamento *m* alojamiento *m*.
alojar *vt* alojar.
❑ **alojar-se** *vp* alojarse.
alpargata *f* alpargata *f*.
alpendre *m* porche *m*.
alperce *m* albaricoque *m*, chabacano *m Méx*, damasco *m CSur*.
alpinismo *m* alpinismo *m*; **fazer alpinismo** practicar alpinismo.
alpinista *mf* alpinista *mf*.
alta *f (de preço, valor)* alza *f*; *(de cidade)* parte *f* alta; **ter alta** *(de hospital)* tener el alta; **dar alta a** *(doente)* dar el alta a.
altar (*pl* **-res**) *m* altar *m*.
alteração (*pl* **-ões**) *f* alteración *f*; **sem alteração** sin cambios.
alterar *vt* alterar.
alternar *vt* alternar.
alternativa *f* alternativa *f*.
altitude *f* altitud *f*.
altivez *f* altivez *f*.
altivo, va *adj* altivo(va).
alto, ta **1** *adj* alto(ta); *(som)* fuerte; *(bêbado) fam* borracho(cha).
2 *interj* ¡alto!
3 *m (cume)* cumbre *f*; *(céu)* cenit *m*.
4 *adv* alto.
5 **lá no alto** allí encima; **alta costura** alta costura *f*; **do alto de** desde lo alto de; **no alto** en la parte superior de; **por alto** por encima, por arriba *Amér*.
alto-falante (*pl* **alto-falantes**) *m* altavoz *m*, altoparlante *m Amér*.
altura *f* altura *f*; *(de som)* volumen *m*; *(momento)* momento *m*; **tem um metro de altura** mide un metro de altura OU alto *Amér*; **a certa** OU **dada altura** en un momento dado OU en cierto momento; **nessa altura** en ese momento, a esa altura *Amér*; **estar à altura de** estar a la altura de.
alucinação (*pl* **-ões**) *f* alucinación *f*.
alucinante *adj* alucinante.
aludir: **aludir a** *v + prep* aludir a.
alugar *vt* alquilar, rentar *Méx*.
❑ **alugar-se** *vp*: **'aluga-se'** 'se alquila OU renta' *Méx*.
aluguel (*pl* **-éis**) *m* alquiler *m*, renta *f Méx*.
aluir *vi* desmoronarse.
alumiar *vt (iluminar)* alumbrar.
alumínio *m* aluminio *m*.
aluno, na *m, f* alumno *m*, -na *f*.
alusão (*pl* **-ões**) *f* alusión *f*; **fazer alusão a** hacer alusión a.
alvejar *vt* blanquear.
alvo, va **1** *m (objetivo)* blanco *m*.
2 *adj (branco)* albo(ba).
alvorada *f* alba *f*.
alvoroço *m* alboroto *m*.
amabilidade *f* amabilidad *f*.

amaciante *m (para roupa)* suavizante *m.*
amador, ra (*mpl* **-res**, *fpl* **-s**) *adj & m, f* ESPORTE aficionado(da).
amadurecer *vi lit & fig* madurar.
âmago *m* esencia *f.*
amainar *vt & vi lit & fig* amainar.
amaldiçoar *vt* maldecir.
amálgama *f lit & fig* mezcla *f.*
amalgamar *vt* mezclar.
amamentar *vt* amamantar.
amanhã 1 *adv* mañana.
2 *m*: **o amanhã** el mañana.
amanhecer *m & v impess* amanecer.
amansar *vt* amansar.
amante *mf* amante *mf*; **amante de** amante de.
amanteigado, da 1 *adj* con mantequilla.
2 *m* galleta *f* de mantequilla, mantecado *m Amér.*
amar *vt* amar.
amarelado, da *adj* amarillento(ta).
amarelinha *f* rayuela *f.*
amarelo, la 1 *adj* amarillo(lla).
2 *m* amarillo *m.*
amargar *vi (comida)* saber amargo; *(derrota, desilusão)* amargar.
amargo, ga *adj lit & fig* amargo(ga).
amarrar *vt (barco)* amarrar; *(pessoa, animal)* atar.
❑ **amarrar-se** *vp fam (gostar)* engancharse; *fam (ficar apaixonado)* quedarse colgado(da).
amarrotado, da *adj* arrugado(da).
amarrotar *vt* arrugar.
amassar *vt* amasar; *(carro)* abollar.
amável (*pl* **-eis**) *adj* amable.
âmbar *m* ámbar *m.*
ambição (*pl* **-ões**) *f* ambición *f.*
ambiental (*pl* **-ais**) *adj* ambiental.
ambientalista *mf* ecologista *mf.*
ambiente *adj & m* ambiente.
ambigüidade *f* ambigüedad *f.*
ambíguo, gua *adj* ambiguo(gua).
âmbito *m* ámbito *m.*
ambos, bas *adj pl & pron pl* ambos(bas).
ambrosia *f* ambrosía *f.*
ambulância *f* ambulancia *f.*
ambulante *adj* ambulante.
ambulatório *m (de hospital)* ambulatorio *m*; *(de escola, fábrica)* enfermería *f.*
ameaça *f* amenaza *f*; **sob ameaça** bajo amenaza.
ameaçar *vt* amenazar.
amedrontar *vt* amedrentar.
ameixa *f* ciruela *f.*
amêndoa *f* almendra *f*; **amêndoa amarga** almendra amarga.
amendoeira *f* almendro *m.*
amendoim (*pl* **-ns**) *m* cacahuete *m Esp*, cacahuate *m Méx*, maní *m Andes & RP*; **amendoim torrado** cacahuete *Esp* ou cacahuate *Méx* ou maní *Andes & RP* tostado.
ameno, na *adj* agradable.
ametista *f* amatista *f.*
amianto *m* amianto *m.*
amido *m* almidón *m*; **amido de milho** fécula *f* de maíz.
amigável (*pl* **-eis**) *adj* amigable.
amígdalas *fpl*: **as amígdalas** las amígdalas.
amigdalite *f* amigdalitis *f.*
amigo, ga *adj & m, f* amigo(ga); **amigo-da-onça** mal amigo; **amigo do peito** amigo del alma.
amistoso, osa *adj* amistoso(sa).
amizade *f* amistad *f.*
amnésia *f* amnesia *f.*
amolação (*pl* **-ões**) *f (chateação)* contrariedad *f.*
amolar *vt (afiar)* afilar; *(incomodar)* fastidiar.
amolecer *vt* ablandar.
amoníaco *m* amoniaco *m.*
amontoar *vt (trabalho, lixo, papéis)* amontonar; *(dinheiro, riquezas)* acumular.
❑ **amontoar-se** *vp* amontonarse.
amor (*pl* **-res**) *m* amor *m*; **fazer amor** hacer el amor.
amora *f* mora *f.*
amordaçar *vt* amordazar.
amoroso, osa *adj* cariñoso(sa), amoroso(sa) *Amér.*
amor-perfeito (*pl* **amores-perfeitos**) *m* pensamiento *m.*
amor-próprio *m* amor *m* propio.
amortecedor (*pl* **-res**) *m* amortiguador *m.*
amortização (*pl* **-ões**) *f* amortización *f.*
amortizar *vt* amortizar.
amostra *f* muestra *f*; **amostra grátis** muestra gratuita.
amparar *vt (segurar)* agarrar; *(ajudar)* ayudar.
amparo *m* amparo *m.*

ampliação (*pl* **-ões**) *f (de fotografia)* ampliación *f.*
ampliar *vt (fotografia)* ampliar.
amplificador (*pl* **-res**) *m (de som)* amplificador *m.*
amplificar *vt (som)* amplificar.
amplitude *f* amplitud *f.*
amplo, pla *adj* amplio(plia).
ampola *f (de medicamento)* ampolla *f.*
amputar *vt* amputar.
amuado, da *adj* enfurruñado(da).
amuar *vi (criança)* enfurruñarse.
anã → **anão.**
anacronismo *m* anacronismo *m.*
anagrama *m* anagrama *m.*
analfabeto, ta *adj & m, f* analfabeto(ta).
analgésico *m* analgésico *m.*
analisar *vt* analizar.
análise *f* análisis *m inv*; **em última análise** en última instancia.
analista *mf* analista *mf.*
analogia *f* analogía *f.*
ananás (*pl* **-ases**) *m* ananá *m.*
anão, anã (*mpl* **-ões**, *fpl* **-s**) *m, f* enano *m*, -na *f.*
anarquia *f* anarquía *f.*
anatomia *f* anatomía *f.*
anca *f* anca *f.*
anchovas *fpl* anchoas *fpl.*
ancinho *m* rastrillo *m.*
âncora *f* ancla *f.*
andaime *m* andamio *m.*
andamento *m (rumo)* marcha *f*; *(velocidade)* marcha *f Esp*, velocidad *f Amér*; *MÚS* marcha *f Esp*, tiempo *m Amér*; **em andamento** en marcha.
andar (*pl* **-res**) **1** *vi & vt* andar, caminar.
2 *m (de edifício)* piso *m*; *(maneira de caminhar)* andar *m.*
3 andar de avião ir *Esp* ou andar *Amér* en avión; **andar de bicicleta** ir *Esp* ou andar *Amér* en bicicleta; **andar a cavalo** montar ou andar *Amér* a caballo; **andar a pé** caminar; **o andar de baixo** el piso de abajo; **o andar de cima** el piso de arriba.
andorinha *f* golondrina *f.*
anedota *f (piada)* chiste *m.*
anel (*pl* **-éis**) *m (jóia)* anillo *m*; *(de cabelo)* rizo *m*; *(de corrente)* eslabón *m*; **anel de noivado** anillo de compromiso.
anemia *f* anemia *f.*
anestesia *f* anestesia *f*; **anestesia geral** anestesia general; **anestesia local** anestesia local.
anestesiar *vt* anestesiar.
anexar *vt* anexar; **anexar algo a algo** anexar algo a algo.
anexo, xa 1 *adj* anexo(xa).
2 *m* anexo *m.*
anfiteatro *m* anfiteatro *m.*
angariar *vt (dinheiro)* recaudar.
angina *f*: **angina de peito** angina *f* de pecho.
❑ **anginas** *fpl* anginas *fpl.*
anglicano, na *adj* anglicano(na).
angra *f* ensenada *f.*
ângulo *m lit & fig* ángulo *m.*
angústia *f lit & fig* angustia *f.*
animação *f* animación *f.*
animado, da *adj* animado(da).
animador, ra (*pl* **-es**, *fpl* **-s**) *adj* estimulante.
animal (*pl* **-ais**) *m* animal *m*; **animal doméstico/selvagem** animal doméstico/salvaje.
animar *vt* animar.
❑ **animar-se** *vp* animarse.
ânimo *m* ánimo *m.*
aniquilar *vt* aniquilar.
anis (*pl* **-ses**) *m* anís *m.*
anistia *f* amnistía *f.*
aniversário *m (de acontecimento)* aniversario *m*; *(de alguém)* cumpleaños *m inv*; **feliz aniversário!** ¡feliz cumpleaños!

> Não confundir *aniversário (cumpleaños)* com o espanhol *aniversario (de um fato ocorrido)*, que em português é *aniversário.* (*Amanhã é o aniversário de Paula.* El cumpleaños de Paula es mañana.)

anjo *m* ángel *m.*
ano *m* año *m*; **quantos anos você tem?** ¿cuántos años tienes?; **fazer anos** cumplir años; **ano bissexto** año bisiesto; **ano letivo** año lectivo; **Ano-Novo** Año Nuevo; **ano após ano** año tras año.
anoitecer *v impess* anochecer.
anomalia *f* anomalía *f.*
anoraque *m* anorak *m.*
anorexia *f* anorexia *f.*
anormal (*pl* **-ais**) *adj & m, f lit & pej* anormal.
anormalidade *f* anormalidad *f.*
anotação (*pl* **-ões**) *f* apunte *m.*
anotar *vt* anotar, apuntar *RP.*

ânsia *f* ansia *f.*
ansiar: **ansiar por** *v + prep* desear.
ansiedade *f* ansiedad *f.*
ansioso, osa *adj* ansioso(sa).
antebraço *m* antebrazo *m.*
antecedência *f* antelación *f*; **com antecedência** con antelación.
antecedente *adj* precedente.
❑ **antecedentes** *mpl* antecedentes *mpl.*
antecipação (*pl* **-ões**) *f* anticipación *f.*
antecipadamente *adv* anticipadamente.
antecipar *vt* anticipar.
❑ **antecipar-se** *vp* anticiparse.
antemão: **de antemão** *adv* de antemano.
antena *f (de rádio, televisão)* antena *f*; **antena parabólica** antena parabólica.
anteontem *adv* anteayer.
antepassado *m* antepasado *m.*
anterior (*pl* **-res**) *adj* anterior.
antes *adv* antes; **antes assim** mejor así; **antes de** antes de; **antes de mais (nada)** antes que ou de nada; **o quanto antes** cuanto antes.
antever *vt* prever.
antiaderente (*pl* **antiaderentes**) *adj* antiadherente.
antibiótico *m* antibiótico *m.*
anticaspa *adj inv* anticaspa *inv.*
anticoncepcional (*pl* **-ais**) **1** *adj* anticonceptivo(va).
2 *m* anticonceptivo *m.*
anticongelante *m* anticongelante *m.*
anticorpo *m* anticuerpo *m.*
antidepressivo *m* antidepresivo *m.*
antídoto *m* antídoto *m.*
antigamente *adv* antiguamente.
antigo, ga *adj* antiguo(gua).
antiguidade *f* antigüedad *f.*
❑ **antiguidades** *fpl* antigüedades *fpl*; **a Antiguidade** la Antigüedad.
antipatia *f* antipatía *f.*
antipático, ca *adj* antipático(ca).
antipatizar *vi*: **antipatizar com alguém** sentir antipatía por alguien.
antiquado, da *adj* anticuado(da).
antiquário *m* anticuario *m.*
anti-séptico, ca *adj* antiséptico(ca).
antivírus *m inv* INFORM antivirus *m inv.*
antologia *f* antología *f.*
anual (*pl* **-ais**) *adj* anual.
anuir *vi* asentir.
anulação (*pl* **-ões**) *f* anulación *f.*
anular *vt & m* anular.
anunciar *vt* anunciar.
anúncio *m* anuncio *m*, aviso *m Amér.*
ânus *m* ANAT ano *m.*
anzol (*pl* **-óis**) *m* anzuelo *m.*
ao = **a + o** → **a.**
aonde *adv (afirmativo)* adonde; *(interrogativo)* adónde; **aonde quer que ...** dondequiera que ..., adonde ou donde sea que ... *Amér.*
aos = **a + os** → **a.**
apagado, da *adj* apagado(da); *(escrita, desenho)* borrado(da).
apagar *vt* apagar; *(escrita, desenho)* borrar.

> Não confundir com o espanhol *apagar*, que significa *interromper uma fonte de energia*: (*La maestra borró el pizarrón lentamente.* A professora apagou o quadro-negro lentamente. *María apagó el horno.* María desligou o forno.)

apaixonado, da *adj (enamorado)* enamorado(da); *(exaltado)* apasionado(da); **estar apaixonado por** estar enamorado de.
apaixonante *adj* apasionante.
apaixonar *vt* apasionar.
❑ **apaixonar-se** *vp*: **apaixonar-se (por)** enamorarse (de).
apalermado, da *adj* atontado(da).
apalpar *vt* palpar; **apalpar o terreno** *fig* tantear el terreno.
apanhar *vt (levantar do chão)* recoger; *(agarrar)* pillar *Esp*, atrapar *Amér*; *(tomar)* coger *Esp*, tomar *Amér*; *(surpreender)* pillar *Esp*, pescar *Amér*; *(pescar)* coger *Esp*, recoger *Amér*; *(contrair)* pillar *Esp*, pescar *Amér*; *(pegar)* recoger; **apanhar chuva** mojarse; **apanhar sol** insolarse; **apanhar um resfriado/uma gripe** pillar un resfriado/la gripe *Esp*, pescar un resfriado/una gripa *Méx*, pescar un resfrío/una gripe *RP*; **não gosto de ver meu time apanhar** no me gusta ver perder a mi equipo.
aparador (*pl* **-res**) *m* aparador *m.*
aparar *vt (apanhar no ar)* atajar; *(barba)* recortar; *(sebe, arbusto)* podar.
aparecer *vi* aparecer.
aparelhagem (*pl* **-ns**) *f*: **aparelhagem (de som)** equipo de sonido *m.*

aparelho *m* aparato *m*; **aparelho digestivo** aparato digestivo; **aparelho para os dentes** aparato *m* dental.

aparência *f (aspecto exterior)* apariencia *f*; *(figura)* figura *f*.

aparentar *vt* aparentar.

aparente *adj* aparente.

apartamento *m (de edifício)* apartamento *m Esp & Méx*, departamento *m Arg & Méx*.

apatia *f* apatía *f*.

apavorado, da *adj* aterrorizado(da).

apear-se *vp*: **apear-se de** apearse de.

apelar *vi*: **apelar para** JUR apelar; *(compreensão, bondade)* apelar a.

apelido *m (alcunha)* apodo *m*.

> Não confundir *apelido (apodo)* com o espanhol *apellido*, que em português é *sobrenome*. (*O apelido de Edson Arantes do Nascimento é Pelé*. El *apodo* de Edson Arantes do Nascimento es Pelé.)

apelo *m* llamamiento *m*; **fazer um apelo a** hacer un llamamiento a.

apenas *adv (somente)* sólo.

apêndice *m* apéndice *m*.

apendicite *f* apendicitis *f*.

aperceber-se *vp*: **aperceber-se de algo** percatarse de algo; **aperceber-se de que** comprobar que.

aperfeiçoamento *m* perfeccionamiento *m*.

aperfeiçoar *vt* perfeccionar.

aperitivo *m* aperitivo *m*.

apertado, da *adj (espaço, apartamento)* estrecho(cha) *Esp*, chico(ca) *Amér*; *(peça de vestuário ou calçado)* estrecho(cha) *Esp*, angosto(ta) *Amér*.

apertar *vt (botão, comprimir)* apretar; *(casaco, vestido, cinto de segurança)* ajustar.

aperto *m (aglomeração)* multitud *f*; *(fig: dificuldade)* aprieto *m*; **aperto de mão** apretón de manos.

apesar: **apesar de** *prep* a pesar de.

apetecer *vt*: **me apetece muito ir dançar** me apetece mucho ir a bailar *Esp*, tengo muchas ganas de ir a bailar *Amér*, me provoca ir a bailar *Carib*.

apetite *m* apetito *m*; **bom apetite!** ¡buen provecho!

apetitoso, osa *adj* apetitoso(sa).

apetrecho *m* pertrecho *m*; **apetrechos de pesca** aparejos de pesca.

apimentado, da *adj (com pimenta)* con pimienta; *(picante)* picante.

apinhado, da *adj*: **apinhado de** abarrotado(da) de.

apitar *vi (trem, árbitro)* pitar.

apito *m* pito *m*.

aplaudir *vt & vi* aplaudir.

aplauso *m* aplauso *m*.

aplicação (*pl* **-ões**) *f (dedicação, ornato)* aplicación *f*; *(de dinheiro)* inversión *f*.

aplicado, da *adj* aplicado(da).

aplicar *vt* aplicar.

apoderar-se: **apoderar-se de** *vp + prep* apoderarse de.

apodrecer 1 *vt* pudrir.
2 *vi* pudrirse.

apoiar *vt* apoyar; **apoiar algo em algo** apoyar algo en algo.
❑ **apoiar-se** *vp* apoyarse; **apoiar-se em** ou **a** apoyarse en ou contra.

apoio *m* apoyo *m*.

apólice *f*: **apólice (de seguro)** póliza *f* (de seguros).

apontador (*pl* **-res**) *m* sacapuntas *m inv*.

apontamento *m* apunte *m*.

apontar *vt* señalar.

aporrinhação (*pl* **-ões**) *f fam* rollo *m Esp*, chinga *f Méx*, embole *m RP*.

após 1 *prep* tras.
2 *adv* después.

após-barba *adj* → **loção.**

aposentado, da *adj & m, f* jubilado(da).

aposentadoria *f* jubilación *f*.

aposento *m* aposento *m*.

aposta *f* apuesta *f*.

apostar *vt* apostar.

apostila *f apuntes de clase editados e impresos.*

apóstrofo *m* apóstrofo *m*.

aprazível (*pl* **-eis**) *adj* apacible.

apreciação (*pl* **-ões**) *f* apreciación *f*.

apreciar *vt* apreciar.

apreender *vt (confiscar)* aprehender; *(assimilar)* entender.

apreensão (*pl* **-ões**) *f (de bens, produtos)* aprehensión *f*; *(de novos conhecimentos)* adquisición *f*; *(preocupação)* aprensión *f*.

apreensivo, va *adj* aprensivo(va).

aprender *vi & vt* aprender; **aprender a fazer algo** aprender a hacer algo.

aprendiz (*pl* **-zes**) *m* aprendiz *m*.

aprendizagem *f* aprendizaje *m*.

apresentação (*pl* **-ões**) *f (de espetáculo)* función *f*; *(aspecto)* presentación *f.*

apresentador, ra (*mpl* **-res**, *fpl* **-s**) *m, f* presentador *m*, -ra *f.*

apresentar *vt* presentar; *(espetáculo)* presentar.
❑ **apresentar-se** *vp* presentarse; **apresentar-se a alguém** presentarse ante alguien.

apressado, da *adj* apresurado(da) *Esp*, apurado(da) *Amér.*

apressar-se *vp* darse prisa *Esp*, apurarse *Amér.*

aprofundar *vt (fig: assunto)* profundizar.

aprovação (*pl* **-ões**) *f (consentimento)* aprobación *f*; *(em exame, disciplina)* aprobado *m.*

aprovado, da *adj*: **ser aprovado** EDUC ser aprobado(da).

aprovar *vt* aprobar.

aproveitador, ra (*mpl* **-es**, *fpl* **-s**) *adj & m, f pej* aprovechado(da).

aproveitamento *m* CULIN aprovechamiento *m*; EDUC rendimiento *m.*

aproveitar *vt* aprovechar.
❑ **aproveitar-se de** *vp + prep* aprovecharse de.

aproximadamente *adv* aproximadamente.

aproximado, da *adj* aproximado(da).

aproximar *vt* aproximar.
❑ **aproximar-se** *vp* aproximarse; **aproximar-se de** aproximarse a.

aptidão (*pl* **-ões**) *f* aptitud *f.*

apto, ta *adj* apto(ta).

Apto. = **Apto., Depto.** *Arg & Méx.*

apunhalar *vt* apuñalar.

apuração (*pl* **-ões**) *f* (*de equípa, concorrente)* clasificación *f*; (*de votos*) recuento *m.*

apurado, da *adj (requintado)* elegante; *(aguçado)* fino(na).

apurar *vt (aprimorar)* pulir; *(averiguar)* averiguar.

apuro *m (requinte)* refinamiento *m*; *(fig: dificuldade)* apuro *m*, dificultad *f Amér*; **estar em apuros** estar en apuros ou dificultades.

aquarela *f* acuarela *f.*

aquário *m* acuario *m.*
❑ **Aquário** *m (signo do Zodíaco)* Acuario *m inv.*

aquático, ca *adj* acuático(ca).

aquecedor (*pl* **-res**) *m* radiador *m.*

aquecer *vt & vi* calentar.
❑ **aquecer-se** *vp* calentarse.

aquecimento *m* calefacción *f*; **aquecimento central** calefacción central.

aqueduto *m* acueducto *m.*

àquela = **a + aquela** → **aquele.**

aquele, aquela **1** *adj* aquel(lla).
2 *pron* aquél(lla).
3 **aquele que** el que; **chame aquele homem/aquela mulher** llama a aquel hombre/aquella mujer.

àquele = **a + aquele** → **aquele.**

aqui *adv* aquí, acá *Amér*; **até aqui** por ahora; **logo aqui** aquí mismo, acá nomás *Amér*; **por aqui** por aquí ou acá.

aquilo *pron (aquelas coisas)* aquello, eso.

àquilo = **a + aquilo** → **aquilo.**

aquisição (*pl* **-ões**) *f* adquisición *f.*

ar (*pl* **ares**) *m lit & fig* aire *m*; **ter ar de** tener un aire de; **ar-condicionado** aire acondicionado; **ao ar livre** al aire libre; **entrar/sair do ar** *(TV)* estar/no estar en el aire.

árabe **1** *adj & mf* árabe.
2 *m* árabe *m.*

aragem (*pl* **-ns**) *f* brisa *f.*

arame *m* alambre *m*; **arame farpado** alambre espinoso ou de púa *RP.*

aranha *f (animal)* araña *f.*

arara *f* guacamayo *m.*

arbitragem (*pl* **-ns**) *f* arbitraje *m.*

arbitrar *vt* arbitrar.

árbitro *m* árbitro *m.*

arborizado, da *adj* arbolado(da).

arbusto *m* arbusto *m.*

arca *f* arca *f.*

arcaico, ca *adj* arcaico(ca).

arco *m* arco *m*; *(brinquedo)* aro *m.*

arco-íris *m inv* arco *m* iris.

ardente *adj fig* ardiente.

arder *vi (fogo)* arder; *(pele)* escocer, arder *RP.*

ardor (*pl* **-res**) *m (de pele)* escocedura *f*, ardor *m RP*; *(de estômago)* ardor *m.*

ardósia *f (lousa)* pizarra *f.*

árduo, dua *adj* arduo(dua).

área *f lit & fig* área *f*; **grande área** *(em futebol)* área grande; **área de serviço** *espacio contiguo a la cocina donde está el lavadero y la habitación de servicio.*

areal (*pl* **-ais**) *m* arenal *m.*

areia *f* arena *f.*

arejar 1 *vt* airear.
2 *vi fig* airearse.
arena *f* arena *f.*
arenoso, osa *adj* arenoso(sa).
arenque *m* arenque *m.*
ares → **ar.**
argila *f* arcilla *f.*
argola *f (anel)* argolla *f*; *(de porta)* aldaba *f.*
❑ **argolas** *fpl* ESPORTE anillas *fpl*; *(brincos)* pendientes *mpl*, aros *mpl Arg.*
argumentação (*pl* **-ões**) *f* argumentación *f.*
argumentar *vt & vi* argumentar.
argumento *m* argumento *m.*
ária *f* aria *f.*
árido, da *adj* árido(da).
Áries *m (signo do Zodíaco)* Aries *m inv.*
arma *f* arma *f*; **arma branca** arma blanca; **arma de fogo** arma de fuego.
armação (*pl* **-ões**) *f (de objeto)* armazón *m*; *(de animal)* cornamenta *f*; *(de barco)* *jarcias y velamen*; *(de óculos)* montura *f*, armazón *mf RP.*
armadilha *f lit & fig* trampa *f.*
armado, da *adj* armado(da).
armadura *f* armadura *f.*
armamento *m* armamento *m.*
armar *vt* armar; *(barraca)* montar, armar *RP.*
❑ **armar-se** *vp* armarse.
armário *m* armario *m.*
armazém (*pl* **-ns**) *m (de mercadorias)* almacén *m Esp & Méx*, depósito *m RP*; *(de venda por atacado)* almacén *m.*
aro *m (de janela)* marco *m*; *(de roda)* llanta *f.*
aroma *m* aroma *m*; **com aroma de** con aroma a.
arpão (*pl* **-ões**) *m* arpón *m.*
arqueologia *f* arqueología *f.*
arquibancada *f* grada *f.*
arquipélago *m* archipiélago *m.*
arquiteto, ta *m, f* arquitecto *m*, -ta *f.*
arquitetura *f* arquitectura *f.*
arquivo *m* archivo *m*; *(móvel)* archivador *m.*
arraial (*pl* **-ais**) *m* fiesta *f* popular.
arrancar *vt & vi (partir)* arrancar; **arrancar algo das mãos de alguém** arrancarle algo de las manos a alguien.
arranha-céu *m inv* rascacielos *m inv.*
arranhão (*pl* **-ões**) *m* arañazo *m.*
arranhar *vt (pele)* arañar; *(carro, parede)* rayar; *(fig: instrumento)* rascar; *(fig: língua)* chapurrear.
❑ **arranhar-se** *vp* pincharse.
arranhões → **arranhão.**
arranque *m* → **motor.**
arrasar *vt* arrasar; *(fig: emocionalmente)* destrozar.
arrastão *m (rede de pesca)* arrastre *m.*
arrastar *vt* arrastrar.
arrecadar *vt (objeto)* guardar bien; *(dinheiro)* recaudar.
arredondado, da *adj lit & fig* redondeado(da).
arredondar *vt lit & fig* redondear.
arredores *mpl* alrededores *mpl.*
arrefecer *vi lit & fig* enfriarse.
arregaçar *vt* remangar.
arreios *mpl* arreos *mpl.*
arremedar *vt* imitar.
arremessar *vt* lanzar.
arrendamento *m* arrendamiento *m.*
arrendar *vt* arrendar.
arrendatário, ria *m, f* arrendatario *m*, -ria *f.*
arrepender-se *vp*: **arrepender-se de (fazer) algo** arrepentirse de (hacer) algo.
arrepiar *vt* erizar.
❑ **arrepiar-se** *vp (de frio, medo)* erizarse.
arrepio *m* escalofrío *m.*
arriscado, da *adj* arriesgado(da).
arriscar *vt* arriesgar.
❑ **arriscar-se** *vp* arriesgarse.
arroba *f* INFORM arroba *f.*
arrogância *f* arrogancia *f.*
arrogante *adj* arrogante.
arrombar *vt* forzar.
arrotar *vi* eructar.
arroto *m* eructo *m.*
arroz *m* arroz *m.*
arroz-doce *m* arroz *m* con leche.
arruaça *f* camorra *f.*
arruaceiro, ra *adj & m, f* camorrista.
arrumado, da *adj (pessoa)* ordenado(da), prolijo(ja) *RP*; *(em ordem)* ordenado(da); *(fig: resolvido)* resuelto(ta).
arrumar *vt* ordenar.
arte *f* arte *m*; **artes marciais** artes marciales; **a sétima arte** el séptimo arte.
artéria *f lit & fig* arteria *f.*
artesanato *m* artesanía *f.*
articulação (*pl* **-ões**) *f* articulación *f.*
artificial (*pl* **-ais**) *adj* artificial.

artigo *m* artículo *m*; **artigos a declarar** artículos para declarar; **artigos de primeira necessidade** artículos de primera necesidad.
artista *mf* artista *mf.*
artístico, ca *adj* artístico(ca).
artrite *f* artritis *f.*
árvore *f* árbol *m.*
as → **a.**
ás (*pl* **ases**) *m* as *m*; **ser um ás** ser un as.
às = **a** + **as** → **a.**
asa *f (de ave, de avião)* ala *f*; *(de utensílio)* asa *f.*
asa-delta (*pl* **asas-delta**) *f* ala *f* delta.
ascensor (*pl* **-res**) *m (de edifício)* ascensor *m*; *(em rua, encosta)* elevador *m.*
asco *m* asco *m.*
ases → **ás.**
asfalto *m* asfalto *m.*
asfixia *f* asfixia *f.*
asilo *m* asilo *m*; **asilo político** asilo político.
asma *f* asma *f.*
asmático, ca *adj & m, f* asmático(ca).
asneira *f (tolice)* tontería *f*; *(obscenidade)* obscenidad *f.*
asno *m lit & fig* asno *m.*
aspargo *m* espárrago *m.*
aspas *fpl* comillas *fpl.*

> Não confundir ***aspas (comillas)*** com o espanhol ***aspas***, que em português é ***pás***. (***As citações dos autores devem ser escritas entre aspas***. Las citas de los autores deben escribirse entre ***comillas***.)

aspecto *m* aspecto *m.*
áspero, ra *adj* áspero(ra).
aspirador (*pl* **-res**) *m* aspiradora *f.*
aspirar *vt* aspirar.
❑ **aspirar a** *v + prep* aspirar a.
aspirina® *f* aspirina® *f.*
asqueroso, osa *adj* asqueroso(sa).
assado, da **1** *adj* CULIN asado(da); *(pele)* irritado(da).
2 *m* asado *m.*
assadura *f (de carne)* asado *m*; *(em pele)* irritación *f.*
assaltante *mf* asaltante *mf.*
assaltar *vt* asaltar.
assalto *m* asalto *m*; **assalto à mão armada** asalto a mano armada.
assar *vt* asar.
assassinar *vt* asesinar.
assassínio *m* asesinato *m.*
assassino, na *m, f* asesino *m*, -na *f.*
assediar *vt (importunar)* asediar; *(sexualmente)* acosar.
assédio *m* asedio *m*; **assédio sexual** acoso *m* sexual.
assegurar *vt* asegurar.
❑ **assegurar-se** *vp*: **assegurar-se de que** asegurarse (de) que.
asseio *m (limpeza)* aseo *m*; *(elegância)* aliño *m*, prolijidad *f RP.*
assembléia *f* asamblea *f*; **assembléia geral** asamblea general.
assemelhar-se : **assemelhar-se a** *vp + prep* parecerse a.
assento *m* asiento *m.*
assim *adv & conj* así; **assim, sim!** ¡ahora sí!; **como assim?** ¿cómo?; **assim mesmo** así; **assim que** en cuanto; **a ser assim** de ser así; **por assim dizer** por así decirlo.

> Não se deve usar com o significado de ***imediatamente depois que outro fato terminou*** ou com o sentido similar ao do português ***logo que, assim que***. Para ele, o espanhol dispõe da expressão ***en cuanto: (En cuanto llegó todos se fueron.*** Logo que chegou, todos saíram. ***Dejaron de trabajar en cuanto sonó la campana.*** Deixaram de trabalhar assim que soou a campainha.)
>
> (Ver ***en cuanto*** e ***así*** no lado Espanhol-Português do dicionário.)

assimilar *vt* asimilar.
assinar **1** *vt (nome)* firmar; *(revista)* suscribirse a.
2 *vi (escrever nome)* firmar; **assinar em branco** firmar en blanco.
assinatura *f (nome escrito)* firma *f*; *(de revista)* suscripción *f.*
assistência *f* asistencia *f*; **assistência médica** asistencia médica.
assistir *vt* asistir.
❑ **assistir a** *v + prep (acidente, acontecimento)* ver.
assoalho *m* parquet *m.*
assoar *vt* sonar.
❑ **assoar-se** *vp* sonarse.
assobiar *vi (pessoa)* silbar; *(chaleira)* chiflar.
assobio *m (som)* silbido *m*; *(apito)* silbato *m.*
associação (*pl* **-ões**) *f* asociación *f*; **associação de idéias** asociación de ideas.

assombrado, da *adj fig* embrujado(da).
assombro *m* asombro *m.*
assunto *m* asunto *m*; **assunto encerrado!** ¡asunto zanjado!
assustador, ra (*mpl* **-res,** *fpl* **-s**) *adj* que asusta.
assustar *vt* asustar.
❑ **assustar-se** *vp* asustarse.
asterisco *m* asterisco *m.*
astral (*pl* **-ais**) *m fam (clima)* ambiente *m*; *(humor)* humor *m.*
astro *m* astro *m.*
astrologia *f* astrología *f.*
astronauta *mf* astronauta *mf.*
astronomia *f* astronomía *f.*
astúcia *f* astucia *f,* viveza *f RP.*
atacadista *mf* mayorista *mf.*
atacado *m*: **por atacado** al por mayor.
atacante *adj & mf* ESP atacante.
atacar *vt* atacar.
atadura *f* atadura *f.*
atalho *m* atajo *m.*
ataque *m* ataque *m*; **ataque cardíaco** ataque al corazón.
atar *vt* atar.
atarracado, da *adj* achaparrado(da).
até 1 *prep* hasta.
2 *adv (mesmo)* hasta, incluso.
3 **até agora** hasta ahora; **até amanhã!** ¡hasta mañana!; **até logo!** ¡hasta luego!; **até mais!** ¡hasta la próxima!; **até que enfim!** ¡al fin!; **até porque** incluso OU inclusive porque.
atear *vt (lançar fogo a)* prenderle fuego a.
atéia → **ateu.**
ateliê *m (de pintura, escultura, fotografia)* estudio *m.*
atemorizar *vt* atemorizar.
atenção (*pl* **-ões**) 1 *f* atención *f.*
2 *interj* ¡cuidado!; **chamar a atenção de alguém para algo** llamar la atención de alguien hacia OU sobre algo.
3 **prestar atenção** prestar atención; **em atenção a** en atención a.
atender 1 *vt (telefone)* contestar a *Esp,* atender *Amér*; *(em loja, em hospital)* atender.
2 *vi (telefone, campainha)* contestar, atender *Amér.*
atendimento *m* atención *f.*
atentado *m* atentado *m.*
atenuante *f* atenuante *f.*
atenuar *vt* atenuar.
aterrissagem (*pl* **-ns**) *f* aterrizaje *m.*
aterrissar *vi* aterrizar.
aterro *m* terraplén *m.*
aterrorizar *vt* aterrorizar.
atestado *m (declaração escrita)* certificado *m*; **atestado médico** certificado médico; **atestado de óbito** certificado de defunción.
ateu, atéia *m, f* ateo *m,* -a *f.*
atiçar *vt (fogo)* atizar; *(ânimo)* irritar.
atingir *vt* alcanzar; *(afetar, abranger)* afectar.
atirar 1 *vt* tirar.
2 *vi* disparar.
atitude *f* actitud *f.*
atividade *f* actividad *f*; *(evento)* acto *m.*
ativo, va *adj* activo(va).
atlas *m inv* atlas *m inv.*
atleta *mf* atleta *mf.*
atletismo *m* atletismo *m.*
atmosfera *f* atmósfera *f.*
ato *m* acto *m.*
atômico, ca *adj* atómico(ca).
ator, atriz (*mpl* **-res,** *fpl* **-zes**) *m, f* actor *m,* -triz *f.*
atordoado, da *adj* aturdido(da).
atormentado, da *adj* atormentado (da).
atração (*pl* **-ões**) *f* atracción *f.*
atrações → **atração.**
atraente *adj* atrayente.
atraiçoar *vt* traicionar.
❑ **atraiçoar-se** *vp* traicionarse.
atrair *vt lit & fig* atraer.
atrapalhar *vt (perturbar)* molestar; *(dificultar)* obstaculizar.
❑ **atrapalhar-se** *vp* liarse, embrollarse *RP.*
atrás *adv* atrás; **há dias atrás** hace días; **voltar atrás** volver atrás; *(em promessa)* echarse atrás; **atrás de** *(no espaço)* detrás de; *(no tempo)* después de OU que *Amér*; **ficar com o pé atrás** *fig* mantenerse alerta; **não ficar atrás** *fig* no quedarse atrás.
atrasado, da *adj (país, relógio, jornal etc.)* atrasado(da); *(trem, ônibus)* atrasado(da), con retraso *Esp,* retrasado(a) *Amér*; *(pagamento)* atrasado(da); *(pessoa, na escola)* retrasado(da); **chegar atrasado** llegar atrasado(da), llegar con retraso *Esp,* llegar retrasado(da) *Amér*; **estar atrasado** estar atrasado OU retrasado *Amér.*

atrasar **1** *vi (ônibus, pagamento)* atrasarse; *(relógio)* atrasar.
2 *vt (trabalho)* retrasar; *(fig: prejudicar)* atrasar.
❑ **atrasar-se** *vp* retrasarse.
atraso *m* atraso *m.*
atrativo, va **1** *adj* atractivo(va).
2 *m* atractivo *m.*
através: **através de** *prep* a través de.
atravessar *vt lit & fig* atravesar.
atrelado *m* tiro *m* (de caballos).
atrever-se: **atrever-se a** *vp + prep* atreverse a.
atrevido, da *adj* atrevido(da).
atrevimento *m* atrevimiento *m.*
atribuir *vt* atribuir.
atributo *m* atributo *m.*
átrio *m* vestíbulo *m.*
atrito *m* fricción *f.*
❑ **atritos** *mpl* conflictos *mpl.*
atriz → **ator.**
atropelamento *m* atropellamiento *m.*
atropelar *vt* atropellar.
atuação (*pl* **-ões**) *f* actuación *f.*
atual (*pl* **-ais**) *adj* actual.
atualizar *vt* actualizar.
atualmente *adv* actualmente.
atuar *vi* actuar.
atum *m* atún *m.*
aturdido, da *adj* aturdido(da).
audácia *f (coragem)* audacia *f*; *(insolência)* atrevimiento *m.*
audição (*pl* **-ões**) *f* audición *f.*
audiência *f* JUR audiencia *f.*
audiovisual (*pl* **-ais**) *adj* audiovisual.
auditório *m* auditorio *m.*
auge *m* auge *m.*
aula *f (lição)* clase *f.*

> Não confundir ***aula (clase)*** com o espanhol ***aula***, que em português é ***sala de aula***. (***Gosto muito da aula de espanhol***. Me gusta mucho la ***clase*** de español.)

aumentar **1** *vt (ampliar)* aumentar; *(acrescentar)* agregar.
2 *vi (crescer)* aumentar.
aumento *m* aumento *m.*
auréola *f* aureola *f.*
aurora *f* aurora *f*; **aurora boreal** aurora boreal.
auscultador (*pl* **-es**) *m (de telefone)* auricular *m.*
❑ **auscultadores** *mpl (de hi-fi, walkman)* auriculares *mpl.*
auscultar *vt* auscultar.
ausência *f* ausencia *f.*
ausentar-se *vp* ausentarse.
ausente *adj* ausente.
autenticar *vt* JUR autentificar.
autêntico, ca *adj* auténtico(ca); JUR certificado(da).
auto-domínio *m* autocontrol *m.*
autódromo *m* autódromo *m.*
auto-estima *f* amor *m* propio.
auto-estrada (*pl* **auto-estradas**) *f* autopista *f.*
autografar *vt* firmar autógrafos en.
autógrafo *m* autógrafo *m.*
autolocadora *f* agencia *f* de alquiler de coches OU autos *RP*, agencia *f* de renta de carros *Méx.*
automático, ca *adj* automático(ca).
automatização (*pl* **-ões**) *f* automatización *f.*
automobilismo *m* automovilismo *m.*
automobilista *mf* automovilista *mf.*
automóvel (*pl* **-eis**) *m* automóvil *m.*
autópsia *f* autopsia *f.*
autor, ra (*mpl* **-res**, *fpl* **-s**) *m, f* autor *m*, -ra *f.*
auto-retrato (*pl* **auto-retratos**) *m* autorretrato *m.*
autoridade *f* autoridad *f.*
autorização (*pl* **-ões**) *f* autorización *f.*
autorizar *vt* autorizar.
auto-serviço (*pl* **auto-serviços**) *m* autoservicio *m*, autoservice *m RP.*
auxiliar (*pl* **-res**) **1** *adj & mf* auxiliar.
2 *vt* auxiliar.
auxílio *m* auxilio *m.*
auxílio-desemprego (*pl* **auxílios-desemprego**) *m* (subsídio de) paro *m*, seguro de desempleo *m Amér.*
Av. (*abrev de* **avenida**) Av.
avalanche *f* avalancha *f.*
avaliação (*pl* **-ões**) *f* evaluación *f.*
avaliar *vt* evaluar.
avançado, da **1** *adj* avanzado(da).
2 *m, f* ESP delantero *m*, -ra *f.*
3 *m (de caravana)* toldo *m.*
avançar *vi* avanzar.
avarento, ta *adj* avaro(ra).
avaria *f* avería *f.*
avariado, da *adj* averiado(da).
ave *f* ave *f.*

aveia *f* avena *f.*
avelã *f* avellana *f.*
avenca *f* helecho *m.*
avenida *f (alameda)* avenida *f.*
avental (*pl* **-ais**) *m (de cozinha)* delantal *m.*
aventura *f* aventura *f*; **partir para a aventura** ir a la aventura.
aventureiro, ra *m, f* aventurero *m*, -ra *f.*
averiguação (*pl* **-ões**) *f (investigação)* averiguación *f*; *(inquérito policial)* investigación *f.*
averiguar *vt* averiguar.
avesso 1 *m* revés *m.*
2 *adj*: **avesso a** reacio(cia) a; **pelo avesso** al revés.
avestruz (*pl* **-zes**) *f* avestruz *f.*
avião (*pl* **-ões**) *m* avión *m*; **'por avião'** 'por avión'.
ávido, da *adj*: **ávido de** ávido(da) de.
aviões → **avião.**
avisar *vt* avisar.
aviso *m* aviso *m*; **aviso prévio** preaviso *m*; **aviso de recepção** acuse *m* de recibo.
avistar *vt* avistar.
avô, avó *m, f* abuelo *m*, -la *f.*
avós *mpl (avó e avô)* abuelos *mpl.*
avulso, sa *adj & adv* suelto(ta).
axila *f* axila *f.*
azar (*pl* **-res**) *m (falta de sorte)* mala suerte *f*; *(acaso)* azar *m*; **estar com azar** tener mala suerte; **por azar** por desgracia.
azarado, da *m, f*: **ser um azarado** tener mala suerte.
azedar *vi* cortarse.
azedo, da *adj (sopa)* agrio(gria); *(laranja)* ácido(da); *fig (pessoa)* mordaz.
azeite *m* aceite *m* (de oliva).
azeitona *f* aceituna *f*, oliva *f Esp*; **azeitonas pretas** aceitunas negras; **azeitonas recheadas** aceitunas rellenas.
azevinho *m* acebo *m.*
azinheira *f* encina *f.*
azul (*pl* **azuis**) *adj & m* azul.
azul-claro, azul-clara (*mpl* **azul-claros,** *fpl* **azul-claras**) *adj* azul claro ou celeste.
azulejo *m* azulejo *m.*
azul-escuro, azul-escura (*mpl* **azul-escuros**, *fpl* **azul-escuras**) *adj* azul oscuro.
azul-marinho *adj inv* azul marino.
azul-turquesa *adj inv* (azul) turquesa.

Bb

baba *f* baba *f.*
babá *f* niñera *f.*
babar-se *vp* babear.
baby-sitter (*pl* **baby-sitters**) *f* canguro *mf Esp,* baby-sitter *f Amér.*
bacalhau *m* bacalao *m.*
bacia *f (recipiente)* palangana *f*; *(de rio)* cuenca *f*; *ANAT* pelvis *f inv.*
baço, ça **1** *adj (embaciado)* empañado(da); *(sem brilho)* mate.
2 *m ANAT* bazo *m.*
bacon *m* panceta *f,* bacon *m Esp.*
bactéria *f* bacteria *f.*
badejo *m* abadejo *m.*
badminton *m* bádminton *m.*
bafo *m (hálito)* aliento *m.*
baforada *f (hálito)* exhalación *f*; *(de vento)* soplo *m.*
bagaço *m (de fruta)* bagazo *m.*
bagageiro *m (de carro)* maletero *m,* cajuela *f Méx,* baúl *m RP*; *(de ônibus)* portaequipajes *m inv*; *(carregador)* maletero *m,* mozo *m,* changador *m RP*; *(em cima de carro)* baca *f.*
bagagem (*pl* **-ns**) *f* equipaje *m*; **depositar a bagagem** dejar el equipaje; **despachar a bagagem** facturar *Esp* ou chequear *Méx* ou despachar *RP* el equipaje.
bagatela *f* tontería *f.*
bago *m* grano *m.*
bagunça *f* lío *m.*
baía *f* bahía *f.*
bailado *m* danza *f.*
bailarino, na *m, f* bailarín *m,* -ina *f.*
baile *m* baile *m (fiesta).*
bainha *f (de calças, saia)* dobladillo *m*; *(de espada)* funda *f.*
bairro *m* barrio *m.*
baixa *f (em terreno)* depresión *f*; *(em guerra, de doença)* baja *f*; *(de preço)* reducción *f*; *(em quantidade)* disminución *f.*
baixar **1** *vt* bajar; *INFORM* descargar.
2 *vi* bajar.
❑ **baixar-se** *vp* agacharse.
baixo, xa **1** *adj* bajo(ja); *(fig: desprezível)* rastrero(ra).
2 *adv & m* bajo.
3 **andar para baixo e para cima** andar de aquí para allá; **em** ou **para baixo** abajo; **por baixo de** por debajo de; **estar por baixo** haber caído en desgracia; **altos e baixos** altibajos *mpl.*
bala *f (de arma)* bala *f*; *(doce)* caramelo *m*; **à prova de bala** antibalas.
balança *f* balanza *f.*
❑ **Balança** *f (signo do Zodíaco)* Libra *f.*
balançar **1** *vt* balancear.
2 *vi* balancearse.
balancê *m (balanço)* columpio *m Esp & Méx,* hamaca *f RP*; *(dança) baile en grupo en el que se balancea el cuerpo sin mover los pies.*
balanço *m (de criança)* columpio *m Esp & Méx,* hamaca *f RP*; *(ação)* balanceo *m.*
balangandã *m amuleto en forma de dije.*
balão (*pl* **-ões**) *m (de ar)* pelota *f,* balón *m Esp*; *(aéreo)* globo *m.*

> Não confundir *balão (globo)* com o espanhol *balón*, que em português é *bola*. (*Há muitos balões coloridos na festa*. Hay muchos *globos* de colores en la fiesta.)

balbuciar *vt & vi* balbucear.
balbúrdia *f (desordem)* desorden *m*; *(barulho)* bulla *f.*
balcão (*pl* **-ões**) *m (de bar)* barra *f*; *(de loja)* mostrador *m*; *(de teatro)* primer piso *m*; *(de casa)* balcón *m.*
balde *m* balde *m,* cubo *m Esp.*
baldeação (*pl* **-ões**) *f* transbordo *m,* combinación *f Amér*; **fazer baldeação** hacer

transbordo OU combinación *Amér.*
balé *m* ballet *m.*
baleia *f* ballena *f.*
baliza *f* ESPORTE portería *f*, arco *m Amér.*
balofo, fa *adj* fofo(fa).
bálsamo *m lit & fig* bálsamo *m.*
bambu *m* bambú *m.*
banal (*pl* **-ais**) *adj* banal.
banana *f* plátano *m*, banana *f*; *fam (pessoa)* pasota *mf.*
bananada *f dulce hecho con pulpa de plátanos.*
bananeira *f* platanero *m*, bananero *m.*
banca *f*: **banca de jornais** quiosco *m.*
bancada *f* POL grupo *m*; *(de cozinha)* encimera *f*, mesada *f RP.*
banco *m (de cozinha)* taburete *m*; *(de carro)* asiento *m*; FIN banco *m*; **banco de areia** banco de arena; **banco de dados** banco de datos; **banco de jardim** banco de jardín.
banda *f (lado, de música)* banda *f*; *(margem)* margen *f*; *(de rock)* grupo *m*; **por aquelas bandas** por allá; **banda larga** INFORM banda ancha.
bandeira *f (de país, partido, corporação)* bandera *f*; *(de porta)* ventana *f*; **bandeira a meio pau** bandera a media asta.
bandeirinha *mf* juez *mf* de línea.
bandeja *f* bandeja *f*, charola *f Méx.*
bandido, da *m, f* bandido *m*, -da *f.*
bando *m (de aves)* bandada *f*; *(de criminosos)* banda *f.*
bandolim (*pl* **-ns**) *m* mandolina *f.*
bangalô *m* bungaló *m.*
banha *f*: **banha (de porco)** grasa *f.*
banheira *f* bañera *f*, bañadera *f Arg*, tina *f Méx.*
banheiro *m (aposento para banhos)* (cuarto de) baño *m*; *(aposento com vaso sanitário)* (cuarto de) baño *m*, toilette *m Amér.*
banhista *mf* bañista *mf.*
banho *m* baño *m*; **tomar banho** bañarse; **tomar banhos de sol** tomar baños de sol, asolearse *Amér.*
banho-maria *m* baño *m* María; **cozinhar em banho-maria** cocinar al baño María.
banir *vt (expulsar)* expulsar.
banjo *m* banjo *m.*
banquete *m* banquete *m.*
bar (*pl* **-res**) *m* bar *m.*
baralhar *vt (cartas de jogar)* barajar; *(confundir)* confundir.
❑ **baralhar-se** *vp* confundirse.
baralho *m*: **baralho (de cartas)** baraja *f Esp*, mazo *m* de cartas *Amér.*
barão (*pl* **-ões**) *m* barón *m.*
barata *f* cucaracha *f.*
barato, ta 1 *adj* barato(ta).
2 *adv* barato.
3 *m fam (curtição)* gozada *f.*
4 o mais barato el más barato; **foi o maior barato!** ¡fue superdivertido!
barba *f* barba *f*; **fazer a barba** afeitarse, rasurarse *Méx*; **pôr as barbas de molho** *fig* cuando las barbas de tu vecino veas cortar, pon las tuyas a remojar; **nas barbas de** *fig* en las barbas de.
barbante *m* cordel *m*, mecate *m Méx*, piolín *m RP.*
barbatana *f* aleta *f.*
barbeador (*pl* **-res**) *m*: **barbeador (elétrico)** máquina *f* de afeitar OU rasuradora *Méx f* (eléctrica).
barbear-se *vp* afeitarse, rasurarse *Méx.*
barbeiro *m* barbero *m*; *fam (mau motorista)* dominguero *m*, -ra *f.*
barca *f* barca *f.*
barco *m* barco *m*; **barco a motor** lancha *f* motora; **barco de lazer** barco *m* de recreo; **barco a remo** barca *f* de remos; **barco à vela** velero *m.*
barman (*pl* **-s**) *m* barman *m.*
barões *mpl* → **barão.**
baronesa *f* baronesa *f.*
barra *f* barra *f*; *(de tribunal) barrera de madera que separa a los magistrados del público*; *fam (situação)* situación *f* complicada.
barraca *f (de feira)* puesto *m*, barraca *f Esp*; *(de acampar)* tienda *f* de campaña, carpa *f Amér*; *(de praia)* caseta *f*, carpa *f Amér.*
barraco *m* chabola *f Esp*, jacal *m Méx*, rancho *m RP.*
barragem (*pl* **-ns**) *f* embalse *m.*
barranco *m* barranco *m.*
barreira *f lit & fig* barrera *f*; *(de rio)* muro *m* de contención.
barrento, ta *adj* arcilloso(sa).
barrete *m* gorro *m.*
barriga *f* barriga *f*; **de barriga** embarazada; **barriga da perna** pantorrilla; **de barriga para cima/para baixo** boca arriba/abajo.
barril (*pl* **-is**) *m (de cerveja)* barril *m*; *(de vinho)* tonel *m.*

barro *m* arcilla *f.*
barroco, ca 1 *adj* barroco(ca).
2 *m* barroco *m.*
barulhento, ta *adj* ruidoso(sa).
barulho *m* ruido *m*; *(confusão)* barullo *m*; **pouco barulho!** ¡silencio!
base *f lit & fig* base *f*; **base de dados** base de datos.
básico, ca *adj* básico(ca).
basílica *f* basílica *f.*
basquete *m* = **basquetebol.**
basquetebol *m* baloncesto *m Esp,* básquetbol *m Amér.*
basta *interj* ¡basta!
bastante *adv & adj* bastante.
bastar *vi* bastar.
bastidores *mpl* bastidores *mpl.*
bata *f* bata *f.*
batalha *f* batalla *f*; **batalha naval** batalla naval.
batata *f* patata *f Esp,* papa *f Amér*; **batata frita** patata *Esp* ou papa *Amér* frita.
batata-doce (*pl* **batatas-doces**) *f* boniato *m Esp & Urug,* batata *f Arg & Esp,* camote *m Amér.*
bate-boca (*pl* **bate-bocas**) *m* discusión *f.*
batedeira *f*: **batedeira (elétrica)** batidora *f* (eléctrica).
batelada *f* montón *m.*
batente *m (meia-porta)* hoja *f*; *(aldraba)* llamador *m*; *(trabalho) fam* curro *m Esp,* chamba *f Méx,* laburo *m RP.*
bate-papo (*pl* **bate-papos**) *m* charla *f,* plática *f Méx.*
bater 1 *vt (asas)* batir; *(tapetes, roupa)* sacudir.
2 *vi (coração)* latir; *(vencer)* vencer a; *(porta, janela)* golpear.
3 **bater à** *(porta, janela)* llamar a; **bater com algo em algo** golpear con algo en algo; **bater em** *(agredir)* pegar a; *(ir de encontro a)* chocar contra; **bater à máquina** escribir a máquina; **bater papo** charlar, platicar *Méx*; **bater o pé** insistir; **bater com o pé** dar un golpe con el pie; **bater a porta** dar un portazo; **bater as botas** *(morrer)* estirar la pata; **estava batendo o queixo de frio** le castañeteaban los dientes de frío.
bateria *f* batería *f.*
baterista *m, f* batería *mf Esp,* baterista *mf Amér.*
batida *f (de veículo)* choque *m*; *(de polícia)* redada *f*; *(bebida)* cóctel de frutas con aguardiente de caña.
batismo *m* bautismo *m.*
batizado *m* bautizo *m Esp,* bautismo *m Amér.*
batom (*pl* **-ns**) *m* lápiz *m* de labios, lápiz *m* labial *Amér.*
baú *m* baúl *m.*
baunilha *f* vainilla *f.*
bazar (*pl* **-es**) *m* bazar *m.*
BCG *m (abrev de* **Bacilo de Calmette e Guérin***)* BCG *f.*
bêbado, da *adj & m, f* borracho(cha).
bebê *m* bebé *m,* bebe *m,* -ba *f RP.*
bebedeira *f* borrachera *f*; **tomar uma bebedeira** emborracharse.
beber 1 *vt* beber.
2 *vi* beber, tomar *Amér.*
bebida *f* bebida *f.*
beça: **à beça** *adv & adj* mucho; **o concerto foi bom à beça** el concierto fue muy bueno.
beco *m* callejón *m*; **beco sem saída** callejón sin salida.
bege *adj inv* beige.
begônia *f* begonia *f.*
beija-flor (*pl* **beija-flores**) *m* colibrí *m,* picaflor *m Amér.*
beijar *vt* besar.
❑ **beijar-se** *vp* besarse.
beijo *m* beso *m.*
beira *f (do estrada)* arcén *m,* acotamiento *m Méx,* banquina *f RP*; *(de rio)* orilla *f*; *(de precipício)* borde *m*; **à beira de** *(junto de)* al lado de; *(fig: no limiar de)* al borde de.
beira-mar *f* costa *f*; **à beira-mar** a la orilla del mar.
beira-rio *f* ribera *f.*
beisebol *m* béisbol *m,* beisbol *m Méx.*
belas-artes *fpl* bellas artes *fpl.*
beldade *f* beldad *f.*
beleza *f* belleza *f*; *(maravilha)* maravilla *f.*
beliche *m* litera *f,* cucheta *f RP.*
beliscão (*pl* **-ões**) *m* pellizco *m,* pellizcón *m RP.*
beliscar *vt* pellizcar.
belo, la *adj* bello(lla); *(dia, livro, obra)* hermoso(sa).
bem 1 *m* bien *m*; **praticar o bem** hacer el bien.
2 *adv* (a) bien; **dormiu bem?** ¿dormiste bien?; **fez bem!** ¡hiciste bien!; **sente-se**

bem? ¿te encuentras *Esp* ou sientes *Amér* bien?
(b) *(exprime opinião favorável)*: **estar bem** estar bien.
(c) *(suficiente)*: **estar bem** ser suficiente, estar bien *Amér.*
(d) *(muito)* muy; **queria uma bebida bem gelada** quería una bebida muy ou bien *Amér* fría; **quero um quarto bem quente** quiero una habitación con calefacción, quiero una habitación bien calefaccionada *Amér.*
(e) *(bastante)* bastante; **é um carro bem espaçoso** es un coche bastante espacioso ou amplio; **é um lugar bem bonito** es un lugar bastante bonito.
(f) *(exatamente)* justo, exactamente *Amér*; **não é bem assim** no es exactamente así; **não é bem aqui, é mais para baixo** no es exactamente aquí sino más abajo.
(g) *(com cheirar)* bien.
(h) *(com passar)* bien; **passar bem!** ¡que lo pases bien!; **passou bem, Sr. Antônio?** ¿lo pasó bien, Sr. Antonio?
(i) *(em locuções)*: **bem que** bien que; **bem como** así como; **bem feito!** ¡te está bien merecido! *Esp,* ¡bien hecho! *Amér*; **está bem!** ¡vale! *Esp,* ¡está bien! *Amér,* ¡órale! *Méx*; **muito bem!** ¡muy bien!; **por bem ou por mal** por las buenas o por las malas; **se bem que** aunque.
3 *adj inv*: **gente bem** gente bien.
❑ **bens** *mpl* bienes *mpl*; **bens imóveis** bienes inmuebles; **bens de consumo** bienes de consumo.

bem-disposto, osta *adj* bienhumorado(da).

bem-estar *m* bienestar *m.*

bem-vindo, da *adj* bienvenido(da).

bendizer *vt* elogiar.

beneficência *f* beneficencia *f.*

beneficiar *vt* beneficiar.

benefício *m* ventaja *f.*

benéfico, ca *adj (vantajoso)* ventajoso(sa); *(saudável)* benéfico(ca).

benevolência *f* benevolencia *f.*

benévolo, la *adj* benévolo(la).

bengala *f* bastón *m.*

benigno, na *adj* benigno(na).

benzer *vt* bendecir.
❑ **benzer-se** *vp* santiguarse.

berbigão (*pl* **-ões**) *m* berberecho *m.*

berço *m* cuna *f.*

berinjela *f* berenjena *f.*

berloque *m* pendiente *m.*

berrante *adj* chillón(ona).

besouro *m* escarabajo *m.*

besta *adj & f* bestia.

besteira *f fam* bobada *f.*

besuntar *vt (untar)* embadurnar; *(sujar com gordura)* llenar de grasa, engrasar *RP.*

beterraba *f* remolacha *f*, betabel *f Méx.*

betoneira *f* hormigonera *f.*

bétula *f* abedul *m.*

betume *m* masilla *f.*

bexiga *f* vejiga *f.*

bezerro *m* becerro *m.*

Bíblia *f* Biblia *f.*

biblioteca *f* biblioteca *f*; **biblioteca itinerante** biblioteca ambulante.

bibliotecário, ria *m, f* bibliotecario *m*, -ria *f.*

bicar *vt & vi* picotear.

bicho *m* bicho *m.*

bicho-da-seda (*pl* **bichos-da-seda**) *m* gusano *m* de seda.

bicicleta *f* bicicleta *f.*

bico *m* punta *f*; *(de ave)* pico *m*; *(de fogão)* quemador *m.*

bidê *m* bidet *m.*

bienal (*pl* **-ais**) *f* bienal.

bife *m* bistec *m*, bife *m RP*; **bife a cavalo** bistec con huevos fritos, bife a caballo *RP*; **bife à milanesa** milanesa *f*; **bife de panela** estofado *m* de carne, bife a la cacerola *RP.*

bifurcação (*pl* **-ões**) *f* bifurcación *f.*

bigode *m* bigote *m.*

bijuteria *f* bisutería *f*, bijouterie *f RP.*

bilha *f* cántaro *m.*

bilhão (*pl* **-ões**) *num* mil millones.

bilhar (*pl* **-res**) *m* billar *m*; **jogar bilhar** jugar al billar.

bilhete *m (de cinema, teatro)* entrada *f*; *(de trem)* billete *m Esp*, pasaje *m Amér*, boleto *m Amér*; **bilhete de ida** billete de ida *Esp*, pasaje ou boleto de ida *Amér*; **bilhete de ida e volta** billete de ida y vuelta *Esp*, pasaje ou boleto de ida y vuelta *Amér*; **bilhete postal** tarjeta *f* postal.

bilheteria *f* taquilla *f Esp*, boletería *f Amér.*

bilhões → **bilhão.**

bilíngüe *adj* bilingüe.

biliões → **bilião.**

bílis *f* bilis *f.*

binóculo *m* prismáticos *mpl*, largavistas *mpl RP.*

biodiversidade *f* biodiversidad *f.*

biografia *f* biografía *f.*

biologia *f* biología *f.*

biólogo, ga *m, f* biólogo *m*, -ga *f.*

biombo *m* biombo *m.*

biópsia *f* biopsia *f.*

biqueira *f (de sapato)* puntera *f.*

biquíni *m* biquini *m.*

birra *f* rabieta *f*; **fazer birra** hacer pucheros.

bis *interj* ¡otra!

bisavô, vó *m, f* bisabuelo *m*, -la *f.*

bisavós *mpl* bisabuelos *mpl.*

biscoito *m* galleta *f*; **biscoito amanteigado** galleta de mantequilla.

bisnaga *f (de pomada, pasta de dentes)* tubo *m*; *(pão)* barra *f Esp & Méx*, flauta *f RP.*

bisneto, ta *m, f* bisnieto *m*, -ta *f.*

bispo *m (de Igreja)* obispo *m*; *(em xadrez)* alfil *m.*

bissexto *adj m* → **ano.**

bisteca *f* bistec *m*, bife *m RP.*

bisturi *m* bisturí *m.*

bit *m* bit *m.*

bizarro, a *adj* raro(ra).

blasfemar *vi* blasfemar.

blasfêmia *f* blasfemia *f.*

blazer (*pl* **-res**) *m* blazer *m*, americana *f Esp.*

bloco *m (de papel)* bloc *m*; *(de apartamentos)* bloque *m*; **bloco carnavalesco** comparsa *f*; **em bloco** en bloque.

blog *m* INFORM bitácora *f.*

bloquear *vt* bloquear.

blusa *f* blusa *f.*

blusão (*pl* **-ões**) *m* chaqueta *f.*

boa[1] → **bom.**

boa[2] *f (cobra)* boa *f.*

boa-noite **1** *interj* ¡buenas noches!
2 *f*: **dar boa-noite** dar las buenas noches.

boa-pinta (*pl* **boas-pintas**) *fam adj & mf* guapo(pa).

boa-praça (*pl* **boas-praças**) *fam* **1** *adj* simpático(ca).
2 *mf* buen tipo *m*, buena tipa *f.*

boas-festas **1** *interj* ¡felices fiestas!
2 *fpl*: **desejar boas-festas** desear felices fiestas.

boas-vindas *fpl*: **dar as boas-vindas** dar la bienvenida.

boa-tarde *interj* ¡buenas tardes!

boate *f* discoteca *f*, boîte *f.*

boato *m* rumor *m.*

boa-vida (*pl* **boas-vidas**) *mf fam* vividor *m*, -ra *f*, bon vivant *m RP.*

bobagem (*pl* **-ns**) *f* bobada *f.*

bobina *f* bobina *f.*

bobo, ba *m, f* bobo *m*, -ba *f.*

boca *f* boca *f*; *(de caminho)* entrada *f*; *(de rio)* embocadura *f*; *(de forno, fogão)* quemador *m*, hornillo *m Méx*, hornalla *f RP*; **bater boca** discutir; **botar a boca no mundo** gritar; **ser boa boca** tener buen diente.

bocado *m (de pão, bolo, queijo)* trozo *m*; *(de tempo)* rato *m.*

bocal (*pl* **-ais**) *m (de castiçal)* abertura *f*; *(de instrumento musical)* boquilla *f.*

bocejar *vi* bostezar.

bochecha *f* moflete *m.*

bochechar *vi* hacer gárgaras.

boda *f* boda *f*, casamiento *m RP*; **bodas de ouro** bodas de oro; **bodas de prata** bodas de plata.

bode *m* macho *m* cabrío; **bode expiatório** chivo *m* expiatorio.

bofetada *f* bofetada *f.*

boi *m* buey *m.*

bóia *f (de natação)* flotador *m*; *(de barco, de pesca)* boya *f*; *fam (comida)* papeo *m Esp*, morfe *m RP.*

bóia-fria (*pl* **bóias-frias**) *mf* jornalero *m*, -ra *f (agrícola).*

boiar *vi (flutuar)* flotar; *(não entender) fam fig* no cazar nada.

boina *f* boina *f.*

bola *f* pelota *f*; *fam (cabeça)* coco *m*; **não ser certo da bola** *fam* estar mal del coco; **dar bola para** *fam* intentar ligar con, cargar(se) a *RP.*

bolacha *f* galleta *f*; *fam (bofetada)* galleta *f Esp*, bife *m RP*; **bolacha de água e sal** galleta salada.

bolbo *m* bulbo *m.*

boléia *f* asiento *m* del conductor.

boletim (*pl* **-ns**) *m (publicação periódica)* boletín *m*; EDUC boletín *m* de evaluación; **boletim médico** parte *m* médico; **boletim meteorológico** parte *m* meteorológico.

bolha *f (em pele)* ampolla *f*; *(em líquido)* burbuja *f.*

bolinho *m* croqueta *f*; **bolinho de arroz**

croqueta de arroz; **bolinho de bacalhau** croqueta de bacalao; **bolinho de carne** albóndiga *f.*

bolo *m* pastel *m*, torta *f RP*; **dar o bolo em alguém** dejar plantado(da) a alguien.

bolor *m* moho *m.*

bolota *f* bellota *f.*

bolsa *f* bolso *m*, bolsa *f Esp*, cartera *f*; **bolsa de estudos** bolsa de estudios, beca *f* de estudios *RP*; **bolsa de valores** bolsa de valores.

> Não confundir ***bolsa (cartera)*** com o espanhol ***bolsa***, que em português é ***sacola***. (***Alguém roubou a bolsa da Maria***. Alguien robó la ***cartera*** de María.)

bolso *m* bolsillo *m*, bolsa *f Méx.*

bom, boa (*mpl* **bons**, *fpl* **boas**) *adj* bueno(na); **tudo bom?** ¿qué tal?

bomba *f* bomba *f*; **bomba atômica** bomba atómica; **levar bomba** *fam* catear *Esp*, reprobar *Amér*, marchar *RP.*

bombardear *vt* bombardear.

bombeiro *m* bombero *m*; fontanero *m Esp*, plomero *m Amér*; **corpo de bombeiros** cuerpo *m* de bomberos.

bombo *m* bombo *m.*

bombom (*pl* **-ns**) *m* bombón *m.*

bondade *f* bondad *f.*

bonde *m* tranvía *m*; **andar de bonde** ir en tranvía.

bondoso, osa *adj* bondadoso(sa).

boné *m* gorra *f.*

boneca *f* muñeca *f*; **boneca de trapos** muñeca de trapo.

boneco *m (brinquedo)* muñeco *m*; *(desenho)* monigote *m*; **boneco de neve** muñeco de nieve.

bonito, ta 1 *adj* bonito(ta); *(homem, mulher)* guapo(pa) *Esp*, bonito(ta) *Amér.*
2 *m (peixe)* bonito *m.*

bônus *m inv (de empresa)* bonificación *f*; *(de loja)* vale *m.*

borboleta *f* mariposa *f.*

borbulhar *vi* burbujear.

borda *f* borde *m*; *(de rio)* orilla *f.*

bordado, da 1 *adj* bordado(da).
2 *m* bordado *m.*

bordar *vt & vi* bordar.

bordel (*pl* **-éis**) *m* burdel *m.*

bordo *m (de navio)* bordo *m*; **a bordo** a bordo.

borra *f (de café, vinho)* posos *mpl Esp*, borra *f Amér.*

borracha *f (material)* goma *f*, hule *m Méx*; *(de apagar)* goma *f* (de borrar).

> Não confundir ***borracha (goma de borrar)*** com o espanhol ***borracha***, que em português é ***bêbada***. (***A menina sempre perde sua borracha***. La niña siempre pierde su ***goma de borrar***.)

borrão (*pl* **-ões**) *m* borrón *m.*

borrasca *f* tormenta *f.*

borrego *m (animal)* borrego *m*; *(carne)* cordero *m.*

borrifar *vt*: **borrifar algo com algo** rociar algo con algo.

bosque *m* bosque *m.*

bossa *f (charme)* encanto *m*; **bossa nova** bossa nova *f.*

bota *f (calçado)* bota *f.*

botânico, ca 1 *m, f (profissão)* botánico *m*, -ca *f.*
2 *f (ciência)* botánica *f.*
3 *adj* → **jardim.**

botão (*pl* **-ões**) *m (de vestuário, de aparelho)* botón *m*; *(de flor)* capullo *m*; **botão de punho** gemelo *m Esp & RP*, mancuerna *f Amér.*

botar *vt*: **botar banca** *fam* hacer de sargento(ta).

bote *m* bote *m*; **bote salva-vidas** bote salvavidas.

botequim (*pl* **-ns**) *m* bar *m*, boliche *m RP.*

botijão (*pl* **-ões**) *m* bombona *f.*

boutique *f* = **butique.**

boxe *m* boxeo *m*, box *m Amér.*

braçadeira *f (de cano, mangueira)* abrazadera *f*; *(de cortina)* alzapaño *m*; *(para natação)* flotador *m (para los brazos).*

bracelete *m* brazalete *m.*

braço *m* brazo *m*; *(de viola, violino, violoncelo)* mástil *m*; **de braço dado** del brazo; **não dar o braço a torcer** no dar el brazo a torcer; **meter o braço em alguém** *fam* calentar a alguien, darle en la madre a alguien *Méx*, darle un piñazo a alguien *RP.*

bradar *vt & vi* gritar.

braguilha *f* bragueta *f.*

branco, ca 1 *adj & m, f* blanco(ca).
2 *m* blanco *m*; **em branco** en blanco.

brandir *vt* blandir.

brando, da *adj* blando(da); **cozinhar em fogo brando** cocer a fuego lento.

brasa *f* brasa *f*.
brasão (*pl* **-ões**) *m* blasón *m*.
bravio, via *adj (animal)* salvaje; *(terreno)* silvestre.
bravo, va 1 *adj (valente, tempestuoso)* bravo(va); *(selvagem)* salvaje; *(fig: furioso)* furioso(sa).
2 *interj* ¡bravo!
brejo *m* pantano *m*.
breve *adj* breve; **em breve** en breve; **até breve!** ¡hasta pronto!
brevemente *adv* brevemente.
briga *f* pelea *f*.
brigada *f* brigada *f*.
brilhante *adj & m lit & fig* brillante.
brilho *m* brillo *m*.
brincadeira *f (jogo)* juego *m*; *(gracejo)* chiste *m*, cuento *m Méx*.
brincalhão, ona (*mpl* **-ões**, *fpl* **-s**) *adj & m, f* juguetón(ona).
brincar *vi (criança)* jugar; *(gracejar)* bromear.
brinco *m* pendiente *m*, aro *m Andes & RP*; **estar um brinco** estar primoroso(sa).
brinco-de-princesa (*pl* **brincos-de-princesa**) *m* fucsia *f*.
brindar *vt & vi* regalar.
brinde *m* regalo *m*; **fazer um brinde** hacer un brindis.
brinquedo *m* juguete *m*.
brisa *f* brisa *f*.
broca *f (de parede, madeira)* taladro *m*; *(de dentes)* torno *m*.
broche *m (jóia)* broche *m*.
brócolis *mpl* brócoli *m*.
bronca *f fam (repreensão)* bronca *f*, rezongo *m RP*.
bronquite *f* bronquitis *f*.
bronze *m* bronce *m*.
bronzeado, da 1 *adj* moreno(na).
2 *m* moreno *m*, bronceado *m*.
bronzeador (*pl* **-res**) *m* bronceador *m*.
bronzear-se *vp* ponerse moreno(na), broncearse.
brotar 1 *vi* brotar.
2 *vt (líquido)* hacer brotar.
broxa *f* brocha *f*.
bruma *f* bruma *f*.
brusco, ca *adj* brusco(ca).
brutal (*pl* **-ais**) *adj* brutal.
bruto, ta *adj* bruto(ta); **em bruto** en bruto.
bruxa *f* bruja *f*.
búfalo *m* búfalo *m*.
bufê *m (de sala de jantar)* aparador *m*; *(de teatro, trem)* bar *m*; *(de casamento)* bufé *m*.
bugigangas *fpl* baratijas *fpl*.
bule *m* cafetera *f*.
bulldozer (*pl* **-es**) *m* bulldozer *m*.
bunda *f fam* trasero *m*, cola *f RP*.
buraco *m* agujero *m*.
burla *f (fraude)* timo *m*.
burlão, ona (*mpl* **-ões**, *fpl* **-s**) *m, f* timador *m*, -ra *f*.
burocracia *f* burocracia *f*.
burro, a *adj & m, f* burro(rra).
busca *f* búsqueda *f*, busca *f*; **em busca de** en búsqueda ou busca de.
buscar *vt* buscar; **ir buscar** ir a buscar.
bússola *f* brújula *f*.
bustiê *m* bustier *m*.
busto *m* busto *m*.
butique *f* boutique *f*.
buzina *f* bocina *f*.
buzinar *vi* tocar la bocina.
búzio *m* caracola *f*.

C

cá *adv* acá; **andar de lá para cá** andar de aquí para allá; **para cá** para acá.
cabana *f* cabaña *f.*
cabeça *f* cabeza *f*; *(fig: dirigente)* jefe *m*, -fa *f*; **por cabeça** por cabeza; **cabeça fria** serenidad *f*; **de cabeça** de memoria; **de cabeça para baixo** patas arriba; *(posição)* al revés; **fazer a cabeça de alguém** *fam* comerle el coco a alguien; **não ter pé nem cabeça** no tener ni pies ni cabeza; **perder a cabeça** perder la cabeza.
cabeçada *f* cabezazo *m.*
cabeçalho *m* cabecera *f.*
cabeceira *f* cabecera *f*; **livro de cabeceira** libro *m* de cabecera.
cabeçudo, da *adj* terco(ca).
cabeleira *f (verdadeira)* cabellera *f*; *(postiça)* peluca *f.*
cabeleireiro, ra 1 *m, f* peluquero *m*, -ra *f.*
2 *m* peluquería *f.*
cabelo *m* pelo *m*, cabello *m*; **ir cortar o cabelo** ir a cortarse el pelo.
caber *vi* caber.
❑ **caber a** *v + prep*: **caber a alguém fazer algo** competir a alguien hacer algo; **não caber em si de** no caber en sí de.
cabide *m (de roupa)* percha *f*; *(de chapéu)* perchero *m.*
cabine *f (telefônica, de avião)* cabina *f*; *(de navio)* camarote *m*; *(de trem)* compartimento *m.*
cabisbaixo, xa *adj fig* cabizbajo(ja).
cabo *m* cabo *m*; *(de utensílio)* mango *m*; *(de eletricidade)* cable *m*; **ao cabo de** al cabo de; **dar cabo de algo** destrozar algo; **de cabo a rabo** de cabo a rabo.
cabra *f* cabra *f.*
cabrito *m* cabrito *m*; **cabrito assado** cabrito asado.
caça 1 *f* caza *f.*
2 *m (avião)* caza *m.*
3 caça submarina caza submarina; **à caça de** a la caza de.
caçador, ra (*mpl* **-res,** *fpl* **-s**) *m, f* cazador *m*, -ra *f.*
cação *m (peixe)* cazón *m.*
caçar *vt* cazar.
caçarola *f (de barro)* cazuela *f* de barro; *(panela)* cacerola *f.*
cacau *m* cacao *m.*
cacetada *f* porrazo *m.*
cachaça *f* cachaza *f*, caña *f Amér.*
cachê *m* caché *m.*
cachecol (*pl* **-óis**) *m* bufanda *f.*
cachimbo *m* pipa *f.*
cacho *m (de uvas)* racimo *m*; *(de cabelo)* mechón *m*; **cacho de bananas** racimo de plátanos.
cachorro *m* perro *m.*
cachorro-quente *m* perrito *m* caliente, pancho *m RP.*
cacto *m* cactus *m inv.*
caçula *mf* benjamín *m*, -ina *f.*
cada *adj* cada; **cada qual** cada cual; **cada um/uma** cada uno/una; **de cada vez** por vez; **cada vez mais** cada vez más; **cada vez que** cada vez que; **cada um por si** cada uno a lo suyo.
cadarço *m* cordón *m.*
cadastro *m (de propriedade)* registro *m*; *(de criminoso)* fichero *m* policial.
cadáver (*pl* **-res**) *m* cadáver *m.*
cadê *adv fam* ¿dónde está ...?
cadeado *m* candado *m.*
cadeia *f* cadena *f*; *(prisão)* cárcel *f.*
cadeira *f (assento)* silla *f*; *(em universidade)* cátedra *f*; **cadeira de balanço** mecedora *f*; **cadeira de rodas** silla de ruedas.

Não confundir ***cadeira (silla)*** com o espanhol ***cadera***, que em português é ***quadril***. (Há ***quatro cadeiras na sala***. Hay cuatro ***sillas*** en el living.)

cadela *f* perra *f*.
cadência *f* cadencia *f*.
caderneta *f* libreta *f*; **caderneta de poupança** libreta de ahorros.
caderno *m* cuaderno *m*.
caducar *vi (prazo, passaporte, visto)* caducar; *(pessoa)* hacerse viejo(ja).
caduco, ca *adj* caduco(ca).
cães → **cão.**
café *m* café *m*; **café com leite** café con leche; **café da manhã** desayuno *m*.
cafeína *f* cafeína *f*.
cafeteira *f* cafetera *f*.
cafezinho *m* café *m* solo.
cágado *m* tortuga *f* de agua dulce.
cagar 1 *vi vulg* cagar.
2 *vt fam* ensuciar.
caiar *vt* encalar.
cãibra *f* calambre *m*.
caipira *adj* pueblerino(na).
caipirinha *f* caipiriña *f*.
cair *vi (objeto, pessoa)* caerse; *(roupa)* sentar; *(comida)* sentar *Esp*, caer *Amér*; *(água)* caer; **cair bem/mal** caer bien/mal; **cair na realidade** entrar en razón; **cair em si** entrar en razón; **nessa não caio eu!** ¡no me la dan con queso!, ¡a mí no me agarran! *RP*.
cais *m inv (de rio, mar)* muelle *m*; *(de metrô, trem)* andén *m*; **cais de embarque** embarcadero *m*.
caixa 1 *f* caja *f*; *(segurança social)* seguridad *f* social; *(de arma)* cámara *f*.
2 *mf* cajero *m*, -ra *f*.
3 caixa-alta *(maiúscula)* mayúscula *f*; **caixa automático** cajero *m* automático; **caixa-baixa** *(minúscula)* minúscula *f*; **caixa de câmbio** caja de cambios; **caixa craniana** cavidad *f* craneana; **caixa de crédito** caja de crédito; **caixa do correio** buzón *m*; **caixa postal** apartado *m* de correos; **caixa de fósforos** caja de cerillas ou fósforos *RP*; **caixa registradora** caja registradora; **caixa toráxica** caja torácica.
caixão (*pl* **-ões**) *m* ataúd *m*, féretro *m*.
caixeiro-viajante *m* vendedor *m* ambulante.
caixilho *m (moldura)* marco *m*.
caixões → **caixão.**
caixote *m* cajón *m*.
caju *m* anacardo *m*, cajú *m RP*.
cal *f* cal *f*.
calado, da *adj* callado(da); **fique calado!** ¡cállate!
calafrio *m* escalofrío *m*.
calamidade *f* calamidad *f*.
calão *m* argot *m*.
calar-se *vp* callarse.
calça *f (de homem, mulher)* pantalones *mpl*; *(roupa de baixo)* bragas *fpl*, pantaleta *f Méx*, bombacha *f RP*.
calçada *f (passeio)* acera *f*, banqueta *f Méx*, vereda *f RP*.
calçadeira *f* calzador *m*.
calçado, da 1 *adj (pés)* calzado(da); *(rua)* pavimentado(da).
2 *m* calzado *m*.
calcanhar (*pl* **-res**) *m* talón *m*.
calção (*pl* **-ões**) *m* calzón *m*, short *m RP*; **calção de banho** traje *m* de baño.
calcar 1 *vt* pisar.
2 *vi* apretar.
calçar *vt (sapatos, meias, luvas)* ponerse; *(rua, passeio)* asfaltar; *(pôr calço)* calzar; **que número você calça?** ¿qué número calza?; **calço 37** calzo el 37.
calcário *m* roca *f* caliza.
calcinha *f* bragas *fpl*, pantaleta *f Méx*, bombacha *f RP*.
cálcio *m* calcio *m*.
calço *m (cunha)* calzo *m*; *(golpe de pé)* zancadilla *f*.
calculadora *f* calculadora *f*; **calculadora de bolso** calculadora de bolsillo.
calcular *vt* calcular.
cálculo *m* cálculo *m*; **pelos meus cálculos** según mis cálculos.
calda *f* almíbar *m*.
caldeira *f* caldera *f*.
caldo *m* caldo *m*; *(suco de fruto, planta)* jugo *m*; **caldo de cana** zumo *m* de caña de azúcar.
calendário *m* calendario *m*.
calhamaço *m fam (livro grande)* tocho *m*, ladrillo *m RP*.
calhar *vi (vir a propósito)* coincidir; **calhar bem/mal** venir bien/mal a alguien; **vir a calhar** ser muy oportuno(na).
calhau *m (pedra grande)* canto *m*.
calibragem (*pl* **-ns**) *f (de pneus)* presión *f*.

calibre *m lit & fig* calibre *m*.
cálice *m (sagrado)* cáliz *m*; *(copo)* copa *f*.
calista *mf* callista *mf*.
calma 1 *f* calma *f*.
2 *interj* ¡calma!; **ter calma** tener calma; **perder a calma** perder la calma.
calmante *m & adj* calmante.
calmo, ma *adj (pessoa, lugar)* tranquilo (la); *(tempo)* calmado(da).
calo *m* callo *m*; **pisar nos calos de alguém** *fig* incordiar a alguien.
calor *m* calor *m*; **estar com calor** tener calor; **fazer calor** hacer calor.
caloria *f* caloría *f*.
calorífero, ra 1 *adj* calorífero(ra).
2 *m* radiador *m*.
calouro, ra *m,f* novato *m*, -ta *f*.
calúnia *f* calumnia *f*.
calvo, va *adj* calvo(va).
cama *f* cama *f*; **cama de acampar** catre *m*; **cama de casal** cama de matrimonio; **cama de solteiro** cama individual; **estar de cama** estar en cama.
cama-beliche (*pl* **camas-beliches**) *f* litera *f*, cucheta *f RP*.
camada *f* capa *f*; *(quantidade)* cantidad *f*; **a camada de ozônio** la capa de ozono.
camaleão (*pl* **-ões**) *m* camaleón *m*.
câmara *f*: **câmara fotográfica** cámara *f* fotográfica; **câmara municipal** ayuntamiento *m*, municipalidad *f Amér*; **câmara de vídeo** cámara de vídeo; **em câmara lenta** a cámara lenta.
camarada *mf (colega)* compañero *m*, -ra *f*; *(de partido)* camarada *mf*; *fam (forma de tratamento)* colega *mf*, cuate *m*, -ta *f Méx*.
câmara-de-ar (*pl* **câmaras-de-ar**) *f* cámara *f*.
camarão (*pl* **-ões**) *m* camarón *m*.
camarim (*pl* **-ns**) *m* camerino *m*, camarín *m RP*.
camarote *m (de navio)* camarote *m*; *(de teatro)* palco *m*.
cambalear *vi* tambalearse.
cambalhota *f* voltereta *f*.
câmbio *m* cambio *m*; **câmbio negro** mercado *m* negro; **câmbio oficial** cambio oficial; **câmbio paralelo** mercado negro.
cambraia *f* batista *f*.
camelo *m* camello *m*.
camelô *m* vendedor *m* ambulante.
caminhada *f* caminata *f*.
caminhão (*pl* **-ões**) *m* camión *m*.
caminhar *vi* caminar.
caminho *m* camino *m*; *(fig: meio)* medio *m*, manera *f*; **a caminho** en camino; **a caminho de** camino de; **pelo caminho** por el camino; **meio caminho andado** medio camino andado; **cortar caminho** cortar camino; **ir pelo mesmo caminho** *fig* ir por el mismo camino.
caminhões → **caminhão.**
caminhoneiro, ra *m, f* camionero *m*, -ra *f*.
caminhonete *f (para passageiros)* microbús *m*; *(para mercadorias)* camioneta *f*.
camisa *f* camisa *f*; **mudar de camisa** *ESP* cambiar de equipo.
camisa-de-força (*pl* **camisas-de-força**) *f* camisa *f* de fuerza.
camisa-de-vênus (*pl* **camisas-de-vênus**) *f* preservativo *m*.
camiseta *f* camiseta *f*.
camisinha *f fam* condón *m*, preservativo *m*, forro *m Arg*.
camomila *f* manzanilla *f*.
campainha *f (de porta)* timbre *m*; *(de alarme)* sirena *m*; *(sino pequeno)* campanilla *f*.
campanário *m* campanario *m*.
campanha *f* campaña *f*; **campanha eleitoral/publicitária** campaña electoral/ publicitaria.
campeão, peã (*mpl* **-ões,** *fpl* **-s**) *m, f* campeón *m*, -ona *f*.
campeonato *m* campeonato *m*.
campestre *adj* campestre.
camping *m* camping *m*.
campismo *m* camping *m*.
campo *m* campo *m*; **campo de futebol** campo *m* ou cancha *f Andes & RP* de fútbol; **campo de golfe** campo *m* ou cancha *f Andes & RP* de golf; **campo de tiro** campo de tiro.
camuflagem (*pl* **-ns**) *f* camuflaje *m*.
camuflar *vt* camuflar.
camurça *f* ante *m*, gamuza *f RP*.
cana *f* caña *f*; **ir em cana** *fam* ser enchironado(da) *Esp*, ir al bote *Méx*, ir en cana *RP*.
cana-de-açúcar (*pl* **canas-de-açúcar**) *f* caña *f* de azúcar.
canal (*pl* **-ais**) *m* canal *m*.
canalha *mf (patife)* canalla *mf*.
canalização (*pl* **-ões**) *f* cañerías *fpl*.
canalizar *vt lit & fig* canalizar.
canapé *m* canapé *m*.
canário *m* canario *m*.

canastra *f* canasto *m.*
canção (*pl* **-ões**) *f* canción *f.*
cancela *f (de casa, jardim)* verja *f*; *(de passagem de nível)* barrera *f.*
cancelamento *m* cancelación *f.*
cancelar *vt* cancelar.
câncer (*pl* **-res**) *m* cáncer *m inv.*
❑ **Câncer** *m (signo do Zodíaco)* Cáncer *m.*
cancerígeno, na *adj* cancerígeno(na).
canções → **canção.**
candelabro *m (lustre)* araña *f*; *(castiçal grande)* candelabro *m.*
candidato, ta *m, f* candidato *m*, -ta *f*; **ser candidato a algo** ser candidato a algo.
candomblé *m* candomblé *m.*
caneca *f (utensílio)* taza *f*, tazón *m*; *(de cerveja)* jarra *f.*
canela *f (condimento)* canela *f*; *(de perna)* espinilla *f*; **esticar a canela** *fam* estirar la pata.
caneta *f* pluma *f*, lapicera *f RP*; **caneta esferográfica** bolígrafo *m.*
caneta-tinteiro (*pl* **canetas-tinteiros**) *f* pluma *f* estilográfica, lapicera *f* fuente *RP.*
canga *f (de praia)* pareo *m.*
canguru *m* canguro *m.*
canhão (*pl* **-ões**) *m* cañón *m.*
canhoto, ota 1 *adj & m, f* zurdo(da).
2 *m (de talão, cheque)* matriz *f Esp*, talón *m Amér.*
canibal (*pl* **-ais**) *mf* caníbal *mf.*
caniço 1 *adj inv fam* flacucho(cha).
2 *m (de pesca)* caña *f.*
canil (*pl* **-is**) *m* perrera *f*, caseta *f.*
caninha *f (cachaça)* cachaza *f*, caña *f RP.*
canis → **canil.**
canivete *m* navaja *f.*
canja *f*: **canja (de galinha)** *sopa de pollo con arroz*; **é canja!** *fam* ¡es facilísimo!, ¡está chupado! *Esp.*
cano *m (de água, gás)* tubería *f*, caño *m RP*; *(de arma)* cañón *m*; *(de bota)* caña *f*; **cano de descarga** tubo ou caño *RP m* de escape; **cano de esgoto** desagüe *m*; **entrar pelo cano** *fam* salir mal parado(da).
canoa *f* canoa *f.*
canoagem *f* piragüismo *m*; **fazer canoagem** hacer piragüismo.
cansaço *m* cansancio *m.*
cansado, da *adj*: **estar cansado** estar cansado(da).
cansar *vt* cansar.
❑ **cansar-se** *vp* cansarse.
cansativo, va *adj* cansador(a).
cantada *f fam* piropo *m.*
cantar *vi & vt* cantar; *fam (seduzir)* piropear, cargar *RP.*
cantarolar *vi & vt* canturrear.
cantiga *f* cantiga *f.*
cantil (*pl* **-is**) *m* cantimplora *f.*
cantina *f (de escola, empresa, quartel)* comedor *f*, cantina *f Esp & RP*; *(de instituição de caridade)* comedor *m.*
cantis → **cantil.**
canto *m (da mesa)* esquina *f Esp*, punta *f Méx & RP*; *(da sala)* rincón *m*, esquina *f Esp & Méx*; *(forma de cantar)* canto *m.*
cantor, ra (*mpl* **-res**, *fpl* **-s**) *m, f* cantante *mf.*
canudo *m (tubo)* pajita *f Esp & RP*, popote *m Méx & RP*; *fam (diploma de curso)* título *m*, cartón *m RP.*
cão (*pl* **cães**) *m* perro *m*; **cão de guarda** perro guardián.
caos *m fig* caos *m inv.*
caótico, ca *adj* caótico(ca).
capa *f (peça de vestuário)* impermeable *m*; *(de livro, caderno)* tapa *f*; *(dossiê escolar)* carpeta *f*; *(pasta de cartão, plástico)* carpeta *f*; **capa frontal** *(para celular)* carcasa *f*; **capa impermeável** impermeable *m.*
capacete *m* casco *m.*
capacidade *f lit & fig* capacidad *f*; *(potência)* potencia *f.*
capar *vt* capar.
capaz (*pl* **-zes**) *adj* capaz; **ser capaz de fazer algo** ser capaz de hacer algo; **é capaz de chover** puede que llueva.
capela *f* capilla *f.*
capital (*pl* **-ais**) **1** *f (de país, região, distrito)* capital *f.*
2 *m (dinheiro)* capital *m.*
capitalismo *m* capitalismo *m.*
capitalista *adj & mf* capitalista.
capitão, tã (*mpl* **-ães**, *fpl* **-s**) *m, f* capitán *m*, -ana *f.*
capítulo *m* capítulo *m.*
capô *m* capó *m Esp & RP*, capote *m Méx.*
capoeira *f (para galinhas)* gallinero *m*; *(prática esportiva) mezcla de danza y arte marcial brasileño.*
capota *f* capota *f.*
capotar *vi* capotar *Esp*, voltearse *Méx*, volcar *RP.*
capote *m* capote *m*, sobretodo *m RP.*
cappuccino *m* capuchino *m.*

capricho *m* capricho *m.*
Capricórnio *m (signo do Zodíaco)* Capricornio *m inv.*
cápsula *f* cápsula *f.*
captar *vt* captar.
capuz (*pl* **-zes**) *m* capucha *f.*
caqui *m* caqui *m.*
cáqui *adj & m* caqui.
cara 1 *f* cara *f.*
2 *m fam* tío *m Esp*, tipo *m Amér.*
3 **cara ou coroa?** ¿cara o cruz? *Esp & RP*, ¿cara o sello? *Andes*, ¿águila o sol? *Méx*; **cara a cara** cara a cara; **dar de cara com** toparse con; **não ir com a cara de alguém** no caerle bien alguien a alguien; **ter cara de poucos amigos** tener cara de pocos amigos.
carabina *f* carabina *f.*
caracol (*pl* **-óis**) *m (animal)* caracol *m*; *(de cabelo)* rizo *m.*
caractere curinga *m* INFORM comodín *m.*
característica *f* característica *f.*
característico, ca *adj* característico(ca).
carambola *f (fruto)* carambola *f.*
caramelo *m* caramelo *m.*
caranguejo *m* cangrejo *m.*
caratê *m* kárate *m.*
caráter (*pl* **caracteres**) *m* carácter *m.*
carbonizado, da *adj* carbonizado(da).
carbono *m* carbono *m.*
carburador (*pl* **-res**) *m* carburador *m.*
carcaça *f (esqueleto)* esqueleto *m*; *(de navio)* casco *m.*
cardápio *m* menú *m.*
cardíaco, ca *adj* cardíaco(ca).
cardo *m* cardo *m.*
cardume *m* banco *m (de peces)*, cardumen *m Amér.*
careca 1 *adj (pessoa)* calvo(va); *(pneu)* liso(sa).
2 *f (calva)* calva *f.*
3 **estar careca de saber algo** saber algo muy bien; **estar careca de fazer algo** tener mucha práctica en algo.
carecer: **carecer de** *v + prep (ter falta de)* carecer de.
carência *f* carencia *f.*
careta *f* mueca *f*; **fazer careta** hacer muecas.
carga *f* carga *f*; **carga máxima** carga máxima.
cargo *m* cargo *m*; **estar a cargo de** estar a cargo de; **deixar a cargo de** dejar a cargo de; **cargo de confiança/honorífico** cargo de confianza/honorífico.
cariado, da *adj* cariado(da).
caricatura *f* caricatura *f.*
carícia *f* caricia *f.*
caridade *f* caridad *f.*
cárie *f* caries *f inv.*
caril *m (condimento)* curry *m.*
carimbar *vt* sellar.
carimbo *m* sello *m.*
carinho *m* cariño *m.*
carioca *adj & mf* carioca.
carisma *m* carisma *m.*
carnal (*pl* **-ais**) *adj* carnal.
carne *f* carne *f*; **carne assada** carne asada; **carne moída** carne picada *Esp & RP* ou molida *Andes & Méx*; **carne picada** carne picada; **carne de porco** carne de cerdo; **carne de vaca** carne de vaca; **em carne e osso** en persona.
carnê *m* libreta *f.*
carneiro *m (animal)* carnero *m*; *(carne)* cordero *m.*
❑ **Carneiro** *m (signo do Zodíaco)* Aries *m inv.*
carniceiro *m* carnicero *m.*
carnudo, da *adj* carnoso(sa).
caro, ra 1 *adj (de preço elevado)* caro(ra); *(querido)* querido(da).
2 *adv* caro; **sair caro** salir caro.
carochinha *f* → **historia.**
caroço *m (de fruto)* hueso *m*, carozo *m RP*; *(em corpo)* bulto *m*, carozo *m RP.*
carona *f*: **apanhar** ou **dar uma carona** llevar a alguien en coche; **pedir carona** hacer autostop, hacer dedo *RP.*
carpete *f* moqueta *f*, alfombra *f Méx*, moquette *f RP.*
carpinteiro *m* carpintero *m.*
carrapicho *m* moño *m*, chino *m Méx.*
carregado, da *adj* cargado(da); *(cor)* fuerte.
carregador (*pl* **-res**) *m* maletero *m*, mozo *m.*
carregar 1 *vt* cargar.
2 *vi* pesar; **carregar em algo** cargar las tintas sobre algo.
carreira *f (profissão, pequena corrida)* carrera *f*; *(fileira)* hilera *f*; *(de transportes coletivos)* ruta *f.*
carrinho *m*: **carrinho de bebê** cochecito *m* de niño; **carrinho de mão** carretilla *f*; **carrinho de supermercado** carro *m* de supermercado.

carro *m (automóvel)* coche *m*, carro *m Méx*, auto *m RP*; **carro de corrida** coche ou carro *Méx* ou auto *RP* de carreras.

Não confundir com o espanhol *carro*, que no Rio da Prata tem um significado similar ao do português *carroça*: (*Me gustan los coches deportivos*. Gosto dos carros esportivos. *Pasó un carro tirado por tres caballos*. Passou uma carroça puxada por três cavalos.)

carroça *f* carreta *f*.
carroceria *f* carrocería *f*.
carro-chefe (*pl* **carros-chefes**) *m (de desfile)* carroza *f* principal; *(coisa mais importante)* abanderado *m*.
carro-leito (*pl* **carros-leitos**) *m* coche *m* cama.
carro-restaurante (*pl* **carros-restaurantes**) *m* coche *m* restaurante.
carrossel (*pl* **-éis**) *m* tiovivo *m*, caballitos *mpl Méx*, calesita *f RP*.
carta *f* carta *f*; *(de curso)* diploma *m*; **carta aberta** carta abierta; **carta aérea** carta por correo aéreo; **carta de apresentação** carta de presentación; **carta registrada** carta certificada.
cartão (*pl* **-ões**) *m (papelão)* cartón *m*; *(do banco, contribuinte etc.)* tarjeta *f*; **cartão bancário** tarjeta bancaria; **cartão comercial** tarjeta de visita; **cartão de crédito** tarjeta de crédito; **cartão de embarque/desembarque** tarjeta de embarque/desembarque; **cartão magnético** tarjeta magnética; **cartão de visita** tarjeta de visita.
cartão-postal (*pl* **cartões-postais**) *m* postal *f*.
cartaz (*pl* **-zes**) *m* cartel *m*.
carteira *f (de dinheiro)* cartera *f*, billetera *f RP*; *(de sala de aula)* pupitre *m*; *(de identificação, profissional)* carnet *m*; FIN *(de ações)* cartera *f*; **carteira de identidade** documento *m* de identidad; **carteira de motorista** carnet de conducir.

Não confundir *carteira (carnet)* com o espanhol *cartera*, que em português é *bolsa*. (*Perdeu a carteira de estudante*. Perdió el *carnet* de estudiante.)

carteiro *m* cartero *m*.
cartões → **cartão.**
cartolina *f* cartulina *f*.
cartório *m* notaría *f*, escribanía *f RP*; **cartório notarial** notaría *f*, escribanía *f RP*.
cartucho *m (para mercadoria)* bolsa *f* de papel; *(munição)* cartucho *m*; *(embrulho)* paquete *m*.
carvalho *m* roble *m*.
carvão *m* carbón *m*; **carvão de lenha** carbón de leña.
casa *f (habitação, lar)* casa *f*; *(de botão)* ojal *m*; **Casa da Moeda** Casa de la Moneda; **casa de câmbio** oficina *f* ou casa *RP* de cambio; **casa de campo** casa de campo; **casa de máquinas** sala *f* de máquinas; **casa de saúde** clínica *f*, casa de salud *f RP*; **ser de casa** ser como de la casa; **faça como se estivesse em sua casa!** ¡está en su casa!; **ter muitos anos de casa** llevar muchos años en el trabajo.
casaco *m* chaqueta *f*; **casaco comprido** abrigo *m*, sobretodo *m RP*; **casaco de malha** chaqueta de punto, saco *m* de lana *RP*.
casado, da *adj* casado(da).
casal (*pl* **-ais**) *m (macho e fêmea)* pareja *f*; *(povoação)* aldea *f*.
casamento *m (situação)* matrimonio *m*; *(cerimônia)* boda *f*, casamiento *m RP*.
casar **1** *vt* casar.
2 *vi* casarse.
❑ **casar-se** *vp* casarse.
casca *f* cáscara *f*.
cascalho *m* grava *f*, pedregullo *m RP*.
cascata *f* cascada *f*.
cascavel (*pl* **-éis**) *f* cascabel *m*.
casco *m (de vinho)* tonel *m*, barril *m Amér*; *(de animal, navio etc.)* casco *m*; *(de boi, ovelha)* pezuña *f*.
caseiro, ra **1** *adj* casero(ra).
2 *m, f empleado encargado de cuidar la casa del patrón mientras éste está ausente.*
casino *m* casino *m*.
caso *m* caso *m*; **no caso de** en caso de; **'em caso de emergência ...'** 'en caso de emergencia ...'; **em todo caso** en todo caso; **em último caso** en último caso; **fazer pouco-caso de algo/alguém** no dar importancia a algo/alguien.
caspa *f* caspa *f*.
casquinha *f (de prata, ouro)* baño *m*; *(de sorvete)* barquillo *m*, cucurucho *m*.
cassete *f (áudio)* casete *f*; **cassete (de vídeo)** cinta *f* (de vídeo), videocasete *m RP*.
cassetete *m* porra *f*, cachiporra *f RP*.
castanha *f (do castanheiro)* castaña *f*; *(de caju)* anacardo *m*, castaña de cajú *f RP*;

castanhas assadas castañas asadas.
castanheiro *m* castaño *m.*
castanho, nha 1 *adj (cabelos, olhos)* castaño(ña).
2 *m (madeira)* castaño *m.*
castelo *m* castillo *m.*
castiçal (*pl* **-ais**) *m* candelabro *m.*
castidade *f* castidad *f.*
castigar *vt* castigar.
castigo *m* castigo *m.*
casto, ta *adj* casto(ta).
castor (*pl* **-res**) *m* castor *m.*
castrar *vt* castrar.
casual (*pl* **-ais**) *adj* casual.
casualidade *f* casualidad *f*; **por casualidade** por casualidad.
casulo *m (de inseto)* capullo *m.*
catacumbas *fpl* catacumbas *fpl.*
catálogo *m (de vendas, produtos)* catálogo *m*; *(de livros)* catálogo *m*; **catálogo (de telefones)** listín *m* (telefónico) *Esp*, directorio *m* (telefónico) *Andes & Méx*, guía *f* (telefónica) *RP.*
catamarã *m (barco de transporte)* catamarán *m.*
catarata *f (queda-d'água)* catarata *f*; MED catarata *f.*
catarro *m* catarro *m.*
catástrofe *f* catástrofe *f.*
cata-vento (*pl* **cata-ventos**) *m* veleta *f.*
catedral (*pl* **-ais**) *f* catedral *f.*
categoria *f* categoría *f*; **de categoria** de categoría.
cativar *vt* cautivar.
cativeiro *m*: **em cativeiro** en cautiverio OU cautividad.
católico, ca *adj & m, f* católico(ca).
catorze *num* catorce → **seis.**
caução (*pl* **-ões**) *f* JUR fianza *f*; **pagar caução** depositar una fianza.
cauda *f* cola *f.*
caudal (*pl* **-ais**) *m* caudal *m.*
caule *m* tallo *m.*
causa *f* causa *f*; **por causa de** a causa de.
causar *vt* causar; **causar danos** causar daños.
cautela *f (cuidado)* cautela *f*; *(de loteria)* décimo *m*; **ter cautela com** tener cuidado con; **com cautela** con cautela; **à** OU **por cautela** como precaución.
cauteloso, osa *adj* cauteloso(sa).
cavala *f* caballa *f.*
cavalaria *f* caballería *f.*
cavaleiro *m (que monta a cavalo)* caballero *m*; *(em tourada)* rejoneador *m.*
cavalete *m* caballete *m.*
cavalgar 1 *vi* cabalgar.
2 *vt (égua, ginete)* cabalgar; *(obstáculo, barreira)* saltar.
cavalheiro *m* caballero *m.*
cavalinho-de-pau (*pl* **cavalinhos-de-pau**) *m* caballito *m* de madera.
cavalo *m* caballo *m.*
cavanhaque *m* perilla *f*, piocha *f Méx*, chiva *f RP.*
cavaquinho *m guitarra pequeña de cuatro cuerdas.*
cavar 1 *vt (terra, areia)* cavar.
2 *vi (animal)* escarbar; *fig (esforçar-se)* esforzarse.
caveira *f* calavera *f.*
caverna *f* caverna *f.*
caviar *m* caviar *m.*
cavidade *f* cavidad *f.*
caxemira *f (tecido)* cachemir *m.*
c/c (*abrev de* **conta corrente**) c/c.
CD *m* (*abrev de* **compact disc**) CD *m.*
CD-i *m* (*abrev de* **compact disc-interativo**) CD-I *m.*
CD-ROM *m* CD-ROM *m.*
CE *f* (*abrev de* **Comunidade Européia**) CE *f.*
cear *vi & vt* cenar.
cebola *f* cebolla *f.*
cebolada *f (molho)* sofrito *m* de cebolla.
cebolinha *f (em conserva)* cebolleta *f* OU cebollita *f RP* en vinagre; *(erva comestível)* cebollino *m.*
cebolinho *m* cebollino *m.*
ceder 1 *vt (objeto)* dejar; *(lugar)* ceder.
2 *vi* ceder; *(chuva, vento)* amainar.
3 **'ceder a passagem'** 'ceder el paso'; **ceder a vez** ceder el turno.
cedilha *f* cedilla *f.*
cedo *adv (antes da hora, de madrugada)* temprano; *(depressa)* pronto; **muito cedo** muy temprano; **desde cedo** desde temprano; **mais cedo ou mais tarde** tarde o temprano.
cedro *m* cedro *m.*
cegar 1 *vt (privar da vista)* cegar; *(tesoura)* desafilar.
2 *vi* cegar.
cego, ga 1 *adj (pessoa)* ciego(ga); *(faca)* romo(ma), desafilado(da) *Amér.*
2 *m, f* ciego *m*, -ga *f*; **às cegas** a ciegas.

cegonha *f* cigüeña *f.*
ceia *f* cena *f.*
cela *f* celda *f.*
celebração (*pl* **-ões**) *f* celebración *f.*
celebrar *vt* celebrar.
célebre *adj* célebre.
celebridade *f* celebridad *f.*
celeiro *m* granero *m.*
celibatário, ria *adj* célibe.
celibato *m* celibato *m.*
celofane *m* celofán *m.*
célula *f* ANAT célula *f.*
célula-tronco *f* célula *f* madre.
cem *num* cien → **seis.**
cemitério *m* cementerio *m.*
cena *f (palco)* escenario *m*; *(de peça, filme)* escena *f*; **estar em cena** estar en cartelera; **entrar em cena** entrar en escena; **fazer uma cena** *fig* hacer una escena.
cenário *m (de peça teatral, programa)* escenografía *f*; *(panorama)* panorama *m.*
cenoura *f* zanahoria *f.*
censo *f* censo *m.*
censura *f* censura *f.*
centavo *m* centavo *m.*
centeio *m* centeno *m.*
centelha *f* centella *f.*
centena *f* centenar *m.*
centenário *m* centenario *m.*
centésimo, ma *num* centésimo(ma) → **sexto.**
centígrado *adj* → **grau.**
centímetro *m* centímetro *m.*
cento *m* ciento *m*; **por cento** por cien(to).
centopéia *f* ciempiés *m inv.*
central (*pl* **-ais**) *adj & f* central; **central elétrica** central eléctrica; **central nuclear** central nuclear; **central telefônica** centralita *f* (telefónica).
centrar *vt* centrar.
centro *m (clube, sociedade, instituição)* centro *m*; **ser o centro das atenções** ser el centro de la atención; **centro da cidade** centro de la ciudad; **centro comercial** centro comercial; **centro espírita** *templo religioso donde se profesa la doctrina de Kardec*; **centro de mesa** centro de mesa; **centro de saúde** centro de salud.
centroavante *m* delantero *m* centro.
CEP *m* (*abrev de* **Código de Endereçamento Postal**) CP *m.*
cera *f* cera *f*; **cera depilatória** cera depilatoria.
cerâmica *f* cerámica *f.*
ceramista *mf* ceramista *mf.*
cerca *f & adv* cerca; **cerca viva** seto *m*; **cerca de** cerca de; **há cerca de uma semana** hace casi una semana.
cercar *vt* cercar.
cereal (*pl* **-ais**) *m* cereal *m.*
cérebro *m* cerebro *m.*
cereja *f* cereza *f.*
cerimônia *f* ceremonia *f.*
cerrado, da *adj (nevoeiro)* denso(sa); *(noite)* cerrado(da).
certeza *f* certeza *f*; **dar certeza** confirmar; **ter certeza de que** estar seguro de que; **com certeza** con seguridad; *(provavelmente)* seguramente; **com certeza!** ¡claro que sí!
certidão (*pl* **-ões**) *f (de casamento)* partida *f*; *(de nascimento)* partida *f.*
certificado *m* certificado *m.*
certificar-se *vp* cerciorarse.
certo, ta 1 *adj (correto)* correcto(ta); *(exato)* exacto(ta); *(infalível)* seguro(ra); *(determinado)* cierto(ta).
2 *m*: **o certo é ele não vir** seguro que no va a venir.
3 *adv* correctamente.
4 ao certo *(exatamente)* con certeza; *(provavelmente)* seguramente; **dar certo** funcionar; **na certa** seguramente; **está certo** está bien.
cerveja *f* cerveza *f*; **cerveja preta** cerveza negra.
cervejaria *f* cervecería *f.*
cervical (*pl* **-ais**) *adj* cervical.
cessar *vi & vt* parar; **sem cessar** sin cesar.
cesta *f* cesta *f.*
cesto *m* cesto *m*; **cesto de lixo** cubo *m* ou bote *Méx m* ou balde *m RP* de la basura; **cesto de papéis** papelera *f*; **cesto de vime** cesto de mimbre.
cético, ca *adj & m, f* escéptico(ca).
cetim *m* satén *m.*
céu *m* cielo *m*; **céu da boca** paladar *m*; **a céu aberto** a plena luz del día; **o presente caiu do céu** *fig* el regalo vino como caído del cielo.
cevada *f (planta)* cebada *f*; *(bebida)* café *m* de cebada.
chá *m* té *m*; **chá com limão** té con limón; **chá de limão** té de limón.

chacal (*pl* **-ais**) *m* chacal *m.*
chacota *f* burla *f.*
chã-de-dentro (*pl* **chãs-de-dentro**) *f* *carne de la parte interior del muslo del buey.*
chafariz (*pl* **-zes**) *m* fuente *f.*
chafurdar *vi* revolcarse.
chaga *f* llaga *f.*
chalé *m* chalet *m.*
chaleira *f* tetera *f.*
chama *f* llama *f.*
chamada *f* llamada *f*, llamado *m Amér*; **dar uma chamada em alguém** regañar ou rezongar *RP* a alguien; **fazer a chamada** pasar lista; **chamada a cobrar** llamada a cobro revertido; **chamada interurbana** llamada interurbana; **chamada local** llamada local.
chamar 1 *vt* llamar.
2 *vi* sonar; **mandar chamar** mandar llamar.
❑ **chamar-se** *vp* llamarse.
chaminé *f* chimenea *f.*
champanhe *m* champán *m.*
chamuscar *vt* chamuscar.
chance *f* ocasión *f.*
chantagear *vt & vi* chantajear.
chantagem (*pl* **-ns**) *f* chantaje *m.*
chantilly *m* nata *f*, chantilly *m RP.*
chão *m* suelo *m.*
chapa *f (de metal)* chapa *f*; *(eleitoral)* lista *f*; *(radiografia)* radiografía *f*; *fam (companheiro)* colega *m.*
chapéu *m (de homem, senhora)* sombrero *m.*
chapéu-coco (*pl* **chapéus-cocos**) *m* bombín *m.*
charco *m (poça de água)* charco *m*; *(lamaçal)* barrizal *m Esp*, barrial *m Amér.*
charcutaria *f* charcutería *f*, fiambrería *f RP.*
charme *m* encanto *m*; **fazer charme** intentar seducir, coquetear.
charneca *f* chaparral *m.*
charrete *f* carro *m Esp*, carreta *f Amér.*
charter *m*: **(vôo) charter** (vuelo) chárter *m.*
charuto *m* puro *m.*
chassis *m inv* chasis *m inv.*
chatear *vt (importunar)* molestar.
chatice *f fam* rollo *m*, relajo *m Méx*, lío *m RP.*
chato, ta 1 *adj (pé)* plano(na); *fam (aborrecido)* pesado(da); *(desinteressante)* aburrido(a).
2 *m fam* ladilla *f.*

Não confundir com o espanhol ***chato***, que tem um significado similar ao do português ***plano***: (***Se durmieron en el cine porque la película era muy pesada.*** Dormiram no cinema porque o filme era muito chato. ***El río estaba bien chato; no había viento.*** O rio estava bem calmo; não havia vento.)

chauvinista *m, f* chovinista *mf.*
chave *f* llave *f*; **chave de fenda** destornillador *m*, desarmador *m Méx*; **chave inglesa** llave inglesa; **chave de ignição** llave de contacto; **chave de parafuso** destornillador *m*, desarmador *m Méx.*
chaveiro *m (para chaves)* llavero *m*; *(pessoa)* cerrajero *m.*
check-in *m* facturación *f*, check-in *m Amér*; **fazer o check-in** facturar *Esp* ou checar *Andes & Méx* ou despachar *RP* el equipaje.
check-up *m* reconocimiento *Esp m* ou chequeo *m Amér* médico; **fazer um check-up** hacerse un reconocimiento *Esp* ou chequeo *Amér* médico.
chefe *mf* jefe *m*, -fa *f*; **chefes-de-estação** *mf* jefe *m*, -fa *f* de estación.
chegada *f* llegada *f*; **dar uma chegada em** acercarse rápidamente a, pasar por *RP.*
chegado, da *adj (próximo)* cercano(na).
chegar *vi (a lugar, momento)* llegar; *(ser suficiente)* bastar; **chegar bem** llegar bien; **chegar ao fim** acabarse; **ao chegar** al llegar.
❑ **chegar-se** *vp (aproximar-se)* acercarse; *(afastar-se)* alejarse; **chegar-se a** acercarse a.
cheia *f (inundação)* inundación *f.*
cheio, cheia *adj* lleno(na); **cheio de** lleno(na) de; **estar cheio** *(fig: de situação, pessoa)* estar harto(ta); *(saciado)* estar lleno(na); **estar cheio de si** ser un engreído(da); **acertar em cheio** acertar de lleno.
cheirar *vt & vi* oler; **cheirar bem/mal** oler bien/mal.
cheiro *m* olor *m.*
cheiroso, osa *adj* que huele bien; **ser** ou **estar cheiroso** oler bien.
cheiro-verde *m aliño de hierbas frescas.*
cheque *m (de banco)* cheque *m*; *(em xadrez)* jaque *m*; **cheque ao portador** cheque al portador; **cheque cruzado** cheque cruzado ou barrado; **cheque**

sem fundos cheque sin fondos; **cheque nominal** cheque nominativo; **cheque pré-datado** cheque de fecha atrasada ou diferido *Amér*; **cheque de viagem** cheque de viaje; **cheque visado** cheque autorizado; **descontar um cheque** cobrar un cheque.

cherne *m* mero *m*.

chiar *vi* chirriar; *(rato, porco)* chillar.

chiclete *m* chicle *m*.

chicória *f* achicoria *f*.

chicote *m* látigo *m*.

chifre *m* cuerno *m*.

chimarrão (*pl* **-ões**) *m* mate *m* amargo.

chimpanzé *m* chimpancé *m*.

chinelos *mpl* chanclas *fpl*, chinelas *fpl Amér*; **chinelos (de quarto)** zapatilla *f*; **botar no chinelo** *fig* superar de lejos a.

chinó *m* peluquín *m*.

chique *adj* chic *Esp*, elegante *Amér*.

chiqueiro *m* pocilga *f*, chiquero *m RP*.

chispe *m* manita *f* de cerdo.

chita *f* estampado *m* de algodón.

chiu *interj* ¡silencio!

chocalhar **1** *vt (líquido)* agitar.
2 *vi (fazer ruído)* tintinear.

chocalho *m (para animal)* cencerro *m*; *(para bebê)* sonajero *m*.

chocante *adj (inesperado)* chocante; *(desagradável)* desagradable; *fam (incrível)* guay *Esp*, padrísimo(ma) *Méx*, bárbaro (ra) *RP*.

chocho, cha *adj (oco)* pasado(da); *(desanimado)* desanimado(da).

chocolate *m* chocolate; **chocolate amargo** ou **negro** chocolate amargo; **chocolate branco** chocolate blanco; **chocolate ao leite** chocolate con leche; **chocolate em pó** chocolate en polvo.

chofer (*pl* **-res**) *m* conductor *m*.

chope *m* cerveza *f* de barril, chopp *m CSur*.

choque *m (colisão)* choque *m*; *(comoção)* choc *m*.

choramingar *vi* lloriquear.

chorão, rona (*mpl* **-ões**, *fpl* **-s**) **1** *adj & m, f* llorón(ona).
2 *m (árvore)* sauce *m* llorón.

chorar *vi & vt* llorar; **chorar de rir** llorar de risa.

chorinho *m* MÚS *música melancólica brasileña.*

choro *m (pranto)* llanto *m*; *(música) género de música popular.*

chorões *pl* → **chorão.**

choupana *f* cabaña *f*.

chouriço *m* chorizo *m*, moronga *f CAm & Méx*, morcilla *f RP*.

chover *v impess* llover; **chover canivetes** llover a mares; **chover a cântaros** ou **potes** llover a cántaros.

chuchu *m* chayote *m*, papa *f* del aire *RP*; **é bom pra chuchu** *fam (muito)* es requetebueno; **havia gente pra chuchu na rua** había un montón de gente en la calle.

chulé *m fam* olor *m* a queso.

chulo, lo *adj* grosero(ra).

chumaço *m (de peça de vestuário)* relleno *m*; *(de algodão)* bola *f*.

chumbar *vt (soldar)* soldar; *fam (atirar em)* disparar a.

chumbo *m (material)* plomo *m*; *fam (bala de revólver)* bala *f*; *fam (reprovação)* cate *m Esp*, reprobado *m Amér*; **estar um chumbo** pesar toneladas.

chupar *vt* chupar.

chupeta *f* chupete *m*, mamila *f Méx*.

churrascaria *f* parrilla *f (restaurante)*, parrillada *f RP*.

churrasco *m* parrillada *f*, asado *m RP*.

churrasquinho *m* brocheta *f*.

churro *m* CULIN churro *m*.

chutar **1** *vt* chutar *Esp*, chutear *Méx*, patear *RP*.
2 *vi* chutar *Esp*, chutear *Méx*, patear *RP*; *(adivinhar)* intentar adivinar.

chuteira *f* botas *fpl* ou zapatos *mpl RP* de fútbol; **pendurar as chuteiras** *fam* colgar las botas, retirarse.

chuva *f* lluvia *f*; **tomar chuva** mojarse.

chuveiro *m* ducha *f*, regadera *f Méx*.

chuviscar *vi* lloviznar.

chuvoso, osa *adj* lluvioso(sa).

Cia (*abrev de* **Companhia**) Cía.

ciberespaço *m* ciberespacio *m*.

cibernética *f* cibernética *f*.

cicatriz (*pl* **-zes**) *f* cicatriz *f*.

cicatrizar *vi* cicatrizar.

cicerone *m* cicerone *m*.

ciclismo *m* ciclismo *m*; **fazer ciclismo** hacer ciclismo.

ciclista *mf* ciclista *mf*.

ciclo *m* ciclo *m*.

ciclomotor (*pl* **-es**) *m* ciclomotor *m*.

ciclone *m (furacão)* ciclón *m*; *(região de baixas pressões)* borrasca *f*.

cidadania *f* ciudadanía *f.*

cidadão, dã (*mpl* **-ãos,** *fpl* **-s**) *m, f* ciudadano *m*, -na *f.*

cidade *f* ciudad *f;* **cidade universitária** ciudad universitaria.

ciência *f* ciencia *f;* **ciências físico-químicas** ciencias físico-químicas; **ciências humanas** ciencias humanas; **ciências naturais** ciencias naturales; **ciências sociais** ciencias sociales.

ciente *adj* consciente; **estar ciente de** tener conocimiento de.

científico, ca *adj* científico(ca).

cientista *mf* científico *m*, -ca *f.*

cifra *f (número)* cifra *f; (cômputo total)* total *m.*

cigano, na *m, f* gitano *m*, -na *f.*

cigarra *f* cigarra *f.*

cigarreira *f* pitillera *f Esp*, cigarrera *f Amér.*

cigarrilha *f* cigarro *m.*

cigarro *m* cigarrillo *m;* **cigarro com/sem filtro** cigarrillo con/sin filtro; **cigarro forte/suave** cigarrillo fuerte/suave; **cigarro mentolado** cigarrillo mentolado.

cilada *f* trampa *f;* **cair numa cilada** caer en una trampa.

cilindro *m* cilindro *m; (para água)* caldera *f.*

cílio *m* pestaña *f.*

cima *f:* **de cima** de arriba; **de cima a baixo** de arriba abajo; **de cima de** de arriba de; **em cima** arriba; **em cima de** encima de, arriba de *Amér;* **para cima** arriba; **para cima de** *(no espaço)* encima de, arriba de *Amér;* **por cima de** encima de, arriba de *Amér;* **chegar em cima da hora** llegar justo a tiempo; **dar em cima de alguém** *fam* intentar ligar con alguien; **tudo em cima?** *fam* ¿todo bien?

cimeira *f (reunião)* cumbre *f.*

cimentar *vt* pegar.

cimento *m* cemento *m.*

cimo *m (de montanha)* cima *f.*

cinco *num* cinco → **seis.**

cineasta *mf* cineasta *mf.*

cinema *m* cine *m.*

cinemateca *f* filmoteca *f*, cinemateca *f Amér.*

cínico, ca *adj* cínico(ca).

cinismo *m* cinismo *m.*

cinqüenta *num* cincuenta → **seis.**

cinta *f (cinturão)* cinturón *m; (faixa de pano, peça íntima)* faja *f.*

cintilar *vi* centellear.

cinto *m (de calças, vestido, saia)* cinturón *m;* **cinto de segurança** cinturón de seguridad.

cintura *f* cintura *f.*

cinturão (*pl* **-ões**) *m* cinturón *m;* **cinturão industrial** cinturón industrial; **cinturão verde** cinturón verde.

cinza **1** *f* ceniza *f.*
2 *adj & m* gris.
❑ **cinzas** *fpl* cenizas *fpl.*

cinzeiro *m* cenicero *m.*

cinzel (*pl* **-éis**) *m* cincel *m.*

cinzento, ta *adj* gris.

cio *m* celo *m;* **estar no cio** estar en celo.

cipreste *m* ciprés *m.*

circo *m* circo *m.*

circuito *m* circuito *m;* **circuito elétrico** circuito eléctrico; **circuito turístico** recorrido *m* turístico.

circulação *f* circulación *f.*

circular (*pl* **-res**) **1** *adj & f* circular *f.*
2 *vi* circular.

círculo *m* círculo *m;* **círculo polar** círculo polar.

circunferência *f* circunferencia *f.*

circunflexo *adj m* → **acento.**

circunstância *f* circunstancia *f;* **circunstâncias atenuantes** circunstancias atenuantes.

círio *m* cirio *m.*

cirurgia *f* cirugía *f;* **cirurgia plástica** cirugía plástica.

cirurgião, giã (*mpl* **-ões,** *fpl* **-s**) *m, f* cirujano *m*, -na *f.*

cirúrgico, ca *adj* quirúrgico(ca).

cirurgiões → **cirurgião.**

cisco *m* mota *f.*

cisma *f* manía *f.*

cisne *m* cisne *m.*

cisterna *f* cisterna *f.*

cistite *f* cistitis *f inv.*

citação (*pl* **-ões**) *f* cita *f.*

citar *vt* citar.

cítrico *adj m* → **ácido.**

ciúme *m* celos *mpl.*

ciumento, ta *adj* celoso(sa).

cívico, ca *adj* cívico(ca).

civil (*pl* **-is**) *adj* civil.

civilização (*pl* **-ões**) *f* civilización *f.*

civilizar *vt* civilizar.

civis → **civil.**

cl. (*abrev de* **centilitro**) cl.

clamar *vi* clamar.
clamor (*pl* **-res**) *m* clamor *m*.
clandestino, na *adj & m, f* clandestino (na).
claque *f* hinchas *mpl Esp*, porra *f Méx*, hinchada *f RP*.
clara *f (de ovo)* clara *f*.
clarabóia *f* claraboya *f*.
clarão (*pl* **-ões**) *m* resplandor *m*.
clarear *vi* clarear.
clarete *m* clarete *m*.
clareza *f*: **falar com clareza** hablar con claridad.
claridade *f* claridad *f*.
clarinete *m* clarinete *m*.
claro, ra 1 *adj* claro(ra).
2 *adv* claro.
3 **claro que sim!** ¡claro que sí!; **é claro!** ¡(está) claro!, ¡(es) claro! *Amér*; **passar a noite em claro** pasar la noche en vela.
clarões → **clarão.**
classe *f* clase *f*; **ter classe** tener clase; **de primeira/segunda classe** de primera/segunda clase; **classe social** clase social; **classe turística** clase turista OU económica.
clássico, ca *adj* clásico(ca).
classificação (*pl* **-ões**) *f (de aluno, equipe)* clasificación *f*.
classificado, da 1 *adj (em exame, competição)* clasificado(da).
2 *m (em jornal)* clasificado *m*.
classificar *vt* clasificar.
❑ **classificar-se** *vp* clasificarse.
claustro *m* claustro *m*.
cláusula *f* cláusula *f*.
clave *f* clave *f*; **clave de sol** clave de sol.
clavícula *f* clavícula *f*.
clemência *f* clemencia *f*.
clero *m* clero *m*.
clichê *m* cliché *m*.
cliente *mf* cliente *m*, -ta *f*.
clientela *f* clientela *f*.
clima *m lit & fig* clima *m*.
clímax *m inv* clímax *m*; **atingir o clímax** alcanzar el clímax.
clínica *f* clínica *f*; **clínica dentária** clínica dental; **clínica geral** clínica general.
clínico *m* médico *m* general, clínico *m RP*; **clínico geral** médico *m* general, clínico *RP*.
clipe *m* clip *m*.
clonagem *f* clonaje *m*.
clonar *vt* clonar.
cloro *m* cloro *m*.
clube *m* club *m*; **clube de futebol** club de fútbol.
cm. (*abrev de* **centímetro**) cm.
coador (*pl* **-res**) *m* colador *m*.
coagir *vt* coaccionar.
coagular 1 *vt* coagular.
2 *vi* coagularse.
coágulo *m* coágulo *m*.
coalhar 1 *vt* cuajar.
2 *vi* cuajarse.
coar *vt* colar.
cobaia *f* cobaya *f*, conejillo *m* de Indias.
coberta *f (de cama)* colcha *f*; *(de navio)* cubierta *f*.
coberto, ta 1 *adj* cubierto(ta).
2 *m (alpendre)* cubierto *m*.
cobertor (*pl* **-res**) *m* manta *f*, frazada *f Amér*, cobija *f Méx*.
cobertura *f (teto)* tejado *m*; *(apartamento)* ático *m*, penthouse *m RP*; FIN *(de acontecimento, situação)* cobertura *f*.
cobiça *f* codicia *f*.
cobiçar *vt* codiciar.
cobra *f* serpiente *f*.
cobrador, ra (*mpl* **-es,** *fpl* **-s**) *m, f* cobrador *m*, -ra *f*.
cobrança *f* cobro *m*; **cobrança de pênalti/falta** pitada OU cobranza *Amér* de penalti/falta.
cobrar *vt* cobrar.
cobre *m* cobre *m*.
cobrir *vt* cubrir.
cocada *f dulce seco de coco.*
cocaína *f* cocaína *f*.
coçar *vt* rascar.
❑ **coçar-se** *vp* rascarse; **não ter tempo nem para se coçar** *fig* no tener tiempo para nada.
cóccix *m* cóccix *m*.
cócegas *fpl* cosquillas *fpl*; **fazer cócegas** hacer cosquillas; **ter cócegas** tener cosquillas.
coceira *f* picazón *f*.
cochichar *vt & vi* cuchichear.
cochilo *m* siesta *f*; **tirar um cochilo** sestear, echar una siesta *Esp*.
coco *m* coco *m*.
cócoras ❑ **cócoras** *fpl*: **de cócoras** en cuclillas.

código *m* código *m*; **código de barras** código de barras; **código civil** código civil; **código da estrada** código de circulación; **código postal** código postal.

codorniz (*pl* **-zes**) *f* codorniz *f.*

coelho *m* conejo *m*; **coelho à caçadora** conejo a la cazadora.

coentro *m* cilantro *m.*

coerência *f* coherencia *f.*

coerente *adj* coherente.

cofre *m* caja *f* fuerte.

cofre-forte (*pl* **cofres-fortes**) *m* caja *f* fuerte *(en un banco).*

cogitar **1** *vt* considerar.
2 *vi* reflexionar.

cogumelo *m* champiñón *m.*

coice *m (de cavalo, burro)* coz *f*; *(de arma)* retroceso *m Esp,* patada *f Amér*; **dar coices em** *fig* tratar muy mal a, patear a *Amér.*

coincidência *f* coincidencia *f*; **por coincidência** por casualidad.

coincidir *vi* coincidir.
❑ **coincidir com** *v + prep* coincidir con.

coisa *f* cosa *f*; **(deseja) mais alguma coisa?** ¿desea algo más?; **não ser grande coisa** no ser gran cosa; **alguma coisa** algo; **coisa nenhuma** nada (de nada); **coisa de** cosa de; **ser uma coisa** *fam (ótimo)* ser fantástico(ca); *(péssimo)* ser de lo peor; **não dizer coisa com coisa** decir disparates; **a coisa está preta!** *fam* ¡la cosa está muy negra!

coitado, da **1** *adj* pobrecito(ta).
2 *interj* ¡pobre!

cola *f* cola *f,* pegamento *m.*

colaborar *vi* colaborar.

colapso *m* colapso *m.*

colar (*pl* **-res**) **1** *vt (unir com cola)* pegar.
2 *vi (selo, adesivo)* pegarse.
3 *m* collar *m.*
❑ **colar de** *v + prep* copiarse de *Esp,* copiarle a *RP.*

colarinho *m (de camisa)* cuello *m.*

colcha *f* colcha *f.*

colchão (*pl* **-ões**) *m* colchón *m*; **colchão de molas** colchón de muelles ou resortes *RP*; **colchão ortopédico** colchón anatómico; **colchão de palha** colchón de paja.

colcheia *f* corchea *f.*

colchete *m (de vestuário)* corchete *m,* ganchito *m RP*; *(de pontuação)* corchete *m.*

colchões → **colchão.**

coleção (*pl* **-ões**) *f* colección *f*; **fazer coleção de algo** coleccionar algo; **coleção de selos** colección de sellos.

colecionador, ra (*mpl* **-res,** *fpl* **-s**) *m, f* coleccionista *mf.*

colecionar *vt* coleccionar.

coleções → **coleção.**

colega *mf* colega *mf*; **colega de escola** compañero *m,* -ra *f* de estudios; **colega de trabalho** compañero *m,* -ra *f* de trabajo.

colégio *m* colegio *m*; **colégio eleitoral** colegio electoral; **colégio interno** internado *m.*

coleira *f (de gato, cão)* collar *m.*

cólera *f* cólera *f.*

colérico, ca *adj* colérico(ca).

colesterol *m* colesterol *m.*

colete *m* chaleco *m*; **colete salva-vidas** chaleco salvavidas.

coletivo, va *adj* público(ca).

colheita *f* cosecha *f.*

colher[1] *vt* coger, recoger *RP.*

colher[2] (*pl* **-res**) *f (utensílio doméstico)* cuchara *f*; *(quantidade)* cucharada *f*; **colher de café** cucharita *f* de café; **colher de chá** cucharita *f* de té; **colher de pau** cuchara de palo ou de madera; **colher de sopa** cuchara sopera; *(quantidade)* cucharada de sopa.

colibri *m* colibrí *m,* picaflor *m Amér.*

cólica *f* cólico *m.*

colidir *vi* colisionar; **colidir com** colisionar con.

coligação (*pl* **-ões**) *f* coalición *f.*

colina *f* colina *f.*

colírio *m* colirio *m.*

colisão (*pl* **-ões**) *f* colisión *f.*

collant (*pl* **-s**) *m* pantis *mpl,* pantimedias *fpl Méx,* medias *fpl* cancán *RP.*

colmeia *f* colmena *f.*

colo *m (regaço)* regazo *m,* falda *f RP*; *(pescoço)* cuello *m*; **de colo** pequeño(ña) *Esp,* chiquito(ta) *Amér*; **no colo** en el regazo ou la falda *RP.*

colocação (*pl* **-ões**) *f (emprego)* colocación *f.*

colocar *vt* colocar; *(problema)* plantear.

cólon *m* colon *m.*

colônia *f* colonia *f*; **colônia de férias** colonia de vacaciones.

coloquial (*pl* **-ais**) *adj* coloquial.

colóquio *m* coloquio *m.*

colorante *m* colorante *m.*
colorau *m* ≃ pimentón *m.*
colorido, da **1** *adj* coloreado(da).
2 *m* coloreado *m.*
colorir *vt* colorear.
coluna *f* columna *f*; **coluna vertebral** columna vertebral.
com *prep (companhia)* con; *(relativo a modo)* con; *(relativo a instrumento)* con; *(relativo a causa)* con; **estar com dor de cabeça** tener dolor de cabeza; **estar com fome** tener hambre; **estar com pressa** tener prisa *Esp,* estar apurado(da) *Amér.*
coma *m ou f* MED coma *m.*
comandante *m* comandante *m.*
comandar *vt* dirigir.
comando *m* comando *m*; **estar no comando de algo** estar a cargo de algo.
combate *m* combate *m*; **combate de boxe** combate de boxeo, pelea *f* de box *Amér.*
combater *vi* combatir.
combinação (*pl* **-ões**) *f* combinación *f*; *(acordo)* acuerdo *m*; *(plano)* plan *m*; *(peça de vestuário)* combinación *f*, fondo *m Méx,* enagua *f RP.*
combinar **1** *vt (unir, misturar)* combinar; *(planejar)* planear.
2 *vi (cores, roupas etc.)* combinar.
3 está combinado! ¡de acuerdo!; **combinar com** combinar con; **combinar algo com alguém** quedar de acuerdo con alguien.
comboio *m* convoy *m.*
combustível (*pl* **-eis**) *m* combustible *m.*
começar *vt & vi* empezar; **começar a fazer algo** empezar a hacer algo; **começar de** empezar desde; **começar por** empezar por; **começar por fazer algo** empezar haciendo algo; **para começar** para empezar.
começo *m* comienzo *m.*
comédia *f* comedia *f.*
comediante *mf* comediante *m*, -ta *f.*
comemorar *vt* conmemorar.
comentar *vt* comentar.
comentário *m* comentario *m.*
comer *vt & vi* comer.
comercial (*pl* **-ais**) *adj* comercial.
comercialização *f* comercialización *f.*
comercializar *vt* comercializar.
comerciante *mf* comerciante *mf.*
comércio *m* comercio *m;* **comércio eletrônico** comercio electrónico.
comestível (*pl* **-eis**) *adj* comestible.
cometer *vt* cometer.
comichão (*pl* **-ões**) *f* picazón *f.*
comício *m* mitin *m*, acto *m* político *RP.*
cômico, ca *adj* cómico(ca).
comida *f* comida *f*; **comida para bebê** comida para bebé; **comida congelada** comida congelada.
comigo *pron* conmigo.
comilão, lona (*mpl* **-ões**, *fpl* **-s**) *m, f fam* comilón *m*, -ona *f.*
cominho *m* comino *m.*
comissão (*pl* **-ões**) *f* comisión *f.*
comissário *m (de polícia)* comisario *m*; *(de navio)* capitán *m*; **comissário de bordo** auxiliar *m* de vuelo.
comissões → **comissão.**
comitê *m (comissão)* comité *m.*
como **1** *adv* **(a)** *(comparação)* como; **como quem não quer nada** como quien no quiere la cosa.
(b) *(interrogação)* ¿cómo?; **como está?** ¿cómo está?; **como se nada tivesse acontecido** como si no hubiera pasado nada.
(c) *(marca intensidade)* ¡cómo!; **como ele é inteligente!** ¡qué inteligente es!; **como é difícil arranjar lugar para estacionar!** ¡qué difícil es encontrar un lugar para estacionar!; **como você se engana!** ¡cómo te engañas!
2 *conj* **(a)** *(introduz comparação)* como; **é bonita como a mãe** es guapa como su madre *Esp,* es bonita OU linda como su madre *Amér.*
(b) *(da forma que)* como; **como queira!** ¡como quieras!; **seja como for** sea como fuere; *(por exemplo)* como; **as cidades grandes como São Paulo ...** las ciudades grandes como São Paulo.
(c) *(na qualidade de)* como; **como entrada quero uma sopa** de entrada quiero sopa; **o que tem como sobremesa?** ¿qué hay de postre?
(d) *(visto que)* como; **como estávamos atrasados, fomos de taxi** como íbamos con retraso, fuimos en taxi *Esp,* como estábamos atrasados, fuimos en taxi *Amér*; **como não atendiam, pensamos que não estavam** como no respondían OU atendían *Amér,* pensamos que no estaban.

(e) *(em locuções)*: **como deve ser** como debe ser.
comoção (*pl* **-ões**) *f (emoção)* conmoción *f*; *(motim)* revuelta *f*.
cômoda *f* cómoda *f*.
comodidade *f* comodidad *f*.
comodismo *m* comodidad *f*.
comodista *mf* comodón *m*, -ona *f*.
cômodo, da *adj* cómodo(da).
comovedor, ra (*mpl* **-res**, *fpl* **-s**) *adj* conmovedor(ra).
comovente *adj* conmovedor(ra).
comover *vt* conmover.
❑ **comover-se** *vp* conmoverse.
comovido, da *adj* conmovido(da).
compacto, ta 1 *adj* compacto(ta). 2 *m (CD)* disco *m* compacto; *(compacto duplo)* sencillo *m*, single *m*.
compaixão *f* compasión *f*.
companheiro, ra *m, f* compañero *m*, -ra *f*.
companhia *f* compañía *f*; **fazer companhia a alguém** hacer compañía a alguien; **companhia de aviação** compañía de aviación; **companhia de navegação** compañía de navegación; **companhia de seguros** compañía de seguros; **em companhia de alguém** en compañía de alguien.
comparação (*pl* **-ões**) *f* comparación *f*; **não ter comparação com** no tener ni punto de comparación con; **em comparação com** en comparación con.
comparar *vt* comparar; **comparar algo a** OU **com algo** comparar algo a OU con algo.
comparecer *vi* comparecer, presentarse; **comparecer a** comparecer a, presentarse a.
compartilhar *vt* compartir; **compartilhar algo com alguém** compartir algo con alguien.
compartimento *m* compartimiento *m*.
compartir *vt* compartir.
compasso *m* compás *m*.
compatível (*pl* **-eis**) *adj* compatible; **compatível com** compatible con.
compatriota *mf* compatriota *mf*.
compensação (*pl* **-ões**) *f* compensación *f*.
compensar *vt* compensar.
competência *f* competencia *f*.
competente *adj* competente.
competição (*pl* **-ões**) *f (esportiva)* competición *f*, competencia *f Amér*; *(entre empresas, produtos, rivais)* competencia *f*.
competir *vi* competir; **competir com** competir con.
competitivo, va *adj* competitivo(va).
compilar *vt* compilar.
complacente *adj* complaciente.
complementar (*pl* **-res**) *adj* complementario(a).
complemento *m* complemento *m*.
completamente *adv* completamente.
completar *vt* completar.
completo, ta *adj* completo(ta); **por completo** por completo.
complexo, xa 1 *adj* complejo(ja). 2 *m (turístico, industrial etc.)* complejo *m*.
complicação (*pl* **-ões**) *f* complicación *f*.
complicado, da *adj* complicado(da).
complicar *vt* complicar.
❑ **complicar-se** *vp* complicarse.
componente *m ou f* componente *m*.
compor *vt* componer; *(bicicleta, quarto, livro etc.)* arreglar.
❑ **compor-se** *vp* arreglarse.
❑ **compor-se de** *vp + prep* componerse de.
comporta *f* compuerta *f*.
comportamento *m* comportamiento *m*.
comportar *vt (conter em si)* comportar; *(admitir)* admitir.
❑ **comportar-se** *vp* comportarse.
composição (*pl* **-ões**) *f* composición *f*; EDUC composición *f*.
compositor, ra (*mpl* **-res**, *fpl* **-s**) *m, f* compositor *m*, -ra *f*.
composto, osta 1 *m* GRAM compuesto *m*. 2 *adj*: **ser composto por** estar compuesto(ta) por.
compostura *f (boa educação)* compostura *f*.
compota *f* compota *f*.
compra *f* compra *f*; **fazer compras** hacer las compras; **ir às compras** ir de compras.
comprar *vt* comprar.
compreender *vt* comprender.
compreensão *f* comprensión *f*.
compreensivo, va *adj* comprensivo(va).
compressa *f* compresa *f*; **compressa esterilizada** gasa *f* OU compresa *Amér* esterilizada.
comprido, da *adj* largo(ga).
comprimento *m* largo *m*.
comprimido, da 1 *adj* comprimido(da). 2 *m* comprimido *m*. 3 **comprimido para dormir** pastilla *f*

para dormir; **comprimido para dores** analgésico *m*; **comprimido para enjôo** pastilla *f* para el mareo.
comprimir *vt* comprimir.
comprometer *vt* comprometer.
❑ **comprometer-se** *vp* comprometerse; **comprometer-se a fazer algo** comprometerse a hacer algo.
compromisso *m* compromiso *m*; **tenho um compromisso** tengo un compromiso.
comprovação (*pl* **-ões**) *f* comprobación *f.*
comprovante *adj & m* comprobante.
comprovar *vt* comprobar.
computador (*pl* **-res**) *m* ordenador *m Esp*, computadora *f Amér*, computador *m Amér*; **computador pessoal** ordenador personal *Esp*, computadora personal *Amér.*
comum (*pl* **-ns**) *adj* común.
comunhão (*pl* **-ões**) *f* comunión *f*; **comunhão de bens** comunidad *f* de bienes.
comunicação (*pl* **-ões**) *f* comunicación *f.*
comunicado *m* comunicado *m.*
comunicar 1 *vt* comunicar.
2 *vi (dialogar)* comunicarse.
3 comunicar algo a alguém comunicar algo a alguien; **comunicar com** comunicarse con.
comunidade *f* comunidad *f*; **a Comunidade Européia** la Comunidad Europea.
comunismo *m* comunismo *m.*
comunista *mf* comunista *mf.*
comuns → **comum.**
comutar *vt* conmutar.
conceber *vt* concebir.
conceder *vt* conceder.
conceito *m* concepto *m.*
conceituado, da *adj* prestigioso(sa).
concentração (*pl* **-ões**) *f* concentración *f.*
concentrado, da 1 *adj* concentrado(da).
2 *m*: **concentrado de tomate** concentrado *m* de tomate *Esp*, extracto *m* de tomate *Amér.*
concentrar *vt* concentrar.
❑ **concentrar-se** *vp* concentrarse; **concentrar-se em algo** concentrarse en algo.
concepção (*pl* **-ões**) *f* concepción *f.*
concerto *m* concierto *m.*
concessão (*pl* **-ões**) *f* concesión *f.*
concessionária *f* concesionario *m.*
concessões → **concessão.**
concha *f (de moluscos)* concha *f*, cáscara *f RP*; *(de sopa)* cucharón *m.*
conciliação (*pl* **-ões**) *f* conciliación *f.*
conciliar *vt* conciliar; **conciliar o sono** conciliar el sueño.
concluir *vt* concluir.
conclusão (*pl* **-ões**) *f* conclusión *f*; **em conclusão** en conclusión.
concordância *f* concordancia *f*; **em concordância com** en concordancia con.
concordar *vi (aceitar)* concordar; *(estar de acordo)* estar de acuerdo; **concordar em fazer algo** estar de acuerdo en hacer algo; **concordar com** estar de acuerdo con.
concorrência *f* competencia *f.*
concorrente *adj & mf* competidor(ra).
concorrer *vi* competir.
concretizar *vt* realizar.
concreto, ta *adj* concreto(ta).
concurso *m* concurso *m.*
conde *m* conde *m.*
condenação (*pl* **-ões**) *f* condena *f.*
condenar *vt* condenar.
condensação *f* condensación *f.*
condensar *vt* condensar.
condescendência *f* condescendencia *f.*
condescendente *adj* condescendiente.
condescender *vi* condescender.
condessa → **conde.**
condição (*pl* **-ões**) *f* condición *f*; **estar em boas/más condições** estar en buenas/malas condiciones.
condicionado, da *adj* condicionado(da).
condicional (*pl* **-ais**) *adj & m* condicional.
condicionar *vt* condicionar.
condições → **condição.**
condimentar *vt* condimentar.
condimento *m* condimento *m.*
condizer *vi* condecir; **condizer com** condecir con.
condolências *fpl* condolencias *fpl*; **as minhas condolências** lo acompaño en el sentimiento, mi sentido pésame *RP.*
condomínio *m* gastos *mpl* ou expensas *RP fpl* comunes; **condomínio fechado** conjunto *m* residencial, country *m RP.*
condômino, na *m* copropiedad *f.*
condor (*pl* **-es**) *m* cóndor *m.*
condução *f (de veículo)* conducción *f*, manejo *m Amér*; *(de governo)* dirección *f*; *(transporte coletivo)* autobús *m Esp*, camión *m Méx*, colectivo *m RP.*

conduta *f (comportamento)* conducta *f.*

condutor, ra (*mpl* **-res**, *fpl* **-s**) **1** *m, f (de bonde, trem)* conductor *m*, -ra *f.*
2 *adj (fio, metal)* conductor(ra).

conduzir 1 *vt (veículo)* conducir, manejar *Amér*; *(tratar, levar)* conducir; *(administrar)* dirigir.
2 *vi (guiar)* conducir, manejar *Amér*; *(caminho, corredor)* conducir a; **conduzir a** conducir a.

cone *m (forma geométrica)* cono *m.*

conexão (*pl* **-ões**) *f* conexión *f.*

confecção (*pl* **-ões**) *f* confección *f.*

confeccionar *vt* confeccionar.

confecções → **confecção.**

confeitaria *f* confitería *f.*

conferência *f* conferencia *f.*

conferir 1 *vt* comprobar.
2 *vi* coincidir.

confessar *vt* confesar.
❑ **confessar-se** *vp* confesarse.

confessionário *m* confesionario *m.*

confiança *f* confianza *f*; **ter confiança em** tener confianza en; **ser de confiança** ser de confianza.

confiar *vt*: **confiar algo** ou **alguém a alguém** confiarle algo ou alguien a alguien.
❑ **confiar em** *v + prep* confiar en.

confidência *f (segredo confiado)* confidencia *f*; *(segurança)* confianza *f.*

confidencial (*pl* **-ais**) *adj* confidencial.

confirmação (*pl* **-ões**) *f* confirmación *f.*

confirmar *vt* confirmar.
❑ **confirmar-se** *vp* confirmarse.

confiscar *vt* confiscar.

confissão (*pl* **-ões**) *f* confesión *f.*

conflito *m* conflicto *m.*

conformar-se *vp* conformarse; **conformar-se com** conformarse con.

conforme *conj & prep* conforme.

conformidade *f* conformidad *f*; **em conformidade com** en conformidad con.

confortar *vt* reconfortar.

confortável (*pl* **-eis**) *adj* cómodo(da).

conforto *m* comodidad *f*; *(consolo)* consuelo *m.*

confraternizar *vi* confraternizar; **confraternizar com** confraternizar con.

confrontação (*pl* **-ões**) *f* conflicto *m.*

confrontar *vt (enfrentar)* enfrentar; *(comparar)* confrontar.
❑ **confrontar-se** *vp* confrontarse; **confrontar-se com** confrontarse con.

confronto *m (encontro conflituoso)* enfrentamiento *m*; *(comparação)* confrontación *f.*

confundir *vt* confundir.
❑ **confundir-se** *vp* confundirse; **confundir-se com** confundirse con.

confusão (*pl* **-ões**) *f* confusión *f*; **armar confusão** crear problemas; **fazer confusão** confundirse.

confuso, sa *adj (desordenado)* desordenado(da); *(obscuro)* confuso(sa); *(confundido)* confundido(da).

confusões → **confusão.**

congelado, da *adj* congelado(da).

congelador (*pl* **-es**) *m* congelador *m.*

congelar 1 *vt* congelar.
2 *vi* congelarse.

congestão (*pl* **-ões**) *f* congestión *f.*

congestionado, da *adj* congestionado(da).

congestionamento *m (de trânsito)* congestión *f*, congestionamiento *m Amér.*

congestionar *vt (trânsito)* congestionar.

congestões → **congestão.**

congratular *vt* congratular.

congresso *m* congreso *m.*

conhaque *m* coñac *m.*

conhecedor, ra (*mpl* **-res**, *fpl* **-s**) *adj & m, f* conocedor(ra).

conhecer *vt* conocer.

conhecido, da *adj & m, f* conocido(da).

conhecimento *m* conocimiento *m*; **dar conhecimento de algo a alguém** dar a conocer algo a alguien; **tomar conhecimento de algo** tomar conocimiento de algo; **ser do conhecimento de alguém** ser del conocimiento de alguien.
❑ **conhecimentos** *mpl (contatos)* contactos *mpl*; *(cultura)* conocimientos *mpl.*

conjugado *m* apartamento *m* estudio, apartamento *m* de un ambiente *RP.*

cônjuge *mf* cónyuge *mf.*

conjunção (*pl* **-ões**) *f* conjunción *f.*

conjuntivite *f* conjuntivitis *f inv.*

conjuntivo *m* subjuntivo *m.*

conjunto *m (de rock)* conjunto *m*; *(de copos, pratos etc.)* juego *m*; **em conjunto** en conjunto.

conosco *pron* con nosotros.

conquanto *conj* no obstante.

conquista *f* conquista *f.*

conquistar *vt (país, território, seduzir)*

conquistar; *(posição)* ganar; *(trabalho)* conseguir.

consciência *f* conciencia *f*; **ter consciência de algo** tener conciencia de algo; **tomar consciência de algo** tomar conciencia de algo; **ter a consciência pesada** tener cargo de conciencia.

consciente 1 *adj* consciente. 2 *m*: **o consciente** la conciencia; **estar consciente de algo** ser consciente de algo.

consecutivo, va *adj* consecutivo(va).

conseguinte: **por conseguinte** *conj* por consiguiente.

conseguir *vt* conseguir; **conseguir fazer algo** conseguir hacer algo.

conselho *m* consejo *m*; **dar conselhos** dar consejos.

consenso *m* consenso *m*.

consentimento *m* consentimiento *m*.

consentir *vt* consentir.

conseqüência *f* consecuencia *f*; **em** OU **como conseqüência** en consecuencia OU como consecuencia.

consertar *vt* arreglar.

conserto *m* arreglo *m*.

conserva *f (de alimento)* conserva *f*; **em conserva** en conserva.

conservação *f* conservación *f*.

conservar *vt* conservar.

conservatório *m* conservatorio *m*.

consideração (*pl* **-ões**) *f* consideración *f*; **ter algo em consideração** tener algo en cuenta.

considerar *vt* considerar; **considerar que** considerar que.
❑ **considerar-se** *vp* considerarse.

considerável (*pl* **-eis**) *adj* considerable.

consigo *pron (com ele, ela)* consigo, con él/ella; *(com você, vocês)* con usted/ustedes; *(com elas, eles)* con ellas/ellos.

consistência *f* consistencia *f*; *(coerência)* coherencia *f*.

consistente *adj* consistente; *(coerente)* coherente.

consistir: **consistir em** *v + prep (ser composto por)* incluir; *(basear-se em)* consistir en.

consoante 1 *f* GRAM consonante *f*. 2 *prep* conforme.

consolar *vt* consolar.
❑ **consolar-se** *vp* consolarse.

console *m* consola *f*.

consomê *m* consomé *m*.

conspícuo, cua *adj* conspicuo(cua).

conspiração (*pl* **-ões**) *f* conspiración *f*.

constante *adj* constante.

constar *v impess*: **constar que** constar que.
❑ **constar de** *v + prep* constar de.

constatar *vt*: **constatar que** constatar que.

consternado, da *adj* consternado(da).

constipação (*pl* **-ões**) *f (prisão de ventre)* estreñimiento *m*, constipado *m Méx*; *(resfriado)* resfriado *m Esp & Méx*, resfrío *m RP*.

constipado, da *adj*: **estar constipado** *(com prisão de ventre)* estar estreñido(da) OU constipado(da) *Méx*; *(resfriado)* estar resfriado(da).

constipar-se *vp (apanhar constipação)* estreñirse, constiparse *Méx*; *(resfriarse)* resfriarse.

constituição (*pl* **-ões**) *f* constitución *f*.

constituir *vt* constituir.

constranger *vt (embaraçar)* avergonzar, apenar *Caribe, Col & Méx*; *(obrigar)* constreñir.
❑ **constranger-se** *vp* avergonzarse, apenarse *Caribe, Col & Méx*.

constrangimento *m (embaraço)* vergüenza *f*, pena *f Caribe, Col & Méx*; *(obrigação)* constreñimiento *m*.

construção (*pl* **-ões**) *f* construcción *f*.

construir *vt* construir.

construtivo, va *adj* constructivo(va).

construtor, ra (*mpl* **-res**, *fpl* **-s**) *m, f* constructor *m*, -ra *f*.

cônsul (*pl* **-es**) *mf* cónsul *mf*.

consulado *m* consulado *m*.

consulta *f* consulta *f*; **horário de consulta** horario de consulta.

consultar 1 *vi (médico)* atender. 2 *vt* consultar.

consultório *m* consultorio *m*; **consultório dentário** clínica *f* OU consultorio *m Amér* dental; **consultório sentimental** consultorio sentimental.

consumidor, ra (*mpl* **-res**, *fpl* **-s**) *m, f* consumidor *m*, -ra *f*.

consumir 1 *vt* consumir. 2 *vi (gastar dinheiro)* gastar.
❑ **consumir-se** *vp* consumirse.

consumo *m* consumo *m*.

conta *f* cuenta *f*; **a conta, por favor** la

cuenta, por favor; **abrir uma conta** abrir una cuenta; **afinal de contas** al fin y al cabo; **dar-se conta de que** darse cuenta de que; **fazer de conta que** hacer ver que *Esp*, hacer de cuenta que *Amér*; **levar em conta** tener en cuenta; **tomar conta de** cuidar; **conta bancária** cuenta bancaria; **conta conjunta** cuenta conjunta; **conta corrente** cuenta corriente; **por minha conta** de mi cuenta, por mi cuenta *Amér.*

contabilidade *f* contabilidad *f.*

contactar *vt* contactar.

contador, ra (*mpl* **-res,** *fpl* **-s**) **1** *m, f (profissional)* contable *mf Esp*, contador *m*, -ra *f Amér*; **contador de histórias** narrador *m*, -ra *f* de historias.
2 *m (aparelho)* contador *m.*

contagem (*pl* **-ns**) *f (de consumo de água, de luz etc.)* lectura *f*; *(de votos, pessoas etc.)* recuento *m.*

contagiar *vt* contagiar.

contágio *m* contagio *m.*

contagioso, osa *adj* contagioso(sa).

conta-gotas *m inv* cuentagotas *m inv.*

contaminação (*pl* **-ões**) *f* contaminación *f.*

contaminar *vt* contaminar.

contar 1 *vt* contar; *(esperar)* esperar.
2 *vi* contar.
3 contar algo a alguém contar algo a alguien; **contar fazer algo** pensar hacer algo; **contar com** contar con.

contato *m* contacto *m*; **entrar em contato com** entrar en contacto con.

contemplar *vt* contemplar; **contemplar alguém com algo** contemplar a alguien con algo.

contemporâneo, nea *adj & m, f* contemporáneo(a).

contentamento *m* satisfacción *f.*

contentar *vt* satisfacer.
❑ **contentar a** *v + prep* contentar a.
❑ **contentar-se com** *vp + prep* contentarse ou conformarse con.

contente *adj* contento(ta).

conter *vt* contener.
❑ **conter-se** *vp* contenerse.

conterrâneo, nea *m, f* coterráneo *m*, -a *f.*

contestação (*pl* **-ões**) *f (polêmica)* debate *m*; *(negação)* contestación *f*, cuestionamiento *m Amér.*

contestar *vt* cuestionar, contestar *Esp*; JUR *(sentença)* apelar.

conteúdo *m* contenido *m.*

contexto *m* contexto *m.*

contigo *pron* contigo.

continente *m* continente *m.*

continuação (*pl* **-ões**) *f* continuación *f.*

continuamente *adv* continuamente.

continuar *vt & vi* continuar; **continuar a fazer algo** continuar haciendo algo; **continuar com algo** continuar con algo.

contínuo, nua 1 *adj* continuo(a).
2 *m, f* chico *m*, -ca *f* de los recados, cadete *mf*, -ta *RP.*

conto *m (história)* cuento *m*; *(dinheiro)* mil escudos *mpl*; **conto de fadas** cuento de hadas.

contornar *vt (edifício, muro etc.)* rodear; *(problema, situação)* salvar.

contra 1 *prep* contra.
2 *m*: **pesar** ou **ver os prós e os contras** sopesar los pros y los contras.

contra-ataque (*pl* **contra-ataques**) *m* contraataque *m.*

contrabaixo *m* contrabajo *m.*

contrabando *m* contrabando *m.*

contracepção *f* contracepción *f.*

contraceptivo, va 1 *adj* contraceptivo (va).
2 *m* contraceptivo *m.*

contradição (*pl* **-ões**) *f* contradicción *f.*

contradizer *vt* contradecir.

contrafilé *m* filete *m*, entrecot *m Amér.*

contra-indicação (*pl* **-ões**) *f* contraindicación *f.*

contrair *vt* contraer.

contramão *f (de rua, estrada)* sentido *m* contrario; **ir pela contramão** ir en dirección contraria *Esp*, ir contramano *Amér.*

contrapartida *f* contrapartida *f*; **em contrapartida** en contrapartida.

contrariar *vt* contrariar.

contrariedade *f* contrariedad *f.*

contrário, ria 1 *adj* contrario(ria).
2 *m*: **o contrário** el contrario.
3 contrário a algo contrario a algo; **do contrário** de lo contrario; **(muito) pelo contrário** (muy) por el contrario; **em sentido contrário** en sentido contrario.

contra-senso (*pl* **contra-sensos**) *m* contrasentido *m.*

contrastar *vt & vi* contrastar; **contrastar com** contrastar con.

contraste *m* contraste *m*; **em contraste com** en contraste con.

contratar *vt* contratar.
contratempo *m* contratiempo *m.*
contrato *m* contrato *m.*
contribuinte *mf* contribuyente *mf.*
contribuir *vi* contribuir; **contribuir com algo** contribuir con algo; **contribuir para algo** contribuir para algo.
controlar *vt* controlar.
❑ **controlar-se** *vp* controlarse.
controle *m* control *m*; **controle remoto** control *m* remoto, mando *m* a distancia *Esp.*
controvérsia *f* controversia *f.*
controverso, sa *adj* controvertido(da).
contudo *conj* no obstante.
contusão (*pl* **-ões**) *f* contusión *f.*
convalescença *f* convalecencia *f.*
convenção (*pl* **-ões**) *f* convención *f.*
convencer *vt* convencer; **convencer alguém a fazer algo** convencer a alguien de hacer ou de que haga algo; **convencer alguém de algo** convencer a alguien de algo.
❑ **convencer-se** *vp* convencerse; **convencer-se de que** convencerse de que.
convencido, da *adj* creído(da).
convencional (*pl* **-ais**) *adj* convencional.
convenções → **convenção.**
conveniente *adj* conveniente.
convento *m* convento *m.*
conversa *f* conversación *f*; **conversa fiada** cháchara *f*; **não ir na conversa** no dejarse contar el cuento; **passar uma conversa** intentar convencer.
conversar *vi* conversar, platicar *Méx*; **conversar com** conversar ou platicar *Méx* con.
conversível (*pl* **-eis**) *m* descapotable *m*, convertible *m.*
converter *vt*: **converter algo/alguém em** convertir algo/a alguien en.
❑ **converter-se** *vp* convertirse; **converter-se a** convertirse a; **converter-se em** convertirse en.
convés (*pl* **-eses**) *m* cubierta *f.*
convidado, da *m, f* invitado *m*, -da *f.*
convidar *vt* invitar.
convir *vi* admitir.
convite *m* invitación *f.*
convivência *f* convivencia *f.*
conviver: **conviver com** *v + prep* convivir con.
convívio *m (convivência)* convivencia *f*; *(festa)* banquete *m.*
convocar *vt* convocar; **convocar alguém para algo** convocar a alguien para algo.
convosco *pron* con vosotros *Esp*, con ustedes *Amér.*
convulsão (*pl* **-ões**) *f* convulsión *f.*
cooperação (*pl* **-ões**) *f* cooperación *f.*
cooperar *vi* cooperar.
cooperativa *f* cooperativa *f.*
coordenar *vt* coordinar.
copa *f (peça da casa)* office *m*; *(de árvore, de chapéu, torneio esportivo)* copa *f.*
❑ **copas** *fpl (naipe de cartas)* copas *fpl.*

> Não confundir ***copa (office)*** com o espanhol ***copa***, que em português é ***taça***. (***Costumamos almoçar na copa***. Solemos comer en el office.)

cópia *f* copia *f.*
copiar *vt & vi* copiar.
copo *m* vaso *m*; **tomar** ou **beber um copo** tomar ou beber una copa *f*; **ser um bom copo** ser un bebedor empedernido.
coqueiro *m* cocotero *m.*
coquetel (*pl* **-éis**) *m* cóctel *m.*
cor[1] *adv*: **de cor** de memoria; **aprender/saber algo de cor** aprender/saber algo de memoria; **saber algo de cor e salteado** saberse algo del derecho y del revés, saber algo de atrás para adelante *Amér.*
cor[2] (*pl* **-res**) *f* color *m*; **mudar de cor** cambiar de color; **perder a cor** perder el color; **de cor** *(pessoa)* de color.
coração (*pl* **-ões**) *m* corazón *m*; **ter bom coração** tener buen corazón.
corado, da *adj (pessoa)* saludable; *(frango, assado, suflê etc.)* dorado(da).
coragem **1** *f* coraje *m.*
2 *interj* ¡valor!
corais → **coral.**
corajoso, osa *adj* valiente.
coral (*pl* **-ais**) *m* coral *m.*
corante *m* colorante *m*; **'sem corantes nem conservantes'** 'sin colorantes ni conservantes'.
corar **1** *vi* ruborizarse.
2 *vt (frango, assado etc.)* dorar.
corda *f* cuerda *f*; **corda de pular** cuerda de saltar, comba *f Esp*; **cordas vocais** cuerdas vocales.
cordão (*pl* **-ões**) *m* cordón *m*; **cordão umbilical** cordón umbilical.

cordeiro *m* cordero *m.*
cordel (*pl* **-éis**) *m (corda)* cordel *m*, piolín *m RP; (poesía) tipo de poesía.*
cor-de-rosa *adj inv* rosa *inv*, rosado(da) *Amér.*
cordial (*pl* **-ais**) *adj* cordial.
cordilheira *f* cordillera *f.*
cordões → **cordão.**
coreto *m (em parque, jardim)* quiosco *m.*
córnea *f* córnea *f.*
corneta *f* corneta *f.*
cornflakes® *mpl* cereales *mpl*, cornflakes *mpl.*
coro *m* coro *m*; **em coro** a coro.
coroa *f lit & fig* corona *f*; *fam (pessoa mais velha)* abuelo *m*, -la *f*, veterano *m*, -na *f Amér.*
corpo *m (cadáver)* cuerpo *m*; **corpo de bombeiros** cuerpo de bomberos; **corpo diplomático** cuerpo diplomático; **corpo estranho** cuerpo extraño; **tirar o corpo fora** *fam* escurrir el bulto.
corporal *adj* → **odor.**
correção (*pl* **-ões**) *f* corrección *f.*
correções → **correção.**
corredor, ra (*mpl* **-res,** *fpl* **-s**) **1** *m, f* corredor *m*, -ra *f.*
2 *m* pasillo *m*, corredor *m Amér.*
correia *f* correa *f*; **correia de suspensão** correa de transmisión; **correia da ventoinha** correa del ventilador.
correio *m* correo *m*; **correio aéreo** correo aéreo; **correio electrônico** correo electrónico; **pelo correio** por correo; **pôr no correio** llevar al correo.
corrente 1 *adj* corriente.
2 *f (de ar, de mar, de electricidade etc.)* corriente *f*; *(de metal)* cadena *f.*
3 corrente alternada corriente alterna; **corrente de ar** corriente de aire.
correr *vi & vt* correr; **correr com alguém** echar a alguien.
correspondência *f* correspondencia *f.*
correspondente 1 *adj* correspondiente.
2 *mf (de jornal, revista, telejornal)* corresponsal *mf*; *(amigo por carta)* correspondiente *mf.*
corresponder *vi* corresponder; **corresponder a** corresponder a.
❑ **corresponder-se com** *vp + prep* corresponderse con.
corretamente *adv* correctamente.
correto *adj* correcto(ta).
corretor, ra (*mpl* **-res,** *fpl* **-s**) *m, f (de bolsa, de seguros)* corredor *m*, -ra *f*; *(de imóveis)* agente *mf.*
corrida *f (de velocidade)* carrera *f*; *(de touros)* corrida *f*; *(de táxi)* carrera *f*, viaje *m Amér*; **corrida de automóveis** carrera de coches; **corrida de cavalos** carrera de caballos.
corrigir *vt* corregir.
❑ **corrigir-se** *vp* corregirse.
corrimão (*pl* **-s**) *m* pasamanos *m inv.*
corrimento *m* flujo *m.*
corroborar *vt* corroborar.
corromper *vt* corromper.
corrupção (*pl* **-ões**) *f* corrupción *f*; **corrupção de menores** corrupción de menores.
corrupto, ta *adj* corrupto(ta).
cortar *vt & vi* cortar; **cortar algo** recortar algo; **cortar gorduras** reducir grasas; **cortar relações (com alguém)** cortar relaciones (con alguien).
❑ **cortar-se** *vp* cortarse.
corte *m* corte *m*; *(redução)* recorte *m*; **corte de cabelo** corte de pelo.
cortejar *vt* cortejar.
cortejo *m* cortejo *m*; **cortejo fúnebre** cortejo fúnebre.
cortesia *f* cortesía *f.*
cortiça *f* corcho *m.*
cortina *f* cortina *f.*
cortinado *m* cortinaje *m*, cortinado *m Amér.*
coruja *f* lechuza *f*; **mãe coruja** madraza *f*; **pai coruja** padrazo *m.*
corvina *f* corvina *f.*
corvo *m* cuervo *m.*
cós *m inv* cintura *f Esp*, pretina *f Amér.*
coser *vt & vi* coser.
cosmético *m* cosmético *m.*
cosmopolita *adj & mf* cosmopolita.
costa *f (junto ao mar)* costa *f*; *(de montanha)* ladera *f*; **dar à costa** *(embarcação)* encallar.
❑ **costas** *fpl (de pessoa)* espalda *f*; *(de cadeira)* respaldo *m*; **ter costas quentes** *fam* estar enchufado(da) *Esp*, tener palanca *Amér.*
costela *f* costilla *f.*
costeleta *f* costilla *f*; *(suíças)* patilla *f.*
costumar 1 *v impess* soler.
2 *vt*: **costumar fazer algo** soler hacer algo.

costume *m* costumbre *f*; **como de costume** como de costumbre; **por costume** por costumbre.
costura *f* costura *f*; **sem costura** sin costura.
costurar *vt* coser.
cotação (*pl* **-ões**) *f* cotización *f*; *(fig: conceito)* valoración *f*.
cotidiano 1 *adj* cotidiano(na).
2 *m*: **o cotidiano** el día a día.
cotonete *m* bastoncillo *m* de algodón.
cotovelada *f* codazo *m*.
cotovelo *m* codo *m*; **falar pelos cotovelos** hablar hasta por los codos.
cotovia *f* bisbita *m o f* campestre.
couraça *f (de navio)* casco *m*; *(de tartaruga)* caparazón *m*; *(para o peito)* coraza *f*.
couro *m* cuero *m*; **couro cabeludo** cuero cabelludo.
couve *f* col *f Esp & Méx*, repollo *m RP*; **couve à mineira** *col cortada fina y frita en mantequilla y ajo*; **couve roxa** col lombarda *Esp & Méx*, repollo colorado *RP*.
couve-de-bruxelas (*pl* **couves-de-bruxelas**) *f* col *f* de Bruselas *Esp & Méx*, repollito *m* de Bruselas *RP*.
couve-flor (*pl* **couves-flores**) *f* coliflor *f*.
couvert *m* cubierto *m*.
cova *f (buraco)* fosa *f*; *(sepultura)* tumba *f*.
covarde *adj & mf* cobarde.
covardia *f* cobardía *f*.
coveiro *m* sepulturero *m*.
coxa *f* muslo *m*; **coxa de galinha** muslo de pollo.
coxia *f* pasillo *m*.
coxo, xa *adj* cojo(ja) *Esp*, rengo(ga) *Amér*.
cozer *vt (batatas, ervilhas etc.)* hervir; *(bolo, torta, empada etc.)* hornear.
cozido, da *adj (batatas, ervilhas)* hervido(da); *(bolo, empada, torta)* horneado(da).
cozinha *f* cocina *f*.
cozinhar *vt & vi* cocinar.
cozinheiro, ra *m, f* cocinero *m*, -ra *f*.
crachá *m* insignia *f Esp*, identificación *f Amér*.
crânio *m* cráneo *m*.
craque *mf fam* crack *mf*.
cratera *f* cráter *m*.
cravar *vt* clavar; **cravar os olhos em** clavar la mirada en.
cravo *m (flor)* clavel *m*; *(na pele)* grano *m*; *(especiaria)* clavo *m*, clavo *m* de olor *Amér*; *(instrumento)* clave *m*.
creche *f* guardería *f* (infantil).
credencial (*pl* **-ais**) *f* credencial *f*.
crediário *m sistema de compra y venta a crédito.*
crédito *m* crédito *m*; **compra/venda a crédito** compra/venta a crédito; **digno de crédito** digno(na) de crédito.
credor, ra (*mpl* **-res**, *fpl* **-s**) *m, f* acreedor *m*, -ra *f*.
crédulo, la *adj* crédulo(la).
cremar *vt* incinerar, cremar.
crematório *m* crematorio *m*.
creme 1 *m* crema *f*.
2 *adj* de color crema.
3 creme de barbear espuma *f* de afeitar; **creme dental** pasta *f* de dientes; **creme hidratante** crema hidratante; **creme de leite** nata *f* líquida *Esp & Méx*, crema *f* doble *RP*; **creme de limpeza** crema *f* de limpieza; **creme rinse** suavizante *m*, enjuague *m Amér*.
cremoso, osa *adj* cremoso(sa).
crença *f* creencia *f*.
crendice *f* superstición *f*.
crente *mf* creyente *mf*; **estar crente que** creer que.
crepe *m* CULIN crepe *f Esp*, crepa *f Méx*, panqueque *m RP*; *(tecido)* crepé *m*.
crepúsculo *m* crepúsculo *m*.
crer *vt*: **crer que** creer que; **ver para crer** si no lo veo no lo creo.
crescente 1 *adj* creciente.
2 *m* cuarto *m* creciente.
crescer *vi* crecer.
crespo, pa *adj (cabelo)* crespo(pa); *(rugoso)* áspero(ra).
cretino, na *m, f* cretino *m*, -na *f*.
cria *f* cría *f*.
criado, da *m, f* criado *m*, -da *f*.
criador, ra (*mpl* **-res**, *fpl* **-s**) *m, f (inventor)* creador *m*, -ra *f*; *(de animais)* criador *m*, -ra *f*.
criança *f* niño *m*, -ña *f*; **criança de colo** niño *m* pequeño; **quando criança** de niño; **ser criança** ser un crío *Esp*, ser un niño *Amér*.
criar 1 *vt (filhos, animais)* criar; *(inventar)* crear; **criar caso** crear problemas.
2 *vi* infectarse.
❑ **criar-se** *vp (produzir-se)* crearse; *(pessoa)* criarse.
criatividade *f* creatividad *f*.
criativo, va *adj* creativo(va).

criatura *f* criatura *f.*
crime *m* crimen *m.*
criminalidade *f* criminalidad *f.*
criminoso, osa *adj & m, f* criminal.
crina *f* crin *f.*
crisântemo *m* crisantemo *m.*
crise *f* crisis *f inv*; *(de nervos, histeria)* ataque *m.*
crista *f* cresta *f.*
cristã → **cristão.**
cristal (*pl* **-ais**) *m* cristal *m.*
cristaleira *f* cristalera *f.*
cristão, ã *adj & m, f* cristiano(na).
critério *m* criterio *m.*
crítica *f* crítica *f.*
criticar *vt* criticar.
crivo *m* criba *f Esp*, cernidor *m Amér.*
crocante *adj* crujiente *Esp*, crocante *Amér.*
crochê *m* croché *m.*
crocodilo *m* cocodrilo *m.*
cromo *m (gravura)* cromo *m*, figurita *f RP.*
crônica *f* crónica *f.*
crônico, ca *adj* crónico(ca).
cronológico, ca *adj* cronológico(ca).
cronometrar *vt* cronometrar.
cronômetro *m* cronómetro *m.*
croquete *m* croqueta *f*; **croquete de camarão** croqueta de gambas *Esp* ou camarones *Amér*; **croquete de galinha** croqueta de pollo.
crosta *f (de ferida)* costra *f*; *(da Terra)* corteza *f.*
cru, crua *adj lit & fig* crudo(da).
crucial (*pl* **-ais**) *adj* crucial.
crucifixo *m* crucifijo *m.*
cruel (*pl* **-éis**) *adj* cruel.
cruz (*pl* **-zes**) *f* cruz *f*; **a Cruz Vermelha** la Cruz Roja.
cruzamento *m* cruce *m.*
cruzar *vt* cruzar.
❑ **cruzar-se** *vp* cruzarse; **cruzar-se com alguém** cruzarse con alguien.
cruzeiro *m* crucero *m.*
cu *m* culo *m.*
cúbico, ca *adj* cúbico(ca).
cubículo *m* cubículo *m.*
cubo *m* cubo *m*; **cubo de gelo** cubito *m* de hielo.
cuco *m* cuco *m Esp & Méx*, cucú *m RP.*
cueca *f* calzoncillos *mpl.*
cuidado, da 1 *adj* cuidado(da).
2 *m* cuidado *m.*
3 *interj* ¡cuidado!; **ter cuidado** tener cuidado.
4 **aos cuidados de alguém** al cuidado de alguien; **com cuidado** con cuidado.
cuidar: **cuidar de** *v + prep* cuidar de, cuidar a *Amér.*
❑ **cuidar-se** *vp* cuidarse.
cujo, ja *pron* cuyo(ya).
culinária *f* cocina *f.*
culminar: **culminar em** *v + prep* culminar en.
culpa *f* culpa *f*; **pôr a culpa em** echarle la culpa a; **ter culpa de algo** tener la culpa de algo; **por culpa de** por culpa de.
culpado, da *adj & m, f* culpable.
cultivar *vt lit & fig* cultivar.
❑ **cultivar-se** *vp* cultivarse.
culto, ta 1 *adj* culto(ta).
2 *m* culto *m.*
cultura *f (agrícola)* cultivo *m*; *(conhecimentos, civilização)* cultura *f.*
cultural (*pl* **-ais**) *adj* cultural.
cume *m* cumbre *f.*
cúmplice *mf* cómplice *mf.*
cumplicidade *f* complicidad *f.*
cumprimentar *vt* saludar.
cumprimento *m (saudação)* saludo *m*; *(elogio)* cumplido *m*; *(de dever, ordem)* cumplimiento *m.*
❑ **cumprimentos** *mpl* saludos *mpl*; **'com os melhores cumprimentos'** 'muy atentamente'; **cumprimentos a ...** recuerdos a ..., saludos a ... *Amér.*
cumprir 1 *vt* cumplir.
2 *v impess*: **cumprir a alguém fazer algo** corresponder a alguien hacer algo.
cúmulo *m (auge)* punto *m* culminante; **é o cúmulo!** ¡es el colmo!
cunha *f* cuña *f.*
cunhado, da *m, f* cuñado *m*, -da *f.*
cunhar *vt* acuñar.
cupom (*pl* **-ns**) *m (de loja)* cupón *m*; *(de ação, obrigação)* resguardo *m*, talón *m Amér.*
cúpula *f lit & fig* cúpula *f*; **reunião de cúpula** cumbre *f.*
cura *f (de doença)* cura *f*; *(de queijo, presunto etc.)* curado *m.*
curar *vt & vi* curar.
❑ **curar-se** *vp* curarse.
curativo *m* vendaje *m.*
curinga *m* comodín *m.*
curiosidade *f* curiosidad *f.*

curioso, osa 1 *adj (por notícias, boatos)* chismoso(sa), argüendero(ra) *Méx*, chusma *RP*; *(interessante, raro)* curioso(sa).
2 *m, f (bisbilhoteiro)* chismoso *m*, -sa *f*, argüendero *m*, -ra *f Méx*, chusma *f RP*; *(espectador)* curioso *m*, -sa *f*.

curral (*pl* **-ais**) *m* corral *m*.

currículo *m* currículum *m*; *(de matérias em um curso)* currículo *m*.

curso *m* curso *m*; **fazer um curso de algo** hacer un curso de algo; **curso intensivo** curso intensivo; **curso superior** título *m* universitario; **em curso** *(ano, semana etc.)* en curso.

cursor (*pl* **-res**) *m* INFORM cursor *m*.

curta-metragem (*pl* **curtas-metragens**) *m* cortometraje *m*.

curtir 1 *vt* curtir; *fam (gostar)*: **ela curte muito cozinhar** le encanta cocinar.
2 *vi fam (divertir-se)* disfrutar, pasarlo pipa *Esp*.

curto, ta *adj* corto(ta); **a curto prazo** a corto plazo.

curto-circuito (*pl* **curtos-circuitos**) *m* cortocircuito *m*.

curva *f* curva *f*; **curva fechada** curva cerrada.

curvar *vt (objeto maleável)* curvar; *(inclinar)* inclinar.
❑ **curvar-se** *vp (inclinar-se)* inclinarse; *(fig: humilhar-se)* doblegarse.

cuscuz *m* cuscús *m*; *(prato brasileiro) marisco cocido al vapor y servido con huevos, guisantes y cuscús*; *(doce) bola de mandioca con coco rallado y azúcar y bañada en leche.*

cuspir *vi & vt* escupir.

custa: **à custa de** *prep* a costa de.
❑ **custas** *fpl* JUR costas *fpl*.

custar *vt* costar; **custa muito fazer** cuesta mucho hacerlo; **quanto custa?** ¿cuánto cuesta?; **custe o que custar** cueste lo que cueste.

custo *m (preço, despesa)* coste *m Esp*, costo *m Amér*; *(fig: dificuldade)* dificultad *f*; **custo de vida** coste *Esp* ou costo *Amér* de la vida; **a custo** a duras penas.

cutia *f* agutí *m*.

cutícula *f* cutícula *f*.

C.V. *m* (*abrev de* **curriculum vitae**) CV *m*.

Dd

da = **de + a** → **de.**

dádiva *f (donativo)* donativo *m Esp,* donación *f Amér.*

dado, da 1 *adj (sociável)* sociable; *(determinado)* dado(da); **dado que** dado que.
2 *m (de jogar)* dado *m*; *(de problema, cálculo, informação)* dato *m*.
❑ **dados** *mpl (jogo)* dados *mpl*; INFORM datos *mpl*; **jogar dados** jugar a los dados.

daí *adv* = **de + aí** de ahí; **anda daí!** ¡sal de ahí! *Esp & Méx,* ¡salí de ahí! *RP*; **daí a um mês/ano** en un mes/año; **daí em** ou **por diante** de ahí en adelante; **e daí?** ¿y qué?; **sai daí!** ¡sal de ahí! *Esp & Méx,* ¡salí de ahí! *RP.*

dali *adv* = **de + ali**; *(relativo a posição espacial)* de allí; *(relativo a posição temporal)*: **ele chegou dali a uma hora** llegó una hora después; **dali a uma semana** una semana después; **dali em** ou **por diante** de allí en adelante.

daltônico, ca *adj & m, f* daltónico(ca).

dama *f (mulher, jogo)* dama *f*; *(de baralho de cartas)* reina *f*; **dama de honra** dama de honor.
❑ **damas** *fpl (jogo)* damas *fpl*; **jogar damas** jugar a las damas.

damasco *m (fruto)* albaricoque *m Esp,* chabacano *m Méx,* damasco *m RP.*

dança *f* danza *f*; **danças folclóricas** danzas folklóricas; **entrar na dança** *fig* meterse.

dançar 1 *vi (ao som de música)* bailar; *fam (fracassar)* irse al garete, quedarla *RP*; *fam (ser demitido)* caer, quedarla *RP.*
2 *vt (tango, valsa etc.)* bailar.

danceteria *f* discoteca *f.*

danificar *vt* dañar *f.*

dano *m* daño *m.*

daquela = **de + aquela** → **aquele.**

daquele = **de + aquele** → **aquele.**

daqui *adv* = **de + aqui**; *(deste lugar)* de aquí; *(deste momento)* dentro de; **daqui a um ano/mês** dentro de un año/mes; **daqui a pouco** dentro de poco; **daqui em** ou **por diante** de aquí en adelante.

daquilo = **de + aquilo** → **aquilo.**

dar 1 *vt* dar; **dar algo a alguém** dar algo a alguien; **ela dá aulas numa escola** da clases en un colegio ou escuela *Amér*; **dá-me sono/pena/medo** me da sueño/pena/miedo; **isto vai dar muito que fazer** esto va a dar mucho trabajo; **o passeio me deu fome** el paseo me dio hambre; **ainda não deu sinal de vida** todavía no ha dado señales de vida; **ele começa a dar sinais de cansaço** comienza a dar señales de cansancio; **dar um berro** dar un grito; **dar um pontapé** dar una patada; **vão dar uma festa** van a dar ou hacer *RP* una fiesta; **ele me deu boa-noite** me dio las buenas noches.
2 *vi* **(a)** *(horas)* dar; **já deram cinco horas** ya dieron las cinco.
(b) *(proporcionar)*: **dar de beber a alguém** dar de beber a alguien; **dar de comer** dar de comer.
(c) *(em locuções)*: **dá igual** da igual; **dá no mesmo** da lo mismo; **dar ares de** darse aires de; **dar à luz** dar a luz; **dar de si** dar de sí *Esp,* ceder *Amér*; **dar na vista** llamar la atención.
❑ **dar com** *v + prep (encontrar)* encontrarse con.
❑ **dar em** *v + prep (resultar)* resultar.
❑ **dar para** *v + prep (servir para, ser útil para)* servir; *(suj: varanda, janela)* dar a; *(ser suficiente para)* dar para; *(ser possível)* poder.
❑ **dar por** *v + prep (aperceber-se)* darse cuenta de.
❑ **dar-se** *vp*: **dar-se bem/mal com algo**

irle bien/mal a alguien con algo; **dar-se bem/mal com alguém** llevarse bien/mal con alguien; **dar-se por vencido** darse por vencido(da).

dardo *m* dardo *m*.
 ❑ **dardos** *mpl* dardos *mpl*; **jogar dardos** jugar a los dardos.

das = **de** + **as** → **de.**

data *f* fecha *f*; **data de nascimento** fecha de nacimiento.

datilografar *vt* mecanografiar.

datilógrafo, fa *m, f* mecanógrafo *m*, -fa *f*.

d.C. (*abrev de* **depois de Cristo**) d. (de) C.

de *prep* (**a**) *(indica posse)* de; **a casa é dela** la casa es de ella; **o carro daquele rapaz** el coche de ese chico; **a recepção do hotel** la recepción del hotel.
(**b**) *(indica matéria)* de; **um bolo de bacalhau** un pastel de bacalao; **um relógio de ouro** un reloj de oro.
(**c**) *(indica conteúdo)* de; **um copo de água** un vaso de agua.
(**d**) *(usado em descrições, determinações)* de; **uma camisa de manga curta** una camisa de manga corta; **uma nota de cinqüenta reais** un billete de cincuenta reales; **o senhor de preto** el señor de negro.
(**e**) *(indica assunto)* de; **fale-me de ti** háblame de ti; **um livro de inglês** un libro de inglés.
(**f**) *(indica origem)* de; **os passageiros do avião** los pasajeros del avión; **um produto do Brasil** un producto de Brasil; **sou da Bahia** soy de Bahía.
(**g**) *(indica tempo)* de; **chegamos de madrugada** llegamos de madrugada; **partimos às três da tarde** salimos a las tres de la tarde; **trabalho das nove às cinco** trabajo de nueve a cinco.
(**h**) *(indica uso)* de; **a sala de espera** la sala de espera; **uma máquina de calcular** una calculadora; **a porta de entrada** la puerta de entrada.
(**i**) *(usado em denominações, nomes)* de.
(**j**) *(indica causa)* de; **chorar de alegria** llorar de alegría; **morrer de frio** morir de frío.
(**k**) *(indica modo)*: **morreu de repente** murió de repente; **viajou de avião/trem/carro** viajó en avión/tren/coche; **deitou-se de lado** se acostó de lado *Esp & Méx* ou costado *RP*; **está tudo de cabeça para baixo** está todo patas arriba ou para arriba *RP*.
(**l**) *(usado em qualificações)* de; **cheio de gente** lleno de gente; **digno de atenção** digno de atención; **lindo de morrer** divino(na).
(**m**) *(introduz complemento direto)*: **gosto do Paulo** Paulo me cae bien; **tenho de ir às compras** tengo que ir de compras; **desconfiar de alguém** desconfiar de alguien; **gostar de algo/alguém** gustarle algo/alguien a alguien.
(**n**) *(em comparações)* de; **o melhor de todos** el mejor de todos.
(**o**) *(em superlativos)*: **é mais rápido do que este** es más rápido que éste.
(**p**) *(dentro)* de; **uma daquelas cadeiras é para mim** una de esas sillas es para mí; **um dia desses volto** volveré un día de éstos; **um desses hotéis serve** alguno de estos hoteles estará bien.
(**q**) *(indica série)* de; **de dois em dois dias** cada dos días; **de quinze em quinze minutos** cada quince minutos; **de três em três metros** cada tres metros, de a tres metros *RP*.
(**r**) *(indica autor)* de; **um filme de Cacá Diegues** una película de Cacá Diegues; **o último livro de Saramago** el último libro de Saramago.

debaixo *adv* debajo ou abajo *Amér*; **debaixo de** *(embaixo de)* debajo ou abajo *Amér* de.

debate *m* debate *m*.

debater *vt* debatir.
 ❑ **debater-se** *vp* debatirse.

débil (*pl* **-beis**) **1** *adj* débil.
2 *mf*: **débil mental** disminuido psíquico *m*, disminuida psíquica *f*, retardado *m*, -da *f RP*.

debitar *vt* cargar.

débito *m* cargo *m*; **débito direto** domiciliación *f*, cargo *m* automático *Amér*.

debruçar-se *vp* inclinarse; **debruçar-se sobre algo** sumergirse en algo.

década *f* década *f*; **na década de oitenta/noventa** en la década de los ochenta/noventa.

decadência *f* decadencia *f*.

decadente *adj* decadente.

decapitar *vt* decapitar.

decência *f* decencia *f*.

decente *adj* decente.

decepar *vt* cortar.

decepção (*pl* **-ões**) *f* decepción *f*.

decidido, da *adj* decidido(da).
decidir *vt* decidir; **decidir fazer algo** decidir hacer algo.
❑ **decidir-se** *vp* decidirse; **decidir-se a fazer algo** decidirse a hacer algo.
decifrar *vt* descifrar.
decimal (*pl* **-ais**) *adj* decimal.
décimo, ma *num* décimo(ma) → **sexto.**
decisão (*pl* **-ões**) *f* decisión *f.*
declamar *vt & vi* declamar.
declaração (*pl* **-ões**) *f* declaración *f.*
declarar *vt* declarar.
❑ **declarar-se** *vp* declararse.
declínio *m* decadencia *f.*
declive *m (de terreno, montanha etc.)* pendiente *f.*
decolagem *f* despegue *m*, decolaje *m Amér.*
decolar *vi* despegar, decolar *Amér.*
decomposição (*pl* **-ões**) *f* descomposición *f.*
decoração (*pl* **-ões**) *f* decoración *f.*
decorar *vt (ornamentar)* decorar; *(memorizar)* memorizar.
decorativo, va *adj* decorativo(va).
decorrente *adj* resultante; **decorrente de** resultante de.
decote *m* escote *m*; **decote em V** escote en V ou en pico; **decote redondo** cuello *m* redondo.
decrescer *vi* decrecer.
decretar *vt* decretar.
decreto *m* decreto *m.*
decreto-lei (*pl* **decretos-lei**) *m* decreto *m* ley.
decurso *m*: **no decurso de** en el curso ou transcurso de.
dedal (*pl* **-ais**) *m* dedal *m.*
dedão (*pl* **-ões**) *m* pulgar *m.*
dedicação (*pl* **-ões**) *f* dedicación *f.*
dedicar *vt* dedicar.
❑ **dedicar-se a** *vp + prep* dedicarse a.
dedo *m* dedo *m*; **dedo anular** (dedo) anular *m*; **dedo indicador** (dedo) índice *m*; **dedo médio** (dedo) mayor *m*, (dedo) corazón *m*; **dedo mindinho** (dedo) meñique *m*; **dedo polegar** (dedo) pulgar *m*; **escolher a dedo** elegir a dedo; **levantar o dedo** levantar la mano.
dedões → **dedão.**
dedução (*pl* **-ões**) *f* deducción *f.*
deduzir *vt* deducir.
defeito *m* defecto *m.*
defeituoso, osa *adj* defectuoso(sa).
defender *vt* defender.
❑ **defender-se** *vp* defenderse; **defender-se de** defenderse de.
defensor, ra (*mpl* **-res,** *fpl* **-s**) *m, f* defensor *m*, -ra *f.*
deferimento *m* otorgamiento *m*; **'pede deferimento'** 'solicita que'.
defesa *f* defensa *f.*
deficiência *f (falha, física)* deficiencia *f*; *(insuficiência)* insuficiencia *f.*
deficiente 1 *adj (imperfeito)* deficiente; *(pessoa)* discapacitado(da).
2 *mf* discapacitado *m*, -da *f.*
3 **deficiente físico/mental** discapacitado físico/mental; **deficiente motor** *persona que padece una disfunción del sistema neuronal.*
déficit *m* déficit *m.*
definição (*pl* **-ões**) *f* definición *f.*
definir *vt* definir.
❑ **definir-se** *vp* definirse.
definitivamente *adv* definitivamente.
definitivo, va *adj* definitivo(va).
deformação (*pl* **-ões**) *f (de corpo, forma)* deformación *f*; *(de imagem, realidade)* distorsión *f.*
deformar *vt (corpo, forma)* deformar; *(imagem, realidade)* distorsionar.
defrontar *vt* enfrentar.
❑ **defrontar-se** *vp (deparar-se)* enfrentarse.
defronte *adv* enfrente; **defronte de** enfrente de ou a *Amér.*
defumado, da *adj* ahumado(da).
defumar *vt* ahumar.
degelo *m* deshielo *m.*
degolar *vt* degollar.
degradante *adj* degradante.
degradar *vt* degradar.
❑ **degradar-se** *vp* degradarse.
degrau *m* escalón *m.*
degustação *f* degustación *f.*
degustar *vt* degustar.
deitar *vt (estender)* extender; *(em cama)* acostar.
❑ **deitar-se** *vp (na cama)* acostarse; *(no chão)* tumbarse, echarse, tirarse *RP.*
deixa *f (em teatro)* entrada *f.*
deixar *vt* dejar; **deixar alguém fazer algo** dejar a alguien hacer algo; **deixar algo por fazer** dejar algo sin hacer; **deixar algo para** dejar algo para; **deixar algo**

de lado dejar de hacer algo; **deixar alguém/algo em paz** dejar algo/a alguien en paz; **deixar alguém/algo para trás** dejar atrás algo/a alguien; **deixar cair** derramar, volcar *RP.*
❑ **deixar de** *v + prep (parar de)* dejar de; **deixar de fazer algo** dejar de hacer algo; **não deixar de fazer algo** no dejar de hacer algo.
❑ **deixar-se** *vp*: **deixar-se fazer algo** dejarse hacer algo; **deixar-se levar por** dejarse llevar por.
dela = **de + ela** → **de.**
dele = **de + ele** → **de.**
delegacia *f (de polícia)* comisaría *f.*
delegado, da *m, f (de polícia)* comisario *m*, -ria *f*; *(de país, governo, instituição)* delegado *m*, -da *f.*
deleitar *vt* deleitar.
❑ **deleitar-se com** *vp + prep* deleitarse con.
deles = **de + eles** → **de.**
delgado, da *adj (pessoa)* delgado(da), flaco(ca) *Amér*; *(fio, corda, pau, barra)* fino(na).
deliberação (*pl* **-ões**) *f* deliberación *f.*
deliberar 1 *vt (decidir)* decidir.
2 *vi (ponderar)* deliberar.
delicadeza *f* delicadeza *f.*
delícia *f* delicia *f*; **que delícia!** ¡qué maravilla!
delicioso, osa *adj* delicioso(sa).
delinear *vt* esbozar.
delinqüência *f* delincuencia *f*; **delinqüência juvenil** delincuencia juvenil.
delirar *vi* delirar.
delírio *m lit & fig* delirio *m.*
delito *m* delito *m.*
demais 1 *adv* demasiado; **é caro demais** es demasiado caro.
2 *pron*: **os/as demais** los/las demás.
3 **isto já é demais!** ¡esto es demasiado!; **ser demais** ser demasiado, ser demás *RP.*
demasia: **em demasia** *adv* demasiado.
demasiado, da 1 *adj* demasiado(da).
2 *adv* demasiado.
demência *f* demencia *f.*
demente *adj & mf* demente.
demissão (*pl* **-ões**) *f* dimisión *f*, renuncia *f Amér*; **pedir demissão** dimitir, renunciar *Amér.*
demitir *vt* despedir.
❑ **demitir-se** *vp* dimitir, renunciar *Amér.*
democracia *f* democracia *f.*
democrata *adj & mf* demócrata.
democrático, ca *adj* democrático(ca).
demolição (*pl* **-ões**) *f* demolición *f.*
demolir *vt* demoler.
demônio *m* demonio *m.*
demonstração (*pl* **-ões**) *f* demostración *f.*
demonstrar *vt* demostrar.
demora *f* demora *f*; **sem demora** sin demora.
demorado, da *adj (longo)* largo(ga); *(lento)* lento(ta).
demorar 1 *vi* durar.
2 *vt* tardar, demorar *Amér.*
❑ **demorar-se** *vp* entretenerse, demorarse *Amér.*
dendê *m* aceite *m* de palma.
denegrir *vt (fig: manchar)* manchar.
dengue *f* dengue *m*; **dengue hemorrágica** dengue hemorrágico.
denominação (*pl* **-ões**) *f* denominación *f.*
denotar *vt* denotar.
densidade *f* densidad *f.*
denso, sa *adj* denso(sa).
dentada *f (em pão, chocolate, maçã)* mordisco *m*; *(de cão, gato, cavalo, pessoa)* dentellada *f.*
dentadura *f* dentadura *f.*
dente *m* diente *m*; *(de elefante, elefante-marinho)* colmillo *m*; **dente de alho** diente de ajo; **dente-de-leite** diente de leche; **dentes postiços** dentadura *f* postiza; **dente de siso** muela *f* del juicio; **falar entre dentes** hablar entre dientes.
dentifrício, cia 1 *adj* dentífrico(ca).
2 *m* dentífrico *m.*
dentista *mf* dentista *mf.*
dentre = **de + entre** → **entre.**
dentro *adv (no interior)* dentro, adentro *Amér*; **dentro de algo** *(relativo a espaço físico)* dentro OU adentro *Amér* de algo; *(relativo a espaço temporal)* dentro de algo; **dentro em pouco** OU **breve** dentro de poco; **por dentro** por dentro OU adentro *Amér*; **por dentro de** en el lado de adentro de; **estar por dentro de algo** *(saber de)* estar al tanto de algo.
denúncia *f* denuncia *f.*
denunciar *vt* denunciar.
deparar: **deparar com** *v + prep* encontrarse con.
❑ **deparar-se com** *vp + prep* encontrarse con.

departamento *m* departamento *m*.
dependência *f* dependencia *f*; *(de casa)* habitación *f*.
dependente *adj* dependiente.
depender *vi*: **depende ...** depende ...
❑ **depender de** *v + prep* depender de.
depilar *vt* depilar.
depilatório, ria 1 *adj* depilatorio(a). **2** *m* depilatorio *m*.
depoimento *m* declaración *f*.
depois *adv* después; **depois de** después de; **depois se vê!** ¡ya veremos!, después vemos *Amér*; **e depois?** ¿y?; **deixar algo para depois** dejar algo para después; **ficar para depois** quedar para después; **dias/semanas/anos depois** días/semanas/años después; **depois de amanhã** pasado mañana; **logo depois** enseguida; **depois que** desde que.
depor 1 *vi* JUR testificar, declarar. **2** *vt (governo, ministro, presidente)* deponer.
depositar *vt* depositar; **depositar confiança em alguém** depositar confianza en alguien.
depósito *m* depósito *m*; **depósito de bagagens** consigna *f Esp*, depósito *m* de equipajes *Amér*.
depravação (*pl* **-ões**) *f* depravación *f*.
depreciação (*pl* **-ões**) *f* depreciación *f*.
depressa 1 *adv* deprisa *Esp*, rápido *Amér*. **2** *interj* ¡deprisa! *Esp*, ¡rápido! *Amér*; **ande depressa com isso!** ¡date prisa con eso! *Esp*, ¡apúrate con eso! *Amér*.
depressão (*pl* **-ões**) *f* depresión *f*; **depressão econômica** depresión económica.
deprimente *adj* deprimente.
deprimir *vt* deprimir.
deputado, da *m, f* diputado *m*, -da *f*.
deriva *f*: **ir à deriva** ir a la deriva; **estar à deriva** estar a la deriva.
derivar *vi (navio, barco)* ir a la deriva.
❑ **derivar de** *v + prep* derivarse de.
dermatologista *mf* dermatólogo *m*, -ga *f*.
derramamento *m* derramamiento *m*, derrame *m*.
derramar *vt (líquido, sangue)* derramar; *(farinha, feijão)* esparcir.
derrame *m* MED derrame *m*.
derrapagem (*pl* **-ns**) *f* derrape *m*.
derrapar *vi* derrapar.
derreter *vt* derretir.
❑ **derreter-se** *vp* derretirse.
derrota *f* derrota *f*.
derrotar *vt* derrotar.
derrubar *vt lit & fig* derribar.
desabafar *vi* desahogarse.
desabamento *m (de terra, pedras)* desprendimiento *m*; *(de neve)* alud *m*; *(de edifício)* derrumbamiento *m*, derrumbe *m Amér*.
desabar *vi* derrumbarse, hundirse.
desabitado, da *adj* deshabitado(da).
desabotoar *vt* desabrochar, desabotonar.
desabrigado, da *adj (sem casa, lar)* sin techo *Esp*, sin casa *Amér*; *(exposto ao tempo)* expuesto(ta).
desabrochar *vi (flor)* abrirse.
desacompanhado, da *adj* solo(la).
desaconselhar *vt* desaconsejar; **desaconselhar alguém a fazer algo** desaconsejarle a alguien que haga algo.
desaconselhável (*pl* **-eis**) *adj* desaconsejable.
desacordado, da *adj* inconsciente.
desacostumado, da *adj* desacostumbrado(da).
desacreditar *vt* desacreditar.
❑ **desacreditar-se** *vp* desacreditarse.
desafinado, da *adj (instrumento)* desafinado(da); *(voz)* disonante.
desafinar *vi* desafinar.
desafio *m* desafío *m*.
desafortunado, da *adj* desafortunado(da).
desagradar: **desagradar a** *v + prep* desagradar.
desaguar *vi (rio)* desembocar.
desajeitado, da *adj* torpe.
desalinhado, da *adj (pessoa)* desaliñado(da), desprolijo(ja) *RP*; *(em desordem)* desordenado(da).
desalinho *m (em forma de vestir)* desaliño *m*, desprolijidad *f RP*; *(desordem)* desorden *m*; **em desalinho** desordenado(da).
desalojar *vt* desalojar.
desamarrar *vt* desatar.
desamparado, da *adj* desamparado (da).
desamparar *vt* desamparar.
desanimado, da *adj* desanimado(da).
desanimar *vt* desanimar.
❑ **desanimar-se** *vp* desanimarse.
desânimo *m* desánimo *m*.

desanuviar 1 *vt (fig: cabeça)* despejar; *(fig: espírito)* reconfortar.
2 *vi lit & fig* despejarse.
desaparafusar *vt* des(a)tornillar, desarmar *Méx.*
desaparecer *vi* desaparecer.
desaparecido, da *adj & m, f* desaparecido(da).
desaparecimento *m* desaparición *f.*
desapertar *vt* aflojar.
desapontado, da *adj* desilusionado(da).
desapontamento *m* desilusión *f.*
desapontar *vt* desilusionar.
desarmamento *m* desarme *m.*
desarmar *vt (barraca, cama, estante)* desmontar, desarmar *Amér*; *(exército, país etc.)* desarmar.
desarranjado, da *adj* descompuesto(ta); **estar desarranjado** tener diarrea.
desarranjar *vt* desordenar.
desarrumado, da *adj (pessoa)* desarreglado(da); *(em desordem)* desordenado (da).
desarrumar *vt* desordenar.
desarticulado, da *adj* dislocado(da).
desassossego *m* desasosiego *m.*
desastrado, da *adj* torpe.
desastre *m (de automóvel)* accidente *m*; *(desgraça)* desastre *m.*
desatar 1 *vt* desatar.
2 *vi*: **desatar a fazer algo** romper a hacer algo.
desatento, ta *adj* distraído(da), desatento(ta) *Amér.*
desatino *m* desatino *m.*
desatualizado, da *adj* desfasado(da).
desavença *f* desavenencia *f.*
desavergonhado, da *adj & m, f* desvergonzado(da).
desbaratar *vt* malgastar.
desbastar *vt (cabelo)* cortar.
desbotado, da *adj* desteñido(da).
desbotar *vt & vi* desteñir.
desbravar *vt (terreno)* limpiar.
descabido, da *adj (despropositado)* inapropiado(da).
descafeinado, da 1 *adj* descafeinado (da).
2 *m* descafeinado *m.*
descalçar *vt (calçado)* descalzarse; *(meias, luvas)* quitarse.
descalço, ça *adj* descalzo(za).
descampado, da 1 *adj* descampado(da).
2 *m* descampado *m.*
descansado, da *adj (sem cuidados)* tranquilo(la); **fique descansado!** ¡no se preocupe!; **dormir descansado** dormir tranquilo(la).
descansar *vi* descansar.
descanso *m* descanso *m*; *(para prato)* mantel *m* individual.
descarado, da *adj* descarado(da).
descaramento *m* descaro *m.*
descarga *f (de vaso sanitário)* cadena *f*; *(descarregamento, de arma)* descarga *f*; **dar a descarga** tirar la cadena; **descarga elétrica** descarga eléctrica.
descarregar *vt lit & fig* descargar.
❑ **descarregar-se** *vp* descargarse.
descarrilar *vi* = **descarrilhar.**
descarrilhamento *m* descarrilamiento *m.*
descarrilhar *vi* descarrilar.
descartar-se: **descartar-se de** *vp + prep* deshacerse de.
descartável (*pl* **-eis**) *adj* desechable, descartable *Amér.*
descascar 1 *vt (fruta, batata etc.)* pelar.
2 *vi (depois do sol)* pelarse.
descendência *f* descendencia *f.*
descendente 1 *adj* descendente.
2 *mf* descendiente *mf.*
descender: **descender de** *v + prep* descender de.
descentralizar *vt* descentralizar.
descer *vt & vi* bajar; **descer de** bajar de.
descida *f* descenso *m.*
descoberta *f* descubrimiento *m.*
descobrimento *m* descubrimiento *m.*
descobrir *vt (achar)* descubrir; *(destapar)* destapar; *(desvendar)* desvelar.
descolar *vt (selo, fita adesiva, adesivo)* despegar.
descoloração (*pl* **-ões**) *f* decoloración *f.*
descompor *vt* regañar, retar *RP.*
descompostura *f* reprimenda *f*; **passar uma descompostura em alguém** regañar ou retar *RP* a alguien.
descomunal (*pl* **-ais**) *adj* descomunal.
desconcentrar *vt* desconcentrar.
desconfiar *vt*: **desconfiar que** sospechar que.
❑ **desconfiar de** *v + prep (não ter confiança em)* desconfiar de; *(suspeitar de)* sospechar de.

desconfortável (*pl* **-eis**) *adj* incómodo (da).
desconforto *m* incomodidad *f*.
descongelar *vt* descongelar.
desconhecer *vt* desconocer.
desconhecido, da *adj & m, f* desconocido(da).
desconsolado, da *adj (triste)* desconsolado(da); *(insípido)* soso(sa).
descontar *vt (deduzir)* descontar; *(cheque)* cobrar.
descontentamento *m* descontento *m*.
desconto *m* descuento *m*.
descontraído, da *adj* relajado(da).
descontrair *vt* relajar.
❑ **descontrair-se** *vp* relajarse.
descontrolado, da *adj* descontrolado(da).
descontrolar-se *vp* descontrolarse.
desconversar *vi* cambiar de tema.
descortinar *vt* descubrir.
descoser *vt* descoser.
descrever *vt* describir.
descrição (*pl* **-ões**) *f* descripción *f*.
descuidado, da *adj* descuidado(da).
descuidar *vt* descuidar.
❑ **descuidar-se** *vp* descuidarse.
descuido *m* descuido *m*; **por descuido** por descuido.
desculpa *f* excusa *f*; **pedir desculpa a alguém de** OU **por algo** pedir disculpas a alguien por algo.
desculpar *vt* disculpar; **desculpe! magoei-o?** ¡perdón! ¿le he hecho daño?, ¡disculpe! ¿lo lastimé? *RP*; **desculpe, pode dizer-me as horas?** por favor, ¿me podría decir qué hora es?, disculpe, ¿me podría decir qué horas son? *Amér.*
❑ **desculpar-se** *vp* disculparse; **desculpar-se com** *(usar como pretexto)* utilizar como excusa.
desde *prep* desde; **desde aí** desde entonces; **desde que** *(a partir do momento em que)* desde que; *(se)* si; **aceito comer isso desde que me digam o que é** me lo comeré si me dicen lo que es; **desde então** desde entonces; **desde já** desde ya.
desdém *m* desdén *m*.
desdenhar 1 *vt* desdeñar.
2 *vi*: **desdenhar de** quitarle importancia a.
desdentado, da *adj* desdentado(da).
desdizer *vt* contradecir.
❑ **desdizer-se** *vp* desdecirse.
desdobrar *vt (jornal, roupa, tecido)* extender; *(subdividir)* dividir, fraccionar *Amér.*
desejar *vt* desear; **o que você deseja?** ¿qué desea?; **deseja mais alguma coisa?** ¿desea algo más?; **desejo-lhe boa sorte!** ¡que tenga buena suerte!
desejo *m* deseo *m*.
deselegante *adj (sem elegância)* sin elegancia *Esp*, vulgar *Amér.*
desembaraçado, da *adj (expedito)* eficaz; *(desimpedido)* sin trabas, libre *Amér*; *(desinibido)* desinhibido(da).
desembaraçar *vt (desimpedir)* desembarazar, despejar *Amér*; COM *(mercadoria)* deshacerse de *Esp*, despachar *Amér*; *(cabelo)* desenredar.
❑ **desembaraçar-se** *vp* darse prisa *Esp*, apurarse *Amér.*
desembaraço *m* desenvoltura *f*.
desembarcar *vt & vi* desembarcar.
desembarque *m (de carga, passageiros)* desembarco *m Esp*, desembarque *m Amér*; *(de estação, aeroporto)* zona *f* de llegadas.
desembocar *vi* desembocar.
desembolsar *vt fam* desembolsar.
desembrulhar *vt* desenvolver.
desempatar *vt (suj: equipa)*desempatar.
desempenhar *vt* desempeñar.
desempenho *m (de função, obrigação, trabalho)* desempeño *m*; *(em filme, peça)* actuación *f*; *(de máquina)* rendimiento *m*.
desemperrar *vt* desatascar, destrancar *Amér.*
desempregado, da *m, f* desempleado *m*, -da *f*, parado *m*, -da *f Esp.*
desemprego *m* desempleo *m*, paro *m Esp.*
desencadear *vt* desencadenar.
❑ **desencadear-se** *vp* desencadenarse.
desencaixar *vt* desencajar.
❑ **desencaixar-se** *vp* desencajarse.
desencaixotar *vt* desempacar.
desencantar *vt lit & fig* desencantar.
desencontrar-se *vp* no encontrarse *Esp*, desencontrarse *Amér.*
desencorajar *vt* desanimar *Esp*, desestimular *Amér.*
desencostar *vt* apartar.
❑ **desencostar-se** *vp*: **desencostar-se de** apartarse de.
desenferrujar *vt (ferrugem)* quitar la

herrumbre de *Esp*, sacarle el herrumbre a *Amér*; *(fig: língua)* pulir; *(fig: pernas)* estirar.
desenfreado, da *adj* desenfrenado(da).
desenganado, da *adj (doente)* desahuciado(da).
desenganar *vt (doente)* desahuciar; *(tirar ilusões de)* desengañar.
desengonçado, da *adj (pessoa)* desgarbado(da); *(desarticulado)* desvencijado (da).
desenhar *vt (boneco, figura, paisagem)* dibujar; *(projeto, maquete)* diseñar.
❑ **desenhar-se** *vp (aparecer)* aparecer; *(esboçar-se)* esbozarse.
desenho *m (artístico)* dibujo *m*; *(tecnocientífico)* diseño *m*; **desenho animado** dibujos *mpl* animados.
desenlace *m* desenlace *m*.
desenrolar *vt* desenrollar.
❑ **desenrolar-se** *vp (ocorrer)* desarrollarse.
desentendido, da *adj*: **fazer-se de desentendido** desentenderse, hacerse el desentendido (la desentendida) *Amér.*
desenterrar *vt lit & fig* desenterrar.
desentupir *vt (cano, espingarda)* desatascar *Esp*, destapar *Amér*; *(nariz)* destapar.
desenvolver *vt* desarrollar.
❑ **desenvolver-se** desarrollarse.
desenvolvido, da *adj* desarrollado(da).
desenvolvimento *m* desarrollo *m*.
desequilibrar-se *vp* desequilibrarse.
deserto, ta 1 *adj* desierto(ta).
2 *m* desierto *m*.
desesperado, da *adj* desesperado(da).
desesperar *vt (encolerizar)* enfurecer; *(levar ao desespero)* desesperar.
desfalecer *vi* desfallecer.
desfavorável (*pl* **-eis**) *adj* desfavorable.
desfazer *vt* deshacer; *(dúvida, engano)* disipar, despejar *Amér*; *(contrato, noivado)* romper.
❑ **desfazer-se** *vp* deshacerse; **desfazer-se em** deshacerse en.
❑ **desfazer-se de** *vp + prep* deshacerse de.
desfecho *m* desenlace *m*, conclusión *f*.
desfeita *f* ofensa *f*.
desfeito, ta *adj (cama, bainha de saia)* deshecho(cha); *(quebra-cabeça, calça)* desarmado(da); *(contrato, noivado)* roto(ta).
desfiar *vt (bacalhau)* desmenuzar.
❑ **desfiar-se** *vp* deshilacharse.
desfigurar *vt* desfigurar; *(fig: verdade)* desfigurar *Esp*, distorsionar *Amér.*
desfiladeiro *m* desfiladero *m*.
desfilar *vi* desfilar.
desfile *m* desfile *m*.
desforra *f* revancha *f*.
desfrutar: **desfrutar de** *v + prep* disfrutar de.
desgastante *adj* agotador(ra).
desgastar *vt (fig: cansar)* agotar; *(gastar)* desgastar.
❑ **desgastar-se** *vp* desgastarse.
desgostar *vt* disgustar; **não desgosto de branco** no me disgusta el blanco.
❑ **desgostar-se com** *vp + prep (descontentar-se)* disgustarse con; *(magoar-se)* sentirse herido(da) por.
desgosto *m* disgusto *m*.
desgraça *f* desgracia *f*.
desgrenhado, da *adj* desgreñado(da).
desidratação (*pl* **-ões**) *f* deshidratación *f*.
desidratado, da *adj* deshidratado(da).
desidratar *vt* deshidratar.
❑ **desidratar-se** *vp* deshidratarse.
design *m* diseño *m*.
designação (*pl* **-ões**) *f* designación *f*.
designar *vt* designar.
designer *mf* diseñador *m*, -ra *f*.
desiludir *vt* desilusionar.
❑ **desiludir-se com** *vp + prep* desilusionarse con.
desilusão (*pl* **-ões**) *f* desilusión *f*.
desimpedido, da *adj* libre; *(trânsito)* despejado(da).
desimpedir *vt (desobstruir)* desatascar, destrancar *Amér.*
desinchar *vi* deshinchar.
desinfetante *adj & m* desinfectante.
desinfetar *vt* desinfectar.
desinibido, da *adj* desinhibido(da).
desintegrar-se *vp* desintegrarse.
desinteressado, da *adj (indiferente)* indiferente; *(altruísta)* desinteresado(da).
desinteressar-se: **desinteressar-se de** *vp + prep* desinteresarse por.
desinteresse *m* desinterés *m*.
desistência *f* cancelación *f*.
desistir *vi* desistir, renunciar *Amér*; **desistir de algo** *(de reserva, vôo)* cancelar algo; **desistir de fazer algo** dejar de ou renunciar a *Amér* hacer algo.
desleal (*pl* **-ais**) *adj* desleal.

desleixado, da *adj* dejado(da), desprolijo(ja) *RP.*
desleixo *m* dejadez *f*, desprolijidad *f RP.*
desligado, da *adj (pessoa)* distraído(da); *(aparelho)* apagado(da).
desligar *vt (telefone)* colgar; *(rádio, TV)* apagar.
deslizar *vi* deslizarse.
deslize *m fig* desliz *m.*
deslocado, da *adj* dislocado(da); *(desambientado)* fuera de lugar.
deslocar *vt (membro)* dislocar.
❑ **deslocar-se** *vp (suj: membro)* dislocarse; **deslocar-se até** trasladarse hasta; **deslocar-se com** moverse con.
deslumbrante *adj* deslumbrante.
deslumbrar *vt* deslumbrar.
desmaiado, da *adj (desfalecido)* desmayado(da); *(desbotado)* pálido(da).
desmaiar *vi* desmayarse.
desmaio *m* desmayo *m.*
desmamar *vt* destetar.
desmancha-prazeres *mf inv* aguafiestas *mf inv.*
desmanchar *vt (desmontar)* desmontar, desarmar *Amér*; *(costura)* deshacer; *(noivado)* romper.
❑ **desmanchar-se** *vp* desmontarse, desarmarse *Amér.*
desmarcar *vt* cancelar.
desmedido, da *adj* desmedido(da).
desmentido *m* desmentido *m.*
desmentir *vt* desmentir.
desmesurado, da *adj* desmesurado(da).
desmontar *vt* desmontar, desarmar *Amér.*
❑ **desmontar de** *v + prep* desmontar de.
desmoralizar *vt* desmoralizar; *(tirar o bom nome de)* manchar la reputación de.
desmoronamento *m* desmoronamiento *m.*
desmoronar *vt* desmoronar.
❑ **desmoronar-se** *vp* desmoronarse.
desnatado *adj m* → **leite.**
desnecessário, ria *adj (dispensável)* innecesario(a); *(inútil)* inútil.
desnível (*pl* **-eis**) *m (de terreno)* desnivel *m*; *(de valor)* diferencia *f.*
desobedecer: **desobedecer a** *v + prep* desobedecer a.
desobediência *f* desobediencia *f.*
desobediente *adj* desobediente.
desobstruir *vt (estrada)* despejar; *(válvula, coronária)* desobstruir.
desocupado, da *adj* desocupado(da); *(assento)* libre.
desocupar *vt* desocupar.
desodorante *adj & m* desodorante.
desonesto, ta *adj* deshonesto(ta).
desordem *f* desorden *m.*
desorganizado, da *adj* desorganizado (da).
desorientação *f* desorientación *f.*
desorientado, da *adj* desorientado(da).
despachante *mf (de documentos)* gestor *m*, -ra *f*; *(de mercadorias)* dependiente *m*, -ta *f*, vendedor *m*, -a *f RP.*
despachar *vt* despachar.
❑ **despachar-se** *vp* darse prisa *Esp*, apurarse *Amér.*
despedida *f* despedida *f.*
despedir *vt (de emprego)* despedir.
❑ **despedir-se** *vp (dizer adeus)* despedirse; *(demitir-se)* despedirse *Esp*, renunciar *Amér.*
despejar *vt (de casa, apartamento)* desalojar; *(líquido)* verter.
despejo *m (de apartamento, casa)* desalojo *m.*
despensa *f* despensa *f.*
despenteado, da *adj* despeinado(da).
despentear *vt* despeinar.
❑ **despentear-se** *vp* despeinarse.
despercebido, da *adj* desapercibido (da); **fazer-se de despercebido** hacerse el distraído(da); **passar despercebido** pasar desapercibido(da).
desperdiçar *vt (dinheiro)* derrochar; *(água, comida, oportunidade etc.)* desperdiciar; *(tempo)* perder.
desperdício *m (de dinheiro)* derroche *m*; *(de água, comida, oportunidade etc.)* desperdicio *m*; *(de tempo)* pérdida *f.*
despertador (*pl* **-res**) *m* despertador *m.*
despertar 1 *vt lit & fig* despertar.
2 *vi* despertarse.
despesa *f* gasto *m.*
❑ **despesas** *fpl* gastos *mpl.*
despido, da *adj* desvestido(da).
despir *vt* desvestir.
❑ **despir-se** *vp* desvestirse.
despregar *vt* arrancar.
❑ **despregar-se** *vp* desprenderse.
desprender *vt* soltar.
❑ **desprender-se** *vp* soltarse.
despreocupado, da *adj* despreocupado(da).

desprevenido, da *adj* desprevenido(da).
desprezar *vt* despreciar.
desproporcionado, da *adj* desproporcionado(da).
desqualificar *vt* descalificar.
desquitado, da *adj* separado(da).
dessa = **de + essa** → **esse.**
desse = **de + esse** → **esse.**
desta = **de + esta** → **este.**
destacar *vt (separar)* despegar, separar; *(enfatizar)* subrayar.
❑ **destacar-se** *vp* destacarse.
destacável (*pl* **-eis**) *adj* separable.
destapar *vt* destapar.
destaque *m (acontecimento)* acontecimiento *m*; *(notícia)* primera *f* plana; *(ênfase)* realce *m*; *(pessoa)* estrella *f.*
deste = **de + este** → **este.**
destemido, da *adj* intrépido(da).
destilada *adj f* → **água.**
destilar *vt* destilar.
destinar *vt*: **destinar algo para** destinar algo a ou para.
❑ **destinar-se a** *vp + prep* destinarse a.
destinatário, ria *m, f* destinatario *m*, -ria *f.*
destino *m* destino *m*; **com destino a** con destino a; **sem destino** sin destino.
destituir *vt* destituir.
destrancar *vt* quitar el cerrojo a, destrancar *Amér.*
destreza *f* destreza *f.*
destro, tra *adj* diestro(tra).
destrocar *vt* cambiar.
destroço *m* restos *mpl.*
destruição *f* destrucción *f.*
destruir *vt* destruir.
desuso *m*: **em desuso** en desuso.
desvalorização (*pl* **-ões**) *f (de moeda)* devaluación *f*, desvalorización *f Amér.*
desvalorizar *vt (moeda)* devaluar, desvalorizar *Amér.*
❑ **desvalorizar-se** *vp (depreciar-se)* devaluarse, desvalorizarse *Amér.*
desvantagem (*pl* **-ns**) *f* desventaja *f.*
desviar *vt* desviar.
❑ **desviar-se** *vp* desviarse; **desviar-se de** desviarse de.
desvio *m* desvío *m.*
detalhe *m* detalle *m.*
detectar *vt* detectar.
detector (*pl* **-res**) *m* detector *m*; **detector de incêndios** detector de incendios.
detenção (*pl* **-ões**) *f* detención *f.*
deter *vt* detener.
❑ **deter-se** *vp (parar)* detenerse; *(conter-se)* contenerse.
detergente *m (para louça)* lavavajillas *m inv Esp*, detergente *m Amér*; *(para roupa)* detergente *m.*
deterioração *f* deterioro *m.*
deteriorar *vt* deteriorar.
❑ **deteriorar-se** *vp* deteriorarse.
determinação (*pl* **-ões**) *f* determinación *f*; *(ordem)* orden *f.*
determinar *vt* determinar; *(ordenar)* ordenar.
detestar *vt* detestar.
detrás *adv* detrás, atrás *Amér*; **detrás de** detrás ou atrás *Amér* de; **por detrás de** por detrás ou atrás *Amér* de.
detrito *m (lixo, restos, resíduos)* deshechos *mpl*; *(de comida)* restos *mpl.*
deturpar *vt* distorsionar.
deus, sa (*mpl* **-ses**, *fpl* **-s**) *m, f* dios *m*, -sa *f.*
❑ **Deus** *m* Dios *m.*
devagar *adv* despacio.
dever (*pl* **-res**) **1** *m* deber *m.*
2 *vt* deber.
3 dever algo a alguém deber algo a alguien; **dever fazer algo** *(obrigação)* deber hacer algo; **dever ser/estar algo** *(suposição)* deber de ser/estar algo; **dever cívico** deber cívico; **dever de casa** deberes *mpl.*
❑ **deveres** *mpl* deberes *mpl.*
devidamente *adv* debidamente.
devido, da *adj* debido(da); **devido a** debido a.
devolução (*pl* **-ões**) *f* devolución *f.*
devolver *vt* devolver.
devorar *vt* devorar.
dez *num* diez.
dezembro *m* diciembre *m* → **setembro.**
dezena *f* decena *f.*
dezenove *num* diecinueve → **seis.**
dezesseis *num* dieciséis → **seis.**
dezessete *num* diecisiete → **seis.**
dezoito *num* dieciocho → **seis.**
DF (*abrev de* **Distrito Federal**) DF.
dia *m* día *f*; **bom dia!** ¡buenos días!, ¡buen día! *RP*; **do dia** del día; **durante o dia** durante el día; **estar em dia** estar al día; **já é de dia** ya es de día; **qualquer dia** cualquier día; **no dia seguinte** al

día siguiente; **no dia vinte** el (día) veinte; **nos dias de hoje** hoy en día, hoy día *Amér*; **hoje em dia** hoy en día, hoy día *Amér*; **por dia** por día; **pôr algo em dia** poner algo al día; **pôr-se em dia** ponerse al día; **todos os dias** todos los días; **um dia desses** un día de éstos; **dia de Finados** Día de los Santos Difuntos; **dia de folga** día de descanso; **dia santo** fiesta *f* religiosa, feriado *m* religioso *RP*; **dia de semana** día de entre semana; **dia de Todos os Santos** Día de Todos los Santos; **dia útil** día hábil.

dia-a-dia *m* día a día *m*.

diabetes *f* diabetes *f inv*.

diabético, ca *adj & m, f* diabético(ca).

diabo *m* diablo *m*; **por que diabo?** *fam* ¿por qué diablos?

diafragma *m* diafragma *m*.

diagnóstico *m* diagnóstico *m*.

dialeto *m* dialecto *m*.

dialogar *vi* dialogar.

diálogo *m* diálogo *m*.

diamante *m* diamante *m*.

diâmetro *m* diámetro *m*.

diante: **diante de** *prep (à frente de)* delante OU adelante *Amér* de; *(perante)* ante; **assim por diante** así sucesivamente; **para diante** para adelante.

dianteira *f* delantera *f*; **tomar a dianteira** tomar la delantera.

diapositivo *m* diapositiva *f*.

diária *f precio por noche de un hotel.*

diariamente *adv* diariamente.

diário, ria 1 *adj* diario(ria).
2 *m* diario *m*; **diário de bordo** diario de a bordo.

diarréia *f* diarrea *f*.

dica *f fam* pista *f*.

dicionário *m* diccionario *m*; **dicionário de bolso** diccionario de bolsillo.

didático, ca *adj* didáctico(ca).

diesel *adj inv* diesel.

dieta *f* dieta *f*.

dietético, ca *adj* dietético(ca).

difamar *vt* difamar.

diferença *f* diferencia *f*.

diferenciar *vt* diferenciar.

diferente *adj* diferente.

difícil (*pl* **-ceis**) *adj* difícil.

dificuldade *f* dificultad *f*; **passar dificuldades** pasar privaciones.

dificultar *vt* dificultar.

difundir *vt* difundir.

difusão *f* difusión *f*.

digerir *vt* digerir.

digestão *f* digestión *f*.

digestivo, va *adj* digestivo(va).

digital (*pl* **-ais**) *adj* digital.

digitalizador (*pl* **-res**) *m* INFORM escáner *m*.

digitar *vt (número, palavra)* teclear; *(número de telefone)* marcar *Esp*, discar *Amér*.

dígito *m* dígito *m*.

dignidade *f* dignidad *f*.

dilatar *vt (metal)* dilatar; *(prazo)* ampliar, postergar *Amér*.
❑ **dilatar-se** *vp* dilatarse.

dilema *m* dilema *m*.

diluir *vt* diluir.

dimensão (*pl* **-ões**) *f* dimensión *f*.

diminuir 1 *vi* disminuir; *(em preço)* bajar.
2 *vt (preço, velocidade, despesas)* reducir; *(som)* bajar.

diminutivo *m* diminutivo *m*.

dinâmico, ca *adj* dinámico(ca).

dinamismo *m fig* dinamismo *m*.

dinamite *f* dinamita *f*.

dínamo *m* dinamo *f*.

dinastia *f* dinastía *f*.

dinheiro *m* dinero *m*; **em dinheiro** en efectivo; **sem dinheiro** sin dinero; **ter dinheiro** tener dinero; **dinheiro em espécie** dinero en efectivo; **dinheiro miúdo** OU **trocado** suelto *m Esp*, sencillo *m Méx*, cambio *m RP*; **dinheiro à vista** dinero al contado; **dinheiro vivo** dinero en efectivo.

dinossauro *m* dinosaurio *m*.

diploma *m* diploma *m*.

dique *m* dique *m*.

direção (*pl* **-ões**) *f* dirección *f*.

direções → **direção.**

direita *f*: **a direita** la derecha; **à direita** a la derecha; **virar à direita** girar *Esp* OU torcer *Méx* OU doblar *RP* a la derecha; **dirija pela direita** conduzca *Esp* OU maneje *Amér* por la derecha; **pela direita** por la derecha; **ser de direita** POL ser de derechas *Esp* OU derecha *Amér*.

direito, ta 1 *adj (cabelo)* liso(sa) *Esp*, lacio (cia) *Amér*; *(mão, perna, lado)* derecho (cha); *(linha)* recto(ta); *(pessoa)* honrado(da), derecho(cha) *Amér*; *(justo)* justo(ta), derecho(cha) *Amér*.
2 *m* derecho *m*.
3 *adv* bien.

4 **direitos humanos** derechos humanos; **direitos autorais** derechos de autor; **ter direito a** tener derecho a; **não é direito** no hay derecho.
direto, ta *adj* directo(ta).
diretor, ra (*mpl* **-res,** *fpl* **-s**) *m, f* director *m*, -ra *f*.
dirigente *mf* dirigente *mf*.
dirigir 1 *vt* dirigir; *(veículo)* conducir, manejar *Amér.*
2 *vi* conducir, manejar *Amér.*
3 **dirigir algo a alguém** dirigir algo a alguien; **dirigir algo para** dirigir algo hacia.
❑ **dirigir-se a** *vp + prep* dirigirse a; **dirigir-se para** dirigirse hacia.
dirigível (*pl* **-eis**) *m* dirigible *m*.
discar 1 *vt* marcar *Esp,* discar *Amér.*
2 *vi* marcar *Esp,* discar *Amér.*
disciplina *f* disciplina *f*; EDUC asignatura *f*.
disc-jóquei (*pl* **disc-jóqueis**) *mf* disc-jockey *mf*.
disco *m* disco *m*; **disco compacto** disco *m* compacto; **disco rígido** disco *m* duro; **disco voador** platillo *m* volante *Esp,* plato *m* ou platillo volador *Amér.*
discordar *vi* discrepar; **discordar de alguém em algo** discrepar de alguien en algo.
discórdia *f* discordia *f*.
discoteca *f* discoteca *f*.
discotecário, ria *m, f* gerente *mf* de una discoteca.
discreto, ta *adj* discreto(ta).
discriminação *f* discriminación *f*.
discriminar *vt* discriminar.
discurso *m* discurso *m*; **discurso direto/indireto** estilo *m* directo/indirecto.
discussão (*pl* **-ões**) *f* discusión *f*.
discutir *vt & vi* discutir.
disenteria *f* disentería *f*.
disfarçar *vt & vi* disimular.
❑ **disfarçar-se** *vp* disfrazarse; **disfarçar-se de** disfrazarse de.
disfarce *m* disfraz *m*.
dislexia *f* dislexia *f*.
disléxico, ca *adj & m, f* disléxico(ca).
disparador (*pl* **-es**) *m* disparador *m*.
disparar 1 *vt (arma, bala)* disparar.
2 *vi (arma, flash)* dispararse.
disparatado, da *adj* disparatado(da).
disparate *m* disparate *m*.
dispensar *vt (prescindir de)* prescindir de; **dispensar alguém de algo** dispensar *Esp & Méx* ou eximir *RP* a alguien de algo; **dispensar algo a alguém** prestarle algo a alguien.
dispersar 1 *vt* dispersar.
2 *vi* dispersarse.
❑ **dispersar-se** *vp* dispersarse.
disponível (*pl* **-eis**) *adj (lugar)* libre; *(saldo, dinheiro)* disponible.
dispor *vt (colocar)* disponer.
❑ **dispor de** *v + prep (de tempo, dinheiro etc.)* disponer de; *(de posição, influência)* tener.
❑ **dispor-se a** *vp + prep* disponerse a; **ao seu dispor** a su disposición.
dispositivo *m* dispositivo *m*.
disposto, osta *adj (preparado)* dispuesto(ta); **estar disposto a fazer algo** estar dispuesto a hacer algo.
disputa *f* disputa *f*.
disputar *vt* disputar.
disquete *f* disquete *m*.
dissimular *vt* disimular.
dissipar *vt (cheiro, fumaça)* disipar; *(mal-entendido, confusão)* aclarar.
❑ **dissipar-se** *vp (desvanecer-se)* disiparse.
disso = **de + isso** → **de.**
dissolver *vt* disolver.
❑ **dissolver-se** *vp* disolverse.
dissuadir *vt* disuadir.
distância *f* distancia *f*; **a que distância fica?** ¿a qué distancia queda?; **fica a um quilômetro de distância** queda a un kilómetro de distancia; **a distância** a lo lejos.
distanciar *vt* distanciar.
❑ **distanciar-se** *vp* distanciarse; **distanciar-se de** distanciarse de.
distante *adj* distante.
distinção (*pl* **-ões**) *f* distinción *f*.
distinguir *vt* distinguir.
❑ **distinguir-se** *vp* distinguirse.
distinto, ta *adj* distinto(ta); *(pessoa)* distinguido(da).
disto = **de + isto** → **de.**
distorção (*pl* **-ões**) *f* distorsión *f*.
distração (*pl* **-ões**) *f* distracción *f*.
distrações → **distração.**
distraído, da *adj* distraído(da).
distrair *vt* distraer.
❑ **distrair-se** *vp* distraerse.
distribuição (*pl* **-ões**) *f* distribución *f*; *(de*

correspondência postal) reparto *m.*

distribuidor, ra (*mpl* **-res,** *fpl* **-s**) **1** *m, f* distribuidor *m*, -ra *f.*
2 *m (de automóvel)* delco *m Esp*, distribuidor *m Amér.*
3 *f* COM distribuidora *f.*

distrito *m* distrito *m*; **Distrito Federal** *(no Brasil)* Brasilia.

distúrbio *m (mental, de paz, sossego)* perturbación *f*; *(de ordem pública)* disturbios *mpl.*

ditado *m (de texto, frase)* dictado *m*; *(provérbio)* dicho *m.*

ditador, ra (*mpl* **-res,** *fpl* **-s**) *m, f* dictador *m*, -ra *f.*

ditadura *f* dictadura *f.*

ditar *vt* dictar.

ditongo *m* diptongo *m.*

diurno, na *adj* diurno(na).

divã *m* diván *m.*

divagar *vi (afastar-se de assunto)* divagar; *(devanear)* soñar despierto(ta); *(caminhar ao acaso)* deambular.

diversão (*pl* **-ões**) *f* diversión *f.*

diverso, sa *adj* diverso(sa).
❑ **diversos** *adj pl* varios(rias).

diversões → **diversão.**

divertido, da *adj* divertido(da).

divertimento *m* diversión *f.*

divertir *vt* divertir.
❑ **divertir-se** *vp* divertirse.

dívida *f* deuda *f.*

dividendo *m* dividendo *m.*

dividir 1 *vt* MAT dividir; *(despesas, trabalho, comida etc.)* compartir; *(separar)* separar.
2 *vi* MAT dividir.
❑ **dividir-se** *vp (separar-se)* separarse; *(ramificar-se)* dividirse.

divino, na *adj* divino(na).

divisão (*pl* **-ões**) *f* división *f.*

divisas *fpl* divisas *fpl.*

divisões → **divisão.**

divorciado, da *adj* divorciado(da).

divorciar-se *vp* divorciarse.

divórcio *m* divorcio *m.*

divulgar *vt* divulgar.

dizer *vt* decir; **dizer algo a alguém** decir algo a alguien; **dizer a alguém que** decir a alguien que; **como se diz ...?** ¿cómo se dice ...?; **por assim dizer** por así decirlo; **até dizer chega** hasta hartarse *Esp & Méx*, hasta decir basta *RP.*

DJ *mf* → **disc-jóquei.**

do = de + o → **o.**

doação (*pl* **-ões**) *f* donativo *m Esp*, donación *f Amér.*

doar *vt* donar.

dobra *f (de lençol)* doblez *m*; *(de saia)* tabla *f*; *(de calça)* vuelta *f Esp*, ruedo *m Amér.*

dobradiça *f* bisagra *f.*

dobradinha *f* callos *mpl Esp*, menudo *m Méx*, mondongo *m RP.*

dobrado, da *adj* doblado(da); **cortar um dobrado** *fam* pasarlas moradas.

dobrar 1 *vt* doblar; **dobrar alguém** *fig* disuadir a alguien.
2 *vi (duplicar)* duplicarse; **dobrar a esquina** doblar la esquina.
❑ **dobrar-se** *vp (curvar-se)* doblarse.

dobro *m*: **o dobro** el doble.

doca *f* muelle *m.*

doce *adj & m* dulce; **doce de abóbora** cabello de ángel *Esp*, dulce de calabaza *Méx*, dulce de zapallo *RP*; **doce de leite** *dulce hecho con leche condensada*, dulce de leche *RP*; **fazer doce** *fig* coquetear.

doce-de-coco (*pl* **doces-de-coco**) *m (pessoa)* ángel *m.*

dóceis → **dócil.**

docente *adj & mf* docente.

dócil (*pl* **-ceis**) *adj* dócil.

documentação *f* documentación *f.*

documentário *m* documental *m.*

documento *m* documento *m.*

doçura *f fig* dulzura *f.*

doença *f* enfermedad *f*; **doença venérea** enfermedad venérea.

doente *adj & mf* enfermo(ma); **doente mental** enfermo mental.

doentio, tia *adj (lugar, atmosfera)* malsano(na); *(pessoa, obsessão)* enfermizo(za).

doer *vi* doler.

doido, da *adj & m, f* loco(ca); **ser doido por** estar loco por.

dois, duas *num* dos; **dois a dois** de dos en dos, de a dos *Amér* → **seis.**

dólar (*pl* **-res**) *m* dólar *m.*

doleiro *m cambista de dólares en el mercado negro.*

dolorido, da *adj* dolorido(da).

doloroso, osa *adj* doloroso(sa).

dom (*pl* **-ns**) *m* don *m.*

domador, ra (*mpl* **-es,** *fpl* **-s**) *m, f* domador *m*, -ra *f.*

doméstica *f* criada *f*, empleada *f RP.*

domesticado, da *adj* domesticado(da).

domesticar *vt* domesticar.
doméstico, ca *adj* doméstico(ca).
domicílio *m* domicilio *m.*
dominar *vt* dominar; *(incêndio)* controlar. ❑ **dominar-se** *vp* contenerse.
domingo *m* domingo *m* → **sexta-feira.**
domínio *m (controle, de território, de língua)* dominio *m*; *(autoridade)* autoridad *f*; *(setor, campo)* campo *m.*
dominó *m* dominó *m*; **jogar dominó** jugar al dominó.
dona *f* doña *f*; **dona de casa** ama *f* de casa → **dono.**
donde *adv* = **de + onde**; *(de que lugar)* de dónde.
dono, na *m, f* dueño *m*, -ña *f.*
dons → **dom.**
dopar *vt* dopar.
dor (*pl* **-res**) *f* dolor *m*; **dor de barriga** dolor de barriga; **dor de cabeça** dolor de cabeza; **dor nas costas** dolor de espalda; **dor de dente** dolor de muelas; **dor de estômago** dolor de estómago; **dor de garganta** dolor de garganta; **dor de ouvido** dolor de oídos; **dores menstruais** dolores menstruales.
dor-de-cotovelo (*pl* **dores-de-cotovelo**) *f fig* celos *mpl.*
dormente *adj* adormecido(da).
dormida *f*: **dar uma dormida** dormir una siesta.
dormir *vi & vt* dormir.
dormitório *m* dormitorio *m.*
dosagem (*pl* **-ns**) *f* dosificación *f.*
dose *f (de medicamento)* dosis *f inv*; *(de bebida)* medida *f*; **dose cavalar** *fam* dosis gigantesca; **é dose para leão** *fam* es un peñazo *Esp* ou una fregadera *Andes & Méx* ou un embole *RP.*
dossiê *m* dossier *m*, expediente *m RP.*
dotado, da *adj* dotado(da).
dourado, da *adj* dorado(da).
doutor, ra (*mpl* **-res,** *fpl* **-s**) *m, f* doctor *m*, -ra *f*; *(forma de tratamento)* señor *m*, -ra *f*, doctor *m*, -a *f Amér.*
doutrina *f* doctrina *f.*
doze *num* doce → **seis.**
Dr. (*abrev de* **doutor**) Dr.
Dra. (*abrev de* **doutora**) Dra.
dragão (*pl* **-ões**) *m* dragón *m.*
dragar *vt* dragar.
drágea *f* gragea *f.*
dragões → **dragão.**
drama *m lit & fig* drama *m*; **fazer drama** *fam* hacer un drama; **ser um drama** *fam* ser una catástrofe ou un drama *Amér.*
dramatizar *vt lit & fig* dramatizar.
dramaturgo, ga *m, f* dramaturgo *m*, -ga *f.*
drástico, ca *adj* drástico(ca).
drenar *vt* drenar.
dreno *m* MED drenaje *m.*
driblar **1** *vt (enganar)* engañar.
2 *vi (em futebol)* driblar, esquivar *Amér.*
drinque *m* copa *f*, trago *m RP.*
drive *f* INFORM unidad *f* de disco.
droga **1** *f (medicamento)* medicamento *m*; *(estupefaciente)* droga *f*; *(coisa de má qualidade)* basura *f.*
2 *interj* ¡maldita sea!
drogado, da *m, f* drogadicto *m*, -ta *f.*
drogar *vt* drogar.
❑ **drogar-se** *vp* drogarse.
drogaria *f* farmacia *f.*
duas → **dois.**
dublar *vt* doblar.
ducha *f* ducha *Esp & RP*, regadera *Méx*; **tomar uma ducha** ducharse.
duende *m* duende *m.*
dum = **de + um** → **um.**
duma = **de + uma** → **um.**
duna *f* duna *f.*
duns = **de + uns** → **um.**
dupla *f* dúo *m*; *(em esporte)* dobles *mpl.*
dúplex *m inv* dúplex *m inv.*
duplicar **1** *vt* duplicar.
2 *vi* duplicarse.
duplo, pla **1** *adj* doble.
2 *m*: **o duplo** el doble.
duração *f (de férias, concerto, curso)* duración *f*; *(de produto deteriorável)* vida *f.*
duradouro, ra *adj* duradero(ra).
durante *prep* durante.
durar *vi* durar.
durex® *adj* → **fita.**
dureza *f* dureza *f.*
duro, ra *adj* duro(ra); *(pão, queijo)* rancio (cia); **dar duro** *fam* machacarse, reventarse *RP*; **estar duro** *fam* no tener un duro *Esp* ou centavo *Amér* ou mango *RP.*
dúvida *f* duda *f*; **estar em dúvida** no estar seguro *Esp*, estar en duda *Amér*; **pôr em dúvida** poner en duda; **sem dúvida!** ¡sin duda!; **tirar dúvidas** resolver dudas.
duvidoso, osa *adj* dudoso(sa).

duzentos, tas *num* doscientos(tas) → **seis.**
dúzia *f* docena *f*; **uma dúzia de ovos** una docena de huevos; **vender à dúzia** vender por docenas; **meia dúzia** media docena.

E e

E. (*abrev de* **Este**) E.
e *conj* y.
ébano *m* ébano *m.*
ébrio, ébria *adj* ebrio(bria).
ebulição *f* ebullición *f.*
echarpe *f* bufanda *f*, echarpe *m Amér.*
eclipse *m* eclipse *m.*
eco *m* eco *m.*
ecoar *vi* retumbar.
ecologia *f* ecología *f.*
ecológico, ca *adj* ecológico(ca).
economia *f (poupança)* ahorro *m*; *(ciência, de país)* economía *f.*
❑ **economias** *fpl* ahorros *mpl.*
econômico, ca *adj* económico(ca).
economista *mf* economista *mf.*
economizar *vt & vi* ahorrar.
ecoturismo *m* ecoturismo *m.*
ecoturista *mf* ecoturista *mf.*
ECT *f* (*abrev de* **Empresa Brasileira de Correios e Telégrafos**) ≃ Correos y Telégrafos.
eczema *m* eccema *m.*
edição (*pl* **-ões**) *f* edición *f*; **edição extra** edición extraordinaria; **edição de imagens** montaje *m* de imágenes.
edifício *m* edificio *m.*
edifício-garagem (*pl* **edifícios-garagens**) *m* parking *m* ou estacionamiento *Amér m* (de varias plantas).
editar *vt* editar.
editor, ra (*mpl* **-res,** *mpl* **-s**) *m, f* editor *m*, -ra *f.*
editora *f* editorial *f* → **editor.**
edredom (*pl* **-ns**) *m* edredón *m*, acolchado *m RP.*
educação *m* educación *f.*
educado, da *adj* educado(da).
educar *vt* educar.
efeito *m* efecto *m*; **com efeito** efectivamente; **está sem efeito** no tiene efecto.
efervescente *adj* → **aspirina.**
efetivamente *adv* efectivamente.
efetivo, va *adj* efectivo(va); *(funcionário)* titular.
efetuar *vt* efectuar.
eficácia *f* eficacia *f.*
eficaz (*pl* **-zes**) *adj* eficaz.
eficiência *f* eficiencia *f.*
eficiente *adj* eficiente.
efusivo, va *adj* efusivo(va).
egoísmo *m* egoísmo *m.*
egoísta *adj & mf* egoísta.
égua *f* yegua *f.*
eis *adv* aquí está.
eixo *m* eje *m.*
ejaculação (*pl* **-ões**) *f (de esperma)* eyaculación *f*; *(de líquido)* expulsión *f.*
ejacular **1** *vt (esperma)* eyacular; *(líquido)* expulsar.
2 *vi* eyacular.
ela → **ele.**
elaboração *f* elaboración *f.*
elaborar *vt* elaborar.
elasticidade *f* elasticidad *f.*
elástico, ca **1** *adj* elástico(ca).
2 *m* goma *f* elástica, gomita *f Amér.*
ele, ela *pron* él(ella); **ele, meu cão, sempre me segue** mi perro siempre me sigue; **é ele/ela** es él/ella; **e ele/ela?** ¿y él/ella?; **ele mesmo** ou **próprio/ela mesma** ou **própria** él mismo/ella misma.
elefante *m* elefante *m.*
elegância *f* elegancia *f.*
elegante *adj* elegante.
eleger *vt* elegir.
eleição (*pl* **-ões**) *f* elección *f.*
eleito, ta *adj* electo(ta).
eleitor, ra (*mpl* **-res,** *fpl* **-s**) *m, f* elector *m*, -ra *f.*

elementar (*pl* **-res**) *adj* elemental.

elemento *m* elemento *m*; *(de composição, mistura, produto)* ingrediente *m*; *(informação)* dato *m*.
❑ **elementos** *mpl (de natureza)* elementos *mpl*; *(dados sobre assunto)* datos *mpl*.

eletricidade *f* electricidad *f*.

eletricista *mf* electricista *mf*.

elétrico, ca *adj* eléctrico(ca).

eletrodoméstico *m* electrodoméstico *m*.

eletrônica *f* electrónica *f*.

eletrônico, ca *adj* electrónico(ca).

elevação (*pl* **-ões**) *f (monte, montanha, colina)* elevación *f*; *(aumento)* subida *f*.

elevado, da *adj* elevado(da); *(nível)* alto (ta).

elevador (*pl* **-res**) *m* ascensor *m*, elevador *m Méx*.

elevar *vt* subir; *(promover)* ascender.
❑ **elevar-se** *vp (temperatura)* subir.

eliminar *vt (em competição esportiva)* eliminar; *(possibilidade, hipótese)* descartar.

elite *f* élite *f*.

elo *m* eslabón *m*; **elo de ligação** *fig* vínculo *m*.

elogiar *vt* elogiar.

elogio *m* elogio *m*.

eloqüência *f* elocuencia *f*.

eloqüente *adj* elocuente.

em *prep* (a) *(no interior de)* en; **fica no nordeste** queda en el noreste; **vivo no norte** vivo en el norte.
(b) *(sobre)* en; **coloque uma jarra nesta mesa** pon una jarra en esta mesa; **os papéis estão naquela mesa** los papeles están en aquella mesa.
(c) *(em certo ponto de)* en; **em casa** en casa; **no trabalho** en el trabajo.
(d) *(relativo a cidade, país)* en; **em Londres/Paris** en Londres/París; **no Brasil** en Brasil; **nos Estados Unidos** en Estados Unidos.
(e) *(indica tempo)* en; **foi em 1974, em abril** fue en 1974, en abril; *(dia)*: **foi no dia 25** fue el día 25; *(época)* en; **no Natal** en Navidades; **nas férias** durante las vacaciones; **estou de volta numa semana** volveré dentro de una semana, estaré de vuelta en una semana *Amér*; **nasceu em 1970/num sábado** nació en 1970/un sábado; **vou de férias no verão/Natal** voy de vacaciones en verano/Navidad.
(f) *(indica modo)* en; **bife na chapa** bistec a la plancha; **em voz baixa** en voz baja; **paguei em reais** pagué en ou con reales; **respondi-lhe em português** le contesté en portugués.
(g) *(indica assunto)* en; **é um perito em economia** es un experto en economía; **em computadores, é o melhor** en ordenadores, es lo mejor *Esp*, en computadores, es lo mejor *Amér*; **sou licenciada em Letras/Direito** soy licenciada en Letras/Derecho.
(h) *(indica estado)* en; **não descer com o carro em movimento** no se baje del coche en movimiento.
(i) *(introduz complemento)* en; **não pense nele** no pienses en él.

emagrecer *vi* adelgazar.

emancipado, da *adj* emancipado(da).

emaranhado, da *adj* enmarañado(da).

embaciado, da *adj* empañado(da).

embaciar *vt* empañar.

embaixada *f (local)* embajada *f*.

embaixador, ra (*mpl* **-res,** *fpl* **-s**) *m, f* embajador *m*, -ra *f*.

embaixatriz (*pl* **-es**) *f* embajadora *f*.

embaixo *adv* abajo; **embaixo de** debajo ou abajo *Amér* de.

embalagem (*pl* **-ns**) *f* embalaje *m*.

embalar *vt (produto)* empaquetar; *(bebê)* mecer.

embaraçar *vt (desconcertar)* confundir; *(estorvar)* estorbar.
❑ **embaraçar-se** *vp (atrapalhar-se)* confundirse.

embaraço *m (vergonha)* vergüenza *f Esp & RP*, pena *f Carib, Col & Méx*; *(estorvo)* estorbo *m*.

embarcação (*pl* **-ões**) *f* embarcación *f*.

embarcar *vi* embarcar; **embarcar em** *(navio, avião, trem)* embarcar en; *(aventura, negócio)* embarcarse en.

embarque *m* embarque *m*; **zona/local de embarque** área/lugar de embarque.

embebedar-se *vp* emborracharse.

embeber *vt* embeber, empapar; **embeber algo em algo** embeber ou empapar algo en algo.

embelezar *vt* embellecer.

emblema *m* emblema *m*, insignia *f Amér*.

embora 1 *conj (apesar de)* aunque.
2 *adv*: **ir(-se) embora** irse.

emboscada *f* emboscada *f*.

embreagem (*pl* **-ns**) *f* embrague *m*.

embriagar-se *vp* embriagarse.
embrulhar *vt (presente, produto)* envolver; *(misturar)* mezclar.
embrulho *m* envoltorio *m.*
embutido, da *adj (armário, fogão, cozinha)* empotrado(da).
emendar *vt* enmendar.
❑ **emendar-se** *vp* enmendarse.
emergência *f* emergencia *f.*
emigração *f* emigración *f.*
emigrante *mf* emigrante *mf.*
emigrar *vi* emigrar; **emigrar para** emigrar a.
emissão (*pl* **-ões**) *f* emisión *f.*
emissor, ra (*mpl* **-res,** *fpl* **-s**) **1** *adj & m, f* emisor(ra).
2 *f* emisora *f.*
emitir *vt* emitir.
emoção (*pl* **-ões**) *f* emoción *f.*
emoldurar *vt* enmarcar.
emotivo, va *adj* emotivo(va).
empacotar *vt* empaquetar.
empada *f* empanadilla *f,* empanadita *f Amér*; **empada de galinha** empanadilla ou empanadita *Amér* de pollo.
empadão (*pl* **-ões**) *m* empanada *f.*
empadinha *f* empanadilla *f,* empanadita *f Amér.*
empadões → **empadão.**
empalhar *vt* disecar.
empanturrar *vt* atiborrar.
❑ **empanturrar-se** *vp* atiborrarse.
empatar 1 *vi* empatar.
2 *vt (atrapalhar)* frenar; *(dinheiro)* inmovilizar.
empenado, da *adj* combado(da), hinchado(da) *Amér.*
empenhar *vt* empeñar.
❑ **empenhar-se** *vp (esforçar-se)* esforzarse, empeñarse *Amér*; *(endividar-se)* empeñarse; **empenhar-se em algo** dedicarse a algo.
empestar *vt* apestar.
empilhar *vt* apilar.
emplastro *m* emplasto *m.*
empobrecer 1 *vt* empobrecer.
2 *vi* empobrecerse.
empolgante *adj* estimulante.
empreender *vt* emprender.
empreendimento *m* empresa *f.*
empregado, da *m, f* empleado *m,* -da *f*; **empregado de balcão** dependiente *m,* -ta *f,* vendedor *m,* -a *f Amér*; **empregada doméstica** empleada doméstica ou del hogar.
empregar *vt* emplear.
❑ **empregar-se** *vp (arranjar emprego)* encontrar empleo; *(utilizar-se)* emplearse.
emprego *m* empleo *m*; **o emprego** el empleo.
empresa *f* empresa *f.*
emprestado, da *adj* prestado(da); **pedir algo emprestado** pedir algo prestado.
emprestar *vt*: **emprestar algo a alguém** prestarle algo a alguien.
empréstimo *m* préstamo *m.*
empunhar *vt* empuñar.
empurrão (*pl* **-ões**) *m* empujón *m.*
empurrar *vt* empujar.
empurrões → **empurrão.**
encabeçar *vt* encabezar.
encadernação (*pl* **-ões**) *f* encuadernación *f.*
encaixar *vt* encajar.
❑ **encaixar-se** *vp* encajarse.
encaixe *m* ranura *f*; **encaixe do flash** ranura para el flash.
encaixotar *vt* meter en un cajón de mudanza.
encalhar *vt & vi* encallar.
encaminhar *vt fig* encaminar; **encaminhar algo/alguém para** enviar algo/a alguien hacia.
❑ **encaminhar-se** *vp* encaminarse.
encanador, ra (*mpl* **-res,** *fpl* **-s**) *m, f* fontanero *m,* -ra *f Esp,* plomero *m,* -ra *f Amér.*
encantador, ra (*mpl* **-res,** *fpl* **-s**) *adj* encantador(ra).
encantar *vt* encantar.
encaracolado, da *adj* rizado(da), enrulado(da) *RP.*
encarar *vt* encarar.
❑ **encarar com** *v + prep* encontrarse con.
encardido, da *adj* mugriento(ta), percudido(da) *RP.*
encarnado, da *adj* encarnado(da) *Esp & Méx,* colorado(da) *RP.*
encarregado, da *m, f* encargado *m,* -da *f.*
encarregar *vt*: **encarregar alguém de fazer algo** encargarle a alguien que haga algo.
encenação (*pl* **-ões**) *f* puesta *f* en escena, representación *f* teatral *Amér.*
encenar *vt* poner en escena, representar *Amér.*
encerar *vt* encerar.

encerrado, da *adj* cerrado(da).
encerramento *m (de concerto, espetáculo)* cierre *m.*
encerrar *vt (concerto, espetáculo)* terminar; *(assunto)* liquidar.
encharcar *vt* empapar.
❑ **encharcar-se** *vp* empaparse.
enchente *f (inundação)* inundación *f*; *(de gente, coisas)* torrente *f.*
enchova *m* anchoa *f.*
encoberto, ta *adj (céu, tempo)* cubierto(ta); *(oculto)* oculto(ta).
encolher 1 *vt* encoger; *(barriga)* meter.
2 *vi* encoger.
❑ **encolher-se** *vp* encogerse.
encomenda *f* encargo *m*; **encomenda postal** paquete *m* postal; **feito por** ou **de encomenda** hecho de ou por encargo.
encomendar *vt* encargar; **encomendar algo a alguém** encargar algo a alguien.
encontrar *vt (objeto procurado)* encontrar; *(pessoa por acaso)* encontrarse con.
❑ **encontrar-se** *vp* encontrarse; **encontrar-se com** encontrarse con.
encontro *m (profissional)* encuentro *m*; *(amoroso)* cita *f*; **encontro marcado** cita; **ir de encontro a** ir contra.
encorajar *vt* animar.
encorpado, da *adj (pessoa)* corpulento(ta), fornido(da); *(vinho)* con cuerpo; *(tecido)* grueso(sa).
encosta *f* cuesta *f.*
encostar *vt (cabeça)* inclinar *Esp*, recostar *Amér*; *(carro)* aparcar *Esp*, arrimar a la vereda *RP* ou banqueta *Méx*; *(porta)* entornar; **encostar algo a algo** arrimar algo a algo.
❑ **encostar-se** *vp*: **encostar-se a** apoyarse en, recargarse en *Méx*, recostarse contra *RP.*
encosto *m* respaldo *m.*
encruzilhada *f* encrucijada *f.*
endereço *m* dirección *f.*
endireitar *vt (objeto caído)* levantar, parar *RP*; *(coisa torcida, inclinada)* enderezar.
❑ **endireitar-se** *vp* enderezarse.
endívia *f* endivia *f.*
endoidecer 1 *vt* volver loco.
2 *vi* volverse loco.
endossar *vt* endosar.
endurecer 1 *vt* endurecer.
2 *vi* endurecerse.
energia *f* energía *f*; **energia eólica/nuclear/solar** energía eólica/nuclear/solar.
enevoado, da *adj* nublado(da).
enfarte *m* infarto *m.*
ênfase *f* énfasis *m inv.*
enfatizar *vt* enfatizar.
enfeitar *vt* adornar.
❑ **enfeitar-se** *vp* acicalarse.
enfeitiçar *vt* hechizar.
enfermagem *f* enfermería *f.*
enfermaria *f* enfermería *f.*
enfermeiro, ra *m, f* enfermero *m*, -ra *f.*
enferrujar 1 *vt* oxidar, herrumbrar *RP.*
2 *vi* oxidarse, herrumbrarse *RP.*
enfiar *vt (peça de vestuário)* ponerse; **enfiar algo em algo** meter algo en algo.
❑ **enfiar-se** *vp* meterse.
enfim *adv (finalmente)* finalmente; *(em conclusão)* en fin; **até que enfim!** ¡al fin!
enforcar *vt* ahorcar; *fam (fig: trabalho, aula)* saltarse.
❑ **enforcar-se** *vp* ahorcarse.
enfraquecer 1 *vt* debilitar.
2 *vi* debilitarse.
enfrentar *vt (adversário, inimigo)* hacer frente a, enfrentar a *Amér*; *(problemas, dificuldades)* afrontar.
enfurecer *vt* enfurecer.
❑ **enfurecer-se** *vp* enfurecerse.
enganado, da *adj*: **estar enganado** estar equivocado(da); **ser enganado** ser engañado(da).
enganar *vt* engañar.
❑ **enganar-se** *vp* equivocarse.
engano *m (erro)* error *m*; *(confusão)* engaño *m.*
engarrafado, da *adj* embotellado(da).
engarrafamento *m (de líquido)* embotellado *m*; *(de trânsito)* embotellamiento *m.*
engasgar-se *vp* atragantarse.
engenharia *f* ingeniería *f.*
engenheiro, ra *m, f* ingeniero *m*, -ra *f.*
engenhoso, osa *adj* ingenioso(sa).
engessar *vt* enyesar, escayolar.
englobar *vt* englobar.
engolir *vt lit & fig* tragar.
engomar *vt* almidonar.
engordar *vi & vt* engordar.
engordurado, da *adj* grasiento(ta), engrasado(da) *Amér.*
engraçado, da *adj* gracioso(sa).

Não confundir *engraçado (gracioso)* com o espanhol *engrasado*, que em português é *engordurado*. (*Pedro é muito engraçado; sempre faz todos rirem*. Pedro es muy *gracioso*; siempre hace reír a todos.)

engravidar 1 *vi* quedar embarazada.
2 *vt* dejar embarazada.

engraxar *vt (calçado)* limpiar *Esp*, lustrar *Amér*.

engraxate *m* limpiabotas *m inv Esp*, lustrabotas *m inv Amér*.

engrenagem (*pl* **-ns**) *f lit & fig* engranaje *m*.

engrossar 1 *vt* espesar.
2 *vi* espesarse.

enguia *f* anguila *f*.

enguiçar *vi* estropearse.

enigma *m* enigma *m*.

enjoado, da *adj* mareado(da).

enjoar 1 *vi (em barco, avião, ônibus)* marearse.
2 *vt (comida)*: **o cheiro de peixe cru me dá enjôo** el olor a pescado crudo me da asco.

enjôo *m (náusea)* náusea *f*; *(em barco, ônibus, avião)* mareo *m*.

enlatado, da *adj (comida)* enlatado(da), en lata; *(cultura, filme) importado y de baja calidad*, enlatado(da) *Amér*.
❑ **enlatados** *mpl (alimentos)* comida *f* enlatada, enlatados *mpl Amér*.

enlouquecer *vt & vi* enloquecer.

enorme *adj* enorme.

enquanto *conj (durante o tempo em que)* mientras; **enquanto isso** mientras tanto; **por enquanto** por ahora.

enraivecer *vt* enfurecer.

enraivecido, da *adj* enfurecido(da).

enredo *m* argumento *m*.

enriquecer 1 *vt* enriquecer.
2 *vi* enriquecerse.

enrolar *vt* enrollar; *(cigarro)* liar *Esp & Méx*, armar *RP*; *(cabelo)* rizar, enrular *RP*; *fam (enganar)* camelar *Esp*, chicanear *Méx*, enrollar *RP*.

enroscar *vt (tampa)* enroscar; *(parafuso)* atornillar.
❑ **enroscar-se** *vp (gato, cão)* hacerse un ovillo; *(cobra)* enroscarse; *(enrodilhar-se)* enredarse.

enrugar 1 *vt* arrugar.
2 *vi* arrugarse.

ensaiar *vt* ensayar.

ensaio *m* ensayo *m*.

enseada *f* ensenada *f*.

ensinamento *m (lição)* lección *f*; *(preceito)* enseñanza *f*.

ensinar *vt (em escola, universidade)* enseñar; *(caminho, direção)* enseñar *Esp & Méx*, mostrar *RP*; **ensinar alguém a fazer algo** enseñar a alguien a hacer algo; **ensinar algo a alguém** enseñar algo a alguien.

ensino *m* enseñanza *f*.

ensolarado, da *adj* soleado(da).

ensopado *m* CULIN guiso *m*; **ensopado de carne** guiso de carne.

ensopar *vt* empapar.
❑ **ensopar-se** *vp* empaparse.

ensurdecedor, ra (*mpl* **-res**, *fpl* **-s**) *adj* ensordecedor(ra).

ensurdecer *vt & vi* ensordecer.

entanto: **no entanto** *conj* sin embargo.

então 1 *adv (nesse caso)* entonces.
2 *interj* ¡y bien!; **desde então** desde entonces.
3 **até então** hasta entonces; **para então** para entonces.

entardecer *vi* atardecer.

enteado, da *m, f* hijastro *m*, -tra *f*.

entender 1 *vt* entender; *(ouvir)* oír.
2 *vi* entender; **dar a entender** dar a entender.
❑ **entender de** *v + prep* entender de.
❑ **entender-se** *vp* entenderse; **entender-se com alguém** ponerse de acuerdo con alguien; **entender-se com algo** entenderse con algo.

enternecedor, ra (*mpl* **-res**, *fpl* **-s**) *adj* enternecedor(ra).

enternecer *vt* enternecer.

enterrar *vt* enterrar.
❑ **enterrar-se** *vp (atolar-se)* quedarse empantanado(da).

enterro *m* entierro *m*.

entoação (*pl* **-ões**) *f* entonación *f*.

entornar *vt* derramar, volcar *RP*.

entorno *m* entorno *m*.

entorse *f* esguince *m*.

entortar *vt* torcer.

entrada *f* entrada *f*; *(vestíbulo)* hall *m*; *(prato)* entrada *f*, entrante *m*; *(pagamento inicial)* entrada *f Esp & RP*, enganche *m Méx*; **'entrada gratuita'** 'entrada gratuita'; **'entrada proibida'** 'prohibida la entrada'; **como entrada, o que deseja?** ¿qué quiere de entrada?

entranha *f* entraña *f.*

entrar *vi* entrar; **entrar em algum lugar** entrar en algún lugar; **não vamos entrar em discussões** no vamos a empezar a discutir; **entrar com algo** colaborar con algo; **entrar de férias** empezar las vacaciones; **entrar em detalhes** entrar en detalles; **entrar em vigor** entrar en vigor; **entrar bem** *fam* irse al garete.

entre *prep (no meio de duas coisas)* entre; *(no meio de muitos)* entre; *(cerca de)* entre; *(reciprocidade)* entre; **aqui entre nós** entre nosotros; **entre si** entre sí.

entreaberto, ta *adj* entreabierto(ta).

entrecosto *m* solomillo *m*, diezmillo *m Méx*, entrecot *m RP.*

entrega *f* entrega *f*; **entrega a domicílio** entrega a domicilio.

entregar *vt*: **entregar algo a alguém** entregarle algo a alguien.
❑ **entregar-se** *vp* entregarse; **entregar-se a** entregarse a.

entrelinha *f* interlineado *m.*

entremeado, da *adj* mechado(da).

entretanto *conj* sin embargo.

entreter *vt* entretener.
❑ **entreter-se** *vp* entretenerse.

entrevado, da *adj* imposibilitado(da).

entrevista *f* entrevista *f*; **entrevista coletiva** rueda *f* de prensa.

entrevistador, ra (*mpl* **-res,** *fpl* **-s**) *m, f* entrevistador *m*, -ra *f.*

entristecer 1 *vt* entristecer.
2 *vi* entristecerse.

entroncamento *m (de trem)* cruce *m.*

entupido, da *adj* atascado(da) *Esp*, tapado(da) *Amér*; *(nariz)* tapado(da).

entupir *vt* atascar *Esp*, tapar *Amér.*
❑ **entupir-se** *vp* atascarse *Esp*, taparse *Amér.*

entusiasmar *vt* entusiasmar; **os romances de Saramago entusiasmam-lhe** le entusiasman las novelas de Saramago.
❑ **entusiasmar-se** *vp* entusiasmarse.

entusiasmo *m* entusiasmo *m.*

entusiasta *adj* entusiasta.

enumeração (*pl* **-ões**) *f* enumeración *f.*

enumerar *vt* enumerar.

enunciado *m* enunciado *m.*

enunciar *vt* enunciar.

envelhecer *vt & vi* envejecer.

envelope *m* sobre *m.*

envenenamento *m* envenenamiento *m.*

envenenar *vt* envenenar.
❑ **envenenar-se** *vp* envenenarse.

enveredar: **enveredar por** *v + prep* encaminarse por.

envergonhado, da *adj* vergonzoso(sa) *Esp & RP*, penoso(sa) *Carib, Col & Méx.*

envergonhar *vt (humilhar)* avergonzar; *(causar vergonha a)* avergonzar *Esp & RP*, apenar *Carib, Col & Méx.*
❑ **envergonhar-se** *vp* avergonzarse *Esp & RP*, apenarse *Carib, Col & Méx.*

envernizar *vt* barnizar.

enviar *vt* enviar.

envidraçado, da *adj* acristalado(da) *Esp*, vidriado(da) *Amér.*

envio *m* envío *m.*

enviuvar *vi* enviudar.

envolver *vt (incluir, misturar)* implicar; *(embrulhar)* envolver.
❑ **envolver-se em** *vp + prep* inmiscuirse en, meterse en *Amér.*

enxada *f* azada *f.*

enxaguar *vt* enjuagar.

enxame *m* enjambre *m.*

enxaqueca *f* jaqueca *f.*

enxergar *vt (descortinar)* divisar; *(avistar)* ver.

enxerto *m* injerto *m.*

enxofre *m* azufre *m.*

enxotar *vt* ahuyentar.

enxugar 1 *vt* secar.
2 *vi* secarse.

enxurrada *f* torrente *m.*

enxuto, ta *adj (seco)* seco(ca); *(pessoa)* enjuto(ta).

enzima *f* enzima *f.*

epicentro *m* epicentro *m.*

epidemia *f* epidemia *f.*

epilepsia *f* epilepsia *f.*

epílogo *m* epílogo *m.*

episódio *m* episodio *m.*

epitáfio *m* epitafio *m.*

época *f* época *f*; **da época** del tiempo, de estación *RP*; **época alta/baixa** temporada *f* alta/baja.

equação (*pl* **-ões**) *f* ecuación *f.*

equilibrar *vt* equilibrar.
❑ **equilibrar-se** *vp* equilibrarse.

equilíbrio *m* equilibrio *m.*

equipamento *m (esportivo)* equipo *m*;

(de empresa, fábrica) equipamiento *m.*
equipar *vt* equipar.
❑ **equipar-se** *vp* *ESP* equiparse.
equiparar *vt* equiparar.
❑ **equiparar-se** *vp* equipararse.
equipe *f* equipo *m.*
equitação *f* equitación *f.*
equivalente *adj & m* equivalente.
equivocar-se *vp* equivocarse.
equívoco *m* equívoco *m.*
era *f* era *f.*
ereto, ta *adj* erecto(ta).
erguer *vt* erguir.
❑ **erguer-se** *vp* erguirse.
eriçado, da *adj* erizado(da).
erigir *vt* erigir.
erosão *f* erosión *f.*
erótico, ca *adj* erótico(ca).
erotismo *m* erotismo *m.*
erradicar *vt* erradicar.
errado, da *adj* equivocado(da).
errar 1 *vt* equivocarse en. **2** *vi (enganar-se)* equivocarse; *(vaguear)* errar.
erro *m (engano)* error *m*; *(ortográfico)* falta *f.*
errôneo, nea *adj* equivocado(da).
erudição *f* erudición *f.*
erudito, ta *adj* erudito(ta).
erupção (*pl* **-ões**) *f* erupción *f.*
erva *f* hierba *f*; **erva daninha** mala hierba, yuyo *m RP*; **erva aromática** hierba aromática.
erva-cidreira *f* toronjil *m.*
erva-doce *f* anís *m.*
erva-mate *f* yerba *f* mate.
ervanário *m* herbolario *m.*
ervilha *f* guisante *m Esp*, chícharo *m Méx*, arveja *f RP.*
esbaforido, da *adj* jadeante.
esbanjar *vt* malgastar.
esbarrar *vi*: **esbarrar com** ou **contra** chocar con ou contra; *(deparar-se com)* encontrarse con; **esbarrar em algo** chocar con algo; *(deparar-se com)* afrontar ou enfrentar *RP* algo.
esbelto, ta *adj* esbelto(ta).
esboço *m* esbozo *m.*
esbofetear *vt* abofetear.
esburacar *vt* agujerear.
❑ **esburacar-se** *vp* agujerearse.
escabeche *m* escabeche *m.*
escada *f* escalera *f*; **escada de caracol** escalera de caracol; **escada de incêndio** escalera de incendios; **escada rolante** escalera mecánica.
escala *f* escala *f*; **fazer escala** hacer escala; **em grande escala** a ou en gran escala.
escalada *f* escalada *f.*
escalão (*pl* **-ões**) *m* nivel *m.*
escalar *vt* escalar.
escaldar *vt & vi* escaldar.
❑ **escaldar-se** *vp* escaldarse.
escalões → **escalão.**
escalope *m* escalope *m.*
escama *f* escama *f.*
escamar *vt* escamar, descamar *Amér.*
escandalizar *vt & vi* escandalizar.
❑ **escandalizar-se** *vp* escandalizarse.
escândalo *m* escándalo *m.*
escangalhar *vt* desmontar, desarmar *Amér.*
❑ **escangalhar-se** *vp* desarmarse.
escaninho *m* casillero *m.*
escanteio *m* córner *m.*
escapar *vi* escapar; **escapar a** escapar de.
❑ **escapar-se** *vp* escaparse.
escape *m* escape *m.*
escapulir *vi* escabullirse.
escaravelho *m* escarabajo *m.*
escarlate *adj* escarlata.
escarlatina *f* escarlatina *f.*
escárnio *m* escarnio *m.*
escarpado, da *adj* escarpado(da).
escarrar *vi* expectorar.
escassez *f* escasez *f.*
escasso, a *adj* escaso(sa).
escavação (*pl* **-ões**) *f* excavación *f.*
escavar *vt* excavar.
esclarecer *vt* aclarar.
esclarecimento *m* aclaración *f.*
escoar *vt* desaguar.
❑ **escoar-se** *vp* filtrarse.
escola *f* escuela *f*; **escola particular** escuela particular; **escola politécnica** escuela politécnica; **escola primária** escuela primaria; **escola pública** escuela pública; **escola de samba** *grupo de sambistas,* escola de samba *Amér*; **escola secundária** instituto *m* de secundaria.
escolar (*pl* **-res**) *adj* escolar.
escolha *f* elección *f.*
escolher *vt & vi* elegir.
escombros *mpl* escombros *mpl.*

esconder *vt* esconder.
❑ **esconder-se** *vp* esconderse.
esconderijo *m* escondrijo *m.*
escondidas: **às escondidas** *adv* a escondidas.
escondido, da *adj* escondido(da).
escorar *vt* apuntalar.
escorpião (*pl* **-ões**) *m* escorpión *m.*
❑ **Escorpião** *m (signo do Zodíaco)* Escorpión *m inv Esp,* Escorpio *m inv Amér.*
escorrega *f* tobogán *m.*
escorregadio, dia *adj* resbaladizo(za), resbaloso(sa) *Amér.*
escorregar *vi (involuntariamente)* resbalar; *(voluntariamente)* deslizarse.
escorrer 1 *vt* escurrir.
2 *vi* chorrear.
escotilha *f* escotilla *f.*
escova *f* cepillo *m*; **escova de dentes** cepillo de dientes; **escova de unhas** cepillo de uñas.

Não confundir *escova (cepillo)* com o espanhol *escoba,* que em português é *vassoura.* (*Achei minha escova de dentes.* Encontré mi *cepillo* de dientes.)

escovar *vt* cepillar.
escravatura *f* esclavitud *f.*
escravo, va *m, f* esclavo *m,* -va *f.*
escrever *vt & vi* escribir; **escrever à máquina** escribir a máquina.
❑ **escrever-se** *vp* escribirse.
escrevinhar *vt (rabiscar)* garabatear.
escrita *f* letra *f.*
escrito, ta *adj* escrito(ta); **por escrito** por escrito.
escritor, ra (*mpl* **-res,** *fpl* **-s**) *m, f* escritor *m,* -ra *f.*
escritório *m (de casa, advogado)* despacho *m Esp,* estudio *m Amér*; *(de empresa)* oficina *f*; *(mesa)* escritorio *m.*

Note que *escritorio* em espanhol também significa *móvel para escrever, fazer tarefas de escritório*: (*Tenía mucho trabajo esperando sobre su escritorio.* Tinha muito trabalho esperando sobre sua escrivaninha.)

escritura *f* escritura *f.*
escrivaninha *f* escritorio *m.*
escrúpulo *m* escrúpulo *m*; **não ter escrúpulos** no tener escrúpulos.
escudo *m* escudo *m.*
esculpir *vt* esculpir.
escultor, ra (*mpl* **-res,** *fpl* **-s**) *m, f* escultor *m,* -ra *f.*
escultura *f* escultura *f.*
escuras: **às escuras** *adv* a oscuras.
escurecer *vi & vt* oscurecer.
escuridão *f* oscuridad *f.*
escuro, ra 1 *adj* oscuro(ra).
2 *m* oscuridad *f*; **ficar no escuro** no entender.
escutar 1 *vt* escuchar.
2 *vi* auscultar.
esfaquear *vt* acuchillar.
esfarelar *vt* desmigajar.
❑ **esfarelar-se** *vp* desmigajarse.
esfarrapado, da *adj* harapiento(ta).
esfera *f* esfera *f.*
esférico, ca *adj* esférico(ca).
esferográfica *f* pluma *f,* estilográfica *f Esp,* lapicera *f RP.*
esfoladela *m* arañazo *m Esp,* raspón *m Amér.*
esfolar *vt (escoriar)* arañar *Esp,* raspar *Amér*; *(animal)* desollar.
esfomeado, da *adj* hambriento(ta).
esforçado, da *adj* diligente, esforzado (da) *RP.*
esforçar-se *vp* esforzarse.
esfregão (*pl* **-ões**) *m* estropajo *m Esp,* zacate *m Méx,* fregón *m RP.*
esfregar *vt (roupa, louça)* fregar *Esp & RP,* tallar *Méx*; *(friccionar)* fregar *Esp,* friccionar *Amér.*
esfregões → **esfregão.**
esfriar *vi (comida, tempo)* enfriarse; *(entusiasmo)* decaer.
esfuziante *adj (deslumbrante)* deslumbrante; *(ruidoso)* estrepitoso(sa).
esganar *vt* estrangular.
esganiçado, da *adj* agudo(da).
esgotamento *m* agotamiento *m.*
esgotar *vt* agotar.
❑ **esgotar-se** *vp* agotarse.
esgoto *m* cloaca *f.*
esgrima *f* esgrima *f*; **praticar esgrima** practicar esgrima.
esgueirar-se *vp* escabullirse.
esguichar 1 *vt* rociar.
2 *vi* salir a chorros.
esguicho *m* chorro *m*; *(repuxo)* borbotón *m.*
esguio, guia *adj* larguirucho(cha).
eslavo, va *adj & m, f* eslavo(va).

esmagador, ra (*mpl* **-res,** *fpl* **-s**) *adj* aplastante.
esmagar *vt* aplastar.
esmalte *m* esmalte *m.*
esmeralda *f* esmeralda *f.*
esmerar-se *vp* esmerarse.
esmigalhar *vt (pão, broa, bolo)* desmigajar; *(vidro, porcelana)* hacer añicos.
esmola *f* limosna *f.*
esmurrar *vt* darle puñetazos a.
espaçar *vt* espaciar.
espacial (*pl* **-ais**) *adj* espacial.
espaço *m* espacio *m*; **o espaço** el espacio; **há espaço para muitas pessoas** hay sitio *Esp & Méx* ou lugar *RP* para muchas personas.
espaçoso, osa *adj* espacioso(sa).
espada *f* espada *f.*
❑ **espadas** *fpl (naipe de cartas)* espadas *fpl.*
espadarte *m* pez *m* espada.
espaguete *m* espagueti *m.*
espairecer *vi* distraerse.
espalhar *vt (grão, papéis, objetos)* desparramar; *(boato, notícia)* propagar, desparramar *RP.*
❑ **espalhar-se** *vp (dispersar-se)* desparramarse; *(estatelar-se)* extenderse; *(notícia, boato)* propagarse, desparramarse *RP.*
espanador (*pl* **-es**) *m* plumero *m.*
espancar *vt* golpear.
espantalho *m* espantapájaros *m inv.*
espantar *vt (causar espanto)* asustar; *(afugentar)* espantar; *(fig: sono)* quitarse *Esp*, espantar *Amér.*
❑ **espantar-se** *vp (admirar-se)* admirarse; *(fugir)* espantarse.
espanto *m (admiração)* espanto *m*; *(susto)* susto *m.*
esparadrapo *m* esparadrapo *m.*
espartilho *m* corsé *m Esp & Méx*, modelador *m RP.*
espasmo *m* espasmo *m.*
espátula *f* espátula *f.*
especial (*pl* **-ais**) *adj* especial; **em especial** en especial; **especial para** especial para.
especialidade *f* especialidad *f.*
especialista **1** *m, f* especialista *mf.* **2** *adj (médico)* especialista.
especiarias *fpl* especias *fpl.*
espécie *f* especie *f*; **a espécie humana** la especie humana; **uma espécie de** una especie de.
especificar *vt* especificar.
espécime *m* espécimen *m.*
espectador, ra (*mpl* **-res,** *fpl* **-ras**) *m, f* espectador *m*, -ra *f.*
espectro *m* espectro *m.*
especulação (*pl* **-ões**) *f* especulación *f.*
especular *vt & vi* especular.
espelho *m* espejo *m*; **espelho retrovisor** espejo retrovisor.
espera *f* espera *f*; **estar à espera de** estar a la espera de.
esperança *f* esperanza *f.*
esperar *vt & vi* esperar; **como era de esperar** como era de esperar.
esperma *m* esperma *m.*
espertalhão, lhona (*mpl* **-ões,** *fpl* **-s**) *m, f* astuto *m*, -ta *f*, vivo *m*, -va *f RP.*
esperteza *f* astucia *f*, viveza *f RP.*
esperto, ta *adj (astuto)* astuto(ta), vivo (va) *RP*; *(ativo)* despierto(ta).
espesso, a *adj* espeso(sa).
espetacular (*pl* **-res**) *adj* espectacular.
espetáculo *m* espectáculo *m*; **espetáculo de luzes e som** espectáculo de luz y sonido; **espetáculo de variedades** espectáculo de variedades.
espetar *vt* clavar.
❑ **espetar-se** *vp* clavarse.
espeto *m (de ferro)* espetón *m*; *(de pau)* estaca *f*; *fam (pessoa)* palillo *m*, palo *RP.*
espevitado, da *adj* espabilado(da).
espezinhar *vt* pisar.
espia *f (cabo)* cabo *m* → **espião.**
espião, pia (*mpl* **-ões,** *fpl* **-s**) *m, f* espía *mf.*
espiar *vt* espiar.
espiga *f* espiga *f.*
espinafre *m* espinaca *f.*
espingarda *f* escopeta *f.*
espinha *f (de pessoa)* columna *f*; *(de peixe)* espina *f*; *(na pele)* espinilla *f Esp & Méx*, grano *m RP*; **espinha dorsal** espina dorsal.
espinho *m (de rosa, silva)* espina *f*; *(de porco-espinho)* púa *f.*
espiões → **espião.**
espiral (*pl* **-ais**) *f* espiral *f*; **em espiral** en espiral.
espírito *m* espíritu *m*; **espírito de porco** *fam* metomentodo; **Espírito Santo** Espíritu Santo.
espiritual (*pl* **-ais**) *adj* espiritual.
espirrar *vi (dar espirros)* estornudar; *(esguichar)* rociar.

esplanada *f* terraza *f.*
esplêndido, da *adj* espléndido(da).
esplendor *m* esplendor *m.*
espoleta *f* espoleta *f.*
esponja *f* esponja *f.*
espontaneidade *f* espontaneidad *f.*
espontâneo, nea *adj* espontáneo(a).
espora *f* espuela *f.*
esporádico, ca *adj* esporádico(ca).
esporte *m* deporte *m.*
esportista *mf* deportista *mf.*
esportivo, va *adj* deportivo(va).
esposo, sa *m, f* esposo *m*, -sa *f.*
espreguiçar-se *vp* desperezarse.
espreita: **à espreita** *adv* vigilando.
espreitar *vt* espiar.
espremedor (*pl* **-res**) *m* exprimidor *m.*
espremer *vt (sumo)* exprimir; *(tubo de pomada, dentifrício)* apretar.
espuma *f* espuma *f.*
espumante *adj & m* espumante.
espumoso, osa *adj & m* espumante.
esquadro *m* escuadra *f.*
esquecer *vt* olvidar.
❑ **esquecer-se de** *vp + prep* olvidarse.
esquecido, da **1** *adj* olvidado(da).
2 *m, f* olvidadizo *m*, -za *f.*
esquecimento *m* olvido *m.*
esqueleto *m* esqueleto *m.*
esquema *m* esquema *m.*
esquentar *vt* calentar.
esquerdo, da *adj (mão, perna, lado)* izquierdo(da); *(pessoa)* zurdo(da).
❑ **esquerda** *f*: **a esquerda** la izquierda; **à esquerda** a la izquierda; **virar à esquerda** girar ou torcer *Méx* ou doblar *RP* a la izquierda; **pela esquerda** por la izquierda; **ser de esquerda** POL ser de izquierdas *Esp* ou izquierda *Amér.*
esqui *m* esquí *m*; **esqui aquático** esquí acuático.
esquiar *vi* esquiar.
esquilo *m* ardilla *f.*
esquina *f (de rua)* esquina *f*; *(de mesa, banco)* esquina *f*, punta *f RP.*
esquisito, ta *adj* extraño(ña).

> Não confundir ***esquisito (extraño)*** com o espanhol ***exquisito,*** que em português é *magnífico, delicioso.* (***Não gosto deste lugar; há algo esquisito.*** No me gusta este lugar; hay algo ***extraño.***)

esquivar-se *vp* escaparse; **esquivar-se de fazer algo** excusarse de hacer algo.
esquivo, va *adj* esquivo(va).
essa → **esse.**
esse, essa **1** *adj* ese(esa).
2 *pron* ese *m*, -esa *f.*
3 **essa é boa!** ¡qué increíble!; **só faltava mais essa!** ¡lo que faltaba!
essência *f* esencia *f.*
essencial (*pl* **-ais**) **1** *adj* esencial.
2 *m*: **o essencial** lo esencial.
esses → **esse.**
esta → **este.**
estabelecer *vt* establecer.
❑ **estabelecer-se** *vp* establecerse.
estabelecimento *m* establecimiento *m*; **estabelecimento de ensino** establecimiento de enseñanza.
estabilidade *f* estabilidad *f.*
estabilizador (*pl* **-res**) *m*: **estabilizador (de corrente)** estabilizador *m (de corriente).*
estábulo *m* establo *m.*
estaca *f* estaca *f.*
estação (*pl* **-ões**) *f* estación *f*; **alta estação** temporada *f* alta; **baixa estação** temporada *f* baja; **estação de águas** balneario *m Esp*, estación termal *Amér*; **estação de rádio** emisora *f* ou estación *Amér* de radio.
estacionamento *m* estacionamiento *m*; **'estacionamento proibido'** 'prohibido aparcar' *Esp*, 'prohibido estacionar' *Amér.*
estacionar *vt & vi* estacionar.
estações → **estação.**
estadia *f* estancia *f Esp*, estadía *f Amér.*
estádio *m (de futebol, atletismo)* estadio *m*; *(fase)* etapa *f.*
estadista *mf* estadista *mf.*
estado *m* estado *m*; **em bom/mau estado** en buen/mal estado; **estado civil** estado civil; **estado físico** estado físico; **em bom estado** en buen estado.
❑ **Estado** *m*: **o Estado** el Estado.
estalagem (*pl* **-ns**) *f* albergue *m.*
estalar **1** *vi (porcelana, vidro, barro, osso)* romperse; *(lenha, fogo)* crepitar.
2 *vt*: **estalar a língua** chasquear la lengua; **estalar os dedos** chasquear los dedos.
estalido *m (estalo agudo)* estallido *m*; *(crepitação)* crepitación *f.*
estalo *m* estallido *m*; **me deu um estalo**

fig se me encendió la bombilla, se me prendió la lamparita *RP.*

estampado, da *adj* estampado(da).

estancar **1** *vt* estancar.
2 *vi* dejar de salir, parar *Amér.*

estância *f (de poema)* estancia *f*; *(quinta)* finca *f Esp & Méx*, chacra *f RP*; **estância balneária** lugar *m* de vacaciones, balneario *m Amér*; **estância de férias** lugar *m* de vacaciones, balneario *m Amér*; **estância hidromineral** estación *f* termal; **estância termal** estación *f* termal.

estanho *m* estaño *m.*

estante *f* estantería *f.*

estapafúrdio, dia *adj (excêntrico)* extravagante; *(esquisito)* estrambótico(ca).

estar *vi* estar; **estará lá à hora certa** estará allí puntualmente; **estarei no emprego às dez** estaré en el trabajo a las diez; **estar bem/mal de saúde** estar bien/mal de salud; **está muito calor/frio** hace mucho calor/frío; **estará de férias duas semanas** estará de vacaciones dos semanas; **estive em casa toda a tarde** estuve en casa toda la tarde; **estive à sua espera uma hora** estuve esperándolo una hora; **está bem** ou **certo!** ¡está bien!
❑ **estar a** *v + prep (relativo a preço)* estar a; **o corte de cabelo está a 60 reais** el corte de pelo cuesta 60 reales, el corte de pelo está a 60 reales *Amér*; **está chovendo** está lloviendo; **estou estudando** estoy estudiando.
❑ **estar de** *v + prep*: **estar de folga** ou **férias** estar de vacaciones; **estar de cama** estar en cama; **estar de calça e chapéu** llevar pantalón y sombrero, estar de pantalón y sombrero *Amér*; **estar de plantão** estar de guardia.
❑ **estar para** *v + prep* estar a punto de; **ele está para chegar** está a punto de llegar; **estou para sair** estoy a punto de salir, estoy saliendo *RP*; **não estou para brincadeiras** no estoy para tonterías.
❑ **estar perante** *v + prep* estar ante.
❑ **estar por** *v + prep* estar por.
❑ **estar sem** *v + prep* no tener, estar sin *Amér.*

estardalhaço *m* estruendo *m.*

estarrecer *vt* aterrar.

estatal (*pl* **-ais**) *adj* estatal.

estático, ca *adj* estático(ca).

estátua *f* estatua *f.*

estatura *f (tamanho de pessoa)* estatura *f*; *(valor)* altura *f.*

estatuto *m (regulamento)* estatuto *m*; *(de pessoa)* estatus *m.*

este[1]**, esta** **1** *adj* este(ta).
2 *pron* éste *m*, -ta *f*; **este mês/ano** este mes/año.

este[2] *m (ponto cardeal)* este *m*; **a este** al este; **a este de** al este de.

esteira *f (de chão)* estera *f*; *(de praia)* esterilla *f*; *(em academia)* cinta *f* de correr.

estender *vt (braços, pernas)* extender; *(jornal, peça de roupa)* desplegar; *(roupa em varal)* tender; *(prazo, estadia)* alargar, extender.
❑ **estender-se** *vp (estirar-se)* extenderse; *(prolongar-se)* alargarse, extenderse.

estenografia *f* taquigrafía *f.*

estepe *f* estepa *f.*

estéreis → **estéril.**

estereofônico, ca *adj* estereofónico(ca).

estéril (*pl* **-reis**) *adj* estéril.

esterilizar *vt* esterilizar.

estes → **este.**

estética *f* estética *f.*

estetoscópio *m* estetoscopio *m.*

estiar *vi* escampar.

esticar *vt* estirar.
❑ **esticar-se** *vp* estirarse.

estigma *m* estigma *m.*

estilhaçar *vt* astillar.
❑ **estilhaçar-se** *vp* astillarse.

estilhaço *m* astilla *f.*

estilo *m* estilo *m.*

estima *f* estima *f.*

estimar *vt* estimar.

estimativa *f* estimación *f.*

estimulante *adj & m* estimulante.

estimular *vt* estimular.

estipular *vt* estipular.

estivador, ra (*mpl* **-es**, *fpl* **-s**) *m, f* estibador *m*, -ra *f.*

estofo *m* relleno *m.*

estojo *m* estuche *m*; **estojo (de lápis)** estuche de lápices *Esp & Méx*, cartuchera *f RP*; **estojo de maquiagem** estuche de maquillaje; **estojo de pintura** estuche de pintura; **estojo de primeiros-socorros** botiquín *m* de primeros auxilios.

estômago *m* estómago *m*; **não ter estômago para (fazer) algo** *fig* no tener estómago para (hacer) algo; **forrar o**

estômago *fig* comer algo, hacer una base *RP.*
estontear *vt* atontar.
estore *m* estor *f*, persiana *f* americana *RP.*
estorninho *m* estornino *m.*
estourado, da *adj fam (cansado)* reventado(da); *fam (temperamental)* lanzado(da).
estourar **1** *vt (balão, bola)* reventar; *fam (verba, mesada, orçamento)* pasarse de.
2 *vi (balão, bola, pneu)* reventar; *(bomba, explosivo)* explotar.
estouro *m (de bola, balão, pneu)* reventón *m*; *(detonação)* explosión *f.*
estrábico, ca *adj & m, f* estrábico(ca).
estrabismo *m* estrabismo *m.*
estrada *f* carretera *f*; **estrada de ferro** vía *f* férrea; **estrada de rodagem** autopista *f*; **estrada secundária** carretera secundaria; **estrada de terra** carretera de tierra.
estrado *m* somier *m Esp & Méx,* parrilla *f RP.*
estragado, da *adj (leite, comida)* estropeado(da); *(aparelho, máquina)* estropeado(da) *Esp,* descompuesto(ta) *Amér,* roto(ta) *RP.*
estragão *m* estragón *m.*
estragar *vt (aparelho, máquina)* estropear *Esp,* descomponer *Amér,* romper *RP*; *(desperdiçar)* desperdiciar.
❑ **estragar-se** *vp* estropearse.
estrangeiro, ra **1** *adj & m, f* extranjero(ra).
2 *m*: **o estrangeiro** el extranjero; **no estrangeiro** en el extranjero.
estrangular *vt* estrangular.
estranhar *vt* extrañarse de.
estranho, nha *adj & m, f* extraño(ña).
estratégia *f* estrategia *f.*
estrear **1** *vt* estrenar.
2 *vi* estrenarse.
estréia *f* estreno *m*; *(de ator)* debut *m.*
estreitar **1** *vt (roupa)* estrechar *Esp & Méx,* angostar *RP*; *(laço afetivo)* estrechar.
2 *vi (estrada, caminho)* estrecharse, angostarse *RP.*
estreito, ta **1** *adj* estrecho(cha).
2 *m* estrecho *m.*
estrela *f* estrella *f*; **estrela cadente** estrella fugaz; **ver estrelas** *fig* ver las estrellas.
estremecer **1** *vt* estremecer.
2 *vi* estremecerse.
estresse *m* estrés *m.*
estria *f (em coxas, quadris, seios)* estría *f*; *(em superfície)* grieta *f.*
estribo *m* estribo *m.*
estridente *adj* estridente.
estrofe *f* estrofa *f.*
estrondo *m* estruendo *m*; *fig*: **com grande estrondo** con gran aparato.
estropiar *vt* mutilar.
estrume *m* abono *m.*
estrutura *f* estructura *f.*
estuário *m* estuario *m.*
estudante *mf* estudiante *mf.*
estudar *vt & vi* estudiar.
estúdio *m* estudio *m.*
estudioso, osa *adj* estudioso(sa).
estudo *m* estudio *m*; **em estudo** en estudio.
estufa *f (de jardim)* invernadero *m*; *(de fogão)* calientaplatos *m inv*; *(tipo de fogão)* brasero *m.*
estupefação *f* estupefacción *f.*
estupefaciente *m* estupefaciente *m.*
estupefato, ta *adj* estupefacto(ta).
estupendo, da *adj* estupendo(da).
estupidez *f* estupidez *f.*
estúpido, da *m, f* estúpido *m*, -da *f.*
estupro *m* violación *m.*
esvaziar *vt* vaciar.
esvoaçar *vi* revolotear.
etapa *f* etapa *f*; **fazer algo por etapas** hacer algo por etapas.
éter *m* éter *m.*
eternidade *f* eternidad *f*; **demorar uma eternidade** tardar ou demorar *Amér* una eternidad; **esperar uma eternidade** esperar una eternidad.
eterno, na *adj* eterno(na).
ético, ca *adj* ético(ca).
❑ **ética** *f* ética *f.*
etílico *adj m* → **álcool.**
etiqueta *f* etiqueta *f.*
étnico, ca *adj* étnico(ca).
eu *pron* yo; **sou eu** soy yo; **e eu?** ¿y yo?; **eu mesmo** ou **próprio** yo mismo(ma).
E.U.A. *mpl* (*abrev de* **Estados Unidos da América**) EE.UU. *mpl.*
eucalipto *m* eucalipto *m.*
eufemismo *m* eufemismo *m.*
euforia *f* euforia *f.*
euro *m* euro *m.*
evacuação (*pl* **-ões**) *f* evacuación *f.*
evacuar *vt* evacuar.
evadir-se *vp* evadirse.

Evangelho *m*: **o Evangelho** el Evangelio.
evaporar *vt* evaporar.
❑ **evaporar-se** *vp* evaporarse; *(fig: desaparecer)* evaporarse *Esp*, hacerse humo *Amér.*
evasão (*pl* **-ões**) *f (de prisão)* fuga *f*; *(evasiva)* evasiva *f.*
evasiva *f* escapatoria *f.*
evasivo, va *adj* evasivo(va).
evasões → **evasão.**
evento *m* evento *m.*
eventual (*pl* **-ais**) *adj* eventual.
evidência *f* evidencia *f.*
evidenciar *vt* evidenciar.
❑ **evidenciar-se** *vp* ponerse en evidencia.
evidente *adj* evidente; **como é evidente** como resulta evidente.
evitar *vt* evitar; **evitar que algo aconteça** evitar que algo pase.
evocar *vt* evocar.
evolução *f* evolución *f.*
evoluir *vi* evolucionar.
exagerar *vt* exagerar.
exagero *m* exageración *f*; **é um exagero!** ¡es una exageración!; **sem exagero** sin exagerar.
exalar *vt* exhalar.
exaltado, da *adj* exaltado(da).
exaltar *vt* exaltar.
❑ **exaltar-se** *vp* exaltarse.
exame *m* examen *m*; **exame de sangue/urina/fezes** análisis de sangre/orina/heces; **exame de vista** revisión *f* de la vista; **exame ginecológico** revisión *f* ginecológica.
examinar *vt* examinar.
exatamente 1 *adv* exactamente.
2 *interj* ¡exactamente!
exatidão *f* exactitud *f*; **com exatidão** exactamente.
exato, ta *adj* exacto(ta).
exaustão *m* cansancio *m.*
exausto, ta *adj* exhausto(ta).
exaustor (*pl* **-res**) *m* extractor *m.*
exceção (*pl* **-ões**) *f* excepción *f*; **à** ou **com exceção de** a ou con excepción de; **sem exceção** sin excepción; **abrir exceção** hacer una excepción.
excedente *m* excedente *m.*
exceder *vt* exceder; **exceder em peso/cuidado** exceder en peso/cuidado.
❑ **exceder-se** *vp* excederse; **exceder-se em** excederse en.
excêntrico, ca *adj* excéntrico(ca).
excepcional (*pl* **-ais**) *adj* excepcional.
excerto *m* fragmento *m.*
excessivo, va *adj* excesivo(va).
excesso *m* exceso *m*; **em excesso** en exceso; **excesso de peso** exceso de peso; **excesso de velocidade** exceso de velocidad.
exceto *prep* excepto.
excitação *f* excitación *f.*
excitado, da *adj* excitado(da).
excitante *adj* excitante.
exclamação (*pl* **-ões**) *f* exclamación *f.*
exclamar *vi* exclamar.
excluir *vt* excluir.
exclusivo, va 1 *adj* exclusivo(va).
2 *m* exclusiva *f*; **ter o uso exclusivo de** tener el uso exclusivo de.
excursão (*pl* **-ões**) *f* excursión *f.*
execução *f (de objeto)* fabricación *f*; *(de trabalho, plano, projeto)* ejecución *f*; *(de música)* composición *f*; *(de prato culinário)* elaboración *f*; **pôr em execução** poner en ejecución.
executar *vt* ejecutar; *(desenho, pintura)* realizar.
executivo, va *m, f* ejecutivo *m*, -va *f.*
exemplar (*pl* **-res**) *adj & m* ejemplar.
exemplo *m* ejemplo *m*; **por exemplo** por ejemplo; **a título de exemplo** a título de ejemplo; **dar o exemplo** dar ejemplo *Esp*, dar el ejemplo *Amér*; **servir de exemplo** servir de ejemplo.
exercer *vt & vi* ejercer.
exercício *m* ejercicio *m*; **em exercício** en ejercicio.
exercitar *vt (atividade)* practicar, ejercitar *Amér*; *(influência)* ejercer; *(cão)* adiestrar; *(pernas, braços)* ejercitar.
❑ **exercitar-se** *vp* ejercitarse.
exército *m* ejército *m.*
exibição (*pl* **-ões**) *f* exhibición *f.*
exibir *vt* exhibir.
❑ **exibir-se** *vp* exhibirse.
exigência *f* exigencia *f.*
exigir *vt* exigir.
existência *f* existencia *f.*
existir *vi* existir.
êxito *m* éxito *m*; **ter êxito** tener éxito.
Exma. (*abrev de* **excelentíssima**) Excma.
Exmo. (*abrev de* **excelentíssimo**) Excmo.
exorcismo *m* exorcismo *m.*

exorcista *mf* exorcista *mf.*
exortação (*pl* **-ões**) *f* exhortación *f.*
exótico, ca *adj* exótico(ca).
expansão (*pl* **-ões**) *f* expansión *f.*
expansivo, va *adj* expansivo(va).
expansões → **expansão.**
expectativa *f* expectativa *f*; **estar/ficar na expectativa** estar/quedarse a la expectativa.
expediente *m (de repartição, estabelecimento)* horario *m*; **ser** ou **ter expediente** ser expeditivo(va).
expedir *vt* expedir.
expelir *vt* expeler.
experiência *f* experiencia *f*; **com experiência** con experiencia.
experiente *adj* experimentado(da).
experimentar *vt* probar; *(sensação, emoção)* experimentar.
expirar 1 *vt* espirar.
2 *vi* expirar.
explicação (*pl* **-ões**) *f* explicación *f.*
explicar *vt* explicar.
❑ **explicar-se** *vp* explicarse.
explícito, ta *adj* explícito(ta).
explodir *vi* explotar.
exploração *f (investigação)* exploración *f*; *(abuso)* explotación *f.*
explorar *vt (investigar)* explorar; *(abusar de)* explotar.
explosão (*pl* **-ões**) *f* explosión.
expor *vt* exponer.
❑ **expor-se a** *vp + prep* exponerse.
exportação (*pl* **-ões**) *f* exportación *f.*
exportar *vt* exportar.
exposição (*pl* **-ões**) *f* exposición *f*; **em exposição** en exposición.
exposto, osta *adj* expuesto(ta).
expressão (*pl* **-ões**) *f* expresión *f*; **expressão corporal** expresión corporal; **expressão escrita** expresión escrita; **expressão oral** expresión oral.
expressar *vt* expresar.
❑ **expressar-se** *vp* expresarse.
expressivo, va *adj* expresivo(va).
expresso, a 1 *adj* expreso(sa).
2 *m* expreso *m.*
expressões → **expressão.**
exprimir *vt* expresar.
❑ **exprimir-se** *vp* expresarse.
expropriar *vt* expropiar.
expulsar *vt* expulsar.
expulso, sa *adj* expulsado(da).
extensão (*pl* **-ões**) *f (dimensão espacial)* extensión *f*; *(dimensão temporal)* duración *f*; *(aumento espacial)* ampliación *f*; *(aumento temporal)* prolongación *f*; *(elétrica)* extensión *f.*
extenso, sa *adj* extenso(sa); *(demorado)* largo(ga); **escrever algo por extenso** escribir algo sin abreviaturas *Esp*, escribir algo por extenso *Amér.*
extenuado, da *adj* extenuado(da).
extenuante *adj* extenuante.
exterior (*pl* **-res**) *adj & m* exterior *m*; **o exterior** el exterior.
externo, na *adj* externo(na).
extinção *f* extinción *f*; **em vias de extinção** en vías de extinción.
extinguir *vt (fogo)* extinguir; *(lei, norma)* abolir.
❑ **extinguir-se** *vp* extinguirse.
extinto, ta *adj (fogo, espécie animal, vegetal)* extinguido(da); *(norma, lei)* prescrito(ta).
extintor (*pl* **-res**) *m* extintor *m Esp*, extinguidor *m Amér.*
extra *adj, pref & m* extra.
extração (*pl* **-ões**) *f* extracción *f.*
extrações → **extração.**
extraditar *vt* extraditar.
extrair *vt* extraer; **extrair algo de algo** extraer algo de algo.
extraordinário, ria *adj* extraordinario (ria).
extrato *m* extracto *m*; *(de conta bancária)* extracto *m*, estado *m* de cuenta *RP.*
extravagância *f* extravagancia *f.*
extraviado, da *adj* extraviado(da).
extraviar *vt* extraviar.
❑ **extraviar-se** *vp* extraviarse.
extremidade *f* extremidad *f.*
extremo, ma 1 *adj (último)* extremo(ma); *(exagerado)* extremado(da).
2 *m* extremo *m.*
3 de um extremo ao outro de un extremo al otro; **chegar ao extremo** llegar al extremo; **o Extremo Oriente** el Extremo Oriente.
extrovertido, da *adj* extrovertido(da).
exuberante *adj* exuberante.
exumar *vi* exhumar.
ex-voto (*pl* **ex-votos**) *m* exvoto *m.*

Ff

fábrica *f* fábrica *f*; **a preço de fábrica** a precio de fábrica.

fabricante *m* fabricante *m*.

fabricar *vt* fabricar.

fabrico *m* fabricación *f*.

fabuloso, osa *adj* fabuloso(sa).

faca *f* cuchillo *m*.

face *f (rosto)* cara *f*; *(superfície)* faz *f*; **fazer face a** hacer frente a; **em face** en frente, enfrente; **em face de** ante; **face a face** cara a cara.

fáceis → **fácil.**

fachada *f* fachada *f*.

fácil (*pl* **-ceis**) *adj* fácil.

facilidade *f* facilidad *f*; **com facilidade** con facilidad.

facilitar *vt (tornar fácil)* facilitar; *(tornar possível)* favorecer; **facilitar algo a alguém** facilitarle algo a alguien.

faculdade *f* facultad *f*.

facultativo, va *adj* facultativo(va).

fada *f* hada *f*.

fadiga *f* cansancio *m*.

fagulha *f* chispa *f*.

faia *f* haya *f*.

faiança *f* mayólica *f*.

faisão (*pl* **-ões**) *m* faisán *m*.

faísca *f* chispa *f*.

faisões → **faisão.**

faixa *f (em estrada)* carril *m*; *(para cintura)* faja *f*; *(ligadura)* vendaje *m*; **faixa amarela** línea *f* amarilla *(prohibiendo estacionar)*; **faixa dupla** carril doble; **faixa etária** franja *f* de edad; **faixa (de pedestres)** paso *m* de cebra, cebra *f Amér*.

fala *f (dom de falar)* habla *f*; *(em teatro)* parlamento *m*.

falador, deira (*mpl* **-res,** *fpl* **-s**) *adj & m, f* hablador(ra).

falar 1 *vi* hablar.
2 *vt* decir.
3 falar com alguém hablar con alguien; **falar de** hablar de; **para falar a verdade** a decir verdad; **sem falar em** sin hablar de; **falar claro** hablar claro; **falar pelos cotovelos** hablar por los codos *Esp*, hablar hasta por los codos *Amér*; **falar sério** hablar en serio.

falcão (*pl* **-ões**) *m* halcón *m*.

falecer *vi* fallecer.

falecido, da *m, f* fallecido *m*, -da *f*.

falecimento *m* fallecimiento *m*.

falência *f* quiebra *f*; **abrir falência** declararse en quiebra; **ir à falência** ir a la quiebra; **levar à falência** llevar a la quiebra.

falha *f (lacuna)* omisión *f*; *(de terreno)* falla *f*; *(erro)* fallo *m Esp*, falla *f Amér*.

falhar 1 *vt (errar)* fallar *Esp*, errar *Amér*.
2 *vi (não acertar)* fallar *Esp*, errar *Amér*; *(errar)* fallar *Esp*, errarle *Amér*; *(não funcionar)* fallar.

falido, da *adj* en quiebra.

falir *vi* quebrar.

falsário, ria *m, f* falsificador *m*, -ra *f*.

falsidade *f* falsedad *f*.

falsificar *vt* falsificar.

falso, sa 1 *adj* falso(sa).
2 *adv (jurar)* en falso.

falta *f* falta *f*; *(culpa)* culpa *f*; **fazer falta** hacer falta; **sentir falta de** echar en falta *Esp & Méx*, extrañar *RP*; **tenho falta de dinheiro** no me alcanza el dinero ou la plata *Amér*; **à falta de melhor** a falta de algo mejor; **fazer algo sem falta** hacer algo sin falta; **por falta de** por falta de.

faltar *vi* faltar; **falta muito para as férias** falta mucho para las vacaciones; **falta pouco para o trem chegar** falta poco para que llegue el tren; **falta sal na comida** a esta comida le falta sal; **faltam 5**

km para chegar lá faltan 5 km para llegar; **era só o que faltava!** ¡lo que faltaba! *Esp,* ¡es lo único que faltaba! *Amér*; **faltar às aulas** faltar a clase; **faltar ao emprego** faltar al trabajo; **faltar à palavra** faltar a la palabra.

fama *f* fama *f*; **ter fama de** tener fama de.

família *f* familia *f*; **em família** en familia.

familiar (*pl* **-res**) *adj & m* familiar.

faminto, ta *adj* hambriento(ta).

famoso, osa *adj* famoso(sa).

fanático, ca *adj & m, f* fanático(ca).

fantasia *f (imaginação)* fantasía *f*; *(capricho)* excentricidad *f*; *(traje)* disfraz *m*; **jóia fantasia** joya *f* de fantasía.

fantasiar *vi* fantasear.
❑ **fantasiar-se de** *vp + prep* disfrazarse de.

fantasma *m (espectro)* fantasma *m*.

fantástico, ca 1 *adj* fantástico(ca). 2 *interj* ¡fantástico!

fantoche *m* títere *m*.

farda *f* uniforme *m*.

farelo *m* salvado *m*.

faringe *f* faringe *f*.

faringite *f* faringitis *f*.

farinha *f* harina *f*; **farinha de centeio** harina de centeno; **farinha integral** harina integral; **farinha de mesa** harina de mandioca; **farinha de milho** harina de maíz; **farinha de rosca** pan *m* rallado; **farinha de trigo** harina de trigo.

farinheira *f chorizo hecho con harina y hierbas.*

farmacêutico, ca *adj & m, f* farmacéutico(ca).

farmácia *f (estabelecimento)* farmacia *f*; *(ciência)* farmacia *f Esp & Méx*, química *f* farmacéutica *RP*.

faro *m* olfato *m*.

farofa *f harina de mandioca frita con cebolla, tocino, huevos y aceitunas.*

farol (*pl* **-óis**) *m (de veículo)* luz *f*; *(torre)* faro *m*; **farol alto** luces *fpl* largas; **farol baixo** luces *fpl* cortas.

farolete *m (de veículo)* luz *f* de posición.

farpa *f (de agulha)* punta *f*; *(de madeira)* astilla *f*.

farpado *adj m* → **arame.**

farra *f fam* juerga *f*, farra *f RP*.

farrapo *m* harapo *m*.

farsa *f lit & fig* farsa *f*.

fartar-se: **fartar-se de** *vp + prep (comida)* hartarse de *Esp & Méx*, llenarse de *RP*; *(cansar-se de)* hartarse de.

farto, ta *adj (saciado)* harto(ta) *Esp & Méx*, lleno(na) *RP*; **estar farto de** *(cansado de)* estar harto de.

fartura *f* abundancia *f*.

fascículo *m* fascículo *m*.

fascinante *adj* fascinante.

fascinar *vt (encantar)* fascinar.

fascismo *m* fascismo *m*.

fascista *adj & mf* fascista.

fase *f* fase *f*, etapa *f Amér*.

fastidioso, osa *adj* molesto(ta).

fatal (*pl* **-ais**) *adj (inevitável)* inevitable.

fatalidade *f* fatalidad *f*.

fatia *f (de pão)* rebanada *f*; *(de bolo, melão)* trozo *m*.

fatiga *f* fatiga *f*.

fatigante *adj* agotador(ra).

fatigar *vt* fatigar.

fato *m* hecho *m*; **ser fato consumado** ser un hecho consumado; **de fato** de hecho; **pelo fato de** debido a que.

fator (*mpl* **-res**) *m* factor *m*.

fatual (*pl* **-ais**) *adj* factual.

fatura *f* factura *f*.

fauna *f* fauna *f*.

fava *f* haba *f*.

favela *f* barrio *m* de chabolas *Esp*, ciudad *f* perdida *Amér*, villa *f* miseria *Arg*.

favelado, da *m, f* chabolista *mf Esp*, villero *m*, -ra *f Arg*.

favor (*pl* **-res**) *m* favor *m*; **'é favor fechar a porta'** 'por favor, mantenga la puerta cerrada' *Esp*, 'por favor, cierre la puerta' *Amér*; **faça o favor de** haz el favor de; **fazer um favor a alguém** hacerle un favor a alguien; **ser a** ou **em favor de** estar a favor de; **por favor** por favor; **ter a seu favor** tener de su lado.

favorito, ta *adj* favorito(ta).

fax (*pl* **-es**) *m* fax *m*; **enviar** ou **mandar um fax** enviar ou mandar un fax.

fazenda *f (quinta)* hacienda *f*, estancia *f RP*; *(tecido)* tela *f*.

fazendeiro, ra *m, f* hacendado *m*, -da *f*, estanciero *m*, -ra *f RP*.

fazer 1 *vt* hacer; **fazer barulho** hacer ruido; **fazer perguntas** hacer preguntas; **fazer planos/um vestido** hacer planes/un vestido; **vamos fazer uma festa** vamos a hacer una fiesta; **você devia**

fazer mais exercício deberías hacer más ejercicio; **fazer alguém feliz** hacer feliz a alguien; **faço anos amanhã** cumplo ou hago *Esp* años mañana; **fazemos cinco anos de casados** cumplimos ou hacemos *Esp* cinco años de casados; **fazer alguém fazer algo** hacer que alguien haga algo; **fazer alguém rir/chorar** hacer reír/llorar a alguien.
2 *vi* **(a)** *(aparentar)*: **fazer como se** hacer como si.
(b) *(causar)*: **fazer bem/mal a algo** hacerle bien/mal a algo; **fazer bem/mal algo a alguém** sentar *Esp* ou hacer *Amér* bien/mal algo a alguien; **fazer bem alguém a alguém** dar cariño a alguien; **fazer mal alguém a alguém** hacer daño *Esp* ou lastimar *Amér* a alguien.
(c) *(obrigar)*: **fazer (com) que** hacer que.
3 *v impess* **(a)**: **fazer frio/calor** hacer frío/calor.
(b): **faz um ano que não o vejo** hace un año que no lo veo; **faz tempo que estou à espera** hace rato que estoy esperando; **ele partiu faz três meses** se marchó ou fue *Amér* hace tres meses.
(c) *(importar)*: **não faz mal se está quebrado** no importa si está roto; **não se preocupe, não faz mal!** ¡no se preocupe, no ha sido nada!, no se preocupe, ¡no fue nada! *Amér*; **tanto faz** da igual.
❑ **fazer-se** *vp* hacerse; **fazer-se com** hacerse con.
❑ **fazer-se de** *vp + prep (pretender ser)* dárselas de, hacerse el *Amér*; **fazer-se de tolo** hacerse el tonto ou bobo *RP*; **fazer-se de esperto** dárselas de listo, hacerse el vivo *RP*; **fazer-se de desentendido** hacerse el que no entiende.

fé *f* fe *f*; **de boa/má fé** de buena/mala fe.

febre *f* fiebre *f*.

fechado, da *adj* cerrado(da); *(luz)* apagado(da); *(fig: reservado)* reservado(da); **'fechado para balanço'** 'cerrado por inventario' *Esp*, 'cerrado por balance' *Amér*; **'fechado para férias'** 'cerrado por vacaciones' *Esp*, 'cerrado por licencia' *Amér*; **'fechado para obras'** 'cerrado por reformas'.

fechadura *f* cerradura *f*, chapa *f Méx*.

fechar 1 *vt* cerrar.
2 *vi (ferida)* cerrarse; *(estabelecimento)* cerrar; **fechar algo à chave** cerrar algo con llave.
❑ **fechar-se** *vp (encerrar-se)* encerrarse; *(calar-se)* cerrarse.

fecho *m (de porta, janela)* cerrojo *m*; *(de peça de vestuário)* cierre *m*; *(de espetáculo, acontecimento)* clausura *f*; **fecho éclair** cremallera *f*, zíper *m Méx*, cierre *m* (metálico ou relámpago) *RP*.

fécula *f* fécula *f*; **fécula de batata** fécula de patata *Esp* ou papa *Amér*.

fecundar *vt* fecundar.

feder *vi* apestar.

federação (*pl* **-ões**) *f* federación *f*.

fedor *m* mal olor *m*, hedor *m Amér*.

feijão (*pl* **-ões**) *m* judía *f*, frijol *m Méx*, poroto *m RP*.

feijão-frade (*pl* **feijões-frades**) *m* alubia *f* carilla.

feijão-mulatinho (*pl* **feijões-mulatinhos**) *m variedad de judía parecida a la alubia*, frijol *m Méx* ou poroto *m RP* colorado.

feijão-preto (*pl* **feijões-pretos**) *m* alubia *f* negrita, frijol *m* negro ou prieto *Méx*, poroto *m* negro *RP*.

feijão-tropeiro (*pl* **feijões-tropeiros**) *m plato con alubias negritas rehogadas en grasa y servidas con harina de mandioca, chorizo y cortezas de cerdo.*

feijão-verde (*pl* **feijões-verdes**) *m* judía *f* verde, vainita *f Méx*, chaucha *f RP*.

feijoada *f cocido de alubias negritas Esp, guiso de frijoles Méx* ou *porotos RP negros.*

feijões → **feijão.**

feio, feia *adj* feo(a).

feira *f* feria *f*; **feira livre** mercado *m* al aire libre, tianguis *m inv Méx*, feria *f RP*; **feira do livro** feria del libro; **feira hippie** mercadillo *m* hippie, mercado *m* de artesanías *Méx*, feria *f* de artesanías *RP*; **fazer a feira** ir al mercadillo *Esp*, ir al tianguis *Méx*, ir a la feria *RP*.

feitiçaria *f* hechicería *f*.

feiticeiro, ra *m, f* hechicero *m*, -ra *f*.

feitiço *m* hechizo *m*.

feitio *m (caráter)* temperamento *m*; *(de peça de vestuário)* corte *m*.

feito, ta 1 *adj (adulto)* hecho y derecho (hecha y derecha); hecho(cha).
2 *m* hecho *m*.
3 feito à mão hecho(cha) a mano; **feito sob medida** hecho(cha) a ou de *RP* medida; **feito de** hecho(cha) de; **dito e feito** dicho y hecho.

feixe *m (de palha, lenha)* fardo *m*; *(de luz)* haz *m*.

fel *m* hiel *f*.

felicidade *f (contentamento)* felicidad *f*; *(boa sorte)* suerte *f*; **felicidades!** ¡felicidades!, ¡felicitaciones! *RP*.

felicitar *vt* felicitar; **felicitar alguém por algo** felicitar a alguien por algo.

felino, na *adj* felino(na).
❑ **felinos** *mpl* felinos *mpl*.

feliz (*pl* **-zes**) *adj* feliz; **feliz aniversário!** ¡feliz cumpleaños!; **feliz Ano-Novo!** ¡feliz Año Nuevo!; **feliz Natal!** ¡Feliz Navidad!

felizmente *adv* felizmente, por suerte *RP*.

felpudo, da *adj* esponjoso(sa), mullido (da) *Amér*.

feltro *m* fieltro *m*.

fêmea *f* hembra *f*.

feminino, na 1 *adj* femenino(na). **2** *m* GRAM femenino *m*.

feminismo *m* feminismo *m*.

feminista *mf* feminista *mf*.

fêmur (*pl* **-es**) *m* fémur *m*.

fenda *f* grieta *f*, hendidura *f*.

fender *vt* agrietar.
❑ **fender-se** *vp* agrietarse.

feno *m* heno *m*.

fenomenal (*pl* **-ais**) *adj* fenomenal.

fenômeno *m* fenómeno *m*.

fera *f* fiera *f*.

feriado *m* (día) festivo *m Esp*, feriado *m Amér*; **feriado nacional** (día) festivo *Esp*, feriado nacional *Amér*.

férias *fpl* vacaciones *fpl*; **estar de** OU **em férias** estar de vacaciones; **ir de férias** irse de vacaciones.

ferida *f* herida *f* → **ferido.**

ferido, da *adj & m, f lit & fig* herido(da).

ferimento *m* herida *f*.

ferir *vt lit & fig* herir.
❑ **ferir-se** *vp* resultar herido(da).

fermentar *vi* fermentar.

fermento *m* levadura *f*.

feroz (*pl* **-zes**) *adj* feroz.

ferradura *f* herradura *f*; *(bolo) pastel en forma de herradura.*

ferragens *fpl* → **loja.**

ferramenta *f* herramientas *fpl*.

ferrão (*pl* **-ões**) *m* aguijón *m*.

ferreiro *m* herrero *m*.

ferro *m (de passar roupa)* plancha *f*; *(metal)* hierro *m*.

ferrões → **ferrão.**

ferrolho *m* cerrojo *m*.

ferro-velho (*pl* **ferros-velhos**) *m* desguace *m*.

ferrovia *f* ferrocarril *m Esp*, vía *m* férrea *Amér*.

ferrugem *f (de ferro e outros metais)* herrumbre *f*; *(de chaminé)* hollín *m*; *(em planta) enfermedad del trigo, la avena y el maíz.*

fértil (*pl* **-eis**) *adj* fértil.

fertilidade *f* fertilidad *f*.

fertilizante *m* fertilizante *m*.

fervedor (*pl* **-es**) *m* cazuela *f*.

ferver *vt & vi* hervir.

fervor *m (entusiasmo)* fervor *m*.

fervura *f* ebullición *f*; **até levantar fervura** CULIN hasta que hierva, hasta que suelte el primer hervor *RP*.

festa *f* fiesta *f*; **festa junina** fiesta de San Juan.
❑ **festas** *fpl* caricias *fpl*; **boas festas** ¡Felices Fiestas!

festejar *vt* festejar.

festival (*pl* **-ais**) *m* festival *m*.

fétido, da *adj* fétido(da).

feto *m (planta)* helecho *m*; *(embrião)* feto *m*.

fevereiro *m* febrero *m* → **setembro.**

fezes *fpl* heces *fpl*.

fiação (*pl* **-ões**) *f* hilandería *f*.

fiador, ra (*mpl* **-es**, *fpl* **-s**) *m, f* fiador *m*, -ra *f*, garante *mf Amér*.

fiambre *m* fiambre *m*.

fiar *vt* hilar.
❑ **fiar-se em** *vp + prep* fiarse de.

fiasco *m* fiasco *m*.

fibra *f* fibra *f*; *(fig: coragem)* valor *m*.

ficar *vi (permanecer)* quedarse; quedar; **ele ficou todo corado** se puso todo rojo OU colorado *RP*; **ficar bem/mal** *(parecer)* quedar bien/mal; **ficar com** quedarse con; **ficar de** quedar en; **ficar em** quedar *Esp & Méx*, salir *RP*; **ficar por** costar; **ficar sem** quedarse sin; **ficar de pé** quedarse de pie *Esp*, quedarse parado(da) *Amér*; **ficar cego** quedarse ciego *Esp*, quedar ciego *Amér*; **ficar por isso mesmo** quedar así.

ficção *f* ficción *f*.

ficha *f (dentária, médica)* historial *m Esp*, historia *f Amér*; *(de telefone)* ficha *f*, cospel *m Arg; (de arquivo)* ficha *f; (formulário)* formulario *m*, forma *f Méx; (de jogo, em loja)* ficha *f;* **ter ficha limpa** no estar fichado(da); **ter ficha na polícia** estar fichado(da).

fichário *m (caixa, conjunto de fichas, pastas)* fichero *m; (móvel)* fichero *m Esp & RP*, archivero *m Méx*, archivador *m RP; (caderno)* archivador *m Esp & Méx*, biblioratoratо *m RP*.

fictício, cia *adj* ficticio(cia).

fidelidade *f* fidelidad *f;* **fidelidade (conjugal)** fidelidad (conyugal).

fiel (*pl* **-éis**) *adj & m* fiel.

figa *f*: **fazer figa** cruzar los dedos.

fígado *m* hígado *m*.

figo *m* higo *m;* **figos secos** higos secos.

figueira *f* higuera *f*.

figura *f* figura *f;* **fazer boa/má figura** dar buena/mala impresión; **mudar de figura** cambiar de aspecto; **ele/ela é uma figura** *fam* es todo un personaje.

figurante *mf* extra *mf*.

figurar: **figurar em** *v + prep (em filme, peça teatral)* participar en; *(em livro, dicionário, lista)* figurar en.

figurino *m* figurín *m*.

fila *f* fila *f;* **em fila** en fila.

filarmônica *f* filarmónica *f*.

filatelia *f* filatelia *f*.

filé *m* filete *m Esp & Méx*, churrasco *m RP*.

fileira *f* hilera *f*.

filho, lha *m, f* hijo *m*, -ja *f;* **filho único** hijo único; **filho de criação** hijo adoptivo, hijo postizo *RP;* **vai ter um filho** *fig fam* le va a dar un patatús; **meu filho/minha filha** hijo mío/hija mía *Esp*, hijo/hija *Méx*, mijo/mija *RP*.

filhote *m* cachorro *m*.

filial (*pl* **-ais**) *f* filial *f*.

filigrana *f* filigrana *f*.

filmadora *f*: **filmadora (de vídeo)** videocámara *f*, cámara *f* de vídeo, filmadora *f Amér*.

filmar *vt* filmar.

filme *m* película *f*.

filosofia *f* filosofía *f*.

filósofo, fa *m, f* filósofo *m*, -fa *f*.

filtrar *vt* filtrar.

filtro *m* filtro *m*.

fim (*pl* **-ns**) *m* fin *m;* **ter por fim** tener por finalidad; **ter um fim em vista** tener un objetivo; **o fim do mundo** el fin del mundo; **a fim de** para; **no fim** al final; **um sem-fim de** un sinfín de; **você está a fim de ir ao cinema?** ¿te apetece ir al cine?; **estou mesmo a fim dessa garota** realmente me gusta esa chica; **fim de semana** fin de semana.

final (*pl* **-ais**) **1** *adj & m* final.
2 *f* ESP final *f*.

finalidade *f* finalidad *f*.

finalista *mf* finalista *mf*.

finanças *fpl* finanzas *fpl*.

fingir *vt* fingir.

fino, na *adj* fino(na); **ele/ela é gente fina** *fam* es un tipo/una tipa legal *Esp*, es buen chavo/buena chava *Méx*, es buen loco/buena loca *RP*.

fio *m (elétrico)* cable *m; (de líquido, de matéria textil)* hilo *m;* **fio dental** hilo dental; **fios de ovos** *hebras de yema de huevo y azúcar;* **perder o fio da meada** perder el hilo de algo; **sem fio** inalámbrico(ca).

firma *f (empresa)* firma *f*.

firme *adj* firme.

firmeza *f lit & fig* firmeza *f*.

fiscal (*pl* **-ais**) **1** *adj* fiscal.
2 *mf* inspector *m*, -ra *f*.

fisco *m* fisco *m*.

fisgada *f* punzada *f Esp & Méx*, puntada *f RP*.

física *f* física *f* → **físico.**

físico, ca 1 *adj & m, f* físico(ca).
2 *m* físico *m*.

fisionomia *f* fisonomía *f*.

fisioterapia *f* fisioterapia *f*.

fita *f (tira de tecido)* cinta *f; (fingimento)* fingimiento *m; (filme)* película *f;* **fita (de cabelo)** cinta (para el pelo); **fita durex** cinta adhesiva; **fita (para máquina de escrever)** cinta (para máquina de escribir); **fita métrica** cinta métrica; **fita de vídeo** cinta de vídeo.

fitar *vt* mirar fijamente.

fivela *f* hebilla *f*.

fixador (*pl* **-res**) *m* fijador *m*.

fixar *vt (tornar fixo)* fijar; *(aprender de cor)* memorizar, fijar *Amér*.
❑ **fixar-se** *vp* establecerse.

fixo, xa *adj (objeto)* fijo(ja); *(temperatura, corrente)* constante; *(cor)* inalterable.

flagrante *adj* flagrante; **apanhar em flagrante** agarrar con las manos en la masa.

flamengo, ga 1 *adj* flamenco(ca).
2 *m* flamenco *m*.

flamingo *m* flamenco *m.*
flanco *m (de cavalo)* ijada *f.*
flanela *f* franela *f.*
flash *m* flash *m.*
flauta *f* flauta *f.*
flecha *f* flecha *f.*
fleuma *f* flema *f.*
flexível (*pl* **-eis**) *adj* flexible.
fliperama *m* salón *m* recreativo, maquinitas *fpl RP.*
floco *m* pelusa *f*; **floco de neve** copo *m* de nieve; **floco de aveia** copo *m* de avena; **floco de milho** copo *m* de maíz.
flor (*pl* **-res**) *f* flor *f*; **em flor** en flor; **à flor da pele** a flor de piel; **na flor da idade** en la flor de la vida.
floresta *f* selva *f.*
florido, da *adj (árvores, campos, jardins)* florido(da); *(tecido, papel)* floreado(da).
florista **1** *mf* florista *mf.*
2 *f* floristería *f.*
fluência *f* fluidez *f.*
fluentemente *adv* con fluidez, fluidamente.
fluido, da **1** *adj* fluido(da).
2 *m (líquido)* fluido *m*; *(força misteriosa)* vibraciones *fpl.*
fluminense *adj* fluminense.
flúor *m* flúor *m.*
fluorescente *adj* fluorescente.
flutuante *adj (objeto)* flotante; *(preço, inflação, temperatura)* fluctuante.
flutuar *vi* flotar.
fluvial (*pl* **-ais**) *adj* fluvial.
fluxo *m* flujo *m*; **fluxo de caixa** COM flujo de caja.
fobia *f* fobia *f.*
focinho *m* hocico *m.*
foco *m (de luz, lâmpada)* bombilla *f Esp,* foco *m Méx,* bombita *f RP*; *(de atenção, de doença)* foco *m*; **estar fora de foco** estar desenfocado(da).
fofo, fa *adj (tecido, material, colchão)* mullido(da); *(bolo)* esponjoso(sa).
fofoca *f* cotilleo *m Esp,* hablada *f Méx,* chisme *m RP.*
fogão (*pl* **-ões**) *m* cocina *f Esp & RP,* estufa *f Méx.*
fogo (*pl* **fogos**) *m lit & fig* fuego *m*; **à prova de fogo** a prueba de fuego; **abrir fogo** abrir fuego; **estar de fogo** estar borracho(cha); **ser fogo na roupa** *fam* ser de cuidado; **fogo de artifício** fuego artificial.
fogões → **fogão.**
fogueira *f* hoguera *f.*
foguete *m* cohete *m.*
foice *f* hoz *f.*
folclore *m* folclore *m.*
folclórico, ca *adj* folclórico(ca).
fôlego *m* aliento *m*; **tomar fôlego** cobrar ou tomar *Amér* aliento.
folga *f (de trabalho)* descanso *m*; *(espaço livre)* juego *m*; **de folga** *(dia)* libre; **estar de folga** tener el día libre.
folha *f* hoja *f*; **folha de alumínio** papel *m* de aluminio; **folha de cálculo** hoja de cálculo; **folha lisa** folio *m*, hoja *f RP*; **folha pautada** papel *m* pautado; **folha quadriculada** papel *m* cuadriculado; **folha (de papel)** hoja (de papel).
folhado, da **1** *adj* hojaldrado(da).
2 *m* hojaldre *m.*
folhagem *f* follaje *m.*
folhear *vt* hojear.
folheto *m* folleto *m.*
folia *f* jolgorio *m.*
folião, ona (*mpl* **-ões,** *fpl* **-s**) *m, f* juerguista *mf.*
fome *f* hambre *f*; **passar fome** pasar hambre.
fone *m* auricular *m.*
fonética *f* fonética *f.*
fonte *f lit & fig* fuente *f.*
fora **1** *adv (no exterior)* fuera, afuera; *(no estrangeiro)* al ou en el extranjero *Esp & Méx,* a ou en otro país *RP.*
2 *prep (exceto)* excepto; *(além de)* aparte de.
3 *interj* ¡fuera!; **'fora de serviço'** 'no funciona'; **estar/ficar fora de si** estar/ponerse fuera de sí.
4 **ficar de fora** quedar (a)fuera; **fora de mão** a desmano *Esp & Méx,* trasmano *RP*; **fora de série** fuera de serie; **lá fora** *(no estrangeiro)* en el extranjero *Esp & Méx,* afuera *RP*; *(no lado de fora)* ahí afuera; **dar um fora em alguém** *fam* cortar con alguien, suspender a alguien *RP*; **cobrar por fora** cobrar en dinero negro, cobrar por fuera *RP*; **costurar para fora** coser para otros, coser para afuera *RP*; **levar um fora** *fam* ser mandado a freír espárragos.
força *f* fuerza *f*; **as forças armadas** las

fuerzas armadas; **força de vontade** fuerza de voluntad; **à força** por la fuerza; **de força maior** de fuerza mayor; **por força** por fuerza, forzosamente.

forçar *vt* forzar.

forjar *vt fig* falsificar.

forma *f* forma *f*; **de forma que** por lo que; **de qualquer forma** en cualquier caso; **em forma de** en forma de; **estar em forma** estar en forma.

fôrma *f (de bolo)* molde *m*; *(de sapato)* horma *f*.

formação (*pl* **-ões**) *f* formación *f*.

formal (*pl* **-ais**) *adj* formal.

formalidade *f* formalidad *f*.

formar *vt* formar.
❑ **formar-se** *vp* licenciarse, graduarse *Amér.*

formatar *vt* formatear.

formidável (*pl* **-eis**) *adj* formidable.

formiga *f* hormiga *f*.

formoso, osa *adj* hermoso(sa).

fórmula *f* fórmula *f*.

formular *vt* formular.

formulário *m* formulario *m*, forma *f Méx.*

fornecedor, ra (*mpl* **-res,** *fpl* **-s**) *m, f (de estabelecimento)* proveedor *m*, -ra *f*, abastecedor *m*, -ra *f*; *(de droga)* traficante *mf*.

fornecer *vt* proveer, abastecer; **fornecer algo a alguém** proveer ou abastecer a alguien de algo.
❑ **fornecer-se** *vp* proveerse, abastecerse.

fornecimento *m* abastecimiento *m*, suministro *m*.

forno *m* horno *m*.

forquilha *f* horca *f Esp*, horqueta *f Amér.*

forrar *vt* forrar.

forró *m* fiesta *f* popular bailable.

fortalecer *vt* fortalecer.

fortaleza *f* fortaleza *f*.

forte 1 *adj* fuerte; *(calor)* intenso(sa). 2 *m* fuerte *m*; **essa é forte!** ¡anda ya! *Esp*, ¡no me digas! *Amér.*

fortuna *f* fortuna *f*.

fósforo *m* cerilla *f*, fósforo *m*.

fossa *f* fosa *f*; **estar na fossa** *fig* estar con la moral por los suelos *Esp*, estar por el piso *Amér*; **fossa séptica** fosa séptica.

fóssil (*pl* **-eis**) *m* fósil *m*.

fosso *m* foso *m*.

foto *f* foto *f*.

fotocópia *f* fotocopia *f*.

fotografar *vt* fotografiar.

fotografia *f* fotografía *f*.

fotógrafo, fa *m, f* fotógrafo *m*, -fa *f*.

fotômetro *m* fotómetro *m*.

foz *f* desembocadura *f*.

fração (*pl* **-ões**) *f* fracción *f*.

fracasso *m* fracaso *m*.

fraco, ca *adj* débil; *(bebida)* suave; *(qualidade)* flojo(ja); *(covarde)* cobarde; **ter um fraco por** *fig* estar colado(da) por *Esp*, derrapar por *Méx*, estar copado(da) con *RP*.

frações → **fração.**

frade *m* fraile *m*.

frágil (*pl* **-geis**) *adj* frágil.

fragmento *m* fragmento *m*.

fragrância *f* fragancia *f*.

fralda *f* pañal *m*; **fralda descartável** pañal desechable.

framboesa *f* frambuesa *f*.

francamente 1 *adv* francamente. 2 *interj* ¡francamente!

franco, ca *adj* franco(ca); **para ser franco** para serte franco.

frango *m (ave)* pollo *m*; *(em futebol)* cantada *f*; **frango assado** pollo asado *Esp*, pollo rostizado *Méx*, pollo al spiedo *RP*; **frango a passarinho** *pollo pequeñito troceado.*

franja *f (de toalha, cortina, sofá)* fleco *m*; *(de cabelo)* flequillo *m Esp*, fleco *m Méx*, cerquillo *m RP*.

franqueza *f* franqueza *f*; **com franqueza** con franqueza.

franquia *f (selo postal)* franqueo *m*; *(isenção)* exención *f*; COM franquicia *f*.

franzino, na *adj* enclenque.

fraqueza *f (falta de força)* debilidad *f*; *(falta de coragem)* flaqueza *f*; *(fome)* hambre *f*; *(cansaço)* agotamiento *m*.

frasco *m* frasco *m*.

frase *f* frase *f*.

fratura *f* fractura *f*.

fraude *f* fraude *m*.

frear *vi* frenar.

freezer *m* congelador *m Esp*, freezer *m Amér.*

freguês, esa (*mpl* **-eses,** *fpl* **-s**) *m, f* cliente *m*, -ta *f*, marchante *m*, -ta *f Méx.*

freio *m* freno *m*.

frenético, ca *adj* frenético(ca).

frente *f (parte dianteira)* parte *f* delantera; *(de casa)* fachada *f*; *(em meteorologia)* frente *m*; **dar de frente com** toparse con; **fazer frente** hacer frente; **tocar para a frente com** seguir adelante con; **frente fria/quente** frente frío/cálido; **à frente** al frente; **na frente de** delante de; **de frente** de frente; **em frente** de enfrente; **em frente de** enfrente de ou a *Amér*; **frente a** frente a; **frente a frente** frente a frente.

freqüência *f* frecuencia *f*.

freqüentar *vt* frecuentar.

freqüentemente *adv* frecuentemente.

frescão (*pl* **-ões**) *m (ônibus) autobús Esp* ou *camión Méx* ou *micro Arg urbano, con aire acondicionado.*

fresco, ca *adj* fresco(ca); *fam (efeminado)* marica; **'tinta fresca'** 'recién pintado'.

frescobol *m tenis de playa.*

frescões → **frescão.**

frescura *f (em relação a limpeza)* frescura *f*; *(em relação a temperatura)* frescor *m*, frescura *f*; *fam (em relação a pessoa)* afectación *f*; **ela é cheia de frescura** es una tiquismiquis, es una tilinga *RP*.

frete *m (aluguel de veículo)* alquiler *m Esp*, flete *m Amér*; *(de táxi)* tarifa *f*.

frevo *m baile carnavalesco brasileño.*

friagem *f inv* frío *m*.

fricção (*pl* **-ões**) *f* fricción *f*.

frieira *f* sabañón *m*.

frieza *f* frialdad *f*.

frigideira *f* sartén *f Esp & RP*, paila *f Méx*.

frigorífico *m* nevera *f Esp, Méx*, frigorífico *m Esp*, refrigerador *m Amér*, heladera *f RP*.

frio, fria 1 *adj* frío(a).
2 *m* frío *m*.
3 **estar frio** hacer frío; **ter frio** tener frío; **um frio de rachar** *fam* un frío que pela, un frío de locos *RP*.
❑ **frios** *mpl* embutidos *mpl*, fiambres *mpl*.

frisar *vt (cabelo)* rizar *Esp & RP*, enchinar *Méx*; *(fig: enfatizar)* enfatizar, subrayar.

fritar *vt (em muito óleo)* freír; *(em pouco óleo)* rehogar.

frito, ta *adj* frito(ta); **estar frito** *fam* estar perdido(da), estar frito(ta) *RP*.

fronha *f* funda *f* de almohada.

fronte *f* frente *f*.

fronteira *f* frontera *f*; **além fronteiras** en el extranjero *Esp & Méx*, en otro(s) país(es) *RP*.

frota *f* flota *f*.

frustrado, da *adj* frustrado(da).

frustrante *adj* frustrante.

fruta *f* fruta *f*; **fruta em calda** fruta en almíbar; **fruta da época** fruta del tiempo *Esp & Méx*, fruta de estación *RP*.

fruta-do-conde (*pl* **frutas-do-conde**) *f* chirimoya *f*.

fruto *m* fruto *m*; **frutos secos** frutos secos.

fubá *m* harina *f* de maíz.

fuga *f (de gás, água)* escape *m*; *(evasão)* fuga *f*; **pôr-se em fuga** darse a la fuga; **em fuga** fugado(da).

fugir *vi* huir; **fugir a** huir de; **fugir de** huir de.

fugitivo, va *m, f* fugitivo *m*, -va *f*.

fulano, na *m, f* fulano *m*, -na *f*.

fuligem *f* hollín *m*.

fulo, la *adj fam* cabreado(da) *Esp*, caliente *Amér*; **fulo da vida** *fam* que echa humo *Esp & Méx*, que vuela *RP*.

fumaça *f (fumo espesso)* humareda *f*.

fumante *mf* fumador *m*, -ra *f*.

fumar *vt & vi* fumar.

função (*pl* **-ões**) *f (de pessoa, máquina)* función *f*; **exercer a função de** ejercer la función de; **função pública** función *f* pública.

funcho *m* hinojo *m*.

funcionamento *m* funcionamiento *m*; **em funcionamento** en funcionamiento ou marcha.

funcionar *vi* funcionar.

funcionário, ria *m, f* funcionario *m*, -ria *f*; **funcionário público** funcionario *m*, -a *f*, funcionario público *m*, funcionaria pública *f Amér*.

funções → **função.**

fundação (*pl* **-ões**) *f (instituição)* fundación *f*; *(alicerce)* cimientos *mpl*.

fundamental (*pl* **-ais**) *adj* fundamental.

fundamento *m* fundamento *m*; **sem fundamento** sin fundamento.

fundar *vt* fundar; **fundar algo em algo** fundar algo en algo.

fundido, da *adj* fundido(da).

fundir *vt* fundir.
❑ **fundir-se** *vp* fundirse.

fundo, da 1 *adj* profundo(da), hondo(da) *RP*.
2 *m* fondo *m*.
3 **ir ao fundo da questão** llegar al fondo de la cuestión; **sem fundo** sin fondo.

fúnebre *adj* fúnebre.
funeral (*pl* **-ais**) *m* funeral *m.*
fungo *m* hongo *m.*
funil (*pl* **-is**) *m* embudo *m.*
furacão (*pl* **-ões**) *m* huracán *m.*
furadeira *f* taladro *m.*
furado, da *adj (pneu)* pinchado(da) *Esp & RP,* ponchado(da) *Méx*; *(saco, panela, orelha)* perforado(da), agujereado(da) *Amér.*
furador (*pl* **-res**) *m (de papel)* perforadora *f.*
furar *vt (pneu)* pinchar *Esp & RP,* ponchar *Méx*; *(folha, saco, orelhas)* perforar *Esp,* agujerear *Amér*; *fig (fila)* saltarse, colarse *RP.*
furgão (*pl* **-ões**) *m* furgón *m.*
fúria *f* furia *f.*
furo *m (em pneu)* pinchazo *m Esp & RP,* ponchadura *f Méx*; *(em saco, orelha)* agujero *m.*
furtar *vt* hurtar.
❑ **furtar-se a** *vp + prep* evitar.
furúnculo *m* forúnculo *m.*
fusão (*pl* **-ões**) *f* fusión *f.*
fusível (*pl* **-eis**) *m* fusible *m*, tapón *m RP.*
fuso *m*: **fuso horário** huso *m* horario.
fusões → **fusão.**
futebol *m* fútbol *m Esp & RP,* futbol *m Méx.*
fútil (*pl* **-teis**) *adj* fútil.
futilidade *f* futilidad *f.*
futuro, ra **1** *adj* futuro(ra).
2 *m* futuro *m.*
3 **no futuro** en el futuro; **para o futuro** para el futuro; **ter futuro** tener futuro.
fuzil (*pl* **-is**) *m* fusil *m.*
fuzileiro *m* fusilero *m.*

Gg

gabar *vt* alabar.
❑ **gabar-se** *vp* jactarse.

gabarito *m* clase *f*, categoría *f*.

gabinete *m (compartimento)* salita *f*; *(de ministro, escritório)* gabinete *m*.

gado *m* ganado *m*.

gaélico *m* gaélico *m*.

gafanhoto *m* saltamontes *m inv*, chapulín *m Méx*, langosta *f RP*.

gafe *f* metedura *f* ou metida *f Amér* de pata.

gagueira *f* tartamudez *f*.

gaguejar *vi* tartamudear.

gaiato, ta *m, f* chico *m*, -ca *f*.

gaio *m* arrendajo *m*.

gaiola *f* jaula *f*.

gaita 1 *f* harmónica *f*.
2 *interj* ¡caramba!

gaita-de-foles (*pl* **gaitas-de-foles**) *f* gaita *f*.

gaivota *f* gaviota *f*.

gala *f* gala *f*.

galão (*pl* **-ões**) *m (bebida)* café *m* con leche *(servido en vaso alto)*; *(medida)* galón *m*.

galáxia *f* galaxia *f*.

galera *f fam* panda *f Esp*, banda *f Méx*, barra *f RP*.

galeria *f* galería *f*; **galeria de arte** galería de arte.

galeto *m* pollo *m* pequeño.

galgo *m* galgo *m*.

galho *m (de árvore)* rama *f*; *(de veado)* cuerno *m*.

galinha *f* gallina *f*; **galinha ao molho pardo** *gallina en una salsa preparada con su sangre y vinagre*.

galinheiro *m* gallinero *m*.

galo *m (ave)* gallo *m*; *fam (na testa)* chichón *m*.

galocha *f* bota *f* de agua.

galões → **galão.**

galopar *vi* galopar.

gama *f* gama *f*.

gambá *m* zarigüeya *f Esp*, zorrino *m Amér*.

gana *f (desejo)* gana *f*, ganas *fpl*; *(ódio)* odio *m*; **ter ganas de** tener ganas de; **ter gana de alguém** odiar a alguien.

ganância *f* codicia *f*.

ganancioso, osa *adj* codicioso(sa).

gancho *m (peça curva)* gancho *m*.

gandaia *f (farra)* juerga *f*, vacilón *m CAm, Carib & Méx*, farra *f RP*; *(ociosidade)* tiempo *m* libre; **cair na gandaia** *fam* tomarse todo a la ligera, tomarse todo en joda *RP*.

gangorra *f* subibaja *m*, balancín *m Esp & Méx*.

gangrena *f* gangrena *f*.

gangue *f fam* banda *f*, pandilla *f Amér*.

ganhar 1 *vt* ganar.
2 *vi* ganar.
3 ganhar de alguém ganarle a alguien; **ganhar com algo** sacar partido de algo; **ganhar a vida** ou **o pão** ganarse la vida; **ganhar peso** engordar.

ganho *m* ganancia *f*.

ganir *vi* aullar.

ganso *m* ganso *m*.

garagem (*pl* **-ns**) *f* garaje *m*, garage *m RP*.

garanhão (*pl* **-ões**) *m* semental *m*, padrillo *m RP*.

garantia *f* garantía *f*.

garantir *vt* garantizar; **garantir que** garantizar que.

garça *f* garza *f*.

garçom (*pl* **-ns**) *m* camarero *m Esp*, mesero *m Méx*, mozo *m RP*.

garçonete *f* camarera *f Esp*, mesera *f Méx*, moza *f RP*.

gare *f* estación *f*.

garfo *m (utensílio)* tenedor *m*; *(de bicicleta)* horquilla *f*; **ser um bom garfo** tener buen saque *Esp* ou diente *Amér.*

gargalhada *f* carcajada *f*; **dar uma gargalhada** soltar una carcajada.

gargalo *m* cuello *m* de botella.

garganta *f* garganta *f.*

gargarejar *vi* hacer gárgaras.

gari *m* barrendero *m.*

garoto, ta *m, f (criança)* niño *m*, -ña *f*; *(namorado)* novio *m*, -via *f.*

garoupa *f* mero *m.*

garra *f (de animal)* garra *f*; *fig (talento, entusiasmo)* entusiasmo *m*; **ter garra** tener garra.

garrafa *f* botella *f*; **garrafa térmica** termo *m.*

garrafão, ões *m* garrafa *f*, botellón *m RP.*

garrote *m* MED torniquete *m*; *(tortura)* garrote *m.*

garupa *f* grupa *f.*

gás (*pl* **gases**) *m* gas *m*; **gás butano** gas butano; **gás lacrimogêneo** gas lacrimógeno.

❑ **gases** *mpl* gases *mpl.*

gaseificada *adj f* → **água.**

gasóleo *m* gasóleo *m*, gasoil *m.*

gasolina *f* gasolina *f Esp & Méx*, nafta *f RP*; **gasolina sem chumbo** gasolina sin plomo; **gasolina normal** gasolina normal; **gasolina super** gasolina súper.

gasosa *f* gaseosa *f.*

gastar *vt* gastar.

❑ **gastar-se** *vp* gastarse.

gasto, ta **1** *adj (dinheiro)* gastado(da); *(água, eletricidade)* consumido(da); *(vestuário, calçado)* desgastado(da), gastado(da) *Amér.*

2 *m* gasto *m.*

3 **gastos** gastos; **dar para o gasto** *fam* aguantar.

gástrico, ca *adj* gástrico(ca).

gastrite *f* gastritis *f.*

gastrônomo, ma *m, f* gastrónomo *m*, -ma *f.*

gatilho *m* gatillo *m.*

gato, ta *m, f (animal)* gato *m*, -ta *f*; *(homem bonito)* guaperas *m inv Esp*, chulo *m Méx*, buenmozo *m RP*; *(mulher bonita)* bombón *m*, chula *f Méx*, muñeca *f RP.*

gatuno, na *m, f* ladrón *m*, -ona *f.*

gaveta *f* cajón *m.*

gaze *f* gasa *f.*

gazela *f* gacela *f.*

gazeta *f* gaceta *f*; **fazer gazeta** hacer novillos *Esp*, correr el venado *Méx*, hacerse la rabona *RP.*

geada *f* helada *f.*

geladeira *f* nevera *f Esp & Méx*, heladera *f RP.*

gelado, da *adj* helado(da).

gelar **1** *vt* congelar.

2 *vi* congelarse.

gelatina *f* gelatina *f.*

geléia *f* mermelada *f*, jalea *f* Amér.

gelo *m* hielo *m*; **quebrar o gelo** *fig* romper el hielo.

gema *f (de ovo)* yema *f*; **da gema** auténtico(ca).

gêmeo, mea *adj* mellizo(za).

❑ **gêmeos** *mpl (irmãos gêmeos)* mellizos *mpl.*

❑ **Gêmeos** *mpl (signo do Zodíaco)* Géminis *m inv.*

gemer *vi* gemir.

gemido *m* gemido *m.*

gene *m* gen *m.*

general (*pl* **-ais**) *m* general *m.*

generalizar *vt & vi* generalizar.

❑ **generalizar-se** *vp* generalizarse.

gênero *m* género *m*; **o gênero humano** el género humano.

❑ **gêneros** *mpl* productos *mpl*; **gêneros alimentícios** productos alimenticios.

generosidade *f* generosidad *f.*

generoso, osa *adj* generoso(sa).

genética *f* genética *f.*

gengibre *m* jengibre *m.*

gengiva *f* encía *f.*

genial (*pl* **-ais**) *adj* genial.

gênio **1** *m* genio *m.*

2 *mf* genio *m.*

3 **ser um gênio** ser un genio; **ter mau gênio** tener mal genio.

genital (*pl* **-ais**) *adj* genital.

genro *m* yerno *m.*

gente *f (pessoas)* gente *f*; *fam (família)* gente *f*; **a gente** *(nós)* nosotros(tras); **ser gente** ser alguien; **toda a gente** toda la gente; **ser gente boa** ou **fina** *fam* ser buena gente.

> *A gente*: Não confundir o uso de *la gente* em espanhol com o de ***a gente*** em português. Quando se usa em espanhol *la gente*, isto não inclui a pessoa que está falando: (*La gente se equivoca mucho pero yo nunca lo*

hago. As pessoas se enganam muito, mas eu nunca me engano.)

(Ver *Os pronomes* na seção *Gramática espanhola*.)

gentil (*pl* **-is**) *adj* gentil.
genuíno, na *adj* genuino(na).
geografia *f* geografía *f*.
geologia *f* geología *f*.
geometria *f* geometría *f*; **geometria descritiva** geometría descriptiva.
geração (*pl* **-ões**) *f* generación *f*.
gerador (*pl* **-res**) *m* generador *m*.
geral (*pl* **-ais**) **1** *adj* general.
2 *f (em teatro)* asiento *m* de general, entrada *f* a las generales *RP*.
3 de um modo geral a grandes rasgos; **em geral** en general; **no geral** en general.
geralmente *adv* generalmente.
gerânio *m* geranio *m*.
gerar *vt* generar.
❑ **gerar-se** *vp* generarse.
gerência *f* gerencia *f*.
gerente *mf* gerente *mf*.
gerir *vt (administrar)* dirigir.
germe *m* germen *m*.
gesso *m* MED yeso *m*, escayola *f*.
gestante *f* gestante *f*.
gesticular *vi* gesticular.
gesto *m* gesto *m*.
gibi *m* tebeo *m*, revista *f* de monitos *Méx*, revista *f* de historietas *RP*.
gigante *adj & m* gigante.
gilete *f* maquinilla *f* de afeitar, rastrillo *m Méx*, gilet *f RP*.
gim (*pl* **-ns**) *m* ginebra *f*; **um gim tônica** un gin-tonic.
ginásio *m* gimnasio *m*.
ginasta *mf* gimnasta *mf*.
ginástica *f* gimnasia *f*; **fazer ginástica** hacer gimnasia.
gincana *f* gincana *f*, competencia *f RP*.
ginecologia *f* ginecología *f*.
ginecologista *mf* ginecólogo *m*, -ga *f*.
gingar *vi* bambolearse.
gins → **gim.**
girafa *f* jirafa *f*.
girar *vi & vt* girar.
girassol (*pl* **-óis**) *m* girasol *m*.
gíria *f* argot *m*.
giro, ra *m* giro *m*; **dar um giro** *(passear)* dar una vuelta.
giz *m* tiza *f Esp & RP*, gis *f Méx*.
glacial (*pl* **-ais**) *adj* glacial; *(fig: olhar, ambiente)* gélido(da).
glândula *f* glándula *f*.
glaucoma *m* glaucoma *m*.
glicerina *f* glicerina *f*.
global (*pl* **-ais**) *adj* global; **aldeia global** aldea global.
globo *m (corpo esférico, a Terra)* globo *m*; **globo ocular** globo ocular.
glóbulo *m* glóbulo *m*.
glória *m* gloria *f*.
glossário *m* glosario *m*.
glutão, tona (*mpl* **-ões**, *fpl* **-s**) *m, f* glotón *m*, -ona *f*.
goela *f* buche *m*.
goiaba *f* guayaba *f*.
goiabada *f* guayabada *m*.
gol (*pl* **goles**) *m* gol *m*; **marcar** ou **fazer um gol** marcar *Esp & Méx* ou hacer *RP* un gol.
gola *f* cuello *m*.
gole *m* trago *m*.
goleiro *m* portero *m Esp*, arquero *m Amér*, golero *m RP*.
golfe *m* golf *m*.
golfinho *m* delfín *m*.
golfo *m* golfo *m*.
golpe *m lit & fig* golpe *m*; *(incisão)* corte *m*; **golpe de Estado** golpe de Estado; **golpe de mestre** golpe maestro.
goma *f* almidón *m*.
gomo *m* gajo *m*.
gôndola *f* góndola *f*.
gongo *m* gong *m*.
gordo, da *adj (pessoa, animal)* gordo(da); *(substância, alimento)* grasiento(ta) *Esp*, grasoso(sa) *Amér*; *(quantia)* considerable.
gordura *f* grasa *f*.
gorduroso, osa *adj (alimento)* grasiento(ta); *(superfície)* grasiento(ta) *Esp*, engrasado(da) *Amér*.
gorila *m* gorila *m*.
gorjeta *f* propina *f*.
gorro *m* gorro *m*.
gostar: **gostar de** *v + prep* gustar; **gostar de fazer algo** gustar hacer algo.

Gostar de tem um significado similar ao do espanhol *gustar*. Sem dúvida, em espanhol, a estrutura sintática que acompanha esse verbo é diferente; exige um objeto indireto para completar seu sentido.

(A mí) **me gusta** mucho la playa.
↓ objeto indireto ↓ sujeito

(A ti) **te gustan** los postres.
↓ objeto indireto ↓ sujeito

(A ella) **le gusta** la historia.
↓ objeto indireto ↓ sujeito

(A nosotros) **nos gusta** ir a bailar.
↓ objeto indireto ↓ sujeito

Note que, geralmente, o verbo *gustar* não é acompanhado da preposição *de*.

gosto *m* gusto *m*; **com todo o gosto!** ¡con mucho gusto!; **gosto não se discute** sobre gustos no hay nada escrito; **dar gosto de ver** dar gusto verlo; **fazer gosto em** ser un placer; **tomar gosto por** aficionarse a, tomarle el gusto a *Amér*; **bom/mau gosto** buen/mal gusto.

gota *f* gota *f*; **ser a gota d'água** ser la gota que colma el vaso *Esp & Méx*, ser la gota que desborda el vaso *RP*.

goteira *f* gotera *f*.

gotejar *vi* gotear.

governo *m* gobierno *m*; **governo civil** gobierno civil.

gozar 1 *vt* disfrutar de.
2 *vi fam (rir de)* burlarse de.
3 gozar de *(desfrutar de)* gozar de.

graça *f* gracia *f*; **achar graça** hacer gracia; **não achei graça nenhuma!** ¡no me hizo ninguna gracia!; **ter graça** ser gracioso(sa); **graças a** gracias a; **de graça** gratis; **sem graça** avergonzado(da), apenado(da) *Carib, Col & Méx*.

gracejar *vi* bromear.

gracejo *m (piada)* chiste *m*; *(galanteio)* piropo *m*.

gracioso, osa *adj* elegante.

grade *f* reja *f*; **atrás das grades** *fam* entre rejas.

graduação (*pl* **-ões**) *f* graduación *f*.

graduado, da 1 *adj* graduado(da).
2 *m, f* licenciado *m*, -da *f*, diplomado *m*, -da *f RP*.

gradual (*pl* **-ais**) *adj* gradual.

graduar-se *vp* graduarse, diplomarse *RP*.

grafia *f (maneira de escrever)* letra *f*; *(ortografia)* grafía *f*.

gráfico *m (representação de dados)* gráfico *m*; *(pessoa)* impresor *m*.

gralha *f (ave)* urraca *f*; *(erro tipográfico)* errata *f*.

grama *f (medida de peso)* gramo *m*; *(capim)* hierba *f*, césped *m Amér*.

gramado *m* césped *m*.

gramática *f* gramática *f*.

gramofone *m* gramófono *m*.

grampeador (*pl* **-res**) *m* grapadora *f*, engrampadora *f RP*.

grampear *vt (folhas, papéis)* grapar, engrampar *RP*; *(telefone)* pinchar.

grampo *m (de cabelo)* horquilla *f Esp & RP*, gancho *m Méx*; *(para grampeador)* grapa *f*, grampa *f RP*.

granada *f* granada *f*.

grande *adj* grande.

granito *m* granito *m*.

granizo *m* granizo *m*.

granulado, da *adj* granulado(da).

grão *m* grano *m*.

grão-de-bico (*pl* **grãos-de-bico**) *m* garbanzo *m*.

grasnar *vi* graznar.

gratidão *f* gratitud *f*.

gratificação (*pl* **-ões**) *f (gorjeta)* propina *f*; *(remuneração)* gratificación *f*.

gratificante *adj* gratificante.

gratificar *vt (dar gorjeta)* dar propina a; *(recompensar)* gratificar.

gratinado, da *adj* gratinado(da).

gratinar *vi* gratinar.

grátis 1 *adv* gratis.
2 *adj inv* gratis.

grato, ta *adj* agradecido(da).

grau *m (medida)* grado *m*; *(título acadêmico)* título *m*; *(em escola)* curso *f*; **primeiro/segundo grau** primer/segundo curso *f*; **graus centígrados** grados centígrados.

gravação (*pl* **-ões**) *f* grabación *f*.

gravador (*pl* **-res**) *m (de cassetes)* grabadora *f Esp & Méx*, grabador *m RP*.

gravar *vt* grabar.

gravata *f* corbata *f*.

gravata-borboleta (*pl* **gravatas-borboletas**) *f* pajarita *f Esp*, corbata *f* de moño *Méx*, moñito *m Arg*.
grave *adj* grave.
grávida *adj f* embarazada.
gravidade *f* gravedad *f*.
gravidez *f* embarazo *m*.
gravura *f* grabado *m*.
graxa *f* betún *m*.
grelha *f (de fogão, assar)* parrilla *m*; *(de automóvel)* rejilla *f* del radiador; **bife na grelha** filete *m Esp & Méx* ou churrasco *m RP* a la parrilla.
grelhado, da 1 *adj* a la parrilla.
2 *m* plato *m* a la parrilla.
grelhar *vt* asar a la parrilla.
grená *adj* granate.
greta *f* grieta *f*.
greve *f* huelga *f*; **fazer greve** hacer huelga; **em greve** en huelga; **greve de fome** huelga de hambre.
grilo *m* grillo *m*.
grinalda *f* guirnalda *f*.
gripe *f* gripe *f Esp & RP*, gripa *f Méx*.
grisalho, lha *adj* entrecano(na).
gritar *vi & vt* gritar; **gritar com alguém** gritarle a alguien.
grito *m* grito *m*.
groselha *f* grosella *f*.
grosseiro, ra *adj* grosero(ra).
grosso, grossa *adj (livro, madeira, papel, fio etc.)* grueso(sa), gordo(da) *Amér*; *(líquido, sopa, molho)* espeso(sa); *(mal-educado)* grosero(ra); *(voz)* grave; **grosso modo** grosso modo.
grotesco, ca *adj* grotesco(ca).
grua *f* grúa *f*.
grunhido *m* gruñido *m*.
grunhir *vi* gruñir.
grupo *m* grupo *m*; **em grupo** en grupo; **grupos de risco** grupos de riesgo; **grupo sanguíneo** grupo sanguíneo.
gruta *f* gruta *f*.
guache *m* guache *m*.
guaraná *m (bebida)* guaraná *f*, *refresco hecho con semillas de guaraná*.
guarda 1 *mf* guardia *mf*.
2 *f* vigilancia *f*.
guarda-chuva (*pl* **guarda-chuvas**) *m* paraguas *m inv*.
guarda-costas *mf inv* guardaespaldas *mf inv*.
guarda-florestal (*pl* **guardas-florestais**) *mf* guarda *mf* forestal.
guarda-jóias *m inv* joyero *m*.
guarda-móveis *m* guardamuebles *m inv*.
guardanapo *m* servilleta *f*; **guardanapos de papel** servilletas de papel.
guarda-noturno (*pl* **guardas-noturnos**) *m* vigilante *m* nocturno.
guardar *vt (em algum lugar, reservar)* guardar; *(vigiar)* vigilar.
❑ **guardar-se** *vp* guardarse.
guarda-roupa (*pl* **guarda-roupas**) *m (móvel)* armario *m*; *(de peça teatral, filme)* vestuario *m*.
guarda-sol (*pl* **guarda-sóis**) *m* sombrilla *f*.
guarnecido, da *adj (prato, alimento)* con guarnición.
guarnição (*pl* **-ões**) *f (de prato)* guarnición *f*.
gude *m (jogo infantil)* canicas *fpl Esp & Méx*, bolitas *fpl RP*.
guelra *f* branquia *f*.
guerra *f* guerra *f*; **declarar guerra (a alguém)** declararle la guerra (a alguien); **fazer guerra a** hacerle la guerra a; **estar em pé de guerra** estar en pie de guerra; **guerra de nervos** guerra de nervios.
guia 1 *mf (de museu, castelo)* guía *mf*.
2 *m (livro, folheto)* guía *f*.
3 *f (documento)* guía *f*; **guia turístico** guía turística.
guiar 1 *vt (automóvel, ônibus)* conducir; *(indicar caminho, aconselhar)* guiar.
2 *vi (dirigir)* conducir, manejar *Amér*.
guichê *m* ventanilla *f*.
guidom (*pl* **-ns**) *m* manillar *m Esp*, manubrio *m Amér*.
guilhotina *f* guillotina *f*.
guincho *m (som)* chillido *m*; *(máquina)* grúa *f Esp*, guinche *m Amér*.
guindaste *m* grúa *f*.
guisado, da 1 *adj* guisado(da).
2 *m* guiso *m*.
guisar *vt* CULIN guisar *Esp*, cocinar *Amér*.
guitarra *f* guitarra *f*.
guitarrista *mf* guitarrista *mf*.
guizo *m* cascabel *m*.
gula *f* glotonería *f*.
guloseima *f* golosina *f*.
guloso, osa *adj & m, f* goloso(sa).
gume *m* filo *m*.
guri, ria *m, f* niño *m*, -ña *f*.

H h

h. (hora) h.
há → **haver.**
hábil (*pl* **-beis**) *adj (capaz)* hábil; *(astuto)* astuto(ta).
habilidade *f (talento, capacidade)* habilidad *f*; *(argúcia)* astucia *f*.
❑ **habilidades** *fpl* acrobacias *fpl*.
habilitação *f* capacidad *f*.
❑ **habilitações** *fpl* título *m sing*.
habitação (*pl* **-ões**) *f* vivienda *f*.
habitante *mf* habitante *mf*.
habitar *vt* habitar.
❑ **habitar em** *v + prep* habitar en.
hábito *m* hábito *m*; **como é hábito** como de costumbre; **ter o hábito de fazer algo** tener la costumbre de hacer algo; **por hábito** por costumbre ou norma.
habitual (*pl* **-ais**) *adj* habitual.
habitualmente *adv* habitualmente.
habituar *vt*: **habituar alguém a algo/a fazer algo** habituar a alguien a algo/a hacer algo.
❑ **habituar-se a** *vp + prep* habituarse a.
hálito *m* aliento *m*; **mau hálito** mal aliento.
hall *m* hall *m*; **hall (da entrada)** hall (de entrada).
haltere *m* pesa *f*.
halterofilia *f* halterofilia *f*.
hambúrguer (*pl* **-res**) *m* hamburguesa *f*.
hangar (*pl* **-res**) *m* hangar *m*.
hardware *m* hardware *m*.
harmonia *f* armonía *f*.
harmônica *f* armónica *f*.
harpa *f* arpa *f*.
haste *f (de bandeira)* asta *f*; *(de árvore)* tronco *m*.
haver 1 *v aux* haber; **como não havia comido estava com fome** como no había comido tenía hambre; **havíamos reservado antes** habíamos reservado con antelación.
2 *v impess* **(a)** *(gen)* haber; **há um café muito bom no fim da rua** hay un café muy bueno al final de la calle; **há alguém na porta** hay alguien en la puerta; **não há correio amanhã** mañana no habrá correo.
(b) *(exprime tempo)* hacer; **estou à espera há dez minutos** llevo esperando diez minutos, hace diez minutos que estoy esperando; **há séculos que não vou lá** hace siglos que no voy allá; **há três dias que não o vejo** hace tres días que no lo veo.
(c) *(exprime obrigação)*: **haver que fazer algo** haber que hacer algo.
(d) *(em locuções)*: **haja o que houver** pase lo que pase; **não há de quê!** ¡no hay de qué!
❑ **haver-se com** *vp + prep*: **haver-se com alguém** vérselas con alguien.
❑ **haver de** *v + prep*: **hei de conseguir o que quero** he de conseguir lo que quiero.
❑ **haveres** *mpl (pertences)* pertenencias *fpl*; *(bens)* haberes *mpl*.

> Nem todos os usos do português *haver* são iguais aos do espanhol *haber*.
>
> (Ver *haber* no lado Espanhol-Português do dicionário.)

haxixe *m* hachís *m Esp*, hashish *m Amér*.
hectare *m* hectárea *f*.
hélice *f* hélice *f*.
helicóptero *m* helicóptero *m*.
hélio *m* helio *m*.
hematoma *m* hematoma *m*.
hemofílico, ca *m, f* hemofílico *m*, -ca *f*.
hemorragia *f* hemorragia *f*; **hemorragia cerebral** hemorragia cerebral; **hemorragia nasal** hemorragia nasal.

hemorróidas *fpl* hemorroides *fpl.*
hepatite *f* hepatitis *f.*
hera *f* hiedra *f.*
herança *f* herencia *f.*
herbicida *m* herbicida *m.*
herdar *vt* heredar.
herdeiro, ra *m, f* heredero *m*, -ra *f.*
hermético, ca *adj* hermético(ca).
hérnia *f* hernia *f.*
herói *m* héroe *m.*
heroína *f* heroína *f.*
hesitação (*pl* **-ões**) *f* vacilación *f.*
hesitar *vi* vacilar.
heterossexual (*pl* **-ais**) *adj & mf* heterosexual.
hibernar *vi* hibernar.
híbrido, da *adj* híbrido(da).
hidratante *adj* hidratante.
hidroavião (*pl* **-ões**) *m* hidroavión *m.*
hidrófilo *adj m* → **algodão.**
hidrogênio *m* hidrógeno *m.*
hierarquia *f* jerarquía *f.*
hífen (*pl* **-es**) *m* guion *m.*
hifenização *f* partición *f* de palabras.
hi-fi *m* estéreo *m (equipo).*
higiene *f* higiene *f.*
hilariante *adj* cómico(ca).
hino *m* himno *m.*
hipermercado *m* hipermercado *m.*
hipertensão *f* hipertensión *f.*
hípico, ca *adj* hípico(ca).
hipismo *m (equitação)* hípica *f Esp*, equitación *f Amér*; *(corridas de cavalos)* carreras *fpl* de caballos, turf *m Amér.*
hipnotismo *m* hipnotismo *m.*
hipocondríaco, ca *m, f* hipocondriaco *m*, -ca *f.*
hipocrisia *f* hipocresía *f.*
hipócrita *mf* hipócrita *mf.*
hipódromo *m* hipódromo *m.*
hipopótamo *m* hipopótamo *m.*
hipoteca *f* hipoteca *f.*
hipótese *f* hipótesis *f inv*; **em hipótese alguma** bajo ningún concepto; **na melhor das hipóteses** en el mejor de los casos; **por hipótese** por ejemplo.
histeria *f* histeria *f.*
histérico, ca *adj* histérico(ca).
história *f* historia *f*; **história da arte** historia del arte; **história da carochinha** cuento *m* de hadas; **história em quadrinhos** tira *f* cómica.
hobby (*pl* **hobbies**) *m* afición *f*, hobby *m.*
hoje *adv* hoy; **hoje em dia** hoy en día; **até hoje** hasta hoy *Esp*, hasta ahora *Amér*; **de hoje** de hoy; **de hoje a oito/quinze dias** dentro de ocho/quince días; **de hoje em diante** a partir de hoy, de hoy en adelante *RP*; **por hoje** por hoy.
holofote *m* foco *m.*
homem (*pl* **-ns**) *m* hombre *m.*
❑ **Homem** *m*: **o Homem** el hombre.
homenagear *vt* homenajear.
homenagem (*pl* **-ns**) *f* homenaje *m.*
homicida *mf* homicida *mf.*
homicídio *m* homicidio *m*; **homicídio involuntário** homicidio involuntario ou ultraintencional *RP.*
homossexual (*pl* **-ais**) *mf* homosexual *mf.*
honestidade *f* honestidad *f.*
honesto, ta *adj* honesto(ta).
honorário *adj* honorario(ria).
❑ **honorários** *mpl* honorarios *mpl.*
honra *f* honor *m*; **ter a honra de** tener el honor de; **em honra de** en honor de.
honrado, da *adj* honrado(da).
honrar *vt* pagar.
❑ **honrar-se de** *vp + prep* honrarse en.
honroso, osa *adj* honroso(sa).
hóquei *m* hockey *m.*
hora *f* hora *f*; **que horas são?** ¿qué hora es?, ¿qué horas son? *Amér*; **a que horas é ...?** ¿a qué hora es ...?; **ser hora de fazer algo** ser hora de hacer algo; **estar na hora de** ser hora de; **na hora H** en el momento justo; **horas extraordinárias** ou **extras** horas extraordinarias ou extra(s); **hora do rush** hora punta *Esp* ou pico *Amér*; **hora local** hora local; **horas vagas** tiempo *m* libre; **meia hora** media hora; **há horas** desde hace rato; **de hora em hora** cada hora; **horas e horas** durante horas, horas *Amér*; **em cima da hora** a último momento; **na última hora** a última hora *Esp*, a último momento *Amér*; **bem na hora** justo en el momento.
horário *m* horario *m*; **horário de atendimento** horario de atención; **horário de funcionamento** horario de funcionamiento; **horário nobre** horario de máxima audiencia; **horário integral** horario completo; **horário de verão** horario de verano.
horizontal (*pl* **-ais**) *adj* horizontal.

horizonte *m* horizonte *m*.
horóscopo *m* horóscopo *m*.
horrendo, da *adj* horrendo(da).
horripilante *adj* horripilante.
horrível (*pl* **-eis**) *adj* horrible.
horror (*pl* **-res**) *m* horror *m*; **que horror!** ¡qué horror!; **ter horror a algo** tener horror a algo *Esp*, odiar algo *Amér*; **um horror de** un montón de; **dizer horrores de alguém** hablar fatal de alguien *Esp*, hablar muy mal de alguien *Amér*.
horta *f* huerta *f*.
hortaliça *f* hortaliza *f*.
hortelã *f* menta *f*.
hortelã-pimenta *f* hierbabuena *f*.
hortênsia *f* hortensia *f*.
horticultor, ra (*mpl* **-res,** *fpl* **-s**) *m, f* horticultor *m*, -ra *f*.
hortigranjeiros *mpl* productos *mpl* hortofrutícolas ou hortifrutícolas *Amér*.
hospedagem *f* alojamiento *m*, hospedaje *m Amér*.
hospedar *vt* alojar, hospedar *Amér*.
❑ **hospedar-se em** *vp + prep* alojarse en, hospedarse en *Amér*.
hóspede *mf (em hotel, pensão)* huésped *m*, -da *f*; *(em casa privada)* invitado *m*, -da *f*.
hospício *m* hospital *m* psiquiátrico.
hospital (*pl* **-ais**) *m* hospital *m*.
hospitaleiro, ra *adj* hospitalario(ria).
hospitalidade *f* hospitalidad *f*.
hostil (*pl* **-is**) *adj (gente, ar, comportamento)* hostil; *(vento, frio)* penetrante.
hotel (*pl* **-éis**) *m* hotel *m*.
hovercraft *m* hovercraft *m*, aerodeslizador *m*, alíscafo *m RP*.
humanidade *f* humanidad *f*; **a humanidade** la humanidad.
❑ **humanidades** *fpl* humanidades *fpl*.
humanitário, ria *adj* humanitario(ria).
humano, na 1 *adj* humano(na).
2 *m* ser *m* humano.
humildade *f* humildad *f*.
humilde *adj* humilde.
humilhação (*pl* **-ões**) *f* humillación *f*.
humilhante *adj* humillante.
humilhar *vt* humillar.
❑ **humilhar-se** *vp* humillarse.
humor *m* humor *m*; **estar de bom/mau humor** estar de buen/mal humor.
humorista *mf* humorista *mf*.
hurra *interj* ¡hurra!

Ii

iate *m* yate *m*.

IBGE *m* (*abrev de* **Instituto Brasileiro de Geografia e Estatística**) ≃ Instituto *m* de Estadística.

Ibope *m* (*abrev de* **Instituto Brasileiro de Opinião Pública e Estatística**) *organismo encargado de la medición de las tasas de audiencia.*

içar *vt* izar.

ICMS *m* (*abrev de* **Imposto sobre Circulação de Mercadorias e Serviços**) ≃ IVA *m*.

ícone *m* icono *m*.

icterícia *f* ictericia *f*.

ida *f (partida)* partida *f*; *(jornada)* ida *f*.

idade *m* edad *f*; **de idade** de edad; **de meia-idade** de mediana edad.

ideal (*pl* **-ais**) *adj & m* ideal.

idealista *adj & mf* idealista.

idéia *f* idea *f*; **que idéia!** ¡qué dices!; **mudar de idéia** cambiar de idea; **não fazer idéia** no tener ni idea.

idêntico, ca *adj* idéntico(ca).

identidade *f* identidad *f*.

identificação *f* identificación *f*.

identificar *vt* identificar.
❑ **identificar-se** *vp* identificarse.

ideologia *f* ideología *f*.

idílico, ca *adj* idílico(ca).

idioma *m* idioma *m*.

idiota *adj & mf* idiota.

ídolo *m* ídolo *m*.

idôneo, nea *adj* idóneo(a).

idoso, osa **1** *adj* mayor.
2 *m, f* anciano *m*, -na *f*; **os idosos** los ancianos.

igarapé *m* canal *m*.

ignição *f* arranque *m*.

ignorado, da *adj* ignorado(da).

ignorância *f* ignorancia *f*.

ignorante *mf* ignorante *mf*.

ignorar *vt*: **ignorar algo** ignorar algo; **ignorar alguém** ignorar a alguien.

igreja *f* iglesia *f*.

igual (*pl* **-ais**) **1** *adj* igual.
2 *m (pessoa)* igual *m*; *(sinal)* (signo de) igual *m*.
3 igual a igual a; **sem igual** sin igual.

igualar *vt* igualar.
❑ **igualar-se a** *vp + prep* igualarse a.

igualdade *f* igualdad *f*.

igualmente **1** *adv* igualmente.
2 *interj* ¡igualmente!

ilegal (*pl* **-ais**) *adj* ilegal.

ilegalidade *f* ilegalidad *f*.

ilegítimo, ma *adj* ilegítimo(ma).

ilegível (*pl* **-eis**) *adj* ilegible.

ileso, sa *adj* ileso(sa); **sair ileso de acidente** salir ileso de un accidente.

ilha *f* isla *f*.

ilícito, ta *adj* ilícito(ta).

ilimitado, da *adj* ilimitado(da).

Ilma. (*abrev de* **Ilustríssima**) Ilma.

Ilmo. (*abrev de* **Ilustríssimo**) Ilmo.

ilógico, ca *adj* ilógico(ca).

iludir *vt* engañar.
❑ **iludir-se** *vp* engañarse.

iluminação *f* iluminación *f*.

iluminado, da *adj* iluminado(da).

iluminar *vt* iluminar.

ilusão (*pl* **-ões**) *f* ilusión *f*; **não ter ilusões** no tener ilusiones; **perder as ilusões** perder la ilusión.

ilustração (*pl* **-ões**) *f* ilustración *f*.

ilustrado, da *adj* ilustrado(da).

ilustrar *vt* ilustrar.

ilustre *adj* ilustre.

ilustríssimo, ma *sup* ilustrísimo(ma).

ímã *m* imán *m*.

imaculado, da *adj* inmaculado(da).

imagem (*pl* **-ns**) *f* imagen *f*.
imaginação *f* imaginación *f*.
imaginar *vt* imaginar.
❑ **imaginar-se** *vp* imaginarse.
imaginativo, va *adj* imaginativo(va).
imaturo, ra *adj* inmaduro(ra).
imbatível (*pl* **-eis**) *adj* imbatible.
imbecil (*pl* **-is**) *adj & mf* imbécil.
imediações *fpl* inmediaciones *fpl*; **nas imediações de** en las inmediaciones de.
imediatamente *adv* inmediatamente.
imediato, ta *adj* inmediato(ta); **de imediato** de inmediato.
imenso, sa 1 *adj (número, quantidade)* inmenso(sa); *(calor)* intenso(sa).
2 *adv* muchísimo.
imergir *vt* sumergir.
imigração *f* inmigración *f*.
imigrante *mf* inmigrante *mf*.
imigrar *vi* inmigrar.
iminente *adj* inminente.
imitação (*pl* **-ões**) *f* imitación *f*.
imitar *vt* imitar.
imobiliária *f* inmobiliaria *f*.
imobilizar *vt* inmovilizar.
❑ **imobilizar-se** *vp* detenerse.
imoral (*pl* **-ais**) *adj* inmoral.
imóvel (*pl* **-eis**) 1 *adj* inmóvil.
2 *m (prédio)* inmueble *m*; *(valor imóvel)* bien *m* raíz.
impaciência *f* impaciencia *f*.
impaciente *adj* impaciente.
impacto *m* impacto *m*.
ímpar (*pl* **-res**) *adj (número)* impar; *(objeto, ação)* sin par.
imparcial (*pl* **-ais**) *adj* imparcial.
impasse *m* callejón *m* sin salida.
impecável (*pl* **-eis**) *adj* impecable.
impedido, da *adj (caminho, estrada)* bloqueado(da); *(linha)* ocupado(da), comunicando *Esp*.
impedimento *m* impedimento *m*.
impedir *vt* impedir; **impedir alguém de fazer algo** impedir a alguien hacer algo.
impelir *vt* propulsar.
impenetrável (*pl* **-eis**) *adj* impenetrable.
impensável (*pl* **-eis**) *adj* impensable.
imperador (*mpl* **-res**) *m* emperador *m*.
imperativo, va 1 *adj* obligatorio(ria).
2 *m* imperativo *m*.
imperatriz (*mpl* **-zes**) *f* emperatriz *f*.
imperdoável (*pl* **-eis**) *adj* imperdonable.
imperfeição (*pl* **-ões**) *f* imperfección *f*.
imperfeito, ta 1 *adj* imperfecto(ta).
2 *m* GRAM imperfecto *m*.
impermeável (*pl* **-eis**) 1 *m* impermeable *m*.
2 *adj* impermeable.
impertinente *adj* impertinente.
imperturbável (*pl* **-eis**) *adj* imperturbable.
impessoal (*pl* **-ais**) *adj* impersonal.
impetuoso, osa *adj* impetuoso(sa).
impiedade *f* crueldad *f*.
implacável (*pl* **-eis**) *adj* implacable.
implantação *f* implantación *f*.
implementar *vt* implantar.
implicar *vt* implicar.
❑ **implicar com** *v + prep* meterse con.
implícito, ta *adj* implícito(ta).
implorar *vt* implorar.
imponente *adj (grandioso)* imponente; *(altivo)* arrogante.
impopular (*pl* **-res**) *adj* impopular.
impor *vt* imponer; **impor algo a alguém** imponerle algo a alguien.
❑ **impor-se** *vp* imponerse.
importação (*pl* **-ões**) *f* importación *f*.
importado, da *adj* importado(da).
importância *f (valor)* importancia *f*; *(quantia monetária)* cantidad *f*.
importante 1 *adj* importante.
2 *m*: **o importante é ...** lo importante es ...
importar *vt & vi* importar.
imposição (*pl* **-ões**) *f* imposición *f*.
impossibilitar *vt* imposibilitar.
impossível (*pl* **-eis**) 1 *adj* imposible.
2 *m*: **o impossível** lo imposible; **querer o impossível** querer un imposible.
imposto *m* impuesto *m*; **imposto predial** ≃ contribución *f* urbana ou inmobiliaria *RP*; **imposto de renda** impuesto sobre la renta.
impostor, ra (*mpl* **-res**, *fpl* **-s**) *m, f* impostor *m*, -ra *f*.
impotente *adj* impotente.
impraticável (*pl* **-eis**) *adj* impracticable.
impreciso, sa *adj* impreciso(sa).
impregnar *vt* impregnar.
❑ **impregnar-se de** *vp + prep* impregnarse de.
imprensa *f* prensa *f*; **imprensa marrom** prensa amarilla.

imprescindível (*pl* **-eis**) *adj* imprescindible.
impressão (*pl* **-ões**) *f* impresión *f*; **ter a impressão de** tener la impresión de; **impressão digital** huella *f* digital; **causar boa impressão** causar buena impresión.
impressionante *adj* impresionante.
impressionar *vt* impresionar.
impresso, a 1 *adj* impreso(sa). 2 *m* impreso *m*.
impressões → **impressão**.
impressora *f* impresora *f*.
imprestável (*pl* **-eis**) *adj (não prestativo)* poco servicial; *(inútil)* inútil.
imprevisível (*pl* **-eis**) *adj* imprevisible.
imprevisto, ta 1 *adj* imprevisto(ta). 2 *m* imprevisto *m*.
imprimir *vt* imprimir.
impróprio, pria *adj*: **impróprio para** inadecuado(da) para.
improvável (*pl* **-eis**) *adj* improbable.
improvisar *vt & vi* improvisar.
improviso *m* improvisación *f*; **de improviso** improvisadamente.
imprudente *adj* imprudente.
impulsionar *vt* impulsar.
impulsivo, va *adj* impulsivo(va).
impulso *m (incitamento)* impulso *m*; *(de chamada telefônica)* paso *m Esp*, pulso *m Amér*.
impune *adj* impune.
impureza *f* impureza *f*.
impuro, ra *adj* impuro(ra).
imundície *f (sujeira)* inmundicia *f*; *(lixo)* basura *f*.
imune *adj* inmune; **imune a** inmune a.
inábil (*pl* **-beis**) *adj* inepto(ta), inútil.
inabitado, da *adj* deshabitado(da).
inacabado, da *adj* inacabado(da).
inaceitável (*pl* **-eis**) *adj* inaceptable.
inacessível (*pl* **-eis**) *adj* inaccesible.
inacreditável (*pl* **-eis**) *adj* increíble.
inadequado, da *adj* inadecuado(da).
inadiável (*pl* **-eis**) *adj* inaplazable, impostergable *Amér*.
inadvertido, da *adj* inadvertido(da).
inalador (*pl* **-res**) *m* inhalador *m*.
inalar *vt* inhalar.
inalcançável (*pl* **-eis**) *adj* inalcanzable.
inanimado, da *adj* inanimado(da).
inaptidão *f* ineptitud *f*.
inapto, pta *adj* inepto(ta).
inarticulado, da *adj* desarticulado(da).
inatingível (*pl* **-eis**) *adj* inalcanzable.
inatividade *f* inactividad *f*.
inativo, va *adj* inactivo(va); *(pessoa)* jubilado(da).
inato, ta *adj* innato(ta).
inauguração (*pl* **-ões**) *f* inauguración *f*.
inaugurar *vt* inaugurar.
incansável (*pl* **-eis**) *adj* incansable.
incapacidade *f* incapacidad *f*.
incapaz (*pl* **-zes**) *adj* incapaz.
incendiar *vt* incendiar.
❑ **incendiar-se** *vp* incendiarse.
incêndio *m* incendio *m*.
incenso *m* incienso *m*.
incentivar *vt* incentivar.
incentivo *m* incentivo *m*.
incerteza *f* incertidumbre *f*.
incerto, ta *adj* incierto(ta).
incesto *m* incesto *m*.
inchação *f* hinchazón *f*.
inchado, da *adj (tumefacto)* hinchado(da); *(fig: envaidecido)* engreído(da).
inchar *vi* hincharse.
incidência *f* incidencia *f*.
incidente *m* incidente *m*.
incineração (*pl* **-ões**) *f* incineración *f*.
incisivo, va 1 *adj* incisivo(va). 2 *m* incisivo *m*.
incitar *vt* incitar.
inclemente *adj* inclemente.
inclinação (*pl* **-ões**) *f lit & fig* inclinación *f*.
inclinado, da *adj* inclinado(da).
inclinar *vt* inclinar.
❑ **inclinar-se** *vp* inclinarse.
incluir *vt* incluir.
inclusive *adv* inclusive.
incoerente *adj* incoherente.
incógnita *f* incógnita *f*.
incógnito, ta *adj* desconocido(da).
incolor (*pl* **-res**) *adj* incoloro(ra).
incomodar *vt (importunar)* molestar; *(afligir)* preocupar.
❑ **incomodar-se** *vp* preocuparse; **você se incomoda se eu fumar?** ¿le molesta si fumo?
incômodo, da 1 *adj* incómodo(da). 2 *m (menstruação)* regla *f*; *(amolação)* molestia *f*.
incomparável (*pl* **-eis**) *adj* incomparable.
incompatível (*pl* **-eis**) *adj* incompatible.
incompetente *adj & mf* incompetente.

incompleto, ta *adj* incompleto(ta).
incomum (*pl* **-ns**) *adj* inusual.
incomunicável (*pl* **-eis**) *adj* incomunicado(da); **preso incomunicável** preso *m* incomunicado.
inconcebível (*pl* **-eis**) *adj* inconcebible.
incondicional (*pl* **-ais**) *adj* incondicional.
inconformado, da *adj* inconformista *Esp*, insatisfecho(cha) *Amér.*
inconfundível (*pl* **-eis**) *adj* inconfundible.
inconsciência *f* inconsciencia *f.*
inconsciente **1** *adj & mf* inconsciente.
2 *m* inconsciente *m.*
incontestável (*pl* **-eis**) *adj* incontestable.
inconveniência *f* inconveniente *m.*
inconveniente **1** *adj* inoportuno(na).
2 *m* inconveniente *m*
3 **não ver inconveniente em** no tener inconveniente en.
incorporar *vt* incorporar.
incorreto, ta *adj* incorrecto(ta).
incorrigível (*pl* **-eis**) *adj* incorregible.
incrédulo, la *adj* incrédulo(la).
incrível (*pl* **-eis**) *adj* increíble.
incubadora *f* incubadora *f.*
inculto, ta *adj* inculto(ta).
incumbir *vt* encargar.
❑ **incumbir a** *v + prep*: **incumbir a alguém** tocarle a alguien.
❑ **incumbir-se** *vp*: **incumbir-se de fazer algo** encargarse de hacer algo.
incurável (*pl* **-eis**) *adj* incurable.
indagar *vt* indagar.
indecente *adj* indecente.
indecisão (*pl* **-ões**) *f* indecisión *f.*
indeciso, sa *adj* indeciso(sa).
indecisões → **indecisão.**
indecoroso, osa *adj* indecoroso(sa).
indefeso, sa *adj* indefenso(sa).
indefinido, da *adj* indefinido(da); **por tempo indefinido** por tiempo indefinido.
indelicado, da *adj* grosero(ra).
indenização (*pl* **-ões**) *f* indemnización *f.*
indenizar *vt* indemnizar.
independência *f* independencia *f.*
independente *adj* independiente.
indescritível (*pl* **-eis**) *adj* indescriptible.
indesejável (*pl* **-eis**) *adj* indeseable.
indestrutível (*pl* **-eis**) *adj lit & fig* indestructible.
indeterminado, da *adj* indeterminado (da); **por tempo indeterminado** por tiempo indeterminado.
indevido, da *adj* indebido(da).
indicação (*pl* **-ões**) *f* indicación *f.*
indicador (*pl* **-res**) **1** *adj* indicador(ra).
2 *m* índice *m*; indicador *m*; **indicador econômico** indicador *m* económico.
indicar *vt* indicar.
indicativo, va **1** *adj* indicativo(va).
2 *m (de telefone)* prefijo *m.*
índice *m* índice *m*; **índice de inflação** índice de inflación.
indício *m* indicio *m.*
indiferença *f* indiferencia *f.*
indiferente *adj* indiferente; **ser indiferente a alguém** serle indiferente a alguien *Esp*, ser indiferente para alguien *Amér.*
indígena *adj & mf* indígena.
indigestão *f* indigestión *f.*
indigesto, ta *adj* indigesto(ta).
indignação (*pl* **-ões**) *f* indignación *f.*
indigno, gna *adj* indigno(na).
índio, dia *adj & m, f* indio(dia).
indireto, ta *adj* indirecto(ta).
indiscreto, ta *adj* indiscreto(ta).
indiscutível (*pl* **-eis**) *adj* indiscutible.
indispensável (*pl* **-eis**) **1** *adj* indispensable.
2 *m*: **o indispensável** lo indispensable.
indisposição (*pl* **-ões**) *f* indisposición *f.*
indisposto, osta *adj* indispuesto(ta).
indistinto, ta *adj* indistinto(ta).
individual (*pl* **-ais**) *adj* individual.
indivíduo *m* individuo *m*; *fam (homem)* individuo *m.*
índole *f* índole *f.*
indolência *f* indolencia *f.*
indolente *adj* indolente.
indolor (*pl* **-res**) *adj* indoloro(ra).
indulgência *f* indulgencia *f.*
indulgente *adj* indulgente.
indumentária *f* indumentaria *f.*
indústria *f* industria *f.*
induzir *vt* inducir; **induzir alguém a fazer algo** inducir a alguien a hacer algo; **induzir alguém em erro** inducir a alguien a error.
inédito, ta *adj* inédito(ta).
ineficaz (*pl* **-zes**) *adj* ineficaz.
inegável (*pl* **-eis**) *adj* innegable.

inércia *f* inercia *f*; *(fig: preguiça)* pereza *f*.
inerte *adj lit & fig* inerte.
inesgotável (*pl* **-eis**) *adj* inagotable.
inesperado, da *adj* inesperado(da).
inesquecível (*pl* **-eis**) *adj* inolvidable.
inestimável (*pl* **-eis**) *adj* inestimable.
inexequível (*pl* **-eis**) *adj* inexequible.
inexistência *f* inexistencia *f*.
inexperiência *f* inexperiencia *f*.
inexperiente *adj lit & fig* inexperto(ta).
infalível (*pl* **-eis**) *adj (método, sistema, plano)* infalible; *(inevitável)* ineludible.
infâmia *f* infamia *f*.
infância *f* infancia *f*; **segunda infância** segunda adolescencia.
infantil (*pl* **-is**) *adj lit & pej* infantil.
infecção (*pl* **-ões**) *f* infección *f*; **infecção vaginal** infección vaginal.
infeccioso, osa *adj* infeccioso(sa).
infecções → **infecção.**
infectado, da *adj* infectado(da).
infectar *vt* infectar.
infeliz (*pl* **-zes**) *adj & mf* infeliz *mf*; **ser infeliz** ser infeliz.
infelizmente *adv* lamentablemente.
inferior (*pl* **-res**) *adj* inferior; **andar inferior** piso *m* inferior.
inferno *m*: **o Inferno** el Infierno; **isto é um inferno!** ¡esto es un infierno!; **vá para o inferno!** *fam* ¡vete al infierno! *Esp & Méx*, ¡andate al infierno! *RP*.
infertilidade *f* infertilidad *f*.
infestar *vt* infectar.
infiel (*pl* **-éis**) *adj & mf* infiel.
infiltrar-se *vp* infiltrarse.
ínfimo, ma *adj lit & fig* ínfimo(ma).
infindável (*pl* **-eis**) *adj* interminable.
infinidade *f* infinidad *f*.
infinitivo *m* infinitivo *m*.
infinito, ta **1** *adj* infinito(ta).
2 *m* infinito *m*.
inflação *f* inflación *f*.
inflamação (*pl* **-ões**) *f* inflamación *f*.
inflamado, da *adj lit & fig* inflamado(da).
inflamar *vt lit & fig* inflamar.
inflamável (*pl* **-eis**) *adj* inflamable.
inflável (*pl* **-eis**) *adj* inflable.
inflexível (*pl* **-eis**) *adj lit & fig* inflexible.
influência *f* influencia *f*; **ter influência** tener influencias.
influente *adj* influyente.
influir *vt* influir.
informação (*pl* **-ões**) *f* información *f*.
❑ **informações** *fpl (serviço telefônico)* información *f*.
informal (*pl* **-ais**) *adj* informal.
informalidade *f* informalidad *f*.
informar *vt* informar; **informar alguém de** ou **sobre algo** informar a alguien de ou sobre algo.
❑ **informar-se** *vp* informarse.
informática *f* informática *f*.
informativo, va *adj* informativo(va).
informatizar *vt* informatizar.
infortúnio *m* infortunio *m*.
infração (*pl* **-ões**) *f* infracción *f*.
infrações → **infração.**
infrator, ra (*mpl* **-res**, *fpl* **-s**) *m, f* infractor *m*, -ra *f*.
infravermelho, lha *adj* infrarrojo(ja).
infringir *vt* infringir.
infrutífero, ra *adj (estéril)* estéril; *(fig: sem resultado)* infructuoso(sa).
infundado, da *adj* infundado(da).
ingenuidade *f* ingenuidad *f*.
ingênuo, nua *adj & m, f* ingenuo(nua).
ingerir *vt* ingerir.
ingratidão *f* ingratitud *f*.
ingrato, ta *adj* ingrato(ta).
ingrediente *m* ingrediente *m*.
íngreme *adj* empinado(da).
ingresso *m (em curso, universidade, partido)* ingreso *m*; *(de cinema, teatro etc.)* entrada *f*.
inhame *m* ñame *m*.
inibição (*pl* **-ões**) *f* inhibición *f*.
inibido, da *adj* inhibido(da).
inicial (*pl* **-ais**) **1** *adj* inicial.
2 *f (de nome, palavra)* inicial *f*.
iniciar *vt* iniciar, empezar *Amér*.
❑ **iniciar-se** *vp* iniciarse.
iniciativa *f* iniciativa *f*; **ter iniciativa** tener iniciativa.
início *m* inicio *m*, principio *m*; **no início** al principio; **desde o início** desde el principio.
inimigo, ga *adj & m, f* enemigo(ga).
ininterruptamente *adv* ininterrumpidamente.
injeção (*pl* **-ões**) *f* inyección *f*.
injeções → **injeção.**
injetar *vt* inyectar.
❑ **injetar-se** *vp (drogar-se)* inyectarse.
injúria *f* injuria *f*.

injuriar *vt* injuriar.
injustiça *f* injusticia *f.*
injusto, ta *adj* injusto(ta).
inocência *f* inocencia *f.*
inocentar *vt* disculpar; **inocentar alguém (de algo)** JUR declarar a alguien inocente (de algo).
inocente *adj* inocente; **ser** OU **estar inocente** ser inocente.
inoculação (*pl* **-ões**) *f* inoculación *f.*
inócuo, cua *adj* inocuo(cua).
inofensivo, va *adj* inofensivo(va).
inoportuno, na *adj* inoportuno(na).
inovação (*pl* **-ões**) *f* innovación *f.*
inoxidável (*pl* **-eis**) *adj* inoxidable.
inquérito *m* investigación *f.*
inquietação *f* inquietud *f.*
inquietante *adj* inquietante.
inquilino, na *m, f* inquilino *m*, -na *f.*
insaciável (*pl* **-eis**) *adj* insaciable.
insalubre *adj* insalubre.
insanidade *f* locura *f.*
insatisfação (*pl* **-ões**) *f* insatisfacción *f.*
insatisfatório, ria *adj* insatisfactorio (ria).
insatisfeito, ta *adj* insatisfecho(cha).
inscrever *vt* inscribir; **inscrever alguém em algo** inscribir a alguien en algo.
❑ **inscrever-se** *vp*: **inscrever-se em** inscribirse en.
inscrição (*pl* **-ões**) *f* inscripción *f.*
insegurança *f* inseguridad *f.*
inseguro, ra *adj* inseguro(ra).
inseminação (*pl* **-ões**) *f*: **inseminação artificial** inseminación *f* artificial.
insensato, ta *adj* insensato(ta).
insensibilidade *f* insensibilidad *f.*
insensível (*pl* **-eis**) *adj* insensible.
inseparável (*pl* **-eis**) *adj* inseparable.
inserir *vt (colocar)* insertar; INFORM *(dados)* introducir.
❑ **inserir-se em** *vp + prep* integrarse a.
inseticida *m* insecticida *m.*
inseto *m* insecto *m.*
insidioso, osa *adj* insidioso(sa).
insígnia *f* insignia *f.*
insignificante *adj* insignificante.
insincero, ra *adj* falso(sa).
insinuar *vt* insinuar.
❑ **insinuar-se** *vp* insinuarse.
insípido, da *adj* insípido(da); *fig* soso(sa).
insistência *f* insistencia *f.*
insistente *adj* insistente.
insistir *vi* insistir; **insistir com alguém** insistirle a alguien; **insistir em fazer algo** insistir en hacer algo.
insociável (*pl* **-eis**) *adj* insociable.
insolação (*pl* **-ões**) *f* insolación *f.*
insolente *adj & mf* insolente.
insólito, ta *adj* insólito(ta).
insônia *f* insomnio *m.*
insosso, a *adj* insulso(sa); *fig* soso(sa).
inspeção (*pl* **-ões**) *f* inspección *f.*
inspecionar *vt* inspeccionar.
inspeções → **inspeção.**
inspetor, ra (*mpl* **-res,** *fpl* **-s**) *m, f* inspector *m*, -ra *f*; **inspetor da alfândega** inspector(ra) de aduanas; **inspetor escolar** inspector *m*, -ra *f* escolar.
inspiração (*pl* **-ões**) *f* inspiración *f.*
inspirador, ra (*mpl* **-res,** *fpl* **-s**) *adj* inspirador(ra).
inspirar *vt lit & fig* inspirar.
instabilidade *f* inestabilidad *f.*
instalação (*pl* **-ões**) *f* instalación *f*; **instalação elétrica** instalación eléctrica.
❑ **instalações** *fpl* instalaciones *fpl.*
instalar *vt* instalar.
❑ **instalar-se** *vp (em casa, local)* instalarse; *(em cadeira)* sentarse.
instantâneo, nea 1 *adj* instantáneo(a).
2 *m (fotografia)* instantánea *f.*
3 café instantâneo café instantáneo.
instante *m* instante, momento; **um instante!** ¡un momento!; **dentro de instantes** dentro de un momento; **de um instante para o outro** de un momento a otro; **nesse instante** en ese momento; **num instante** en un momento OU instante; **por instantes** por un momento; **a todo instante** a cada rato.
instituição (*pl* **-ões**) *f* institución *f.*
instituto *m* instituto *m*; **instituto de beleza** centro *m* OU instituto *m RP* de belleza; **instituto de línguas** academia *f* de idiomas.
instrução (*pl* **-ões**) *f* instrucción *f.*
❑ **instruções** *fpl* instrucciones *fpl.*
instruir *vt* instruir.
instrumental (*pl* **-ais**) *adj* instrumental.
instrumento *m* instrumento *m.*
instrutivo, va *adj* instructivo(va).
instrutor, ra (*mpl* **-res,** *fpl* **-s**) *m, f (professor)* instructor *m*, -ra *f*; *(de direção)* instructor *m*, -ra *f.*

insubordinação (*pl* **-ões**) *f* insubordinación *f*.
insubstituível (*pl* **-eis**) *adj* insustituible.
insuficiência *f* insuficiencia *f*; **insuficiência cardíaca** insuficiencia cardíaca.
insuficiente *adj & m* insuficiente.
insulina *m* insulina *f*.
insultar *vt* insultar.
insuperável (*pl* **-eis**) *adj* insuperable.
insuportável (*pl* **-eis**) *adj* insostenible.
intacto, ta *adj* intacto(ta).
íntegra *f*: **na íntegra** de principio a fin.
integral (*pl* **-ais**) *adj* integral.
integrar *vt* integrar.
❑ **integrar-se** *vp* integrarse.
integridade *f* integridad *f*.
íntegro, gra *adj* íntegro(gra).
inteiramente *adv* por entero.
inteirar-se: **inteirar-se de** *vp + prep* informarse de.
inteiro, ra *adj* entero(ra).
intelectual (*pl* **-ais**) *adj & mf* intelectual.
inteligência *f* inteligencia *f*.
inteligente *adj* inteligente.
intenção (*pl* **-ões**) *f* intención *f*; **ter intenção de fazer algo** tener intención de hacer algo; **ter segundas intenções** tener segundas intenciones; **sem intenção** sin intención; **com** ou **na melhor das intenções** con la mejor de las intenciones; **boa intenção** buena intención; **má intenção** mala intención.
intensidade *f* intensidad *f*.
intensivo, va *adj* intensivo(va).
intenso, sa *adj* intenso(sa).
interativo, va *adj* interactivo(va).
intercâmbio *m* intercambio *m*.
interceder *vi*: **interceder por alguém** interceder por alguien.
interceptar *vt* interceptar.
interdição (*pl* **-ões**) *f* prohibición *f*.
interditar *vt (proibir)* prohibir; *(fechar)* cerrar.
interdito, ta *adj* prohibido(da).
interessado, da *adj* interesado(da).
interessante *adj* interesante.
interessar **1** *vt* interesar.
2 *vi (ser importante)* ser interesante.
❑ **interessar-se por** *vp + prep* interesarse por.
interesse *m* interés *m*; **no interesse de** por el bien de; **por interesse** por interés; **sem interesse** sin interés.
interface *f* interfaz *f*.
interferência *f* interferencia *f*.
❑ **interferências** *fpl (em imagem, rádio)* interferencias *fpl*.
interferir: **interferir em** *v + prep* interferir en.
interfone *m* interfono *m*, intercomunicador *m Amér*.
interior (*pl* **-res**) **1** *adj* interior.
2 *m* interior *m*.
interjeição (*pl* **-ões**) *f* interjección *f*.
interlocutor, ra (*mpl* **-res**, *fpl* **-s**) *m, f* interlocutor *m*, -ra *f*.
interlúdio *m* interludio *m*.
intermediário, ria *adj & m, f* intermediario(ria).
intermédio *m*: **por intermédio de** por medio ou intermedio *Amér* de.
interminável (*pl* **-eis**) *adj lit & fig* interminable.
intermitente *adj* intermitente.
internacional (*pl* **-ais**) *adj* internacional.
internar *vt* MED internar.
internato *m* internado *m*.
Internet *f*: **a Internet** Internet *f*.
interno, na *adj* interno(na).
interpretação (*pl* **-ões**) *f* interpretación *f*.
interpretar *vt* interpretar.
intérprete *mf* intérprete *mf*.
interrogação (*pl* **-ões**) *f* interrogatorio *m*.
interrogar *vt* interrogar.
interrupção (*pl* **-ões**) *f* interrupción *f*; **sem interrupção** sin interrupción.
interruptor (*pl* **-res**) *m* interruptor *m*.
interurbano, na *adj* interurbano(na).
intervalo *m* intervalo *m*.
intervenção (*pl* **-ões**) *f* intervención *f*; **intervenção cirúrgica** intervención quirúrgica.
intervir *vi* intervenir; **intervir em** intervenir en.
intestino *m* intestino *m*; **intestino delgado** intestino delgado; **intestino grosso** intestino grueso.
intimar *vt* JUR citar; **intimar alguém a fazer algo** desafiar a alguien para que haga algo.
intimidação (*pl* **-ões**) *f* intimidación *f*.
intimidade *f* intimidad *f*.
intimidar *vt* intimidar.
❑ **intimidar-se** *vp* intimidarse.

íntimo, ma 1 *adj* íntimo(ma).
2 *m* fuero *m* interno.
3 ser íntimo de alguém ser íntimo(ma) de alguien; **no íntimo** en el fondo.
intolerância *f* intolerancia *f.*
intolerante *adj* intolerante.
intoxicação (*pl* **-ões**) *f* intoxicación *f*; **intoxicação alimentar** intoxicación *f* alimenticia.
intransigente *adj* intransigente.
intransitável (*pl* **-eis**) *adj* intransitable.
intransitivo *adj m* → **verbo.**
intransponível (*pl* **-eis**) *adj (rio, obstáculo)* infranqueable; *(problema)* insuperable.
intratável (*pl* **-eis**) *adj* intratable.
intravenoso, osa *adj* intravenoso(sa).
intrépido, da *adj* intrépido(da).
intriga *f (de livro, história)* argumento *m*; *(bisbilhotice)* chismorreo *m Esp & Méx*, chimento *m RP.*
intrigante *adj (bisbilhoteiro)* hablador(ra) *Esp & Méx*, chusma *RP*; *(curioso)* intrigante.
introdução (*pl* **-ões**) *f* introducción *f*; *(apresentação)* presentación *f.*
introduzir *vt* introducir.
intrometer-se: **intrometer-se em** *vp + prep* entrometerse en.
intrometido, da *adj* entrometido(da).
intromissão (*pl* **-ões**) *f* intromisión *f.*
introvertido, da *adj* introvertido(da).
intruso, sa *m & f* intruso *m*, -sa *f.*
intuição (*pl* **-ões**) *f* intuición *f*; **por intuição** por intuición.
intuito *m* objetivo *m*; **com o intuito de** con el objetivo de.
inumano, na *adj* inhumano(na).
inúmero, ra *adj* innumerable.
inundação (*pl* **-ões**) *f* inundación *f.*
inundar *vt* inundar.
inútil (*pl* **-teis**) *adj* inútil.
inutilmente *adv* inútilmente.
invadir *vt* invadir.
invalidez *f* invalidez *f.*
inválido, da *adj & m, f* inválido(da).
invariável (*pl* **-eis**) *adj* invariable.
invasão (*pl* **-ões**) *f* invasión *f.*
inveja *f* envidia *f*; **ter inveja de alguém** tener envidia de alguien, tenerle envidia a alguien.
invejoso, osa *adj* envidioso(sa).
invenção (*pl* **-ões**) *f (de objeto, sistema, dispositivo)* invención *f*; *(invento)* invento *m*; *(fig: mentira)* invento *m.*
inventar *vt lit & fig* inventar.
inventário *m* inventario *m.*
inventor, ra (*mpl* **-res**, *fpl* **-s**) *m, f* inventor *m*, -ra *f.*
inverno *m* invierno *m*; **no inverno** en invierno.
inverossímil (*pl* **-meis**) *adj* inverosímil.
inversão (*pl* **-ões**) *f (troca, mudança)* inversión *f*; **inversão de marcha** cambio de marcha.
inverso, sa 1 *adj* inverso(sa).
2 *m* inverso *m.*
inversões *fpl* → **inversão.**
inverter *vt* invertir.
invés *m*: **ao invés de** en vez de.
investida *f (ataque)* embestida *f*; *(tentativa)* tentativa *f.*
investigação (*pl* **-ões**) *f* investigación *f.*
investigar *vt* investigar.
investimento *m* inversión *f.*
investir *vt & vi* invertir; **investir em algo** invertir en algo.
inviável (*pl* **-eis**) *adj* inviable.
invisível (*pl* **-eis**) *adj* invisible.
invocar *vt* invocar.
invólucro *m* envoltorio *m.*
involuntário, ria *adj* involuntario(ria).
iodo *m* yodo *m.*
ioga *f* yoga *m.*
iogurte *m* yogur *m.*
iôiô *m* yoyó *m.*
ipê *m árbol tropical con flores amarillas, blancas o moradas.*
ir *vi* **(a)** *(deslocar-se)* ir; **fomos de ônibus** fuimos en autobús; **iremos a pé** iremos a pie; **vamos?** ¿vamos?; **ele nunca vai às reuniões** nunca va a las reuniones; **não vai à aula?** ¿no vas a clase?; **ir fazendo algo** ir haciendo algo; **vou tentando, algum dia consigo** lo voy intentando, algún día lo conseguiré.
(b) *(funcionar)* funcionar, andar *RP*; **o carro não quer ir** el coche no funciona ou anda *RP.*
(c) *(desenrolar-se)* ir, andar *RP*; **como vai?** ¿cómo le va?; **isto não vai nada bem** esto no va ou anda *RP* nada bien.
(d) *(seguido de infinitivo)*: **vou falar com ele** voy a hablar con él; **não vou fazer nada** no voy a hacer nada; **vai gostar** te va a gustar.

(e) *(seguido de gerúndio)*: **ir andando** ir andando; **ir comendo** ir comiendo.
(f) *(em locuções)*: **ir ao ar** *(ser transmitido)* salir al aire; **ir ter com** *(encontrar)* encontrarse con.
❑ **ir a** *v + prep* ir a.
❑ **ir de** *v + prep (ir disfarçado)* ir de; *(partir de)* irse de.
❑ **ir por** *v + prep* ir por.
❑ **ir-se** *vp* irse; **ir-se embora** irse, marcharse *Esp.*

ira *f* ira *f.*

irascível (*pl* **-eis**) *adj* irascible.

íris *f inv* iris *m.*

irmã (*pl* **-ãs**) *f (freira)* hermana *f* → **irmão.**

irmão, mã *m, f* hermano *m*, -na *f.*

ironia *f* ironía *f.*

irra *interj* ¡caramba!

irracional (*pl* **-ais**) *adj* irracional.

irradiação (*pl* **-ões**) *f* irradiación *f.*

irradiar *vt* irradiar.

irreal (*pl* **-ais**) *adj* irreal.

irreconciliável (*pl* **-eis**) *adj* irreconciliable.

irreconhecível (*pl* **-eis**) *adj* irreconocible.

irrecuperável (*pl* **-eis**) *adj* irrecuperable.

irregular (*pl* **-res**) *adj* irregular.

irrelevante *adj* irrelevante.

irremediável (*pl* **-eis**) *adj* irremediable.

irreprimível (*pl* **-eis**) *adj* irreprimible.

irrequieto, ta *adj* inquieto(ta).

irresistível (*pl* **-eis**) *adj* irresistible.

irresponsável (*pl* **-eis**) *adj* irresponsable.

irrigação (*pl* **-ões**) *f* irrigación *f.*

irrisório, ria *adj* irrisorio(ria).

irritação (*pl* **-ões**) *f* irritación *f*; **irritação de pele** ou **cutânea** irritación cutánea.

irritante *adj* irritante.

irritar *vt* irritar.
❑ **irritar-se** *vp* irritarse.

isca *f* carnada *f.*

isenção (*pl* **-ões**) *f* exención *f.*

isento, ta *adj* exento(ta); **isento de** exento(ta) de.

isolado, da *adj (lugar)* aislado(da); *(pessoa)* solitario(ria); *(objeto)* separado(da).

isolamento *m* aislamiento *f.*

isolar *vt* aislar.

isopor® *m* poliestireno *m.*

isqueiro *m* encendedor *m*, mechero *m* *Esp.*

isso 1 *pron* eso *m.*
2 *interj* ¡eso!; **como vai isso?** ¿cómo marcha eso?; **isso não!** ¡de eso nada!, ¡ni hablar!; **isso de** eso de.
3 nem por isso realmente no; **para isso** para eso; **por isso** por eso; **por isso mesmo** por eso mismo.

istmo *m* istmo *m.*

isto *pron* esto *m*; **isto é** es decir; **isto de** lo de; **isto é que é vida!** ¡esto es vida!

itálico *m* cursiva *f*; **em itálico** en cursiva.

itinerário *m* itinerario *m*; **itinerário turístico** recorrido *m* turístico.

iúca *f* yuca *f.*

Jj

já *adv* ya; **até já!** ¡hasta ahora!; **é para já!** ¡es para ahora!, ¡enseguida!; **desde já** desde ya; **já acabei** ya he acabado *Esp & Méx*, ya terminé *RP*; **este computador já era** esta computadora ya no sirve; **você já esteve em São Paulo?** ¿ya has estado en São Paulo?, ¿ya estuviste en São Paulo? *Amér*; **já foi ao Rio?** ¿ya has ido a Río?, ¿ya fuiste a Río? *Amér*; **já não sei o que fazer** ya no sé qué hacer; **já que** ya que.

jabuti *m* jabotí *m*.

jabuticaba *f* fruto *m* del mirto.

jacarandá *m* jacarandá *m*.

jacaré *m* yacaré *m*.

jacinto *m* jacinto *m*.

jade *m* jade *m*.

jaguar (*pl* **-res**) *m* jaguar *m*.

jamais *adv* jamás.

janeiro *m* enero *m* → **setembro.**

janela *f* ventana *f*.

jangada *f* balsa *f*.

jantar (*pl* **-res**) **1** *m* cena *f*.
2 *vi & vt* cenar.

jaqueta *f* chaqueta *f*.

jararaca *f (cobra)* yarará *f*.

jardim (*pl* **-ns**) *m (de casa)* jardín *m*; *(público)* parque *m*; **jardim botânico** jardín botánico; **jardim zoológico** jardín zoológico.

jardim-de-infância (*pl* **jardins-de-infância**) *m* jardín *m* de infancia *Esp*, jardín *m* infantil *Méx*, jardín *m* de infantes *RP*.

jardim-de-inverno (*pl* **jardins-de-inverno**) *m* jardín *m* de invierno.

jardineira *f*: **à jardineira** a la jardinera.

jardineiro, ra *m & f* jardinero *m*, -ra *f*.

jarra *f (para flores)* jarrón *m*; *(para vinho)* jarra *f*.

jarrão (*pl* **-ões**) *m* jarrón *m*.

jarro *m (para bebida)* jarra *f*; *(para flores)* jarrón *m*.

jarrões → **jarrão.**

jasmin (*pl* **-ns**) *m* jazmín *m*.

jato *m (de água)* chorro *m*; *(avião)* jet *m*; **a jato** a todo meter *Esp*, volando *Amér*.

jaula *f* jaula *f*.

javali *m* jabalí *m*.

jazer *vi* yacer.

jazigo *m* sepultura *f*.

jazz *m* jazz *m*.

jeito *m (modo)* modo *m*, manera *f*; *(comportamento)* comportamiento *m*, estilo *m Amér*; **com jeito** con cuidado; **dar um mau jeito em algo** torcerse algo; **ficar sem jeito** no saber qué hacer; **ter jeito para algo** *(mental)* tener facilidad para algo; *(manual)* tener maña para algo; **ter falta de jeito para algo** tener poca facilidad para algo; **de jeito nenhum!** ¡de ninguna manera!; **tomar jeito** sentar cabeza; **de qualquer jeito** de cualquier manera.

jejum (*pl* **-ns**) *m* ayuno *m*; **em jejum** en ayunas.

jet-ski *m* moto *f* acuática.

jibóia *f* boa *f*.

jipe *m* jeep *m*.

joalheria *f* joyería *f*.

joanete *m* juanete *m*.

joaninha *f* mariquita *f*.

joelheira *f* rodillera *f*.

joelho *m* rodilla *f*; **de joelhos** de rodillas.

jogada *f* jugada *f*.

jogar **1** *vi* jugar.
2 *vt (futebol, tênis, jogo de azar)* jugar a; *(arriscar no jogo)* jugar; *(atirar)* tirar.
3 **jogar cartas** tirar las cartas; **jogar às escondidas** jugar al escondite *Esp*, jugar a las escondidas *Amér*; **jogar fora** tirar.

❑ **jogar-se** *vp* tirarse.

jogo (*pl* **jogos**) *m (de tênis, de futebol, rúgbi etc.)* partido *m*; *(de xadrez)* partida *f*; *(conjunto, jogos de azar)* juego *m*; **os Jogos Olímpicos** los Juegos Olímpicos; **jogo do bicho** *lotería clandestina muy popular en Brasil*; **jogo de vídeo** videojuego *m.*

jogo-da-velha (*pl* **jogos-da-velha**) *m* tres en raya *m*, ta-te-ti *m RP.*

jóia *f (brincos, anel)* joya *f*; *(pagamento)* inscripción *f.*

jóquei *m* jockey *m.*

jornada *f (caminhada)* paseo *m*; *(ciclo de conferências)* jornada *f.*

jornal (*pl* **-ais**) *m* periódico *m Esp & Méx*, diario *m RP.*

> Não confundir *jornal (periódico)* com o espanhol *jornal*, que em português é *salário por dia*. (*Todos os dias leio o jornal*. Todos los días leo el *periódico*.)

jornaleiro, ra **1** *m, f* kiosquero *m*, -ra *f*, periodiquero *m*, -ra *f Méx*, canillita *mf RP.*
2 *m (local de venda)* kiosco *m.*

jornalista *mf* periodista *mf.*

jorrar *vi* brotar.

jovem (*pl* **-ns**) *adj & mf* joven.

jovial (*pl* **-ais**) *adj* jovial.

juba *f (de leão)* melena *f.*

judaico, ca *adj* judío(a).

judeu, dia *m, f* judío *m*, -a *f.*

judicial (*pl* **-ais**) *adj* judicial; **o poder judicial** el poder judicial.

judô *m* judo *m.*

juiz, juíza (*mpl* **-zes**, *fpl* **-s**) *m, f* juez *mf*; **juiz de linha** juez de línea; **juiz de menores** juez de menores.

juizado *m* juzgado *m*; **Juizado de Menores** Tribunal de Menores *Esp*, Juzgado de Menores *Amér.*

juízo **1** *m* juicio *m.*
2 *interj* ¡cuidado!, ¡juicio! *Amér*; **perder o juízo** perder el juicio; **ter juízo** tener juicio.

jujuba *f* yuyuba *f.*

julgamento *m* juicio *m.*

julgar *vt* juzgar.
❑ **julgar-se** *vp*: **ele julga-se o maior** creerse el mejor.

julho *m* julio *m* → **setembro.**

jumento *m* burro *m.*

junco *m* junco *m.*

junho *m* junio *m* → **setembro.**

júnior (*pl* **juniores**) **1** *adj* hijo, júnior *Esp.*
2 *mf* ESPORTE júnior *mf.*

junta *f (articulação)* articulación *f*; POL junta *f*; **junta médica** equipo *m* médico.

juntamente: **juntamente com** *prep* junto con.

juntar *vt* juntar; *(adicionar)* añadir; **juntar o útil ao agradável** no perder oportunidad de disfrutar lo que se presenta.
❑ **juntar-se** *vp (reunir-se)* juntarse; *(amigar-se)* juntarse.

junto, ta **1** *adj* junto(ta).
2 *adv* junto.
3 **junto de** OU **a** junto a *Esp & Méx*, al lado de *RP*; **junto com** junto con.

jura *f* promesa *f.*

juramento *m* juramento *m.*

jurar **1** *vt* jurar.
2 *vi (praguejar)* maldecir.

júri *m* jurado *m.*

jurídico, ca *adj* jurídico(ca).

juros *mpl* intereses *mpl*; **sem juros** sin intereses.

justeza *f (precisão)* exactitud *f*; *(imparcialidade)* imparcialidad *f.*

justiça *f* justicia *f.*

justificação (*pl* **-ões**) *f* justificante *m.*

justificar *vt* justificar.
❑ **justificar-se** *vp* justificarse.

justificativa *f* justificación *f.*

justo, ta *adj* justo(ta).

juvenil (*pl* **-is**) *adj* juvenil.

juventude *f* juventud *f.*

Kk

kart *m* kart *m.*
kg *m* (*abrev de* **quilograma**) kg *m.*
kit *m* kit *m*, juego *m.*
kitchenette *f* apartamento *m* estudio, apartamento *m* de un ambiente *Amér.*
kiwi *m* kiwi *m.*
km *m* (*abrev de* **quilômetro**) km *m.*
km/h (*abrev de* **quilômetro por hora**) km/h.
KO (*abrev de* **knock-out**) KO.

Ll

lã *f* lana *f.*

lá *adv* allí, allá *Amér;* **lá fora** allí fuera, allá afuera *Amér;* **para lá de** más allá de; **quero lá saber** me importa un pepino; **sei lá!** ¡yo qué sé!; **vá lá!** ¡venga!, ¡ándale! *Méx,* ¡dale! *RP.*

-la *pron* la.

labareda *f* llamarada *f.*

lábio *m* labio *m.*

labirinto *m* laberinto *m.*

laboratório *m* laboratorio *m.*

laca *f* laca *f*, fijador *m Amér.*

laço *m (nó)* lazo *m Esp & Méx,* moña *f RP; (de cabelo, pescoço)* lazo *m Esp & Méx,* cinta *f RP; (de parentesco, amizade)* lazo *m.*

lacônico, ca *adj* lacónico(ca).

lacrar *vt* lacrar.

lacrimogêneo *adj* → **gás.**

lácteo, tea *adj* lácteo(a).

lacuna *f* laguna *f.*

ladeira *f* cuesta *f.*

lado *m* lado *m;* **ao lado de** al lado de; **deixar** ou **pôr de lado** apartar; **lado a lado** uno al lado del otro *Esp,* lado a lado *Amér;* **de lado** de lado *Esp & Méx,* de costado *RP;* **de lado a lado** de un extremo al otro; **de um lado para o outro** de un lado para otro; **por todo(s) o(s) lado(s)** por todos lados; **não ir** ou **chegar a lado nenhum** no ir ou llegar a ningún lado; **por um lado ... por outro lado ...** por un lado ... por el otro; **o vizinho do lado** el vecino de al lado.

ladrão, ladra (*mpl* **-ões,** *fpl* **-s**) *m, f* ladrón *m,* -na *f.*

ladrilho *m* mosaico *m.*

lagarta *f* oruga *f.*

lagartixa *f* lagartija *f.*

lagarto *m* lagarto *m.*

lago *m (natural)* lago *m; (de jardim)* estanque *m.*

lagoa *f* laguna *f.*

lagosta *f* langosta *f.*

lagostim (*pl* **-ns**) *m* langostino *m.*

lágrima *f* lágrima *f.*

laje *f (de pavimento)* losa *f.*

lama *f* barro *m.*

lamacento, ta *adj* embarrado(a) *Esp,* barroso(sa) *Amér.*

lambada *f* lambada *f.*

lamber *vt* lamer; **lamber tudo** devorarlo todo.
❑ **lamber-se** *vp* lamerse.

lamentar *vt* lamentar.
❑ **lamentar-se** *vp* lamentarse.

lamentável (*pl* **-eis**) *adj* lamentable.

lâmina *f (de faca, espada)* hoja *f;* **lâmina de barbear** cuchilla *f* de afeitar.

lâmpada *f* bombilla *f Esp,* foco *m Méx,* bombita *f RP.*

lampião (*pl* **-ões**) *m* farol *m.*

lampreia *f* lamprea *f.*

lança *f* lanza *f.*

lançar *vt* lanzar.
❑ **lançar-se** *vp*: **lançar-se a** lanzarse a; **lançar-se sobre** lanzarse sobre.

lance *m* lanzamiento *m;* **lance de escadas** tramo de escaleras.

lancha *f* lancha *f.*

lanchar *vi & vt* merendar.

lanche *m* merienda *f.*

lanchonete *f bar o panadería donde se preparan comidas rápidas.*

lancinante *adj* desgarrador(ra).

lânguido, da *adj* lánguido(da).

lantejoula *f* lentejuela *f.*

lanterna *f* linterna *f;* **lanterna de bolso** linterna de bolsillo.

lapela *f* solapa *f.*

lápide *f* lápida *f.*

lápis *m inv* lápiz *m*; **lápis de cor** lápiz de color; **lápis de cera** lápiz de cera; **lápis para os olhos** lápiz de ojos.

lapiseira *f* portaminas *m inv.*

lapso *m (de tempo)* lapso *m*; *(esquecimento)* lapsus *m inv*; **por lapso** por descuido.

laquê *m* laca *f*, fijador *m Amér.*

lar (*pl* **-res**) *m* hogar *m*; **lar (de idosos)** hogar de ancianos.

laranja 1 *f (fruta)* naranja *f.*
2 *m (cor)* naranja *m.*

laranjada *f* naranjada *f.*

laranjeira *f* naranjo *m.*

lareira *f* hogar *m*, chimenea *f Esp.*

largada *f (de corrida)* salida *f Esp*, largada *f Amér.*

largar *vt* soltar.

largo, ga 1 *adj* ancho(cha).
2 *m* plaza *f*; **ao largo** a lo ancho.

> Não confundir ***largo (ancho)*** com o espanhol ***largo***, que em português é ***longo***. (***Essa rodovia é muito larga, tem seis pistas***. Esa autopista es muy ancha, tiene seis carriles.)

largura *f* anchura *f*, ancho *m.*

laringe *f* laringe *f.*

larva *f* larva *f.*

-las *pron pl (vocês)* las.

lasanha *f* lasaña *f.*

lasca *f* lasca *f.*

laser (*pl* **-res**) *m* láser *m.*

lástima *f* lástima *f.*

lastimável (*pl* **-eis**) *adj (acontecimento, situação)* lastimoso(sa); *(erro)* lamentable.

lata *f* lata *f*; **lata de conserva** lata de conserva; **lata de lixo** cubo *m* de la basura *Esp*, bote *m* de la basura *Méx*, balde *m* de la basura *RP.*

latão (*pl* **-ões**) *m* latón *m*; **latão de lixo** cubo *m* de la basura *Esp*, bote *m* de la basura *Méx*, balde *m* de la basura *RP.*

latejar *vi* latir.

latente *adj* latente.

lateral (*pl* **-ais**) *adj* lateral.

laticínios *mpl* lácteos *mpl.*

latido *m* ladrido *m.*

latifúndio *m* latifundio *m.*

latim *m* latín *m.*

latir *vi* ladrar.

latitude *f* latitud *f.*

latões *mpl* → **latão.**

lava *f* lava *f.*

lavabo *m* lavabo *m*, toilette *m Amér.*

lavagem (*pl* **-ns**) *f* lavado *m*; **lavagem automática** lavado automático; **lavagem a seco** limpieza *f* en seco; **lavagem cerebral** lavado de cerebro.

lava-louça (*pl* **lava-louças**) *m* lavavajillas *m inv.*

lavanda *f* lavanda *f.*

lavanderia *f (loja)* lavandería *f*; *(em casa)* lavadero *m.*

lavar *vt* lavar; **lavar as mãos** lavarse las manos; **lavar a louça** lavar los platos; **lavar a roupa** lavar la ropa; **lavar a seco** limpiar en seco; **lavar a égua** *fig* saciarse.
❑ **lavar-se** *vp* lavarse.

lavatório *m* lavabo *m*, lavatorio *m Amér*, pileta *f RP.*

lavável (*pl* **-eis**) *adj* lavable.

lavrador, ra (*mpl* **-res**, *fpl* **-s**) *m, f* labrador *m*, -ra *f.*

laxante 1 *adj* laxante.
2 *m* laxante *m.*

lazer *m* ocio *m.*

leal (*pl* **-ais**) *adj* leal.

leão (*pl* **-ões**) *m, f* león *m*, -na *f.*
❑ **Leão** *m* Leo *m inv.*

lebre *f* liebre *f*; **comer gato por lebre** dar gato por liebre.

lecionar 1 *vi* dar clases, enseñar *Esp.*
2 *vt* dar clases de, enseñar *Esp.*

legal (*pl* **-ais**) *adj (segundo a lei)* legal; *fam (pessoa)* legal *Esp*, padre *Méx*, bien *RP*; *fam (bom)* guay *Esp*, padre *México*, bárbaro(ra) *RP.*

> O adjetivo ***legal*** em espanhol não é usado para expressar apreciação positiva (***magnífico, bueno, buenísimo, fantástico, guay, bárbaro***), mas somente no sentido de 'de acordo com a lei': (***El proceso fue totalmente legal.*** O processo foi totalmente legal. ***Este helado está muy rico, es excelente.*** Este sorvete está muito gostoso, está excelente.)

legalidade *f* legalidad *f.*

legalizar *vt* legalizar.

legenda *f* leyenda *f*; *(em cinema, televisão)* subtítulo *m.*

legislação *f* legislación *f.*

legitimar *vt* legitimar.

legítimo, ma *adj* legítimo(ma).

legível (*pl* **-eis**) *adj* legible.

légua *f* legua *f*; **ficar a léguas de distância** quedar lejísimos.
legume *m* verdura *f*.
lei *f* ley *f*; **a lei do menor esforço** la ley del mínimo esfuerzo; **segundo a lei** según la ley.
leilão (*pl* **-ões**) *m* subasta *f Esp*, remate *m Méx & RP*.
leitão (*pl* **-ões**) *m* lechón *m*.
leite *m* leche *f*; **leite achocolatado** cacao *m Esp*, leche (a)chocolatada *Amér*; **leite condensado** leche condensada; **leite em pó** leche en polvo; **leite integral** leche entera; **leite semi-desnatado/desnatado** leche semidesnatada/desnatada *Esp*, leche semidescremada/descremada *Amér*; **leite pasteurizado** leche pasteurizada; **leite de coco** leche de coco.
leiteiro, ra *m, f* lechero *m*, -ra *f*.
leiteria *f* lechería *f*.
leito *m (cama)* cama *f*; *(de rio)* lecho *m*.
leitões → **leitão.**
leitor, ra (*mpl* **-res,** *fpl* **-s**) **1** *m, f* lector *m*, -ra *f*.
2 *m (de cassete, CD, vídeo)* lector *m*.
leitura *f* lectura *f*.
lema *m* lema *m*.
lembrança *f* recuerdo *m*; **dar lembranças a alguém** dar recuerdos a alguien *Esp & Méx*, mandarle saludos a alguien *RP*.
lembrar *vt (recordar)* recordar; *(assemelhar-se a)* parecerse a; **lembrar algo a alguém** ou **alguém de algo** recordarle algo a alguien *Esp & Méx*, hacerle acordar (de) algo a alguien *RP*.
❑ **lembrar-se** *vp* acordarse; **lembrar-se de** acordarse de, recordar; **lembrar-se de fazer algo** acordarse de hacer algo.
leme *m* timón *m*.
lenço *m* pañuelo *m*; **lenço de cabeça** pañuelo de cabeza; **lenço de papel** pañuelo de papel, kleenex® *m*; **lenço (de pescoço)** bufanda *f Esp*, mascate *m Méx*, pañuelo *m RP*.
lençol (*pl* **-óis**) *m (de cama)* sábana *f*; *(de água, petróleo)* bolsa *f*.
lenha *f* leña *f*.
lente *f* lente *m*; **lentes de contato** lentes de contacto.
lentidão *f* lentitud *f*.
lentilha *f* lenteja *f*.
lento, ta *adj* lento(ta).
leoa → **leão.**
leões → **leão.**
leopardo *m* leopardo *m*.
lepra *f* lepra *f*.
leque *m* abanico *m*.
ler *vt & vi* leer.
lesão (*pl* **-ões**) *f* lesión *m*.
lesar *vt (ferir)* lesionar; *(prejudicar)* perjudicar.
lésbica *f* lesbiana *f*.
lesma *f* babosa *f*; *(fig: pessoa lenta)* tortuga *f*.
lesões → **lesão.**
leste *m* este *m*; **os países do leste** los países del este; **a leste** al este; **a leste de** al este de.
letal (*pl* **-ais**) *adj* letal.
letivo, va *adj* lectivo(va).
letra *f* letra *f*; **letra maiúscula** letra mayúscula; **letra de imprensa** letra de imprenta; **letra de fôrma** letra de imprenta.
❑ **letras** *fpl* letras *fpl*.
letreiro *m* letrero *m*.
léu *m*: **ao léu** *(a descoberto)* al aire; *(ao acaso)* sin rumbo fijo.
leucemia *f* leucemia *f*.
levantamento *m (de preços)* aumento *m*; *(de peso)* levantamiento *m*; *(de dinheiro, fundos)* recaudación *f*.
levantar *vt* levantar; **levantar dinheiro** reunir dinero; **levantar fundos** reunir fondos; **levantar vôo** despegar, decolar *Amér*.
❑ **levantar-se** *vp* levantarse *Esp & RP*, pararse *Méx & Ven*.
levar *vt (transportar, conduzir)* llevar; *(poder conter)* contener, llevar *Amér*; *fam (receber bofetada)* recibir; **levar algo a mal** tomarse algo a mal; **levar tempo** llevar tiempo; **deixar-se levar** dejarse engañar, dejarse llevar *RP*.
leve *adj* ligero(ra) *Esp*, liviano(na) *Amér*; **de leve** suavemente.
leviandade *f* imprudencia *f*.
leviano, na *adj* imprudente.
léxico *m* léxico *m*.
lha = **lhe + a** ou **lhes + a** → **lhe.**
lhas = **lhe + as** ou **lhes + as** → **lhe.**
lhe *pron* le; **já lhe dei a chave do quarto** ya le di la llave del cuarto; **aquele livro ali, ela deu-lhe de presente** ella le dio aquel libro de regalo.
lhes *pron pl* les.

lho(s) = lhe(s) + o → **lhe.**
libélula *f* libélula *f.*
liberação *f* liberación *f.*
liberal (*pl* **-ais**) *adj & mf* liberal.
liberalização *f* liberalización *f.*
liberar *vt (pessoa)* liberar; *(comércio, consumo)* permitir.
liberdade *f* libertad *f*; **pôr em liberdade** poner en libertad; **tomar a liberdade de** tomarse la libertad de.
libertar *vt* liberar.
libidinoso, osa *adj* libidinoso(sa).
libra *f* libra *f.*
❑ **Libra** *f* Libra *f inv.*
lição (*pl* **-ões**) *f* lección *f*; **dar uma lição a alguém** darle una lección a alguien; **servir de lição** servir de lección.
licença *f (autorização)* licencia *f*, autorización *f Amér*; *(de veículo)* permiso *m* de circulación, patente *f RP*; **com licença** con permiso; **licença-maternidade** baja *f* por maternidad *Esp*, licencia *f* por maternidad *Amér*; **licença-prêmio** *permiso al que tienen derecho los funcionarios cada diez años de servicio*; **entrar de licença** comenzar un permiso *Esp*, salir de licencia *Amér*; **estar de licença** estar de permiso *Esp*, estar de licencia *Amér.*
licenciado, da *m, f* licenciado *m*, -da *f.*
licenciatura *f* licenciatura *f.*
liceu *m* instituto *m* de enseñanza secundaria, liceo *m CSur.*
lições → **lição.**
licor (*pl* **-res**) *m* licor *m.*
lidar: **lidar com** *v + prep (pessoas)* tratar con; *(máquinas)* usar.
líder (*pl* **-res**) *mf* líder *mf.*
liga *f* liga *f.*
ligação (*pl* **-ões**) *f (de amor, amizade)* relación *f*; *(telefônica)* llamada *f Esp*, llamado *m*, -da *f Amér.*
ligado, da *adj* encendido(da), prendido (da) *Amér.*
ligadura *f* venda *f.*
ligamento *m (de músculo)* ligamento *m.*
ligar 1 *vt (ferida)* vendar; *(luz, televisão)* encender, prender *Amér.*
2 *vi (telefonar)* llamar.
3 não ligar *fam* no hacer ni caso, tirar de a león *Méx*, no dar pelota ou bola *CSur.*

> Não confundir com o espanhol *ligar*, que não pode ser usado no sentido do português 'telefonar, ligar' (*a televisão, a luz, o motor do carro*), 'prestar atenção': (***Habían ligado las cuerdas de tal forma que nunca más las pudieron desatar.*** Haviam amarrado as cordas de tal forma, que nunca mais puderam desamarrá-las.)

ligeiro, ra *adj (ferimento)* leve; *(refeição)* ligero(ra) *Esp*, liviano(na) *Amér*; *(carro)* rápido(da).
lilás (*pl* **-ases**) *adj* lila.
limão (*pl* **-ões**) *m* lima *f.*
limão-galego (*pl* **limões-galegos**) *m* limón *m.*
limiar *m* umbral *m*; **no limiar de algo** en el umbral de algo.
limitação (*pl* **-ões**) *f (de direitos, movimentos)* limitación *f*; *(de terreno)* límite *m.*
❑ **limitações** *fpl* limitaciones *fpl.*
limitar *vt* limitar.
❑ **limitar-se a** *vp + prep* limitarse a.
limite *m* límite *m*; **limite de velocidade** límite de velocidad; **sem limites** sin límites; **passar dos limites** *fig* pasarse de la raya.
limo *m* musgo *m.*
limoeiro *m* limonero *m.*
limões → **limão.**
limonada *f* limonada *f.*
limpador (*pl* **-res**) *m*: **limpador de pára-brisas** limpiaparabrisas *m inv*, limpiavidrios *m inv Méx.*
limpar *vt* limpiar; **limpar o pó** sacar el polvo.
limpa-vidros *m inv (instrumento)* escobilla *f Esp*, jalador *m Méx*, lampazo *m RP*; *(detergente)* limpiacristales *m inv Esp*, limpiavidrios *m inv Amér.*
limpeza *f* limpieza *f*; **limpeza de pele** limpieza de cutis.
limpo, pa *adj* limpio(pia); **estar/ficar limpo** *fam* estar/quedarse sin blanca *Esp*, estar/quedarse bruja *Méx*, estar/quedarse pelado(da) *RP*; **pôr tudo em pratos limpos** *fam* dejar las cosas claras; **tirar algo a limpo** aclarar algo; **passar algo a limpo** *fig* pasar algo en limpio.
limusine *f* limusina *f.*
lince *m* lince *m.*
lindo, da *adj* bonito(ta), lindo(da) *Amér.*
lingerie *f* lencería *f.*
lingote *m* lingote *m.*
língua *f* lengua *f*; **bater com a língua nos dentes** *fam* cantar, chivarse *Esp*; **ter**

algo na ponta da língua tener algo en la punta de la lengua.
linguado *m* lenguado *m.*
linguagem (*pl* **-ns**) *f* lenguaje *m.*
linguarudo, da *adj* chismoso(sa).
lingüeta *f* pestillo *m.*
lingüiça *f* ≃ chorizo *m.*
linha *f (traço)* línea *f*; *(fio)* hilo *m*; *(telefônica)* línea *f*; **linha jovem** línea joven; **manter a linha** mantener la línea; **andar na linha** comportarse; **sair da linha** pasarse de la raya.
linho *m* lino *m.*
linóleo *m* linóleo *m.*
liquidação (*pl* **-ões**) *f (de dívida)* liquidación *f*; **liquidação total** liquidación total.
liquidar *vt* liquidar.
liquidificador (*pl* **-es**) *m* licuadora *f.*
líquido, da 1 *adj* líquido(da).
2 *m* líquido *m.*
lírio *m* lirio *m.*
liso, sa *adj (superfície, cabelo)* liso(sa); *(folha)* blanco(ca); **estar/ficar liso** *fam* estar/quedarse sin blanca *Esp,* estar/quedarse bruja *Méx,* estar/quedarse pelado(da) *RP.*
lista *f* lista *f*; **lista de preços** lista de precios; **lista telefônica** listín *m* telefónico, directorio *m* telefónico *Andes & Méx,* guía *f* telefónica *RP.*
listra *f (em tecido)* raya *f.*
literal (*pl* **-ais**) *adj* literal.
literário, ria *adj* literario(ria).
literatura *f* literatura *f*; **literatura de cordel** literatura popular.
litígio *m* litigio *m.*
litogravura *f* litografía *f.*
litoral (*pl* **-ais**) **1** *adj* litoral.
2 *m*: **o litoral** el litoral.
litro *m* litro *m.*
lívido, da *adj* lívido(da).
livrar: **livrar-se de** *vp + prep* librarse de.
livraria *f* librería *f.*
livre *adj* libre.
livro *m* libro *m*; **livro de bolso** libro de bolsillo.
lixa *f* lija *f*; **lixa de unhas** lima *f* de uñas.
lixeira *f (local)* vertedero *m*, basurero *m RP*; *(lata de lixo)* cubo *m,* de la basura *Esp,* bote *m* de la basura *Méx* , balde *m* de la basura *RP.*
lixo *m* basura *f.*
-lo *pron* lo.
lobo *m* lobo *m.*
lóbulo *m* lóbulo *m.*
local (*pl* **-ais**) **1** *m* lugar *m.*
2 *adj* local.
localidade *f* localidad *f.*
localização (*pl* **-ões**) *f* localización *f.*
loção (*pl* **-ões**) *f* loción *f*; **loção capilar** loción capilar; **loção após-barba** loción para después del afeitado OU rasurado *Méx,* loción para después de afeitarse *RP* OU rasurarse *Méx.*
locatário, ria *m, f* inquilino *m*, -na *f.*
loções → **loção.**
locomotiva *f* locomotora *f.*
locução (*pl* **-ões**) *f (de filme, programa)* narración *f*; GRAM locución *f.*
locutor, ra (*mpl* **-res,** *fpl* **-s**) *m, f* locutor *m*, -ra *f.*
lodo *m* lodo *m.*
lógica *f* lógica *f.*
logo *adv* enseguida; **logo em seguida** enseguida; **logo que** en cuanto; **logo agora** justo ahora.
logotipo *m* logotipo *m.*
loja *f* tienda *f*; **loja de artigos esportivos** tienda de deportes; **loja de artigos fotográficos** tienda de fotografía; **loja de brinquedos** juguetería *f*; **loja de ferragens** ferretería *f*; **loja de lembranças** tienda de recuerdos; **loja de produtos dietéticos** tienda de productos dietéticos; **loja de antiguidades** tienda de antigüedades, anticuario *m RP.*
lombada *f (de livro)* lomo *m.*
lombinho *m* solomillo *m Esp,* diezmillo *m Méx,* entrecot *m RP.*
lombo *m* lomo *m* de cerdo; **lombo assado** *lomo de cerdo asado adobado en vino blanco y pimentón, con panceta y untado con manteca antes de cocinarlo.*
lombriga *f* lombriz *f* intestinal.
lona *f* lona *f.*
longa-metragem (*pl* **longas-metragens**) *f* largometraje *m.*
longe *adv* lejos; **longe disso!** ¡al contrario!; **ao longe** a lo lejos; **de longe** de OU por *Amér* lejos; **ir longe demais** ir demasiado lejos.
longitude *f* longitud *f.*
longo, ga *adj* largo(ga); **ao longo do tempo** a lo largo del tiempo; **ao longo de** a lo largo de.
lontra *f* nutria *f.*

-los *pron pl* los.
losango *m* rombo *m.*
lotação (*pl* **-ões**) *f* capacidad *f*; **lotação esgotada** agotadas las localidades.
lote *m* lote *m.*
loteria *f* lotería *f*; **loteria esportiva** quiniela *f*, prode *m Arg.*
loto *m* lotería *f* de cartones.
louça *f (pratos, canecas, pires etc.)* vajilla *f*; *(material, porcelana)* loza *f.*
louco, ca *adj & m, f* loco(ca); **estar/ficar louco de alegria** estar/ponerse loco(ca) de contento; **ser louco por** encantarle, ser loco(ca) por *Amér.*
loucura *f* locura *f.*
louro, ra 1 *adj* rubio(bia) *Esp & RP*, güero (ra) *Méx.*
2 *m* laurel *m.*
louva-a-deus *m inv* mantis *f inv* religiosa.
louvar *vt* alabar.
louvável (*pl* **-eis**) *adj* loable.
Ltda. (*abrev de* **Limitada**) Ltda.
lua *f* luna *f*; **viver no mundo da lua** estar siempre en la luna.
lua-de-mel (*pl* **luas-de-mel**) *f* luna *f* de miel.
luar *m* luz *f* de la luna.
lubrificante *m* lubricante *m.*
lubrificar *vt* lubricar.
lucidez *f* lucidez *f.*
lúcido, da *adj* lúcido(da).
lucrar *vt* ganar.
❑ **lucrar com** *v + prep* ganar dinero con.
lucrativo, va *adj* lucrativo(va).
lucro *m* ganancia *f.*
lúdico, ca *adj* lúdico(ca).
lugar (*pl* **-res**) *m (espaço)* lugar *m*; *(assento)* asiento *m*; **em primeiro lugar** *(em esporte)* en primer lugar; *(antes)* primero; **ter lugar** tener lugar; **em lugar de** en lugar de; **dar o lugar a alguém** cederle el asiento a alguien; **tomar o lugar de alguém** ocupar el lugar de.
lugar-comum (*pl* **lugares-comuns**) *m* lugar *m* común.
lugares → **lugar.**
lúgubre *adj* lúgubre.
lula *f* calamar *m.*
lume *m (chama)* lumbre *m*; *(fogueira)* fuego *m.*
luminária *f* lámpara *f*; **luminária de mesa** lámpara de mesa.
luminosidade *f* luminosidad *f.*
luminoso, osa *adj* luminoso(sa).
lunar (*pl* **-res**) *adj* lunar.
lunático, ca *adj* lunático(ca).
luneta *f* telescopio *m.*
lupa *f* lupa *f.*
lustre *m (candelabro)* candil *m Esp & Méx*, araña *f RP*; *(polimento)* lustre *m*; **dar lustre em algo** sacar brillo a algo.
luta *f* lucha *f.*
lutar *vi* luchar; **lutar contra** luchar contra; **lutar por** luchar por.
luto *m* luto *m*; **estar de luto** estar de luto.
luva *f* guante *m.*
luxo *m* lujo *m*; **de luxo** de lujo.
luxuoso, osa *adj* lujoso(sa).
luxúria *f* lujuria *f.*
luxuriante *adj* exuberante.
luz (*pl* **-zes**) *f* luz *f*; **luz do sol** luz del sol.
luzir *vi* brillar.
lycra® *f* lycra® *f.*

Mm

ma = **me + a** → **me.**

má → **mau.**

maca *f* camilla *f.*

maçã *f* manzana *f*; **maçã assada** manzana asada; **maçã caramelada** manzana caramelizada *Esp,* manzana acaramelada *Amér.*

macabro, bra *adj* macabro(bra).

macacão (*pl* **-ões**) *m (roupa)* mono *m Esp,* overol *m Amér.*

macaco, ca *m, f* mono *m*, -na *f.*

maçante *adj* aburrido(da).

maçaneta *f* pomo *m.*

maçapão *m* mazapán *m.*

maçarico *m* soplete *m.*

macete *m (ferramenta)* mazo *m*; *fam (truque)* truco *m.*

machado *m* hacha *f.*

machismo *m* machismo *m.*

machista *adj & m* machista.

macho 1 *adj m* macho.
2 *m* macho *m.*

machucado, da *adj* magullado(da), lastimado(da) *RP.*

machucar *vt* magullar, lastimar *RP.*
□ **machucar-se** *vp* magullarse, lastimarse *RP.*

maciço, ça *adj* macizo(za).

macieira *f* manzano *m.*

macio, cia *adj* suave.

maço *m (martelo)* mazo *m*; **maço (de cigarros)** paquete *m* ou atado *Arg m* (de cigarrillos); **maço de folhas** paquete de hojas.

macumba *f* macumba *f.*

madeira *f* madera *f.*

madeixa *f* mechón *m.*

madrasta *f* madrastra *f.*

madrepérola *f* madreperla *f.*

madressilva *f* madreselva *f.*

madrinha *f* madrina *f.*

madrugada *f* madrugada *f*; **de madrugada** de madrugada.

madrugar *vi* madrugar.

maduro, ra *adj* maduro(ra).

mãe *f* madre *f.*

maestro *m* director *m* de orquesta.

magia *f* magia *f.*

mágico, ca 1 *adj* mágico(ca).
2 *m, f* mago *m*, -ga *f.*

magistrado, da *m, f* magistrado *m*, -da *f.*

magnético, ca *adj* magnético(ca).

magnífico, ca *adj* magnífico(ca).

magnitude *f* magnitud *f.*

magnólia *f* magnolia *f.*

mago, ga *m, f* mago *m*, -ga *f.*

mágoa *f* tristeza *f*, pena *f.*

magoado, da *adj* herido(da).

magoar *vt*: **magoar alguém** herir a alguien.
□ **magoar-se** *vp* sentirse herido(da).

magro, gra *adj (pessoa, animal)* delgado (da), flaco(ca) *Amér*; *(leite)* desnatado (da) *Esp,* descremado(da) *Amér.*

maio *m* mayo *m* → **setembro.**

maiô *m* traje *m* de baño, bañador *m Esp,* malla *f RP.*

maionese *f* mayonesa *f.*

maior (*pl* **-res**) **1** *adj (em tamanho, número)* más grande; *(em quantidade, importância)* mayor.
2 *mf*: **o/a maior** *(em tamanho)* el/la más grande; *(em número, quantidade, importância etc.)* el/la mayor.
3 ser maior de idade ser mayor de edad; **a maior parte** la mayor parte.

maioria *f* mayoría *f.*

maioridade *f* mayoría *f* de edad.

mais 1 *adv* **(a)** *(em comparações)* más; **a Ana é mais alta/bonita** Ana es más al-

ta/guapa; **mais ... do que ...** más ... que ...; **a mais** de más.
(**b**) *(como superlativo)*: **o/a mais** el/la más; **o mais inteligente/engraçado** el más inteligente/divertido.
(**c**) *(indica adição)* más.
(**d**) *(indica intensidade)*: **que dia mais feliz!** ¡qué día más feliz!; **que lugar mais feio!** ¡qué lugar más feo!
(**e**) *(indica preferência)*: **mais vale não ir** más vale no ir; **mais vale ficar em casa** más vale quedarse en casa.
(**f**) *(em locuções)*: **de mais a mais** y además; **mais ou menos** más o menos; **por mais que** por más que; **sem mais nem menos** así sin más; **uma vez mais, mais uma vez** una vez más.
2 *adj inv* (**a**) *(em comparações)* más; **eles têm mais dinheiro** tienen más dinero; **está mais calor hoje** hoy hace más calor.
(**b**) *(como superlativo)* más; **a pessoa que mais quadros vendeu** la persona que vendió más cuadros; **os que mais dinheiro têm** los que tienen más dinero.
(**c**) *(indica adição)* más; **mais água, por favor** más agua, por favor; **mais alguma coisa?** ¿algo más?; **tenho mais três dias de férias** tengo tres días más de vacaciones.
3 *conj* y; **quero uma sopa mais pão com manteiga** quiero una sopa y pan con mantequilla *Esp & Méx* ou manteca *RP*.
4 *prep (indica soma)* más; **dois mais dois, quatro** dos más ou y dos, cuatro.

maître *m* maître *m*.

major (*pl* **-res**) *m* mayor *m*.

mal (*pl* **-les**) **1** *m* mal *m*.
2 *adv* mal.
3 *conj* en cuanto.
4 **mal cheguei, telefonei** en cuanto llegué, telefoneé; **estar mal** estar malo(la) *Esp*, estar mal *Amér*; **não fazer mal** no importar; **cheirar mal** oler mal, apestar; **ouvir/ver mal** oír/ver mal; **saber mal** saber mal; **o mal** el mal.

mala *f* maleta *f Esp*, petaca *f Méx*, valija *f RP*; **mala do carro** maletero *m Esp*, cajuela *f Méx*, baúl *m RP*; **mala de viagem** maleta *Esp*, petaca *Méx*, valija *RP*; **fazer as malas** hacer las maletas *Esp* ou petacas *Méx* ou valijas *RP*.

> Não confundir *mala (maleta, valija)* com o espanhol *mala*, que em português é *má*.
> (*Estou viajando com uma mala grande.* Estoy viajando con una *valija* grande.)

malabarismo *m* malabarismo *m*; **fazer malabarismos** hacer malabarismos.

malabarista *mf* malabarista *mf*.

mal-acabado, da *adj* mal acabado(da) *Esp*, mal terminado(da) *Amér*.

malagueta *f* guindilla *f Esp*, chile *m Méx*, ají *m RP*.

malandro, dra **1** *adj (preguiçoso)* perezoso(sa); *(matreiro)* astuto(ta).
2 *m, f* granuja *mf*, bribón *m*, -ona *f*.

malária *f* malaria *f*.

malcriado, da *adj* maleducado(da).

maldade *f* maldad *f*.

maldição (*pl* **-ões**) *f* maldición *f*.

maldito, ta *adj* maldito(ta).

maldizer *vt (amaldiçoar)* maldecir; *(falar mal de)* hablar mal de.

maldoso, osa *adj* malvado(da), malo(la) *Amér*.

mal-educado, da *adj (malcriado)* malcriado(da); *(sem boas maneiras)* maleducado(da).

malefício *m* maleficio *m*.

mal-entendido (*pl* **mal-entendidos**) *m* malentendido *m*.

males → **mal**.

mal-estar (*pl* **mal-estares**) *m* malestar *m*.

maleta *f* bolsa *f* de viaje *Esp*, veliz *f Méx*, bolso *m* de viaje *RP*.

malfeitor, ra (*mpl* **-res**, *fpl* **-s**) *m, f* malhechor *m*, -ra *f*.

malha *f (tecido)* malla *f*; *(em meia, em rede)* agujero *m*; *(em animal)* mancha *f*.

malhado, da *adj (animal)* moteado(da) *Esp*, manchado(da) *Amér*.

malhar **1** *vt* trillar.
2 *vi fam* hacer gimnasia.

mal-humorado, da *adj* malhumorado (da).

malícia *f* malicia *f*.

maligno, gna *adj* maligno(na).

malpassado, da *adj* poco hecho(cha), bien jugoso(sa) *RP*.

maltratar *vt* maltratar.

maluco, ca *adj & m, f* chiflado(da).

malvadez *f* maldad *f*.

malvado, da *adj* malvado(da).

mama *f* mama *f*.

mamadeira *f* biberón *m*, mamadera *f RP*.

mamão (*pl* **-ões**) *m* papaya *f Esp, Méx &*

RP, lechosa *f Ven*, fruta *f* bomba *Cuba*.

mamãe (*pl* **-ães**) *f* mamá *f*.

mamar *vi* mamar; **dar de mamar** dar de mamar.

mamífero *m* mamífero *m*.

mamilo *m* pezón *m*.

maminha *f* cuadril *m*.

mamões → **mamão.**

manada *f* manada *f*.

mancar *vi* cojear *Esp*, renguear *Amér*.

mancha *f* mancha *f*.

manchar *vt* manchar.

manchete *f* titular *m Esp & RP*, encabezado *m Méx*.

manco, ca *adj* cojo(ja) *Esp*, rengo(ga) *Amér*.

mandar **1** *vi* mandar.
2 *vt*: **mandar alguém fazer algo** mandar a alguien que haga algo.
3 mandar fazer algo mandar hacer algo; **mandar alguém passear** *fam* mandar a alguien a paseo *Esp* ou *Amér* a pasear; **mandar vir** encargar; **mandar à merda** *vulg* mandar a la mierda; **mandar em** tener autoridad sobre.

mandioca *f* mandioca *f Esp & RP*, guacamote *m Méx*, yuca *f Andes*; **(farinha de) mandioca** harina *f* de mandioca *Esp & RP*, harina *f* de guacamote *Méx*, harina *f* de yuca *Andes*.

maneira *f* manera *f*; **de uma maneira geral** en general; **à maneira de** a mi/tu/su manera; **de maneira alguma** ou **nenhuma** de ninguna manera; **de maneira que** de manera que; **de qualquer maneira** de cualquier manera; **desta maneira** de esta manera; **de todas as maneiras** de todas las formas; **de tal maneira ... que** tan ... que; **de uma maneira ou de outra** sea como sea.
❑ **maneiras** *fpl*: **ter maneiras** tener modales; **boas maneiras** buenos modales.

manejar *vt (carro)* conducir, manejar *Amér*; *(barco)* gobernar.

manejável (*pl* **-eis**) *adj* manejable.

manequim (*pl* **-ns**) **1** *m* maniquí *m*.
2 *mf* modelo *mf*.

maneta *adj* manco(ca).

manga *f (de peça de vestuário)* manga *f*; *(fruto)* mango *m*; **em mangas de camisa** en mangas de camisa.

mangueira *f (para regar, lavar)* manguera *f*; *(árvore)* mango *m*.

manha *f* maña *f*.

manhã (*pl* **-ãs**) *f* mañana *f*; **de manhã** por la mañana *Esp & Méx*, de ou a la mañana *RP*.

mania *f* manía *f*.

manicômio *m* manicomio *m*.

manicure *f* manicura *f*.

manifestação (*pl* **-ões**) *f* manifestación *f*.

manifestar *vt* manifestar.
❑ **manifestar-se** *vp* manifestarse.

manipular *vt lit & fig* manipular.

manivela *f* manivela *f*.

manjericão *m* albahaca *f*.

manobra *f* maniobra *f*.

mansão (*pl* **-ões**) *f* mansión *f*.

mansidão *f* mansedumbre *f*.

manso, sa *adj (animal)* manso(sa); *(mar)* en calma *Esp*, calmo(ma) *Amér*; *(pinheiro)* cultivado(da), de cultivo *Amér*.

mansões → **mansão.**

manta *f* manta *f*, frazada *f Amér*, cobija *f Méx*.

manteiga *f* mantequilla *f Esp & Méx*, manteca *f RP*; **manteiga de cacau** manteca *f* de cacao.

manteigueira *f* mantequera *f*.

manter *vt* mantener.
❑ **manter-se** *vp* mantenerse.

manual (*pl* **-ais**) **1** *adj* manual.
2 *m* manual *m*.

manuscrito, ta **1** *adj* manuscrito(ta).
2 *m* manuscrito *m*.

manusear *vt (ferramenta)* manejar; *(livro)* hojear.

manutenção *f* mantenimiento *m*.

mão *f* ANAT mano *m*; *(de estrada)* dirección *f*; **fora de mão** a desmano, trasmano *RP*; **apertar a mão** estrechar ou dar la mano; **dar a mão a alguém** darle la mano a alguien; *(fig: ajudar)* echarle una mano a alguien *Esp*, darle una mano a alguien *Amér*; **de mãos dadas** de la mano; **à mão** a mano; **dar uma mão a alguém** echarle una mano a alguien *Esp*, darle una mano a alguien *Amér*; **estar à mão** estar a mano; **ter algo à mão** tener algo a mano.

mão-de-obra *f* mano *f* de obra.

mapa *m* mapa *m*; **mapa das estradas** mapa de carreteras.

mapa-múndi (*pl* **mapas-múndi**) *m* mapamundi *m*.

maquete *f* maqueta *f*, maquete *f RP*.

maquiagem (*pl* **-ns**) *f* maquillaje *m.*
maquiar *vt* maquillar.
❑ **maquiar-se** *vp* maquillarse.
máquina *f* máquina *f*; **máquina de calcular** calculadora *f*; **máquina de costura** máquina de coser; **máquina de escrever** máquina de escribir; **máquina de filmar** cámara *f*; **máquina fotográfica** máquina fotográfica ou de fotos; **máquina de lavar pratos** lavavajillas *m inv*; **máquina de lavar roupa** lavadora *f*, lavarropas *f inv RP*; **máquina de secar roupa** secadora *f*; **escrito à máquina** escrito a máquina.
maquinaria *f* maquinaria *f.*
mar (*pl* **-res**) *m* mar *m*; **mar alto, alto-mar** alta mar; **por mar** por mar.
maracujá *m* maracuyá *m.*
maravilha *f* maravilla *f*; **que maravilha!** ¡qué maravilla!; **fazer maravilhas** hacer maravillas; **dizer maravilhas de** decir maravillas de; **correr às mil maravilhas** salir a las mil maravillas.
maravilhoso, osa *adj* maravilloso(sa).
marca *f* marca *f*; **marca registrada** marca registrada.
marcação (*pl* **-ões**) *f (de consulta)* petición *f* de hora.
marcar *vt (consulta, lugar, hora)* concertar; ESPORTE marcar *Esp & Méx*, hacer *RP*; **marcar encontro com alguém** quedar de encontrarse con alguien; **marcar uma consulta** pedir hora para una consulta; **marcar uma hora** pedir hora.
marcha *f (desfile)* marcha *f*; *(de auto)* marcha *f Esp*, velocidad *f Méx*, cambio *m* RP; **marcha a ré** marcha atrás.
marchar *vi* marchar.
marcial (*pl* **-ais**) *adj* marcial.
marco *m (em estrada, caminho)* indicador *m*; *(moeda)* marco *m.*
março *m* marzo *m* → **setembro.**
maré *f* marea *f*; **estar de boa maré** pasar por una buena racha; **maré alta** marea alta; **maré baixa** marea baja.
maremoto *m* maremoto *m.*
mares → **mar.**
marfim *m* marfil *m.*
margarida *f* margarita *f.*
margarina *f* margarina *f.*
margem (*pl* **-ns**) *f* margen *m*; **à margem** al margen; **pôr à margem** *fig* ignorar; **pôr-se à margem** mantenerse al margen; **margem de erro** margen de error; **margem de lucro** margen de beneficios.
marginal (*pl* **-ais**) **1** *mf* marginal *mf.*
2 *f carretera paralela a la carretera principal.*
marido *m* marido *m.*
marimbondo *m* avispón *m.*
marina *f* puerto *m* deportivo.
marinada *f* adobo *m.*
marinha *f* marina *f.*
marinheiro, ra *m, f* marinero *m*, -ra *f.*
marionete *f* marioneta *f.*
mariposa *f* mariposa *f* nocturna.
marisco *m* marisco *m.*
marítimo, ma *adj* marítimo(ma).
marketing *m* marketing *m.*
marmelada *f* dulce *m* de membrillo.
marmelo *m* membrillo *m.*
mármore *m* mármol *m.*
marquise *f* marquesina *f.*
marrom (*pl* **-ns**) *adj* marrón.
martelar *vt* martillear.
martelo *m* martillo *m.*
mártir (*pl* **-res**) *mf* mártir *mf.*
mas[1] = **me + as** → **me.**
mas[2] **1** *conj* pero.
2 *m*: **nem mas nem meio mas!** ¡sin chistar!
más *fpl* malas *fpl.*

> Não confundir *más (malas)* com o espanhol *más*, que em português é *mais*. (*São pessoas más: tenha cuidado com elas*. Son *malas* personas; cuídate de ellas.)

mascar *vt* mascar.
máscara *f* máscara *f.*
mascarar-se *vp* ponerse una máscara.
mascavo *adj m* → **açúcar.**
mascote *f* mascota *f.*
masculino, na *adj* masculino(na).
masoquista *adj & mf* masoquista.
massa *f (espaguete, lasanha)* pasta *f*; *(de bolo, pão)* masa *f*; **massa folheada** hojaldre; **em massa** *fig* en masa.
massacre *m* masacre *f.*
massagear *vt* masajear.
massagem (*pl* **-ns**) *f* masaje *m.*
massagista *mf* masajista *mf.*
mastigar *vt* masticar.
mastro *m* NÁUT mástil *m*; *(de bandeira)* asta *f.*

masturbar-se *vp* masturbarse.
mata *f* selva *f.*
mata-borrão (*pl* **mata-borrões**) *m* papel *m* secante.
matadouro *m* matadero *m.*
matar *vt* matar; **matar aula** faltar a clase; **matar a saudade** encontrarse con los seres queridos.
□ **matar-se** *vp* suicidarse; **matar-se de fazer algo** matarse haciendo algo.
mate *m & adj* mate.
matemática *f* matemáticas *fpl.*
matéria *f (plástico, madeira, metal etc.)* material *m*; EDUC materia *f*; **em matéria de** en materia de.
material (*pl* **-ais**) **1** *adj* material.
2 *m* material *m*; **material escolar** material escolar.
matéria-prima (*pl* **matérias-primas**) *f* materia *f* prima.
maternidade *f* maternidad *f.*
matinê *f* sesión *f* de (la) tarde.
mato *m (bosque)* bosque *m*; *(tipo de vegetação)* matorral *m.*
matrícula *f* matrícula *f*; **fazer a matrícula** matricularse.
matrimônio *m* matrimonio *m.*
matriz (*pl* **-zes**) *f (igreja)* iglesia *f* matriz; *(de foto, tipografia)* original *m*; COM sede *f* central.
maturidade *f* madurez *f.*
matuto, ta *adj* provinciano(na).
mau, má *adj* malo(la); **nada mau!** ¡no está nada mal!
mausoléu *m* mausoleo *m.*
maus-tratos *mpl* malos tratos *mpl.*
maxilar (*pl* **-res**) *m* maxilar *m.*
máximo, ma 1 *adj* máximo(ma).
2 *m*: **o máximo** lo máximo; **no máximo** como máximo.
me *pron* me; **você me enganou!** ¡me engañaste!; **vou me embora** me voy.
meados *mpl*: **em meados de** a mediados de.
mecânica *f* mecánica *f.*
mecânico, ca *adj & m, f* mecánico(ca).
mecanismo *m* mecanismo *m.*
mecha *f (de vela)* mecha *f*; *(de cabelo)* mechón *m*; **fazer mecha no cabelo** hacerse mechas *Esp* OU mechitas en el pelo *Amér.*
medalha *f* medalla *f.*
média *f* media *f*; **em média** de media *Esp & Méx*, promedio *RP*; **ter média de** EDUC tener de media *Esp & Méx*, tener de promedio *RP.*
mediano, na *adj (médio)* mediano(na); *(sofrível)* mediocre.
mediante *prep* mediante.
medicação (*pl* **-ões**) *f* medicación *f.*
medicamento *m* medicamento *m.*
medicina *f* medicina *f.*
médico, ca *m, f* médico *m*, -ca *f*; **médico de clínica geral** médico de cabecera OU familia *Esp & Méx*, clínico *m*, -ca *f RP.*
medida *f (grandeza, quantidade)* medida *f*; *(precaução, decisão)* prudencia *f*; **na medida** a (la) medida; **em certa medida** en cierta medida; **na medida do possível** en la medida de lo posible; **à medida que** a medida que; **tomar medidas** tomar medidas.
medieval (*pl* **-ais**) *adj* medieval.
médio, dia 1 *adj (tamanho)* medio(dia), mediano(na) *RP*; *(qualidade)* medio(dia).
2 *m (dedo)* corazón *m Esp*, mayor *m Amér*; EDUC aprobado *m*; **a médio prazo** a medio OU mediano *Amér* plazo.
medíocre *adj* mediocre.
medir *vt* medir.
meditar *vi* meditar; **meditar sobre algo** meditar sobre algo.
medo *m* miedo *m*; **com medo** con miedo; **por medo** por miedo; **ter medo (de)** tener miedo (de); **sem medo** sin miedo.
medonho, nha *adj* terrorífico(ca).
medroso, osa *adj* miedoso(sa).
medula *f* médula *f.*
medusa *f* medusa *f*, aguamala *Méx*, aguaviva *f RP.*
megabyte *m* megabyte *m.*
meia 1 *f (peça de vestuário)* media *f*; *(em número)* seis *m*; **meia elástica/de lycra** media elástica/de lycra.
2 *adv* → **meio.**
meia-calça (*pl* **meias-calças**) *f* pantys *mpl Esp*, pantimedias *fpl Méx*, cancanes *mpl o fpl RP.*
meia-entrada (*pl* **meias-entradas**) *f entrada con descuento.*
meia-estação (*pl* **meias-estações**) *f* entretiempo *m Esp & Méx*, media estación *f RP*; **de meia-estação** *(roupa, moda)* de entretiempo *Esp & Méx*, de media estación *RP.*
meia-idade *f* edad *f* madura; **de meia-idade** de mediana edad.

meia-lua (*pl* **meias-luas**) *f* media luna *f.*

meia-luz (*pl* **meias-luzes**) *f* media luz *f.*

meia-noite (*pl* **meias-noites**) *f* medianoche *f.*

meia-volta (*pl* **meias-voltas**) *f* media vuelta.

meigo, ga *adj* cariñoso(sa).

meio, meia 1 *adj* medio(dia).
2 *m* medio *m.*
3 **meio ambiente** medio ambiente; **meia pensão** media pensión *f*; **a meia voz** a media voz; **por meio de** por medio de; **por todos os meios** por todos los medios; **no meio de** en el medio de; **cortar ao meio** cortar por la mitad; **dividir ao meio** dividir por la mitad; **meia hora** media hora; **não estar com meias palavras** no ir con medias palabras; **meio quilo** medio kilo.

meio-dia (*pl* **meios-dias**) *m* mediodía *m.*

meio-fio (*pl* **meios-fios**) *m* bordillo *m Esp & Méx*, cordón *m RP.*

meios *mpl* medios *mpl.*

meio-termo (*pl* **meios-termos**) *m fig* término *m* medio.

mel *f* miel *f.*

melaço *m* melaza *f.*

melado, da *adj* pegajoso(sa).

melancia *f* sandía *f.*

melancolia *f* melancolía *f.*

melancólico, ca *adj* melancólico(ca).

melão (*pl* **-ões**) *m* melón *m.*

meleca *f fam* desastre *m.*

melhor (*pl* **-res**) 1 *adj & adv* mejor.
2 *m*: **o melhor** lo mejor.
3 **ou melhor** o mejor; **tanto melhor!** ¡mejor!; **estar melhor** estar mejor; **ser do melhor que há** ser canela fina *Esp*, ser de lo mejor *Amér*; **cada vez melhor** cada vez mejor; **melhor do que nunca** mejor que nunca; **melhor ainda** aún mejor; **levar a melhor** salir bien parado(da).

melhorar *vt & vi* mejorar.

melhores → **melhor.**

melindrar *vt (pessoa)* molestar.

melindroso, osa *adj (pessoa)* melindroso(sa); *(assunto, questão, problema)* delicado(da).

melodia *f* melodía *f.*

melodrama *m* melodrama *m.*

melodramático, ca *adj* melodramático(ca).

melões → **melão.**

melro *m* mirlo *m.*

membro *m* miembro *m.*

memorando *m* circular *f.*

memória *f* memoria *f*; **de memória** de memoria.

memorizar *vt* memorizar.

mencionar *vt* mencionar.

mendigar *vi* mendigar.

mendigo, ga *m, f* mendigo *m*, -ga *f.*

meningite *f* meningitis *f.*

menino, na *m, f* niño *m*, -ña *f.*

menopausa *f* menopausia *f.*

menor (*pl* **-res**) 1 *adj (em tamanho)* más pequeño *Esp*, más chico(ca) *Amér*; *(em número)* menor; *(em qualidade)* inferior; *(mínimo)* mínimo(ma).
2 *mf (indivíduo)* menor *mf.*
3 **menor abandonado** menor abandonado; **menor de idade** menor de edad; **proibido para menores de 18 anos** prohibido a menores de 18 años.

menos 1 *adv* (a) *(em comparações)* menos; **você está menos gordo** estás menos gordo; **menos ... do que ...** menos ... que ...; **a menos** de menos.
(b) *(como superlativo)*: **o/a menos** el/la menos; **o menos interessante/caro** el menos interesante/caro.
(c) *(em locuções)*: **a menos que** a menos que; **ao menos, pelo menos** al menos, por lo menos; **isso é o de menos** eso es lo de menos; **pouco menos de** algo menos de.
2 *adj inv* (a) *(em comparação)* menos; **eles têm menos posses** tienen menos bienes; **está menos frio do que ontem** hace menos frío que ayer.
(b) *(como superlativo)* menos; **as que menos bolos comeram** las que comieron menos pasteles; **os que menos dinheiro têm** los que tienen menos dinero.
3 *prep* (a) *(exceto)* menos; **todos gostaram, menos ele** les gustó a todos menos a él; **tudo menos isso** todo menos eso.
(b) *(indica subtração)* menos; **três menos dois é igual a um** tres menos dos, uno, tres menos dos es igual a uno *Amér.*

menosprezar *vt* menospreciar.

mensageiro, ra *m, f* mensajero *m*, -ra *f.*

mensagem (*pl* **-ns**) *f* mensaje *f*; **mensagem de texto** INFORM mensaje de texto.

mensal (*pl* **-ais**) *adj* mensual.

mensalidade *f* mensualidad *f*; **mensalidade escolar** cuota *f* escolar mensual.
mensalmente *adv* mensualmente.
menstruação *f* menstruación *f*.
mentalidade *f* mentalidad *f*.
mente *f* mente *f*; **ter em mente fazer algo** tener en mente hacer algo.
mentir *vi* mentir.
mentira 1 *f* mentira *f*.
2 *interj* ¡mentira!; **parece mentira!** ¡parece mentira!
mentiroso, osa *adj* mentiroso(sa).
mentol *m* mentol *m*.
menu *m* menú *m*.
mercado *m (local)* mercado *m*; COM mercado *m*; **Mercado Comum** Mercado Común; **mercado negro** mercado negro; **mercado paralelo** mercado negro; **lançar no mercado** lanzar al mercado; **mercado das pulgas** rastro *m Esp*, tianguis *m inv Méx*, feria *f RP*.
mercadoria *f* mercancía *f Esp*, mercadería *f Amér*.
mercearia *f* colmado *m Esp*, abarrotería *f Méx*, almacén *m RP*.
MERCOSUL *m* (*abrev de* **Mercado Comun do Sul, formado por Argentina, Brasil, Paraguay e Uruguay**) MERCOSUR *m*.
mercúrio *m* mercurio *m*.
mercurocromo *m* mercromina *f*, mertiolate *m RP*.
merda 1 *f vulg* mierda *f*.
2 *interj vulg* ¡mierda!
merecer *vt* merecer.
merecido, da *adj* merecido(da).
merenda *f* merienda *f*.
merengue *m* merengue *m*.
mergulhador, ra (*mpl* **-res,** *fpl* **-s**) *m, f* buceador *m*, -ra *f*.
mergulhar 1 *vi (em mar, piscina)* zambullirse; *(con equipamento)* bucear.
2 *vt*: **mergulhar algo em algo** sumergir algo en algo.
mergulho *m* zambullida *f*; *(con equipamento)* buceo *m*; **dar um mergulho** darse una zambullida.
meridiano *m* meridiano *m*.
meridional (*pl* **-ais**) *adj* meridional.
mérito *m* mérito *m*; **por mérito próprio** por méritos propios.
mês (*pl* **meses**) *m* mes *m*; **todos os meses** todos los meses; **mês a mês** mes a mes; **por mês** por meses.
mesa *f* mesa *f*; **mesa de centro** mesa de centro; **estar na mesa** estar en la mesa; **pôr a mesa** poner la mesa; **tirar a mesa** quitar la mesa *Esp & Méx*, levantar (de) la mesa *RP*.
mesada *f (dinheiro)* paga *f* mensual.
mesa-de-cabeceira (*pl* **mesas-de-cabeceira**) *f* mesita *f* de noche ou de luz *Amér*.
mesa-redonda (*pl* **mesas-redondas**) *f* mesa *f* redonda.
mescla *f* mezcla *f*.
mesclar *vt* mezclar.
meses → **mês.**
mesmo, ma 1 *adj* mismo(ma).
2 *adv (até)* incluso.
3 aqui mesmo aquí mismo; *(ênfase)*: **é isso mesmo!** ¡eso es!
4 *pron*: **o mesmo** el/lo mismo.
5 a mesma la misma; **isso mesmo!** ¡eso mismo!; **valer o mesmo que** valer lo mismo que; **mesmo assim** aun así; **mesmo que** aunque; **mesmo se** aunque; **nem mesmo** ni siquiera; **o mesmo que** lo mismo que; **só mesmo você** sólo tú.
mesquinho, nha *adj* mezquino(na).
mesquita *f* mezquita *f*.
mestiço, ça *adj & m, f* mestizo(za).
mestre *m (perito)* experto *m*; EDUC *(com mestrado)* maestro *m*.
mestre-sala (*pl* **mestres-salas**) *m* abanderado *m (en carnaval)*.
meta *f* meta *f*.
metabolismo *m* metabolismo *m*.
metade *f* mitad *f*; **metade do preço** mitad de precio; **fazer as coisas pela metade** hacer las cosas a medias.
metáfora *f* metáfora *f*.
metal (*pl* **-ais**) *m* metal *m*; **o vil metal** *fig* el vil metal.
metálico, ca *adj* metálico(ca).
metalurgia *f* metalurgia *f*.
meteorito *m* meteorito *m*.
meteoro *m* meteoro *m*.
meteorologia *f (ciência)* meteorología *f*; *(em televisão)* el tiempo, previsión *f* meteorológica *Amér*.
meter *vt* meter; **meter na cabeça** meter en la cabeza.
❑ **meter-se** *vp* meterse; **meter-se em algo** meterse en algo; **meter-se na vida**

dos outros meterse en la vida de los demás; **meter-se onde não se é chamado** meterse donde no lo llaman; **meter-se com alguém** meterse con alguien; **meter-se a fazer algo** ponerse a hacer algo.

meticuloso, osa *adj* meticuloso(sa).

metódico, ca *adj* metódico(ca).

método *m* método *m*; **com método** con método; **sem método** sin método.

metralhadora *f* ametralladora *f*.

métrico, ca *adj* métrico(ca).

metro *m* metro *m*.

metrô *m* metro *m*, subte *m RP*.

meu, minha 1 *adj* mi; **este é o meu carro** este es mi coche.
2 *pron*: **o meu/a minha** el mío/la mía.
3 **um amigo meu** un amigo mío; **os meus** *(a minha família)* los míos.

mexer 1 *vt (corpo)* mover; CULIN remover *Esp*, revolver *Amér*.
2 *vi* moverse.
3 **mexer em algo** tocar algo.
❑ **mexer-se** *vp* moverse.

mexerica *f* mandarina *f*.

mexerico *m* chisme *m*.

mexilhão (*pl* **-ões**) *m* mejillón *m*.

mg (*abrev de* **miligrama**) mg.

miar *vi* maullar.

micróbio *m* microbio *m*.

microfone *m* micrófono *m*.

microondas *m inv* microondas *m inv*.

microscópio *m* microscopio *m*.

migalha *f (de pão, bolacha)* miga *f*.

migração (*pl* **-ões**) *f* migración *f*.

mijar *vi fam* mear.

mil *num* mil → **seis**; **mil-folhas** *(doce)* milhojas *mpl Esp*, milhoja *f Amér*; **estar a mil** *fam* ponerse a mil, estar ou andar *RP* a mil.

milagre *m* milagro *m*.

milênio *m* milenio *m*.

milha *f* milla *f*.

milhão (*pl* **-ões**) *num* millón *m* → **seis.**

milhar (*pl* **-res**) *num* millar → **seis.**

milho *m* maíz *m*; **milho doce** maíz dulce.

milhões → **milhão.**

miligrama *m* miligramo *m*.

mililitro *m* mililitro *m*.

milímetro *m* milímetro *m*.

milionário, ria *m, f* millonario *m*, -a *f*.

militante *mf* militante *mf*.

mim *pron* mí; **para mim** para mí; **por mim** por mí.

mimado, da *adj* mimado(da).

mimar *vt* mimar.

mímica *f* mímica *f*, pantomima *f*.

mimo *m* mimo *m*.

mina *f* mina *f*.

mindinho *m* meñique *m*.

mineiro, ra *m, f* minero *m*, -ra *f*.

mineral (*pl* **-ais**) *m* mineral *m*.

minério *m* mineral *m*.

mingau (*pl* **-s**) *m* papilla *f*.

minha → **meu.**

minhoca *f* lombriz *f*.

miniatura *f* miniatura *f*; **em miniatura** en miniatura.

minimercado (*pl* **minimercados**) *m* supermercado *m*.

mínimo, ma 1 *adj* mínimo(ma).
2 *m* mínimo *m*.
3 **com o mínimo de** con el mínimo de; **não fazer a mínima idéia** no tener ni la menor idea; **no mínimo** como mínimo; **pôr no mínimo** poner al mínimo; **reduzir ao mínimo** reducir al mínimo; **dedo mínimo** dedo meñique.

minissaia *f* minifalda *f*.

ministério *m* ministerio *m*.

ministro, tra *m, f* ministro *m*, -tra *f*.

minoria *f* minoría *f*; **estar em minoria** estar en minoría.

minúcia *f* minucia *f*.

minúsculo, la 1 *adj* minúsculo(la).
2 *f (letra)* minúscula *f*.

minuto *m* minuto *m*; **só um minuto!** ¡un segundo!; **contar os minutos** *(cronometrar)* contar los minutos; *(fig: estar ansioso)* contar los segundos; **dentro de poucos minutos** dentro de unos minutos; **em poucos minutos** en pocos minutos.

miolo *m* miga *f*.
❑ **miolos** *mpl* sesos *mpl*.

míope *adj* miope.

miopia *f* miopía *f*.

miosótis *m inv* miosota *f*.

miragem (*pl* **-ns**) *f* espejismo *m*.

mirar *vt (observar)* observar.
❑ **mirar-se em** *vp + prep (em espelho, água)* contemplarse en.

miscelânea *f* miscelánea *f*; *(fig: confusão)* desorden *m*.

miserável (*pl* **-eis**) 1 *adj* miserable.

2 *mf (mendigo)* indigente *mf*; *(perverso)* miserable *mf*.

miséria *f* miseria *f*; *(desgraça)* desgracia *f*; *(avareza)* avaricia *f*.

misericórdia *f* misericordia *f*; **pedir misericórdia** pedir misericordia.

missa *f* misa *f*.

missão (*pl* **-ões**) *f* misión *f*.

míssil (*pl* **-eis**) *m* misil *m*.

missionário, ria *m, f* RELIG misionero *m*, -ra *f*.

missões → **missão.**

mistério *m* misterio *m*.

misterioso, osa *adj* misterioso(sa).

mistificar *vt (enganar)* engañar.

misto, ta 1 *adj* mixto(ta).

2 *m (mistura)* mezcla *f*; *(sanduíche)*: **misto quente** mixto *m*, sándwich *m* caliente *RP*.

mistura *f* mezcla *f*.

misturar *vt* mezclar; *(fig: confundir)* confundir.

mito *m* mito *m*.

miúdo, da *adj* menudo(da).

❑ **miúdos** *mpl*: **miúdos de galinha** menudos *mpl* de pollo; **trocando em miúdos** *fig* en otras palabras.

ml (*abrev de* **mililitro**) ml.

mm (*abrev de* **milímetro**) mm.

mo = **me** + **o** → **me.**

mobília *f* mobiliario *m*.

mobiliário *m* mobiliario *m*.

moça → **moço.**

mocassim (*pl* **-ns**) *m* mocasín *m*.

mochila *f* mochila *f*.

mocidade *f* mocedad *f*.

moço, ça 1 *adj* joven.

2 *m, f* muchacho(cha), mozo *m*, -za *f*, chango(ga) *Méx*.

> Não confundir ***moço (joven)*** com o espanhol ***mozo***, que em português é ***garçom***. (*Quando era moço, jogava futebol todos os dias.* Cuando era ***joven*** jugaba al fútbol todo los días.)

mocotó *m guiso de pies de ternera con guisantes*, sopa *f* de caracú *Amér*.

moda *f* moda *f*; **à moda dela** a su manera; **à moda** CULIN a la; **estar fora de moda** estar pasado(da) de moda; **estar na moda** estar de moda; **sair da moda** pasar de moda; **a última moda** la última moda.

modalidade *f* modalidad *f*.

modelo *m* modelo *m*; **servir de modelo** servir de modelo; **tomar por modelo** tomar como modelo.

modem *m* módem *m*.

moderado, da *adj* moderado(da).

moderar *vt* moderar.

modernizar *vt* modernizar.

moderno, na *adj* moderno(na).

modéstia *f* modestia *f*; **modéstia à parte** modestia aparte.

modesto, ta *adj* modesto(ta).

modificar *vt* modificar.

❑ **modificar-se** *vp* modificarse.

modo *m* modo *m*; **com bons/maus modos** con buenos/malos modos; **de certo modo** en cierto modo; **de modo nenhum** de ningún modo; **de modo que** de modo que; **de qualquer modo** de cualquier manera ou forma; **de tal modo que** de tal manera ou forma que.

moeda *f* moneda *f*; **moeda corrente** moneda corriente; **moeda estrangeira** moneda extranjera; **Casa da Moeda** Casa de la Moneda; **pagar na mesma moeda** *fig* pagar con la misma moneda.

moela *f* molleja *f*, estómago *m* de ave *Amér*.

moer *vt* moler.

mofo *m* moho *m*.

mogno *m* caoba *f*.

moído, da *adj* molido(da); **estar moído** *fig* estar molido; **ter o corpo moído** tener el cuerpo molido.

moinho *m* molino *m*; **moinho de café** molinillo de café; **moinho de vento** molino de viento.

mola *f* muelle *m Esp & Méx*, resorte *m RP*.

molar (*pl* **-res**) *m* molar *m*.

moldar *vt* modelar.

moldura *f* marco *m*.

mole *adj* blando(da).

molécula *f* molécula *f*.

moleque *m (homem irresponsável)* niño *m Esp & RP*, chango *m Méx*.

molestar *vt* maltratar.

moléstia *f* molestia *f*.

molhar *vt* mojar.

❑ **molhar-se** *vp* mojarse.

molheira *f* salsera *f*.

molho[1] *m (líquido)* salsa *f*; **molho branco** bechamel *f Esp & Méx*, salsa blanca *RP*; **molho de tomate** salsa de tomate; **pôr de molho** *(bacalhau)* desalar *Esp*, remojar *Amér*; *(roupa)* poner en remojo.

molho[2] *m (de lenha, palha, erva)* manojo *m Esp,* atado *m Amér*; **molho de chaves** manojo *m* de llaves; **molho de salsa** manojo *m* de perejil *Esp,* ramito *m* de perejil *Amér.*

molinete *m* carrete *m*, reel *m RP.*

momentaneamente *adv* momentáneamente.

momento *m* momento *m*; **um momento!** ¡un momento!; **a qualquer momento** en cualquier momento; **até o momento** hasta ahora; **de momento** de momento; **dentro de momentos** dentro de unos momentos; **de um momento para o outro** de un momento a otro; **em dado momento** en un momento dado; **neste momento** en este momento; **a todo momento** todo el tiempo.

monarca *mf* monarca *mf.*

monarquia *f* monarquía *f.*

monetário, ria *adj* monetario(a); **correção monetária** reajuste *m* monetario.

monge *m* monje *m.*

monitor, ra (*mpl* **-res,** *fpl* **-s**) *m* monitor *m.*

monopólio *m (de venda, negócio)* monopolio *m*; *(jogo)* Monopoly® *m*, El bancario *m RP.*

monossílabo *m* monosílabo *m.*

monotonia *f* monotonía *f.*

monótono, na *adj* monótono(na).

monstro *m lit & fig* monstruo *m.*

montagem (*pl* **-ns**) *f* montaje *m.*

montanha *f* montaña *f*; **montanha-russa** montaña rusa.

montanhismo *m* montañismo *m.*

montanhoso, osa *adj* montañoso(sa).

montante 1 *m (quantia de dinheiro)* total *m Esp,* monto *m Amér.*
2 *f (de rio)* caudal *m.*

montar 1 *vt (barraca, acampamento, máquina)* montar *Esp,* armar *Amér*; *(filme)* montar.
2 *vi* montar; **montar a cavalo** montar a caballo.

monte *m* monte *m*; **montes de** montones de; **aos montes** a montones; **um monte de coisas** un montón de cosas.

monumental (*pl* **-ais**) *adj* monumental.

monumento *m* monumento *m*; **monumento comemorativo** monumento conmemorativo.

moradia *f* vivienda *f.*

morador, ra (*mpl* **-res,** *fpl* **-s**) *m, f* vecino *m*, -na *f.*

moral (*pl* **-ais**) **1** *adj & m* moral.
2 *f (social)* moral *f*; *(conclusão)* moraleja *f.*

morango *m* fresa *f Esp & Méx,* frutilla *f Andes & RP.*

morar *vi* vivir.

mórbido, da *adj* morboso(sa).

morcego *m* murciélago *m.*

mordaça *f (em pessoa)* mordaza *f*; *(em animal)* bozal *m.*

morder *vt* morder.

mordida *f (de inseto)* picadura *f Esp & RP,* piquete *m Méx*; *(de cão, gato)* mordedura *f.*

mordomo *m* mayordomo *m.*

moreno, na *adj (tez, pele)* moreno(na) *Esp & Méx,* morocho(cha) *RP.*

morfina *f* morfina *f.*

moribundo, da *adj* moribundo(da).

morno, morna *adj* tibio(a).

morrer *vi lit & fig* morir(se); *(motor)* ahogarse; **morrer de fome/rir/medo** morirse de hambre/risa/miedo, morir de hambre/risa/miedo *Amér*; **morrer de vontade** morirse de ganas; **morrer em** *fam (pagar)* apoquinar *Esp,* desembolsar *Amér.*

morro *m (monte)* monte *m*; *(favela)* barrio *m* de chabolas *Esp,* ciudad *f* perdida *Méx,* villa *f* miseria *Arg.*

mortal (*pl* **-ais**) *adj & mf* mortal.

mortalha *f (de cadáver)* mortaja *f*; *(papel para cigarro)* papel *m* de fumar.

mortalidade *f* mortalidad *f*; **mortalidade infantil** mortalidad infantil.

morte *f* muerte *f*; **pena de morte** pena de muerte; **estar pensando na morte da bezerra** estar en la luna; **estar às portas da morte** estar a las puertas de la muerte *Esp,* estar al borde de la muerte *Amér.*

mortífero, ra *adj* mortífero(ra).

morto, morta *adj & m, f lit & fig* muerto(ta); **estar morto** estar muerto; **ser morto** ser asesinado(da); **morto de cansaço/fome/sono** muerto de cansancio/hambre/sueño; **estar morto de vontade** morirse de ganas.

mos = me + os → me.

mosaico *m* mosaico *m.*

mosca *f (inseto)* mosca *f*; **acertar na**

mosca dar en el clavo; **estar às moscas** estar desierto.

moscatel (*pl* **-éis**) *m* moscatel *m.*

mosquiteiro *m* mosquitera *f Esp,* mosquitero *m Amér.*

mosquito *m* mosquito *m.*

mostarda *f* mostaza *f.*

mosteiro *m* monasterio *m.*

mostrador (*pl* **-res**) *m (de relógio)* esfera *f; (de velocímetro)* salpicadero *m Esp,* panel *m Amér.*

mostrar *vt* mostrar; **mostrar algo a alguém** mostrarle algo a alguien; **mostrar interesse em** mostrar interés por.

mostruário *m* muestrario *m.*

mote *m* lema *m.*

motel (*pl* **-éis**) *m* motel *m.*

motim (*pl* **-ns**) *m* motín *m.*

motivar *vt* motivar.

motivo *m* motivo *m;* **por motivo de** a causa de; **sem motivo** sin motivo; **ser motivo de riso/crítica** ser motivo de risa/crítica.

moto *f* moto *m.*

motoca *f* motocicleta *f.*

motocicleta *f* motocicleta *f.*

motocross *m* motocross *m.*

motor (*pl* **-res**) *m* motor *m;* **motor de arranque** motor de arranque.

motorista *mf* conductor *m,* -ra *f.*

motoserra *f* motosierra *f.*

movediço, ça *adj* movedizo(za).

móvel (*pl* **-eis**) **1** *adj* móvil.
2 *m* mueble *m.*
❑ **móveis** *mpl* mobiliario *m.*

mover *vt* mover.
❑ **mover-se** *vp* moverse.

movimentado, da *adj* concurrido(da).

movimento *m* movimiento *m;* **em movimento** en movimiento.

MPB *f* (*abrev de* **Música Popular Brasileira**) *género musical que agrupa todas las músicas populares brasileñas.*

muamba *f fam* matute *m,* bagayo *m RP.*

muco *m* mucosidad *f.*

mudança *f (modificação, de veículo)* cambio *m; (de casa)* mudanza *f.*

mudar *vt & vi* cambiar.
❑ **mudar de** *vp + prep (de canal, estação de rádio)* cambiar de; *(de casa, país, cidade)* mudarse.
❑ **mudar-se** *vp* mudarse; **mudar-se para** mudarse a.

mudez *f* mudez *f.*

mudo, da *adj* mudo(da); **ficar mudo** *fig* quedarse mudo.

muito, ta 1 *adj* mucho(cha).
2 *pron* muchos(chas).
3 *adv* mucho.
4 tenho muito sono! ¡tengo mucho sueño!; **muito bem!** ¡muy bien!; **muito antes** mucho antes; **quando muito** como mucho; **querer muito a alguém** querer mucho a alguien; **ter muito de alguém** *(parecer-se com)* parecerse mucho a alguien, tener mucho de alguien *Amér.*

mula *f* mula *f.*

mulato, ta *adj & m, f* mulato(ta).

muleta *f* muleta *f.*

mulher (*pl* **-res**) *f* mujer *f;* **mulher da vida** mujer de la vida.

multa *f* multa *f;* **levar uma multa** ser multado(da) OU infraccionado(da) *Méx.*

multar *vt* multar, infraccionar *Méx.*

multidão (*pl* **-ões**) *f (de pessoas)* multitud *f; (de coisas)* infinidad *f.*

multimídia *adj* INFORM multimedia.

multinacional (*pl* **-ais**) *f* multinacional *f.*

multiplicar *vi & vt* multiplicar; **multiplicar por** multiplicar por.
❑ **multiplicar-se** *vp* multiplicarse.

múltiplo, pla 1 *adj* múltiple.
2 *m* MAT múltiplo *m.*

múmia *f* momia *f.*

mundial (*pl* **-ais**) **1** *adj* mundial.
2 *m (de futebol, atletismo)* mundial *m.*

mundo *m* mundo *m;* **não ser nada do outro mundo** no ser nada del otro mundo; **o outro mundo** el otro mundo; **por nada deste mundo** por nada del mundo; **ser o fim do mundo** ser el fin del mundo; **todo o mundo** todo el mundo; **viver no mundo da lua** estar en la luna; **correr o mundo** recorrer el mundo; **vir ao mundo** venir al mundo; **Terceiro Mundo** Tercer Mundo.

munição (*pl* **-ões**) *f* munición *f.*

municipal (*pl* **-ais**) *adj* municipal.

município *m* municipio *m.*

munições → **munição.**

munir *vt:* **munir alguém de algo** proporcionarle algo a alguien, munir a alguien de algo *RP.*
❑ **munir-se de** *vp + prep* proveerse de, munirse de *RP.*

mural (*pl* **-ais**) *m* mural *m.*
muralha *f* muralla *f.*
murchar *vi* marchitarse.
murcho, cha *adj lit & fig* mustio(tia).
murmurar *vt* murmurar.
murmúrio *m* murmullo *m.*
muro *m* muro *m.*
murro *m* puñetazo *m*; **dar um murro em** darle un puñetazo a.
musa *f* musa *f.*
musculação *f* musculación *f.*
músculo *m* músculo *m.*
musculoso, osa *adj* musculoso(sa).
museu *m* museo *m.*
musgo *m* musgo *m.*
música *f* música *f*; **música clássica/de câmara/erudita** música clásica/de cámara/erudita; **música folclórica/pop/sinfônica** música folclórica/pop/sinfónica.
musse *f* CULIN mousse *f*; *(de cabelo)* espuma *f*; **musse de chocolate** mousse de chocolate.
mútuo, tua *adj (sentimentos, gostos)* mutuo(tua); *(bens)* común; **de mútuo acordo** de mutuo acuerdo.

Nn

N (*abrev de* **Norte**) N.
n (*abrev de* **número**) n.
na = **em + a** → **em.**
-na *pron* la.
nabo *m* nabo *m.*
nação (*pl* **-ões**) *f* nación *f.*
nacional (*pl* **-ais**) *adj* nacional.
nacionalidade *f* nacionalidad *f.*
nacionalismo *m* nacionalismo *m.*
nações → **nação.**
nada *pron & adv* nada; **de nada!** ¡de nada!; **nada de novo** nada nuevo; **nada disso** ni hablar; **ou tudo ou nada** todo o nada; **antes de mais nada** antes que nada; **uma coisa de nada** una nadería; **não prestar** OU **servir para nada** no servir para nada; **quase nada** casi nada.
nadador, ra (*mpl* **-res,** *fpl* **-s**) *m, f* nadador *m,* -ra *f.*
nadar *vi* nadar; **nadar em** *fig* nadar en; **ele nada em dinheiro** nada en la abundancia.
nádega *f* nalga *f.*
nado *m (estilo)* estilo *m;* **a nado** nadando; **nado borboleta** estilo mariposa; **nado de costas** estilo espalda; **nado livre** estilo libre.
naipe *m* naipe *m.*
namorado, da *m, f* novio *m,* -a *f.*
não *adv* no; **não é?** ¿verdad?; **pois não** ¿qué desea?; **não só ... mas também ...** no sólo ... sino también ...; **pelo sim, pelo não** en todo caso.
não-fumante (*pl* **não-fumantes**) *mf* no fumador *m,* -ra *f.*
napa *f* napa *f.*
naquela = **em + aquela** → **em.**
naquele = **em + aquele** → **em.**
naquilo = **em + aquilo** → **em.**
narciso *m (flor)* narciso *m.*
narcótico *m* narcótico *m.*
narina *f* narina *f.*
nariz (*pl* **-zes**) *m* nariz *f;* **meter o nariz em tudo** meter las narices en todo; **torcer o nariz** torcer el gesto *Esp,* fruncir la nariz *Amér.*
narração (*pl* **-ões**) *f* narración *f.*
narrar *vt* narrar.
narrativa *f* narrativa *f.*
nas = **em + as** → **em.**
-nas *pron pl* las.
nascença *f* nacimiento *m;* **de nascença** de nacimiento.
nascente 1 *m (oriente)* naciente *m.*
2 *f (de rio)* nacimiento *m Esp & Méx,* naciente *f RP; (de água)* fuente *f.*
nascer 1 *vi* nacer.
2 *m (de sol, lua)* salida *f;* **nascer para** nacer para.
nascimento *m* nacimiento *m.*
nata *f* nata *f Esp* , crema *f Amér.*
natação *f* natación *f.*
natal (*pl* **-ais**) *adj (país, terra)* natal; **cidade natal** ciudad natal.
❑ **Natal** *m* Navidad *f;* **Feliz Natal!** ¡Feliz Navidad!
nativo, va *adj & m, f* nativo(va).
natural (*pl* **-ais**) *adj* natural; **de tamanho natural** de tamaño natural; **ao natural** al natural; **como é natural** como es natural; **é natural que** es normal que; **nada mais natural que** nada más normal que; **ser natural de** ser natural de.
naturalidade *f* naturalidad *f.*
naturalmente 1 *adv* naturalmente.
2 *interj* ¡naturalmente!
natureza *f* naturaleza *f;* **da mesma natureza** de la misma naturaleza; **natureza-morta** naturaleza muerta; **por natureza** por naturaleza.

❑ **Natureza** *f*: **a Natureza** la Naturaleza.

nau *f* nave *f.*

naufragar *vi* naufragar.

naufrágio *m* naufragio *m.*

náusea *f* náusea *f*; **dar náuseas a alguém** dar náuseas a alguien; **sentir náusea** sentir náuseas.

náutico, ca *adj* náutico(ca).

navalha *f (faca)* navaja *f.*

nave *f (de igreja)* nave *f*; **nave espacial** nave espacial.

navegação *f* navegación *f.*

navegar *vi* navegar; **navegar na Internet** navegar por Internet.

navio *m* navío *m.*

NB (*abrev de* **Note Bem**) NB.

NE (*abrev de* **Nordeste**) NE.

neblina *f* neblina *f.*

necessário, ria 1 *adj* necesario(a).
2 *m*: **o necessário** lo necesario.
3 quando necessário cuando sea necesario; **se necessário** si es necesario.

necessidade *f* necesidad *f*; **de primeira necessidade** de primera necesidad; **sem necessidade** sin necesidad; **ter necessidade de fazer algo** tener que hacer algo; **fazer necessidades** *fam* hacer sus necesidades.

necessitar *vt* necesitar, precisar *Amér.*
❑ **necessitar de** *v + prep* necesitar, precisar *Amér*; **necessitar de fazer algo** necesitar ou precisar *Amér* hacer algo.

necrotério *m* morgue *f.*

néctar (*pl* **-res**) *m* néctar *m.*

nefasto, ta *adj* nefasto(ta).

negar *vt* negar.
❑ **negar-se** *vp*: **negar-se algo** negarse algo; **negar-se a fazer algo** negarse a hacer algo.

negativo, va 1 *adj* negativo(va).
2 *m* negativo *m.*

negligência *f* negligencia *f.*

negligente *adj* negligente.

negociação (*pl* **-ões**) *f* negociación *f.*

negociar *vt & vi* negociar.

negócio *m* negocio *m*; **fazer negócios com alguém** hacer negocios con alguien; **fazer uma viagem de negócios** hacer un viaje de negocios; **negócio da China** el negocio del siglo; **negócios escusos** negocios oscuros; **homem de negócios** hombre de negocios; **fechar um negócio** cerrar un negocio.

negro, gra *adj & m, f lit & fig* negro(gra).

nela = **em + ela** → **em.**

nele = **em + ele** → **em.**

nem *conj & adv* ni; **nem por isso** ni por esas; **nem que** aunque; **nem sempre** no siempre; **nem tudo** no todo; **nem ... nem ...** ni ... ni; **sem nem** sin siquiera; **nem um nem outro** ni el uno ni el otro.

nenhum, ma (*mpl* **-ns**, *fpl* **-s**) **1** *adj* ningún(una).
2 *pron* ninguno(na).
3 não quero nenhuma bebida no quiero ninguna bebida; **não tive problema nenhum** no tuve ningún problema; **nenhum de** ninguno(na) de; **nenhum dos dois** ninguno de los dos.

nervo *m* nervio *m*; **estar/ser uma pilha de nervos** ser un saco de nervios.

nervosismo *m* nerviosismo *m.*

nêspera *f* níspero *m.*

nessa = **em + essa** → **em.**

nesse = **em + esse** → **em.**

nesta = **em + esta** → **em.**

neste = **em + este** → **em.**

neto, ta *m, f* nieto *m*, -ta *f.*

neurose *f* neurosis *f inv.*

neutralidade *f* neutralidad *f.*

neutralizar *vt* neutralizar.

neutro, tra *adj* neutro(tra).

nevar *v impess* nevar.

neve *f* nieve *f.*

névoa *f* niebla *f.*

nevoeiro *m* niebla *f.*

nicotina *f* nicotina *f.*

ninguém *pron* nadie; **não tem ninguém (em casa)** no hay nadie (en casa); **não vi ninguém** no vi a nadie.

ninho *m lit & fig* nido *m.*

níquel (*pl* **-eis**) *m* níquel *m.*

nissei *mf* brasileño *m*, -ña *f* de origen japonés.

nisso = **em + isso** → **em.**

nisto = **em + isto** → **em.**

nitidez *f (de imagem, visão)* nitidez *f*; *(de idéias, raciocínio)* claridad *f.*

nítido, da *adj (imagem, visão)* nítido(da); *(idéia)* claro(ra).

nitrato *m* nitrato *m*; **nitrato de prata** nitrato de plata.

nível (*pl* **-eis**) *m* nivel *m*; **nível de vida** nivel de vida.

no = **em + o** → **o.**

nó *m (em dedo)* nudillo *m*; *(de cordão, de gravata)* nudo *m*; **dar um nó** hacer un nudo; **dar o nó** dar el sí.

-no *pron* lo.

NO (*abrev de* **Noroeste**) NO.

nobre *adj* noble.

noção (*pl* **-ões**) *f* noción *f*.

nocivo, va *adj* nocivo(va).

noções → **noção.**

nódoa *f* mancha *f*.

noite *f* noche *f*; **à noite** por la noche *Esp & Méx*, de ou a la noche *RP*; **esta noite** esta noche; **dia e noite** noche y día; **por noite** de noche; **uma noite por outra** una noche tras otra; **da noite para o dia** de la noche a la mañana.

noivado *m* compromiso *m*.

noivo, va *m, f* novio *m*, -via *f*; **estar noivo de** estar comprometido con.
❑ **noivos** *mpl* novios *mpl*; **eles estão noivos** están comprometidos, están prometidos *Esp*.

nojento, ta *adj* asqueroso(sa).

nojo *m* asco *m*; **dar nojo** dar asco; **tenho nojo do cheiro de cebola** me da asco el olor a cebolla.

nome *m* nombre *m*; **nome completo** nombre completo; **nome de batismo** nombre de pila; **nome feio** palabrota *f*; **nome próprio** nombre propio; **em nome de** en nombre de; **de nome** de nombre.

nomeação (*pl* **-ões**) *f (para prêmio)* nominación *f*; *(para cargo)* nombramiento *m*.

nomeadamente *adv* principalmente.

nomear *vt* nombrar.

nonagésimo, ma *num* nonagésimo(ma) → **sexto.**

nono, na *num* noveno(na) → **sexto.**

nora *f (familiar)* nuera *f*; *(para água)* noria *f*.

nordeste *m* nordeste *m*; **a nordeste** al nordeste; **a nordeste de** al nordeste de.
❑ **Nordeste** *m* Nordeste *m*; **o Nordeste** la región Nordeste.

norma *f* norma *f*; **por norma** por norma.

normal (*pl* **-ais**) *adj* normal; EDUC *(curso)* de magisterio.

normalmente *adv* normalmente.

noroeste *m* noroeste *m*; **a noroeste** al noroeste; **a noroeste de** al noroeste de.
❑ **Noroeste** *m* Noroeste *m*; **o Noroeste** la región Noroeste.

norte **1** *adj (direção)* norte; *(vento)* del norte *Esp*, norte *Amér*.
2 *m* norte *m*.
3 **a norte** al norte; **a norte de** al norte de.
❑ **Norte** *m* Norte *m*; **o Norte** la región Norte.

nos¹ = **em + os** → **em.**

nos² *pron pl* nos; **ele pagou-nos** nos pagó; **ela nos falou** nos habló; **deu-nos muito que falar** nos dio mucho que hablar; **ele nos chateou muito** nos enfadó mucho *Esp*, nos enojó mucho *Amér*; **vamo-nos embora** vámonos; **odiamo-nos** nos odiamos; **beijamo-nos** nos besamos; **assim não nos roubam o carro** así no nos robarán el coche.

-nos *pron pl* los(las) → **nos².**

nós *pron* nosotros *m*, -tras *f*; **somos nós** somos nosotros; **e nós?** ¿y nosotros?; **nós mesmos** ou **próprios** nosotros mismos; **para nós** para nosotros; **por nós** por nosotros.

nosso, a **1** *adj* nuestro(tra).
2 *pron*: **o nosso/a nossa** el nuestro/la nuestra.
3 **um amigo nosso** un amigo nuestro; **os nossos** los nuestros.

nostalgia *f* nostalgia *f*.

nostálgico, ca *adj* nostálgico(ca).

nota *f (dinheiro)* billete *m*; *(apontamento, de música etc.)* nota *f*; **ser digno de nota** ser digno de admiración *f*; **tomar nota de** tomar nota de.

notário, ria *m, f* notario *m*, -ria *f Esp & Méx*, escribano *m*, -na *f RP*.

notável (*pl* **-eis**) *adj* notable.

notebook *m* notebook *m*, ordenador *m* portátil *Esp*.

notícia *f* noticia *f*.
❑ **notícias** *fpl* noticias *fpl*.

noticiário *m* informativo *m*, noticiero *m* *Amér*.

notificar *vt* JUR notificar.

notório, ria *adj* notorio(ria).

noturno, na *adj* nocturno(na).

nova *f* noticia *f*.

novamente *adv* nuevamente.

novato, ta *m, f* novato *m*, -ta *f*.

nove *num* nueve → **seis.**

novecentos, tas *num* novecientos(tas) → **seis.**

novela *f (em televisão)* telenovela *f*; *(livro)* novela *f*.

novelo *m* ovillo *m.*
novembro *m* noviembre *m* → **setembro.**
noventa *num* noventa → **seis.**
novidade *f* novedad *f.*
novilho *m (animal)* novillo *m*; *(carne)* ternera *f.*
novo, nova *adj (jovem)* joven; *(recente, não estreado)* nuevo(va); **novo em folha** sin estrenar, a estrenar *RP.*
noz (*pl* **-zes**) *f* nuez *f.*
noz-moscada *f* nuez *f* moscada.
nu, nua *adj* desnudo(da); **nu em pêlo** completamente desnudo.
nublado, da *adj* nublado(da).
nuca *f* nuca *f.*
nuclear (*pl* **-res**) *adj* nuclear.
núcleo *m* núcleo *m.*
nudez *f* desnudez *f.*
nudista *mf* nudista *mf.*
nulo, la *adj* nulo(la).
num = **em** + **um** → **em.**
numa = **em** + **uma** → **em.**
numeral (*pl* **-ais**) *m* numeral *m.*
numerar *vt* numerar.
numerário *m* numerario *m.*
número *m* número *m*; *(de peça de vestuário)* talla *f Esp & Méx,* talle *m RP*; *(de loteria)* número *m*; **número de código** número de código; **número de contribuinte** NIF *m Esp,* número *m* de contribuyente *Amér*; **número de passaporte** número de pasaporte; **número de telefone** número de teléfono.
numeroso, osa *adj* numeroso(sa).
nunca *adv* nunca; **mais do que nunca** más que nunca; **nunca mais** nunca más; **nunca se sabe** nunca se sabe, vaya usted a saber *Amér,* andá a saber; **nunca na vida** nunca en la vida.
nuns = **em** + **uns** → **em.**
núpcias *fpl* nupcias *fpl.*
nutrição *f* nutrición *f.*
nutrido, da *adj* nutrido(da).
nutrir *vt fig* alimentar.
nuvem (*pl* **-ns**) *f* nube *f.*
N.W. (*abrev de* **Noroeste**) NO.

Oo

o, a (*mpl* **os,** *fpl* **as**) **1** *artigo definido* **(a)** *(gen)* el(la); **a casa** la casa; **o hotel** el hotel; **os alunos** los alumnos; **a vida** la vida; **o amor** el amor; **os nervos** los nervios; **a Inglaterra** Inglaterra; **o Brasil** Brasil; **os Andes** los Andes; **quebrou o nariz** se rompió la nariz; **tenho os pés frios** tengo los pies fríos; **os ovos estão a 4 reais a dúzia** los huevos están a cuatro reales la docena.
(b) *(com adjetivo substantivado)* lo; **o belo** lo bello; **o melhor/pior** lo mejor/peor; **o possível** lo posible.
(c) *(com nome de pessoa)*: **o Paulo** Paulo; **a Helena** Helena; **o Sr.Costa** el Sr. Costa.
2 *pron* **(a)** lo(la); **deixe-a ali** déjala allí; **ela o amava muito** lo amaba mucho; **não os vi** no los vi; **eu o chamei, mas você não ouviu** lo llamé, pero no me oyó; **prazer em vê-los, meus queridos** encantado de verlos, queridos; **as minhas botas, você vai estragá-las** mis botas, las vas a estropear; **o quarto, reservei-o com antecedência** la habitación, la reservé con antelación; **os papéis, não consigo achá-los** los papeles, no los encuentro.
(b) *(em locuções)*: **o/a de** el/la de; **o/a que** el/la que; **o que é que ...** qué ...; **o quê?** ¿(el) qué?; **era o que eu pensava** era lo que pensaba.

OAB *f* (*abrev de* **Ordem dos Advogados do Brasil**) ≃ Colegio *m* de Abogados del Brasil.

oásis *m inv* oasis *m inv.*

oba *interj* ¡upa!, ¡opa! *RP.*

obedecer *vi* obedecer; **obedecer a** obedecer a.

obediente *adj* obediente.

obesidade *f* obesidad *f.*

obeso, sa *adj* obeso(sa).

óbito *m* óbito *m.*

obituário *m* esquela *f Esp,* aviso *m* fúnebre *Amér.*

objeção (*pl* **-ões**) *f* objeción *f.*

objetivo, va 1 *adj (imparcial)* objetivo(va).
2 *m (finalidade)* objetivo *m.*
3 *f (de máquina fotográfica)* objetivo *m.*

objeto *m* objeto *m.*

oboé *m* oboe *m.*

obra *f* obra *f*; **obra de arte** obra de arte; **obra de caridade** obra de caridad.

obra-prima (*pl* **obras-primas**) *f* obra *f* maestra.

obrigação (*pl* **-ões**) *f* obligación *f.*

obrigado, da *interj* gracias; **muito obrigado!** ¡muchas gracias!

obrigar *vt*: **obrigar alguém a fazer algo** obligar a alguien a hacer algo.

obrigatório, ria *adj* obligatorio(ria).

obsceno, na *adj* obsceno(na).

observação (*pl* **-ões**) *f* observación *f.*
❑ **observações** *fpl* observaciones *fpl.*

observador, ra (*mpl* **-res,** *fpl* **-s**) *m, f* observador *m*, -ra *f.*

observar *vt* observar.

observatório *m* observatorio *m.*

obsessão (*pl* **-ões**) *f* obsesión *f.*

obsoleto, ta *adj* obsoleto(ta).

obstáculo *m* obstáculo *m.*

obstetra *mf* obstetra *mf*, tocólogo *m*, -ga *f.*

obstinado, da *adj* obstinado(da).

obstrução (*pl* **-ões**) *f* obstrucción *f.*

obter *vt* obtener.

obturação (*pl* **-ões**) *f* empaste *m Esp,* emplomadura *f Amér.*

obturador (*pl* **-res**) *m* obturador *m.*

óbvio, via *adj* obvio(via); **como é óbvio** como es obvio.

ocasião (*pl* **-ões**) *f* ocasión *f*; **nessa oca-**

são en aquella ocasión; **nesta ocasião** en esta ocasión; **por ocasião de** en ocasión de.

oceano *m* océano *m.*

ocidental (*pl* **-ais**) *adj* occidental.
❑ **ocidentais** *mpl*: **os ocidentais** los occidentales.

ocidente *m* occidente *m.*
❑ **Ocidente** *m*: **o Ocidente** Occidente *m.*

ócio *m* ocio *m.*

oco, oca *adj* hueco(ca).

ocorrência *f (acontecimento)* acontecimiento *m*; *(incidente)* incidente *m.*

ocorrer *vi* suceder.
❑ **ocorrer a** *v + prep* acudir a.

octogésimo, ma *num* octogésimo(ma) → **sexto.**

oculista *mf* oculista *mf.*

óculos *mpl* gafas *fpl Esp,* anteojos *mpl Amér,* lentes *mpl Amér*; **óculos escuros** gafas *Esp* ou anteojos *Amér* de sol.

ocultar *vt* ocultar.
❑ **ocultar-se** *vp* ocultarse.

ocupação (*pl* **-ões**) *f* ocupación *f.*

ocupado, da *adj* ocupado(da).

ocupar *vt* ocupar.
❑ **ocupar-se** *vp* mantenerse ocupado (da); **ocupar-se em** dedicarse a; **ocupar-se de** ocuparse de.

odiar *vt* odiar.

ódio *m* odio *m.*

odor (*pl* **-res**) *m* olor *m*; **odor corporal** olor corporal.

oeste *m* oeste *m*; **a oeste** al oeste; **a oeste de** al oeste de.
❑ **Oeste** *m*: **o Oeste** el Oeste.

ofegante *adj* jadeante.

ofegar *vi* jadear.

ofender *vt* ofender.
❑ **ofender-se** *vp* ofenderse; **ofender-se com algo** ofenderse por algo.

oferecer *vt*: **oferecer algo a alguém** ofrecerle algo a alguien.
❑ **oferecer-se para** *vp + prep* ofrecerse para.

oferta *f* oferta *f.*

oficial (*pl* **-ais**) *adj & mf* oficial.

oficina *m* taller *m* mecánico *Esp & RP,* refaccionaria *f Méx.*

> Não confundir com o espanhol *oficina*, que refere-se a um lugar onde se faz trabalho administrativo: (*Dejé el auto en el taller mecánico para que lo arreglaran.* Deixei o carro na oficina mecânica para que o consertassem. *Mi secretaria se encuentra en la oficina de 9 a 17 horas.* Minha secretária encontra-se no escritório das 9 às 17 horas.)

ofício *m* oficio *m.*

oftalmologista *mf* oftalmólogo *m*, -ga *f.*

ofuscar *vt* deslumbrar.

oi *interj* ¡hola!

oitavo, va *num* octavo(va) → **sexto.**

oitenta *num* ochenta → **seis.**

oito *num* ocho → **seis**; **nem oito nem oitenta** ni lo uno ni lo otro *Esp,* vamos a no exagerar *Amér.*

oitocentos, tas *num* ochocientos(tas) → **seis.**

OK *interj* vale *Esp,* OK *Méx,* macanudo *RP.*

olá *interj* ¡hola!

olaria *f* alfarería *f.*

oleado *m* impermeable *m.*

óleo *m* óleo *m*; *(para alimentação)* aceite *m*; **óleo de bronzear** aceite bronceador; **óleo de girassol** aceite de girasol; **óleo de soja** aceite de soja; **óleo vegetal** aceite vegetal.

oleoduto *m* oleoducto *m.*

oleoso, osa *adj* graso(sa).

olfato *m* olfato *m.*

olhadela *f* ojeada *f.*

olhar 1 *vt & vi* mirar.
2 *m* mirada *f.*
3 olhar para mirar hacia; **olhar por** mirar por.

olheiras *fpl* ojeras *fpl.*

olho (*pl* **olhos**) *m* ojo *m*; **olho esbugalhado** ojo saltón; **olho mágico** mirilla *f*; **a olho nu** a simple vista; **a olhos vistos** a ojos vistas; **aos olhos de** desde el punto de vista de *Esp,* a los ojos de *Amér*; **cravar os olhos em** clavar los ojos en; **custar os olho da cara** costar un ojo de la cara; **não pregar olho** no pegar ojo; **ver com bons/maus olhos** ver con buenos/malos ojos.

olímpico, ca *adj* olímpico(ca).

oliveira *f* olivo *m.*

ombro *m* hombro *m*; **encolher os ombros** encogerse de hombros.

omelete *f* tortilla *f Esp,* omelette *m Amér.*

omissão (*pl* **-ões**) *f* omisión *f.*

omitir *vt* omitir.

omoplata *f* omóplato *m.*

onça *f (animal)* jaguar *m*; *(medida)* onza *f.*

onda *f (de mar, rio)* ola *f*; *(grande abundância)* oleada *f*; *(de radio, de cabelo)* onda *f*; **onda média/longa/curta** onda media/larga/corta; **ir na onda** dejarse llevar.

onde *adv (afirmação)* donde; *(interrogação)* dónde; **por onde** por donde/dónde.

ondulado, da *adj* ondulado(da).

oneroso, osa *adj* oneroso(sa).

ONG *f (abrev de* **Organização Não Governamental**) ONG *f.*

ônibus *m inv* autobús *m Esp*, camión *m Méx*, colectivo *m RP*; **ônibus leito** autocar *m* de lujo *Esp*, bus *m* OU ómnibus *m* cama *Amér.*

onipotente *adj* omnipotente.

ônix *m* ónix *m.*

ontem *adv* ayer; **antes de ontem** antes de ayer.

ONU *f (abrev de* **Organização das Nações Unidas**) ONU *f.*

onze *num* once → **seis.**

opaco, ca *adj* opaco(ca).

opala *f* ópalo *m.*

opção (*pl* **-ões**) *f* opción *f.*

ópera *f* ópera *f.*

operação (*pl* **-ões**) *f* operación *f.*

operador, ra (*mpl* **-res,** *fpl* **-s**) *m*: **operador de computadores** técnico *m* informático.

operar *vi & vt* operar.
❑ **operar-se** *vp* operarse.

operário, ria *m, f* obrero *m*, -ra *f Esp & RP*, operador *m*, -ra *f Méx.*

opereta *f* opereta *f.*

opinar *vt & vi* opinar.

opinião (*pl* **-ões**) *f* opinión *f*; **na minha opinião** en mi opinión; **na opinião de** en opinión de; **ser da opinião que** ser de la opinión que; **a opinião pública** la opinión pública; **mudar de opinião** cambiar de opinión.

ópio *m* opio *m.*

oponente *mf* oponente *mf.*

opor-se *vp* oponerse; **opor-se a** oponerse a.

oportunidade *f* oportunidad *f.*

oportuno, na *adj* oportuno(na).

oposição *f* oposición *f*; **a oposição** POL la oposición.

oposto, osta 1 *adj* opuesto(ta).
2 *m*: **o oposto** lo contrario.

opressão (*pl* **-ões**) *f* opresión *f.*

opressivo, va *adj (sistema, regime)* opresor(ra); *(atmosfera)* opresivo(va).

oprimir *vt* oprimir.

optar *vi* optar; **optar por algo** optar por algo; **optar por fazer algo** optar por hacer algo.

ora 1 *interj* ¡vaya!
2 *conj* bueno.
3 *adv*: **por ora** por ahora.
4 ora essa! ¡vaya!; **ora ..., ora ...** ora ..., ora ...

oração (*pl* **-ões**) *f* oración *f.*

orador, ra (*mpl* **-res,** *fpl* **-s**) *m, f* orador *m*, -ra *f.*

oral (*pl* **-ais**) *adj & f* oral.

orangotango *m* orangután *m.*

orar *vi (discursar)* pronunciar un discurso; *(rezar)* orar.

órbita *f lit & fig* órbita *f.*

orçamento *m* presupuesto *m.*

ordem (*pl* **-ns**) *f* orden *f*; **sempre às ordens!** ¡a sus órdenes!; **até nova ordem** hasta nueva orden; **de primeira ordem** de primer orden; **de tal ordem que** de tal magnitud que; **em ordem** en orden; **por ordem** por orden; **por ordem de** por orden de.

ordenado *m* salario *m.*

ordenhar *vt* ordeñar.

ordinário, ria *adj* ordinario(ria).

orégão (*pl* **-ãos**) *m* orégano *m.*

orelha *f* ANAT oreja *f.*

orfanato *m* orfanato *m.*

órfão, fã *m, f* huérfano *m*, -na *f.*

orfeão (*pl* **-ões**) *m* orfeón *m.*

orgânico, ca *adj* orgánico(ca).

organismo *m* organismo *m.*

organização (*pl* **-ões**) *f* organización *m.*

órgão (*pl* **-ãos**) *m* órgano *m*; **órgãos genitais** OU **sexuais** órganos genitales OU sexuales.

orgasmo *m* orgasmo *m.*

orgia *f* orgía *f.*

orgulhar-se: **orgulhar-se de** *vp + prep* enorgullecerse de.

orgulho *m* orgullo *m.*

orientação (*pl* **-ões**) *f (de vento, chuva)* dirección *f*; *(indicação)* orientación *f*; **orientação escolar** orientación escolar; **orientação profissional** orientación profesional.

oriental (*pl* **-ais**) *adj & mf* oriental.

❑ **Orientais** *mpl*: **os Orientais** los Orientales.

orientar *vt* orientar.

❑ **orientar-se por** *vp + prep* orientarse por.

oriente *m* oriente *m*.

❑ **Oriente** *m*: **o Oriente** Oriente *m*.

orifício *m* orificio *m*.

origem (*pl* **-ns**) *f* origen *m*.

original (*pl* **-ais**) *adj & m* original.

originar *vt* originar.

❑ **originar-se** *vp* originarse.

oriundo, da *adj*: **oriundo de** oriundo (da) de.

ornamentar *vt* ornamentar.

ornamento *m* ornamento *m*.

ornitologia *f* ornitología *f*.

orquestra *f* orquesta *f*.

orquídea *f* orquídea *f*.

ortografia *f* ortografía *f*.

ortopedia *f* ortopedia *f*.

ortopédico, ca *adj* ortopédico(ca).

ortopedista *mf* ortopeda *mf*.

orvalho *m* rocío *m*.

os → **o.**

oscilação (*pl* **-ões**) *f* oscilación *f*.

oscilar *vi* oscilar; **oscilar entre** oscilar entre.

osso (*pl* **ossos**) *m* hueso *m*.

> Não confundir com o espanhol *oso*, que tem um significado similar ao do português *urso*: (*Encontraron los huesos de un dinosaurio.* Encontraram os ossos de um dinossauro. *El oso panda está en peligro de extinción.* O urso panda está em perigo de extinção.)

ostensivamente *adv* ostensiblemente.

ostensivo, va *adj (provocatório)* ostensivo(va); *(exibicionista)* exhibicionista.

ostentar *vt* ostentar.

ostra *f* ostra *f*.

OTAN *f* (*abrev de* **Organização do Tratado do Atlântico Norte**) = **OTAN** *f*.

ótica *f* óptica *f*.

otimismo *m* optimismo *m*.

ótimo, ma *adj* excelente.

otorrinolaringologista *mf* otorrinolaringólogo *m*, -ga *f*.

ou *conj* o; **ou ... ou ...** o ... o ...

ouriço *m (de castanheiro)* erizo *m*.

ouriço-cacheiro (*pl* **ouriços-cacheiros**) *m* erizo *m*.

ouriço-do-mar (*pl* **ouriços-do-mar**) *m* erizo *m* de mar.

ouro *m* oro *m*; **de ouro** de oro; **ouro de lei** oro de ley.

❑ **ouros** *mpl (naipe de cartas)* oros *mpl*.

ousadia *f* osadía *f*.

ousar *vt* osar.

outdoor *m* cartel *m* publicitario.

outono *m* otoño *m*.

outro, tra 1 *adj* otro(tra).
2 *pron* otro(tra).
3 **o outro** el otro; **outro dia** otro día; **no outro dia** al otro día; **um ou outro** uno u otro; **um após o outro** uno tras el otro.

outubro *m* octubre *m* → **setembro.**

ouvido *m* oído *m*; **dar ouvidos a** dar oídos a; **ser duro de ouvido** ser duro de oído; **ser todo ouvidos** ser todo oídos; **ter bom ouvido** tener buen oído; **tocar de ouvido** tocar de oído.

ouvinte *mf* oyente *mf*.

ouvir *vt & vi* oír.

ovação (*pl* **-ões**) *f* ovación *f*.

oval (*pl* **-ais**) *adj* oval.

ovário *m* ovario *m*.

ovelha *f* oveja *f*; **ovelha negra** oveja negra.

OVNI *m* (*abrev de* **Objeto Voador Não Identificado**) ovni *m*.

ovo (*pl* **ovos**) *m* huevo *m*; **ovo cozido** huevo duro; **ovo escalfado** huevo pasado por agua; **ovo estrelado** huevo frito, huevo estrellado *Méx*; **ovo frito** huevo frito; **ovo mexido** huevo revuelto; **ovo de Páscoa** huevo de Pascua.

óvulo *m* óvulo *m*.

oxigenada *adj f* → **água.**

oxigênio *m* oxígeno *m*.

ozônio *m* ozono *m*; **camada de ozônio** capa de ozono.

Pp

pá *f* pala *f.*

pacato, ta *adj* tranquilo(la) *Esp,* pacato (ta) *Amér.*

paciência *f* paciencia *f*; **perder a paciência** perder la paciencia; **ter paciência** tener paciencia.

paciente *adj & mf* paciente.

pacífico, ca *adj* pacífico(ca).
❑ **Pacífico** *m*: **o Pacífico** el Pacífico.

pacifista *mf* pacifista *mf.*

pacote *m* paquete *m*; **pacote turístico** paquete turístico; **pacote econômico** paquete económico.

padaria *f* panadería *f.*

padecer: **padecer de** *v + prep* padecer de.

padeiro, ra *mf* panadero *m*, -ra *f.*

padrão (*pl* **-ões**) *m (de produto)* modelo *m*; *(de tecido)* patrón *m*; **padrão de qualidade** norma *f* de calidad; **padrão de vida** estilo *m* de vida.

padrasto *m* padrastro *m*, sacerdote *m*

padre *m* padre *m.*

padrinho *m* padrino *m.*

pág. (*abrev de* **página**) pág.

pagamento *m* pago *m*; **pagamento em dinheiro** pago en efectivo; **pagamento a prazo** pago a plazos OU en cuotas *Amér*; **pagamento a prestações** pago a plazos OU en cuotas *Amér*; **pagamento à vista** pago al contado.

pagar *vt lit & fig* pagar.
❑ **pagar a** *v + prep*: **pagar a alguém algo** pagarle algo a alguien; **pagar por** pagar por.

página *f* página *f*; **Páginas Amarelas** Páginas Amarillas.

págs. (*abrev de* **páginas**) págs.

pai *m* padre *m.*

pai-de-santo (*pl* **pais-de-santo**) *m sacerdote del culto afrobrasileño del candomblé.*

painel (*pl* **-éis**) *m* panel *m*; *(pintura)* cuadro *m*; *(de veículo)* salpicadero *m Esp*, panel *m Amér*; *(reunião)* reunión *f*; **painel solar** placa *f* solar.

paio *m* chorizo *m (de cerdo).*

pais *mpl* padres *mpl.*

país (*pl* **-ses**) *m* país *m.*

paisagem (*pl* **-ns**) *m* paisaje *m.*

paixão (*pl* **-ões**) *f* pasión *f.*

palacete *m* palacete *m.*

palácio *m* palacio *m*; **Palácio da Justiça** Palacio de Justicia.

paladar (*pl* **-res**) *m* ANAT paladar *m*; *(sabor)* gusto *m.*

palafita *f* palafito *m.*

palavra **1** *f (vocábulo)* palabra *f*; *(discurso)* palabras *fpl.*
2 *interj* ¡palabra!; **cumprir a palavra** cumplir su palabra.
3 **dar a palavra a alguém** dar OU conceder la palabra a alguien; **faltar com a palavra** faltar a su palabra; **pedir a palavra** pedir la palabra; **ter palavra** ser persona de palabra; **palavra de honra** palabra de honor; **última palavra** *fig* lo último; **palavras cruzadas** crucigrama *m*, palabras cruzadas *Amér.*

palavrão (*pl* **-ões**) *m* palabrota *f.*

palco *m* escenario *m.*

palerma *mf* estúpido *m*, -da *f.*

palestra *f* conferencia *f.*

paleta *f* paleta *f.*

paletó *m* chaqueta *f.*

palha *f* paja *f.*

palhaço *m* payaso *m.*

pálido, da *adj* pálido(da).

paliteiro *m* palillero *m Esp*, escarbadientero *m Amér.*

palito *m (para dentes)* palillo *m Esp*, escarbadientes *m inv Amér*; *(de fósforo)* cerilla *f Esp*, cerillo *m Méx*, fósforo *m RP.*

palma *f (da mão)* palma *f.*
❑ **palmas** *fpl* aplausos *mpl Esp*, palmas *fpl Amér*; **bater palmas** aplaudir; **uma salva de palmas** una salva de aplausos.

palmeira *f* palmera *f.*

palmito *m* palmito *m.*

palmo *m* palmo *m*; **palmo a palmo** palmo a palmo.

palpável (*pl* **-eis**) *adj* palpable.

pálpebra *f* párpado *m.*

palpitação (*pl* **-ões**) *f* palpitación *f.*

palpitar *vi* palpitar.

palpite *m* corazonada *f.*

paludismo *m* paludismo *m.*

panado, da **1** *adj* rebozado(da).
2 *m infusión con pan tostado.*

pancada *f (com pau, mão)* golpe *m*; *(choque)* choque *m*; *(de relógio)* campanadas *fpl*; *fam (loucura)* locura *f*, puntazo *m Esp*; **pancada de água** tromba de agua.

pâncreas *m inv* páncreas *m inv.*

panda *m* panda *m.*

pandeiro *m* pandero *m.*

pandemônio *m* alboroto *m.*

pane *f* avería *f.*

panela *f* olla *f*; **panela de pressão** olla a presión.

panfleto *m* panfleto *m.*

pânico *m* pánico *m*; **entrar em pânico** asustarse.

pano *m (tecido)* trapo *m*; *(em teatro)* telón *m*; **pano de fundo** telón de fondo.

panorama *m* panorama *m.*

panqueca *f* panqueque *m.*

pantanal (*pl* **-ais**) *m* pantanal *m.*

pântano *m* pantano *m.*

pantera *f* pantera *f.*

pantomima *f* pantomima *f.*

pantufas *fpl* pantuflas *fpl.*

pão (*pl* **pães**) *m* pan *m*; **pão de centeio** pan de centeno; **pão de fôrma** pan de molde, pan americano *Amér*; **pão francês** pan francés; **pão integral** pan integral; **pão de leite** *especie de bollo azucarado*; **pão preto** pan negro; **pão de queijo** pan de queso.

pão-de-ló (*pl* **pães-de-ló**) *m* bizcocho *m*, bizcochuelo *m RP.*

pão-duro (*pl* **pães-duros**) *m pej* rácano *m*, -na *f Esp*, codo *m*, -da *f Méx*, amarrete *m*, -ta *f RP.*

papa **1** *f* papilla *f.*
2 *m* papa *m.*

papagaio *m (ave)* papagayo *m*; *(brinquedo)* cometa *f Esp & Urug*, papalote *m Méx*, barrilete *m RP.*

papai (*pl* **papais**) *m* papá *m*; **Papai Noel** Papá Noel.

papaia *f* papaya *f Esp, Méx & RP*, lechosa *f Ven*, fruta *f* bomba *Cuba.*

papel (*pl* **-éis**) *m* papel *m*; **papel A4** papel DIN A4; **papel aéreo** papel de avión; **papel celofane** papel celofán; **papel de carta** papel de carta; **papel crepom** papel pinocho *Esp*, papel crepé *Amér*; **papel de embrulho** papel de embalar; **papel higiênico** papel higiénico; **papel laminado** papel de aluminio; **papel pardo** papel de embalar; **papel de parede** papel de pared, papel carbónico *RP*; **papel reciclado** papel reciclado; **papel timbrado** papel timbrado; **papel vegetal** papel vegetal.

papelão *m* cartón *m*; *(comportamento vergonhoso)* papelón *m.*

papelaria *f* papelería *f.*

papo *m (de ave)* buche *m*; *(conversa)* charla *f Esp & RP*, plática *f Méx*; **bater um papo** charlar *Esp & RP*, platicar *Méx*; **ser um bom papo** ser buen conversador.

papo-de-anjo (*pl* **papos-de-anjo**) *m dulce de huevo, bañado con caramelo.*

papo-furado *m* cuento *m* chino.

papoula *f* amapola *f.*

paquerar **1** *vt* intentar ligar con *Esp & Méx*, cargar a *RP.*
2 *vi* ligar *Esp*, flirtear *Amér*, cargar *RP.*

paquete *m* paquebote *m.*

par (*pl* **-res**) **1** *adj* par.
2 *m* pareja *f*; *(de sapatos, calças, luvas)* par *m.*
3 **estar a par de algo** estar al corriente de algo; **em pares** a pares *Esp*, de a pares *Amér*; **sem par** sin par.

para *prep* **(a)** *(exprime finalidade, destinação)* para; **esta água não é boa para beber** esta agua no es potable; **isto é para comer** esto es para comer; **para que serve isto?** ¿para qué sirve esto?; **um telefonema para o senhor** una llamada telefónica para el señor.
(b) *(indica motivo, objetivo)* para; **cheguei mais cedo para arranjar lugar** llegué

antes para coger sitio *Esp*, llegué antes para conseguir lugar *Amér*; **era só para lhe agradar** fue sólo para complacerlo.
(c) *(indica direção)* a; **apontou para cima/baixo** señaló hacia arriba/abajo; **seguiu para o aeroporto** siguió hacia el aeropuerto; **vá para casa** vete a casa *Esp & Méx*, andá para casa *RP*.
(d) *(relativo a tempo)* para; **de uma hora para outra** de un momento a otro; **estará pronto em uma semana/um ano** estará listo en una semana/un año; **são quinze para as três** son las tres menos cuarto, falta un cuarto para las tres *Méx*.
(e) *(em comparações)* para; **é caro demais para as minhas posses** es demasiado caro para lo que tengo; **para o que come, está magro** para lo que come, está delgado ou flaco *Amér*.
(f) *(relativo a opinião, sentimento)* para; **para ele, você está errado** para él, te equivocas; **para mim, está muito bom** para mí, está muy bien.
(g) *(exprime a iminência)*: **estar para fazer algo** estar a punto de hacer algo; **o trem está para sair** el tren está a punto de salir; **a comida está para ser servida** la comida está a punto de ser servida; **ele está para chegar** está a punto de llegar.
(h) *(em locuções)*: **para com** con; **para mais de** bastantes más de; **para que** para que; **ser para já** ser para ahora mismo.

parabéns 1 *mpl* felicitaciones *fpl*.
2 *interj* ¡felicidades!, ¡felicitaciones! *RP*; **dar os parabéns** felicitar; **estar de parabéns** merecer una felicitación.

parabólica *f* parabólica *f*.

pára-brisa (*pl* **pára-brisas**) *m* parabrisas *m inv*.

pára-choques *m inv* parachoques *m inv*, paragolpes *m inv RP*.

parada *f (de jogo)* apuesta *f*; *(militar)* desfile *f*; *(de ônibus)* parada *f*.

paradeiro *m* paradero *m*.

parado, da *adj (pessoa, animal)* quieto(ta); *(carro, máquina)* parado(da); *(sem vida)* muerto(ta).

paradoxo *m* paradoja *f*.

parafina *f* parafina *f*.

parafrasear *vt* parafrasear.

parafuso *m* tornillo *m*.

parágrafo *m* párrafo *m*.

Paraguai *m*: **o Paraguai** Paraguay *m*.

paraíso *m* paraíso *m*.

pára-lamas (*pl inv*) *m* guardabarros *mpl*.

paralelo, la 1 *adj* paralelo(la).
2 *m* paralelo *m*; **sem paralelo** sin igual.

paralisar *vt* paralizar.

paralisia *f* parálisis *f inv*.

paralítico, ca *m, f* paralítico *m*, -ca *f*.

paranóico, ca *m, f* paranoico *m*, -ca *f*.

parapeito *m* alféizar *m*, pretil *m RP*.

pára-quedas *m inv* paracaídas *m inv*.

pára-quedista *mf* paracaidista *mf*.

parar 1 *vt* parar.
2 *vi (máquina)* pararse; *(vento, chuva)* parar.
3 **onde pára ...?** ¿dónde está ...?; **parar de fazer algo** parar de hacer algo; **ir parar em** ir a parar a; **sem parar** sin parar.

pára-raios *m inv* pararrayos *m inv*.

parasita *m* parásito *m*, -ta *f*.

Parati *m* Parati *m*.

parceiro, ra *m, f (em jogo)* pareja *f*; *(em negócio)* socio *m*, -cia *f*; *(em casal)* pareja *f*, compañero *m*, -ra *f*.

parcela *f (de soma)* abono *m Esp & Méx*, cuota *f RP*; *(fragmento)* fracción *f*.

parceria *f* sociedad *f*.

parcial (*pl* **-ais**) *adj* parcial.

pardal (*pl* **-ais**) *m* gorrión *m*.

pardo, da *adj* gris.

parecer 1 *m* evaluación *f*.
2 *vi* parecer.
3 *v impess* parecer.
4 **parecer-se com alguém** parecerse a alguien; **ao que parece** según parece; **parece que** parece que.
❑ **parecer-se com** *v + prep* parecerse a.

parecido, da *adj* parecido(da).

paredão (*pl* **-ões**) *m* paredón *m*.

parede *f* pared *f*; **parede divisória** tabique *m*.

parente, ta *m, f* pariente *m*, -ta *f*; **parente próximo** pariente cercano.

parêntese *m* paréntesis *m*; **entre parênteses** entre paréntesis.

pares → **par.**

parir *vt & vi* parir.

parlamento *m* parlamento *m*.

parmesão *adj m* → **queijo.**

paróquia *f* parroquia *f*.

parque *m* parque *m*; **parque aquático** parque acuático; **parque de diversões** parque de atracciones ou diversiones *RP*; **parque de estacionamento** parking *m*; **parque industrial** industria *f*; **parque**

infantil parque infantil; **parque nacional** parque nacional.

parquímetro *m* parquímetro *m.*

parte *f* parte; **dar parte de** dar parte de; **fazer parte de** formar parte de; **tomar parte de** tomar parte en; **a maior parte de** la mayor parte de; **por toda parte** por todas partes; **da parte de** de parte de; **de parte a parte** por ambas partes; **em parte** en parte.

parteira *f* partera *f.*

participação (*pl* **-ões**) *f* participación *f.*

participante *mf* participante *mf.*

participar *vt*: **participar algo a alguém** comunicarle algo a alguien.

particípio *m* participio *m.*

particular (*pl* **-res**) *adj* particular.

partida *f (saída)* salida *f*; *(em esporte)* partido *m*; **estar de partida** estar saliendo; **dar a partida** arrancar *(motor)*; **perder a partida** perder la partida.

partidário, ria *m, f* partidario *m*, -ria *f.*

partido, da 1 *adj* partido(da).
2 *m*: **partido (político)** partido *m* (político); **tomar partido** tomar partido.

partilhar *vt* compartir.

partir 1 *vt (quebrar)* romper; *(repartir)* partir.
2 *vi* salir, partir *Amér.*
3 **partir de** salir de, partir de *Amér*; **partir para** marcharse a *Esp,* partir a *Amér*; **a partir de** a partir de.
❑ **partir-se** *vp* romperse, partirse *Amér.*

parto *m* parto *m.*

parvo, va *m, f* tonto *m*, -ta *f.*

Páscoa *f* Pascua *f*; **Feliz Páscoa!** ¡felices Pascuas!

pasmado, da *adj* pasmado(da).

passa *f* pasa *f.*

passado, da 1 *adj* pasado(da).
2 *m* pasado *m.*
3 **mal/bem passado** CULIN poco/bien hecho(cha).

passageiro, ra *adj & m, f* pasajero(ra).

passagem (*pl* **-ns**) *f (de avião, trem)* pasaje *m*, tíquet *m Amér*; *(caminho, de livro, discurso etc.)* pasaje *m*; **passagem de ano** año nuevo *m*; **passagem de ida** pasaje de ida; **passagem de ida e volta** pasaje de ida y vuelta; **passagem de nível** paso *m* a nivel; **passagem subterrânea** paso *m* subterráneo.

passaporte *m* pasaporte *m.*

passar 1 *vt* (a) *(gen)* pasar; **passar algo por algo** pasar algo por algo; **ele passou a mão na cabeça** se pasó la mano por la cabeza; **passou o creme bronzeador nos braços** se extendió la crema bronceadora por los brazos; **passe-me o sal, por favor?** ¿me pasas la sal, por favor?; **passar algo (a ferro), passar (a ferro) algo** planchar algo; **já passou (a ferro) a roupa?** ¿ya has planchado la ropa?; **passar algo para** pasar algo hacia *Esp,* pasar algo para *Amér*; **passei um ano no Ceará** pasé un año en Ceará; **deixar passar** dejar pasar.
(b) *(em escola, universidade)* aprobar.
(c) *(fronteira)* cruzar.
2 *vi* (a) *(gen)* pasar; **o ônibus nº 7 não passa por aqui** el autobús 7 no pasa por aquí; **já se passaram vinte minutos** ya han pasado veinte minutos; **o tempo passa muito depressa** el tiempo pasa muy deprisa *Esp,* el tiempo pasa muy rápido *Amér*; **a chuva já passou** ya pasó la lluvia; **a dor já passou** ya pasó el dolor; **ele passou para o segundo ano** pasó a la segunda clase; **passe para primeira** *(velocidade)* pon la primera; **passar a** pasar a.
(b) *(em locuções)*: **passar bem/mal** *(de saúde)* encontrarse bien/mal; *(tempo, férias)* pasar bien/mal; **como tem passado?** ¿cómo se encuentra ou siente? *Amér*; **passar (bem) sem** pasar sin; **passe bem!** ¡que le vaya bien!; **não passar de** no ser más que; **não passar sem** no pasar sin; **o que passou, passou** lo pasado, pasado está *Esp,* lo pasado, pisado *Amér.*
❑ **passar-se** *vp (acontecer)* pasar; **o que é que se passa?** ¿qué está pasando?
❑ **passar por** *v + prep lit & fig* pasar por; **fazer-se passar por** hacerse pasar por.

passarela *f* pasarela *f.*

pássaro *m* pájaro *m.*

passatempo *m* pasatiempo *m.*

passe *m (de ônibus, trem)* pase *m.*

passear *vt & vi* pasear.

passeata *f (marcha de protesto)* manifestación *f*, marcha *f*; *(passeio)* paseo *m.*

passeio *m (em rua)* acera *f Esp,* banqueta *f Méx,* vereda *f RP*; *(caminhada)* paseo *m*; **dar um passeio** dar un paseo.

passional (*pl* **-ais**) *adj* pasional.

passista *mf bailarín destacado de samba durante el Carnaval.*
passível (*pl* **-eis**) *adj*: **passível de** sujeto (ta) a.
passivo, va 1 *adj* pasivo(va).
2 *m* COM pasivo *m.*
passo *m* paso *m*; **dar o primeiro passo** dar el primer paso; **a dois passos** a dos pasos; **ao passo que** mientras que; **passo a passo** paso a paso.
pasta *f (bolsa)* cartera *f Esp & Méx*, portafolios *m inv RP*; *(capa para documentos)* carpeta *f*; *(de ministro)* cartera *f*; *(massa)* pasta *f*; **pasta dentifrícia** ou **de dentes** pasta dentífrica ou de dientes.

Não confundir *pasta (carpeta)* com o espanhol *pasta*, que em português é *massa*. (*Ele guardou seus documentos em uma pasta.* Guardó sus documentos en una carpeta.)

pastar *vi* pastar.
pastel (*pl* **-éis**) *m (salgado)* empanadilla *m Esp*, empanada *f RP*; *(em pintura)* pastel *m*; **pastel de bacalhau** pastel de bacalao; **pastel de carne** pastel de carne.
pastelaria *f* pastelería *f Esp & Méx*, confitería *f RP.*
pasteurizado, da *adj* pasteurizado(da).
pastilha *f* pastilla *f*; **pastilha para a garganta** pastilla para la garganta; **pastilha para a tosse** pastilla para la tos.
pasto *m* pasto *m.*
pastor, ra (*mpl* **-res**, *fpl* **-s**) *m, f* pastor *m*, -ra *f.*
pata *f* pata *f.*
patamar (*pl* **-res**) *m* rellano *m.*
patê *m* paté *m.*
patente 1 *adj* patente.
2 *f (de máquina, invento)* patente *f*; *(de militar)* rango *m.*
paternal (*pl* **-ais**) *adj m* paternal.
pateta *mf* tonto *m*, -ta *f.*
patético, ca *adj* patético(ca).
patife *mf* granuja *mf*, mantillón *m*, -ona *f Méx.*
patim (*pl* **-ns**) *m* patín *m.*
patinação *f* patinaje *m*; **patinação artística** patinaje artístico; **patinação no gelo** patinaje sobre hielo.
patinar *vi* patinar.
patins → **patim.**
pátio *m* patio *m.*
pato *m* pato *m.*
patologia *f* patología *f.*
patológico, ca *adj* patológico(ca).
patrão, troa (*mpl* **-ões**, *fpl* **-s**) *m, f* patrón *m*, -ona *f.*
pátria *f* patria *f.*
patrimônio *m* patrimonio *m.*
patriota *mf* patriota *mf.*
patroa → **patrão.**
patrocinador, ra (*mpl* **-res**, *fpl* **-ras**) *m, f* patrocinador *m*, -ra *f.*
patrocinar *vt* patrocinar.
patrões → **patrão.**
patrulha *f* patrulla *f.*
pau *m* palo *m.*
❑ **paus** *mpl (naipe de cartas)* bastos *mpl.*
paulista *mf* paulista *mf.*
pausa *f* pausa *f.*
pauta *f* pauta *f*; *(de música)* pentagrama *m*; *(lista)* lista *f*; **papel sem pauta** papel *m* blanco; **em pauta** en el orden del día.
pavão (*pl* **-ões**) *m* pavo *m* real.
pavilhão (*pl* **-ões**) *m* pabellón *m.*
pavimentar *vt* pavimentar.
pavimento *m (de estrada, rua)* pavimento *m*; *(de edifício)* piso *m.*
pavões → **pavão.**
pavor *m* pavor *m*; **ter pavor de** tenerle pavor a.
paz (*pl* **-zes**) *f* paz *f*; **deixar em paz** dejar en paz; **fazer as pazes** hacer las paces; **que descanse em paz** que en paz descanse.
PC *m* (*abrev de* **Personal Computer**) PC *m.*
Pça. (*abrev de* **praça**) Pza.
pé *m (de pessoa, medida britânica)* pie *m*; *(de cama, mesa)* pata *f*; *(de planta)* tallo *m*; **a pé** a pie; **ao pé da letra** al pie de la letra; **ao pé de** junto a; **em** ou **de pé** de pie, parado *m*, -da *f Amér*; **em pé de igualdade** en pie de igualdad; **dar pé** hacer pie; **perder o pé** no hacer pie.
peão (*pl* **-ões**) *m (em xadrez, trabalhador rural)* peón *m.*
peça *f* pieza *f*; *(de mobiliário)* mueble *m*; *(de fazenda, tecido)* pieza *f*, corte *m Amér*; *(de casa)* habitación *f*; **pregar uma peça em alguém** jugarle una mala pasada a alguien.
pecado *m* pecado *m.*
pechincha *f* ganga *f.*
peculiar (*pl* **-res**) *adj* peculiar.
pedaço *m lit & fig* pedazo *m*; **estar caindo**

aos **pedaços** caerse a pedazos.
pedágio *m* peaje *m.*
pedal (*pl* **-ais**) *m* pedal *m.*
pé-de-cabra (*pl* **pés-de-cabra**) *m* palanqueta *f.*
pé-de-moleque (*pl* **pés-de-moleque**) *m* turrón *m* de cacahuete *Esp* ou cacahuate *Méx* ou maní *RP.*
pedestal (*pl* **-ais**) *m* pedestal *m.*
pedestre 1 *m* peatón *m.*
2 *adj* peatonal.
pediatra *mf* pediatra *mf.*
pediatria *f* pediatría *f.*
pedicure *mf* pedicura *f.*
pedido *m* pedido *m*; **a pedido de** a petición de; **pedido de desculpa** disculpa *f*; **pedido de casamento** propuesta *f* de matrimonio *Esp* ou casamiento *Amér.*
pedinte *mf* mendigo *m*, -ga *f.*
pedir *vt & vi* pedir; **pedir algo a alguém** pedirle algo a alguien; **pedir a alguém que faça algo** pedirle a alguien que haga algo; **pedir algo emprestado** pedir algo prestado.
pedra *f (rocha, em rim etc.)* piedra *f*; *(de dominó)* ficha *f*; **chuva de pedras** granizada *f*; **pedra de gelo** cubito *m* de hielo; **pedra (preciosa)** piedra preciosa; **pôr uma pedra em cima de algo** *fig* hacer borrón y cuenta nueva.
pedra-pomes (*pl* **pedras-pomes**) *f* piedra *f* pómez.
pedra-sabão (*pl* **pedras-sabão**) *f* esteatita *f*, piedra *f* jabón *Amér.*
pedreiro *m* albañil *m.*
pé-frio (*pl* **pés-frios**) *m* gafe *m Esp*, salado *m*, -da *f Méx*, yeta *m RP.*
pega *f* urraca *f.*
pegada *f* pisada *f*, huella *f Amér.*
pegado, da *adj* pegado(da).
pegajoso, osa *adj* pegajoso(sa).
pegar 1 *vt (hábito, mania, doença etc.)* coger *Esp*, agarrar *Amér*; *(apanhar, objeto)* coger *Esp*, recoger *Amér*; *(transporte público)* coger *Esp*, tomar *Amér.*
2 *vi (motor)* arrancar; *(idéia, moda)* pegar, prender *Amér*; *(planta)* arraigar, prender *Amér.*
3 pegar algo agarrar algo; **pegar fogo em algo** prenderse fuego algo; **pegar no sono** dormirse.
❑ **pegar-se** *vp* pegarse.
❑ **pegar-se com** *vp + prep* tener una enganchada con *Esp*, tener una agarrada con *Amér.*

> Não confundir com o espanhol ***pegar***, que tem significados diferentes de ***pegar*** em português:
>
> 1. Bater: (***La madre le pegó al niño porque se había portado mal.*** A mãe bateu no menino porque ele havia se comportado mal.)
>
> 2. Tomar: (***Se pegó un susto enorme.*** Tomou um susto enorme.)
> (Ver ***pegar*** no lado Espanhol-Português do dicionário.)

peito *m (seio, zona do tronco)* pecho *m*; *(de galinha)* pechuga *f*; *fam (fig: coragem)* agallas *fpl*; **amigo do peito** *fam* amigo *m* íntimo.
peitoril (*pl* **-is**) *m* alféizar *m*, pretil *m RP.*
peixada *f pescado asado o guisado.*
peixaria *f* pescadería *f.*
peixe *m* pez *m*; **peixe congelado** pescado *m* congelado.
❑ **Peixes** *mpl (signo do Zodíaco)* Piscis *m inv.*
peixe-agulha (*pl* **peixes-agulhas**) *m* agujón *m* timucu.
peixe-boi (*pl* **peixes-bois**) *m* manatí *m.*
peixe-espada (*pl* **peixes-espadas**) *m* pez *m* espada.
peixeira *f* cuchillo *m* ou cuchilla *f Amér* para el pescado.
pejorativo, va *adj* peyorativo(va).
pela = **por + a** → **por.**
pelado, da *adj fam* en cueros *Esp*, encuerado *m*, -da *f Méx*, en bolas *RP.*
pele *f* piel *f*; *(de fruto, legume)* cáscara *f*; *(couro)* cuero *m.*
pelica *f* cabritilla *f.*
pelicano *m* pelícano *m.*
película *f* película *f.*
pelo = **por + o** → **por.**
pêlo *m (de animal)* pelo *m*; *(de pessoa)* vello *m.*
pelota *f (bola)* pelota *f*; *(na pele)* bulto *m.*
pelúcia *f* peluche *m.*
peludo, da *adj* peludo(da).
pélvis *m ou f* pelvis *f.*
pena *f (de ave, de escrever)* pluma *f*; *(dó, castigo)* pena *f*; **que pena!** ¡qué pena!; **cumprir pena** cumplir condena; **dar pena** dar pena; **não tenho pena nenhuma dele** no me da ninguna pena; **valer**

a pena valer la pena; **pena capital** pena capital; **pena de morte** pena de muerte.

penalidade *f (castigo)* pena *f.*

pênalti *m* penalti *m Esp,* penal *m Amér.*

penca *f* racimo *m*; **em penca** en grandes cantidades.

pendente 1 *adj (que pende)* colgante; *(dependente)* dependiente; *(assunto, resultado)* pendiente.
2 *m* colgante *m Esp,* dije *m Amér.*

pendurar *vt* colgar; **pendurar algo em algo** colgar algo en algo.
❑ **pendurar-se em** *vp + prep lit & fig* colgarse de.

penduricalho *m* colgante *m.*

penedo *m* peñasco *m.*

peneira *f* cedazo *m,* tamiz *m Amér.*

penetrante *adj fig* penetrante.

penetrar: **penetrar em** *v + prep* penetrar en.

penhasco *m* peñasco *m.*

penicilina *f* penicilina *f.*

penico *m* orinal *m,* pelela *f RP.*

península *f* península *f.*

pênis *m inv* pene *m.*

penitência *f* penitencia *f.*

penitenciária *f* cárcel *f.*

penoso, osa *adj* penoso(sa).

pensamento *m* pensamiento *m.*

pensão (*pl* **-ões**) *f* pensión *f*; **pensão alimentícia** pensión alimenticia; **pensão completa** pensión completa.

pensar *vi & vt* pensar; **pensar em** pensar en; **pensar que** pensar que; **pense em alguma coisa!** ¡piensa en algo!; **nem pensar!** ¡ni pensarlo!

pensionista *mf* pensionista *mf.*

pensões → **pensão.**

pente *m* peine *m.*

penteado *m* peinado *m.*

Pentecostes *m* Pentecostés *m.*

penugem *f (de ave)* plumaje *m*; *(pêlo fino)* pelusa *f.*

penúltimo, ma *adj* penúltimo(ma).

penumbra *f* penumbra *f.*

penúria *f* penuria *f.*

peões → **peão.**

pepino *m* pepino *m.*

pequeno, na *adj* pequeño(ña) *Esp,* chico(ca) *Amér*; *(curto)* corto(ta).

pêra (*pl* **peras**) *f* pera *f.*

perante *prep* delante de.

perceber *vt* darse cuenta de.

percentagem (*pl* **-ns**) *f* porcentaje *m.*

percevejo *m (inseto)* chinche *m.*

percorrer *vt* recorrer; **percorrer algo com os olhos** recorrer algo con la mirada.

percurso *m* recorrido *m.*

percussão *f* percusión *f.*

perda *f* pérdida *f.*

perdão 1 *m* perdón *m.*
2 *interj* ¡perdón!; **pedir perdão** pedir perdón.

perder *vt & vi* perder; **perder a cabeça** perder la cabeza; **perder os sentidos** perder el sentido; **perder alguém de vista** perder a alguien de vista.
❑ **perder-se** *vp* perderse.

perdição *f* perdición *f.*

perdido, da *adj* perdido(da).

perdiz (*pl* **-zes**) *f* perdiz *f.*

perdoar *vt* perdonar.

perdurar *vi* perdurar.

perecível (*pl* **-eis**) *adj* perecedero(ra).

peregrinação (*pl* **-ões**) *f* peregrinación *f.*

peregrino, na *m, f* peregrino *m,* -na *f.*

pereira *f* peral *m.*

peremptório, ria *adj* perentorio(ria).

perene *adj* perenne.

perfeição *f* perfección *f.*

perfeitamente 1 *adv* perfectamente.
2 *interj* ¡exactamente!

perfeito, ta *adj* perfecto(ta).

pérfido, da *adj* pérfido(da).

perfil (*pl* **-is**) *m (de rosto)* perfil *m*; *(desenho)* silueta *f*; **de perfil** de perfil.

perfumaria *f* perfumería *f.*

perfume *m* perfume *m.*

perfurar *vt* perforar.

pergaminho *m* pergamino *m.*

pergunta *f* pregunta *f.*

perguntar 1 *vt* preguntar.
2 *vi*: **perguntar por alguém** preguntar por alguien.
3 **perguntar sobre algo** preguntar sobre algo; **perguntar algo a alguém** preguntarle algo a alguien.

perícia *f (exame)* examen *m* pericial; *(destreza)* pericia *f.*

periferia *f* periferia *f.*

perigo *m* peligro *m*; **fora de perigo** fuera de peligro; **correr perigo** correr peligro.

perigoso, osa *adj* peligroso(sa).

perímetro *m* perímetro *m.*

periódico, ca *adj* periódico(ca).

período *m* periodo *m*; *fam (menstruação)* periodo *m.*

periquito *m* periquito *m.*

perito, ta *adj & m, f* experto(ta); **ser perito em** ser experto(ta) en.

permanecer *vt* permanecer.
❑ **permanecer em** *v + prep* permanecer en.
❑ **permanecer por** *v + prep* estar sin.

permanência *f (estadia)* estancia *f*, estadía *f Amér*; *(de problema, situação)* persistencia *f.*

permanente *adj & f* permanente.

permissão *f* permiso *m*; **pedir permissão para fazer algo** pedir permiso para hacer algo.

permitir *vt* permitir.

perna *f (de pessoa)* pierna *f*; *(de animal, de cadeira etc.)* pata *f*; *(de letra)* palo *m* (descendente).

pernil (*pl* **-is**) *m* pernil *m.*

pernilongo *m (mosquito)* mosquito *m*, zancudo *m Amér.*

pernis → **pernil.**

pérola *f* perla *f.*

perpendicular (*pl* **-res**) **1** *adj* perpendicular.
2 *f* perpendicular *f.*

perpetrar *vt* perpetrar.

perpetuar *vt* perpetuar.
❑ **perpetuar-se** *vp* perpetuarse.

perplexidade *f* perplejidad *f.*

perplexo, xa *adj* perplejo(ja).

perseguição (*pl* **-ões**) *f* persecución *f.*

perseguir *vt* perseguir.

perseverante *adj* perseverante.

perseverar *vi* perseverar.

persiana *f* persiana *f.*

persistente *adj* persistente.

personagem (*pl* **-ns**) *f ou m* personaje *m.*

personalidade *f* personalidad *f.*

perspectiva *f* perspectiva *f.*

perspicácia *f* perspicacia *f.*

perspicaz (*pl* **-zes**) *adj* perspicaz.

persuadir *vt*: **persuadir alguém de algo** persuadir a alguien de algo; **persuadir alguém a fazer algo** persuadir a alguien para que haga algo.
❑ **persuadir-se** *vp* persuadirse.

persuasão *f* persuasión *f.*

persuasivo, va *adj* persuasivo(va).

pertencente *adj*: **pertencente a** perteneciente a.

pertencer: **pertencer a** *v + prep* pertenecer a.

perto 1 *adj* cercano(na).
2 *adv* cerca.
3 perto de cerca de; **de perto** de cerca.

perturbar *vt (transtornar)* perturbar; *(atrapalhar)* molestar.

peru *m* pavo *m.*

peruca *f* peluca *f.*

perverso, sa *adj* perverso(sa).

perverter *vt* pervertir.

pervertido, da *adj* pervertido(da).

pesadelo *m* pesadilla *f.*

pesado, da *adj* pesado(da).

pêsames *mpl* pésame *m*; **os meus pêsames** lo acompaño en el sentimiento.

pesar 1 *vt* pesar; *(fig: conseqüências)* sopesar.
2 *vi* pesar.

pesca *f* pesca *f*; **pesca com linha** pesca con caña.

pescada *f* merluza *f.*

pescadinha *f* pescadilla *f.*

pescador, ra (*mpl* **-res**, *fpl* **-s**) *m, f* pescador *m*, -ra *f.*

pescar *vt & vi* pescar.

pescoço *m* cuello *m.*

peso *m* peso *m*; **peso bruto** peso bruto; **peso líquido** peso neto; **de peso** de peso; **em peso** en pleno.

pesquisa *f* investigación *f*; **pesquisa de mercado** estudio *m* de mercado.

pêssego *m* melocotón *m Esp*, durazno *m Amér.*

pessegueiro *m* melocotonero *m Esp*, duraznero *m Amér.*

pessimista *mf* pesimista *mf.*

péssimo, ma *adj* pésimo(ma).

pessoa *f* persona *f*; **em pessoa** en persona.

pessoal (*pl* **-ais**) **1** *adj* personal.
2 *m* personal *m.*

pestana *f* pestaña *f.*

pestanejar *vi* pestañear.

peste *f* peste *f.*

pesticida *m* pesticida *m.*

pétala *f* pétalo *m.*

peteca *f* volante *m.*

petição (*pl* **-ões**) *f* petición *f.*

petiscar 1 *vt* probar.

2 *vi* picotear, pellizcar *RP*; **quem não arrisca não petisca** el que no llora no mama.
petisco *m (tira-gosto)* tentempié *m*; **o jantar estava um petisco** la cena estaba deliciosa.
petit-pois *mpl* guisantes *mpl* finos *Esp*, arvejas *fpl Amér.*
petrificar *vt* petrificar.
petroleiro *m* petrolero *m.*
petróleo *m* petróleo *m.*
petulância *f* petulancia *f.*
petulante *adj* petulante.
pia *f* pila *f Esp*, lavaplatos *m inv Méx*, pileta *f RP*; **pia batismal** pila bautismal.
piada *f* chiste *m.*
pianista *mf* pianista *mf.*
piano *m* piano *m*; **piano de cauda** piano de cola.
pião (*pl* **-ões**) *m* peonza *f*, trompo *m Amér.*
piar *vi* piar.
picada *f (de ave)* picotazo *m*; *(de inseto)* picadura *f.*
picadinho *m* picadillo *m.*
picado, da1 *adj (carne, cebola, salsa)* picado(da); *(furado)* agujereado(da).
2 *m* picadillo *m.*
picanha *f* cuadril *m.*
picante *adj lit & fig* picante.
pica-pau (*pl* **pica-paus**) *m* pájaro *m* carpintero.
picar *vt (com alfinete, agulha)* pinchar; *(carne, peixe, cebola)* picar.
❑ **picar-se** *vp* pincharse.
picareta *f (utensílio)* pico *m.*
picles *m inv* encurtidos *mpl*, pickles *mpl RP.*
pico *m (montanha)* pico *m*; *(espinho)* espina *f.*
picolé *m* polo *m Esp*, paleta *f* helada *Méx*, (helado) palito *m RP.*
picotado, da *adj* perforado(da).
picotar *vt* perforar.
piedade *f* piedad *f*; **ter piedade de alguém** tener piedad de alguien.
piercing *m* piercing *m.*
pifar *vi fam (máquina, carro)* jorobarse *Esp & RP*, chingarse *Méx*; *fam (plano)* irse al garete *Esp*, chingarse *Méx*, jorobarse *RP.*
pigmento *m* pigmento *m.*
pijama *m* pijama *m Esp*, piyama *m ou f Amér.*
pilantra *mf* granuja *mf.*
pilar (*pl* **-res**) *m* pilar *m.*
pilha *f* pila *f*; **uma pilha de nervos** un saco de nervios; **pilhas de** *fam* montones de.
pilhar *vt (roubar)* robar; *(saquear)* saquear.
pilotar *vt* pilotar.
piloto *m* piloto *mf.*
pílula *f* píldora *f.*
pimenta *f* pimienta *f.*
pimenta-do-reino *f* pimienta *f* negra.
pimenta-malagueta (*pl* **pimentas-malagueta**) *f* guindilla *f Esp*, chile *m Méx*, ají *m RP.*
pimentão-doce *m* pimentón *m.*
pinça *f* pinza *f.*
píncaro *m (de fruto)* rabo *m*; *(de montanha)* cumbre *f.*
pincel (*pl* **-éis**) *m* pincel *m.*
pinga *f fam* aguardiente *m.*
pingar *vi* gotear.
pingente *m (de orelha)* colgante *m Esp*, arete *m Méx*, aro *m RP*; *(de colar)* colgante *m*, dije *m Amér.*
pingo *m (gota)* gota *f*; *(em ortografia)* punto *m.*
pingue-pongue *m* ping-pong *m.*
pingüim (*pl* **-ns**) *m* pingüino *m.*
pinha *f* piña *f.*
pinhão (*pl* **-ões**) *m* piñón *m.*
pinheiro *m* pino *m.*
pinho *m (madeira)* pino *m.*
pinhões → **pinhão.**
pinta *f lit & fig* mancha *f*; **ter pinta de** tener pinta de.
pintado, da *adj (colorido)* pintado(da); *(cabelo)* teñido(da); **pintado à mão** pintado a mano.
pintar *vt & vi* pintar.
pintarroxo *m* pardillo *m.*
pintassilgo *m* jilguero *m.*
pinto *m* pollito *m.*
pintor, ra (*mpl* **-res,** *fpl* **-s**) *m, f* pintor *m*, -ra *f.*
pintura *f* pintura *f.*
piões → **pião.**
piolho *m* piojo *m.*
pior (*pl* **-res**) **1** *adj* peor.
2 *adv* peor.
3 *m*: **o pior** lo peor.
4 **ser do pior que há** ser de lo peor; **cada vez pior** cada vez peor; **estar na pior** *fam* estar pasándolas canutas *Esp*, estar en el fondo del pozo *Amér.*

piorar *vi & vt* empeorar.
piores → **pior.**
pipa *f (de vinho)* tonel *m*, barril *m*; *(pandorga)* cometa *f Esp & RP*, papalote *m Méx.*
pipoca *f* palomitas *fpl* de maíz *Esp*, esquites *mpl Méx*, pochoclo *m Arg.*
pipoqueiro, ra *m, f* vendedor *m*, -ra *f* de palomitas *Esp* ou esquites *Méx* ou pochoclo *RP.*
piquenique *m* picnic *m.*
pirâmide *f* pirámide *f.*
piranha *f* piraña *f.*
pirata *m* pirata *m.*
pirataria *f* piratería *f.*
pires *m inv* platillo *m Esp*, platito *m Amér.*
pirex® *m* pírex® *m.*
pirilampo *m* luciérnaga *f.*
pirueta *f* pirueta *f Esp & RP*, maroma *f Méx.*
pisar *vt (com pé)* pisar; *(contundir)* magullar.
pisca-pisca (*pl* **pisca-piscas**) *m* intermitente *m.*
piscar 1 *vt (olho)* guiñar; *(olhos)*: **piscar os olhos** parpadear.
2 *vi (luz)* parpadear.
piscina *f* piscina *f*, alberca *f Méx*, pileta *f RP*; **piscina ao ar livre** piscina ou alberca *Méx* ou pileta *RP* al aire libre; **piscina coberta** piscina ou alberca *Méx* ou pileta *RP* cubierta.
pisco *m* petirrojo *m.*
piso *m* piso *m*; **piso escorregadio** suelo resbaladizo, piso resbaloso *Amér*; **piso irregular** piso irregular.
pista *f* pista *f*; *(de estrada)* carril *m.*
pistachio *m* pistacho *m.*
pistola *f* pistola *f.*
pitada *f* pizca *f*, pellizco *m Esp.*
pitanga *f* pitanga *f.*
pitoresco, ca *adj* pintoresco(ca).
pivete *m* ladronzuelo *m.*
pixote *m* niño *m.*
pizza *f* pizza *f.*
pizzaria *f* pizzería *f.*
placa *f* placa *m*; *(de automóvel)* placa *f*, matrícula *f*; **placa fria** *AUT* matrícula *f* falsa.
plágio *m* plagio *m.*
planador (*pl* **-res**) *m* planeador *m.*
planalto *m* altiplano *m.*
planejamento *m* planificación *f*; **planejamento familiar** planificación familiar.
planejar *vt* planear; **planejar fazer algo** planear hacer algo.
planeta *m* planeta *m.*
planetário *m* planetario *m.*
planície *f* planicie *f.*
plano, na 1 *adj* plano(na).
2 *m (de trabalho, projeto)* plan *m*; *(de casa, cidade, superfície plana)* plano *m.*
planta *f* planta *f.*
plantão (*pl* **-ões**) *m* guardia *f*; **estar de plantão** estar de guardia.
plantar *vt* plantar.
plástica *f* cirugía *f* plástica.
plástico 1 *adj* plástico(ca).
2 *m* plástico *m.*
plataforma *f* plataforma *f*; *(de estação de trem, metrô)* andén *m.*
platéia *f* platea *f.*
platina *f* platino *m.*
platinado *m (em veículo)* platino *m.*
plausível (*pl* **-eis**) *adj* plausible.
plebiscito *m* plebiscito *m.*
plenamente *adv* plenamente.
pleno, na *adj* pleno(na); **em pleno dia** en pleno día; **em pleno inverno** en pleno invierno.
plural (*pl* **-ais**) *m* plural *m.*
plutônio *m* plutonio *m.*
pneu *m* neumático *m*, llanta *f Amér*, goma *f RP*; **pneu sobressalente** rueda *f* de repuesto, llanta *f* de refacción *Méx*, rueda *f* auxiliar *RP.*
pneumonia *f* neumonía *f.*
pó *m* polvo *m*; *fam (cocaína)* coca *f*; **tirar o pó** quitar el polvo.
pobre *adj & mf* pobre.
pobreza *f* pobreza *f.*
poça 1 *f* poza *f*, charco *m RP.*
2 *interj* ¡caramba!
poção (*pl* **-ões**) *f* pócima *f.*
pocilga *f* pocilga *f.*
poço *m* pozo *m.*
poções → **poção.**
podar *vt* podar.
pó-de-arroz (*pl* **pós-de-arroz**) *m* polvos *mpl* para la cara.
poder (*pl* **-es**) **1** *m* poder *m*; **o poder** el poder; **estar no poder** estar en el poder; **poder de compra** poder adquisitivo; **estar em poder de alguém** estar en poder de alguien; **ter em seu poder algo** tener en su poder algo.
2 *v aux* poder; **poder fazer algo** poder

hacer algo; **podia tê-lo feito antes** podría haberlo hecho antes; **posso ajudar?** ¿puedo ayudar?; **posso fazê-lo** puedo hacerlo; **não posso mais!** ¡no puedo más!; **não posso fazer nada!** ¡no puedo hacer nada!; **poder fazer algo** poder hacer algo; **posso fumar?** ¿puedo fumar?; **não pode estacionar aqui** no puede estacionar aquí; **não pude sair ontem** no pude salir ayer; **não podemos abandoná-lo** no podemos abandonarlo; **pode fazer várias coisas** puede hacer varias cosas; **podia ter vindo de trem** podría haber venido en tren; **não pode ser!** ¡no puede ser!; **podia ter-nos avisado!** ¡nos podría haber avisado!; **pudera!** ¡no me extraña!
3 *v impess (ser possível)* poder; **pode ser que chova** puede que llueva, puede ser que llueva *Amér*; **pode não ser verdade** puede que no sea verdad, puede no ser verdad *Amér*; **pode acontecer a qualquer um** le puede pasar a cualquiera.
❑ **poder com** *v + prep (suportar)* aguantar; *(peso)* poder con; **não posso com mentirosos** no aguanto a los mentirosos; **não pode com tanto peso** no puede con tanto peso.

poderoso, osa *adj* poderoso(sa).
podre *adj* podrido(da).
poeira *f* polvo *m.*
poema *m* poema *m.*
poesia *f* poesía *f.*
poeta *mf* poeta *mf.*
pois 1 *conj (porque)* porque; *(então)* pues, entonces *Amér.*
2 *interj* ¡claro!; **pois não?** ¿qué desea?; **pois bem** bueno; **pois sim!** ¡claro que sí!
polegar (*pl* **-res**) *m* pulgar *m.*
polêmica *f* polémica *f.*
pólen *m* polen *m.*
polícia 1 *f* policía *f.*
2 *m, f* policía *mf.*
❑ **Polícia** *f*: **Polícia Militar** policía militarizada; **Polícia Rodoviária** policía de tráfico ou tránsito *Amér.*
policial (*pl* **-ais**) **1** *mf* policía *mf.*
2 *adj* policial.
policiamento *m* vigilancia *f* policial.
polido, da *adj (lustroso)* brillante; *(liso)* liso(sa).
polir *vt lit & fig* pulir.
politécnico, ca *adj* politécnico(ca).
político, ca *m, f & adj* político(ca); **política externa** política *f* exterior.
❑ **política** *f* política *f.*
pólo *m* polo *m*; **pólo aquático** waterpolo *m*; **pólo norte** polo norte; **pólo sul** polo sur.
polpa *f (de fruto)* pulpa *f*; *(de dedo)* yema *f.*
poltrona *f* sillón *m.*
poluição *f* contaminación *f.*
poluído, da *adj* contaminado(da).
poluir *vt* contaminar.
polvo *m* pulpo *m.*
pólvora *f* pólvora *f.*
pomada *f* pomada *f*; **pomada anti-séptica** pomada antiséptica.
pomar (*pl* **-res**) *m* huerto *m* de frutales.
pombo, ba *m, f* palomo *m*, -ma *f.*
pomo-de-adão (*pl* **pomos-de-adão**) *m* nuez *f.*
pomposo, osa *adj* pomposo(sa).
ponderação *f (reflexão)* consideración *f.*
ponderado, da *adj* prudente.
ponderar *vt* ponderar.
pônei *m* poni *m.*
ponta *f (de dedo, língua, nariz)* punta *f*; *(de cigarro, charuto)* colilla *f*; **ter algo na ponta da língua** tener algo en la punta de la lengua; **de ponta a ponta** de punta a punta.
ponta-direita (*pl* **pontas-direitas**) *m* extremo *m* derecho.
ponta-esquerda (*pl* **pontas-esquerdas**) *m* extremo *m* izquierdo.
pontada *f* punzada *f Esp & Méx*, puntada *f CSur.*
pontapé *m* puntapié *m Esp & Méx*, patada *f RP*; **dar um pontapé** dar un puntapié *Esp & Méx* ou una patada *RP.*
pontaria *f*: **fazer pontaria** apuntar; **ter pontaria** tener puntería.
ponte *f* puente *m.*
ponteiro *m* manecilla *f Esp & Méx*, aguja *f RP.*
pontiagudo, da *adj* puntiagudo(da).
ponto *m* punto *m*; **às 9 em ponto** a las nueve en punto; **estar a ponto de fazer algo** estar a punto de hacer algo; **até certo ponto** hasta cierto punto; **ponto por ponto** punto por punto; **dois pontos** dos puntos; **ponto cardeal** punto cardinal; **ponto de encontro** punto de encuentro; **ponto de exclamação** signo *m* de exclamación ou admiración; **ponto**

final punto final; **ponto de interrogação** signo *m* de interrogación; **ponto morto** punto muerto; **ponto de partida** punto de partida; **ponto de táxi** parada de taxis *Esp & RP*, sitio de taxis *m Méx*; **ponto-e-vírgula** punto y coma; **ponto de vista** punto de vista.

pontuação (*pl* **-ões**) *f* puntuación *f*.

pontual (*pl* **-ais**) *adj* puntual.

pontuar *vt* puntuar.

popa *f* popa *f*.

popeline *f* popelina *f*.

população *f* población *f*.

popular (*pl* **-res**) *adj* popular.

pôquer *m* póquer *m*.

por *prep* **(a)** *(indica causa)* por; **foi por sua causa** fue por culpa suya; **por falta de meios** por falta de medios; **por hábito/rotina** por costumbre/rutina.
(b) *(indica objetivo)* por; **lutar por algo** luchar por algo.
(c) *(indica meio, modo, agente)* por; **foi feito por mim** lo hice yo; **por correio/avião/fax** por correo/avión/fax; **por escrito** por escrito.
(d) *(relativo a tempo)*: **partiu por duas semanas** se marchó dos semanas *Esp*, se fue dos semanas *Amér*.
(e) *(relativo a lugar)* por; **entramos no clube pela porta lateral** entramos al club por la puerta lateral; **está por aí** está por ahí; **por onde você vai?** ¿por dónde vas?; **vamos por aqui** vamos por aquí.
(f) *(relativo a troca, preço)* por; **paguei por este casaco apenas 20 reais** pagué apenas 20 reales por esta chaqueta; **troquei o carro velho por um novo** cambié el coche viejo por uno nuevo.
(g) *(indica distribuição)* por; **por cento** por cien ou ciento; **são 1.000 reais por dia/mês** son 1.000 reales por día/mes.
(h) *(em locuções)*: **por quê** ¿por qué?; **por mim tudo bem!** ¡por mí no hay ningún problema!

pôr 1 *vt (colocar)* poner; *(vestir, calçar)* ponerse; *(defeitos)* encontrar; *(suj: ave)* poner; *(depositar dinheiro)* ingresar, depositar *RP*.
2 *m*: **o pôr-do-sol** la puesta de sol.
3 pôr algo em funcionamento poner algo en funcionamiento; **pôr algo mais baixo/alto** *(rádio, televisão)* poner algo más alto/bajo; **pôr algo em algo** poner algo en algo; **pôr a mesa** poner ou tender *Amér* la mesa.
❑ **pôr-se** *vp* ponerse; **pôr-se a fazer algo** ponerse a hacer algo; **pôr-se de pé** ponerse de pie, pararse *Amér*; **pôr-se no lugar de alguém** ponerse en el lugar de alguien; **pôr-se a caminho** ponerse en camino.

porca *f* tuerca *f*.

porção (*pl* **-ões**) *f* porción *f*.

porcaria 1 *f* porquería *f*.
2 *interj* ¡maldita sea!

porcelana *f* porcelana *f*.

porco *m* cerdo *m*.

porções → **porção.**

porco-espinho (*pl* **porcos-espinhos**) *m* puercoespín *m*.

porém *conj* sin embargo.

pormenor (*pl* **-res**) *m* pormenor *m*; **em pormenor** pormenorizadamente.

pornografia *f* pornografía *f*.

poro *m* poro *m*.

porque *conj* porque.

porquê *m*: **o porquê de** el porqué de.

porquinho-da-índia (*pl* **porquinhos-da-índia**) *m* conejillo *m* de Indias.

porra *interj fam* ¡ostras! *Esp*, ¡carajo! *Amér*.

porta *f* puerta *f*; **porta automática** puerta automática; **porta corrediça** puerta corredera ou corrediza; **porta de entrada** puerta de entrada; **porta giratória** puerta giratoria; **porta de saída** puerta de salida; **porta sanfonada** puerta de acordeón; **bater** ou **ir de porta em porta** ir de puerta en puerta; **a portas fechadas** a puerta cerrada.

porta-aviões *m inv* portaaviones *m inv*.

porta-bagagem (*pl* **porta-bagagens**) *m* portaequipajes *m inv*.

porta-bandeira (*pl* **porta-bandeiras**) *mf* abanderado *m*, -da *f*.

portador, ra (*mpl* **-res**, *fpl* **-s**) *m, f* portador *m*, -ra *f*; **ao portador** al portador.

portal *m* INFORM portal *m*.

porta-luvas *m inv* guantera *f Esp & RP*, cajuelita *f Méx*.

porta-malas *m inv* maletero *m Esp*, cajuela *f Méx*, baúl *m RP*.

porta-níqueis *m inv* portamonedas *m inv*, monedero *m RP*.

porta-retratos *m inv* portarretratos *m inv*.

porta-revistas *m inv* revistero *m.*
portanto *conj* por tanto, por lo tanto.
portão (*pl* **-ões**) *m* portón *m.*
portaria *f (de edifício)* portería *f; (de governo)* decreto *m;* **baixar uma portaria** aprobar un decreto.
portátil (*pl* **-eis**) *adj* portátil.
porta-voz (*pl* **porta-vozes**) *mf* portavoz *mf.*
porte *m* porte *m.*
porteiro, ra *m, f* portero *m*, -ra *f.*
pórtico *m* pórtico *m.*
porto *m* puerto *m.*
portões → **portão.**
porventura *adv* por casualidad; **se porventura** si por casualidad.
posar *vi* posar.
posição (*pl* **-ões**) *f* posición *f; (moral, política)* postura *f.*
positivo, va **1** *adj* positivo(va).
2 *m (de fotografia)* positivo *m.*
posologia *f* posología *f.*
posse *f (de bem, dinheiro)* posesión *f; (em cargo público)* toma *f* de posesión; **estar em posse de** estar en poder de; **tomar posse** tomar posesión.
❑ **posses** *fpl*: **ter posses** tener bienes.
possessão (*pl* **-ões**) *f* posesión *f.*
possessivo, va *adj* posesivo(va).
possessões → **possessão.**
possibilidade *f* posibilidad *f.*
possibilitar *vt* posibilitar.
possível (*pl* **-eis**) **1** *adj* posible.
2 *m*: **fazer o possível (para fazer algo)** hacer lo posible (por hacer algo).
3 não é possível! ¡no es posible!; **logo que possível** en cuanto sea posible; **o mais cedo possível** lo antes posible; **o máximo possível** el máximo posible; **se possível** si es posible.
possuir *vt* poseer.
posta *f* filete *m*, posta *f RP.*
postal (*pl* **-ais**) **1** *adj* postal.
2 *m* postal *f.*
posta-restante (*pl* **postas-restantes**) *f* lista *Esp* ou casilla *f Amér f* de correos.
poste *m* poste *m.*
pôster (*pl* **-res**) *m* póster *m*, afiche *m RP.*
posteridade *f* posteridad *f.*
posterior (*pl* **-res**) *adj* posterior.
posteriormente *adv* posteriormente.
postiço, ça *adj* postizo(za).
postigo *m* ventanilla *f.*
posto *m* puesto *m;* **posto de gasolina** gasolinera *f Esp & Méx*, estación *f* de servicio *RP;* **posto médico** enfermería *f;* **posto de saúde** centro de salud.
póstumo, ma *adj* póstumo(ma).
postura *f* postura *f.*
potável *adj* → **água.**
pote *m* tarro *m*, pote *m CSur.*
potência *f* potencia *f.*
potencial (*pl* **-ais**) **1** *adj* potencial.
2 *m* potencial *m.*
potente *adj* potente; *(nação, país)* poderoso(sa).
potro *m* potro *m.*
pouco, ca **1** *adj* poco(ca).
2 *adv* poco.
3 *pron* pocos(cas).
4 *m*: **um pouco** un poco.
5 um pouco de un poco de; **um pouco mais de** un poco más de; **custar pouco** costar poco; **comer pouco** comer poco; **ficar a poucos passos** quedar a pocos metros ou pasos *Amér;* **pouco amável/inteligente** poco amable/inteligente; **daí a pouco** al poco rato; **daqui a pouco** dentro de poco; **falta pouco para** falta poco para; **há pouco** hace poco; **pouco a pouco** poco a poco, de a poco *Amér;* **por pouco** por poco; **fazer pouco de** despreciar, hacer burla de *Esp.*
poupança *f* ahorro *m.*
❑ **poupanças** *fpl* ahorros *mpl.*
poupar *vt & vi* ahorrar.
pouquinho *m* poquito; **só um pouquinho** sólo un poquito; **um pouquinho de** un poquito de.
pousada *f* albergue *m*, posada *f Amér.*
pousar **1** *vt* colocar.
2 *vi* posarse.
povo *m* pueblo *m (habitantes).*
povoação (*pl* **-ões**) *f* pueblo *m (lugar).*
povoar *vt* poblar.
praça *f* plaza *f;* **praça de touros** plaza de toros.
prado *m* prado *m.*
praga *f (doença)* peste *f; (de insetos)* plaga *f; (erva daninha)* mala hierba *f*, yuyo *m RP; (maldição)* maldición *f;* **rogar praga** maldecir.
pragmático, ca *adj* pragmático(ca).
praia *f* playa *f;* **praia para nudistas** playa nudista.

prancha *f* tabla *f*; **prancha de surfe** tabla de surf.
pranto *m* llanto *m*.
prata *f* plata *f*; **de** ou **em prata** de ou en *Amér* plata.
prateado, da *adj* plateado(da).
prateleira *f* estante *m*.
prática *f* práctica *f*; **na prática** en la práctica; **pôr algo em prática** poner algo en práctica; **ter prática** tener práctica.
praticante *mf* deportista *mf*.
praticar *vt* practicar; *(medicina)* ejercer.
praticável (*pl* **-eis**) *adj* realizable.
prático, ca *adj* práctico(ca).
prato *m* plato *m*; **prato de sopa** *(utensílio)* plato sopero; *(comida)* plato de sopa; **prato fundo** plato hondo; **prato raso** plato llano ou playo *RP*; **prato de sobremesa** plato de postre; **prato da casa** especialidad *f* de la casa; **prato do dia** plato del día.
❑ **pratos** *mpl* *MÚS* platillos *mpl*.
praxe *f (costume)* costumbre *f*; *(acadêmica)* tradición *f*; **ser de praxe** ser habitual.
prazer (*pl* **-res**) *m* placer *m*; **muito prazer!** ¡encantado!(da!); **prazer em conhecê-lo!** ¡encantado de conocerlo!; **o prazer é (todo) meu!** ¡el placer es mío!; **a bel prazer** a gusto; **com prazer** encantado(da); **por prazer** por placer.
prazo *m* plazo *m*; **prazo de validade** fecha *f* de caducidad, plazo *m* de validez; **a curto/longo/médio prazo** a corto/largo/medio ou mediano *Amér* plazo.
precário, ria *adj* precario(ria).
precaução (*pl* **-ões**) *f* precaución *f*; **por precaução** por precaución.
precaver-se *vp* prevenirse; **precaver-se contra** prevenirse contra; **precaver-se de** prevenirse de.
precavido, da *adj* precavido(da).
prece *f* plegaria *f*.
precedência *f* precedencia *f*; **ter precedência sobre** tener precedencia sobre.
preceder *vt* preceder a.
precioso, osa *adj* precioso(sa).
precipício *m* precipicio *m*.
precipitação (*pl* **-ões**) *f* precipitación *f*.
precipitar-se *vp* precipitarse.
precisamente *adv* precisamente.
precisão *f* precisión *f*; **com precisão** con precisión.
precisar *vt (especificar)* precisar.
❑ **precisar de** *v + prep* precisar; **precisar fazer algo** necesitar ou precisar *Amér* hacer algo.
preciso, sa *adj* preciso(sa); **ser preciso** ser preciso.
preço *m* precio *m*; **preço de ocasião** oferta *f*; **preço reduzido** precio rebajado; **preço de liquidação** precio de liquidación.
precoce *adj (criança)* precoz; *(decisão)* prematuro(ra).
preconcebido, da *adj* preconcebido(da).
preconceito *m* prejuicio *m*.
precursor, ra (*mpl* **-res**, *fpl* **-s**) *adj & m, f* precursor(ra).
predador, ra (*mpl* **-res**, *fpl* **-s**) *adj* predador(ra).
predecessor, ra (*mpl* **-res**, *fpl* **-s**) *m, f* predecesor *m*, -ra *f*.
predileção (*pl* **-ões**) *f* predilección *f*; **ter predileção por** tener predilección por.
predileções → **predileção.**
predileto, ta *adj* predilecto(ta).
prédio *m* edificio *m*; **prédio de apartamentos** bloque *m* de pisos *Esp*, edificio *m* de apartamentos *Méx* ou departamentos *Arg*.
predominante *adj* predominante.
predominar *vi* predominar.
preencher *vt* rellenar, llenar *Amér*.
pré-fabricado, pré-fabricada *adj* prefabricado(da).
prefácio *m* prefacio *m*.
prefeito, ta *m, f* alcalde *m*, -sa *f Esp & Méx*, intendente *m*, -ta *f RP*.
prefeitura *f* ayuntamiento *m Esp*, presidencia *f* municipal *Méx*, municipalidad *f Arg*.
preferência *f* preferencia *f*; **dar preferência a** darle preferencia a; **ter preferência por** tener preferencia por; **de preferência** preferiblemente.
preferido, da *adj* preferido(da).
preferir *vt* preferir; **preferir fazer algo** preferir hacer algo; **preferir a** preferir que.
prefixo *m* prefijo *m*.
prega *f (em roupa)* tabla *f*.
pregar[1] *vt (prego)* clavar; *(botões)* coser, pegar *RP*.
pregar[2] *vt* predicar.
prego *m fam* casa *f* de empeño; **pôr algo no prego** *fam* empeñar algo.

preguiça *f* pereza *f.*
pré-histórico, ca *adj* prehistórico(ca).
prejudicar *vt* perjudicar.
prejudicial (*pl* **-ais**) *adj*: **prejudicial para** perjudicial para.
prejuízo *m (dano)* daño *m*; *(em negócio)* perjuicio *m*; **em prejuízo de** en detrimento de; **sem prejuízo de** sin perjuicio de.

> Não confundir *prejuízo (perjuicio)* com o espanhol *prejuicio*, que em português é *preconceito*. (*Ele teve muitos prejuízos com a enchente.* Tuvo muchos *perjuicios* con la inundación.)

prematuro, ra *adj* prematuro(ra).
premiado, da *adj* premiado(da).
premiar *vt* premiar.
prêmio *m* premio *m*; *(em seguros)* prima *f.*
premonição (*pl* **-ões**) *f* premonición *f.*
pré-natal (*pl* **pré-natais**) *adj* prenatal.
prenda *f* regalo *m.*
prendado, da *adj* dotado(da) *Esp*, hacendoso(sa) *Amér.*
prender *vt (pessoa)* detener; *(animal)* atrapar; *(cabelo)* atar.
❑ **prender-se** *vp* engancharse.
prenome *m* nombre *m* de pila.
prenunciar *vt* predecir.
preocupação (*pl* **-ões**) *f* preocupación *f.*
preocupado, da *adj* preocupado(da).
preocupar *vt* preocupar.
❑ **preocupar-se** *vp* preocuparse; **preocupar-se com** preocuparse por.
preparação (*pl* **-ões**) *f* preparación *f.*
preparado, da 1 *adj* preparado(da).
2 *m* preparado *m.*
preparar *vt* preparar.
❑ **preparar-se** *vp* prepararse; **preparar-se para algo** prepararse para algo.
preposição (*pl* **-ões**) *f* preposición *f.*
prepotente *adj* prepotente.
presença *f* presencia *f*; **na presença de** en presencia de; **presença de espírito** presencia de ánimo.
presenciar *vt* presenciar.
presente 1 *adj* presente.
2 *m (prenda)* regalo *m*; GRAM presente *m.*
preservação (*pl* **-ões**) *f* preservación *f.*
preservar *vt* preservar.
preservativo *m (camisa-de-vênus)* preservativo *m*; *(conservante)* conservante *m.*
presidência *f* presidencia *f.*
presidente *mf* presidente *m*, -ta *f*; **presidente da República** presidente de la República.
presidir *vi*: **presidir a algo** presidir algo.
presilha *f* presilla *f.*
preso, sa 1 *adj (cabelo)* atado(da); *(animal, pessoa)* capturado(da); *(porta, janela etc.)* sujeto(ta).
2 *m, f* preso *m*, -sa *f.*
pressa *f* prisa *f*; **estar com pressa** tener prisa *Esp*, estar apurado *m*, -da *f Amér*; **estar sem pressa** no tener prisa *Esp* ou apuro *Amér*; **ter pressa** tener prisa *Esp* ou apuro *Amér*; **às pressas** deprisa *Esp*, rápido *Amér.*
presságio *m* presagio *m.*
pressão (*pl* **-ões**) *f* presión *f*; **pressão alta/baixa** MED presión alta/baja; **pressão atmosférica** presión atmosférica; **pressão dos pneus** presión de los neumáticos; **estar sob pressão** estar bajo presión.
pressentimento *m* presentimiento *m.*
pressentir *vt* presentir.
pressionar 1 *vt (pessoa)* presionar; *(botão)* oprimir.
2 *vi* presionar.
pressões → **pressão.**
pressupor *vt* presuponer.
prestação (*pl* **-ões**) *f (de serviço)* prestación *f*; *(de pagamento)* cuota *f Esp & RP*, abono *m Méx*; **pagar a prestações** pagar a plazos, pagar en abonos *Méx* ou cuotas *RP.*
prestar 1 *vt (ajuda, serviço, atenção)* prestar; *(contas)* rendir.
2 *vi* servir.
3 não prestar para nada no servir para nada; **não prestar** *(comida)* no estar bueno(na).
❑ **prestar-se a** *vp + prep (ser adequado para)* ser ideal para; *(estar disposto a)* prestarse a.
prestativo, va *adj* servicial.
prestes *adj*: **estar prestes a fazer algo** estar a punto de hacer algo.
prestidigitador, ra (*mpl* **-res**, *fpl* **-s**) *m, f* prestidigitador *m*, -ra *f.*
prestígio *m* prestigio *m.*
presumir *vt (supor)* suponer.
presunçoso, osa *adj* presuntuoso(sa).
presunto *m* jamón *m.*

pretender *vt* pretender; **pretender fazer algo** pretender hacer algo.

pretensão (*pl* **-ões**) *f (desejo)* deseo *m*.
❑ **pretensões** *fpl* pretensiones *fpl*.

pretérito *m* pretérito *m*.

pretexto *m* pretexto *m*; **sob pretexto algum** bajo ningún pretexto; **a** OU **sob o pretexto de** so pretexto de.

preto, ta 1 *adj (cor)* negro(gra); *(pej: indivíduo)* negro(gra), grone *RP*.
2 *m (cor)* negro *m*.
3 *m, f pej* negro *m*, -gra *f*, grone *RP*; **pôr o preto no branco** poner negro sobre blanco, poner algo por escrito *Amér*.

prevalecer *vi* prevalecer.

prevenção (*pl* **-ões**) *f* prevención *f*; *(aviso)* aviso *m*; **estar de prevenção** estar atento(ta); **por prevenção** como prevención.

prevenido, da *adj* precavido(da); **estar prevenido** llevar dinero consigo.

prevenir *vt (avisar)* prevenir; *(evitar)* prevenir; **prevenir alguém de algo** prevenir a alguien de algo.

preventivo, va *adj* preventivo(va).

prever *vt* prever.

previamente *adv* previamente.

prévio, via *adj* previo(via).

previsão (*pl* **-ões**) *f (de futuro)* predicción *f*; *(conjetura)* previsión *f*; **previsão do tempo** previsión del tiempo.

previsível (*pl* **-eis**) *adj* previsible.

previsões → **previsão.**

previsto, ta *adj* previsto(ta); **como previsto** como estaba previsto.

prezado, da *adj* querido(da) *Esp*, preciado(da) *Amér*; **prezado ...** *fml* estimado (da) ...

prima → **primo.**

primário, ria 1 *adj* primario(ria).
2 *f* EDUC primaria *f*.

primavera *f* primavera *f*.

primeira *f* primera *f* → **primeiro.**

primeiro, ra 1 *adj* primer(ra).
2 *adv* primero.
3 *num* primero(ra).
4 *m, f*: **o primeiro da turma/fila** el primero de la clase/fila.
5 **à primeira vista** a simple vista, a primera vista; **de primeira** de primera; **em primeiro lugar** en primer lugar; **primeira série** EDUC primero *(de primaria)*, primer año *Amér*; **primeiros socorros** primeros auxilios; **primeiro de tudo** antes de OU que nada.

primeiro-ministro, primeira-ministra (*mpl* **primeiros-ministros**, *fpl* **primeiras-ministras**) *m, f* primer ministro *m*, primera ministra *f*.

primitivo, va *adj* primitivo(va).

primo, ma *m, f* primo *m*, -ma *f*.

primogênito, ta *m, f* primogénito *m*, -ta *f*.

princesa *f* princesa *f*.

principal (*pl* **-ais**) *adj* principal.

principalmente *adv* principalmente.

príncipe *m* príncipe *m*.

principiante *mf* principiante *mf*.

principiar 1 *vt* empezar.
2 *vi* debutar.

princípio *m* principio *m*; **partir do princípio** partir del principio; **a princípio** al principio; **desde o princípio** desde el principio; **em princípio** en principio; **por princípio** por principio.

prioridade *f* prioridad *f*.

prisão (*pl* **-ões**) *f (ato)* captura *f*; *(local)* prisión *f*; **prisão de ventre** estreñimiento *m*.

privação (*pl* **-ões**) *f* privación *f*.
❑ **privações** *fpl* privaciones *fpl*.

privacidade *f* intimidad *f*, privacidad *f* *Amér*.

privações → **privação.**

privado, da 1 *adj* privado(da).
2 *f* lavabo *m Esp*, wáter *m Amér*.

privar *vt* privar; **privar alguém de algo** privar a alguien de algo.
❑ **privar-se de** *vp + prep*: **privar-se de algo** privarse de algo.

privativo, va *adj* exclusivo(va).

privilegiado, da *adj* privilegiado(da).

privilegiar *vt* privilegiar.

privilégio *m* privilegio *m*.

proa *f* proa *f*.

probabilidade *f* probabilidad *f*.

problema *m* problema *m*; **ter problemas com** tener problemas con.

proceder *vi* proceder; **proceder com** proceder con.

processador (*pl* **-res**) *m*: **processador de texto** procesador *m* de textos.

processamento *m* procesamiento *m*.

processar *vt* procesar.

processo *m* proceso *m*.

procissão (*pl* **-ões**) *f* procesión *f*.

proclamar *vt* proclamar.

procura *f (busca)* búsqueda *f*; *COM* demanda *f*; **andar à procura de** ir en busca de.

procurador, ra (*mpl* **-res,** *fpl* **-s**) *m, f* procurador *m*, -ra *f*; **procurador da República** ≃ fiscal *mf*.

procurar *vt* buscar; **procurar fazer algo** procurar hacer algo.

> Não confundir *procurar (buscar)* com o espanhol *procurar*, que em português é *tentar*. (*Tânia procurava Márcia.* Tânia *buscaba* a Márcia.)

prodígio *m* prodigio *m*.

produção (*pl* **-ões**) *f* producción *f*.

produtividade *f* productividad *f*.

produtivo, va *adj* productivo(va).

produto *m* producto *m*; **produto alimentar** producto alimenticio; **produto de limpeza** producto de limpieza; **produto natural** producto natural.

produtor, ra (*mpl* **-res,** *fpl* **-s**) *m, f* productor *m*, -ra *f*.

produzir *vt* producir.

proeminente *adj* prominente.

proeza *f* proeza *f*.

profanar *vt* profanar.

profecia *f* profecía *f*.

proferir *vt (discurso, palavra, insulto)* proferir; *(desejo)* expresar; *(sentença)* pronunciar.

professor, ra (*mpl* **-res,** *fpl* **-s**) *m, f* profesor *m*, -ra *f*.

profeta, tisa *m, f* profeta *mf*.

profiláctico, ca *adj* profiláctico(ca).

profissão (*pl* **-ões**) *f* profesión *f*.

profissional (*pl* **-ais**) *adj & mf* profesional.

profissões → **profissão.**

profundidade *f* profundidad *f*; **têm três metros de profundidade** tiene tres metros de profundidad.

profundo, da *adj* profundo(da).

prognóstico *m* pronóstico *m*.

programa *m* programa *m*.

programação (*pl* **-ões**) *f* programación *f*.

progredir *vi* progresar; **progredir em** progresar en.

progresso *m* progreso *m*; **fazer progressos** hacer progresos.

proibição (*pl* **-ões**) *f* prohibición *f*.

proibido, da *adj* prohibido(da); **'proibido fumar'** 'prohibido fumar'; **proibido para menores de 18** prohibido para menores de 18.

proibir *vt* prohibir; **proibir alguém de fazer algo** prohibirle a alguien hacer algo.

projeção (*pl* **-ões**) *f* proyección *f*.

projeções → **projeção.**

projétil (*pl* **-teis**) *m* proyectil *m*.

projeto *m* proyecto *m*.

projetor (*pl* **-res**) *m* proyector *m*.

proliferar *vi* proliferar.

prólogo *m* prólogo *m*.

prolongado, da *adj* alargado(da).

prolongar *vt* alargar.
❑ **prolongar-se** *vp* alargarse.

promessa *f* promesa *f*.

prometer *vt* prometer; **prometer algo a alguém** prometerle algo a alguien; **prometer fazer algo** prometer hacer algo; **prometer que** prometer que.

promíscuo, cua *adj* promiscuo(cua).

promissor, ra (*mpl* **-res,** *fpl* **-s**) *adj* prometedor(ra).

promoção (*pl* **-ões**) *f (em emprego)* ascenso *m*; *(em loja)* promoción *f*; **em promoção** de oferta.

promontório *m* promontorio *m*.

promover *vt (pessoa)* ascender; *(produto)* promocionar; *(causa)* promover.

pronome *m* pronombre *m*.

pronto, ta **1** *adj* listo(ta), pronto(ta) *Amér*. **2** *interj* ¡listo!; **estar pronto** estar listo ou pronto *Amér*.
3 **estar pronto a fazer algo** estar dispuesto(ta) a hacer algo; **estar pronto para fazer algo** estar preparado(da) para hacer algo, estar pronto ou listo para hacer algo *Amér*.

pronto-socorro (*pl* **prontos-socorros**) *m* urgencias *fpl*, urgencia *f RP*.

pronúncia *f* pronunciación *f*.

pronunciar *vt* pronunciar.
❑ **pronunciar-se** *vp* pronunciarse.

propaganda *f* propaganda *f*.

propensão (*pl* **-ões**) *f* propensión *f*.

propina *f* propina *f*.

propor *vt* proponer.

proporção (*pl* **-ões**) *f* proporción *f*; **em proporção** en proporción.
❑ **proporções** *fpl* proporciones *fpl*.

proporcional (*pl* **-ais**) *adj* proporcional; **proporcional a** proporcional a.

propósito *m* propósito *m*; **com o propósito de** con el propósito de; **a propósito**

a propósito; **de propósito** a propósito.
❑ **propósitos** *mpl* maneras *fpl.*

propriedade *f* propiedad *f*; **'propriedade privada'** 'propiedad privada'.

proprietário, ria *m, f* propietario *m*, -ria *f.*

próprio, pria 1 *adj (viatura, casa, característico)* propio(pia); *(adequado)* adecuado(da).
2 *m, f*: **em presença do próprio** en presencia del interesado.
3 próprio para apropiado(da) para; **eu próprio** yo mismo(ma); **o próprio presidente** el propio presidente.

prosa *f* prosa *f.*

prospecto *m* folleto *m.*

prosperar *vi* prosperar.

prosperidade *f* prosperidad *f.*

prosseguir 1 *vt (caminho, projeto)* seguir.
2 *vi (continuar)* seguir; **prosseguir com** continuar con.

prostituta *f* prostituta *f.*

protagonista *mf* protagonista *mf.*

proteção (*pl* **-ões**) *f* protección *f.*

proteger *vt* proteger.

proteína *f* proteína *f.*

prótese *f* prótesis *f inv*; **prótese dentária** prótesis dental.

protestante *adj & mf* protestante.

protestar *vi* protestar; **protestar contra** protestar contra.

protesto *m* protesta *f.*

protetor, ra (*mpl* **-res**, *fpl* **-s**) *adj & m, f* protector(ra); **protetor (solar)** protector solar.

protocolo *m (registro)* registro *m*; *(regras)* protocolo *m.*

protuberância *f* protuberancia *f.*

prova *f* prueba *f*; **à prova de** a prueba de; **dar provas de** dar pruebas de; **pôr à prova** poner a prueba; **prestar provas** hacer pruebas.

provar *vt* probar; *(roupa)* probarse.

provável (*pl* **-eis**) *adj* probable; **pouco provável** poco probable.

proveito *m* beneficio *m*; **bom proveito!** ¡buen provecho!; **em proveito de** en beneficio de; **tirar proveito de algo** sacar provecho de algo.

proveniente *adj*: **proveniente de** proveniente de.

provérbio *m* proverbio *m.*

prover-se: **prover-se de** *vp + prep* proveerse de.

proveta *f* probeta *f.*

providência *f* medida *f* preventiva; **tomar providências** tomar medidas.

providenciar 1 *vt* encontrar.
2 *vi*: **providenciar para que** tomar medidas para que.

província *f* provincia *f.*

provisório, ria *adj* provisional *Esp*, provisorio(ria) *Amér.*

provocador, ra (*mpl* **-res**, *fpl* **-s**) *adj* provocador(ra).

provocante *adj (irritante)* provocador(ra); *(tentador)* tentador(ra).

provocar *vt* provocar.

proximidade *f* proximidad *f Esp*, cercanía *f Amér.*
❑ **proximidades** *fpl* alrededores *mpl*, proximidades *fpl.*

próximo, ma 1 *adj (em espaço, tempo, intimidade)* cercano(na); *(seguinte)* próximo(ma).
2 *pron*: **o próximo/a próxima** el próximo/la próxima.
3 até a próxima! ¡hasta pronto!; **próximo de** cerca de; **o próximo cliente** el próximo cliente; **nos próximos dias/meses** en los próximos días/meses.

prudência *f* prudencia *f.*

prudente *adj* prudente.

prurido *m* prurito *m.*

P.S. (*abrev de* **Post Scriptum**) PS.

pseudônimo *m* pseudónimo *m.*

psicanálise *f* psicoanálisis *m inv.*

psicanalista *mf* psicoanalista *mf.*

psicologia *f* psicología *f.*

psicológico, ca *adj* psicológico(ca).

psicólogo, ga *m, f* psicólogo *m*, -ga *f.*

psiquiatra *mf* psiquiatra *mf.*

puberdade *f* pubertad *f.*

publicação (*pl* **-ões**) *f* publicación *f.*

publicar *vt* publicar.

publicidade *f* publicidad *f.*

público, ca 1 *adj* público(ca).
2 *m* público *m.*
3 o público em geral el público en general; **tornar público algo** hacer público algo; **em público** en público.

pudim (*pl* **-ns**) *m* pudding *m*, budín *m RP*; **pudim de leite** tocino del cielo *Esp*, flan *m* de (dulce de) leche *RP.*

pugilismo *m* boxeo *m.*

puído, da *adj* gastado(da).

pular *vi & vt* saltar.

pulga *f* pulga *f*; **estar com a pulga atrás da orelha** estar con la mosca ou pulga *Amér* detrás de la oreja.

pulmão (*pl* **-ões**) *m* pulmón *m*.

pulo *m* salto *m*; **dar pulos** dar saltos; **dar um pulo a** ou **até** pasar por, darse una corrida hasta *RP*; **num pulo** en un santiamén, volando *Amér*.

pulôver (*pl* **-res**) *m* pulóver *m*.

pulsação (*pl* **-ões**) *f* pulsación *f*.

pulseira *f* pulsera *f*.

pulso *m* pulso *m*.

pulverizar *vt* pulverizar.

punhado *m*: **um punhado de** un puñado de.

punhal (*pl* **-ais**) *m* puñal *m*.

punho *m (pulso)* muñeca *f*; *(mão fechada, de casaco, camisa etc.)* puño *m*; *(de arma, faca)* empuñadura *f*.

punição (*pl* **-ões**) *f* castigo *m*.

punir *vt* castigar.

pupila *f* pupila *f*.

purê *m* puré *m*; **purê (de batata)** puré de patata *Esp* ou papa *Amér*.

pureza *f* pureza *f*.

purgante *m* purgante *m*.

purificador, ra (*mpl* **-res,** *fpl* **-s**) **1** *adj* purificador(ra).
2 *m* purificador *m*; **purificador de ar** purificador de aire.

purificar *vt* purificar.

puritano, na *adj* puritano(na).

puro, ra *adj* puro(ra); **pura lã** pura lana; **a pura verdade** la pura verdad; **pura e simplesmente** pura y simplemente.

puro-sangue *m inv* purasangre *m inv*.

púrpura *f* púrpura *f*.

pus *m* pus *m*.

puta *f vulg* puta *f*.

puxador (*pl* **-res**) *m (de armário, gaveta)* tirador *m*.

puxão (*pl* **-ões**) *m* tirón *m Esp & RP*, jalón *m Méx*.

puxar 1 *vt (cabelo, corda)* tirar de *Esp & RP*, jalar *Méx*; *(carro, cadeira)* acercar.
2 *vi*: **puxar de algo** sacar.
3 'puxar', 'puxe' 'tirar', 'tire' *Esp & RP*, 'jalar', 'jale' *Méx*; **puxar o saco** *fam* hacer la pelota *Esp*, hacer la barba *Méx*, chupar las medias *RP*.

puxões → **puxão.**

Qq

Q.I. *m* (*abrev de* **quociente de inteligência**) CI *m*.

quadra *f* *(em poesia)* cuarteto *m*; *(de rua)* manzana *f Esp*, cuadra *f Amér*; **quadra de tênis/squash** pista *f* de tenis/squash *Esp & Méx*, cancha *f* de tenis/squash *RP*.

quadrado, da **1** *adj* cuadrado(da); *fam (pessoa)* cuadriculado(da) *Esp*, cuadrado(da) *Amér*.
2 *m* cuadrado *m*.

quadragésimo, ma *num* cuadragésimo (ma) → **sexto.**

quadril (*pl* **-is**) *m* cadera *f*.

quadro *m* *(pintura)* cuadro *m*; *(painel)* cartel *m*; *(em escola)* pizarra *f*, pizarrón *m Amér*.

quadro-negro (*pl* **quadros-negros**) *m* pizarra *f*, pizarrón *m Amér*.

quaisquer → **qualquer.**

qual (*pl* **-ais**) **1** *adj* qué.
2 *conj fml* como.
3 *interj* ¿qué?, ¿cómo?
4 *pron* ¿cuál?; **o/a qual** *(sujeito)* el/la cual, que; *(complemento)* cual, que.
5 **cada qual** cada cual; **qual deles ...?** *(pessoas)* ¿cuál de ellos ...?; *(coisas)* ¿cuál de esos ...?; **qual nada** OU **quê!** ¡no!

qualidade *f* calidad *f*; *(de pessoa)* cualidad *f*; *(espécie)* especie *f*; **estou aqui na qualidade de ...** estoy aquí en calidad de ...

qualificação (*pl* **-ões**) *f* cualificación *f*.

qualificado, da *adj (pessoa, pessoal)* cualificado(da) *Esp*, calificado(da) *Amér*; *(equipe, concorrente)* cualificado(da).

qualquer (*pl* **quaisquer**) **1** *adj* cualquiera.
2 *pron* cualquiera.
3 **está em qualquer lugar** está en cualquier lado; **qualquer um deles** cualquiera de ellos; **qualquer um** OU **pessoa** cualquiera; **a qualquer momento** en cualquier momento.

quando **1** *adv* cuándo.
2 *conj* cuando; *(ao passo que)* mientras que.
3 **de quando em quando** de cuando en cuando; **desde quando** desde cuándo; **de vez em quando** de vez en cuando; **quando quer que** cuando quiera que, cuando sea que *Amér*; **quando muito** como mucho.

quanta → **quanto.**

quantia *f* cantidad *f*.

quantidade *f* cantidad *f*; **em quantidade** en cantidad.

quanto, ta **1** *adj* **(a)** *(em interrogativas)* ¿cuánto(ta)?; **quantas vezes você esteve aqui?** ¿cuántas veces has estado aquí?; **quanto tempo temos?** ¿cuánto tiempo tenemos?; **quanto tempo temos de esperar?** ¿cuánto tendremos que esperar?
(b) *(em exclamações)* ¡cuánto(ta)!; **quanto dinheiro!** ¡cuánto dinero!; **quantos erros!** ¡cuántos errores!
(c) *(compara quantidades)*: **tanto ... quanto ...** tanto ... como ...
(d) *(em locuções)*: **uns quantos/umas quantas** unos cuantos/unas cuantas.
2 *pron* **(a)** *(em interrogativas)* ¿cuánto (ta)?; **quanto custam?** ¿cuánto cuestan?; **quanto quer?** ¿cuánto quieres?; **quantos quer?** ¿cuántos quieres?
(b) *(relativo a pessoas)* cuanto(ta); **agradeceu a todos quantos o ajudaram** dio las gracias a todos cuantos ayudaron.
(c) *(tudo o que)* cuanto(ta); **come quanto/quantos quiser** coma cuanto/cuantos quiera; **tudo quanto disse é verdade** todo cuanto dijo es verdad.
(d) *(compara quantidades)*: **quanto mais se tem, mais se quer** cuanto(ta).

(e) *(em locuções)*: **quanto a** en cuanto a; **quanto antes** cuanto antes; **quanto mais** mucho menos; **quanto mais melhor** cuanto más mejor.

> *Enquanto*: Não confundir com a forma *en cuanto* do espanhol, que tem uso e significado similares ao 'logo que, assim que ou apenas': (*En cuanto llegó todos se fueron.* Assim que chegou, todos se foram. *Dejaron de trabajar en cuanto sonó la campana.* Deixaram de trabalhar logo que soou a campainha.)

quarenta *num* cuarenta → **seis.**
quarentena *f* cuarentena *f.*
quaresma *f* cuaresma *f.*
quarta **1** *f* cuarta *f.*
2 *num* → **quarto.**
quarta-feira (*pl* **quartas-feiras**) *f* miércoles *m inv.*
quarteirão (*pl* **-ões**) *m (quantidade)* cuarto *m*; *(área)* manzana *f Esp,* cuadra *f Amér.*
quartel (*pl* **-éis**) *m* cuartel *m.*
quarteto *m* cuarteto *m.*
quarto, ta **1** *num* cuarto(ta).
2 *m* cuarto *m.*
3 **quarto de casal** habitación *f* doble, cuarto *m* de matrimonio *Amér*; **quarto de solteiro** habitación *f* individual; **quarto com duas camas** habitación con dos camas; **quarto de hora** cuarto de hora; **quarto crescente/minguante** cuarto creciente/menguante.
quartzo *m* cuarzo *m.*
quase *adv* casi; **quase nada** casi nada; **quase nunca** casi nunca; **quase quase** casi casi; **quase que** casi; **quase sempre** casi siempre.
quatro *num* cuatro → **seis.**
quatrocentos, tas *num* cuatrocientos (tas) → **seis.**
que **1** *adj inv* (a) *(uso interrogativo)* ¿qué?; **que dia é hoje?** ¿qué día es hoy?; **que horas são?** ¿qué hora es?, ¿qué horas son? *Amér.*
(b) *(uso exclamativo)* ¡qué!; **mas que belo dia!** ¡qué dia más estupendo!; **que fome!** ¡qué hambre!; **que maravilha!** ¡qué maravilla!
2 *pron* (a) *(uso interrogativo)* qué; **que é isso?** ¿qué es eso?; **que você quer?** ¿qué quiere?; **que você vai comer?** ¿qué va a comer?
(b) *(uso relativo)* que; **o homem que corre** el hombre que corre; **o bolo que comi era ótimo** el pastel que me comí estaba estupendo; **o homem que conheci** el hombre al que conocí.
3 *conj* (a) *(com complemento direto)* que; **confessou que tinha me enganado** confesó que me había engañado.
(b) *(em comparações)*: **(do) que** que; **é mais caro (do) que o outro** es más caro que el otro.
(c) *(exprime causa)* que; **leve o guarda-chuva que está chovendo** lleva el paraguas que está lloviendo; **vá depressa que você está atrasado** date prisa que estás retrasado *Esp,* apúrate que estás atrasado *Amér.*
(d) *(exprime conseqüência)* que; **pediu-me tanto que acabei por concordar** me insistió tanto que terminé por aceptar.
(e) *(exprime tempo)* que; **há horas que estou à espera** hace horas que estoy esperando; **há muito que não vou lá** hace mucho que no voy allá.
(f) *(indica desejo)* que; **espero que você se divirta** espero que te diviertas; **quero que você o faça** quiero que lo hagas; **que seja feliz!** ¡que seas feliz!
(g) *(em locuções)*: **que nem** como.
quê **1** *interj* ¡qué!
2 *pron* ¿qué?
3 *m*: **um quê** algo.
4 **um quê de** algo de; **um não sei quê** un no sé qué; **não tem de quê!** ¡no hay de qué!
quebra-cabeças *m inv (problema)* problema *f*; *(passatempo)* rompecabezas *m inv,* puzzle *m.*
quebrado, da *adj (partido)* roto(ta); *(enguiçado)* estropeado(da).
quebra-mar (*pl* **quebra-mares**) *m* rompeolas *m inv.*
quebra-nozes *m inv* cascanueces *m inv.*
quebrar *vt (objeto)* romper; *(perna, braço, cabeça)* romperse; **quebrar a cara** *fig* fracasar.
❑ **quebrar-se** *vp* romperse.
queda *f (tombo)* caída *f*; *(descida)* bajada *f,* baja *f Amér*; **ter queda para** *fig* tener inclinación por.
queijo *m* queso *m*; **queijo flamengo** queso holandés; **queijo fresco** queso fresco; **queijo ralado** queso rallado.
queijo-de-minas *m queso bajo en grasas típico de Brasil.*

queimado, da *adj* quemado(da).
queimadura *f* quemadura *f*; **queimadura de sol** quemadura *f* de sol.
queimar *vt* quemar.
❑ **queimar-se** *vp* quemarse.
queima-roupa *f*: **à queima-roupa** a quemarropa *f*.
queixa *f (lamentação)* queja *f*; *(em polícia)* denuncia *f*; **apresentar queixa** hacer una denuncia; **fazer queixa de alguém** denunciar a alguien.
queixar-se *vp* quejarse; **queixar-se a alguém** quejarse a alguien; **queixarse de** quejarse de.
queixo *m* mentón *m*; **bater o queixo** tiritar.
queixoso, osa *m, f* JUR demandante *mf*.
quem *pron* quién; **quem diria!** ¡quién lo diría! *Esp*, ¡quién diría! *Amér*; **quem é?** *(à porta)* ¿quién es?; **quem fala?** *(ao telefone)* ¿quién es? *Esp*, ¿quién habla? *Amér*; **quem me dera!** ¡ojalá!; **quem quer que** quien quiera que; **seja quem for** sea quien sea.
quentão (*pl* **-ões**) *m aguardiente de caña de azúcar que se sirve con canela y jengibre, en caliente.*
quente *adj (líquido, comida)* caliente; *(roupa)* cálido(da) *Esp*, abrigador(ra) *Méx*, abrigado(da) *RP*; *(tempo)* caluroso(sa).
quentinha *f* fiambrera *f (para mantener la comida caliente).*
quentões → **quentão.**
quer *conj*: **quer ... quer** o ... o; **quem quer que seja** sea quien sea; **onde quer que seja** donde sea; **o que quer que seja** lo que sea.
querer *vt (desejar)* querer; **como quiser!** ¡como quiera!; **por favor, queria ...** por favor, querría ...; **sem querer** sin querer; **querer muito a alguém** querer mucho a alguien; **querer bem a alguém** desearle el bien a alguien; **querer mal a alguém** desearle el mal a alguien; **querer dizer** querer decir.
❑ **querer-se** *vp*: **querer-se muito** quererse mucho.
querido, da *adj* querido(da).
quermesse *f* kermés *f*.
querosene *m* queroseno *m*.
questão (*pl* **-ões**) *f (pergunta, problema)* cuestión *f*; *(tema)* tema *f*; *(discussão)* discusión *f*; **há questão de 2 minutos** hace cosa de 2 minutos; **fazer questão de** exigir; **pôr em questão** cuestionar; **ser questão de** ser cuestión de; **em questão** en cuestión.
quiabo *m planta de origen africana y muy cultivada como hortaliza.*
quiçá *adv* quizá(s).
quieto, ta *adj* quieto(ta).
quietude *f* quietud *f*.
quilate *m* quilate *m*.
quilo *m* kilo *m*; **a quilo** a peso *Esp*, por peso *Amér*.
quilometragem (*pl* **-ns**) *f* kilometraje *m*.
quilômetro *m* kilómetro *m*.
química *f* química *f* → **químico.**
químico, ca *m, f* químico *m*, -ca *f*.
quindim, ns *m dulce de yema de huevo, coco y azúcar.*
quinhão (*pl* **-ões**) *m* parte *f*.
quinhentos, tas *num* quinientos(tas) → **seis.**
quinhões → **quinhão.**
quinquagésimo, ma *num* quincuagésimo(ma) → **sexto.**
quinquilharias *fpl* quincallería *f Esp*, baratijas *fpl Amér*.
quinta 1 *f (propriedade)* quinta *f*.
2 *num* → **quinto.**
quinta-feira *f* jueves *m inv*.
quintal (*pl* **-ais**) *m (terreno)* terreno *m*; *(medida)* quintal *m*.
quinteto *m* quinteto *m*.
quinto, ta *num* quinto(ta) → **sexto.**
quinze *num* quince → **seis**; **quinze dias** quince días.
quinzena *f* quincena *f*.
quiosque *m* quiosco *m*.
quisto *m* quiste *m*.
quitanda *m* tienda *f* de comestibles, abarrotería *f Méx*, almacén *m RP*.
quites *adj*: **estar quites (com alguém)** estar en paz (con alguien) *Esp*, estar a mano (con alguien) *Amér*.
quociente *m* cociente *m*.
quota *f* cuota *f*.
quotidiano, na 1 *adj* cotidiano(na).
2 *m*: **o quotidiano** el día a día.

R r

rã *f* rana *f.*
rabada *f* rabo *m.*
rabanada *f* torrija *f*, torreja *f RP.*
rabanete *m* rabanito *m.*
rabeca *f especie de violín de cuatro cuerdas, muy usado por los músicos populares del norte de Brasil.*
rabicho *m* coleta *f.*
rabino, na *m* rabino *m.*
rabiscar *vi & vt* garabatear.
rabisco *m* garabato *m.*
rabo *m* cola *f*; *fam (nádegas)* trasero *m Esp*, culo *f Amér*; **ser rabo de foguete** *fam* ser imprevisible; **abanar o rabo** mover la cola.
rabo-de-cavalo (*pl* **rabos-de-cavalo**) *m* cola *f* de caballo.
rabugento, ta *adj* cascarrabias *inv.*
raça *f* raza *f*; **de raça** de raza; **ter raça** *fam* tener agallas, tener garra *RP.*
ração (*pl* **-ões**) *f* ración *f.*
racha *f (em parede, muro)* grieta *f*; *(em madeira)* raja *f Esp*, rajadura *f Amér.*
rachar 1 *vt* compartir.
2 *vi* rajarse.
raciocínio *m* razonamiento *m.*
racional (*pl* **-ais**) *adj* racional.
racismo *m* racismo *m.*
rações → **ração.**
radar (*pl* **-res**) *m* radar *m.*
radiação (*pl* **-ões**) *f* radiación *f.*
radiador (*pl* **-res**) *m* radiador *m.*
radiante *adj* radiante.
radical (*pl* **-ais**) *adj* radical.
rádio 1 *m (aparelho)* radio *f*; **rádio relógio** radiodespertador *m.*
2 *f (estação)* radio *f.*
radioativo, va *adj* radiactivo(va).
radiografia *f* radiografía *f.*
radiotáxi *m* radiotaxi *m.*
ráfia *f* rafia *f.*
raia *f (peixe)* raya *f*; *(fronteira)* frontera *f.*
rainha *f* reina *f.*
raio *m (de sol, de luz, relâmpago)* rayo *m*; *(de roda)* radio *m*; **raio X** rayos X.
raiva *f* rabia *f*; **ter raiva de** tenerle rabia a.
raivoso, osa *adj* rabioso(sa).
raiz (*pl* **-zes**) *f* raíz *f.*
rajada *f* ráfaga *f.*
ralador (*pl* **-res**) *m* rallador *m.*
ralar *vt (alimentos)* rallar; *(joelho, cotovelo)* rascarse *Esp*, rasparse *Amér.*
ralé *f* escoria *f.*
rali *m* rally *m.*
ralo, la 1 *adj (cabelo)*: **ter o cabelo ralo** tener poco pelo; *(sopa, café)* aguado(da).
2 *m* desagüe *m Esp*, sumidero *m Amér*, resumidero *m RP.*
rama *f* rama *f.*
ramificar *vt* expandir.
❑ **ramificar-se** *vp* expandirse.
raminho *m* ramillete *m.*
ramo *m* ramo *m*; **mudar de ramo** cambiar de ramo.
rampa *f* rampa *f.*
rancho *m fam (prato)* rancho *m*; *(de pessoas)* grupo *m*; **rancho carnavalesco** *grupo de personas que recorren las calles cantando y bailando canciones populares de carnaval.*
ranço *m* alcurnia *f.*
rancor (*pl* **-es**) *m* rencor *m.*
rancoroso, osa *adj* rencoroso(sa).
rançoso, osa *adj* rancio(cia).
ranhura *f (em madeira, parede)* estría *f*; *(em telefone público)* ranura *f.*
rapar *vt (panela, tinta)* rascar, rasquetear *RP*; *(cabelo, pêlo, barba)* rapar *Esp*, rasurar *Méx*, afeitar *RP.*
rapaz (*pl* **-zes**) *m* muchacho *m.*

rapidez *f* rapidez *f.*
rápido, da 1 *adj* rápido(da).
2 *m* rápido *m.*
3 *adv* rápido.
raposa *f* zorro *m.*
rapsódia *f* rapsodia *f.*
raptar *vt* raptar.
rapto *m* rapto *m.*
raquete *f* raqueta *f.*
raquítico, ca *adj & m, f* raquítico(ca).
raramente *adv* raramente.
rarefeito, ta *adj* enrarecido(da).
raridade *f* rareza *f.*
raro, ra *adj* raro(ra); *(pouco espesso)* claro(ra), liviano(na) *RP*; **raras vezes** rara vez.
rascunhar *vt* esbozar.
rascunho *m* borrador *m.*
rasgado, da *adj (tecido, folha)* rasgado (da), roto(ta) *Amér*; *(sorriso)* amplio(plia).
rasgão (*pl* **-ões**) *m (em tecido, folha)* desgarrón *m*, rotura *f Amér*; *(em pele)* rasguño *m.*
rasgar *vt* rasgar, romper *Amér.*
❑ **rasgar-se** *vp* rasgarse, romperse *Amér.*
rasgões → **rasgão.**
raso, sa *adj* raso(sa).
raspa *f* ralladura *f.*
raspar *vt (limão, laranja)* rallar.
rasteiro, ra 1 *adj* rastrero(ra).
2 *f* zancadilla *f*; **dar uma rasteira em alguém** ponerle la zancadilla a alguien *Esp*, hacerle una zancadilla a alguien *Amér.*
rastejante *adj* rastrero(ra).
rastejar *vi* arrastrarse.
rasto *m* rastro *m.*
ratazana *f* rata *f.*
rato *m* ratón *m.*
ravina *f* barranco *m.*
razão (*pl* **-ões**) *f* razón *f*; **dar razão a alguém** darle la razón a alguien; **não ter razão de ser** no tener razón de ser; **ter razão** tener razón; **com razão** con razón; **sem razão** sin razón.
razoável (*pl* **-eis**) *adj* razonable.
ré *f* AUTO marcha *f* atrás → **réu.**
reabastecer *vt* reabastecer.
❑ **reabastecer-se** *vp* reabastecerse.
reação (*pl* **-ões**) *f* reacción *f.*
reacionário, ria *adj* reaccionario(ria).
reações → **reação.**
reagir *vi* reaccionar.
real (*pl* **-ais**) **1** *adj* real.
2 *m (moeda brasileira)* real *m.*
realçar *vt (cor, traço)* realzar; *(fato, idéia)* subrayar.
realejo *m* organillo *m.*
realeza *f* realeza *f.*
realidade *f* realidad *f*; **na realidade** en realidad; **realidade virtual** realidad virtual.
realista *mf* realista *mf.*
realização (*pl* **-ões**) *f* realización *f.*
realizador, ra (*mpl* **-res,** *fpl* **-s**) *m, f* realizador *m*, -ra *f.*
realizar *vt* realizar.
❑ **realizar-se** *vp* realizarse.
realmente *adv* realmente.
reanimar *vt* reanimar.
reatar *vt* reanudar.
reaver *vt* recuperar.
reavivar *vt (memória)* refrescar; *(lume)* reavivar.
rebaixar *vt* humillar.
❑ **rebaixar-se** *vp* rebajarse.
rebanho *m* rebaño *m.*
rebelde *mf* rebelde *mf.*
rebentar 1 *vi* reventar.
2 *vt (balão, bomba etc.)* reventar; *(corda)* romper.
rebocar *vt* remolcar.
rebolar *vi* contonearse.
❑ **rebolar-se** *vp* bambolearse.
rebuliço *m (desordem)* jaleo *m Esp*, relajo *m Amér*; *(agitação)* bullicio *m*, pachanga *f Méx*, bulla *f RP.*
recado *m* recado *m*; **dar um recado a alguém** dar un recado a alguien; **deixar recado** dejar un mensaje.
recaída *f* recaída *f*; **ter uma recaída** sufrir una recaída.
recair *vi*: **recair em algo** recaer en algo; **recair sobre** recaer en.
recanto *m (lugar retirado)* rincón *m*; *(local agradável)* rincón *m* tranquilo.
recapitular *vt* recapitular.
recatado, da *adj* recatado(da).
recauchutar *vt* recauchutar.
recear *vt* temer.
receber 1 *vt* recibir; *(dinheiro como pagamento)* cobrar; *(canal de TV, estação de rádio)* recibir, captar *Amér.*
2 *vi (ter visitas)* recibir.
receio *m* temor *m.*
receita *f (culinária, médica)* receta *f*; *(de Estado, empresa)* ingresos *mpl.*

receitar *vt* recetar.
recém-casado, da *m, f* recién casado *m*, -da *f*.
recém-chegado, da *adj* recién llegado (da).
recém-nascido, da *adj & m, f* recién nacido(da).
recente *adj* reciente.
receoso, osa *adj* receloso(sa), desconfiado(da).
recepção (*pl* **-ões**) *f* recepción *f*.
recepcionista *mf* recepcionista *mf*.
recepções → **recepção.**
receptivo, va *adj* receptivo(va); **mostrarse receptivo a** mostrarse receptivo a.
receptor (*pl* **-res**) **1** *m, f* receptor *m*, -ra *f*. **2** *m* receptor *m*.
recessão (*pl* **-ões**) *f* recesión *f*.
recheado, da *adj* relleno(na).
rechear *vt* rellenar.
recheio *m* relleno *m*.
rechonchudo, da *adj* rechoncho(cha).
recibo *m* recibo *m*.
reciclagem *f* reciclaje *m*.
reciclar *vt* reciclar.
reciclável (*pl* **-eis**) *adj* reciclable.
recife *m* arrecife *m*.
recinto *m* recinto *m*.
recipiente *m* recipiente *m*.
recíproco, ca *adj* recíproco(ca).
recital (*pl* **-ais**) *m* recital *m*.
recitar *vt & vi* recitar.
reclamação (*pl* **-ões**) *f* reclamación *f Esp*, reclamo *m Amér*; **livro de reclamações** libro *m* de reclamaciones *Esp* OU quejas *Amér*.
reclamar *vt & vi* reclamar.
reclame *m* anuncio *m*, aviso *m Amér*.
recobrar *vt* reanudar.
recolher *vt* recoger.
recomeçar *vt* volver a empezar.
recomendação (*pl* **-ões**) *f* recomendación *f*.
❑ **recomendações** *fpl (cumprimentos)* recuerdos *mpl*, saudos *mpl Amér*.
recomendar *vt* recomendar.
recomendável (*pl* **-eis**) *adj* recomendable; **pouco recomendável** poco recomendable.
recompensa *f* recompensa *f*.
recompor *vt* reordenar.
❑ **recompor-se** *vp* recuperarse.
reconciliação (*pl* **-ões**) *f* reconciliación *f*.
reconhecer *vt* reconocer.
reconhecimento *m* reconocimiento *m*.
reconstituir *vt* reconstruir.
recordação (*pl* **-ões**) *f* recuerdo *m*.
recordar *vt* recordar.
❑ **recordar-se** *vp* acordarse.
recorrer 1 *vt* recorrer. **2** *vi* JUR recurrir; **recorrer a** recurrir a.
recortar *vt* recortar.
recreio *m (tempo)* recreo *m*; *(local)* recreo *m*, patio *m*.
recriar *vt* recrear.
recriminar *vt* recriminar.
recruta 1 *mf* recluta *mf*. **2** *f* instrucción *f*.
recuar 1 *vt* echar hacia atrás. **2** *vi* retroceder.
recuperação *f* recuperación *f*.
recuperar *vt* recuperar.
❑ **recuperar-se** *vp* recuperarse.
recurso *m* recurso *m*; **em último recurso** en última instancia.
❑ **recursos** *mpl* recursos *mpl*.
recusa *f* rechazo *m*.
redator, ra (*mpl* **-res**, *fpl* **-s**) *m, f* redactor *m*, -ra *f*.
rede *f* red *f*; *(de cabelo)* redecilla *f*; *(para dormir)* hamaca *f*; **rede ferroviária** red ferroviaria; **rede rodoviária** red viaria OU carretera *RP*.
rédea *f* rienda *f*.
redigir *vt* redactar.
redobrar *vt* redoblar.
redondamente *adv* completamente.
redondo, da *adj lit & fig* redondo(da).
redor *m*: **em** OU **ao redor (de)** alrededor (de).
redução (*pl* **-ões**) *f* reducción *f*.
redundância *f* redundancia *f*.
reduzido, da *adj* reducido(da).
reduzir *vt* reducir.
reembolsar *vt* reembolsar.
reembolso *m* reembolso *m*.
reencontro *m* reencuentro *m*.
refazer *vt* rehacer.
❑ **refazer-se** *vp* recuperarse.
refeição (*pl* **-ões**) *f* comida *f*; **às refeições** durante las comidas; **refeição comercial** menú *m* económico; **refeição ligeira** comida ligera *Esp* OU liviana *Amér*.
refeitório *m* comedor *m*.

refém (*pl* **-ns**) *mf* rehén *mf.*
referência *f* referencia *f*; **fazer referência a** hacer referencia a.
❑ **referências** *fpl* referencias *fpl.*
referendo *m* referéndum *m.*
referente *adj*: **referente a** referente a.
referir *vt* citar.
❑ **referir-se a** *vp + prep* referirse a; **no que se refere a** en lo que se refiere a.
refinado, da *adj* refinado(da).
refinaria *f* refinería *f.*
refletir 1 *vt* reflejar.
2 *vi* reflexionar; **refletir sobre algo** reflexionar sobre algo.
❑ **refletir-se em** *vp + prep* reflejarse en.
refletor (*pl* **-res**) *m* reflector *m.*
reflexão (*pl* **-ões**) *f* reflexión *f.*
reflexo *m* reflejo *m.*
refogado, da 1 *adj* rehogado(da).
2 *m (molho)* sofrito *m*, recaudo *m Méx*; *(ensopado)* guiso *m.*
refogar *vt* rehogar.
reforçado, da *adj (esforço, energia)* redoblado(da); *(objeto, substância)* reforzado(da).
reforçar *vt* reforzar.
reforma *f* reforma *f*; *(de militar)* retiro *m*; **Reforma Agrária** reforma agraria.
refrão (*pl* **-ões**) *m (de canção)* estribillo *m.*
refratário, ria *adj* refractario(ria).
refrear *vt* contener.
❑ **refrear-se** *vp* contenerse.
refrescante *adj* refrescante.
refrescar *vt (suj: bebida, ar)* refrescar; *(cabeça)* despejar.
❑ **refrescar-se** *vp* refrescarse.
refresco *m refresco de fruta sin gas.*
refrigerante *m* refresco *m.*
refrões → **refrão.**
refugiado, da *m, f* refugiado *m*, -da *f.*
refugiar-se : **refugiar-se em** *vp + prep* refugiarse en.
refúgio *m* refugio *m.*
refugo *m* restos *mpl.*
refutar *vt* refutar.
rega *f* riego *m.*
regaço *m* regazo *m.*
regador (*pl* **-res**) *m* regadera *f.*
regalia *f* privilegio *m.*
regar *vt (plantas, terra)* regar; *(prato, comida)* regar.
regata *f* regata *f.*
regenerar-se *vp* regenerarse.
reger *vt (orquestra, banda)* dirigir.
região (*pl* **-ões**) *f* región *f*; **região demarcada** denominación *f* de origen.
regime *m* régimen *m.*
regiões → **região.**
regional (*pl* **-ais**) *adj* regional.
registrado, da *adj* certificado(da), registrado(da) *Amér.*
registrar *vt* registrar; *(carta, encomenda)* certificar, registrar *Amér.*
registro *m* registro *m*; *(de correio)* certificación *f*, registro *m Amér*; **registro civil** registro civil.
regra *f* regla *f*; **não fugir à regra** no ser ninguna excepción; **regra geral** regla general; **em regra** por lo general; **por regra** por regla general.
regressar *vi* regresar; **regressar a** regresar a.
regresso *m* regreso *m*; **estar de regresso** estar de regreso.
régua *f* regla *f.*
regulamento *m* reglamento *m.*
regular (*pl* **-res**) 1 *adj (tamanho)* mediano (na); *(qualidade)* normal; *(pontual)* puntual; GRAM *(vôo)* regular; *(uniforme)* llano(na), regular *Amér*; *(habitual)* habitual.
2 *vt* regular.
rei *m* rey *m.*
reinado *m* reinado *m.*
reinar *vi* reinar.
reivindicação (*pl* **-ões**) *f* reivindicación *f.*
reivindicar *vt* reivindicar.
rejeição (*pl* **-ões**) *f* rechazo *m.*
rejeitar *vt* rechazar.
relação (*pl* **-ões**) *f* relación *f*; **com** OU **em relação a** con OU en relación a.
❑ **relações** *fpl* relaciones *fpl*; **ter relações com alguém** tener relaciones con alguien; **relações públicas** relaciones públicas.
relâmpago *m* relámpago *m.*
relatar *vt* relatar.
relativo, va *adj* relativo(va); **relativo a** relativo a.
relatório *m* informe *m Esp & RP*, reporte *m Méx.*
relaxado, da *adj* relajado(da), cómodo (da) *RP.*
relaxante *adj & m* relajante.
relaxar *vt (descontrair)* relajar.

❑ **relaxar-se** *vp (descontrair)* relajarse.
relembrar *vt* recordar.
relevo *m* relieve *m*; **dar relevo a** destacar.
religião (*pl* **-ões**) *f* religión *f*.
relíquia *f* reliquia *f*.
relógio *m* reloj *m*; **relógio de pulso** reloj de pulsera, reloj pulsera *RP*; **relógio de ponto** reloj para fichar *Esp*, reloj para marcar tarjeta *Amér*; **relógio de quartzo** reloj de cuarzo; **relógio solar** reloj de sol.
relojoaria *f* relojería *f*.
relutância *f (reticência)* reticencia *f*; *(oposição)* resistencia *f*.
reluzente *adj* reluciente.
relva *f* hierba *f*.
remar *vi* remar.
rematar *vt* rematar.
remediar *vt* remediar.
remédio *m* remedio *m*; **não ter remédio** *fig* no tener remedio.
remendar *vt (pneu)* arreglar *Esp*, renovar *Méx*, recauchutar *RP*; *(peça de vestuário)* remendar.
remendo *m (em pneu)* parche *m*; *(em peça de vestuário)* remiendo *m*.
remessa *f* remesa *f*.
remetente *mf* remitente *mf*.
remeter *vt* remitir.
remexer *vt* revolver.
remo *m* remo *m*.
remoção (*pl* **-ões**) *f (de obstáculo, objeto)* retirada *f*, retiro *m Amér*; *(de pessoa)* traslado *m*; *(de nódoa, quisto)* extirpación *f*; *(de pedra)* extracción *f*.
remorso *m* remordimiento *m*.
remoto *adj* remoto(ta).
remover *vt (obstáculo, objeto)* retirar; *(pessoa)* trasladar; *(nódoa, quisto)* extirpar; *(pedra)* extraer.
remuneração (*pl* **-ões**) *f* remuneración *f*.
renascer *vi* renacer.
renascimento *m* renacimiento *m*.
❑ **Renascimento** *m*: **o Renascimento** el Renacimiento.
renda *f (rendimento)* ingresos *mpl*; *(de vestido, blusa etc.)* encaje *m*; **alta/baixa renda** renta *f* elevada/baja; **imposto de renda** impuesto *m* sobre la renta; **renda nacional** producto *m* nacional bruto.
renegar *vt* renegar de.
renovação (*pl* **-ões**) *f (de contrato, amizade)* renovación *f*; *(de edifício)* restauración *f Esp*, refacción *f Amér*.
renovar *vt (consertar)* restaurar *Esp*, refaccionar *Amér*; *(substituir)* renovar; *(fortalecer)* recuperar.
rentabilidade *f* rentabilidad *f*.
rentável (*pl* **-eis**) *adj* rentable.
renúncia *f* renuncia *f*.
renunciar *vt* renunciar a.
reparação (*pl* **-ões**) *f* reparación *f*.
reparar *vt* reparar.
❑ **reparar em** *v + prep* reparar en.
repartição (*pl* **-ões**) *f (partilha, distribuição)* reparto *m*; *(escritório)* departamento *m*; **repartição pública** oficina *f* pública.
repartir *vt* repartir; **repartir algo com alguém** compartir algo con alguien; **repartir algo em algo** repartir algo en algo.
repelente **1** *adj* repelente.
2 *m*: **repelente (de insetos)** repelente *m* (contra insectos).
repente *m* arrebato *m*; **de repente** de repente.
repentino, na *adj* repentino(na).
repercussão (*pl* **-ões**) *f* repercusión *f*.
repertório *m* repertorio *m*.
repetição (*pl* **-ões**) *f* repetición *f*.
repetidamente *adv* repetidamente.
repetido, da *adj* repetido(da).
repetir *vt* repetir.
❑ **repetir-se** *vp* repetirse.
replay *m* repetición *f*.
replicar *vt*: **replicar que** replicar que.
repolho *m* repollo *m*.
repor *vt* reponer; **repor algo no lugar** volver a poner algo en su sitio.
reportagem (*pl* **-ns**) *f* reportaje *m*.
repórter (*pl* **-res**) *mf* reportero *m*, -ra *f*.
repousar *vt & vi* reposar.
repreender *vt* reprender.
represa *f* represa *f*.
represália *f* represalia *f*.
representação (*pl* **-ões**) *f* representación *f*.
representante *mf* representante *mf*; **representante oficial** distribuidor *m* autorizado.
representar **1** *vt* representar.
2 *vi* actuar.
repressão (*pl* **-ões**) *f* represión *f*.
reprimir *vt* reprimir.

reprise *f* reposición *f.*
reprodução (*pl* **-ões**) *f* reproducción *f.*
reproduzir *vt* reproducir.
❑ **reproduzir-se** *vp* reproducirse.
reprovar *vt (atitude, comportamento)* reprobar; *(lei, projeto)* rechazar; *(ano escolar, exame)* suspender *Esp,* reprobar *Méx,* perder *RP.*
réptil (*pl* **-teis**) *m* reptil *m.*
república *f (sistema político)* república *f*; *(de estudantes)* casa *f* de estudiantes.
repudiar *vt* repudiar.
repugnância *f* repugnancia *f.*
repugnante *adj* repugnante.
repulsa *f* repulsión *f.*
repulsivo, va *adj* repulsivo(va).
reputação (*pl* **-ões**) *f* reputación *f.*
requerer *vt* requerir.
requerimento *m* requerimiento *m.*
requintado, da *adj* refinado(da), exquisito(ta).
requinte *m* refinamiento *m.*
requisito *m* requisito *m.*
rescindir *vt* rescindir.
resenha *f* reseña *f.*
reserva *f* reserva *f*; **reserva de caça** reserva de caza; **reserva florestal** reserva forestal; **reserva indígena** reserva indígena; **reserva natural** reserva natural.
reservado, da *adj* reservado(da).
reservar *vt* reservar.
resfriado *m* resfriado *m Esp & Méx,* resfrío *m RP.*
resgate *m* rescate *m.*
resguardar *vt* resguardar.
❑ **resguardar-se** *vp* resguardarse.
residência *f* residencia *f.*
residencial (*pl* **-ais**) *adj* residencial.
residir: **residir em** *v + prep* residir en.
resíduo *m* residuo *m.*
resignação *f* resignación *f.*
resignar-se *vp* resignarse.
resina *f* resina *f.*
resistência *f* resistencia *f.*
resistente *adj* resistente.
resistir *vi* resistir.
resmungar **1** *vt* murmurar.
2 *vi* rezongar, refunfuñar, repelar *Méx.*
resolução (*pl* **-ões**) *f* resolución *f.*
resolver *vt* resolver; **resolver fazer algo** resolver hacer algo.
❑ **resolver-se** *vp* decidir.
respectivo, va *adj* respectivo(va).
respeitar *vt* respetar.
❑ **respeitar a** *v + prep*: **no que respeita a** en lo que respecta a.
respeitável (*pl* **-eis**) *adj lit & fig* respetable.
respeito *m* respeto *m*; **dizer respeito a** referirse a; **ter respeito por** respetar a; **a respeito de** ou **com respeito a** con respecto a.
respiração *f* respiración *f.*
respirar *vt & vi* respirar.
resplandecente *adj* resplandeciente.
responder **1** *vt* responder.
2 *vi* responder; *(ir a tribunal)* comparecer; **responder a** responder a.
❑ **responder por** *v + prep* responder por.
responsabilidade *f* responsabilidad *f.*
responsabilizar *vt*: **responsabilizar alguém/algo por algo** responsabilizar a alguien/algo de algo.
❑ **responsabilizar-se por** *vp + prep* responsabilizarse de.
responsável (*pl* **-eis**) *adj & mf* responsable; **responsável por** responsable de.
resposta *f* respuesta *f.*
resquício *m* vestigio *m.*
ressabiado, da *adj (desconfiado)* desconfiado(da); *(ressentido)* resentido(da).
ressaca *f* resaca *f*, cruda *f Méx.*
ressaltar *vt & vi* resaltar.
ressentimento *m* resentimiento *m.*
ressentir-se *vp* resentirse; **ressentir-se de** resentirse de.
ressurgimento *m* resurgimiento *m.*
ressuscitar *vt & vi* resucitar.
restabelecer *vt* restablecer.
❑ **restabelecer-se** *vp* restablecerse.
restar *vi* sobrar, quedar.
restauração (*pl* **-ões**) *f* restauración *f.*
restaurante *m* restaurante *m*; **restaurante panorâmico** restaurante con vistas panorámicas.
restaurar *vt* restaurar.
restinga *f* banco *m* de arena.
restituir *vt* restituir.
resto *m (sobra)* resto *m*; MAT resto *m.*
❑ **restos** *mpl* restos *mpl*; **restos mortais** restos mortales.
resultado *m* resultado *m.*
resultar *vi (dar resultado)* resultar; **resultar de** resultar de; **resultar em** tener como resultado.
resumir *vt* resumir.

❑ **resumir-se a** *vp + prep* resumirse en.
resumo *m* resumen *m*; **em resumo** en resumen.
reta → **reto.**
retaguarda *f* parte *f* de atrás, retaguardia *f Amér.*
retalho *m* retazo *m*; **colcha de retalhos** colcha de retazos.
retaliação (*pl* **-ões**) *f* represalia *f.*
retaliar 1 *vt* vengarse de.
2 *vi* tomar represalias.
retângulo *m* rectángulo *m.*
retardar *vt* retardar.
reter *vt* retener; *(impulso, lágrimas, ira)* contener.
reticente *adj* reticente.
retina *f* retina *f.*
retirada *f* retirada *f.*
retirar *vt* retirar.
❑ **retirar-se** *vp* retirarse; **retirar-se de algo** retirarse de algo.
reta *f* recta *f,* → **reto.**
reto, ta 1 *adj* recto(ta).
2 *m* ANAT recto *m.*
3 *f* recta *f.*
retorcido, da *adj* retorcido(da).
retórica *f* retórica *f.*
retornar *vi* retornar; **retornar a** retornar a.
retraído, da *adj* retraído(da).
retrato *m* retrato *m.*
retribuir *vt* devolver.
retroceder *vi* retroceder.
retrógrado, da *adj* retrógrado(da).
retrovisor (*pl* **-res**) *m* retrovisor *m.*
réu, ré *m, f* reo *m*, rea *f.*
reumatismo *m* reumatismo *m.*
reunião (*pl* **-ões**) *f* reunión *m.*
reunir *vt* reunir.
❑ **reunir-se** *vp* reunirse.
réveillon *m* Nochevieja *f.*
revelação (*pl* **-ões**) *f* revelación *f*; *(de fotografia)* revelado *m.*
revelar *vt* revelar.
❑ **revelar-se** *vp* mostrarse.
revendedor, ra (*mpl* **-res,** *fpl* **-s**) *m, f* distribuidor *m*, -ra *f*, revendedor *m*, -ra *f Amér.*
rever *vt (pessoa)* volver a ver; *(texto, trabalho)* revisar.
reverso *m* reverso *m.*
revés (*pl* **-eses**) *m* revés *m*; **ao revés** al revés; **de revés** de reojo.
revestir *vt (paredes)* revestir; *(caixa)* forrar; *(cadeira)* tapizar.
revezar-se *vp* relevarse, turnarse.
revirado, da *adj (quarto, gaveta)* revuelto (ta); *(olhos)* en blanco.
reviravolta *f (com carro, moto)* trompo *m*; *(pirueta)* voltereta *f Esp & RP,* maroma *f Méx*; *(fig: em situação)* giro *m.*
revisão (*pl* **-ões**) *f* revisión *f*; *(de texto, prova tipográfica)* corrección *f*, revisión *f Amér*; *(de matéria, aula)* repaso *m.*
revisor, ra (*mpl* **-res,** *fpl* **-s**) *m, f (de texto, provas tipográficas)* corrector *m*, -ra *f*, revisor *m*, -ra *f Amér*; *(em transporte público)* revisor *m*, -ra *f*, inspector *m*, -ra *f Amér.*
revista *f* revista *f*; **revista em quadrinhos** cómic *m Esp*, revista *f* de monitos *Méx*, revista *f* de historietas *RP.*
revolta *f (rebelião)* revuelta *f*, rebelión *f Amér*; *(indignação)* indignación *f.*
revoltar-se *vp (sublevar-se)* rebelarse; *(indignar-se)* indignarse.
revolução (*pl* **-ões**) *f* revolución *f.*
revolver *vt* revolver.
revólver (*pl* **-res**) *m* revólver *m.*
rezar *vi & vt* rezar.
riacho *m* riachuelo *m.*
ribeira *f* ribera *f.*
ribeirão (*pl* **-ões**) *m* arroyo *m.*
ribeirinho, nha *adj* ribereño(ña).
ribeirões → **ribeirão.**
rícino *m* ricino *m*; **óleo de rícino** aceite *m* de ricino.
rico, ca *adj* rico(ca); **rico em** rico en.
ricota *f* queso *m* ricotta.
ridicularizar *vt* ridiculizar.
ridículo, la 1 *adj* ridículo(la).
2 *m* ridículo *m.*
rifa *f (sorteio)* rifa *f*; *(bilhete)* boleto *m*, tíquet *m Amér.*
rigidez *f* rigidez *f.*
rigor (*pl* **-res**) *m* rigor *m.*
rijo, ja *adj (duro, músculo)* rígido(da); *(carne)* duro(ra); *(não maduro)* verde.
rim (*pl* **-ns**) *m* riñón *m.*
rima *f* rima *f.*
rímel® (*pl* **-eis**) *m* rímel *m.*
ringue *m* ring *m.*
rinoceronte *m* rinoceronte *m.*
rinque *m* pista *f* de patinaje.
rio *m* río *m*; **rio abaixo/acima** río abajo/arriba.

riqueza *f* riqueza *f.*

rir *vi* reír; **desatar a rir** echarse a reír *Esp & Méx,* largarse a reír *RP*; **morrer de rir** morirse de risa.

risada *f* carcajada *f.*

risca *f* raya *f*; **de riscas** rayado(da); **à risca** al pie de la letra; **risca ao meio/ao lado** *(cabelo)* raya en medio/a un lado *Esp & Méx,* raya al medio/al costado *RP.*

riscar *vt* rayar.

risco *m (em cabelo, traço)* raya *f*; *(perigo)* riesgo *m*; **correr o risco de** correr el riesgo de; **pôr em risco** arriesgar; **risco de vida** peligro *m* de muerte.

riso *m* risa *f.*

risoto *m* risoto *m*; **risoto de camarão** risoto de gambas *Esp,* risoto de camarones *Amér*; **risoto de galinha** risoto de pollo.

ríspido, da *adj* antipático(ca).

rissole *m* empanadilla *f Esp,* empanadita *f Amér.*

ritmo *m* ritmo *m.*

ritual (*pl* **-ais**) *m* ritual *m.*

rival (*pl* **-ais**) *mf* rival *mf.*

rivalidade *f* rivalidad *f.*

robalo *m* róbalo *m.*

robô *m* robot *m.*

robusto, ta *adj* robusto(ta).

roça *f* campo *m Esp,* plantío *m Amér.*

rocambole *m* ≃ brazo *m* de gitano *Esp & Méx,* ≃ arrollado *m RP.*

roçar *vt* rozar.

rocha *f* roca *f.*

rochedo *m* peñasco *m.*

rock *m* rock *m.*

roda *f (de carro, bicicleta)* rueda *f*; *(de saia, vestido)* vuelo *m Esp,* olán *m Méx,* volado *m RP*; *(de pessoas)* corro *m Esp & Méx,* rueda *f RP*; **à roda de** en torno a; **brincar de roda** jugar al corro *Esp & Méx,* jugar a la ronda *RP*; **fazer uma roda** hacer un corro *Esp & Méx,* hacer una ronda *RP.*

rodada *f* ronda *f.*

rodagem *f* → **estrada.**

roda-gigante (*pl* **rodas-gigantes**) *f* noria *f Esp,* rueda de la fortuna *f Méx,* rueda gigante *f RP.*

rodapé *m* zócalo *m*; **nota de rodapé** nota *f* a pie de página.

rodar 1 *vt* hacer girar.
2 *vi* girar.

rodear *vt* rodear.
❑ **rodear-se de** *vp + prep* rodearse de.

rodela *f* rodaja *f.*

rodízio *m (restaurante)* buffet *m* libre; *(revezamento)* turno *m*; **em rodízio** por turnos.

rododendro *m* rododendro *m.*

rodopiar *vi* arremolinarse.

rodovia *f* autopista *f*; **rodovia com pedágio** autopista de peaje.

rodoviária *f* estación *f* de autobuses *Esp* ou buses *Amér.*

roer *vt* roer.

rola *f* tórtola *f.*

rolar *vi* rodar.

roleta *f* ruleta *f*; **roleta-russa** ruleta rusa.

rolha *f* tapón *m*; **rolha de cortiça** tapón de corcho.

rolo *m (fotográfico)* rollo *m*; *(de cabelo)* rulo *m*; *(de pintar)* rodillo *m*; *fam (confusão)* follón *m Esp,* desmadre *m Méx,* lío *m RP*; **rolo de massa** ou **pastel** rodillo *m* de cocina, palote *m RP.*

romã *f* granada *f.*

romance *m (namoro)* romance *m*; *(gênero literário)* novela *f*; **romance policial** novela policíaca ou policial *RP.*

romântico, ca *adj* romántico(ca).

rombo *m lit & fig* agujero *m.*

romper *vt* romper.
❑ **romper-se** *vp* romperse.
❑ **romper com** *v + prep* romper con.

ronda *f* ronda *f*; **fazer a ronda** hacer la ronda.

rosa *f* rosa *f*; **um mar de rosas** un lecho de rosas.

rosário *m* rosario *m.*

rosca *f* rosca *f.*

rosé *m (vinho)* vino *m* rosado.

roseira *f* rosal *m.*

rosnar *vi* gruñir.

rosto *m* rostro *m.*

rota *f* ruta *f.*

rotativo, va *adj* rotatorio(ria).

roteiro *m* itinerario *m.*

rotina *f* rutina *f.*

roto, ta *adj* roto(ta).

rótula *f* rótula *f.*

rotular *vt* etiquetar.

rótulo *m* etiqueta *f.*

roubar *vt & vi* robar; **roubar algo a alguém** robarle algo a alguien.

roubo *m lit & fig* robo *m.*

rouco, ca *adj* ronco(ca).

roupa *f* ropa *f.*
roupão (*pl* **-ões**) *m* bata *f*, salto *m* de cama *RP.*
rouxinol (*pl* **-óis**) *m* ruiseñor *m.*
roxo, xa *adj* violeta *inv.*
rua 1 *f* calle *f.*
2 *interj* ¡fuera!; **rua abaixo/acima** calle abajo/arriba.
3 rua sem saída callejón *m* sin salida; **ir para a rua** salir a la calle; **botar alguém na rua** *fig* echar a alguien a la calle, poner a alguien en la calle *RP.*
rubéola *f* rubeola *f.*
rubi *m* rubí *m.*
rubor (*pl* **-res**) *m* rubor *m.*
ruborizar-se *vp* ruborizarse.
rubrica *f* rúbrica *f.*
ruço, ça *adj (grisalho)* canoso(sa); *(desbotado)* descolorido(da).
rúcula *f* rúcula *f.*
rude *adj* rudo(da).
ruela *f* callejuela *f.*
ruga *f* arruga *f.*
rúgbi *m* rugby *m.*
rugido *m* rugido *m.*
rugir *vi* rugir.
ruído *m* ruido *m.*
ruim (*pl* **-ns**) *adj* malo(la).
ruínas *fpl* ruinas *fpl.*
ruivo, va *adj* pelirrojo(ja).

Não confundir ***ruivo (pelirrojo)*** com o espanhol ***rubio***, que em português é ***loiro***. (***Ela é a ruiva da turma, eu gosto de seu cabelo vermelho.*** Ella es la ***pelirroja*** de la clase, me gusta su cabello rojo.)

rum *m* ron *m.*
rumar: **rumar a** *v + prep* poner rumbo a.
rumba *f* rumba *f.*
rumo *m* rumbo *m.*
rumor (*pl* **-res**) *m* rumor *m.*
ruptura *f (em relação, contrato)* ruptura *f*; *(de ligamento)* rotura *f.*
rural (*pl* **-ais**) *adj* rural.
rush *m* hora *f* punta *Esp*, hora *f* pico *Amér.*
rústico, ca *adj* rústico(ca).

Ss

S.A. (*abrev de* **Sociedade Anônima**) SA.
sábado *m* sábado *m* → **sexta-feira.**
sabão (*pl* **-ões**) *m* jabón *m.*
sabedoria *f* sabiduría *f.*
saber 1 *m* saber *m.*
2 *vt & vi* saber.
3 saber fazer algo saber hacer algo; **fazer saber** hacer saber; **não querer saber** no interesar a alguien; **não saber nada** no saber nada; **sem saber** sin saber.
❑ **saber de** *v + prep (entender de)* saber de; *(ter conhecimento de)* saber; **vir a saber de algo** enterarse de algo.
sabiá *f* tordo *m.*
sabões → **sabão.**
sabonete *m* pastilla *f* de jabón.
saboneteira *f* jabonera *f.*
sabor (*pl* **-res**) *m* sabor *m.*
saborear *vt lit & fig* saborear.
sabotagem (*pl* **-ns**) *f* sabotaje *m.*
sabotar *vt* sabotear.
sabugueiro *m* saúco *m.*
saca *f* saca *f Esp,* bulto *m Méx,* bolsa *f RP.*
sacar *vt fam (compreender)* cazar.
sacarina *f* sacarina *f.*
saca-rolhas *m inv* sacacorchos *m inv,* descorchador *m RP.*
sacarose *f* sacarosa *f.*
sacerdote *m* sacerdote *m.*
saciar *vt* saciar.
❑ **saciar-se** *vp* saciarse.
saco *m (de pano, plástico)* saco *m Esp,* bulto *m Méx,* bolsa *f RP; (quantidade)* saco *m;* **saco de lixo** bolsa *f* de la basura; **saco de dormir** saco de dormir, bolsa *f* ou sobre *m* de dormir *Amér;* **ser um saco** *fam* ser un rollo *Esp* ou una fregada *Méx* ou un embole *RP;* **encher o saco de alguém** *fam* cabrear *Esp* ou fregar *Méx* ou inflar *RP* a alguien; **ter saco para algo** ou **alguém** *fam* tener paciencia para algo ou con alguien.
sacola *f* bolsa *f.*
sacramento *m* sacramento *m.*
❑ **sacramentos** *mpl* sacramentos *mpl.*
sacrificar *vt* sacrificar.
❑ **sacrificar-se** *vp*: **sacrificar-se por alguém** sacrificarse por alguien.
sacrilégio *m* sacrilegio *m.*
sacristia *f* sacristía *f.*
sacro, cra *m* sacro(cra).
sacudir *vt* sacudir.
sádico, ca *m, f* sádico *m,* -ca *f.*
sadio, dia *adj (saudável)* saludable.
safira *f* zafiro *m.*
Sagitário *m* Sagitario *m inv.*
sagrado, da *adj* sagrado(da).
saguão (*pl* **-ões**) *m (em edifício)* zaguán *m; (vestíbulo)* vestíbulo *m.*
saia *f* falda *f,* pollera *f RP.*
saia-calça (*pl* **saias-calças**) *f* falda *f* ou pollera *f RP* pantalón.
saída *f* salida *f;* **dar uma saída** salir; **estar de saída** estar saliendo; **ter saída** tener salida.
sair *vi* salir; **sair de** salir de.
❑ **sair-se** *vp*: **sair-se bem/mal** irle bien/mal a alguien.
sal (*pl* **sais**) *m* sal *f;* **sem sal** *(pessoa)* soso(sa); *(comida)* soso(sa), desabrido(da) *Amér;* **sal fino** sal fina; **sal de cozinha** sal de cocina; **sal grosso** sal gruesa ou gorda *Esp.*
❑ **sais** *mpl (de cheirar, de banho)* sales *fpl; (de fruta)* sal de frutas.
sala *f (de casa)* salón *m Esp & Méx,* living *m RP; (qualquer divisão)* sala *f;* **sala de aula** clase *f,* salón *m RP;* **sala de espera** sala de

espera; **sala de estar** sala de estar, estar *m RP*; **sala de jantar** comedor *m*; **sala de jogos** sala de juegos; **sala de operação** sala de operaciones; **sala de parto** sala de partos.

salada *f* ensalada *f*; **salada de alface** ensalada de lechuga; **salada de frutas** macedonia *f* ou ensalada *f RP* de frutas; **salada mista** ensalada mixta; **salada russa** ensaladilla *f* rusa *Esp*, ensalada rusa *Amér*; **salada de tomate** ensalada de tomate.

saladeira *f* ensaladera *f*.

salamandra *f* salamandra *f*.

salame *m* salami *m Esp*, salame *m Amér*.

salão (*pl* **-ões**) *m* salón *m*; **salão de baile** salón de baile; **salão de beleza** salón de belleza; **salão de chá** salón de té; **salão de festas** sala *f* de fiestas.

salário *m* salario *m*; **salário mínimo** salario mínimo.

salário-família (*pl* **salários-família**) *m subsidio familiar por los hijos pequeños*.

saldar *vt* saldar.

saldo *m lit & fig* saldo *m*; **em saldo** rebajado(da); **saldo anterior** saldo anterior; **saldo credor** saldo acreedor; **saldo devedor** saldo deudor.

salgadinho *m aperitivo salado (canapés, croquetas, buñuelos de bacalao etc.) Esp*, antojito *Méx*, saladito *RP*.

salgado, da *adj* salado(da).

salgueiro *m* sauce *m*.

salientar *vt* remarcar.
❑ **salientar-se** *vp* notarse.

saliente *adj* abultado(da).

saliva *f* saliva *f*.

salmão *m* salmón *m*; **salmão defumado** salmón ahumado.

salmonela *f* salmonela *f*.

salmoura *f* salmuera *f*.

salões → **salão.**

salpicar *vt (com sal, água)* aliñar; *(com pingos)* salpicar; *(polvilhar)* espolvorear.

salsa *f* perejil *m*.

> Não confundir *salsa (perejil)* com o espanhol *salsa*, que em português é *molho*. (*Maria usou salsa para temperar o frango.* María usó *perejil* para condimentar el pollo.)

salsicha *f* salchicha *f*.

saltar *vt & vi* saltar; **saltar à vista** ou **aos olhos** saltar a la vista.

salteado, da *adj* salteado(da).

salto *m* salto *m*; *(de calçado)* tacón *m Esp & Méx*, taco *m CSur*; **dar um salto a** dar un salto a; **salto alto** tacón alto *Esp & Méx*, taco alto *CSur*; **salto baixo** ou **raso** tacón bajo *Esp & Méx*, taco bajo *CSur*; **salto mortal** salto mortal.

salutar (*pl* **-res**) *adj (saudável)* saludable; *(edificante)* constructivo(va).

salva *f* salvia *f*; **salva de palmas** salva *f* de aplausos.

salvação *f* salvación *f*.

salvaguardar *vt (garantir)* garantizar; *(proteger)* salvaguardar.

salvamento *m* salvamento *m Esp & Méx*, salvataje *m RP*.

salvar *vt* salvar; **salvar as aparências** guardar las apariencias.
❑ **salvar-se** *vp* salvarse.

salva-vidas *m inv (barco)* bote *m* salvavidas; *(pessoa)* socorrista *mf Esp*, salvavidas *mf inv Amér*, bañero *m*, -ra *f Arg*.

salvo, va 1 *adj* salvo(va), salvado(da) *Amér*.
2 *prep* salvo.
3 estar a salvo estar a salvo; **pôr-se a salvo** ponerse a salvo; **salvo erro** salvo que haya algún error.

samba *m* samba *f*.

samba-canção (*pl* **sambas-canções**) *m (tipo de samba) samba lenta y sentimental*; *fam (cueca)* calzoncillos *mpl*, bóxer *m Amér*.

sambar *vi* bailar la samba.

sambista *mf* bailarín *m*, -ina *f* de samba.

sambódromo *m recinto donde desfilan las escuelas de samba durante el carnaval.*

sanatório *m* sanatorio *m*.

sanção (*pl* **-ões**) *f* sanción *f*.

sandália *f* sandalia *f*.

sanduíche *m* sándwich *m*, bocadillo *m Esp*, torta *f Méx*; **sanduíche misto** *bocadillo Esp* ou *sándwich RP frío de jamón y queso*; **sanduíche natural** *sándwich* ou *torta Méx vegetal.*

sanfona *f tipo de acordeón.*

sangrar *vi* sangrar.

sangria *f* sangría *f*.

sangue *m* sangre *f*.

sangue-frio *m* sangre *f* fría.

sanguessuga *f* sanguijuela *f*.

sanguíneo *adj m* → **vaso.**

sanidade *f* salud *f*; **sanidade mental** salud mental.

sanitário, ria 1 *adj* sanitario(ria).
2 *m* cuarto *m* de baño.

Santo, ta *m, f* santo *m*, -ta *f*; **o Santo Padre** el Santo Padre.

santuário *m* santuario *m*.

São *m* = **Santo.**

são[1], ã *adj* sano(na); **sair são e salvo** salir sano y salvo.

são[2] → **ser.**

sapataria *f* zapatería *f*.

sapateado *m* zapateado *m*.

sapateiro, ra *m, f* zapatero *m*, -ra *f*.

sapatilha *f (de tênis, bailado etc.)* zapatilla *f*, tenis *m inv Méx*; *(de bailarinos)* zapatilla *f* de ballet.

sapato *m* zapato *m*; **sapato de salto alto** zapato de tacón alto *Esp & Méx*, zapato de taco alto *CSur*.

sapo *m* sapo *m*.

saque *m (de dinheiro)* reintegro *m*, retiro *m RP*; ESPORTE saque *m*; *(roubo)* saqueo *m*.

sarampo *m* sarampión *m*.

sarar 1 *vt* curar.
2 *vi (cicatrizar)* cicatrizar; *(curar-se)* curarse.

sarcasmo *m* sarcasmo *m*.

sarda *f* peca *f*.

sardinha *f* sardina *f*.

sargento *m* sargento *m*.

sarjeta *f* alcantarilla *f*.

sarna *f* sarna *f*.

sarro *m* sarro *m*.

satélite *m* satélite *m*.

sátira *f* sátira *f*.

satisfação (*pl* **-ões**) *f* satisfacción *f*; **não dar satisfações** no dar ou rendir cuentas; **pedir satisfações** pedir cuentas.

satisfatório, ria *adj (que satisfaz)* satisfactorio(ria); *(sofrível)* aceptable; *(suficiente)* suficiente.

satisfazer 1 *vt (cumprir)* satisfacer.
2 *vi* ser suficiente.
❑ **satisfazer-se com** *vp + prep* conformarse con.

satisfeito, ta *adj* satisfecho(cha); **darse por satisfeito** darse por satisfecho.

saudação (*pl* **-ões**) *f* saludo *m*.

saudade *f* nostalgia *f*; **ter saudade de** echar de menos *Esp & Méx*, extrañar *RP*; **deixar saudade** provocar nostalgia; **matar a saudade** reunirse con los seres queridos; **morrer de saudade** echar mucho de menos *Esp & Méx*, extrañar mucho *RP*.

saudar *vt* saludar.

saudável (*pl* **-eis**) *adj* saludable.

saúde 1 *f* salud *f*.
2 *interj* ¡salud!

sauna *f* sauna *f*.

saveiro *m* barco *m* pesquero.

saxofone *m* saxofón *f*.

se 1 *pron* (a) *(uso reflexivo)* se; **ele não se enganou** no se equivocó; **eles perderam-se** se perdieron; **vocês perderam-se** os perdisteis *Esp*, se perdieron *Amér*.
(b) *(uso recíproco)* se; **amam-se** se aman; **escrevem-se regularmente** se escriben regularmente.
(c) *(com sujeito indeterminado)* se.
2 *conj* (a) *(gen)* si; **se tiver tempo, escrevo** si tengo tiempo, escribiré; **se está com fome, coma alguma coisa** si tienes hambre, come algo; **se um é feio, o outro ainda é pior** si uno es feo, el otro es todavía peor; **que tal se tirássemos umas férias?** ¿qué tal si nos tomamos unas vacaciones?; **se pelo menos não chovesse** si por lo menos no lloviera; **avisem-me se vierem** avisadme si venís *Esp*, avísenme si vienen *Amér*; **perguntei-lhe se gostou** le pregunté si le gustó.
(b) *(em locuções)*: **se bem que** aunque.

sé *f* catedral *f*.

sebento, ta *adj* grasiento(ta), engrasado(da) *Amér*.

sebo *m (gordura)* sebo *m*; *(livraria)* librería *f* de viejo *Esp* ou usado *Amér*.

seca *f* sequía *f* → **seco.**

secador (*pl* **-res**) *m* secador *m*.

seção (*pl* **-ões**) *f* sección *f*; **seção de achados e perdidos** sección de objetos perdidos.

secar 1 *vt* secar.
2 *vi* secarse.

seco, ca *adj lit & fig* seco(ca); *(carne, peixe)* curado(da); *(pão)* duro(ra).

secretaria *f* secretaría *f*; **secretaria de Estado** secretaría de Estado.

secretária *f* escritorio *m*; **secretária eletrônica** contestador *m* automático → **secretário.**

secretário, ria *m, f* secretario *m*, -ria *f*; **secretário de Estado** secretario de Estado.

secreto, ta *adj* secreto(ta).
sectário, ria *adj* sectario(ria).
secular (*pl* **-res**) *adj* secular.
século *m* siglo *m.*
secundário, ria *adj* secundario(ria).
seda *f* seda *f.*
sedativo *m* sedante *m.*
sede[1] *f (de empresa, organização)* sede *f.*
sede[2] *f (secura)* sed *f*; *(fig: avidez)* sed *f*; **estar com sede** tener sed; **matar a sede** saciar la sed; **ter sede de** tener sed de.
sedimento *m* sedimento *m.*
sedoso, osa *adj* sedoso(sa).
sedução (*pl* **-ões**) *f* seducción *f.*
sedutor, ra (*mpl* **-res,** *fpl* **-s**) *adj (pessoa, olhar)* seductor(ra); *(oferta)* tentador(ra).
seduzir *vt* seducir.
segmento *m* segmento *m.*
segredo *m* secreto *m.*
segregar *vt* segregar.
❑ **segregar-se** *vp* aislarse.
seguida *f*: **em seguida** enseguida.
seguidamente *adv (sem interrupção)* enseguida; *(em seguida)* a continuación.
seguido, da *adj (contínuo, escolhido)* seguido(da); *(consecutivo)* que sigue; **seguido de** seguido de.
seguinte 1 *adj* siguiente.
2 *mf*: **o/a seguinte** el/la siguiente; **o dia/mês seguinte** el día/mes siguiente.
seguir *vt & vi* seguir; **seguir com algo** seguir con algo; **seguir para** ir hacia; **seguir por** ir por; **a seguir** a continuación.
segunda-feira (*pl* **segundas-feiras**) *f* lunes *m* → **sexta-feira.**
segundo, da 1 *num* segundo(da).
2 *m (de minuto)* segundo *m.*
3 *prep (conforme)* según.
4 *adv (em segundo lugar)* segundo.
5 de ou **em segunda mão** de segunda mano → **sexto.**

Em português, ***segundo*** tem dois usos principais: um equivale ao espanhol ***segundo*** e refere-se ao que vem depois do primeiro lugar: (***Lamentablemente nuestro equipo salió en el segundo puesto en el campeonato.*** Lamentavelmente, nossa equipe obteve o segundo lugar no campeonato.

O outro uso é exclusivo do português, já que o espanhol usa a preposição ***según***: ***(La maestra explicó los resultados del experimento según una nueva teoría.*** A professora explicou os resultados do experimento segundo uma nova teoria.)

(Ver também ***As preposições*** na seção ***Gramática espanhola.***)

seguramente *adv* seguramente.
segurança *f (de casa, carro, pessoa)* seguro *m Esp,* seguridad *f Amér*; *(confiança, certeza)* seguridad *f*; *(corpo de vigilância)* equipo *m* de seguridad; **com segurança** con seguridad; **em segurança** con tranquilidad.
segurar *vt* coger *Esp,* sujetar *Amér,* agarrar *RP.*
seguro, ra 1 *adj* seguro(ra).
2 *m* seguro *m.*
3 estar seguro *(estar a salvo)* estar seguro; **pôr no seguro** asegurar; **ser seguro de si** estar seguro de sí mismo, tenerse confianza *Amér*; **seguro de doença** seguro de enfermedad; **seguro contra terceiros** seguro a *Esp* ou contra *Amér* terceros; **seguro contra todos os riscos** seguro a *Esp* ou contra *Amér* todo riesgo; **seguro de viagem** seguro de viaje.
seguro-saúde (*pl* **seguros-saúde**) *m* seguro *m* de enfermedad ou salud *Amér.*
seio *m* seno *m.*
seis 1 *adj num & pron num* seis.
2 *m* seis *m.*
3 *fpl (relativo a horas)* las seis.
4 ele tem seis anos tiene seis años; **eles eram seis** eran seis; **são seis horas** son las seis; **seis de janeiro** seis de enero; **página seis** página seis; **trinta e seis** treinta y seis; **o seis de copas** el seis de copas; **às seis** a las seis; **de seis em seis** de seis en seis; **empataram seis a seis** empataron (seis) a seis; **seis a zero** seis a cero.
seiscentos, tas *num* seiscientos(tas) → **seis.**
seita *f* secta *f.*
seiva *f* savia *f.*
seixo *m* piedra *f.*
sela *f* silla *f* (de montar).
selar *vt (cavalo, égua)* ensillar; *(carta, documento)* sellar.
seleção *f* selección *f.*
selecionar *vt* seleccionar.
seleto, ta *adj* selecto(ta).
selim (*pl* **-ns**) *m* sillín *m.*
selo *m (em carta)* sello *m,* estampilla *f Amér,*

timbre *m Méx*; *(carimbo)* sello *m*; **selo de garantia** sello de garantía.
selva *f* selva *f*.
selvagem (*pl* **-ns**) **1** *adj (animal, natureza)* salvaje; *(planta)* silvestre.
2 *mf (pessoa)* salvaje *mf*.
sem *prep* sin; **sem fazer nada** sin hacer nada; **estar sem água/gasolina** estar sin agua/gasolina ou nafta *RP*; **sem que** sin que; **sem mais nem menos** sin motivo.
semáforo *m* semáforo *m*.
semana *f* semana *f*; **por semana** por semana.
❑ **Semana Santa** *f* Semana *f* Santa.
semanada *f* asignación *f Esp*, semanada *f Amér*.
semanal (*pl* **-ais**) *adj* semanal.
semblante *m* semblante *m*.
semear *vt* sembrar.
semelhança *f* semejanza *f*; **à semelhança de** a semejanza de.
semelhante *m* semejante; **semelhante a** semejante a.
sêmen *m* semen *m*.
semente *f* semilla *f*.
semestral (*pl* **-ais**) *adj* semestral.
semestre *m* semestre *m*.
seminário *m* seminario *m*.
sêmola *f* sémola *f*.
semolina *f* sémola *f*.
sempre *adv* siempre; **o mesmo de sempre** lo/el mismo de siempre; **como sempre** como siempre; **para sempre** para siempre; **sempre que** siempre que.
sempre-viva (*pl* **sempre-vivas**) *f* siempreviva *f*.
sem-terra *mf inv campesino que no dispone de tierra para trabajar*, sin tierra *mf inv Amér*.
sem-vergonha *mf inv* sin vergüenza *mf*.
sena *f (carta de jogar)* seis *m*.
senado *m* senado *m*.
senão *conj* si no.
senha *f (sinal)* señal *f*; *(palavra de acesso)* contraseña *f*.
senhor, ra (*mpl* **-res**, *fpl* **-s**) *m, f* señor *m*, -ra *f*.

> Não confundir com o espanhol *el señor* ou *la señora*. Essas expressões não são, na língua espanhola, uma forma de tratamento, ou seja, não as utilizamos para nos dirigir diretamente ao outro. Para isso se usa *usted*. Note a diferença entre ***Vi que el señor estaba sentado junto a la señora*** (não estou falando nem com o senhor nem com a senhora, mas com Maria, por exemplo) e ***Vi que usted estaba sentado junto a la señora*** (estou falando com a pessoa a quem me dirijo através da forma usted).
>
> (Ver ***usted*** no lado Espanhol-Português do dicionário.)

senhorio, ria *m, f (proprietário)* dueño *m*, -ña *f*.
senil (*pl* **-is**) *adj* senil.
sensação (*pl* **-ões**) *f* sensación *f*; **causar sensação** causar sensación.
sensacional (*pl* **-ais**) *adj* sensacional.
sensações → **sensação.**
sensato, ta *adj* sensato(ta).
sensível (*pl* **-eis**) *adj* sensible.
senso *m (juízo)* juicio *m*; **bom senso** sensatez; **senso comum** sentido común; **senso de humor** sentido del humor; **senso prático** sentido práctico.
sensual (*pl* **-ais**) *adj* sensual.
sentado, da *adj* sentado(da).
sentar-se *vp* sentarse.
sentença *f* sentencia *f*.
sentido, da 1 *adj* ofendido(da).
2 *m* sentido *m*.
3 fazer sentido tener sentido; **perder os sentidos** perder el sentido; **em certo sentido** en cierto sentido; **sentido único** sentido obligatorio *Esp*, una dirección *Méx*, una mano *RP*.
sentimental (*pl* **-ais**) *adj* sentimental.
sentimento *m* sentimiento *m*; **os meus sentimentos!** lo acompaño en el sentimiento, mi más sentido pésame.
sentinela *mf* centinela *mf*; **estar de sentinela** estar de guardia.
sentir *vt* sentir; **sinto muito!** ¡lo siento mucho!; **sentir falta de** echar en falta *Esp & Méx*, extrañar *RP*; **sentir vontade de fazer algo** tener ganas de hacer algo.
❑ **sentir-se** *vp* sentirse.
separação (*pl* **-ões**) *f* separación *f*.
separado, da *adj* separado(da); **em separado** por separado.
separar *vt* separar.
❑ **separar-se** *vp* separarse.
septuagésimo, ma *num* septuagésimo (ma) → **sexto.**

sepultar *vt* sepultar.
sepultura *f (cova)* sepultura *f*; *(túmulo)* tumba *f.*
seqüência *f* secuencia *f*; **na seqüência de** a continuación de.
sequer *adv*: **nem sequer** ni siquiera.
seqüestrador, ra (*mpl* **-res,** *fpl* **-s**) *m, f* secuestrador *m*, -ra *f.*
seqüestrar *vt* secuestrar.
seqüestro *m* secuestro *m.*
sequóia *f* secuoya *f.*
ser (*pl* **-res**) **1** *m* ser *m*; **ser humano** ser humano.
2 *vi* ser; **é demasiado longo** es demasiado largo; **são bonitos** son bonitos; **sou médico** soy médico; **ele é do Brasil** es de Brasil; **é no centro da cidade** es en el centro de la ciudad; **sou brasileira** soy brasileña, soy brasilera *RP*; **quanto é?** ¿cuánto es?; **são mil reais** son mil reales; **hoje é sexta** hoy es viernes; **que horas são?** ¿qué hora es?, ¿qué horas son? *Amér*; **são seis horas** son las seis; **é do Paulo** es de Paulo; **este carro é seu?** ¿es tuyo este coche?; **os livros eram meus** los libros eran míos; **a não ser que** a no ser que; **que foi?** ¿qué pasó?; **ou seja** o sea; **será que chove hoje?** ¿será que va a llover?
3 *v aux* ser; **foi visto à saída do cinema** fue visto a la salida del cine.
4 *v impess* ser; **é de dia/noite** es de día/noche; **é tarde/cedo** es tarde/temprano; **é difícil de dizer** es difícil de decir; **é fácil de ver** es fácil de ver.
❑ **ser de** *v + prep* ser de.
❑ **ser para** *v + prep* ser para; **isto não é para comer** esto no es para comer.
serão (*pl* **-ões**) *m* horas *fpl* extra; **fazer serão** hacer horas extra.
sereia *m* sirena *f.*
serenar *vt* serenar.
serenata *f* serenata *f.*
seresta *f* = **serenata.**
seriado *m* serie *f* de televisión, serial *f* televisiva *Amér.*
série *f (sucessão)* serie *f*; *(televisiva)* serie *f*, serial *f Amér*; **fora de série** fuera de serie; **uma série de** una serie de.
seriedade *f* seriedad *f.*
seringa *f* jeringa *f.*
seringueira *f* hevea *m o f.*
sério, ria 1 *adj* serio(ria).
2 *adv*: **a sério?** ¿en serio?; **a sério** *(realmente)* en serio; **levar a sério** tomar en serio.
sermão (*pl* **-ões**) *m* sermón *m.*
serões → **serão.**
serpente *f* serpiente *f.*
serpentina *f* serpentina *f.*
serra *f* sierra *f.*
serrar *vt* serrar, aserrar *Amér.*
sertanejo, ja *adj* del sertón.
servente *m* peón *m* de albañil.
serventia *f (utilidade)* utilidad *f*; *(de casa, objeto, medida)* uso *m.*
serviço *m* servicio *m*; **'fora de serviço'** 'fuera de servicio'; **serviço militar** servicio militar; **serviço público** servicio público; **prestar serviço** prestar servicio.
servil (*pl* **-is**) *adj* servil.
servir *vt & vi* servir; **em que posso servi-lo?** ¿en qué puedo servirle?; **servir de algo** servir de algo.
❑ **servir-se** *vp* servirse.
❑ **servir-se de** *vp + prep* servirse de.
servis → **servil.**
sessão (*pl* **-ões**) *f* sesión *f.*
sessenta *num* sesenta → **seis.**
sessões → **sessão.**
sesta *f* siesta *f.*
seta *f* flecha *f.*
sete *num* siete → **seis.**
setecentos, tas *num* setecientos(tas) → **seis.**
setembro *m* septiembre *m*; **durante o mês de setembro** durante el mes de septiembre; **em setembro** en septiembre; **em meados de setembro** a mediados de septiembre; **este mês de setembro** este septiembre; **o passado/próximo mês de setembro** el pasado/próximo mes de septiembre; **no princípio/final de setembro** a principio/finales *Esp* ou fin *Amér* de septiembre; **o primeiro de setembro** el uno *Esp* ou primero *Amér* de septiembre.
setenta *num* setenta → **seis.**
sétimo, ma *num* séptimo(ma) → **sexto.**
setor (*pl* **-res**) *m* sector *m.*
seu, sua 1 *adj* su.
2 *pron*: **o seu/a sua** el suyo/la suya; **isto é seu?** ¿esto es suyo?; **um amigo seu** un amigo suyo; **os seus** los suyos.
3 *m, f* **(a)** *pej*: **como vai, seu Pedro?** ¿cómo está, señor Pedro?; **seu estúpido!**

¡estúpido!; **seus irresponsáveis!** ¡irresponsables!
(b) *(com malícia)*: **seu malandro!** ¡granuja!; **sua danadinha!** ¡sin vergüenza!
severidade *f (rigidez)* severidad *f*; *(gravidade)* gravedad *f*.
severo, ra *adj (inflexível)* severo(ra); *(grave)* grave.
sexagésimo, ma *num* sexagésimo(ma) → **sexto.**
sexo *m* sexo *m*.
sexta-feira (*pl* **sextas-feiras**) *f* viernes *m inv*; **às sextas-feiras** los viernes; **até sexta-feira** hasta el viernes; **ela vem sexta-feira** ella viene el viernes; **esta sexta-feira** *(próxima)* este viernes, el viernes; *(passada)* este viernes, el viernes; **hoje é sexta-feira** hoy es viernes; **todas as sextas-feiras** todos los viernes; **sexta-feira de manhã/à tarde/à noite** viernes por la mañana/tarde/noche *Esp*, viernes en la mañana/tarde/noche *Méx*, viernes a la mañana/tarde/noche *Arg*; **sexta-feira 13 de junho** viernes 13 de junio; **sexta-feira passada** el viernes pasado; **sexta-feira que vem** el viernes que viene.
❑ **Sexta-Feira Santa** *f* viernes *m inv* santo.
sexto, ta **1** *adj num* sexto(ta).
2 *pron*: **o sexto/a sexta** el sexto/la sexta.
3 *m (número)* sexto *m*.
4 **chegar em sexto** llegar sexto; **sexto capítulo** capítulo sexto; **em sexto lugar** en sexto lugar; **no sexto dia** al sexto día; **a sexta parte** la sexta parte.
sexual (*pl* **-ais**) *adj* sexual.
sexualidade *f* sexualidad *f*.
sexy *adj* sexy.
short *m* short *m*.
show *m* show *m*.
si *pron*: **para si** *(ele)* para él; *(ela)* para ella; *(em locuções)*: **estar fora de si** estar fuera de sí; **voltar a si** volver en sí; **cheio de si** creído(da); **em si** en sí; **entre si** entre sí; **para si** para él; **por si só** por sí solo; **si mesmo** ou **próprio** sí mismo.
siderurgia *f* siderurgia *f*.
sidra *f* sidra *f*.
sífilis *f* sífilis *f inv*.
sigilo *m* secreto *m*.
sigla *f* sigla *f*.
significado *m* significado *m*.
significar *vt* significar.
significativo, va *adj* significativo(va).
signo *m* signo *m*.
sílaba *f* sílaba *f*.
silenciar *vt (pessoa)* hacer callar *Esp*, silenciar *Amér*; *(coisa)* silenciar.
silêncio **1** *m* silencio *m*.
2 *interj* ¡silencio!
silencioso, osa *adj* silencioso(sa).
silhueta *f* silueta *f*.
silicone *m* silicona *f*.
silva *f* zarza *f*.
silvestre *adj* silvestre.
sim *adv* sí; **penso que sim** pienso que sí; **pelo sim pelo não** por si acaso.
símbolo *m* símbolo *m*.
simetria *f* simetría *f*.
similar (*pl* **-res**) *adj* similar.
simpatia *f* simpatía *f*.
simpático, ca *adj* simpático(ca); *(agradável)* agradable.
simpatizante *adj* simpatizante.
simpatizar: **simpatizar com** *v + prep* simpatizar con.
simples *adj inv* sencillo(lla), simple; *(bebida)* natural; *(mero)* simple.
simplicidade *f* sencillez *f*, simplicidad *f*.
simplificar *vt* simplificar.
simular *vt (fingir)* fingir; *(incêndio, ataque aéreo)* simular.
simultaneamente *adv* simultáneamente.
simultâneo, nea *adj* simultáneo(a).
sinagoga *f* sinagoga *f*.
sinal (*pl* **-ais**) *m* señal *f*; *(dinheiro)* señal *f Esp & Méx*, seña *f RP*; **dar sinal de si** dar señales de vida; **em sinal de** en señal de; **nem sinal** ni señas; **sinal de alarme** señal de alarma; **sinal de interrompido** ou **de ocupado** señal de ocupado.
sinalização *f* señalización *f*.
sinceridade *f* sinceridad *f*.
sincero, ra *adj* sincero(ra).
sindicato *f* sindicato *m*.
síndico *m* presidente *m*, -ta *f* de la junta de vecinos, representante *m* de los copropietarios *RP*.
síndrome *f* síndrome *m*.
sinfonia *f* sinfonía *f*.
sinfônica *adj f* → **música.**
singelo, la *adj* sencillo(lla), simple *Amér*.
singular (*pl* **-res**) **1** *adj* singular.

2 *m* GRAM singular *m.*
sino *m* campana *f.*
sinônimo *m* sinónimo *m.*
sintaxe *f* sintaxis *f.*
síntese *f* síntesis *f inv.*
sintético, ca *adj* sintético(ca).
sintoma *m* síntoma *f.*
sintonizar *vt* sintonizar.
sinuca *f* billar *m* americano.
sinuoso, osa *adj* sinuoso(sa).
sirene *f* sirena *f (de vehículo).*
siri *m pequeño cangrejo de mar.*
siso *m* juicio *m*; **dente de siso** muela del juicio.
sistema *m* sistema *m*; **sistema métrico** sistema métrico; **sistema nervoso** sistema nervioso; **sistema solar** sistema solar; **por sistema** por norma.
sistemático, ca *adj* sistemático(ca).
sisudo, da *adj* serio(ria).
sítio *m* sitio *m*, lugar *m Amér*; *(chácara)* finca *f* agrícola, chacra *f CSur.*
situação (*pl* **-ões**) *f* situación *f.*
situado, da *adj*: **bem/mal situado** bien/mal situado(da) ou localizado(da) *Amér*; **situado em** situado(da) ou localizado (da) *Amér en*; **situado a** situado(da) ou localizado(da) *Amér* al.
situar *vt (colocar)* situar; *(localizar)* situar, localizar *Amér.*
❑ **situar-se** *vp* encontrarse.
slide *m* diapositiva *f.*
slogan *m* eslogan *m.*
smoking *m* esmoquin *m.*
SO (*abrev de* **Sudoeste**) SO.
só 1 *adj* solo(la).
2 *adv* sólo.
3 **é só pedir!** ¡simplemente pídelo!; **um só** un solo; **não só ... como também ...** no sólo ... sino (que) también; **só que** pero.
soar *vi & vt* sonar; **soar bem/mal** sonar bien/mal.
sob *prep* bajo.
soberania *f* soberanía *f.*
soberano, na *adj* soberano(na).
soberbo, ba *adj* soberbio(bia).
sobrado *m* suelo *m.*
sobrancelha *f* ceja *f.*
sobrar *vi* sobrar.
sobre *prep* sobre.
sobreaviso *m*: **estar** ou **ficar de sobreaviso** estar ou quedar avisado(da).
sobrecarga *f lit & fig* sobrecarga *f.*
sobrecarregar *vt*: **sobrecarregar alguém com algo** agobiar a alguien con algo.
sobremesa *f* postre *m.*

> Não confundir com o espanhol *sobremesa*, que se usa particularmente para se referir ao tempo que se fica à mesa após a refeição: (***El postre que más me gusta es el flan.*** A sobremesa de que mais gosto é o pudim de leite. ***Nos quedamos de sobremesa más de dos horas.*** Ficamos conversando à mesa por mais de duas horas.)

sobrenatural (*pl* **-ais**) *adj* sobrenatural.
sobrenome *m* apellido *m.*

> Não confundir ***sobrenome (apellido)*** com o espanhol ***sobrenombre,*** que em português é *apelido.* (***Seu nome é Lucia; seu sobrenome é Lopes.*** Su nombre es Lucia; su ***apellido*** es Lopes.)

sobrepor *vt* superponer.
❑ **sobrepor-se** *vp* sobreponerse.
sobrescrito *m* sobre *m.*
sobressair *vi* sobresalir.
sobressaltar *vt* sobresaltar.
❑ **sobressaltar-se** *vp* sobresaltarse.
sobressalto *m* sobresalto *m.*
sobretaxa *f (imposto)* sobretasa *f*; *(suplemento)* suplemento *m.*
sobretudo 1 *m* sobretodo *m*, abrigo *m.*
2 *adv* sobre todo.
sobrevivência *f* supervivencia *f.*
sobrevivente *mf* superviviente *mf Esp*, sobreviviente *mf Amér.*
sobreviver *vi* sobrevivir.
sobriedade *f* sobriedad *f.*
sobrinho, nha *m, f* sobrino *m*, -na *f.*
sóbrio, bria *adj* sobrio(bria).
social (*pl* **-ais**) *adj* social.
socialismo *m* socialismo *m.*
socialista *adj & mf* socialista.
sociedade *f* sociedad *f.*
sócio, cia *m, f* socio *m*, -cia *f.*
sociologia *f* sociología *f.*
sociólogo, ga *m, f* sociólogo *m*, -ga *f.*
soco *m* puñetazo *m.*
socorrer *vt* socorrer.
❑ **socorrer-se de** *vp + prep* recurrir a.
socorro 1 *m* socorro *m.*
2 *interj* ¡socorro!

3 **pedir socorro** pedir socorro.
soda *f (bebida)* soda *f.*
sofá *m* sofá *m*; **sofá-cama** sofá cama.
sofisticado, da *adj* sofisticado(da).
sofrer *vt & vi* sufrir.
sofrimento *m* sufrimiento *m.*
software *m* software *m.*
sogro, sogra *m, f* suegro *m*, -gra *f.*
sóis → **sol.**
soja *f* soja *f.*
sol (*pl* **sóis**) *m* sol *m.*
sola *f* suela *f.*
solar (*pl* **-res**) **1** *adj* solar.
2 *m (mansão)* mansión *f* noble.
soldado *m* soldado *m.*
soleira *f* umbral *m.*
solene *adj* solemne.
soletrar *vt* deletrear.
solicitar *vt* solicitar.
solícito, ta *adj* solícito(ta).
solidão *f* soledad *f.*
solidariedade *f* solidaridad *f.*
solidário, ria *adj* solidario(ria); **ser solidário com** ser solidario con.
sólido, da *adj* sólido(da).
solista *mf* solista *mf.*
solitário, ria **1** *adj* solitario(ria).
2 *m (jóia)* solitario *m.*
solo *m (terreno arável, chão)* suelo *m*; MÚS solo *m.*
soltar *vt* soltar.
□ **soltar-se** *vp* soltarse.
solteiro, ra *adj* soltero(ra).
solto, ta *adj* suelto(ta).
solução (*pl* **-ões**) *f* solución *f.*
soluçar *vi (ter soluços)* tener hipo; *(chorar)* sollozar *Esp*, llorar *Amér.*
solucionar *vt* solucionar.
soluço *m (contração)* hipo *m*; *(choro)* sollozo *m.*
soluções → **solução.**
solúvel (*pl* **-eis**) *adj* soluble.
som (*pl* **-ns**) *m* sonido *m*; **ao som de** al son de; **som estereofônico** sonido estereofónico.
soma *f* suma *f.*
sombra *f (de pessoa, árvore)* sombra *f*; *(cosmético)* sombra *f* de ojos; **à** OU **na sombra** a la sombra; **sem sombra de dúvida** sin la menor duda.
sombrio, bria *adj* sombrío(bría).
somente *adv* solamente.
sonâmbulo, la *m, f* sonámbulo *m*, -la *f.*
sonda *f* sonda *f*; **sonda espacial** sonda espacial.
sondagem (*pl* **-ns**) *f (de opinião)* sondeo *m.*
soneca *f* cabezada *f Esp*, sueñito *m Amér.*
soneto *m* soneto *m.*
sonhador, ra (*mpl* **-res**, *fpl* **-s**) *m, f* soñador *m*, -ra *f.*
sonhar *vi* soñar; **sonhar acordado** soñar despierto; **sonhar com** soñar con.
sonho *m* sueño *m (de soñar)*; CULIN buñuelo *m*, bola *f* de fraile *Amér.*
sonífero *m* somnífero *m.*
sono *m* sueño *m (de dormir)*; **estar morto de sono** estar muerto de sueño; **pegar no sono** dormirse; **ter sono** tener sueño; **sono pesado** sueño pesado.
sonolento, ta *adj* somnoliento(ta).
sonoro, ra *adj* sonoro(ra).
sons → **som.**
sonso, sa *adj* hipócrita.
sopa *f* sopa *f*; **sopa de legumes** sopa de verduras; **sopa de marisco** crema de marisco *Esp* OU mariscos *Amér*; **ser sopa** *fam* estar chupado *Esp*, estar regalado *Méx*, ser un boleto *RP*; **dar sopa** *fam* estar disponible.
soporífero *m* somnífero *m.*
soprar *vt & vi* soplar.
sórdido, da *adj* sórdido(da).
soro *m* suero *m*; **soro fisiológico** suero fisiológico.
soronegativo, va *adj* seronegativo(va).
soropositivo, va *adj* seropositivo(va).
sorridente *adj* sonriente.
sorrir *vi* sonreír.
sorriso *m* sonrisa *f.*
sorte *f* suerte *f*; **boa sorte!** ¡buena suerte!; **dar sorte** dar suerte; **estar com sorte** tener suerte; **ter sorte** tener suerte; **tirar a sorte** echar a suertes; **a sorte grande** el gordo; **à sorte** al azar; **de sorte** con suerte, de suerte *Amér*; **por sorte** por suerte.
sortear *vt* sortear.
sorteio *m* sorteo *m.*
sortido, da **1** *adj* surtido(da).
2 *m* surtido *m.*
sortudo, da *m, f* suertudo *m*, -da *f.*
sorvete *m* helado *m.*
sorveteria *f* heladería *f.*
SOS *m (abrev de* **Save Our Souls**) SOS *m.*
sósia *mf* doble *mf.*

sossegado, da *adj* tranquilo(la).
sossego *m* sosiego *m.*
sotaque *m* acento *m.*
soterrar *vt* enterrar.
sova *f* zurra *f.*
sovaco *m* sobaco *m.*
sovina *adj* roñica *Esp*, codo(da) *Méx*, amarrete(ta) *RP.*
sozinho, nha *adj* solo(la).
spray *m* espray *m.*
squash *m* squash *m.*
Sr. (*abrev de* **senhor**) Sr.
Sra. (*abrev de* **senhora**) Sra.
stand (*pl* **-es**) *m (em feira de livros, brinquedos)* stand *m.*
sua → **seu.**
suar *vi* sudar.
suástica *f* esvástica *f.*
suave *adj* suave.
suavidade *f* suavidad *f.*
suavizar **1** *vt* suavizar.
2 *vi (vento, chuva)* amainar.
subalimentação *f* desnutrición *f.*
subalimentado, da *adj* desnutrido(da).
subalterno, na *adj & m, f* subalterno(na).
subalugar *vt* subarrendar, subalquilar.
subconsciente *m* subconsciente *m.*
subdesenvolvido, da *adj* subdesarrollado(da).
subdesenvolvimento *m* subdesarrollo *m.*
subentendido, da *m* indirecta *f.*
subida *f* subida *f.*
subir *vt & vi* subir; **subir de** subir de; **subir em** subir a; **subir por** subir por.
súbito, ta *adj* súbito(ta); **de súbito** súbitamente.
subjetivo, va *adj* subjetivo(va).
subjugar *vt* subyugar.
❑ **subjugar-se a** *vp + prep* someterse a.
subjuntivo *m* subjuntivo *m.*
sublime *adj* sublime.
sublinhar *vt* subrayar.
sublocar *vt* realquilar *Esp*, subarrendar *Amér*, subalquilar *RP.*
submarino *m* submarino *m.*
submergir *vt* sumergir.
submeter *vt*: **submeter algo a** someter algo a.
❑ **submeter-se a** *vp + prep* someterse a.
submisso, a *adj* sumiso(sa).
subnutrido, da *adj* desnutrido(da).
subornar *vt* sobornar.
subsídio *m* subvención *f.*
subsistência *f* subsistencia *f.*
subsistir *vi* subsistir.
subsolo *m* subsuelo *m.*
substância *f* sustancia *f.*
substantivo *m* sustantivo *m.*
substituir *vt* sustituir.
substituto, ta *m, f* sustituto *m*, -ta *f.*
subterrâneo, nea *adj* subterráneo(a).
subtrair *vt* sustraer.
suburbano, na *adj* suburbano(na).
subúrbio *m* suburbio *m.*
subversivo, va *adj* subversivo(va).
sucata *f* chatarra *f.*
sucção *f* succión *f.*
suceder *vi* suceder.
❑ **suceder-se** *vp* suceder.
❑ **suceder a** *v + prep* suceder a.
sucessão (*pl* **-ões**) *f* sucesión *f.*
sucessivo, va *adj* sucesivo(va).
sucesso *m* éxito *m*; **fazer sucesso** tener éxito.
sucinto, ta *adj* sucinto(ta).
suco *m* jugo *m.*
suculento, ta *adj* suculento(ta).
sucumbir *vi (desmoronar)* desmoronarse; *(ceder)* sucumbir; *(morrer)* fallecer.
sucursal (*pl* **-ais**) *f* sucursal *f.*
sudeste *m* sudeste *m*; **a sudeste** al sudeste; **a sudeste de** al sudeste de.
❑ **Sudeste** *m*: **o Sudeste** la región Sureste.
sudoeste *m* sudoeste *m*; **a sudoeste** al sudoeste; **a sudoeste de** al sudoeste de.
❑ **Sudoeste** *m*: **o Sudoeste** la región Suroeste.
suéter (*pl* **-res**) *m ou f* suéter *m*, pulóver *m Amér.*
suficiente **1** *adj* suficiente.
2 *m* EDUC suficiente *m.*
sufixo *m* sufijo *m.*
suflê *m* suflé *m.*
sufocante *adj* sofocante.
sufocar **1** *vt* asfixiar.
2 *vi* asfixiarse.
sugar *vt* chupar.
sugerir *vt* sugerir.
sugestão (*pl* **-ões**) *f* sugerencia *f.*
sugestivo, va *adj* sugestivo(va).
sugestões → **sugestão.**

suíças *fpl* patillas *fpl.*
suicidar-se *vp* suicidarse.
suicídio *m* suicidio *m.*
suíço, ça *adj & m, f* suizo(za).
suíte *f* suite *f.*
sujar *vt* ensuciar.
❑ **sujar-se** *vp* ensuciarse.
sujeitar *vt*: **sujeitar algo/alguém a algo** someter algo/a alguien a algo.
❑ **sujeitar-se a** *vp + prep* ajustarse a.
sujeito, ta **1** *m, f fam (homem, mulher)* tío *m*, -a *f Esp*, cuate *m*, -ta *f Méx*, tipo *m*, -pa *f RP.*
2 *m* GRAM sujeto *m.*
3 *adj*: **sujeito a** sujeto(ta) a; **estar sujeito a** estar sujeto(ta) a.
sujo, ja *adj* sucio(cia).
sul *m* sur *m*; **ao sul** al sur; **ao sul de** al sur de.
❑ **Sul** *m*: **o Sul** la región Sur.
suma *f*: **em suma** en suma.
sumário, ria **1** *adj* sumario(ria).
2 *m* sumario *m.*
sumo *m* zumo *m Esp*, jugo *m Amér*; **sumo de frutas** zumo *Esp* ou jugo *Amér* de frutas.
sunga *f* traje *m* de baño, bañador *m Esp.*
suor (*pl* **-res**) *m* sudor *m*; **suores frios** sudores fríos.
superar *vt* superar.
superficial (*pl* **-ais**) *adj* superficial.
superfície *f* superficie *f*; **à superfície** a la superficie.
supérfluo, flua *adj* superfluo(flua).
superior (*pl* **-res**) **1** *adj* superior.
2 *m* superior *m.*
3 **andar superior** piso *m* superior; **mostrar-se superior** darse aires *Esp*, darse paquete *Méx*, mandarse la parte *RP.*
superioridade *f* superioridad *f.*
superlativo *m* superlativo *m.*
superlotado, da *adj* abarrotado(da), cundido(da) *Méx.*
supermercado *m* supermercado *m.*
superstição (*pl* **-ões**) *f* superstición *f.*
supersticioso, osa *adj* supersticioso(sa).
superstições → **superstição.**
supervisão *f* supervisión *f.*
supervisionar *vt* supervisar.
suplemento *m* suplemento *m.*
suplente *adj* suplente.
súplica *f* súplica *f.*
suplicar *vt* suplicar; **suplicar a alguém que faça algo** suplicarle a alguien que haga algo.
suplício *m* suplicio *m.*
supor *vt* suponer.
❑ **supor-se** *vp* suponerse.
suportar *vt* soportar.
suporte *m* soporte *m.*
suposição (*pl* **-ões**) *f* suposición *f.*
supositório *m* supositorio *m.*
suposto, osta *adj* supuesto(ta).
supremo, ma *adj* supremo(ma).
❑ **Supremo** *m*: **o Supremo (Tribunal de Justiça)** el (Tribunal) Supremo.
supressão (*pl* **-ões**) *f* supresión *f.*
suprir *vt (completar)* completar; *(substituir)* suplir; *(prover)* proveer.
surdez *f* sordera *f.*
surdina *f*: **em surdina** disimuladamente.
surdo, da *adj & m, f* sordo(da).

> Não confundir *surdo (sordo)* com o espanhol *zurdo*, que em português é *canhoto*. (*Precisamos falar alto, pois ele é um pouco sordo.* Tenemos que hablar alto porque es un poco *sordo*).

surfe *m* surf *m.*
surfista *mf* surfista *mf.*
surgir *vi* surgir.
surpreendente *adj* sorprendente.
surpreender *vt* sorprender.
❑ **surpreender-se** *vp* sorprenderse.
surpresa *f* sorpresa *f*; **fazer uma surpresa a alguém** darle a alguien una sorpresa; **de surpresa** por ou de *RP* sorpresa.
surpreso, sa *adj* sorprendido(da).
surra *f* paliza *f*, madriza *f Méx*; **dar uma surra em alguém** darle una paliza ou madriza *Méx* a alguien; **levar uma surra de alguém** recibir una paliza ou madriza *Méx* de alguien, llevarse una paliza de alguien *RP.*
surtir *vt* surtir; **surtir efeito** surtir efecto.
surto *m* brote *m.*
suscetível (*pl* **-eis**) *adj* susceptible; **suscetível de** susceptible de.
suscitar *vt* suscitar.
suspeito, ta *adj & m, f* sospechoso(sa).
❑ **suspeita** *f* sospecha *f*; **lançar suspeitas sobre alguém** sospechar de alguien.
suspender *vt (pendurar)* colgar; *(interromper)* suspender.
suspensão (*pl* **-ões**) *f* suspensión *f.*

suspense *m* suspense *m Esp,* suspenso *m Amér.*

suspensórios *mpl* tirantes *mpl Esp,* tirantas *fpl Méx,* tiradores *mpl RP.*

suspirar *vi* suspirar; **suspirar por** suspirar por.

suspiro *m (de cansaço, prazer)* suspiro *m*; *(doce)* merengue *m.*

sussurrar *vi & vt* susurrar.

sussurro *m* susurro *m.*

sustar 1 *vt* interrumpir.
2 *vi* detenerse.

sustentar *vt* sustentar; *(escorar)* respaldar; *(segurar)* sostener.

suster *vt (segurar)* sostener; *(respiração)* aguantar.

susto *m* susto *m*; **levar um susto** llevarse un susto; **pregar um susto em alguém** darle un susto a alguien.

sutiã *m* sujetador *m Esp & Méx,* corpiño *m RP.*

sutil (*pl* **-is**) *adj* sutil.

Tt

tabacaria *f* estanco *m Esp,* tabaquería *f Amér.*

tabaco *m* tabaco *m.*

tabela *f (de preços)* lista *f*; **por tabela** indirectamente.

taberna *f* taberna *f.*

tablete *m ou f*: **tablete (de chocolate)** tableta *f Esp & RP* ou tablilla *Méx (de chocolate).*

tabu 1 *adj* tabú.
2 *m* tabú *m.*

tábua *f* tabla *f*; **tábua de passar roupa** tabla *Esp & RP* ou burro *m Méx* de planchar.

tabuada *f* tabla *f.*

tabuleiro *m (para comida)* bandeja *f*; *(de damas, xadrez)* tablero *m.*

tabuleta *f* letrero *m.*

TAC *m* (*abrev de* **tomografia axial computadorizada**) TAC *m.*

taça *f* copa *f.*

> Não confundir *taça (copa)* com o espanhol *taza*, que em português é *xícara*. (*A vovó serviu o champanhe nas taças novas.* La abuela sirvió champán en las *copas* nuevas.)

tacada *f (em bilhar, golfe)* golpe *m*, tacazo *m Méx*; **de uma tacada** de un tirón.

tacho *m* cazo *m Esp,* olla *f Amér.*

taco *m (de bilhar)* taco *m*; *(de golfe)* palo *m*; *(de chão)* tabla *f.*

tagarela *adj & mf* charlatán(ana).

tainha *f* mújol *m Esp,* lisa *f Amér.*

tal (*pl* **tais**) **1** *adj* tal.
2 *pron*: **o/a tal** el fulano/la fulana, el/la que te dije *RP.*
3 que tal? ¿qué tal?; **um tal senhor** un tal señor; **que tal um passeio?** ¿qué tal si damos un paseo?; **na rua tal** en la calle tal; **como tal** por lo que; **para tal** para eso; **tal coisa** tal cosa; **tal como** tal como; **tal e qual** tal cual.

talão (*pl* **-ões**) *m* talón *m*, matriz *f Esp*; **talão de cheques** talonario *m* de cheques, chequera *f Amér.*

talco *m* talco *m.*

talento *m* talento *m.*

talhar *vt* tallar.
❑ **talhar-se** *vp (leite)* cortarse.

talharim (*pl* **-ns**) *m* tallarín *m.*

talher (*pl* **-res**) *m* cubierto *m.*

> Não confundir com o espanhol *taller*, que tem um significado similar ao do português *oficina*: (*Le están enseñando al niño a usar bien los cubiertos en la mesa.* Estão ensinando o menino a usar bem os talheres à mesa. *Dejé el auto en el taller mecánico para que lo arreglaran.* Deixei o carro na oficina mecânica para que o consertassem.)

talo *m* tallo *m.*

talões → **talão.**

talvez *adv* tal vez; **talvez sim, talvez não** puede que sí, puede que no.

tamanco *m* zueco *m.*

tamanho, nha 1 *adj* descomunal.
2 *m* tamaño *m.*

tamanho-família *adj inv* de tamaño familiar.

tâmara *f* dátil *m.*

tamarindo *m* tamarindo *m.*

também *adv* también; **ele também não fez isto** él tampoco hizo esto.

> Note que, em espanhol, a forma negativa de *también* é *tampoco*: (*Ayer dormí muy bien. – Yo también.* Ontem dormi muito bem. – Eu também. *Ayer no dormí muy bien – Yo tampoco.* Ontem não dormi muito bem. – Eu também não.)

tambor (*pl* **-res**) *m* tambor *m.*

tamborim (*pl* **-ns**) *m* tamboril *m.*

tampa *f (de frasco)* tapa *f Esp & RP,* tapadera *f Méx*; *(de panela)* tapa *f.*

tampão (*pl* **-ões**) *m (higiênico)* tampón *m.*

tampo *m (de mesa)* tabla *f.*

tampões → **tampão.**

tampouco *adv* tampoco.

tanga *f* tanga *f.*

tangerina *f* mandarina *f.*

tanque *m* tanque *m*; AUT *(para gasolina, óleo)* depósito *m*, tanque *m RP*; *(para peixes)* acuario *m.*

tanto, ta 1 *adj* (a) *(exprime grande quantidade)* tanto(ta); **esperei tanto tempo** esperé tanto tiempo; **tanto dinheiro** tanto dinero; **tanta gente** tanta gente; **tanto ... que ...** tanto ... que ...
(b) *(indica quantidade indeterminada)*: **de tantos em tantos dias** cada tantos días; **tantos outros** tantos otros; **são mil e tantos reais** son mil reales y pico.
(c) *(em comparações)*: **tanto ... quanto ...** tanto(ta) ... cuanto ...; **têm tanta sorte quanto você** tiene tanta suerte como tú; **tanto um quanto o outro** tanto el uno como el otro.
2 *adv* (a) *(exprime grande quantidade)* tanto; **queria tanto que ele viesse!** ¡quería tanto que viniera!; **não quero tanto assim** no quiero tanto.
(b) *(em comparações)* tanto; **sabe tanto quanto eu** sabe tanto como yo.
(c) *(em locuções)*: **é um tanto caro** es un tanto caro; **de tanto fazer algo** de tanto hacer algo; **tanto faz!** ¡no importa!; **tanto pior/melhor** tanto peor/mejor; **tanto quanto** siempre que; **um tanto** un tanto; **um tanto quanto** ligeramente; **tanto que** tanto que.
3 *pron* (a) *(indica grande quantidade)* tanto(ta); **ele não tem tantos** no tiene tantos.
(b) *(indica igual quantidade)* tanto(ta); **havia muita gente ali, aqui não era tanta** allí había mucha gente, aquí no había tanta.
(c) *(indica quantidade indeterminada)*: **leve tantos quantos quiser** llévate tantos cuantos quieras; **uns tantos aqui, uns tantos ali** unos cuantos aquí y unos cuantos allí.
(d) *(em locuções)*: **às tantas** a las tantas; **às tantas da noite** a las tantas de la noche; **para tanto** para tanto.

tão *adv* tan; **tão ... como ...** tan ... como...; **tão ... que ...** tan ... que ...

tapa *m* bofetada *f.*

tapar *vt* tapar.

tapear *vt fam* camelar *Esp,* chicanear *Méx,* embromar *RP.*

tapeçaria *f* tapicería *f.*

tapete *m* alfombra *f.*

tardar *vi* tardar, demorar *Amér*; **tardar a** OU **em fazer algo** tardar OU demorar *Amér* en hacer algo; **não tardar** no tardar OU demorar *Amér*; **o mais tardar** a más tardar.

tarde 1 *f* tarde *f.*
2 *adv* tarde.
3 **boa tarde!** ¡buenas tardes!; **à tarde** por *Esp* OU en *Méx* la tarde, a la OU de tarde *RP*; **ser tarde** ser tarde; **mais tarde** más tarde; **nunca é tarde demais** nunca es tarde si la dicha es buena.

tardio, dia *adj* tardío(día).

tarefa *f* tarea *f.*

tarifa *f* tarifa *f.*

tartaruga *f* tortuga *f.*

tático, ca 1 *adj* táctico(ca).
2 *f* táctica *f.*

tato *m lit & fig* tacto *m*; **ter tato** *fig* tener tacto.

tatu *m* armadillo *m*, tochi *m Méx*, tatú *m* (mulita) *RP.*

tatuagem (*pl* **-ns**) *f* tatuaje *m.*

taxa *f* tasa *f*; **taxa bancária** comisión *f* bancaria; **taxa de câmbio** tasa de cambio; **taxa de embarque** tasas de aeropuerto, impuesto *m* aeroportuario *Méx*, tasa de embarque *RP*; **taxa de juros** tasa OU tipo *m* de interés; **taxa de matrícula** tasa de matriculación.

tax-free *adj inv* libre de impuestos.

táxi *m* taxi *m.*

taxímetro *m* taxímetro *m.*

tchau *interj* ¡chao!, ¡chau! *RP.*

te *pron* te.

tear (*pl* **-res**) *m* telar *m*; **tear manual** telar manual.

teatral (*pl* **-ais**) *adj* teatral.

teatro *m* teatro *m*; **teatro de marionetes** teatro de marionetas; **teatro de variedades** teatro de variedades.

tecelagem (*pl* **-ns**) *f (de tecido)* tejido *m*; *(local)* hilandería *f.*

tecer *vt* tejer.

tecido *m* tejido *m.*
tecla *f* tecla *f.*
teclado *m* teclado *m.*
técnico, ca **1** *adj & m, f* técnico(ca). **2** *f* técnica *f.*
tecnologia *f* tecnología *f*; **tecnologia da informação** tecnologías de la información.
tecnológico, ca *adj* tecnológico(ca).
tédio *m* aburrimiento *m.*
teia *f* telaraña *f.*
teimar *vi* insistir; **teimar em** insistir en.
teimosia *f* obstinación *f.*
teimoso, osa *adj* obstinado(da).
tel. (*abrev de* **telefone**) tel.
tela *f (tecido, quadro)* tela *f.*
teleférico *m* teleférico *m.*
telefonar *vi* llamar por teléfono, telefonear; **telefonar a alguém** llamar por teléfono OU telefonear a alguien; **telefonar para** llamar por teléfono a OU telefonear a.
telefone *m* teléfono *m*; **telefone celular** teléfono móvil *Esp*, teléfono celular *Amér*; **telefone público** teléfono público; **telefone sem fio** teléfono inalámbrico.
telefonema *m* llamada *f* telefónica; **dar um telefonema** llamar a alguien por teléfono.
telefônico, ca *adj* telefónico(ca).
telefonista *mf* telefonista *mf.*
telegrafar *vt* telegrafiar.
telegrama *m* telegrama *m*; **telegrama fonado** telegrama *(dictado por teléfono).*
telejornal (*pl* **-ais**) *m* telediario *m Esp*, noticiero *m Amér.*
telenovela *f* telenovela *f.*
teleobjetiva *f* teleobjetivo *m.*
telepatia *f* telepatía *f.*
telescópio *m* telescopio *m.*
televisão (*pl* **-ões**) *f* televisión *f*; **televisão em cores** televisión en color; **televisão em preto-e-branco** televisión en blanco y negro; **televisão a cabo** televisión por cable; **televisão por satélite** televisión por satélite.
televisor (*pl* **-res**) *m* televisor *m.*
telex (*pl* **-xes**) *m* télex *m.*
telha *f* teja *f.*
telhado *m* tejado *m.*
tema *m* tema *m.*
temer *vt* temer; **temer que** temer que.
temido, da *adj* temido(da).
temível (*pl* **-eis**) *adj* temible.
temor (*pl* **-res**) *m* temor *m.*
temperado, da *adj (comida)* condimentado(da); *(clima)* templado(da).
temperamento *m* temperamento *m.*
temperar *vt* condimentar.
temperatura *f* temperatura *f.*
tempero *m* condimento *m.*
tempestade *f* tempestad *f*; **fazer uma tempestade num copo d'água** armar un escándalo por nada.
templo *m* templo *m.*
tempo *m* tiempo *m*; **chegar a tempo de** llegar a tiempo de; **ganhar tempo** ganar tiempo; **levar tempo** llevar tiempo; **não ter tempo para** no tener tiempo para; **passar o tempo a fazer algo** pasar el tiempo haciendo algo; **matar o tempo** matar el tiempo; **poupar tempo** ahorrar tiempo; **recuperar o tempo perdido** recuperar el tiempo perdido; **ser tempo de** ser hora de; **tempo integral** tiempo completo; **primeiro/segundo tempo** ESPORTE primer/segundo tiempo; **antes do tempo** antes de tiempo; **ao mesmo tempo** al mismo tiempo; **dentro de pouco tempo** dentro de poco tiempo; **de tempos em tempos** de vez en cuando, luego *Méx*; **nos últimos tempos** últimamente; **por algum tempo** durante algún tiempo; **por tempo indefinido** OU **indeterminado** por tiempo indefinido OU indeterminado; **o tempo todo** todo el tiempo.
têmpora *f* ANAT sien *f.*
temporada *f* temporada *f*; **aluguel de temporada** alquiler *m* por temporada; **passar uma temporada em** pasar una temporada en.
temporal (*pl* **-ais**) *m* temporal *m.*
temporário, ria *adj* temporal *Esp*, temporario(ria) *Amér.*
tencionar *vt*: **tencionar fazer algo** tener la intención de hacer algo.
tenda *f (de campanha)* tienda *f Esp & Méx*, carpa *f RP*; *(em feira)* puesto *m Esp & RP*, tendido *m Méx.*
tendão (*pl* **-ões**) *m* tendón *m.*
tendência *f* tendencia *f*; **ter tendência para** tener tendencia a.
tendões → **tendão.**
tenente *mf* teniente *mf.*

tênis *m inv* ESPORTE tenis *m inv*; *(sapato)* zapatilla *f* de deporte; **tênis de mesa** tenis de mesa.

tenro, ra *adj* tierno(na); **de tenra idade** de tierna edad.

tensão (*pl* **-ões**) *f* tensión *f*; **tensão pré-menstrual** tensión premenstrual.

tenso, sa *adj* tenso(sa).

tensões → **tensão.**

tentação (*pl* **-ões**) *f* tentación *f.*

tentáculo *m* tentáculo *m.*

tentador, ra (*mpl* **-res,** *fpl* **-s**) *adj* tentador(ra).

tentar *vt* intentar; **tentar fazer algo** intentar hacer algo.

tentativa *f* intento *m*; **na tentativa de fazer algo** intentando hacer algo.

tênue *adj* tenue.

teologia *f* teología *f.*

teor *m* contenido *m.*

teoria *f* teoría *f*; **em teoria** en teoría.

teoricamente *adv* teóricamente.

tépido, da *adj* tibio(bia).

ter 1 *vt* (**a**) *(gen)* tener; **a casa tem dois quartos** la casa tiene dos habitaciones; **ela tem os olhos verdes** tiene los ojos verdes; **tenho muito dinheiro** tengo mucho dinero; **ter saúde** estar sano(na); **ter juízo** ser sensato(ta); **a sala tem quatro metros de largura** la sala tiene cuatro metros de anchura OU ancho *Amér*; **que idade você tem?** ¿qué edad tienes?; **tenho dez anos** tengo diez años; **tenho dor de dente/cabeça** tengo dolor de muelas/cabeza; **ter febre** tener fiebre; **ter sarampo/catapora** tener sarampión/varicela; **tenho frio/calor** tengo frío/calor; **tenho sede/fome** tengo sed/hambre; **ter medo** tener miedo; **ter amor/ódio a alguém** amar/odiar a alguien, tenerle amor/odio a alguien *Amér*; **ter carinho/afeição por alguém** sentir cariño/afecto por alguien, tenerle cariño/afecto a alguien *Amér*; **eles têm muitos problemas econômicos** tienen muchos problemas económicos; **tivemos uma grande discussão** tuvimos una gran discusión; **tenha umas boas férias!** ¡felices vacaciones!; **tenham um bom dia!** ¡que pasen un buen día!; **não tenho aulas hoje** hoy no tengo clases; **tenho um encontro** tengo una cita; **ele tinha uma reunião, mas não foi** tenía una reunión, pero no fue; **tenho certeza de que está certo** estoy seguro de que tiene razón; **tenho a impressão de que vai chover** tengo la impresión de que va a llover; **pode ter certeza de que vou** puedes estar seguro de que iré; **ela teve uma menina** tuvo una niña.
(**b**) *(conter)* contener *Esp*, tener *Amér*; **esta caixa tem apenas três bolos** esta caja contiene tres pasteles *Esp*, esta caja tiene tres pays *Méx*, esta caja tiene tres tortas *RP*; **esta garrafa tem um litro** esta botella contiene un litro *Esp*, esta botella tiene un litro *Amér.*
(**c**) *(estar)*: **tem alguém esperando** hay alguien esperando; **tem gente batendo na porta** hay alguien llamando a la puerta.
2 *v aux* (**a**) *(haver)*: **eles tinham quebrado o vidro** habían roto el cristal *Esp* OU vidrio *Amér*; **tinha alugado a casa** había alquilado la casa *Esp & RP*, había rentado la casa *Méx*; **tinha chovido e a estrada estava molhada** había llovido y la carretera estaba mojada.
(**b**) *(exprime obrigação)*: **ter de/que fazer algo** tener que hacer algo; **temos de estar lá às oito** tenemos que estar allí a las ocho; **tenho muito que fazer** tengo mucho que hacer.

terapeuta *mf* terapeuta *mf.*

terapêutico, ca *adj* terapéutico(ca).

terapia *f* terapia *f.*

terça-feira (*pl* **terças-feiras**) *f* martes *m inv*; **terça-feira de Carnaval** martes de carnaval → **sexta-feira.**

terceiro, ra *num* tercero(ra); **a terceira idade** la tercera edad; **O Terceiro Mundo** el Tercer Mundo → **sexto.**

terço *m (parte)* tercio *m*; *(rosário)* rosario *m*; **rezar o terço** rezar el rosario.

terçol (*pl* **-óis**) *m* orzuelo *m.*

terebintina *f* trementina *f.*

termas *fpl* termas *fpl.*

térmico, ca *adj* térmico(ca); **garrafa térmica** termo *m.*

terminal (*pl* **-ais**) **1** *adj* terminal.
2 *m (de transportes)* terminal *f*; INFORM terminal *m*; **terminal aéreo/rodoviário/ferroviário** terminal aérea/de autobús/de ferrocarril.

terminar *vt & vi* terminar; **terminar em algo** terminar en algo; **terminar por fazer algo** terminar por hacer algo.

termo *m* término *m*; **meio-termo** término medio; **pôr termo a** ponerle término a; **em termos de** en términos de.
termômetro *m* termómetro *m*.
termostato *m* termostato *m*.
terno, na 1 *adj* tierno(na).
2 *m (roupa)* terno *m*, traje *m RP*.
ternura *f* ternura *f*.
terra *f* tierra *f*; **a Terra** la Tierra; **Terra Santa** Tierra Santa; **cair por terra** *fig* fracasar; **terra firme** tierra firme; **terra natal** tierra natal; **por terra** por tierra.
terraço *m* terraza *f*.
terreiro *m local en el que se celebran sesiones de macumba.*
terremoto *m* terremoto *m*, temblor *m Amér.*
terreno, na 1 *m* terreno *m*.
2 *adj* terrenal.
3 **terreno baldio** terreno baldío.
térreo, ea *adj*: **andar térreo** planta *f* baja.
terrestre *adj* terrestre.
terrina *f* sopera *f*.
território *m* territorio *m*.
terrível (*pl* **-eis**) *adj* terrible.
terror (*pl* **-res**) *m* terror *m*.
tese *f (universitária)* tesis *f inv*; *(idéia, teoria)* teoría *f*; **em tese** en teoría.
tesoura *f* tijeras *fpl*; **tesoura de unhas** tijeras de manicura, tijera de uñas *RP*.
tesouro *m* tesoro *m*.
testa *f* frente *f*.
testamento *m* testamento *m*.
testar *vt* probar.
teste *m (de sistema, de máquina, carro etc.)* prueba *f*; *EDUC* examen *m*; **teste de dosagem alcoólica** prueba de alcoholemia.
testemunha *f* testigo *mf*; **testemunha ocular** testigo ocular.
testemunho *m* testimonio *m*.
testículo *m* testículo *m*.
tétano *m* tétanos *m*.
teto *m* techo *m*.
tétrico, ca *adj* tétrico(ca).
teu, tua 1 *adj* tu.
2 *pron*: **o teu/a tua** el tuyo/la tuya.
3 **um amigo teu** un amigo tuyo.
texto *m* texto *m*.
textura *f* textura *f*.
texugo *m* tejón *m*.
tez *f* tez *f*.
ti *pron* ti; **ti mesmo** ou **próprio** ti mismo.
tia → **tio.**
tigela *f* tazón *m*, bol *m RP*; **de meia-tigela** *fig* de segunda.
tigre *m* tigre *m*.
tijolo *m* ladrillo *m Esp & RP*, tabique *m Méx.*
til (*pl* **tis**) *m* tilde *f*.
tília *f* tilo *m*.
time *m* equipo *m*.
timidez *f* timidez *f*.
tímido, da *adj* tímido(da).
timoneiro *m (em barco)* timonel *m*; *(em expedição)* guía *m*.
tímpano *m* tímpano *m*.
tina *f (para lavar roupa)* tina *f*; *(para tomar banho)* bañera *f Esp & RP*, tina *f Méx*, bañadera *f Arg*.
tingido, da *adj* teñido(da).
tingir *vt* teñir.
tinir *vi* tintinear.
tinta *f (para escrever)* tinta *f*; *(para pintar)* pintura *f*; *(para tingir)* tinte *m Esp & Méx*, tintura *f RP*; **tinta a óleo** pintura al óleo.
tinteiro *m* tintero *m*.
tinto *adj m* → **vinho.**
tintura *f*: **tintura de iodo** tintura *f* de yodo.
tinturaria *f* tintorería *f*.
tio, tia *m, f* tío *m*, -a *f*.
típico, ca *adj* típico(ca); **ser típico de** ser típico de.
tipografia *f* imprenta *f*.
tíquete-refeição (*pl* **tíquetes-refeição**) *m* vale *m* de comida.
tiracolo *m*: **a tiracolo** en bandolera.
tiragem (*pl* **-ns**) *f* tirada *f Esp*, tiraje *m Amér.*
tira-manchas *m inv* quitamanchas *m inv*.
tirania *f* tiranía *f*.
tirar *vt* sacar; *(férias)* pedir, coger *Esp*; **tirar algo de alguém** robarle algo a alguien; **tirar a sorte** echar a suertes; **tirar a mesa** sacar de la mesa.
tiritar *vi* tiritar.
tiro *m* tiro *m*, disparo *m*; **tiro ao alvo** tiro al blanco; **trocar tiros** intercambiar disparos.
tiroteio *m* tiroteo *m*.
tis → **til.**
título *m* título *m*.
toalete *m (banheiro)* baño *m*, toilette *m*

RP; *(roupa)* traje *m* de gala; **fazer a toalete** lavarse.

toalha *f* toalla *f*; **toalha de banho** toalla de baño; **toalha de mesa** mantel *m*; **toalha de rosto** toallita *f*, toalla chica ou de manos *Amér.*

tobogã (*pl* **-ãs**) *m* tobogán *m Esp & RP*, resbaladilla *f Méx.*

toca *f* madriguera *f.*

toca-discos *m inv* tocadiscos *m inv.*

toca-fitas *m inv* casete *m Esp*, grabador *m Amér*, pasa-cassette *m RP.*

tocaia *f* emboscada *f.*

tocar 1 *vt (instrumento)* tocar.
2 *vi (campainha, sino, telefone)* sonar; MÚS tocar.
❑ **tocar em** *v + prep (em pessoa, objeto)* tocar; *(em assunto)* abordar.
❑ **tocar a** *v + prep* tocarle a; **no que me toca** por lo que a mí toca, en cuanto a mí.
❑ **tocar para** *v + prep (telefonar)* llamar a.

tocha *f* tea *f.*

toda → **todo.**

todavia 1 *adv* todavía.
2 *conj* sin embargo.

> Não confundir com o espanhol ***todavía***, que tem um significado similar ao do português *ainda*: (***Juan se acostó a las 8 de la noche de ayer y todavía duerme.*** João foi dormir às 8 da noite de ontem e ainda está dormindo.)

todo, a *adj* todo(da); **em toda parte** por todas partes; **todas as coisas** todas las cosas; **todo o dia/mês** todo el día/mes; **todos os dias/meses** todos los días/meses; **todo o mundo** todo el mundo; **todos nós** todos nosotros; **ao todo** en total; **no todo** después de todo.
❑ **todos** *pron pl* todos *m*, -das *f*; **Todos os Santos** → **dia.**

toldo *m* toldo *m.*

tolerância *f* tolerancia *f.*

tolerar *vt* tolerar.

tolice *f* tontería *f.*

tolo, la *adj* tonto(ta).

tom (*pl* **-ns**) *m* tono *m*; **em tom de** en tono de; **ser de bom-tom** quedar bien.

tomada *f (elétrica)* enchufe *m*, contacto *m Méx*; *(de lugar, prédio)* toma *f*; **tomada de posse** toma de posesión.

tomar *vt* tomar; **tome!** ¡toma!; **vamos tomar um café!** ¡vamos a tomar un café!; **vamos tomar um copo!** ¡vamos a tomar una copa!; **tomar posse (de algo)** tomar posesión (de algo); **tomar ar** tomar el aire *Esp*, tomar aire *Amér*; **tomar banho** bañarse; **tomar banho de sol** tomar el sol *Esp*, tomar sol *Amér*; **tomar o café da manhã** desayunar; **tomar conta de algo/de alguém** cuidar algo/a alguien.

tomara *interj* ¡ojalá!

tomate *m* tomate *m Esp & RP*, jitomate *m Méx.*

tombar 1 *vt* tumbar, tirar *Amér*, voltear *RP.*
2 *vi* caerse.

tombo *m* caída *f*; **levar um tombo** caerse.

tomilho *m* tomillo *m.*

tonalidade *f* tonalidad *f.*

tonel (*pl* **-éis**) *m* tonel *m.*

tonelada *f* tonelada *f.*

tônico, ca 1 *adj* tónico(ca).
2 *m* tónico *m.*
3 *f*: **pôr a tônica em** enfatizar.

tons → **tom.**

tonto, ta *adj (com tonturas)* mareado(da); *(tolo)* tonto(ta).

tontura *f* mareo *m.*

topázio *m* topacio *m.*

tópico *m* tópico *m.*

topo *m (de montanha)* cima *f*, cumbre *f*; *(de rua, pilha)* parte *f* superior.

toque *m (contato)* toque *m*; *(som)* sonido *m*; **o toque da campainha** el timbre.

toranja *f* pomelo *m.*

tórax *m* tórax *m inv.*

torcedor, ra (*mpl* **-res**, *fpl* **-s**) *m, f* aficionado *m*, -da *f Esp*, porrista *m f Méx*, hincha *m, f RP.*

torcer *vt (entortar)* torcer; *(pé, tornozelo)* torcerse; *(espremer)* escurrir, estrujar *RP*; **torcer o nariz** poner cara de asco.
❑ **torcer-se** *vp* retorcerse.
❑ **torcer por** *v + prep* apoyar a, ser seguidor(ra) de, echar porras por *Méx*, ser porrista de *Méx*, hinchar por *RP*, ser hincha de *RP.*

torcicolo *m* tortícolis *f inv.*

torcida *f* ESPORTE afición *f Esp*, porra *f Méx*, hinchada *f RP*; *(pavio)* pabilo *m.*

torcido, da *adj* torcido(da).

tormenta *f* tormenta *f.*

tormento *m* tormento *m.*

tornado *m* tornado *m.*

tornar *vt* convertir.
❑ **tornar-se** *vp* volverse.

❑ **tornar a** *v + prep*: **tornar a fazer algo** volver a hacer algo; **tornar algo em algo** convertir algo en algo.
torneio *m* torneo *m*.
torneira *f* grifo *m Esp*, pluma *f Méx*, canilla *f RP*.
torno *m*: **em torno de** en torno a.
tornozelo *m* tobillo *m*.
torpedo *m* torpedo *m*.
torrada *f* tostada *f*.
torradeira *f* tostador *m*, tostadora *f RP*.
torrão (*pl* **-ões**) *m* terrón *m*; **torrão de açúcar** terrón de azúcar.
torrar *vt* tostar.
torre *f* torre *f*.
torrente *f* torrente *m*.
torresmo *m* chicharrón *m*.
tórrido, da *adj* tórrido(da).
torrões → **torrão.**
torto, torta 1 *adj* torcido(da).
2 *f* tarta *f Esp*, pay *m Méx*, torta *f RP*.
3 a torto e a direito a diestra y siniestra.
tortura *f* tortura *f*.
tosse *f* tos *f inv*.
tossir *vi* toser.
tostado, da *adj (pão)* tostado(da).
tostão (*pl* **-ões**) *m* *antigua moneda que valía cien reales*; **não valer um tostão furado** no valer un pimiento.
total (*pl* **-ais**) **1** *adj* total.
2 *m* total *m*.
3 no total en total.
totalidade *f* totalidad *f*; **na totalidade** en la totalidad.
totalmente *adv* totalmente.
touca *f* gorro *m*, gorra *f RP*; **touca de banho** gorro ou gorra *RP* de baño.
toucador (*mpl* **-res**) *m* tocador *m*.
toucinho *m* tocino *m*; **toucinho defumado** tocino ahumado.
toupeira *f* topo *m*.
tourada *f* corrida *f* de toros.
toureiro *m* torero *m*.
touro *m* toro *m*.
❑ **Touro** *m (signo do Zodíaco)* Tauro *m inv*.
tóxico, ca *adj* tóxico(ca).
toxina *f* toxina *f*.
Tr. → **travessa.**
trabalhador, ra (*mpl* **-res,** *fpl* **-s**) *adj & m, f* trabajador(ra).
trabalhar *vi & vt* trabajar.
trabalho *m* trabajo *m*; **trabalho braçal** trabajo manual ou brazal *Amér*; **trabalho de casa** *EDUC* deberes *mpl*; **trabalho doméstico** trabajo doméstico; **trabalho manual** trabajo manual; **trabalho de parto** trabajo de parto.
traça *f* polilla *f*.
tração *f* tracción *f*.
traçar *vt* trazar.
traço *m (risco)* trazo *m*; *(vestígio)* rastro *m*; *(de rosto, personalidade)* rasgo *m*.
tradição (*pl* **-ões**) *f* tradición *f*.
tradicional (*pl* **-ais**) *adj* tradicional.
tradições → **tradição.**
tradução (*pl* **-ões**) *f* traducción *f*.
tradutor, ra (*mpl* **-res,** *fpl* **-s**) *m, f* traductor *m*, -ra *f*.
traduzir *vt & vi* traducir.
tráfego *m* tráfico *m*, tránsito *m Amér*.
traficante *mf* traficante *mf*.
traficar *vi & vt* traficar.
tráfico *m (de mercadoria, droga)* tráfico *m*.
tragédia *f* tragedia *f*.
trágico, ca *adj* trágico(ca).
traição (*pl* **-ões**) *f* traición *f*; **à traição** a traición.
traidor, ra (*mpl* **-res,** *fpl* **-s**) *m, f* traidor *m*, -ra *f*.
traineira *f* trainera *f*.
traje *m* traje *m*; **traje de banho** traje de baño; **traje de noite** traje de noche; **traje a rigor** traje de etiqueta; **traje típico** traje típico; **trajes menores** ropa *f* interior.
trajeto *m* trayecto *m*.
trajetória *f* trayectoria *f*.
tralha *f fam* trastos *mpl*, triquis *mpl Méx*, petates *mpl RP*.
trama *f* trama *f*.
tramar *vt*: **tramar algo** *fam* tramar algo.
trambique *m fam* chanchullo *m*.
trâmite *m* trámite *m*; **os trâmites legais** los trámites legales.
trampolim (*pl* **-ns**) *m* trampolín *m*.
tranca *f* tranca *f*.
trança *f* trenza *f*.
trancar *vt* atrancar *Esp*, trancar *Amér*.
tranqüilidade *f* tranquilidad *f*.
tranqüilizante 1 *adj* tranquilizante.
2 *m* tranquilizante *m*.
tranqüilo, la *adj* tranquilo(la).
transação (*pl* **-ões**) *f* transacción *f*.
transar *vt fam* tramar.

❑ **transar com** *v + prep fam* acostarse con.

transatlântico, ca 1 *adj* trasatlántico(ca).
2 *m* trasatlántico *m*.

transbordar *vi* desbordarse.

transbordo *m* transbordo *m*; **fazer transbordo** hacer transbordo.

transe *m* trance *m*.

transeunte *mf* transeúnte *mf*.

transferência *f (de escola, país)* traslado *m*; *(de dinheiro)* transferencia *f*.

transferir *vt* trasladar; *(dinheiro)* transferir.

transformador, ra (*mpl* **-res,** *fpl* **-s**) 1 *adj* transformador(ra).
2 *m (elétrico)* transformador *m*.

transformar *vt* transformar.

transfusão (*pl* **-ões**) *f*: **transfusão de sangue** transfusión *f* sanguínea ou de sangre.

transgênico, ca *adj* transgénico(ca).

transgredir *vt* transgredir.

transgressão (*pl* **-ões**) *f* transgresión *f*.

transição (*pl* **-ões**) *f* transición *f*.

transistor (*pl* **-res**) *m* transistor *m*.

transitar *vi* transitar.

transitivo, va *adj* transitivo(va).

trânsito *m* tráfico *m*, tránsito *m Amér*.

transmissão (*pl* **-ões**) *f* transmisión *f*.

transmitir *vt & vi* transmitir.

transparência *f* transparencia *f*.

transparente *adj lit & fig* transparente.

transpiração *f* transpiración *f*.

transpirar *vi* transpirar.

transplantar *vt* trasplantar.

transplante *m* trasplante *m*.

transportar *vt* transportar.

transporte *m* transporte *m*; **transporte coletivo** transporte colectivo; **transporte público** transporte público.

transtornar *vt (pessoa)* trastornar; *(reunião, rotina)* alterar.

transtorno *m* trastorno *m*; **causar transtorno** trastornar.

trapalhão, lhona (*mpl* **-ões,** *fpl* **-s**) *m, f* chapucero *m*, -ra *f Esp*, chambón *m*, -ona *f Amér*.

trapézio *m* trapecio *m*.

trapezista *mf* trapecista *mf*.

trapo *m* trapo *m*.

trás 1 *interj* ¡bum!
2 *prep + adv*: **andar para trás** andar *Esp* ou caminar *Amér* hacia atrás.
3 **deixar para trás** dejar atrás; **por trás de** por detrás ou atrás *Amér* de; **de trás** desde atrás; **para trás** hacia ou para *Amér* atrás.

traseiro, ra 1 *adj* trasero(ra).
2 *f* ANAT trasero *m*.

tratado, da 1 *adj* tratado(da).
2 *m* tratado *m*.

tratamento *m* tratamiento *m*.

tratar *vt* tratar; **tratar alguém bem/mal** tratar a alguien bien/mal.
❑ **tratar de** *v + prep (pessoa, casa, bebê)* cuidar de ou a *RP*; *(assunto, negócio, tarefa)* tratar de.
❑ **tratar-se de** *vp + prep* tratarse de.

trator (*pl* **-res**) *m* tractor *m*.

trauma *m* trauma *m*.

Trav. → **travessa.**

travar 1 *vt (carro, bicicleta)* frenar; **travar conhecimento com alguém** conocer a alguien; *(combate, luta)* entablar.
2 *vi* frenar.

trave *f (em futebol)* travesaño *m*.

travessa *f (rua)* travesía *f*; *(peça de louça)* fuente *f*; *(para cabelo)* peineta *f*.

travessão (*pl* **-ões**) *m (sinal gráfico)* raya *f*.

travesseiro *m (almofada)* almohada *f*.

travessia *f* travesía *f*.

travesso, a *adj* travieso(sa).

travessões → **travessão.**

travões → **travão.**

trazer *vt* traer.

trégua *f* tregua *f*.

treinador, ra (*mpl* **-res,** *fpl* **-s**) *m, f* entrenador *m*, -ra *f*.

treinar *vt* entrenar.
❑ **treinar-se** *vp* entrenarse.

treino *m* entrenamiento *m*.

trem (*pl* **-ns**) *m* tren *m*; **trem de prata** cubertería *f* de plata; **trem de aterrissagem** tren de aterrizaje; **de trem** en tren; **pegar o trem** coger *Esp* ou tomar *Amér* el tren.

trema *m* diéresis *f inv*.

tremendo, da *adj* tremendo(da).

tremer *vi* temblar; **tremer de frio** temblar de frío.

tremor (*pl* **-res**) *m* escalofrío *m*; **tremor de terra** temblor de tierra.

trêmulo, la *adj* trémulo(la).

trenó *m* trineo *m*.

trens → **trem.**

trepadeira *f* enredadera *f.*
trepar *vt & vi* trepar; **trepar em** trepar a.
três *num* tres → **seis.**
trespassar *vt* traspasar.
trevas *fpl* tinieblas *fpl.*
trevo *m* trébol *m.*
treze *num* trece → **seis.**
trezentos, tas *num* trescientos(tas) → **seis.**
triângulo *m* triángulo *m.*
tribo *f* tribu *f.*
tribuna *f* tribuna *f.*
tribunal (*pl* **-ais**) *m* tribunal *m.*
triciclo *m* triciclo *m.*
tricô *m* tejido *m.*
tricotar *vt* tejer, tricotar *Esp.*
trigésimo, ma *num* trigésimo(ma) → **sexto.**
trigo *m* trigo *m.*
trilha *f* sendero *m*; **trilha sonora** banda *f* sonora.
trilho *m (carril)* carril *m*; *(caminho)* sendero *m.*
trimestral (*pl* **-ais**) *adj* trimestral.
trimestre *m* trimestre *m.*
trincar *vt* mascar.
trincheira *f* trinchera *f.*
trinco *m* pestillo *m Esp,* seguro *m Amér*; **fechar com o trinco** cerrar con el pestillo *Esp* ou seguro *Amér.*
trinta *num* treinta → **seis.**
trio *m* trío *m*; **trio elétrico** *camión provisto de un equipo de sonido o de música en vivo que recorre las calles durante el carnaval.*
tripa *f* tripa *f.*
❑ **tripas** *fpl* callos *mpl Esp,* pancita *f Méx,* mondongo *m RP.*
tripé *m* trípode *m.*
triplicar *vt* triplicar.
tripulação (*pl* **-ões**) *f* tripulación *f.*
tripular *vt* tripular.
triste *adj* triste.
tristeza *f* tristeza *f*; **que tristeza!** ¡qué lástima!
triunfar *vi* triunfar.
triunfo *m* triunfo *m.*
trivial (*pl* **-ais**) *adj* trivial.
triz *m fam*: **por um triz** por un pelo ou tris *RP.*
troca *f* cambio *m*; **dar algo em troca de algo** dar algo a cambio de algo.
troça *f* burla *f*; **fazer troça de** burlarse de.
trocado, da 1 *adj* equivocado(da).
2 *m* calderilla *f Esp,* morralla *f Méx,* cambio *m RP.*
trocar *vt* cambiar; *(idéias)* intercambiar; *(confundir)* confundir.
❑ **trocar de** *v + prep* cambiar de.
❑ **trocar-se** *vp* cambiarse.
troco *m (dinheiro miúdo)* cambio *m Esp & RP,* morralla *f Méx*; *(fig: resposta)* respuesta *f*; **dar o troco** *fig* contestar; **a troco de** a cambio de.
troço *m fam* trasto *m*; **ter um troço** *fam* darle un ataque a alguien.
troféu *m* trofeo *m.*
tromba *f* trompa *f.*
trombeta *f* trompeta *f.*
trombone *m* trombón *m.*
trompete *m* trompeta *f.*
tronco *m* tronco *m.*
trono *m* trono *m.*
tropa *f* tropa *f.*
tropeçar *vi* tropezar; **tropeçar em algo** tropezar con algo.
tropical (*pl* **-ais**) *adj* tropical.
tropicalismo *m movimiento cultural brasileño.*
trópico *m* trópico *m.*
trotar *vi* trotar.
trouxa 1 *f (de roupa)* lío *m Esp,* treque *m Méx,* atado *m RP.*
2 *mf fam* gilipuertas *mf inv Esp,* menso *m,* -sa *f Méx,* nabo *m,* -ba *f RP.*
trovão (*pl* **-ões**) *m* trueno *m.*
trovejar *v impess* tronar.
trovoada *f* tormenta *f.*
trovões → **trovão.**
trucidar *vt* masacrar.
trunfo *m (em jogo de cartas)* triunfo *m*; *fig* ventaja *f.*
truque *m* truco *m.*
truta *f* trucha *f.*
tu *pron* tú.

> A forma espanhola ***tú*** é usada em algumas partes do mundo hispanoparlante. Em outras, utiliza-se ***vos*** e em outras, as duas formas são usadas: (***Tú cantas muy bien.*** Você canta muito bem. ***Vos cantáis muy bien.*** Vocês cantam muito bem.)
>
> (Ver *Os pronomes* na seção *Gramática espanhola*.)

tua → **teu.**

tuba *f* tuba *f.*
tubarão (*pl* **-ões**) *m* tiburón *m.*
tuberculose *f* tuberculosis *f inv.*
tubo *m* tubo *m*; **tubo de ensaio** tubo de ensayo.
tudo *pron inv* todo *m*; **antes de tudo** antes de nada; **apesar de tudo** a pesar de todo.
tulipa *f (planta)* tulipán *m*; *(copo) vaso alto y estrecho donde se sirve cerveza.*
tumba *f* tumba *f.*
tumor (*pl* **-res**) *m* tumor *m*; **tumor maligno/benigno** tumor maligno/benigno.
túmulo *m* túmulo *m.*
tumulto *m* tumulto *m.*
túnel (*pl* **-eis**) *m* túnel *m.*
túnica *f* túnica *f.*
turbina *f* turbina *f.*
turbulência *f* turbulencia *f.*
turco, ca 1 *adj & m, f* turco(ca). 2 *m* turco *m.*
turfe *m (hipódromo)* hipódromo *m*; *(hipismo)* hípica *f Esp,* turf *m Amér.*
turismo *m* turismo *m*; **agência de turismo** agencia *f* de viajes OU turismo *Amér*; **fazer turismo** hacer turismo.
turista *mf* turista *mf.*
turístico, ca *adj* turístico(ca).
turma *f (em escola)* clase *f*; *fam (amigos)* peña *f Esp,* banda *f Méx,* barra *f RP.*
turnê *f* gira *f.*
turno *m (em emprego)* turno *m*; ESPORTE ronda *f*; **por seu turno** a su turno.
turquesa *f* turquesa *f.*
tutano *m* tuétano *m.*
tutela *f* tutela *f.*
tutor, ra (*mpl* **-res,** *fpl* **-s**) *m, f* tutor *m,* -ra *f.*
tutu *m*: **tutu à mineira** *plato hecho con carne de cerdo, tocino, alubias* OU *frijoles Méx* OU *porotos RP y harina de mandioca.*
TV *f* (*abrev de* **televisão**) TV *f.*
tweed *m* tweed *m.*

Uu

UE *f* (*abrev de* **União Européia**) UE *f.*
uísque *m* whisky *m.*
uivar *vi* aullar.
úlcera *f* úlcera *f.*
ultimamente *adv* últimamente.
ultimato *m* ultimátum *m.*
último, ma 1 *adj* último(ma).
2 *m, f*: **o último/a última** el último/la última.
3 a última *(novidade mais recente)* la última; **por último** por último.
ultraleve *m* ultraligero *m.*
ultramar *m*: **o ultramar** ultramar *m.*
ultramarino, na *adj* ultramarino(na).
ultrapassado, da *adj* desfasado(da).
ultrapassagem (*pl* **-ns**) *f* adelantamiento *m*; **ultrapassagem proibida** prohibido adelantar.
ultrapassar *vt* adelantar.
ultravioleta *adj inv* ultravioleta *adj inv.*
um, uma (*mpl* **uns**, *fpl* **umas**) **1** *artigo indefinido* un(una); **um homem** un hombre; **uma mala** una bolsa, un bolso *RP*; **uma mulher** una mujer.
2 *adj* **(a)** *(exprime quantidade, data indefinida)* un(una); **comprei uns livros** compré unos libros; **um dia voltarei** un día volveré; **vou tirar umas semanas de férias** me voy unas semanas de vacaciones. **(b)** *(para indicar quantidades)* un(una); **trinta e um dias** treinta y un días; **um litro/metro/quilo** un litro/metro/kilo. **(c)** *(aproximadamente)* un(una); **esperei uns dez minutos** esperé unos diez minutos; **estavam lá umas cinqüenta pessoas** había unas cincuenta personas. **(d)** *(para enfatizar)* un(una); **está um frio/calor** hace mucho frío/calor; **estou com uma sede** tengo una sed tremenda.
3 *pron (indefinido)* uno(una); **dê-me um** deme uno; **peça mais uma** pide una más; **um a um, um por um** uno a uno, uno por uno; **um deles** uno de ellos; **uns e outros** unos y otros → **seis.**
umbanda *f culto afrobrasileño derivado del candomblé.*
umbigo *m* ombligo *m.*
umbral (*pl* **-ais**) *m* umbral *m.*
umidade *f* humedad *f.*
úmido, da *adj* húmedo(da).
unanimidade *f*: **por unanimidade** por unanimidad.
UNE *f* (*abrev de* **União Nacional de Estudantes**) *sindicato de estudiantes brasileño.*
Unesco *f* Unesco *f.*
unha *f (de pessoa)* uña *f*; *(de animal)* garra *f*; **unha encravada** uña encarnada; **fazer as unhas** hacer la manicura, hacerse las manos *RP.*
união (*pl* **-ões**) *f* unión *f*; **a União Européia** la Unión Europea.
unicamente *adv* únicamente.
único, ca 1 *adj* único(ca).
2 *m, f*: **o único/a única** el único/la única.
3 mão única sentido único, una mano *RP.*
unidade *f* unidad *f.*
unido, da *adj* unido(da); **eles são muito unidos** están muy unidos *Esp*, son muy unidos *Amér.*
unificar *vt* unificar.
uniforme *adj & m* uniforme.
uniões → **união.**
unir *vt (pessoas, países)* unir; *(colar)* pegar; *(anexar)* anexar; *(fig: esforços)* aunar.
❑ **unir-se** *vp* unirse; **unir-se contra** unirse contra.
unissex *adj inv* unisex *adj inv.*
unitário, ria *adj* unitario(ria).
universal (*pl* **-ais**) *adj* universal.
universidade *f* universidad *f.*

universo *m* universo *m.*
uns → **um.**
untar *vt* untar.
urânio *m* uranio *m.*
urbano, na *adj* urbano(na).
urgência *f* urgencia *f*; **com urgência** con urgencia.
urgente *adj* urgente.
urgentemente *adv* urgentemente.
urina *f* orina *f.*
urinol (*pl* **-óis**) *m* orinal *m.*
urna *f* urna *f.*
urrar *vi* gritar.
urso *m* oso *m*; **urso de pelúcia** oso de peluche; **urso polar** oso polar.
urticária *f* urticaria *f.*
urtiga *f* ortiga *f.*
usado, da *adj (roupa, carro, método etc.)* usado(da); *(sapato, bolsa, chapéu)* gastado(da).
usar *vt* usar.
❑ **usar de** *v + prep* utilizar.
❑ **usar-se** *vp* usarse.
usina *f* fábrica *f*, usina *f Amér*; **usina de açúcar** azucarera *f*; **usina hidroelétrica** central *f* hidroeléctrica; **usina nuclear** central *f* nuclear.
uso *m* uso *m*; **fazer uso de** hacer uso de; **para uso próprio** para uso personal.
usual (*pl* **-ais**) *adj* usual.
usufruir: **usufruir de** *v + prep (possuir)* gozar de *Esp*, disponer de *Amér*; *(tirar proveito de)* aprovechar.
usurpar *vt* usurpar.
úteis → **útil.**
utensílio *m* utensilio *m.*
útero *m* útero *m.*
útil (*pl* **-teis**) *adj* útil.
utilidade *f* utilidad *f.*
utilização (*pl* **-ões**) *f* utilización *f.*
utilizar *vt* utilizar.
utopia *f* utopía *f.*
U.V. (*abrev de* **ultravioleta**) UVA.
uva *f* uva *f.*

Vv

vã → **vão.**

vaca *f (animal)* vaca *f*; *(carne)* ternera *f.*

vacilar *vi* vacilar.

vacina *f* vacuna *f.*

vacinação *f* vacunación *f.*

vácuo *m* vacío *m.*

vadio, dia *adj* vagabundo(da).

vaga *f (em emprego, hotel)* vacante *f*; *(onda)* ola *f*; *(em estacionamento)* plaza *f Esp*, cajón *m Méx*, lugar *m RP*; **uma vaga de** una ola de.

vagabundo, da *m, f* vagabundo(da).

vaga-lume (*pl* **vaga-lumes**) *m* luciérnaga *f.*

vagão (*pl* **-ões**) *m* vagón *m.*

vagão-leito (*pl* **vagões-leito**) *m* coche-cama *m.*

vagão-restaurante (*pl* **vagões-restaurante**) *m* coche-restaurante *m.*

vagar **1** *vi (apartamento, casa, emprego)* quedar libre; *(barco)* ir sin rumbo.
2 *m* lentitud *f.*

vagaroso, osa *adj* lento(ta).

vagem (*pl* **-ns**) *f* vaina *f Esp*, ejote *m Méx*, chaucha *f RP.*

vagina *f* vagina *f.*

vago, ga *adj (lugar, casa)* vacío(a); *(resposta, explicação, texto)* vago(ga).

vagões → **vagão.**

vaia *f* abucheo *m.*

vaidade *f* vanidad *f.*

vaidoso, osa *adj* vanidoso(sa).

vaivém (*pl* **-ns**) *m* vaivén *m.*

vala *f* fosa *f*; **vala comum** fosa común.

vale *m* valle *m*; **vale postal** giro *m* postal.

valente *adj (corajoso)* valiente; *(forte)* fuerte.

valer *vt & vi* valer; **vale mais ...** más vale ...; **a valer** en serio; **para valer** en serio.
❑ **valer-se de** *vp + prep* valerse de.

valeta *f* cuneta *f.*

valete *m* sota *f.*

validação *f* validación *f.*

validade *f* validez *f.*

validar *vt* validar.

válido, da *adj* válido(da); **válido até ...** válido hasta ...

valioso, osa *adj* valioso(sa).

valor (*pl* **-res**) *m (em exame, teste)* nota *f*; *(de pessoa, de objeto)* valor *m*; **de valor** de valor; **dar valor a** valorar; **no valor de** por valor de.
❑ **valores** *mpl* valores *mpl.*

valsa *f* vals *m.*

válvula *f* válvula *f*; **válvula de segurança** válvula de seguridad.

vampiro *m* vampiro *m.*

vandalismo *m* vandalismo *m.*

vândalo, la *m, f* vándalo *m*, -la *f.*

vangloriar-se *vp* vanagloriarse.

vanguarda *f* vanguardia *f*; **na vanguarda** a la vanguardia.

vantagem (*pl* **-ns**) *f* ventaja *f*; **contar vantagem** alardear; **levar vantagem** tener ventaja; **tirar vantagem de algo** sacar ventaja de algo.

vantajoso, osa *adj* ventajoso(sa).

vão, vã **1** *adj* inútil.
2 *m*: **vão de escadas** hueco *m* de la escalera.
3 **em vão** en vano.

vapor (*pl* **-res**) *m (de líquido)* vapor *m*; *(tóxico)* emanación *f.*

vaporizador (*pl* **-res**) *m* vaporizador *m.*

vara *f* vara *f*; **vara de pescar** caña *f* de pescar.

varal (*pl* **-ais**) *m* tendedero *m.*

varanda *f* balcón *m.*

varejeira *f* moscardón *m.*

varejo *m* venta *f* al por menor; **a varejo** al

por menor; **preço no varejo** precio al por menor.
variação (*pl* **-ões**) *f* variación *f.*
variado, da *adj* variado(da).
variar 1 *vt* variar de.
2 *vi* variar.
varicela *f* varicela *f.*
variedade *f* variedad *f*; **teatro de variedades** teatro de variedades.
varinha *f*: **varinha de condão** varita *f* mágica.
varíola *f* viruela *f.*
vários, rias *adj* varios(rias).
variz (*pl* **-zes**) *f* variz *f Esp*, várice *f Amér.*
varredor, ra (*mpl* **-res**, *fpl* **-s**) *m, f* barrendero *m*, -ra *f.*
varrer *vt* barrer; **varrer algo da memória** borrar algo de la memoria.
vascular (*pl* **-res**) *adj* vascular.
vasculhar *vt* revolver.
vaselina® *f* vaselina *f.*
vasilha *f* vasija *f.*
vaso *m (para plantas)* maceta *f*; *(para flores)* florero *m*; ANAT vaso *m*; **vaso sanitário** retrete *m*, wáter *m Amér*; **vaso sanguíneo** vaso sanguíneo.

> Não confundir *vaso (florero)* com o espanhol *vaso*, que em português é *copo*. (*Ela arrumou as flores no vaso.* Ella arregló las flores en el *florero*.)

vassoura *f* escoba *f.*

> Não confundir *vassoura (escoba)* com o espanhol *basura*, que em português é *lixo*. (*Preciso de uma vassoura para varrer.* Necesito una *escoba* para barrer.)

vasto, ta *adj* vasto(ta).
vatapá *m plato típico de la cocina bahiana, hecho con pescado o pollo cocidos en aceite de palma y leche de coco.*
vazio, zia 1 *adj* vacío(cía).
2 *m* vacío *m*; **vazio de interesse** sin interés.
veado *m* ciervo *m.*
vedado, da *adj (compartimento, local)* clausurado(da); *(recipiente)* cerrado(da); *(acesso, passagem)* prohibido(da).
vedar *vt (local, compartimento)* clausurar; *(recipiente, buraco)* cerrar; *(acesso, passagem)* prohibir.
vegetação *f* vegetación *f.*
vegetal (*pl* **-ais**) *m* vegetal *m.*
vegetariano, na *adj & m, f* vegetariano (na).
veia *f* ANAT vena *f.*
veículo *m* vehículo *m.*
vela *f (de barco, de iluminação)* vela *f*; *(de motor)* bujía *f.*
veleiro *m* velero *m.*
velejar *vi* navegar.
velhice *f* vejez *f.*
velho, lha *adj & m, f* viejo(ja).
velocidade *f* velocidad *f.*
velocímetro *m* velocímetro *m.*
velocípede *m* velocípedo *m.*
velório *m* velatorio *m*, velorio *m RP.*
veloz (*pl* **-zes**) *adj* veloz.
veludo *m* terciopelo *m.*
vencedor, ra (*pl* **-res**, *fpl* **-s**) *adj & m, f* vencedor(ra).
vencer 1 *vt lit & fig* vencer; *(corrida, competição)* ganar.
2 *vi* vencer; **deixar-se vencer** dejarse vencer.
vencido, da *adj* vencido(da).
vencimento *m (ordenado)* salario *m*; *(de prazo de pagamento)* vencimiento *m.*
venda *f* venda *f*; **pôr à venda** poner a la venta; **venda pelo correio** venta por correo; **venda por atacado/a varejo** venta al por mayor/menor; **venda a crédito** venta a plazos ou a crédito *RP*; **venda pelo telefone** televenta *f*; **venda a prestação** ou **a prazo** venta a plazos ou a crédito *RP*; **venda à vista** venta al contado.
vendaval (*pl* **-ais**) *m* vendaval *m.*
vendedor, ra (*mpl* **-res**, *fpl* **-s**) *m, f* vendedor *m*, -ra *f*; **vendedor ambulante** vendedor ambulante.
vender *vt* vender; **vender a prestação** vender a plazos ou a crédito *RP.*
❑ **vender-se** *vp*: **'vende-se'** 'se vende'.
veneno *m* veneno *m.*
venenoso, osa *adj* venenoso(sa).
venéreo, rea *adj* venéreo(a).
veneziana *f* persiana *f* veneciana ou americana *Amér.*
vênia *f (permissão)* venia *f*; *(desculpa)* disculpa *f.*
ventania *f* ventarrón *m.*
ventilação *f* ventilación *f.*
ventilador (*pl* **-res**) *m* ventilador *m.*
ventilar *vt* ventilar.
vento *m* viento *m*; **está muito vento** hace mucho viento.

ventoinha *f* ventilador *m.*
ventre *m* vientre *m.*
ventrículo *m* ventrículo *m.*
ventríloquo, qua *m, f* ventrílocuo *m*, -cua *f.*
ver 1 *vt & vi* ver.
2 *m*: **a meu ver** yo pienso que.
3 **estar a ver** darse cuenta, estar viendo; **deixar ver** dejar ver; **fazer ver a alguém que ...** hacer ver a alguien que ...; **não ter nada a ver com** no tener nada que ver con.
veracidade *f* veracidad *f.*
veraneio *m* veraneo *m*; **cidade de veraneio** ciudad de veraneo.
veranista *mf* veraneante *mf.*
verão (*pl* **-ões**) *m* verano *m.*
verba *f* montante *m Esp*, monto *m Amér.*
verbal (*pl* **-ais**) *adj* verbal.
verbo *m* verbo *m.*
verdade *f* verdad *f*; **dizer a verdade** decir la verdad; **a verdade é que** la verdad es que; **de** ou **na verdade** de ou en *Amér* verdad.
verdadeiro, ra *adj (verídico)* verdadero (ra); *(genuíno)* auténtico(ca).
verde *adj & m* verde.
verdura *f* verdura *f.*
vereda *f* senda *f.*
veredicto *m* veredicto *m.*
verga *f* vara *f.*
vergonha *f* vergüenza *f*; **ter vergonha** tener vergüenza; **ter vergonha de alguém** tener vergüenza de alguien; **não ter vergonha na cara** no tener vergüenza.
verificação (*pl* **-ões**) *f* verificación *f.*
verificar *vt (averiguar)* averiguar; *(certificar-se de)* verificar.
▫ **verificar-se** *vp* verificarse.
verme *m (parasita intestinal)* lombriz *f* intestinal; *(larva)* gusano *m*; *(minhoca)* lombriz *f* de tierra.
vermelho, lha 1 *adj* rojo(ja), colorado (da) *RP.*
2 *m* rojo *m.*
vermute *m* vermut *m.*
verniz (*pl* **-zes**) *m* barniz *m.*
verões → **verão.**
verossímil (*pl* **-meis**) *adj* verosímil.
verruga *f* verruga *f.*
versão (*pl* **-ões**) *f* versión *f.*
versátil (*pl* **-teis**) *adj* versátil.
verso *m (de poema)* verso *m*; *(de folha de papel)* reverso *m*, revés *m Amér.*
versões → **versão.**
vértebra *f* vértebra *f.*
vertical (*pl* **-ais**) **1** *adj* vertical.
2 *f* vertical *f*; **na vertical** en la vertical.
vértice *m* vértice *m.*
vertigem (*pl* **-ns**) *f* vértigo *m.*
vesgo, ga *adj* bizco(ca).
vesícula *f*: **vesícula (biliar)** vesícula *f.*
vespa *f* avispa *f.*
véspera *f* víspera *f*; **na véspera** la víspera; **em vésperas de** en vísperas de.
vestiário *m (de clube, estádio)* vestuario *m*; *(de teatro)* camerino *m*, camarín *m RP.*
vestibular *m examen de admisión a la universidad.*
vestíbulo *m* vestíbulo *m*, hall *m RP.*
vestido, da 1 *m* vestido *m.*
2 *adj*: **vestido de** vestido(da) de.
vestígio *m* vestigio *m.*
vestir *vt* vestir.
▫ **vestir-se** *vp* vestirse; **vestir-se de** vestirse de.
vestuário *m* vestuario *m.*
veterano, na *m, f* veterano *m*, -na *f.*
veterinário, ria *m, f* veterinario *m*, -ria *f.*
véu *m* velo *m.*
V.Ex.ª (*abrev de* **Vossa Excelência**) Su Excelencia.
vexame *m* escándalo *m*; **dar vexame** hacer un escándalo; **passar um vexame** pasar vergüenza.
vez (*pl* **-zes**) *f* vez *f*; **perder a vez** perder el turno; **às vezes** a veces; **alguma vez** alguna vez; **de uma só vez** de un tirón, de una sola vez *Esp*; **de vez** de una vez por todas; **de vez em quando** de vez en cuando; **mais de uma vez** más de una vez; **muitas vezes** muchas veces; **na** ou **em vez de** en vez de; **outra vez** otra vez; **por vezes** a veces; **poucas vezes** pocas veces; **era uma vez** érase una vez.
via *f* vía *f*; *(documento)* copia *f*; **por via aérea** por avión; **por via de** por medio de; **por via oral** por vía oral; **por via nasal** por vía nasal; **via pública** vía pública; **via principal/secundária** vía principal/secundaria; **a Via Láctea** la Vía Láctea; **via de regra** por norma.
viaduto *m* viaducto *m.*
viagem (*pl* **-ns**) *f* viaje *m*; **boa viagem!** ¡buen viaje!; **viagem de negócios** viaje

de negocios; **viagem de ida e volta** viaje de ida y vuelta.

viajante *mf* viajero *m*, -ra *f.*

viajar *vi* viajar; **viajar de** viajar en; **viajar por** viajar por.

viatura *f* vehículo *m.*

viável (*pl* **-eis**) *adj (transitável)* transitable; *(exequível)* viable.

víbora *f* víbora *f.*

vibração (*pl* **-ões**) *f* vibración *f.*

vibrar *vi lit & fig* vibrar.

viciado, da *adj* adicto(ta).

viciar *vt* crear adicción.
❑ **viciar-se em** *vp + prep* viciarse con.

vício *m* vicio *m.*

vida *f* vida *f*; **ganhar a vida** ganarse la vida; **perder a vida** perder la vida; **tirar a vida a alguém** quitarle la vida a alguien.

videira *f* vid *f.*

vídeo *m* vídeo *m Esp*, video *m Amér.*

videocassete *f* videocasete *f.*

videoclipe *m* videoclip *m.*

videoclube *m* videoclub *m.*

videogame *m* videojuego *m*, videogame *m Amér.*

videoteipe *m* videocasete *m.*

videotexto *m* teletexto *m*, videotexto *m.*

vidraça *f* vidrio *m.*

vidro *m (substância)* vidrio *m*; *(de carro, vidraça)* cristal *m*, vidrio *m Amér.*

viela *f* callejón *m.*

viga *f* viga *f.*

vigário *m* vicario *m.*

vigésimo, ma *num* vigésimo(ma) → **sexto.**

vigia 1 *f* guardia *f*; *(janela)* ojo *m* de buey. **2** *mf* guardia *mf.*

vigilância *f* vigilancia *f.*

vigor *m* vigor *m*; **em vigor** en vigor.

vil (*pl* **vis**) *adj* vil.

vila *f* villa *f.*

vilarejo *m* aldea *f.*

vime *m* mimbre *m.*

vinagre *m* vinagre *m.*

vinagrete *f* vinagreta *f.*

vinco *m* pliegue *m.*

vínculo *m* vínculo *m*; **vínculo empregatício** relación *f* laboral.

vinda *f (regresso)* vuelta *f.*

vindima *f* vendimia *f.*

vingança *f* venganza *f.*

vingar 1 *vt* vengar. **2** *vi* arraigar, prender *RP.*
❑ **vingar-se** *vp* vengarse; **vingar-se de** vengarse de.

vingativo, va *adj* vengativo(va).

vinha *f* viña *f.*

vinha-d'alho (*pl* **vinhas-d'alho**) *f* escabeche *m.*

vinheta *f* estampilla *f.*

vinho *m* vino *m*; **vinho branco/tinto** vino blanco/tinto; **vinho da casa** vino de la casa; **vinho espumante** ou **espumoso** vino espumoso, espumante *m RP*; **vinho de mesa** vino de mesa; **vinho moscatel** moscatel *m*; **vinho rosé** vino rosado; **vinho verde** vino verde.

vinicultor, ra (*mpl* **-res,** *fpl* **-s**) *m, f* viticultor *m*, -ra *f.*

vinil *m* vinilo *m.*

vinte *num* veinte → **seis.**

viola *f* guitarra *f.*

violação (*pl* **-ões**) *f* violación *f.*

violão (*pl* **-ões**) *m* guitarra *f.*

violar *vt* violar.

violência *f* violencia *f.*

violento, ta *adj* violento(ta).

violeta *adj & f* violeta.

violino *m* violín *m.*

violões → **violão.**

violoncelo *m* violonchelo *m.*

vir *vi* **(a)** *(gen)* venir; **veio ver-me** vino a verme; **vou visitá-lo amanhã** iré a visitarlo mañana; **veio atrasado/adiantado** vino atrasado/adelantado; **veio no trem das onze** vino en el tren de las once; **a semana que vem** la semana que viene; **o ano/mês que vem** el año/mes que viene; **vem escrito em português** viene escrito en portugués; **vem embalado** viene embalado; **o carro veio não sei de onde** el coche salió de la nada; **veio-me uma idéia** se me ocurre una idea; **vir de** venir de; **venho agora mesmo de lá** vengo ahora mismo de allí; **que vem a ser isto?** ¿qué viene a ser esto?; **vir abaixo** venirse abajo; **vir ao mundo** venir al mundo; **vir a saber** enterarse; **vir a tempo de** llegar a tiempo de.
(b) *(regressar)* volver; **ele vem amanhã** vuelve mañana; **hoje, virei mais tarde** hoy volveré más tarde; **venho de férias na próxima semana** vuelvo de vacaciones la próxima semana.

virado, da 1 *adj (invertido)* vuelto(ta) *Esp*

& *Méx*, dado(da) vuelta *RP*; *(voltado)* vuelto(ta) *Esp & Méx*, dado(da) vuelta *RP*.
2 *m*: **virado à paulista** *plato típico de São Paulo a base de alubias negras y carne de cerdo*; **virado para** vuelto hacia *Esp & Méx*, dado vuelta hacia *RP*.

vira-lata (*pl* **vira-latas**) *m* perro *m* callejero.

virar 1 *vt (carro, caminhão)* girar *Esp*, dar vuelta *Amér*; *(cabeça, objeto)* volver *Esp & Méx*, dar vuelta a *RP*; *(entornar)* inclinar; *(fazer cair)* tirar, voltear *Amér*; *(transformar-se em)* volverse.
2 *vi (mudar de direção)* cambiar; *(mudar)* cambiar; **virar à direita/esquerda** girar *Esp* ou torcer *Méx* ou doblar *RP* a la derecha/izquierda.
❑ **virar-se** *vp (voltar-se)* volcarse *Esp & RP*, voltearse *Méx*; **virar-se contra alguém** volverse contra alguien; **virarse para** volverse hacia, darse vuelta hacia *Amér*.

virgem (*pl* **-ns**) *f & adj* virgen.
❑ **Virgem** *f* Virgo *m inv*.

vírgula *f* coma *f*.

viril (*pl* **-is**) *adj* viril.

virilha *f* ingle *f*.

viris → **viril**.

virose *f* enfermedad *f* viral.

virtual (*pl* **-ais**) *adj* virtual.

virtude *f* virtud *f*; **em virtude de** en virtud de.

vírus *m inv* virus *m inv*.

vis → **vil**.

visão (*pl* **-ões**) *f* visión *f*.

visar *vt (com arma)* apuntar; *(documento)* visar; *(ter em vista)* planear.

vísceras *fpl* vísceras *fpl*.

viscoso, osa *adj* viscoso(sa).

viseira *f* visera *f*.

visibilidade *f* visibilidad *f*.

visita *f* visita *f*; **fazer uma visita a alguém** hacerle una visita a alguien.

visitante *mf* visitante *mf*.

visitar *vt* visitar.

visível (*pl* **-eis**) *adj* visible.

vislumbrar *vt* vislumbrar.

visões → **visão**.

visor (*pl* **-res**) *m (de máquina fotográfica)* visor *m*; *(de computador)* monitor *m*.

vista *f* vista *f*; **à vista** en efectivo; **até a vista!** ¡hasta la vista!; **dar na vista** ser evidente; **ter em vista algo** tener pensado algo *Esp*, tener algo en vista *Amér*; **fazer vista** llamar la atención; **perder de vista** perder de vista.

visto, ta 1 *adj (notório)* visto(ta).
2 *m (em documento)* visto *m*, visto *m* bueno *Esp*.
3 **pelo visto** por lo visto; **visto que** visto que.

vistoso, osa *adj* vistoso(sa).

visual (*pl* **-ais**) *adj* visual.

vital (*pl* **-ais**) *adj* vital.

vitalício, cia *adj* vitalicio(cia).

vitamina *f (remédio)* vitamina *f*; *(de frutas)* licuado *m*.

> Não confundir ***vitamina (licuado)*** com o espanhol ***vitamina***, que em português é ***vitamina***. (***Minha mãe preparou uma vitamina de banana e maçã.*** Mamá me preparó un *licuado* de plátano y manzana.)

vitela *f* ternera *f*.

vítima *f* víctima *f*.

vitória *f* victoria *f*.

vitória-régia (*pl* **vitórias-régias**) *f* nenúfar *m* gigante.

vitral (*pl* **-ais**) *m* vidriera *f Esp*, vitral *m Amér*.

vitrina *f* vitrina *f*, vidriera *f Amér*.

viúvo, va *m, f* viudo *m*, -da *f*.

vivacidade *f* vivacidad *f*.

viveiro *m* vivero *m*.

vivência *f* vivencia *f*.

vivenda *f* vivienda *f*.

viver *vt & vi* vivir; **viver com alguém** vivir con alguien; **viver de algo** vivir de algo; **viver em** vivir en.

víveres *mpl* víveres *mpl*.

vivo, va *adj* vivo(va); *(travesso)* pillo(lla); **ao vivo** en directo *Esp*, en vivo *Amér*.

vizinhança *f (vizinhos)* vecinos *mpl*; *(arredores)* cercanías *fpl*.

vizinho, nha *adj & m, f* vecino(na).

voar *vi* volar.

vocabulário *m* vocabulario *m*.

vocação (*pl* **-ões**) *f* vocación *f*; **ter vocação para** tener vocación de.

vocalista *mf* vocalista *mf*.

você *pron* tú.
❑ **vocês** *pron pl* vosotros *Esp*, ustedes *Amér*.

> Esta forma de tratamento informal ou familiar pode ser traduzida para o espanhol como ***vos*** ou como ***tú***. O uso de uma ou de outra

forma depende principalmente da origem geográfica do falante.

(Ver *Os pronomes* na seção *Gramática Espanhola*.)

Não confundir com ***usted*** do espanhol, que se usa para o tratamento formal de respeito. Essa confusão costuma ocorrer por causa da semelhança fônica decorrente da origem similar de ambas as formas:
você (Vossa Mercê ‹ vossemecê ‹ vosmecê)

usted (Vuestra Merced › vuesa merced › vuesarced › vuesançed › vucé › vuced › vusted › usted).

vocês: esta forma de tratamento pode ser traduzida para o espanhol como ***ustedes*** ou como ***vosotros***. Esta última forma não se usa habitualmente na América Hispânica.

(Ver *Os pronomes* na seção *Gramática espanhola*.)

vogal (*pl* **-ais**) **1** *f* vocal *f*.
2 *mf* vocal *mf*.

volante *m (de veículo)* volante *m*.

volátil (*pl* **-teis**) *adj lit & fig* volátil.

vôlei *m* voleibol *m Esp*, vóleibol *m Amér*, volibol *m Méx*; **vôlei de praia** voley *m* playa.

voleibol *m* = **vôlei**.

volta *f* vuelta *f*; **dar uma volta** dar una vuelta; **dar a volta em algo** dar vueltas a algo; **estar de volta** estar de vuelta; **volta e meia** *fig* cada dos por tres; **a** ou **em toda a volta** alrededor de; **por volta de** alrededor de.

voltagem *f* voltaje *m*.

voltar 1 *vt (cabeça, olhos, costas)* girar, voltear *Méx*, dar vuelta a *RP*; *(objeto para baixo)* volver, dar vuelta a *RP*.
2 *vi (regressar)* volver, regresarse *Méx*.
3 voltar a fazer algo volver a hacer algo; **voltar atrás** volver atrás; **voltar para** volver a.
❑ **voltar-se** *vp (virar-se)* volverse, darse vuelta *RP*; **voltar-se para** volverse hacia, darse vuelta hacia *RP*.

volume *m* volumen *m*.

voluntário, ria *m, f* voluntario *m*, -ria *f*.

volúpia *f* voluptuosidad *f*.

vomitar *vt & vi* vomitar.

vômito *m* vómito *m*; **ter ânsia de vômito** tener ganas de vomitar.

vontade *f (desejo)* ganas *fpl*; *(determinação)* voluntad *f*; **pôr-se à vontade** ponerse cómodo(da); **ter vontade de fazer algo** tener ganas de hacer algo; **fazer a vontade de alguém** hacer la voluntad de alguien, hacerle los gustos a alguien *RP*; **com/sem vontade** con/sin ganas; **contra a vontade** contra la voluntad; **de livre e espontânea vontade** de motu proprio; **por vontade própria** por propia voluntad; **força de vontade** fuerza de voluntad.

vôo *m* vuelo *m*; **vôo charter** vuelo chárter; **vôo direto** vuelo directo; **vôo doméstico** vuelo nacional; **vôo fretado** vuelo chárter; **vôo livre** vuelo libre.

voraz (*pl* **-zes**) *adj* voraz.

vos *pron* os *Esp*, les *Amér*.

vós *pron* vosotros *Esp*, ustedes *Amér*.

vosso, a 1 *adj* vuestro(tra) *Esp*, suyo(ya) *Amér*.
2 *pron*: **o vosso/a vossa** el vuestro/la vuestra *Esp*, el suyo/la suya *Amér*.
3 um amigo vosso un amigo vuestro *Esp*, un amigo suyo *Amér*; **os vossos** los vuestros *Esp*, los suyos *Amér*.

votação (*pl* **-ões**) *f* votación *f*.

votar *vi* votar; **votar em alguém** votar a alguien.

voto *m* voto *m*.
❑ **votos** *mpl (desejos)*: **votos de** votos *mpl* de; **fazer votos de que** hacer votos para que.

voz (*pl* **-zes**) *f* voz *f*; **ter voz ativa em algo** tener participación en algo; **em voz alta/baixa** en voz alta/baja.

vulcão (*pl* **-ões**) *m* volcán *m*.

vulgar (*pl* **-res**) *adj (freqüente)* vulgar *Esp*, corriente *Amér*; *(comum)* vulgar, común *Amér*; *(grosseiro)* vulgar.

vulgaridade *f* vulgaridad *f*.

vulnerável (*pl* **-eis**) *adj* vulnerable.

vulto *m (figura indistinta)* silueta *f*; *(pessoa importante)* figura *f*.

Ww

walkie-talkie (*pl* **walkie-talkies**) *m* walkie-talkie *m*.
WC *m* (*abrev de* **water closet**) WC *m*.
windsurfe *m* windsurf *m*; **fazer windsurfe** hacer windsurf.

Xx

xadrez *m* ajedrez *m*; *fam (cadeia)* trena *f Esp*, bote *m Méx*, cana *f RP*; **de xadrez** a cuadros.
xale *m* chal *m*, rebozo *m Méx*.
xampu *m* champú *m*.
xarope *m* jarabe *m*; **xarope para a tosse** jarabe para la tos.
xenofobia *f* xenofobia *f*.
xenófobo, ba *m, f* xenófobo(ba).
xeque-mate (*pl* **xeques-mates**) *m* jaque mate *m*.
xerez *m* jerez *m*.
xerife *m* sheriff *m*.
xerocar *vt* fotocopiar.
xerox® *m (fotocópia)* fotocopia *f*; *(máquina)* fotocopiadora *f*.
xícara *f* taza *f*.
xilofone *m* xilofón *m*.
xilografia *f* xilografía *f*.
xingar *vt* insultar.
xisto *m (mineral)* pizarra *f*.
xixi *m fam* pipí *m Esp & Méx*, pichí *m RP*; **fazer xixi** *fam* hacer pipí *Esp & Méx* ou pichí *RP*.

Zz

zagueiro *m (em futebol)* defensa *m*, zaguero *m Amér*.
zanga *f* pelea *f*.
zangado, da *adj* enfadado(da) *Esp*, enojado(da) *Amér*.
zangão (*pl* **-ões**) *m* zángano *m*.
zangar *vt* molestar.
❑ **zangar-se** *vp (brigar)* desentenderse; *(irritar-se)* enfadarse *Esp*, enojarse *Amér*.
zangões → **zangão.**
zarpar *vi* zarpar.
zebra *f* cebra *f*.
zelador, ra (*mpl* **-res**, *fpl* **-s**) *m, f* conserje *m*.
zelar: **zelar por** *v + prep* velar por.
zelo *m* celo *m*.
zeloso, osa *adj* cuidadoso(sa).
zero *num* cero; **partir do zero** empezar de cero; **ser um zero à esquerda** *fam* ser un cero a la izquierda; **abaixo de zero** bajo cero → **seis.**
zero-quilômetro *adj inv* kilómetro cero *Esp*, cero kilómetro *Amér*.
ziguezague *m* zig-zag *m*; **andar em ziguezague** caminar haciendo eses *Esp*, andar en zig-zag *Amér*.
zinco *m* zinc *m*.
zíper (*pl* **-res**) *m* cremallera *f*, cierre *m* (metálico) *Amér*, zíper *m Méx*.
Zodíaco *m* Zodíaco *m*.
zoeira *f* zumbido *m*.
zombar *vi* burlarse; **zombar de** burlarse de.
zona *f (de país, corpo, globo)* zona *f*; MED herpes *m* zóster; *fam (área de prostitutas)* zona *f* de prostitutas *Esp*, bajo *m Amér*, quilombo *m RP*; **zona comercial** área *f* ou zona comercial; **zona eleitoral** zona electoral; **zona franca** zona franca; **zona de pedestres** zona ou área peatonal; **estar uma zona** *fam* estar hecho una

cuadra *Esp*, estar hecho un desmadre *Amér*, estar hecho un relajo *RP*.
zonzo, za *adj* tonto(ta).
zôo *m* zoo *m*.
zoologia *f* zoología *f*.
zoológico *adj m* → **jardim.**
zuarte *m* *tejido de algodón azul, negro o rojo.*
zumbido *m* zumbido *m*.
zumbir *vi* zumbar.
zunzum (*pl* **-ns**) *m fig* rumor *m*.
zurrar *vi* rebuznar.

O Dicionário Larousse Espanhol-Português/Português-Espanhol Míni
foi impresso em São Paulo/SP, pela RR Donnelley Moore
para a Larousse do Brasil em junho de 2005.